MW01140438

ARTURO DEL HOYO

Diccionario de palabras y frases extranjeras

Tercera edición corregida y aumentada

punto de lectura

Título: Diccionario de palabras y frases extranjeras
© Arturo del Hoyo
© Santillana Ediciones Generales, S.L.
© De esta edición: septiembre 2002, Suma de Letras, S.L.
Barquillo, 21. 28004 Madrid (España) www.puntodelectura.com

ISBN: 84-663-0810-5
Depósito legal: M-29.563-2002
Impreso en España – Printed in Spain

Diseño de colección: Ignacio Ballesteros

Impreso por Mateu Cromo, S.A.

ARTURO DEL HOYO

Diccionario
de
palabras y frases
extranjeras

No hay duda de que la lengua que hablamos y escribimos los españoles e hispanoamericanos es la española. Sin embargo, también es cierto que hablamos y escribimos más que español, como lo acreditan las más de cuatro mil palabras y expresiones reunidas aquí, procedentes de diversos idiomas y presentes en contextos españoles.

Muy varios son los motivos que impulsan el uso de extranjerismos, desde la mera pedantería hasta una necesidad verdadera. El extranjerizante torpe y el pedante, por su misma condición, ya caerán en el ridículo; el atinado y sobrio nos enriquecerá; y el esforzado e inteligente hallará la fórmula adecuada para que el uso adoptado se incruste en la lengua española con ajuste perfecto.

Ya Horacio señaló que el uso era el árbitro absoluto, el maestro regulador de la lengua. Las palabras nuevas y extranjeras no deben ser combatidas por sistema. Pues, como dijo Feijoo, «no hay idioma alguno que no necesite del subsidio de otros». Y de Unamuno es esta sentencia: «Meter palabras nuevas es meter nuevos matices de ideas».

La afluencia de extranjerismos al español de hoy, que a tantos asusta tanto, es, sin duda, un enriquecimiento. Muchos de los que hipócritamente se asustan de las palabras extranjeras se aprovechan, en cambio, del *starter* de sus automóviles o del *scanner* en sus enfermedades, sin la menor protesta. Aceptan muy gustosos la última novedad en las cosas, pero se enfurecen infantilmente con las palabras que las nombran.

Paradójicamente, y debido precisamente a nuestra escasa aportación a la tecnología actual y al mundo moderno, no nos vemos obligados, como ocurre a otros, a cometer personalmente ciertos atentados, valga la expresión, contra el idioma. En inglés, para asimilar lingüísticamente el progreso, llegan hasta forjar palabras de un modo que diríamos infantil, si no disparatado. Tras haber entrado a saco en el latín para introducir neologismos, ahora recortan y pegan letras de algunas palabras para obtenerlos. Esto han hecho para lograr *radar*, *quasar*, *pulsar*, y tantas otras, que constituyen un intruso *volapük*, dentro del inglés. Sin embargo, esas mismas palabras, de tan artificioso e infantil origen, al incrustarse en el español, nos llegan con una belleza e intangibilidad que en inglés no tenían. ¿Qué hablante de español puede dudar de la hermosura y resonancia de las españolizadas 'radar', 'cuásar' y 'púlsar', o de la gracia retrechera que posee 'elepé', adaptación del inglés *LP*?

Convivimos, nos es forzoso convivir con los extranjerismos. Los encontramos constantemente en los letreros de los productos que consumimos, en los establecimientos y edificios de nuestras ciudades, en el habla corriente, en nuestras lecturas. En libros y periódicos aparecen generalmente —como es debido— en letras *cursivas*. Es un recurso tipográfico para señalar que tales palabras y expresiones son huéspedes o forasteras en el texto, en nuestra lengua.

Hay extranjerismos ocasionales, de corta existencia, bien porque desaparecen o porque son rápidamente sustituidos por equivalencias españolas. Algunos, insistentes con mayor o menor fortuna, suben y bajan, como en un columpio, en nuestra lengua. Tal es el caso del fr. *chalet*. No es rara la convivencia del fr. *chalet* con el ya esp. 'chalé' (Ac.) en el mismo número de un periódico de nuestros días: si se trata de una noticia o de un suceso podrá verse 'chalé' en el texto, pero un anuncio evitará 'chalé' y adoptará *chalet*, en su plena forma francesa, por considerar que posee una connotación de prestigio, de mayor atracción, por tanto, para el posible comprador.

También es frecuente ver en *cursiva*, como extranjerismos, palabras que ya están incorporadas al léxico español. Esto suele ocurrir por ignorancia o por pereza en acudir al *Diccionario de la lengua española* de la Real Academia o porque se quiere dar más carácter o intención a lo que se escribe: así encontramos *veguer* (1988: *País*), en cursiva, como voz catalana, cuando hace mucho que existe su igual esp. 'veguer' (Ac.). De manera semejante no es raro ver ahora, olvidando el acreditado esp. 'chistu' (Ac.), el vasc. *txistu* (1977: *País*), con total ortografía vascuence. Incluso se está echando a un lado el esp. 'vascuence' (Ac.) en favor del vasc. total *euskera*, aún frente a 'éuscaro/a' (Ac.) y 'eusquero/a' (Ac.) formas más o menos paralelas a la vascuence; al decir *euskera*, por 'vascuence' (Ac.) justificaríamos decir *english* por 'inglés' (Ac.), *Deutsch* por 'alemán' (Ac.), *català* por 'catalán' (Ac.). Por lo general, la denominación de lenguas extrañas con las voces originales o con fonética aproximada, por ejemplo 'inglis', en el habla, suele no hacerse de modo indiferente. Pero estas son digresiones, al fin y al cabo. Los motivos para usar determinadas expresiones tienen trasfondos sociales y políticos que no es ocasión de analizar aquí.

Este *Diccionario* está formado por más de cuatro mil palabras y frases no españolas presentes en textos españoles, libros y periódicos —y no en traducciones, por ser éstas más serviles— desde el siglo XVIII hasta hoy, es decir, en el español moderno. Muchas de ellas han sido adoptadas ya por la Real Academia Española y lo hago constatar en cada caso.

He procurado que cada palabra o frase esté acompañada por un testigo o testimonio con la fecha en que apareció entre nosotros, tratando que ésta sea la más temprana de su uso, si bien puede haber testimonios anteriores no localizados por mí.

Las palabras y frases aparecen aquí ordenadas alfabéticamente y, asimismo, conjuntamente, es decir, sin separarlas por idiomas.

Por lo general, estos extranjerismos proceden de muy contados idiomas: del inglés, del francés, del italiano y del alemán, entre los vivos, y del latín y del griego, entre los clásicos. Las palabras tibetanas, esquimales, algonquinas, turcas, polacas, suajilíes, etc., aquí registradas, en muchos de los casos no llegaron a nosotros —incluso algunas latinas y griegas— por contacto directo, sino a través del inglés y del francés principalmente. Es noción ésta que se debe tener presente en el manejo de este diccionario.

A. DEL H.

NOTA PREVIA
A LA SEGUNDA EDICIÓN
(1995)

Esta segunda edición, respecto de la primera, no sólo sale aumentada con cerca de dos mil nuevas entradas en el *Diccionario*, sino, además, muy atentamente corregida.

Calificar de extranjeras todas las palabras, siglas y frases de este diccionario es, sin duda alguna, excesivo, por no decir inadecuado, ya que incluye bastantes procedentes de otras lenguas particulares de España, cuales son el catalán, el gallego y el vascuence, así como determinados gitanismos y voces bables. Quizá, por esta circunstancia, cuadraría mejor que 'extranjeras' decir 'huéspedes' ya que eso son, en definitiva, todas ellas: huéspedes más o menos fijas unas, ocasionales otras, casi siempre bien acogidas y tratadas, sea cual fuere su origen, en esta casa abierta y grande —veinte Estados nacionales, más Puerto Rico— que es la lengua española.

Por las amables observaciones que me hicieron para mejorar el texto de este *Diccionario*, expreso mi especial agradecimiento a Emilio Lorenzo y a Manuel Seco, académicos ambos de la Real Academia Española; así como a los profesores José Ares Montes, Erna Brandenberger, T. T. Folley, Elena Llácer y Eutimio Martín; a los traductores Nesnas Abdelrahni, Luis Abollado y Florentino Trapero; al letrado Pedro Bravo Gala; al bibliotecario Fernando Huarte Morton, al químico Hermenegildo García Aráez; al camarógrafo Luis Cano; al informático Julián Marcelo; al agregado cultural Ygal Palmor; a los escritores Nicos Bletas Ducaris, Luis Delgado Benavente (†), José A. Moral Arroyo, Antonina Rodrigo y Juan Eduardo Zúñiga; y también a Maria Koch y Tomás Rodríguez Rapún.

A. DEL H.

NOTA PREVIA
A LA TERCERA EDICIÓN
(2002)

Esta tercera edición añade más de seiscientas nuevas palabras, siglas y frases extranjeras y corrige o reforma o amplía el comento de muchas de las incluidas en la edición anterior; en consecuencia, este *Diccionario* registra ya más de seis mil, observadas en contextos españoles desde el siglo XVIII hasta nuestros días. No sólo es el primero, sino también el más extenso diccionario general de extranjerismos presentes en el español moderno.

Quiero expresar aquí mi mucho agradecimiento a la hispanista suiza Erna Brandenberger, por sus atentas observaciones y correcciones sobre expresiones alemanas; al grafista y dibujante Pierre Monnerat, también suizo, y al narrador argentino Fernando Sorrentino, sobre algunas otras. Y también a quienes, en radio o en libros o en periódicos, se ocuparon o mencionaron este trabajo: Javier Díez, J. Gómez Capuz, Juan Antonio Gracia Noriega, Eduardo Haro Tecglen, Emilio Lorenzo (†), Félix Rodríguez González, Manuel Seco, Luis Antonio de Villena y a sus anónimos reseñistas en el diario *ABC* (Madrid) y en el boletín *Terminometro* (París).

A. DEL H.

ABREVIATURAS

abrev.	abreviatura
Ac.	Real Academia Española
Ac.: 1992	*Diccionario de la Real Academia Española*, 1992 (21.ª ed.)
Ac.: 2001	*Diccionario de la Real Academia Española*, 2001 (22.ª ed.)
adapt.	adaptación
a.de C.	antes de Cristo
Aeron.	Aeronáutica
afr.	africán
afrocub.	afrocubano
afrourug.	afrouruguayo
Agr.	Agricultura
al.	alemán
Alexandre Dumas h.	Alexandre Dumas hijo
algonq.	algonquino
Alm. Museo universal	*Almanaque del Museo universal*, Madrid
Am. h.	América hispana
ant.	antiguo
Antrop.	Antropología
ár.	árabe
Arg.	Argentina
Arq.	Arquitectura
Arqueol.	Arqueología
Astron.	Astronomía
Autom.	Automovilismo
beng.	bengalí
Biblio.	Bibliología

BF March	*Boletín informativo de la Fundación Juan March*, Madrid
Biol.	Biología
Bl. y Negro	*Blanco y Negro*, Madrid
BOE	*Boletín Oficial del Estado*, Madrid
Bol.	Bolivia
Bot.	Botánica
cat.	catalán
ch.	checo
Ch.	Chile
cing.	cingalés
Col.	Colombia
Com.	Comercio
comp.	compuesta
cor.	coreano
Cosm.	Cosmética
Cosmonáut.	Cosmonáutica
Cronol.	Cronología
Cu.	Cuba
dan.	danés
DEA	*Diccionario del español actual*, de Manuel Seco, Olimpia Andrés y Gabino Ramos (1999)
Dep.	Deporte
D. 16	*Diario 16*, Madrid
Der.	Derecho
deriv.	derivado
Dib.	Dibujo
dim.	diminutivo
Dipl.	Diplomacia
direc.	dirección, director
DRAE	*Diccionario de la Real Academia Española*
Ec.	Ecuador
ecles.	eclesiástico
Econ.	Economía
Educ.	Educación
Ej.	Ejército

Electr.	Electricidad
Electrón.	Electrónica
en ext.:	en extensión:
Esc.	Escultura
esp.	español
esq.	esquimal
Estad.	Estadística
estr.	estreno
fem.	femenino
Fil.	Filosofía
fin.	finés
Fís.	Física
Fisiol.	Fisiología
Fot.	Fotografía
fr.	francés
gaél.	gaélico
gall.	gallego
Gastr.	Gastronomía
Geogr. f.	Geografía física
Geogr. h.	Geografía humana
Geogr. p.	Geografía política
Geol.	Geología
Geom.	Geometría
gr.	griego
gr. mod.	griego moderno
Guat.	Guatemala
h.	hacia; hijo
haw.	hawaiano
hebr.	hebreo
Heráld.	Heráldica
Híp.	Hípica
Hist.	Historia
Host.	Hostelería
húng.	húngaro
Impr.	Imprenta
Ind.	Industria

Indum.	Indumentaria
Inform.	Informática
Inform.	*Informaciones*, Madrid.
ing.	inglés
intern.	internacional
intr.	introducido
isl.	islandés
it.	italiano
jap.	japonés
Joy.	Joyería
Jue.	Juego
laos.	laosiano
lat.	latín
lat. cient.	latín científico
La Vang.	*La Vanguardia*, Barcelona
Ling.	Lingüística
lit.:	literalmente:
Lit.	Literatura
mal.	malayo
masc.	masculino
Mat.	Matemática
Mec.	Mecánica
Med.	Medicina
Meteor.	Meteorología
Metal.	Metalurgia
Méx.	México
Min.	Minería
Mitol.	Mitología
Mob.	Mobiliario
Moratín h.	Leandro Fernández de Moratín
Mundo	*El Mundo*, Madrid
Mús.	Música
n.	nacido en...
neerl.	neerlandés
N. Fdez. Cuesta	Nemesio Fernández Cuesta: *Diccionario*

	enciclopédico de la lengua española, Madrid, 1867
nor.	noruego
Num.	Numismática
País	*El País*, Madrid
País, LEst.	*El País, Libro de Estilo*
País sem.	*El País semanal*, Madrid
Parag.	Paraguay
Parapsic.	Parapsicología
Pe.	Perú
per.	persa
Period.	Periodismo
Petroq.	Petroquímica
Pint.	Pintura
pl.	plural
pol.	polaco
Pol.	Política
port.	portugués
pron.	pronunciación
prov.	provenzal
Psic.	Psicología
Psicoan.	Psicoanálisis
publ.	publicado
Rel.	Religión
RNE	Radio Nacional de España
rum.	rumano
ru.	ruso
sáns.	sánscrito
Sem. pint. *esp.*	*Semanario pintoresco español*, Madrid
serb.	serbocroata
sin.	sinónimo
sing.	singular
suaj.	suajili
sue.	sueco
Sociol.	Sociología

Tea.	Teatro y espectáculos
Telecom.	Telecomunicaciones
Text.	Textil
tib.	tibetano
Transp. a.	Transporte aéreo
Transp. m. o n.	Transporte marítimo o náutico
Transp. t.	Transporte terrestre
tur.	turco
TV	televisión
TVE	Televisión Española
Urug.	Uruguay
vasc.	vascuence
Ven.	Venezuela
viet.	vietnamita
vulg.	vulgar, vulgarismo
yid.	yidis
Zool.	Zoología

ADVERTENCIAS

Detrás del nombre de los grandes escritores hispanoamericanos, cuando se citan, como Rubén Darío, José Enrique Rodó, Amado Nervo, Rafael Pombo, Guillermo Valencia y otros que florecieron a finales del siglo XIX o en los comienzos del siglo XX, no he estimado necesario señalar el país de origen; sí, en cambio, mediante abreviatura del país de origen, cuando se trata de escritores hispanoamericanos que han florecido en el centro y en la segunda mitad del siglo XX, pues, generalmente, muestran mayores particularidades lingüísticas.

Hago distinción de las palabras académicas con tres abreviaturas: (Ac.), (Ac.: 1992) y (Ac.: 2001). La segunda abreviatura (Ac.: 1992) y la tercera (Ac.: 2001) se refieren a las palabras nuevas incluidas en el *Diccionario de la Real Academia Española* (vigésima primera edición, 1992; y vigésima segunda edición 2001); la primera (Ac.), a palabras constantes en ediciones anteriores del *Diccionario* académico.

DICCIONARIO

a

(a) lat. → ALIAS.

ab absurdo lat. 'por el absurdo'. Reducción o demostración indirecta que consiste en mostrar la imposibilidad absoluta de la proposición contradictoria de aquella que se quiere demostrar. Euclides fue el primero en emplearla. Geom.; Fil.

ab aeterno lat. (Ac.); 'por siempre', 'eternamente'. (1881: R. de Castro.)

abbé fr. En fr., además de 1) 'abad' (Ac.), 2) 'abate' (1792: Comella; Ac.), 'presbítero', y también 'eclesiástico' que, habiendo recibido órdenes menores, estaba autorizado para vestir hábito sacerdotal. En el siglo XVIII, los jesuitas expulsos españoles (1799: Hervás y Panduro) adoptaron el italianismo 'abate'. Del lat. *abbatem*, del arameo *ab*, 'padre', a través del gr. eclesiástico *abba*. (1993: Santos Juliá.)

ABC ing. Siglas de *American Broadcasting Companies*, 'Compañías de Radiodifusión Americanas'. Cadena de radio y televisión estadounidense. Telecom.

Aberri Eguna vasc. 'Día de la Patria'. Instituido en 1932 por el Partido Nacionalista Vasco; desde 1982, fiesta oficial de Euskadi. Se celebra el Domingo de Resurrección. (1977: *Pueblo*.) Pol.

abertzale vasc. 'aberchale', 'abertzale' (Ac.: 1992), 'aberzale' (Ac.: 2001), 'patriota (vasco)'. De *aberri*, 'patria'. (1976: *País*.) Pol.

Abertzaleen Batasuna vasc. 'Unidad Patriótica'. Organización de vascofranceses nacionalistas radicales, semejante a *Batasuna*, organización de los vascoespañoles nacionalistas radicales. (2001: *País*.) Pol.

ab initio lat. 'ab initio' (Ac.), lit.: 'desde el principio'. (1763: *La pensadora gaditana.*)

ab initio et ante saecula lat. 'desde el principio y antes de los siglos'. Del *Eclesiástico* (24, 14), según la Vulgata. (1843: V. de la Fuente.) Rel.

ab intestato lat. 'ab intestato' (Ac.), 'abintestato' (Ac.), lit.: '(el que ha muerto) sin testar'. (1837: Bretón de los H.) Der.

ab love principium lat. 'empezando por Jove', es decir, por Júpiter; 'empezando por el principio de todo'. De Virgilio (*Églogas*, 3, 60). (1994: A. Glez. Palencia.)

ab ipso ferro lat. 'por el mismo hierro (del hacha que lo poda el árbol prospera)'. *Motto* de emblema. Se halla en el emblema que figura frente a la edición de *In Canticum Canticorum Salomonis explanatio* (1580), de Fray Luis de León, tras su proceso por la Inquisición y aludiendo a ese proceso y a su versión en español de *El cantar de los cantares*. El *motto* está entresacado de palabras de la última estrofa de Horacio en *Odas*, 4, 4. (1887: Pardo Bazán.)

ab irato lat. 'ab irato' (Ac.), 'con ira'. (1920: seud. *Ana Díaz.*)

abiyar caló. 'venir'. (1885: R. Gómez Sánchez.)

abiyelar caló. 'venir'. (1896: R. Salillas.)

ABM ing. Siglas de *Anti Ballistic Missile*, 'Misil Anti Balístico'. (1981: *País*) Ej.

ab origine lat. 'desde el origen'. (1921: Unamuno.)

ab ovo lat. 'ab ovo' (Ac.), 'desde el huevo', 'desde un remoto principio'. Con referencia al huevo de Leda, del que nació Elena de Troya. Según Horacio (*ad Pisones*, 147), Homero, en su *Iliada*, para describir la guerra de Troya podría haber partido *ab ovo*, del huevo de Leda; pero acertó en hacerlo, de manera más próxima, de la cólera de Aquiles. (1843: E. de Ochoa.) Lit.

ABS al. Siglas de *Antiblockiersystem*, 'Sistema de antibloqueo'; deletreo: 'abeese' (1997: Cadena SER). Dispositivo que evita, mediante un sistema de sensores y un microprocesador, el bloqueo de las ruedas de un vehículo y que además regula el frenado. (1993: TVE.) Autom.

abstine et sustine lat. 'abstente y aguanta', 'soporta y renuncia' (Julián Marías). (1957: Julián Marías.) Fil. → SUSTINE ET ABSTINE.

abstract ing. 'resumen', 'reseña'. Compendio básico de un ensayo, conferencia o ponencia, generalmente impreso: equivalente al fr. *compte-rendu*. (1990: *BF March*.) Biblio. → COMPTE-RENDU.

ab uno disce omnes lat. 'por uno se conoce a todos (los demás)'. De Virgilio (*Eneida*, 2, 65). (1985: *ABC*.)

ab urbe condita lat. 'de la fundación de Roma', lit.: 'desde que se fundó la urbe'. Era romana que comienza en 733 a. de J. C., fecha legendaria de la fundación de Roma. (1964: Am. Castro.) Hist.

Abwehr al. 'Servicio secreto', 'Servicio de información' de la *Wehrmacht*; lit.: 'Defensa'. (1978: *País*.) Ej. → WEHRMACHT.

a cappella it. 'a capilla', 'a coro'. Coro de voces sin acompañamiento musical; y si lo tiene, los instrumentos doblan las voces al unísono o a la octava. (1935: Giménez Caballero.) Mús.

AC ing. Siglas de *Alternating Current*, 'Corriente Alterna'. Corriente eléctrica que varía su dirección a intervalos regulares. De uso internacionalmente generalizado. Electr.

AC / DC ing. Siglas de *Alternating Current / Direct Current*, 'Corriente Alterna / Corriente Directa (o Continua)'. Se hallan en dispositivos válidos para ambas corrientes eléctricas. De uso internacionalmente generalizado. Electr.

Accademia dei Lincei it. 'Academia de los Linces'. Fundada en Roma (1603) por el príncipe Federico Cesi, amigo de Galileo. Llamada ahora *Accademia Nazionale dei Lincei*, consagrada a las ciencias físicas, naturales, históricas, filológicas, etc. Educ.

Accademia della Crusca it. 'Academia de la Crusca'. Los *crusconi* fueron *tránsfugas* de la *Accademia Fiorentina*, establecida por Cosme I en defensa del toscano. En sus *cruscate*, o discursos paródicos (de *crusca*, 'salvado de trigo'), se burlaban de los dictámenes de la *Fiorentina*. Sus miembros adoptaron nombres relacionados con el trigo. Leonardo Salviati, *Infarinato*, logró que los *crusconi* formaran (1585) la *Accademia della Crusca*, a la que se debe el *Vocabolario... della Crusca* (1612), base léxica del toscano o italiano. (1992: P. Álv. de Miranda.) Ling.

accessit lat. 'accésit' (Ac.), lit.: 'llegó', 'se aproximó'. En ext.: *proxime accesit*, 'llegó muy cerca'. Con referencia a quien obtiene el puesto siguiente al ganador de un premio, concurso, etcétera. (1799: M. Silvela.)

ace ing. → AS.

ace ing. 'eis', 'tanto en servicio o saque'. En tenis, el tanto conseguido con un servicio que el contrario falla. (1978: *País*.) Dep.

achares caló, 'achares' (Ac.), 'celos', 'penas', 'disgustos'. (1881: Machado y Álvarez.)

achkenazi hebr. (1926: Baroja.) → ASHKENAZI.

Achtung! al. '¡Cuidado!', '¡Atención!'.

acid house ing. Se nombra así (1988) una variedad de música *house* en la que los teclados producen cierto efecto psicodélico y de ahí que se la adjetive *acid*, 'ácida', con referencia al *LSD;* el efecto se origina por un determinado uso de los sintetizadores. (1989: *País*.) Mús. → HOUSE y LSD.

a contrariis lat. (Ac.). 'a contráriis' (Ac.: 2001). En ext.: *argumentum a contrariis*, 'argumento a contráriis' (Ac.), esto es, 'el que parte de la oposición de dos hechos para concluir del uno lo contrario de lo que ya se sabe del otro' (*DRAE*). Fil.

a contrario lat. 'por el contrario'. Género de prueba y ejemplo que consiste en considerar el caso contrario. (1792: Jovellanos.) Fil.

acre ing. 'acre' (Ac.); lit.: 'campo'. Medida agraria inglesa: 4.046,88 m². Agr.

acta est fabula lat. 'la obra ha terminado'. Así se anunciaba el final de las obras de teatro entre los antiguos latinos: además, fueron pronunciadas por Augusto en su lecho de muerte. (1909: S. Canals.) Tea.

Action française fr. 'Acción francesa'. Nombre de un boletín fundado (1901) por Henri Vaugeois, nacionalista republicano que se pasó al neomonarquismo; uno de sus colaboradores, Charles Maurras. Se convirtió en diario en 1908, dirigido por Léon Daudet, difusor de las ideas monárquicas de Charles Maurras (*Enquête sur la monarchie*, 1900-1903). En la crisis de los años treinta, activistas de la *Action française*, llamados *camelots du roi*, formaron grupos armados contra los comunistas. Estos «patriotas», durante la Segunda Guerra Mundial, colaboraron con los nazis en la Francia ocupada. (1921: G. de Torre.) Pol. → CAMELOTS DU ROI.

action painting ing. 'pintura activa'. Expresión acuñada (1952) por el norteamericano Harold Rosenberg para calificar la pintura de Pollock, espontánea y de rápida ejecución. (1976: *Cambio 16*.) Arte.

Actors Studio ing. 'Taller de actores'. Situado en la calle 44, de Nueva York. Fundado por Elia Kazan y Cheryl Crawford en 1947, a los que se incorporó (1948) Lee Strasberg, quien lo dirigió hasta su muerte (1982). Sobre la base del llamado 'método', es decir, de las doctrinas sobre la interpretación debidas a Stanislavsky. Actores formados en el *Actors Studio*: Marlon Brando, Paul Newman, etc. Tea.

A. D. lat. Siglas de *Anno Domini*, 'Año del Señor'. → ANNO DOMINI.

ad absurdum lat. 'al absurdo', 'hasta el absurdo', 'por reducción al absurdo'. En ext.: *argumentum ad absurdum*, 'argumento al absurdo', que es el empleado, por su imposibilidad, para demostrar la absurdidad del argumento de un contrario (1898: L. Siboni). Fil.

adagio it. 'adagio' (Ac.), y *'adagio'* (Ac.: 2001), lit.: 'despacio', 'lentamente'. Movimiento lento, más lento que el *andante* y no tan lento como el *largo*. (S. XVIII: tonadilla.) Mús.

ad augusta per angusta lat. 'a (lugares) altos por (caminos) estrechos'. (1925: Pérez de Ayala.)

addenda lat. 'adenda' (Ac.: 2001), 'añadidos que se deben hacer'. (1942: E. d'Ors). Biblio. → ADDENDA ET CORRIGENDA.

addenda et corrigenda lat. 'añadidos y correcciones que se deben hacer'. Suelen figurar en las últimas páginas de los libros. Biblio.

addendum lat. 'añadido que se debe hacer'. Por ej., a un contrato.

ad ephesios lat. 'ad efesios' (Ac.), 'a los efesios', 'a los de Efeso'. Dentro de la expresión 'hablar *ad ephesios*' equivalente a 'hablar a oídos sordos'. Procede de la epístola de San Pablo *ad Ephesios*. (1912: Unamuno.) Rel.

Adeste, fideles lat. 'Acudid, fieles'. Título y comienzo de un motete para el tiempo de Navidad, en que se invita a los fieles a ver a Jesús nacido. Rel.

ad hoc lat. 'ad hoc' (Ac.), 'para esto', 'para ello', 'especial', 'adecuado'. (1865: Galdós.)

ad hominem lat. 'ad hóminem' (Ac.), 'al hombre'. En ext.: *argumentum ad hominem*, 'argumento al hombre', es decir, el que se emplea para refutar el de un contrario oponiéndole sus propias palabras, principios o conducta (1762: Clavijo.) Fil.

ad honorem lat. 'ad honórem' (Ac.: 1992), 'a honor', 'honorífico'. (1847: J. Valera.)

adhuc sub iudice lis est lat. 'todavía está el litigio en manos del juez'. (Horacio, *ad Pisones*, 78.) (1844: *Sem. pint. esp.*) Der.

Adidas al. Compañía alemana de artículos deportivos. Fundada (1920) por Adolf Dassler (1900-1978). Su nombre está comp. con *Adi*, hipocorístico de *Adolf*, y *das*, que son las tres primeras letras de *Dassler*. Dep.

adieu fr. 'adiós'.

ad impossibilia nemo tenetur lat. 'nadie es responsable de no ejecutar acciones imposibles'. (1861: Sentencia, Trib. Supremo.) Der.

ad infinitum lat. 'ad infinítum' (Ac.: 2001), 'hasta lo infinito'. (1963: E. Sábato, Arg.)

ad interim lat. 'ad ínterim', 'temporalmente', 'provisional-
mente'.

ad intra lat. 'hacia dentro', 'interiormente'. (1898: Unamuno.)

a divinis lat, 'a divinis' (Ac.). 'de las sagradas (órdenes)', lit.:
'de las (cosas) divinas'. Con referencia a la suspensión, a
los sacerdotes católicos, del ejercicio de las sagradas órdenes. (1976: *Informaciones*.) Rel. → CESSATIO A DIVINIS.

ad kalendas graecas lat. 'ad calendas graecas' (Ac.). 'a las
calendas griegas', 'sin que se sepa cuándo'. Pues no había
tales calendas en el calendario griego; sólo existían en el
romano, donde así se denominaba el día primero de cada
mes. La difusión de esta expresión proverbial latina se debe a Augusto, quien, refiriéndose a los malos pagadores,
dijo: «Pagarán en las calendas griegas» (Suetonio, *Doce Césares*, «Augusto». 87, 1), es decir, «no se sabe cuándo».
(1976: *D. 16*.) Hist.

ad lib. lat. Abrev. de *ad libitum*. → AD LIBITUM.

ad libitum lat. 'ad líbitum' (Ac.). 'a voluntad', 'a capricho'.
Procede de la terminología musical: 'lo que puede ser in-
terpretado o no, a voluntad', en oposición a *obbligato*. (1793:
Moratín h.) Mús.

ad limina lat. 'ad límina', 'a los umbrales (de Roma)', 'a Roma'. Con referencia a la visita quinquenal que los obispos
hacen a Roma para rendir cuentas al Papa, visita que per-
petúa la costumbre de los antiguos cristianos de postrar-
se a los umbrales de las puertas de las basílicas de San Pedro y San Pablo, en Roma, antes de penetrar en ellas. En
ext.: *ad limina apostolorum*, 'a las puertas de los apóstoles'.
(1928: G. Miró.) Rel.

ad litteram lat. 'ad lítteram', 'a la letra', 'al pie de la letra', 'literalmente'. (1980: *ABC*.)

Ad Maiorem Dei Gloriam lat. 'A Mayor Gloria de Dios'.
Motto de la Compañía de Jesús, que se suele abreviar
con las siglas *A.M.D.G.* Aunque tiene su origen próximo en los *Cánones* del Concilio de Trento (1542-1560),
se lee ya en los *Diálogos* de San Gregorio Magno y antes

(547), en griego, en unas ruinas de Siria, a 70 km. de Hama. Rel.

ad multos annos lat. '(que sea) por muchos años'. Fórmula de buen augurio. (1973: A. Cunqueiro.).

ADN al. Siglas de *Allgemeine Deutscher Nachrichtendienst*, 'Servicio (o Agencia) general alemán de noticias'. Period.

ad nauseam lat. 'ad náuseam', 'hasta la náusea'. (1971: R. de Garciasol.)

ad pedem litterae lat. 'ad pédem lítterae' (Ac.), 'al pie de la letra. (1836: Larra.)

ad perpetuam rei memoriam lat. 'en perpetua memoria del asunto (de que se trate)'. Fórmula de la Cancillería pontificia, que, a partir del siglo XIII, se puso al principio de las bulas, y después, en las constituciones y breves pontificios, así como en las suscripciones de los *motus proprios* (a partir del siglo XVI) e incluso en las actas de los soberanos franceses y alemanes. (1762: Clavijo.) Dipl.

ad quem lat. 'ad quem' (Ac.), 'hasta el cual', 'hasta el límite'. En ext.: *terminus ad quem*, 'término hasta el cual'. (1925: Ortega.) Fil.

ad referendum lat. 'ad reféréndum' (Ac.), 'para o hasta que se refrende o apruebe'. Con referencia a un documento o tratado que necesita ser aprobado por una autoridad mayor. Der.

aduar ár. (**adwar**). 'aduar' (Ac.), 'casar'. (1860: Alarcón.)

ad usum lat. 'según el uso o costumbre'.

ad usum Delphini lat. 'para uso del Delfín', es decir, expurgado de pasajes o palabras inadecuadas para los jóvenes. Expresión difundida por la biblioteca de autores latinos *in usum Delphini*, para instrucción del heredero del trono de Luis XIV de Francia, dirigida por el humanista Pierre Daniel Huet. (1918: Díez de Tejada.) Biblio.

ad valorem lat. 'ad valórem' (Ac.), 'a su valor', 'de acuerdo con su valor real'. Forma de tasar los derechos aduaneros sobre objetos importados, en proporción al valor real de esos objetos. (1979: *BOE*.) Econ.

ad vitam aeternam lat. 'para la vida eterna'. (1990: J. Goytisolo.)

advocatus diaboli lat. 'advocatus diáboli', 'abogado del diablo' (1996: RNE), pero propiamente 'promotor de la fe' (1996: RNE). Persona designada, en los procesos de canonización, en la Iglesia católica, para señalar las posibles faltas del propuesto. Rel.

AEG al. Siglas de *Allgemeine Elektrizitäts Gesellschaft*. 'Sociedad General de Electricidad', fundada a finales del siglo XIX por Emil Rathenau. Ind.

aegri somnia lat. '(malos) sueños de enfermo', 'pesadillas de enfermo'. De Horacio (*ad Pisones*, 7). (1879: Pereda.)

A.E.I.O.U. lat. Siglas del *motto* de la Casa de Austria: *Austria est imperare orbi universo*. 'A Austria compete gobernar el universo mundo'. (1868: Fdez. de los Ríos.) → AUSTRIA EST IMPERARE ORBI UNIVERSO.

aequo animo lat. 'con ánimo igual' o 'constante'. (1941: Baroja.) Fil.

aequo pulsat pede pauperum tabernas regumque turres lat. 'de igual modo pisa las chozas de los pobres que las torres de los reyes'. De Horacio (*Odas*, 1, 4, 13). (1835: Larra.) → PALLIDA MORS.

aere perennius lat. 'más duradero que el bronce'. De Horacio (*Odas*, 3, 30, 1). (1905: A. Nervo.) → MONUMENTUM AERE PERENNIUS.

aerobic ing. 'aeróbic' (Ac.: 1992), 'aerobic' (Ac.: 1992), 'aeróbica' (en el Río de la Plata, según Emilio Lorenzo). Abrev. de *aerobic exercices*, 'ejercicios aeróbicos'. Curso gimnástico, casi danza, con acompañamiento musical y que fomenta la actividad respiratoria. Difundido internacionalmente desde los ochenta, pero de origen estadounidense. El término nació con el título del libro *Aerobics* (1968), 'Aeróbica', del comandante estadounidense, instructor en la *NASA*, Kenneth H. Cooper. Dep.

aéro-club fr. 'aeroclub' (Ac.: 1992). Centro de formación y asociación de pilotos de aviación civil. Transp. a.

Aeroflot ru. 'Flota aérea'. Nombre (1930) de la compañía aérea civil soviética. Transp. a.

aérosol fr. 'aerosol' (Ac.). Compuesta de *aéro* y *sol*, de *solution*, 'solución (coloidal)', esto es, líquido que contiene una materia dispersa en su masa.

Aeterni Patris lat. 'Del Padre Eterno'. Encíclica (4 agosto 1879) de León XIII, considerada como la carta de la nueva filosofía cristiana. Rel.

A.F.C. ing. Siglas de *Automatic Frequency Control*, 'Control de Frecuencia Automático'. Ingenio, en los equipos de alta fidelidad, que mantiene perfectamente sintonizada la emisión radiofónica elegida. (1979: *D. 16.*) Telecom.

affaire fr. 'afer' (Ac.), '*affaire*' (Ac.: 2001), 'asunto', 'caso', pero con la connotación a veces de : 1) 'escándalo público'. Se popularizó en contextos españoles con motivo del *affaire* Dreyfus (1898). (1921: G. de Torre); 2) 'gran estafa' o 'escándalo financiero'. (1927: *La voz de Guipúzcoa*.) Econ.

(les) affaires sont les affaires fr. → LES AFFAIRES SONT LES AFFAIRES.

affiche fr. 'afiche' (Arg.; Ch.; Ac.: 1992), 'cartel'. A finales del siglo XIX, el afiche alcanzó categoría artística. Los pintores Toulouse-Lautrec, Mucha, Steinlein, Ramón Casas, Roberto Domingo, Ribas, Penagos, Bardasano y Renau han sido cartelistas famosos. (1899: R. Darío.) Pint.

affidavit lat. 'affidávit' (Ac.: 1992), lit.: 'dio fe', 'certificó'. Término jurídico internacional para declaraciones públicas. Uso de procedencia inglesa. Der.

affreux fr. 'mercenario', lit.: 'terrible'. Este tipo de soldado mercenario al servicio del capitalismo salvaje y neocolonialista, y que ideológicamente era nazifascista, surgió a raíz de la descolonización del África negra y tuvo su apogeo en el Congo belga (Zaire), durante la guerra de secesión de Katanga. (1979: *País*.) Ej.

A.F.L. ing. Siglas de *American Federation of Labor*, 'Federación Americana del Trabajo'. Organización sindical norteamericana que en 1955 se unió a la *C.I.O.* Pol.

A.F.L./C.I.O. ing. → A.F.L.; C.I.O.

a fortiori lat. 'a fortiori' (Ac.), 'con mayor razón o fundamento'. Argumento o prueba que se obtiene de más a menos. (1971: Dám. Alonso.) Fil.

afrikaaner afr. 'afrikáner' (Ac.: 1992), 'africáner'. Es el habitante blanco de la Unión Surafricana, de origen neerlandés, que habla el afrikáans. (1976: *País*.) Geogr. p. → AFRIKAANS.

afrikaans afr. 'afrikáans' (Ac.: 1992), 'africán', lit.: 'africano'. Dialecto neerlandés que se habla en la Unión Surafricana por los descendientes de los antiguos colonos holandeses. Desde 1925, lengua oficial, con el inglés, de la Unión Surafricana. Ling.

Afrika Korps al. 'Cuerpo (o ejército expedicionario) de África'. Al mando del mariscal Rommel combatió en el norte de África durante la Segunda Guerra Mundial. (1944: Ismael Herráiz.) Hist.

afro ing. (Ac.: 2001). Abrev. de *afro-american*, 'afroamericano'. Con referencia al corte de pelo en forma de bola en torno a la cara, utilizado por los negros, desde los años setenta, como afirmación de negritud dentro de la sociedad de EE. UU. (1976: *Semana*.) Pol.

after ing. Abrev. de *afterhours*. → AFTERHOURS.

afterhours o **after hours** ing. 'horas posteriores' a las normales de cierre, es decir, 'horas de madrugada'. Con referencia a las discotecas y otros lugares de esparcimiento de cierre muy avanzado. (1995: F. Savater.) Host.

after shave ing. 'postafeitado' (M. Seco), 'posafeitado' (M. Seco). Loción que se aplica a la cara después *(after)* del afeitado *(shave)*. (1978: Rosa Montero.) Cosm.

agar-agar mal. 'agar-agar' (Ac.). Sustancia gelatinosa que se obtiene del alga *Gelidium sesquipedale*, llamada 'ogre' por sus cosechadores asturianos. Bot.

agenda lat. 'agenda' (Ac.). lit.: '(las cosas que) han de hacerse'. Lista, libro, cuaderno, programa u orden del día o días. (1832: Mesonero.)

age quod agis lat. 'lo que hagas, hazlo (bien)', 'haz lo que debas hacer'. (1906: A. Nervo.)

AGFA al. Siglas de *Aktiengesellschaft für Anilinfabrikation*, 'Sociedad anónima para la fabricación de anilinas'. Fundada en 1873: conocida universalmente por la fabricación de película fotográfica. Ind.

aggiornamento it. 'puesta al día', 'actualización'. Se refiere fundamentalmente a la renovación de la Iglesia católica, de acuerdo con el mundo moderno, propuesta por el Concilio Vaticano II, convocado (1959) por Juan XXIII, frente al catolicismo integrista (1966: P. Garagorri.) Rel.

agibilibus lat. 'agibílibus' (Ac.), fam. 'agílibus' (Ac.) y vulg. 'agilibú'; lit.: 'en (cosas o asuntos) agibles'. Disposición para resolver bien asuntos prácticos. Es el ablativo pl. del lat. escolástico (Santo Tomás) *agibilis*, 'agible', sinón. de 'práctico'. (1794: Torres Villarroel.)

agio fr. 'agio' (Ac.) 'especulación'. Del it. *aggio*. Estuvo en auge en la segunda mitad del siglo XIX en Francia, especialmente durante el imperio de Napoleón III. (1903: Galdós.) Econ.

agiotage fr. 'agiotaje' (Ac.) Compra y venta de títulos públicos, para obtener beneficios. (1800: Francisco Bustamante y Cía.) Econ.

AGIP it. Siglas de *Azienda Generale Italiana Petroli*, 'Hacienda o Gerencia General Italiana de Petróleos', estatal, dedicada al refino y distribución, filial del *ENI*. (1993: *País*.) Petroq. → ENI.

agitprop ru. Abrev. de *aguitatsia i propaganda*, 'agitación y propaganda'. Sección dentro de los PP.CC., que se ocupaba del activismo, difusión y propaganda de las consignas comunistas. (1984: R. J. Sender.) Pol.

agni sáns. 'el fuego (sacrificial personificado)', en el hinduismo (1874: T. García Ayuso.) Rel.

agnus Dei lat. 'agnusdéi' (Ac.), lit.: 'cordero de Dios'. 1) símbolo de Cristo (el Cordero portando la cruz-estandarte), que se sacrificó para borrar los pecados del mundo; 2) redondela de cera, hecha con cera del cirio pascual que se fundía en San Pedro de Roma el Sábado de Gloria; 3) escapulario bordado con el *agnus Dei*; 4) oración de la misa que, en el ritual romano, comienza con estas palabras. Rel.

à gogo fr. 'a gogó', 'a voluntad', 'en abundancia'. De *gogue*, 'regocijo', 'placer'. (1982: L. Calvo.)

agrément fr. 'aprobación', 'beneplácito', 'plácet'. Dipl.

agur vasc. 'agur' (Ac.), pop. 'abur' (1794: R. de la Cruz), 'buen augurio', 'buena suerte'. Fórmula de despedida. Del lat. vulg. *augurium*, 'agüero', en ext.: *bonum augurium*, 'buen agüero'. (1813: Moratín h.)

agur, jaunak vasc. 'salud, señores'. Primeras palabras de un himno vasco. (1978: *D. 16.*) Rel.

ahimsa sáns. 'no violencia'. Concepto básico de la resistencia pacífica propugnada por Gandhi en la India. Procede del código o Leyes de Manú. Más que 'no violencia' significa 'no daño', incluso 'ausencia de deseo de matar' (M. Biardeau), ya que *hims* se corresponde con *han*, 'golpear', 'matar'. (1981: R. Montero.) Pol.

à huis clos fr. 'a puerta cerrada'. Con referencia a los procesos que se celebran sin asistencia de público. Difundida por haber servido de título a un drama (1944) de J.-P. Sartre. (1982: Haro Tecglen.) Der.

aide-mémoire fr. 'vademécum', 'compendio', 'recordatorio' y vulg. 'chuleta', según los casos. Compuesta de *aide*, 'ayuda', y *mémoire*, 'memoria'. En lenguaje diplomático, 'libro o documento que reúne los principales datos sobre un tema'. (1978: Jiménez de Aberasturi.)

aigrette fr. 'penacho', 'airón', 'copete de plumas'. Adorno en los sombreros femeninos de la *belle époque*, a imitación del airón de la *aigrette*, 'garza'. (1884: Galdós.) Indum.

aikido jap. 'aikido' (Ac.: 2001), 'aiquido'. Comp. de *ai*, 'unión', *ki*, 'espíritu', y *do*, 'camino': 'vía o camino de la unión de los espíritus', según unos (Zingarelli; Mini) o 'vía de la paz', según otros (Robert). Es una variante del yiuyitsu, en que se neutraliza al contrario mediante rotación del cuerpo y aplicación de llaves en las articulaciones. Creado por Monhei Ueshiba (1883-1969). Dep.

ainda gall. 'aún', 'todavía', 'además'. (1792: Moratín h.)

ainda mais gall. 'aindamáis' (Ac.), 'todavía más', 'y más aún'. (1803: *El Regañón general*.)

ainé fr. 'primogénito', 'hijo mayor'. Del lat. **antius*, compuesto de *ante* y *natus*, 'nacido antes', a través del fr. med. *ainz né*. (1925: G. de Torre.)

ai posteri l'ardua setenza it. En ext.: *Fu vera gloria? Ai posteri l'ardua sentenza*. '¿Fue verdadera gloria? A los que vengan detrás corresponde la ardua sentencia'. Palabras de Alessandro Manzoni, en su oda *Cinque Maggio*, escrita en julio de 1821, al conocer la muerte de Napoleón, ocurrida el *cinco de mayo* de 1821. (1926: *Andrenio*.) Hist.

airbag ing. 'airbag' (Ac.: 2001), 'saco o bolsa *(bag)* de aire *(air)*' 'cojín de aire', que se infla automáticamente al producirse un choque, para proteger de posibles lesiones frontales o laterales a los ocupantes de un automóvil. (1993: Telemadrid.) Autom.

Airbus fr. e ing. 'Airbús', 'Aerobús' (Ac.: 1992). Nombre registrado (1966), por la compañía europea *Airbus Industrie*, de un tipo de avión grande de pasajeros. Comp. del fr. e ing. *air*, 'aire' y del lat. *(omni)bus*, 'para todos'. Transp. a.

Air Force One ing. 'Ejército del Aire, Uno'. Clave de vuelo del presidente de EE.UU., especie de Casa Blanca volante. (1991: *País*.) Ej.

aita vasc. 'aitá' (1994: I. Gabilondo), 'padre'. (1982: RTVE.)

aitona vasc. 'abuelo'.

aizkolari vasc. 'aizcolari' (Ac.: 1992), 'leñador', lit.: 'hachero'. Deriv. de *aizkora*, 'hacha'. (1904: Blasco Ibáñez.)

Ajax ing. Marca registrada de un detergente de la compañía estadounidense Colgate Palmolive. Con referencia al fuerte héroe griego Áyax o Ayante, cantado por Homero en la *Ilíada*. Quím.

akelarre vasc. 'aquelarre' (Ac.), de *aker*, 'cabrón', y *larre*, 'prado', es decir, 'prado del cabrón'.

akmé gr. 'acmé' (Ac.), 'culminación'. (1923: Ortega.)

akvavit dan. 'aguardiente'. Del lat. *aqua vit(ae)*, 'agua de vida'. Gastr. → AQVAVIT.

à la béchamelle fr. 'a la besamela', 'con besamela'. (1904: Galdós.) Gastr. → BÉCHAMELLE.

à la belle étoile fr. 'al sereno', 'al raso'. (1896: A. Nervo.)

à la brochette fr. 'en aguja', 'en broqueta'. (1897: A. Muro.) Gastr.

à la carte fr. 'a la carta', 'a elección'. (1910: J. Nombela.) Gastr.

à la dernière fr. 'a la última (moda)'. (1782: Forner.) Indum.

à la dérobée fr. 'a hurtadillas', 'a escondidas'. (1836: Mesonero.)

à la diable fr. 'a la diabla', 'deprisa', 'con desorden'. (1893: Pardo Bazán.)

à la garçonne fr. 'a lo muchacho', 'a lo chicazo'. Tipo de peinado y corte de pelo de la mujer en los años de la posguerra de la Primera Guerra Mundial. (1925: E. Marquina.)

à la gouache fr. 'a la guacha'. (1906: Martín Rico.) Pint. → GOUACHE.

à la grand d'Aumont fr. (**à la Daumont**). 'a todo lujo'. Coche tirado por cuatro caballos, con dos postillones, a la inglesa, introducido en Francia por el duque d'Aumont, durante la Restauración; la pequeña Aumont, tirada por dos caballos y un solo postillón. (1912: Galdós.) Transp. t.

à la guerre comme à la guerre fr. 'en la guerra como en la guerra'.

alalá gall. 'alalá' (Ac.). 1) grito onomatopéyico; 2) canto popular, de carácter lánguido, que tiene como estribillo: *ailalá, ailalá*. (1917: W. Fdez. Flórez.)

à la manière de fr. 'a la manera de', 'al estilo de', 'a semejanza de'. Esta expresión se difundió gracias al libro así titulado (1908) de Charles Müller y Paul Reboux, que contiene imitaciones cortas de diversos autores, las cuales aparecieron antes sueltas en el diario *Le Figaro*, de París. (1976: J. M.ª Valverde.) Lit.

à la page fr. 'al día', lit.: 'a la página'. (1972: I. Montero.) →
ÊTRE A LA PAGE.

à la papillote fr. 1) 'a la papillote' (Ac.). Modo de presentar
las chuletas de cordero, con el palo envuelto en papel.
(1887: A. Muro.); 2) 'en papillote', actualmente, forma de
asar alimentos, envolviéndolos en papel de aluminio. Gastr.
→ PAPILLOTE.

à la recherche du temps perdu fr. 'a la búsqueda del tiempo perdido'. Según el título de una serie de siete novelas
(1913-1927) de Marcel Proust (1873-1922). Lit.

a l'ast cat. 'al asta', 'en espetón'. *Ast* es la barra de hierro que
atraviesa longitudinalmente un animal o un trozo de car-
ne para asarlo. Es giratoria. Suele verse en los asadores de
pollos. (1996: Jordi Pujol.) Gastr.

a latere lat. 'a látere' (Ac.), lit.: 'de costado'. Originalmente,
un legado *a latere* es un legado del Papa para una función
diplomática concreta (1868: R. Barcia.) Dipl.

albaes cat. 'albadas', 'alboradas'. En la región valenciana, canciones de ronda al amanecer. (1902: Blasco Ibáñez.) Mús.

albergo it. 'albergo' (Ac.), 'albergue' (Ac.), 'hospedaje', 'hos-
pedería'. (1922: *Andrenio.*) Host.

album lat. 'álbum' (Ac.), pl. 'álbumes'; lit.: '(objeto) blanco'.
Del lat. *albus*, 'albo', 'blanco'. Originariamente, en lat., era
una tablilla blanca, en la que se escribían órdenes o avisos
públicos. Es palabra introd. tardíamente en esp., habiéndose difundido durante el Romanticismo 1) para recoger
versos, pensamientos, dibujos, autógrafos, etc., de autores
diferentes, en sus páginas en blanco. (1835: Larra.) Modernamente 2) para coleccionar cromos, fotos, sellos, etc.
Y actualmente 3) también para nombrar una carpeta con
varios discos de un autor o de determinado género.

al dente it. 'al diente'. Cocimiento de la pasta italiana de modo que no quede blanducha y no desprenda harina. (1984:
RNE.) Gastr.

Alderdi Eguna vasc. 'Día del Partido (Nacionalista Vasco)'. De *alderdi*, 'partido', y *eguna*, 'día'. Se celebra el

último domingo de septiembre. (1978: P. Erroteta.) Pol.

alderman ing. 'concejal', 'regidor'. (1868: F. Villalba.) Pol.

al detall cat. 'al detalle' (Ac.), 'al por menor' (Ac.). Frecuente en la primera mitad del siglo XX, pero que sólo se ve ya en rótulos comerciales anticuados o en hablantes catalanes (1999: Rubert de Ventós) que se expresan en español. Com.

ale ing. 'cerveza (con sabor a lúpulo)', por su corto período (diez días) de fermentación, lo que la diferencia de la *lager*. (1991: TVE.) Gastr. → LAGER.

alea iacta est lat. 'la suerte está echada'. Frase de Julio César al pasar el Rubicón (Suetonio, *Doce Césares*, 'Julio César', 32). Según la ley romana, cualquier fuerza militar que pasara el río Rubicón hacia Roma se declaraba automáticamente enemiga de la República. (1890: L. Coloma.) Hist.

Aleanza Nazionale it. 'Alianza Nacional'. Nuevo nombre del *MSI*, adoptado en el congreso refundacional de enero de 1995. Pol. → MSI.

aleph hebr. 'álef' (Ac.: 1992), frente al incorrecto 'alef', que a veces se oye. 1) primera letra del alefato, es decir, del alfabeto hebreo. Ling.; 2) en la Cábala judía, significa el *En-Sof* (1949: J. L. Borges, Arg.: *En-Soph*), la ilimitada y pura divinidad, lo No-Finito. Rel.; 3) en la *Mengenlehre* (1949: J. L. Borges, Arg.), palabra alemana que significa 'Teoría de los Conjuntos', es un símbolo matemático que representa un número transfinito. Mat. (1949: J. L. Borges, Arg.)

alétheia gr. 'verdad'. (1914: Ortega.) Fil.

A.L.F.A. (Romeo) it. Formada con las siglas *A.L.F.A.*, de *Anonima Lombarda Fabbrica Automobili*, 'Anónima Lombarda Fábrica de Automóviles', fundada (1906) en Portello, cerca de Milán, y *Romeo*, apellido del ingeniero Nicola Romeo, que se unió a *A.L.F.A.* después de la Primera Guerra Mundial. Autom.

Al Fatah ár. → FATAH.

alfileres de seguridad anglicismo. Calco del ing. *safety pins*, '(alfileres) imperdibles'. (h. 1970: C. Fuentes, Méx.; cit. por E. Lorenzo.)

ALGOL ing. 'algol' (Ac.: 2001). Acrónimo de *Alg(orithmic) L(anguage)*, 'lenguaje algorítmico'. Lenguaje de programación, creado en 1958, para cálculos numéricos de alto nivel, como el lenguaje *PASCAL*. Inform.

alhamdulilah ár. 'loanza a Dios'. (1922: Giménez Caballero.) Rel. → BISM-IL-LAH.

alias lat. 'alias' (Ac.). En ext.: *alias dictus*, 'llamado de otra manera', es decir, 'apodado'. Se suele abreviar así: *(a)*.

alibi lat. 'coartada', lit.: 'en otra parte'. Prueba de inocencia consistente en demostrar que el sospechoso se hallaba en otro lugar, no en el lugar del delito, cuando éste se cometió. Difundida por las novelas policíacas francesas y anglosajonas. (1983: R. Escudero.) Der.

alien ing. 'ser extraterrestre', 'alienígena' (Ac.: 1992). Del lat. *alienus*, 'ajeno'. Divulgada por los filmes estadounidenses *Alien* (1979), dirigido por Ridley Scott, y *Aliens* (1986), dirigido por James Cameron. Las trad. de obras anglosajonas de *science-fiction* han utilizado el esp. 'alienígena' *(DRAE)* con el sentido de 'ser extraterrestre' que anteriormente no tenía, pues se limitaba al de 'extranjero', 'ajeno al grupo'. (1995: Joaq. de Luna.)

aliquando bonus dormitat Homerus lat. → QUANDOQUE BONUS DORMITAT HOMERUS.

ALITALIA it. Acrónimo de *Aerolinee Italiane Internazionali*, 'Aerolíneas Italianas Internacionales'. Transp. a.

aliyah hebr. 'aliyá' (1970: Ramón Díaz), 'aliá' (1991: R. S. Ferlosio). lit.: 'regreso'. Corriente judía de vuelta a Sión. (1991: M. A. Bastenier.) Rel.

Alka-Seltzer ing. Marca registrada por los estadounidenses Miles Laboratories. Es un medicamento analgésico soluble efervescente. Su nombre está compuesto por *Alka(line)*, 'alcalino', y *Seltzer(water)*, 'agua de Seltz'. Med.

Allah akbar ár. 'Alá es grande'. 'Dios es grande' (1860: *Alm. Museo Universal.*) Rel.

allegretto it. 'alegreto' (Ac.), es decir, 'algo ligero', menos ligero que el *allegro*. (S. XVIII: tonadilla.) Mús.

allegro it. 'alegro' (1796: Comella; Ac.), 'ligero' (S. XVIII: tonadilla.) Mús.

allegro vivace it. 'alegro vivaz'. (1882: Palacio Valdés.) Mús.

all i oli cat. 'alioli' (Ac.), 'ajiaceite' (Ac.), 'ajoaceite' (Ac.). (1913: Pardo Bazán.) Gastr.

all i pebre cat. 'alipebre', lit.: 'ajo y pimienta'. Guiso de anguila con salsa muy pimentada. (1902: Blasco Ibáñez.) Gastr.

allô! fr. '¡aló!' (1935: A. Torrado), '¡oiga!', '¡hola!'. Llamada por teléfono. En uso hasta los años treinta en España y frecuentemente todavía en Am. h. Telecom.

allons, enfants de la patrie! fr. '¡adelante, hijos de la patria!'. Primeras palabras de *La Marseillaise*, himno nacional francés, debido a Rouget de Lisle (1760-1836). (1848: *El tío Camorra.)* Hist.

all right ing. 'perfectamente', 'muy bien'. Actualmente se oye 'correcto'. (1875: Galdós.)

allure fr. 'marcha', 'porte', 'conducta', 'modo'. (1890: L. Coloma.)

alma mater lat. 'alma máter' (Ac.: 1992), lit.: 'madre nutricia'. Se suele decir de las universidades. (1904: F. Blanco García.) Educ.

aloha haw. 'aloha', lit.: 'amor a ti'. Fórmula de salutación. (1925: Blasco Ibáñez.)

Al Qaida ár. (**Al Qa'ida**) 'La Base'. Organización terrorista islamista, fundada en 1988, con base (2001) en Afganistán, dirigida por Osama ben Laden, saudí, responsable del ataque y hundimiento de las 'Torres gemelas' de Nueva York (11 septiembre 2001). La transcrip. *Al Qaeda* es inglesa. (2001: *País*.) Pol.

alter ego lat. 'álter ego' (Ac.), 'amigo íntimo', 'persona de confianza', lit.: 'otro yo'. (1881: Mesonero.) → AMICUS EST ALTER EGO.

Althing isl. 'Asamblea', o 'Parlamento' de Islandia. Pol.

Al vent! cat. '¡Al viento!'. Canción política (1963) de protesta, antifranquista, de Raimon, cantautor perteneciente al movimiento de la *nova cançò* catalana. Mús. → NOVA CANÇÒ.

al Yama'a ár. 'la Comunidad'. Movimiento religioso integrista marroquí, fundado (1982) por Abdesalam Yasin, nacido en 1927. (1984: *País: al Jama'a.*) Pol.

Alzheimer al. '*alzheimer*' (Ac.: 2001), '(mal o enfermedad de) Alzheimer' (Ac.: 2001). Descubierto por el neurólogo Alois Alzheimer en 1905. Es una 'demencia senil' progresiva, por degeneración de las neuronas, que impide o altera las funciones cerebrales. (1991: *País.*) Med.

AM ing. Siglas de *Amplitude Modulation*, 'Modulación de Amplitud'. Constan en los diales de los receptores de radio que la poseen. Con referencia a la amplitud de una onda portadora para transmitir una señal, así como a la superposición de esta señal a la onda portadora. Telecom.

a.m. lat. Siglas de *ante meridiem*. Uso tomado del ing. → ANTE MERIDIEM.

ama vasc. 'amá', 'madre', 'mamá'. (1897: Unamuno.)

Amal ár. 'Esperanza'. Milicia chií libanesa, mandada (1985) por Nabib Berri, pro-siria. Pol.

Amanita phalloides lat. 'amanita faloide', 'oronja verde'. Es seta venenosa. Bot.

amarcord it. dial. romañolo. '(yo) recuerdo'. Título de un filme (1973) de Federico Fellini. Cine.

a mari usque ad mare lat. 'de mar a mar'. *Motto* del escudo de Canadá. Heráld.

amateur fr. 'amador', 'aficionado'. 1) 'aficionado' a una persona (1845: Mesonero); 2) 'aficionado, amador o amante del arte' (1861: Mtnez. Villergas.) Arte; 3) 'aficionado o cultivador de un deporte', sin recibir salario por ello; este uso es de origen ing., considerado (1980: Rey-Debove) en fr. como anglicismo. (1899: Sánchez y Rubio.) Dep.

ambient o **ambient music** ing. 'ambiente' o 'mús. ambiental'. Mús. electrónica, capaz de crear una atmósfera plácida, representada por *Music for babies*, 'Música para nenes', (1996), de Howie B. (1997: *País*.) Mús.

ambigu fr. 'ambigú' (Ac.), lit.: 'ambiguo'. 1) comida variada y dispuesta de una vez en una mesa larga, de donde se toma en pie en funciones, veladas, etc.; 2) el lugar o bufé donde se dispone (1770). Host.

A.M.D.G. lat. Siglas de *Ad Maiorem Dei Gloriam*. Rel. → AD MAIOREM DEI GLORIAM.

(the) american dream ing. 'el sueño americano', es decir, la posibilidad de desarrollo personal y general que ofrece EE. UU. por su sistema democrático. (1981: *País*.) Pol.

(the) American Legion ing. 'Legión americana'. Asociación de ex combatientes norteamericanos, fundada en 1919, de carácter chovinista y reaccionario. Pol. → LEGIONELLA.

(the) american way of life ing. 'estilo de vida norteamericano'. Es el estilo de vida democrático que se desprende de la Constitución y del progreso tecnológico de EE.UU., propuesto como modelo universal tras la Segunda Guerra Mundial. Anteriormente se decía sólo *the american way*, 'el estilo norteamericano'. (1961: Antonio Paz.) Pol.

America's Cup ing. 'Copa del *America*'. Prueba náutica que debe su nombre al velero *America*, que, en 1851, en aguas británicas, triunfó en competencia con otros quince. Dep.

amica veritas, sed etiam amicus Plato lat. 'la verdad es amiga, pero también es amigo Platón'. (1962: P. Laín.) → AMICUS PLATO...

amicus est alter ego lat. 'un amigo es otro yo'. Versión latina de una sentencia atribuida a Pitágoras.

amicus Plato, sed magis amica veritas lat. 'Platón es un amigo, pero más amiga es la verdad'. De Ammonio Saccas *(Vida de Aristóteles)*, aunque refiriéndose no a Platón sino a Sócrates, y basándose en un pasaje de la *Ética a Nicómaco* (I, 6), de Aristóteles. (1835: Larra.) Fil.

amish ing. 'ammista' o 'ammanista', es decir, 'seguidor de Amman'; también 'mennonita' y 'menonita' (1999: *DEA*). Del al. *amisch*, deriv. del apellido de Jakob Amman (siglo XVII),

obispo mennonita suizo, con quien se identifican los men-
nonitas estadounidenses. La secta protestante mennonita
tiene su origen en las predicaciones y libros de Simons
Menno (1492-1559), autor de *Fundamentbuch von rechten ch-
ristlichen Glauben* (1556), 'Libro fundamental de las verda-
deras creencias cristianas'. El mennonismo se desarrolló primero en Holanda, extendiéndose luego a otros países
germánicos. El grupo *amish* es fundamentalista, pero no violento, anclado y endógeno. (1994: R. Lezcano.) Rel.

Amnesty International ing. 'Amnistía internacional'. Asociación fundada (1961) por Peter Benenson contra las
detenciones arbitrarias por motivos políticos o ideoló-
gicos, contra las torturas a los detenidos, etc. Tiene carácter consultivo para la ONU, el Consejo de Europa y
la OEA. En 1977 recibió el Premio Nobel de la Paz y
en 1978 el Premio de los Derechos Humanos de la
ONU. Pol.

amok mal. 'amok' (Ac.: 1992). Carrera frenética, asesina, por
locura homicida transitoria. Sirvió de título a una famosa
novela (trad. al esp. en 1931) de Stefan Zweig (1881-1942),
lo que contribuyó a su difusión mundial; sin embargo, en
esp. se empleó antes con la ortografía *hamoc*, como préstamo del tagalo (1891: J. Rizal) y también *amock* (1925:
Blasco Ibáñez.)

amor a primera vista anglicismo. Calco del ing. *love at first
sight*, correspondiente al esp. 'flechazo'. (1977: Fdo. del
Paso, Méx.; 1994: Sol Alameda.)

Amor che move il Sole e l'altre stelle it. 'Amor que mueve el Sol y las demás estrellas'. De Dante (*Paradiso*, v. final). Con referencia no al amor humano, sino a Dios, como motor del mundo. (1990: *El Sol*.)

(l')amore è un appetito di belleza it. 'el amor es un apetito de belleza'. Frase de Lorenzo de' Medici (1449-1492)
el Magnífico. (1926: Ortega.) Fil.

ampere intern. 'ampere' (Ac.), 'amperio' (Ac.). El Congreso Eléctrico de París (1881) estableció este término para

designar la unidad de intensidad de la corriente eléctrica, en honor de A.-M. Ampère (1775-1836), por su aportación al electromagnetismo. (1919: Senador Gómez.) Electr.

A.N. it. Siglas de *Aleanza Nazionale*. Pol. → ALEANZA NAZIONALE.

An-... ru. Sílaba inicial del apellido del ingeniero soviético Oleg K. Antonov, que, seguida de guión y número serial, sirve para denominar los aviones diseñados —tanto civiles como militares— por el *Osobij Konstruktorskoie Buró O. K. Antonov*, 'Departamento de Construcciones Especiales O. K. Antonov'. Transp. a.

anábasis gr. 'expedición militar'. Sirvió de título a la obra de Jenofonte en que se narra la expedición de Ciro en Asia (401 a. de J. C.). Hist.

anagnórisis gr. 'anagnórisis' (Ac.), 'agnición', 'reconocimiento', es decir, 'desenlace por reconocimiento'. (1792: Moratín h.) Lit.

ananke gr. 'ananke', 'ananké' (1928: Estévez Ortega), 'fuerza del destino', 'fuerza del sino'. Entre los presocráticos (Leucipo), 'necesidad', frente a 'azar'. Se difundió por haber servido de título a un capítulo (7, 4) de *Notre-Dame de París* (1831), de Victor Hugo. (1888: R. Darío.)

anaquerar caló → ARAQUERAR.

anathema sit! lat. '¡sea anatema!. Palabras *(sit anathema)* de San Pablo *(Corintios*, 1, 16, 22), según la Vulgata, adoptadas *(anathema sit)* en el Concilio de Trento (1548-63) para condenar toda opinión herética. (1903: *Zeda.*) Rel.

a nativitate lat. 'a nativitate' (Ac.), 'desde el nacimiento', 'de nacimiento'. (1903: Galdós.)

ANC ing. Siglas de *African National Congress*, 'Congreso Nacional Africano' (1912), partido negro surafricano, liderado por Nelson Mandela, defensor de la igualdad racial y contrario a la política de *apartheid*. Manifiesta cierta influencia, al menos en el nombre, del *Indian National Congress*, «Partido del Congreso de India». → APARTHEID.

anch'io it. 'también yo'. (1884: *Clarín*.) → ANCH'IO SONO PITTORE.

anch'io sono pittore it. 'también yo soy pintor'. Frase atribuida al Correggio, quien la pronunciaría ante la pintura de Santa Cecilia, de Rafael, en Bolonia, según Luigi Pungileoni (*Il Correggio*, Parma, 1817). (1838: Mesonero.) Pint.

ancien régime fr. 'antiguo régimen'. Se refiere al régimen (monarquía absoluta) que derribó la Revolución francesa. Por ext., todo régimen conservador anterior a otro más avanzado. (1912: L. Coloma.) Hist.

ancilla theologiae lat. En ext.: *philosophia ancilla theologiae*, 'la filosofía es sierva o criada de la teología'. Expresión simplificada y generalizada de un texto de San Pedro Damián († 1072), donde se dice que la filosofía es *velut ancilla dominae*, 'como una criada respecto a su dueña' (*De divina omnipotentia*, V). (1912: Unamuno.) Fil.

andante it. 'andante' (Ac.). Movimiento moderadamente lento. (1796: Comella.) Mús.

andante cantabile it. 'andante cantable', 'andante más lento'. (S. XVIII: tonadilla.) Mús.

andante con moto it. 'andante con movimiento'. (S. XVIII: tonadilla.) Mús. → ANDANTE.

andante staccato it. 'andante estacato', 'andante separado' (S. XVIII: tonadilla.) → ANDANTE y STACCATO.

andantino it. 'andantino' (Ac.). Es menos lento que el andante (S. XVII.) Mús.

Andramari vasc. 'Santa María'. (1993: TVE.) Rel.

anduriña gall. 'andorina' (Ac.), 'golondrina'. (1917: Jaime Sala.) Fauna.

Angelus lat. 'Ángelus' (Ac.). Oración que, en el ritual romano, comienza: *Angelus Domini nuntiavit Mariae*, 'El ángel del Señor anunció a María'. (1898: L. Siboni.) Rel.

angina pectoris lat. 'angina de pecho'. Med.

angry young men ing. 'jóvenes airados'. Grupo de escritores británicos del decenio 1951-1960, cuyas obras expresaban amargura, descontento y desilusión social. Recibió esa denominación por el título de la autobiografía de uno de ellos: *Angry young man* (1951), de Leslie Paul. No propugnaban una nueva estética, sino una actitud rebelde ante la vida y los problemas contemporáneos. La obra más famosa del grupo: *Look back in anger* (1956, 'Mirando atrás con ira'), drama de John Osborne. (1964: F. M. Lorda.) Lit.

anguis in herba lat. 'una culebra en la hierba'. De Virgilio (*Égloga* II, 23). → LATET ANGUIS IN HERBA.

a nihilo lat. 'de la nada'.

anima lat. 'ánima'. En la psicología de C. G. Jung (1875-1961), el aspecto inconsciente femenino del hombre. Psic.

animalia post coitum tristia lat. 'los animales quedan tristes después del coito'. Adagio. (1983: U. Glez. Serrano.) → POST COITUM OMNE ANIMAL TRISTE.

animula vagula, blandula, / hospes comesque corporis lat. 'almita inquieta y cariñosa, / huésped y compañera del cuerpo'. Versos atribuidos al emperador Adriano moribundo, recogidos por Elio Spartiano (*Vida de Adriano, 25*). (1905: R. Darío.) Lit.

animus lat. 'ánimo'. En la psicología de C. G. Jung (1875-1961), el aspecto inconsciente masculino del hombre. Psic.

animus in consulendum liber lat. 'espíritu libre para decidir o para sus decisiones'. Frase de Catón (según Salustio: *Conjuración de Catilina*, 52, 21), ante el Senado, con la que caracteriza a los antiguos romanos. Adoptada como *motto* por la OTAN, en su sede de Bruselas. (1996: Vázquez Montalbán.) Pol.

animus iniuriandi lat. 'ánimo o intención de ofender'. (1981: *País*.) Der.

animus iocandi lat. 'ánimo o intención de burlarse de alguien'. (1995: Sent. Trib. Supremo.) Der.

animus negotiandi lat. 'ánimo de negociar', 'ánimo negociador'. (1980: *ABC*.) Der.

anna ing. 'ana'. Del hindi *ana*. Moneda de la India, equivalente a un dieciseisavo de la rupia. Num.

anno Domini lat. 'en el año del Señor'. Con referencia a la era cristiana. Cronol.

annus horribilis lat. 'año horrible'. Expresión (dic. 1992) de Isabel II de Inglaterra, ante el Parlamento, para calificar el año 1992, por escándalos de la familia real. Contrapuesta a *annus mirabilis*. (1992: RNE.) Pol. → ANNUS MIRABILIS.

annus mirabilis lat. 'año admirable', pero en sentido de 'año memorable', tanto por lo bueno como por lo malo, por ej. el año 1666, el del gran incendio de Londres, reflejado con otros asuntos, en el poema *Annus mirabilis* (1667), de John Dryden. Sin embargo, la expresión es anterior a Dryden, pues se encuentra en el *Diary* (1659-60), de Evelyn. Actualmente se emplea sólo con sentido positivo. (1993: M. Seco.) Hist. → ANNUS HORRIBILIS.

anorak ing. 'anorak' (Ac.) Chaquetón (de piel vuelta) con capucha. Es préstamo esq. al ing. (1978: *D. 16*.) Indum. → PARKA.

A Nosa Terra gall. 'La Tierra Nuestra'. Órgano periódico (1916-1929) de las *Irmandades da Fala*, 'Hermandades de la Lengua', y durante la Segunda República española, órgano del Partido galleguista. En los años veinte se publicó en ella una Tabla de diez puntos reivindicativos del nacionalismo gallego. Pol. → IRMANDADES DA FALA.

Anschluss al. 'adición', 'incorporación'. Eufemismo para designar la política anexionista alemana respecto a Austria, que culminó con la ocupación hitleriana de Austria (1938-1945) y la consiguiente anexión de este país a la «gran Alemania» nazi (1928: E. d'Ors.) Hist.

ante meridiem lat. 'ante merídiem' (Ac.), 'antes del mediodía'. Se emplea en los países de lengua inglesa, posponiendo las siglas *a.m.* a cualquiera de las doce horas de la primera mitad del día.

antibaby ing. 'anticonceptivo'. Con referencia, principalmente, a la píldora. (1977: *País*.) Med.

antidoping fr. 'antidopin', 'antidrogamiento'. Palabra formada en fr. sobre el ing. *doping*, hacia 1960 (1980: Rey-Debove). (1976: *Informaciones*.) Dep. → DOPING.

antidumping ing. 'antidumpin'. (1976: *País*) Econ. → DUMPING.

Antonov ru. → AN...

antroido gall. 'antruejo'. (1888: Pardo Bazán.) Rel.

anyorança cat. 'añoranza'. (1916: Rodó.)

anzac ing. 'soldado del *ANZAC*'. Ej. → ANZAC.

ANZAC ing. Siglas de *Australian and New Zealand Army Corps*, 'Cuerpo militar (o expedicionario) australiano y neozelandés', que combatió en la Primera Guerra Mundial. Ej.

aña vasc. 'aña' (Ac.), 'nodriza', 'ama'. (1904: Blasco Ibáñez.)

aom sáns. 'aom'. Sílaba sagrada de tres letras, representativa de la *Trimurti*, 'Trinidad', brahmánica. Es el gran sonido, del que todos los demás sólo son ecos. (1970: G. Suárez.) Rel.

à outrance fr. 'a ultranza'. (1904: *A. Miquis.*)

AP ing. Siglas de *Associated Press*. → ASSOCIATED PRESS.

apache fr. 'apache' (Ac.), en el sentido de 'rufián de París'. Es un hispanismo en fr., del esp. '(indio) apache', deriv. éste del algonquino *apachu*, 'enemigo'. (1903: Alv. de Figueroa.)

a pari lat. 'por igual', 'por la misma razón'. Argumento basado en la paridad o semejanza de la premisa y la conclusión. Fil. → PARI.

apartheid afr. *'apartheid'* (Ac.: 2001), 'segregación', 'apartamiento'. Es la separación legislada (1950) y racista de los negros de la Unión Surafricana, introducida por los blancos ultras acaudillados por Malan, frente a los integracionistas del presidente Smuts, cuando aquéllos subieron al poder en 1948; abolida por la Constitución aprobada el 8 de mayo de 1990. (1976: *País*.) Pol.

(to) ápeiron gr. 'lo infinito'. Según Anaximandro de Mileto, filósofo presocrático, el comienzo y origen de todas las cosas. (1977: F. Ferrer Vidal.) Fil.

à peu près fr. 'poco más o menos'. (1900: A. Nervo.)

apex lat. 'ápex', 'ápice' (Ac.), 'punta', 'acento'. (1987: Juan Benet.)

aplec cat. 'reunión (de muchas personas)'. (1905: Unamuno.)

APN ru. → NÓVOSTI.

aporía gr. 'aporía' (Ac.), 'dificultad lógica'. Fil.

a porta gayola portuguesismo. → PORTA GAIOLA.

a posteriori lat. 'a posteriori' (Ac.), 'con posterioridad', 'a partir de la experiencia'. Opuesta a *a priori*. Fil. → A PRIORI.

apparat ru. 'aparato'. Con referencia a la superestructura burocrática del Partido Comunista de la Unión Soviética. (1982: F. Umbral.) Pol.

apparátchik, pl. **apparátchiki** ru. 'funcionario del *apparat*'. (1972: M. Leguineche.) Pol. → APPARAT.

approach ing. '(golpe de) aproximación'. En el golf, golpe a corta distancia del *green* para situar la pelota lo más cerca posible de la bandera. Dep.

après moi, le déluge fr. 'después de mí, el diluvio'. Frase atribuida a Luis XV de Francia; sin embargo, fue Madame de Pompadour quien la dijo. En noviembre de 1757, Luis XV, afligido por la derrota de Rossbach, contemplaba cómo La Tour pintaba el retrato de la Pompadour. Para consolarle, ésta le dijo: «*Il ne faut point s'affliger, vous tomberiez malade. Après moi, le déluge*» ('No debéis afligiros, pues caeríais enfermo. Después de mí, el diluvio'), según Mme. Hausset (*Mémoires*, 1824). Frase reformada: *et après eux, le déluge*, 'y después de ellos, el diluvio' (1922: Machado). (1971: M. Aub.) Hist.

après ski fr. 'después de esquiar'. Conjunto de actividades de entretenimiento posibles en las estaciones de esquí. (1983: *País*.) Dep.

a priori lat. 'a priori' (Ac.), 'independientemente de la experiencia', 'con anterioridad'. (1838: Mesonero.) Fil.

apud lat. 'apud' (Ac.), 'ápud' (Ac.: 2001), 'en'. Se usa en citas bibliográficas. (1969: R. Carande.) Biblio.

aqualung ing. 'acualún', 'pulmón acuático', 'pulmón subacuático', 'escafandra autónoma' (1977: TVE). Del lat. *aqua*, 'agua', y el ing. *lung*, 'pulmón'. Cilindro con aire comprimido pero regulable, sujeto a la espalda del nadador, unido mediante un tubo y una boquilla a su boca, lo que le permite respirar bajo el agua. Inventado (1943) por Jacques Cousteau y Émile Gagnon.

aquaplaning ing. 'acuaplanin', 'hidroplaneo' (1991: F. Pérez). En automovilismo, es el efecto que se produce cuando, entre la superficie de la rueda que tiene que estar en contacto con el suelo y éste, se forma una película de agua que impide el contacto y la adherencia de la rueda al suelo. En este sentido, su uso procede del fr., ya que en ing. sólo designa el deporte de deslizamiento sobre el agua (1980: Rey-Debove). (1980: *País sem.*) Autom.

aquarium lat. 'acuario'. Con el sentido de recipiente acuático, donde sea posible mantener peces vivos, se introdujo en Francia hacia 1860 (Goughenheim), y de Francia pasó a España. (1868: A. Fdez. de los Ríos.)

a quo lat. (Ac.: 2001), 'desde el cual'. En ext.: *terminus a quo*, 'término desde el cual', 'punto de partida'. (1925: Ortega.) Fil.

à quoi bon! fr. '¡para qué!'. (1898: A. Nervo)

aqvavit sue. 'aguardiente'. (1976: L. Pancorbo.) Gastr. → AKVAVIT.

Aragó, Aragó! cat. '¡Aragón, Aragón!'. Grito de guerra de las huestes del reino de Aragón en la Edad Media. (1968: Am. Castro.) Hist.

ARAMCO ing. Acrónimo de *Arabian American Oil Company*, 'Compañía araboamericana de petróleo'. Petroq.

arantxa vasc. 'arancha', lit.: 'espina pequeña' (1989: J. L. Arriaga). Se utiliza como nombre fem. de persona, tal vez en concurrencia con *arantza*. → ARANTZA.

arantza vasc. 'arancha', lit.: 'espina' y también 'zarzamora' (1926: Unamuno). Se utiliza como nombre fem. de persona, hipocorístico de *arantzazu*, 'espinar'. → ARANTZAZU.

arantzazu vasc. 'aránzazu', lit.: 'espinar'. Da nombre a una advocación a la Virgen María en el País Vasco, así como a su santuario. Rel. → ARANTZA.

a rapa das bestas gall. 'el rapado de las bestias', con referencia a los caballos. Se hace en Galicia, a los caballos que viven en el monte en libertad, llevándolos primero a un *curro*, 'cercado', para cortarles las crines del cuello y de la cola y para marcar las crías. (1979: *País.*)

araquerar caló. 'hablar', 'decir', 'llamar'. (1855: F. Gómez Sánchez.)

ararteko vasc. 'arárteko' (1995: RNE), 'mediador'. Con este nombre se conoce en el País Vasco al *ombudsman* o defensor del pueblo, instituido el 7 de marzo de 1989. (1990: *País*.) Pol.

Arbeit macht frei al. 'El trabajo hace libre'. Eslogan nazi, que resulta siniestramente irónico como letrero que figuraba a la entrada de los campos de concentración nazis de trabajos forzados. (1995: TVE.) Pol.

arbiter elegantiarum lat. 'árbitro de elegancias'. Así se consideraba al latino Petronio. (Según Tácito, *Anales*, 16, 18: *arbiter elegantiae*.) (1906: Fdo. Araujo.)

arcades ambo lat. 'arcadios ambos', es decir, con las mismas aficiones poéticas ambos. Frase de Virgilio (*Égloga* VII, 4) acerca de los pastores Tirsis y Coridón, naturales ambos de Arcadia y, por tanto, hábiles en el canto. (1920: Cansinos.) Lit.

arcana imperii lat. 'secretos del mando', 'secretos de Estado'. (1990: G. Peces-Barba.) Pol.

Arditi it. 'Audaces'. Tropa creada por el coronel Basi (junio 1917), a la que se adhirió Gabriele D'Annunzio; a imitación de las *Sturmtruppen*, 'tropas de asalto' germánicas. (1944: A. Revesz.) Ej. → GIOVINEZZA, GIOVINEZZA...

à rebours fr. 'a contrapelo'. Se difundió por el título *À rebours* (1884), famosa novela de J.-K. Huysinans (1848-1907). Lit.

arena lat. 'arena' (Ac.), es decir, el espacio libre y enarenado de los anfiteatros romanos, equivalente al 'redondel' en las plazas de toros. (1888: Galdós.)

argot fr. 'argot' (Ac.: 1992), 'jerga del hampa'. Originariamente (siglo XVII) fue el nombre con que se conocía a cierto grupo o cuadrilla de hampones; ahora sólo da nombre a la 'jerga del hampa', y, con este sentido, ha pasado a otras lenguas, así como a la terminología internacional lingüística. (1862: Galdós.) Ling.

arguila arabismo jergal. 'pipa para fumar kif'. En ár. *narayil*, en fr. *narguilé*, 'narguile' (Ac.). (1994: V. León.) →
NARGUILÉ.

argumentum ad absurdum lat. → AD ABSURDUM.

argumentum ad hominem lat. (1995: Jav. Marías.) → AD
HOMINEM.

aria it. 'aria' (Ac.). Pasaje musical escrito para una sola voz,
generalmente con repetición de la primera parte después
de la segunda. (1796: Comella.) Mús.

Ariane fr. 'Ariadna'. Nombre del programa espacial europeo
para lanzamiento de satélites artificiales. Alude a Ariadna,
personaje mitológico griego: hija de Minos, dio a Perseo
el hilo que le permitió salir del Laberinto de Creta, tras haber matado al Minotauro. *Ariane* tiene significación de 'medio para conseguir una gran empresa o tarea'. Telecom.

arigato jap. 'muy agradecido'. (1996: Fdo. Schwartz.)

arlote vasc. 'arlote' (Ac.), 'astroso', 'pobre'. Pero es vasc. aparente. Aunque su uso moderno está restringido al País Vasco, es voz antigua en esp., constante en Gonzalo de Berceo,
así como su deriv. 'arlotería' (Alfonso el Sabio). Del ant. fr.
arlot (del it. *arlotto*, dice el *DRAE*). (1891: Unamuno.)

Armageddon ing. 'Armagedón', con el sentido de 'catástrofe' y 'batalla final destructiva' o 'conflicto supremo'. Es
nombre hebreo de lugar, tomado del *Apocalipsis* (16, 16),
en donde combatieron las fuerzas del bien y del mal. Tema muy utilizado por la sociedad religiosa Testigos de
Jehová, en su labor de captación. (1994: *País*.) Rel.

arma virumque cano lat. 'canto las hazañas bélicas y al varón'. Frase de Virgilio (*Eneida*, 1, 5), refiriéndose al troyano Eneas. (1772: Cadalso.) Lit.

(l') Armée secrète fr. 'el Ejército secreto', constituido por
las F.F.I., 'Fuerzas Francesas del Interior', durante la ocupación alemana de Francia, en la Segunda Guerra Mundial. (1944: E. Méndez Domínguez.) Ej. → F.F.I.

Armija serb. 'Armiya', 'Armía' (1993: J. Goytisolo), 'Ejército
(bosnio)'. (1993: *ABC*.) Ej.

armonica lat. → HARMONICA.

armonium lat. 'armónium' (1893: *Silv. Lanza;* Ac.), 'armonio' (Ac.). Mús. → HARMONIUM.

arpeggio it. 'arpegio' (Ac.). Del it. *arpa,* 'arpa'. Arranque de notas de una cuerda, en rápida sucesión y, por ext.: 'sucesión más o menos acelerada de los sonidos de un acorde' *(DRAE),* semejantes a los obtenidos de un arpa. (1844: L. Corsini.) Mús.

arranchale vasquismo. (1915: Baroja.) → ARRANTZALE.

arrantzale vasc. 'arranchale' (1915: Baroja), 'pescador (vasco)'. Deriv. de *arrantza,* 'pesca'. (1943: Baroja.)

arrière-pensée fr. 'reserva mental', 'cautela mental', 'intención oculta'. (1899: L. Coloma.)

arrivederci, Roma! it. '¡hasta la vista, Roma!', lit.: '¡hasta que volvamos a vernos, Roma!'. Título y primer verso de una canción de Renato Rascel (1912-1991), popular en los años sesenta y siguientes. Mús.

arriviste fr. 'arribista' (Ac.), 'trepador' y vulg. 'trepa'. Del fr. *arriver,* 'llegar (a toda costa)'. (1910: A. Alcalá Galiano.)

arrondissement fr. 'distrito administrativo'. (1893: Ganivet.) Pol.

arròs amb fessols i naps cat. 'arroz con frijoles blancos y nabos'. (1913: Pardo Bazán: *arros en fessols y naps.*) Gastr.

ars amandi lat. 'arte de amar'. Recuerda el título del libro homónimo de Publio Ovidio Nasón (42 a. de J. C. - ¿18?). (1882: R. Mtnez. Pedrosa.) Lit.

ars antiqua lat. 'arte antigua'. Con referencia a la mús. europea polifónica cristiana, que se desarrolló hasta el siglo XIV. Es *ars antiqua* respecto a la *ars nova.* (1995: I. Fdez. de la Cuesta.) Mús. → ARS NOVA.

ars longa, vita brevis lat. 'el arte es duradero; la vida, breve'. Así comienzan, en su versión latina, los *Aforismos* del griego Hipócrates (h. 460-h. 360 a. de J. C.). (1899: Galdós.)

ars magna lat. 'arte magna'. Método demostrativo de Raimundo Lulio. Fil.

Ars moriendi lat. 'Arte de morir'. Título de un libro medieval cristiano, en contraste con el *Ars amandi*, de Ovidio. (1921: M. Machado.) Lit. → ARS AMANDI.

ars nova lat. 'arte nueva'. Renovación musical (siglo XIV) que debe su nombre al tratado *Ars nova musicae* (h. 1325), de Philippe de Vitry, obispo de Meaux, y cuyo principal representante fue Guillaume de Machaut (h. 1300-1377). Constituyó una nueva relación, profana, de la mús. con el mundo real, que la diferenció de la *ars antiqua*. (1995: I. Fdez. de la Cuesta.) Mús. → ARS ANTIQUA.

ars poetica lat. 'arte poética'. Con referencia principal a la *Epístola ad Pisones*, de Horacio (65- 8 a. de J. C.), llamada por Quintiliano, en sus *Institutiones*, 'arte poética de Horacio.', que ha pasado a ser otro título de la mencionada epístola, imitado por Boileau-Despreaux en su *Art poétique* (1674). (1935: Pérez de Ayala.) Lit.

art-déco fr. Abrev. de *art décoratif*, 'arte decorativo', con que se denomina, algo despectivamente, una tendencia artística reflejada por la Exposición Internacional de Artes Decorativas, París, 1925. (1978: *País*.) Arte.

ARTE fr. Siglas de *Association Relative à la Télévision Européenne*, 'Asociación Relativa a la Televisión Europea'. Iniciativa cultural del presidente francés François Mitterrand y del canciller alemán Helmut Kohl (30 mayo 1990) para programas comunes de TV, exhibidas en España (TV2) bajo el título general 'Noche temática' o 'Tema'. Sede: Estrasburgo (Francia). Primera emisión: 30 mayo 1992. (1995: TVE 2.) TV.

artel, pl. **arteli** ru. 'grupo', 'cooperativa de producción'. (1993: *País*.).

art engagé fr. 'arte comprometido'. Actitud surgida, durante la Resistencia francesa contra el nazismo, y en la posguerra, por la que el artista y el intelectual se sentían comprometidos a luchar, a su modo, por los valores de la izquierda. Su ejemplo más señalado: J.-P. Sartre. Pol.

arte povera it. 'arte póvera', 'arte pobre'. Movimiento artístico, plástico, que se caracteriza por el empleo de materias pobres (tierras, cenizas, desechos), propugnando como una nueva relación entre arte y vida, contraria al esteticismo y al puro abstractismo. Expresión acuñada por el crítico G. Celant al titular (1969) así un libro suyo sobre esta corriente. (1990: *El Sol.*) Arte.

artha sáns. 'arta', lit.: 'provecho'. Forma parte, dentro del hinduismo, con el *dharma* y el *kama*, de la trilogía de los fines humanos. Rel.

art nouveau fr. 'arte nuevo'. Tendencia artística de finales del XIX y principios del XX que proclamaba que el arte debe introducirse en la vida moderna y aprovechar los descubrimientos técnicos: dar un estilo a todas las cosas que sirven para la vida. Recibió diversos nombres, según los países: *Jugendstil*, en Alemania; *Liberty*, en EE.UU.; 'Modernismo', en España. (1900: A. Nervo.) Arte.

(l') art pour l'art fr. → L'ART POUR L'ART.

Arts and Crafts ing. 'Artes y Artesanías'. Movimiento artístico inglés, de finales del siglo XIX, inspirado por John Ruskin (1819-1900) y William Morris (1834-1896). De raíz medievalista y artesanal, frente al feísmo y miseria de la industrialización. Influyó en el Modernismo catalán (Gaudí) y en la Institución Libre de Enseñanza. (1969: J. Bassegoda.) Arte.

art vivant fr. 'arte viviente'. Tendencia artística en pintura, en el primer tercio del XX, que muestra preferencia por la temática natural, por las 'naturalezas muertas', por las más prosaicas y vulgares de ellas; esencialmente no-académica, su órgano fue la revista *L'Art vivant* (1925-1939). Pero la expresión es anterior, procede del pintor Gustave Courbet (1819-1877), quien la lanzó en su *Manifiesto del realismo* (1855). (1935: M. Abril.) Pint.

as anglicismo. Del ing. *ace*, 'as' (Ac.), voz propia del juego de cartas. Aplicada desde la Primera Guerra Mundial al piloto de guerra que había derribado al menos cinco aviones enemigos. Por traslación, se aplica a personas sobresalientes en otras actividades.

a sacris lat. 'de las sagradas (órdenes)'. Con referencia al sacerdote católico condenado a no ejercer sus funciones. Rel. → CESSATIO A DIVINIS.

ASEAN ing. Siglas de *Association of South-East Asian Nations*. 'Asociación de las Naciones Asiáticas del Sureste'. Es decir: Singapur, Filipinas, Malasia, Indonesia y Tailandia, con regímenes no comunistas. Fundada en Bangkok, en 1967; en 1983 se incorporó Brunei. (1981: *País*.) Pol.

ashana sáns. 'asana', 'postura'. En los ejercicios de *yoga* o *hatha yoga*.

ashkenazi, pl. **ashkenazim** hebr. 'askenazí' (Ac.: 1992), 'asquenazí' (Ac.: 1992). Judío descendiente de la comunidad judía medieval alemana, a diferencia del *sefardí*, descendiente de la hispana. (1917: C. Espina, *aschkenassin;* 1926: Baroja, *achkenazin;* 1939: Cansinos, *asquenazi;* 1992: Bel Bravo, *askenazí.*)

ashram hindi, 'ashram', 'asram', 'comunidad', 'eremitorio' y también 'granja o colectivo agrícola' de hombres y mujeres que se someten a la disciplina de un maestro. El primero fue el «Ashram Tolstoi», fundado por Gandhi en 1910, a 30 km de Johannesburg (Unión Surafricana). Del sáns. *asrama*, comp. de *a*, 'hacia', 'para', y *srama*, 'ejercicio'. Rel. y Pol.

a simili lat. 'de o por semejanza'. Argumento fundado en la semejanza. (1726: Feijoo.) Fil.

askari fr. 'áskari' (Ac.), 'áscari' (1930: R. J. Sender; Ac.: 2001). Del ár. 'askarī', 'soldado'. 1) soldado colonial del ejército francés antes de la descolonización de África. (1893: Rodrigo Soriano); 2) soldado de la infantería marroquí. (Ac.: 2001.) Ej.

Askatasuna vasc. 'Libertad'. Organización vasca proetarra, sucesora de las "Gestoras pro Amnistía". (2002: *País*.) Pol.

askatu vasc. 'liberar' y 'libre'. Palabra divulgada con motivo del secuestro por *ETA* (1993) del ingeniero vasco Julio Iglesias Zamora, simbolizada por un lazo azul en forma de A. (1993: *ABC*.) Pol. → ETA.

askatuta vasc. 'libre'. De *askatu*, 'desatar'. → GORA EUSKADI
ASKATUTA.

a solo it. 'solo'. (1825: Moratín h.) Mús.

asperges lat. 'asperges' (Ac.), lit.: 'purifica', 'rocía'. Ce-
remonia en que el celebrante, en la misa, en el ritual
romano, con el hisopo hace la señal de la cruz en su
frente y entona la antífona: *Asperges me, Domino, hysso-
po*, 'Purifícame, Señor, con el hisopo'. (1889: Mesonero.) Rel.

aspic fr. 'áspic' (Ac.: 2001). Gelatina con que se cubren algunos platos de carne o pescado, llamada así porque el molde en que se prepara tiene forma de *aspic*, 'serpiente (en-
rollada)'. (1892: *Dr. Thebussen*.) Gastr.

(The) Associated Press ing. 'Prensa Asociada'. Agencia estadounidense de noticias, creada como asociación
o cooperativa en 1884, con sede en Nueva York. Period.

Aste nagusia vasc. 'La Semana (*Aste*) grande (*nagusia*: mayor)' de agosto, en que Bilbao celebra su fiesta mayor.
(1992: *ABC*.)

as time goes by ing. 'pasa el tiempo' (h. 1960: Hispavox);
lit.: 'cuando el tiempo pasa'. Canción (1931) de Herman
Hupfeld, incorporada al filme *Casablanca* (1942), de Michael Curtiz, mús. de Max Steiner (excepto de la canción).
(1983: J. M. Ullán.) Mús.

a tale told by an idiot, full of sound and fury ing. 'un
cuento referido por un idiota, repleto de ruido y furia'.
Definición de la vida que dice Macbeth (Shakespeare, *Macbeth*, V, 5). (1963: E. Sábato, Arg.) Lit.

atamán ru. 'capitán' (de cosacos)'. Del al. *Hauptmann*, 'capitán'; según otros, del tur. *atá*, 'padre', y *man*, 'gente'. Ej.
→ HETMAN.

ataraxía gr. 'ataraxia' (Ac.), 'imperturbabilidad', 'sosiego'. Concepto propio de los filósofos escépticos griegos, como Pirrón
(360-270 a. de J. C.), quien consideraba la ataraxia como soberano bien, y Sexto Empírico, discípulo suyo; aceptado también por los estoicos, como Séneca. (1912: Unamuno.) Fil.

atelier fr. 'obrador', 'taller', 'estudio de artista'. (1896: Ganivet.) Arte.

a terra cha gall. 'la tierra llana'. Vasta planicie, en la comarca de Castro del Rey, provincia de Lugo, Galicia. (1950: Otero Pedrayo.) Geogr. f.

a thing of beauty is a joy for ever ing. → (A) THING OF BEAUTY IS A JOY FOR EVER.

atman sáns. 'atman', 'yo individual (el sí mismo)', idéntico al *brahman*, o 'yo universal (el ser)', en el brahmanismo. (1893: Pardo Bazán.) Rel.

atoll ing. 'atolón' (Ac.), deriv. ésta del fr. *atollon*. De *atolu*, palabra maldiva. Isla de formación madrepórica. (1922: Dantín Cereceda.) Geogr. f.

à tout seigneur, tout honneur fr. 'a tal señor, tal honor'. (1876: Pereda.)

atrezzo Italianismo incorrecto o adaptación insuficiente, todavía en uso. (1900: F. Urrechu.) Tea. → ATTREZZO.

attaché fr. 1) 'agregado o vinculado a una legación o embajada'. (1847: J. Valera.) Pol.; 2) 'portafolios no flexible con bordes rígidos, a modo de caja aplastada'. En este sentido es galicismo, pero en fr., a su vez, es anglicismo (1980: Rey-Debove.) adoptado sobre el ing. *attaché-case*. (1976: *País*.); 3) 'agregado'. Nombre dado, en el Haití de la dictadura (1991-1994) de Raoul Cédras, a los individuos de la policía paralela, heredera de los *tontons-macoutes* de la dictadura de los Duvalier. (1994: Maruja Torres.) Pol. → TONTONS-MACOUTES.

attrezzo it. 'atrezo' (Ac.: 1992), 'aparejo (escénico)', lit.: 'instrumento', 'aparejo'. Tea. → ATREZZO.

aturuxo gall. 'aturujo'. Grito gutural arrogante. Puede gritarse individualmente, aisladamente o como final alegre y arrogante después de un canto popular.

atzera vasc. 'atrás'. (1893: Unamuno.)

atzesku vasc. 'último', 'trasero', en la danza llamada *aurresku*, 'delantero' (1943: Baroja) Baile.

auca cat. 'aleluya'. (1924: E. d'Ors.) Biblio.

audaces Fortuna iuvat lat. 'la Fortuna ayuda a los audaces'. (1850: A. Flores.) Lit. → AUDENTES FORTUNA IUVAT.

Au delà du bien et du mal fr. 'más allá del bien y del mal'. Trad. fr. de *Jenseits von Gut und Böse* (1886), obra de Friedrich Nietzsche. (1903: E. d'Ors.) Biblio.

au dessus de la mêlée fr. 'al margen de la contienda', 'por encima de la turbamulta' (1984: J. Guillén). Título de un artículo de Romain Rolland, en *Journal de Genève* (15 septiembre 1914), al comienzo de la Primera Guerra Mundial, y que pasó a ser título de un libro (1915) del mismo autor, donde reunió escritos contrarios a las generalizaciones infundadas sobre el enemigo. (1916: Unamuno.) Hist.

Audi latinismo al. Tipo de automóvil ideado por August Horch, fundador de la Horch-Werke, en Zwickau (Alemania), actualmente integrada en Volkswagen. *Audi* es la segunda persona del imperativo latino *audi!*, '¡oye!', '¡escucha!', semejante al apellido al. *Horch* y al verbo al. *horchen*, 'oír'. Autom.

audio ing. 'audio' (Ac.: 2001), 'audial', 'sonoro', 'de sonido'. Del lat. *audio*, 'yo oigo'. Vale tanto como sistema electrónico de audición o sonido. Es palabra establecida analógicamente sobre el ing. *video*, del lat. *video*, 'yo veo'. → VIDEO.

audiovisual ing. 'audiovisual' (Ac.: 1992). Introd. en esp. en los años setenta, con referencia a sistemas, aparatos y medios de registro y reproducción de sonidos e imágenes. → AUDIO.

audite! lat. '¡oíd!', '¡escuchad!'. (1816: *Relación burlesca de la pulga*.) Lit.

auditorium lat. 'auditórium' (Ac.: 1992), 'auditorio' (Ac.), 'lugar o sala de audición'. (1950: Fdo. Ortiz Cu.)

Aufklärung al. 'Ilustración'. Movimiento filosófico (finales del XVIII y principios del XIX) contra el fanatismo, el dogmatismo, la superstición y los prejuicios. Una de sus definiciones fundamentales se halla en el folleto de Kant: *Was ist die Aufklärung?* (1784). (1904: Unamuno.) Fil.

auf wiedersehen! al. 'hasta la vista'. Fórmula de despedida.

au jour le jour fr. 'al día' (1887: *Azorín*.)

au pair fr. 'a la par'. Su uso procede de Inglaterra. En ext.: *être au pair dans une maison*, 'estar a la par en una casa', es decir, servir sin salario, sólo por la comida y el alojamiento, en una casa. (1979: *Bl. y Negro*.)

aura lat. 'aura' (Ac.: 1992). Luminosidad que rodea a la persona, visible al clarividente y, al parecer, registrable por la cámara Kirlian. Parapsic.

au ralenti fr. 'al ralenti', 'ralentizando', 'a cámara lenta' (1981: J. L. Garci). (1928: F. Ayala.) Cine. → RALENTI.

aurea mediocritas lat. 'áurea medianía'. De Horacio (*Odas*, 2, 10, 5). (1875: Galdós.) Lit.

aures habent et non audient lat. 'tienen oídos, mas no oirán'. De los *Salmos* (115, 6), según la Vulgata. (1941: Baroja.) Rel.

au revoir fr. 'hasta la vista'. Fórmula de despedida. (1916: A. Nervo.)

auri sacra fames lat. 'la impía codicia del oro'. Exclamación de Eneas al saber la historia de Polidoro, troyano, degollado por el rey de Tracia para apoderarse del oro con que le envió Príamo para sustentar su crianza, lejos de la guerra. Es frase de Virgilio (*Eneida*, 3, 57). (1882: Martínez Pedrosa.) Lit.

aurrera vasc. 'adelante'. (1893: Unamuno.) → ATZERA.

aurrera, mutilak vasc. 'adelante, muchachos'. Frase famosa del guerrillero Santa Cruz. (1918: Baroja.) Hist.

aurresku vasc. 'aurresku' (Ac.: 2001), 'aurresco', 'baile real' (F. Grandmontagne). Por el nombre (*aurresku*, 'delantero') del jefe de fila o primera mano de este baile: el último, *atzesku*, 'trasero'. (1888: Unamuno.) Baile.

Ausgleich al. 'Compromiso'. Establecido en 1867 entre el emperador Francisco José de Austria y Hungría, por el cual se llegó a la monarquía dual austro-húngara, que duró hasta 1918. Hist.

australopithecus lat. 'australopiteco' (Ac.: 1992). Simio con rasgos humanoides fósil de África del Sur, hallado en 1925 por Raymond Dart. Supone la primera etapa de la secuencia evolutiva que va hasta el hombre actual; la segunda, *Homo erectus;* y la tercera, *Homo sapiens.* Antrop.

Austria est imperare orbi universo lat. 'A Austria compete imperar en el universo mundo'. *Motto* de la Casa de Austria; ya (1440) el emperador Federico III hizo uso de él. (1868: A. Fdez. de los Ríos.) Hist. → A.E.I.O.U.

aut Caesar aut nihil lat. 'o César o nada'. *Motto* de César Borgia. (1910: Ciro Bayo.)

Autobahn al. 'autopista'. Puesta en boga durante el nazismo. Caminería.

autobus fr. 'autobús' (Ac.). Compuesta de *auto(mobile)* y *(omni)bus.* Vehículo de transporte colectivo de viajeros que, en París, a partir de 1906, fue sustituyendo al *omnibus* de tracción animal. (1907: Fdo. Araujo.) Transp. t. → OMNIBUS.

autocar ing. 'autocar' (Ac.). Anglicismo aparente (Rey-Debove), originado en Francia, formado con el prefijo lat. *auto-* y el ing. *car*, 'automóvil'. Aplicado casi siempre en España a un 'ómnibus automóvil', mayor que la 'camioneta (de viajeros)', para transporte discrecional y urbano y sobre todo para el transporte de viajeros por carretera, aunque ya va perdiéndose su uso por la generalización de 'autobús'. (1936: *Ahora:* pl. *autocars.*) Transp. t.

autocue ing. 'autoapunte', 'autoapuntador'. Sistema que permite a los locutores de TV leer el texto frontalmente, sin papeles sobre la mesa. (1993: M. Prats.) TV.

autopista de información anglicismo. (1995: *País.*) Inform. → DATA HIGHWAY.

autoreverse ing. 'autorreverse', 'autorreversión', 'vuelta automática', en aparatos de registro y reproducción, cuando la cinta magnética llega a su fin. (1995: publicidad.) → REVERSE.

auto-stop franglés. 'autostop' (Ac.: 1992), pero 'autoestop' (Ac.: 2001), que es lo que se suele oír y ver (1990: *País*). Modo de viajar puesto en boga después de la Segunda Guerra Mundial. Es un híbrido *franglais*, del fr. *auto(mobile)* y del ing. *stop* (1980: Robert), ya que en ing. este modo de viajar se denomina *hitch-hiking*. (1963: *Ya*.)

aut prodesse volunt aut delectare poetae lat. 'los poetas desean o instruir o agradar'. De Horacio, *ad Pisones*. Lit.

aux armes, citoyens! fr. '¡a las armas, ciudadanos!'. Frase de *La Marseillaise*, himno nacional francés. (1979: J. Goytisolo.) Hist.

Auzolan vasc. 'Revolución'. Coalición formada por la Liga Comunista Revolucionaria (*LKI*), el Partido Revolucionario de los Trabajadores (*LAIA*) y la Nueva Izquierda. (1984: *País*.) Pol.

Avanguardia Nazionale it. 'Vanguardia Nacional'. Organización terrorista ultraderechista fundada por Stefano delle Chiaie (n. en 1937), causante del atentado de la estación de Bolonia (1980). (1987: *País*.) Pol.

avant-garde fr. 'vanguardia'. Término militar que hacia 1880 pasó en Francia a la terminología artística.

avant-guerre fr. 'antes de la guerra'. Con referencia principal a la Primera Guerra Mundial. (1912: Díez-Canedo.) Hist.

avanti popolo! it. 'adelante, pueblo!'. Principio de *Bandiera rossa*, canción comunista italiana, que data de 1919. Divulgada en España durante la guerra civil (1936-39) por los internacionales italianos del batallón Garibaldi. La estrofa completa: *Avanti popolo, alla riscossa, bandiera rossa trionferà*, 'Adelante pueblo, a la insurrección, bandera roja triunfará'. Pol. → BANDIERA ROSSA.

avant-la-lettre fr. 'por anticipado'. Originariamente se denominaba así la prueba, o pruebas, de una estampa sacadas antes que se les añadiera inscripción o letra alguna. Esas pruebas, por ser las primeras, todavía no habían «fatigado» la plancha y, por tanto, son las más apreciadas. (1904: R. Darío.) Arte.

avant-propos fr. 'prefacio', 'noticia previa', 'palabras previas'. (1908: J. A. Silva.) Biblio.

avant-scène fr. 'proscenio'. (1937: P. Mata.) Tea.

43

avara povertà dei catalani it. → L'AVARA POVERTÀ DEI CATALANI.

avatar ing. 'avatar' (Ac.). Del sáns. *avatara*. Divulgada por la novela *Avatar* (1857), de Théophile Gautier. (1874: García Ayuso.) Rel. → AVATARA.

avatara sáns. 'avatar' (Ac.), 'encarnación' (Seco). En el brahmanismo, más propiamente, 'encarnación de lo divino', 'encarnación divina', 'encarnación de una deidad' y 'manifestación (de un principio en una forma concreta)'. (1917: M. Machado.) Rel.

ave, Caesar, morituri te salutant! lat. '¡salve, César, los que van a morir te saludan!' Saludo que dirigían los gladiadores al emperador desde la arena. (Suetonio, *Doce Césares*. 'Claudio', 21, 16.) Hist.

ave Maria, gratia plena lat. 'Salve María, llena eres de gracia'. Palabras de la Vulgata (San Lucas, 1, 28), así como secuencia de la misa de la Anunciación. (1995: Joaq. Vidal.) Rel.

ave, maris stella lat. 'salve, estrella de la mar'. Así comienza el himno de Venancio Fortunato, obispo de Poitiers (S. IV), en honor de la Virgen. Rel.

average ing. 'promedio', 'media'. (1979: Alzugaray.) Econ.

average man ing. 'hombre medio', 'hombre corriente'. (1907: Unamuno.) → REPRESENTATIVE MAN.

(l') avi cat. '(el) abuelo'. Por antonomasia, Francesc Macià (1859-1933), primer presidente de la *Generalitat de Catalunya*. (1928: Baroja.)

avida dollars híbrido, lat.-ing. 'rapaz de dólares'. Anagrama forjado por André Bretón contra Salvador Dalí con las letras de su nombre. Arte.

Avui cat. 'Hoy'. Diario de Barcelona, en lengua catalana. Su primer número salió el 23 de abril de 1976. Period.

Avon ing. Nombre abrev. de la compañía *Avon Cosmetics*, estadounidense, fundada por David H. McConnell, antiguo vendedor a domicilio, devoto de Shakespeare. *Avon* recuerda el nombre del lugar de nacimiento del poeta: Stratford-on-Avon. Cosm.

à vous les premiers, messieurs les assassins fr. 'a us-
tedes los primeros, señores asesinos (les corresponde abolir
la pena de muerte)'. Frase atribuida por E. Haro Tecglen
(1994: *País*) a Alphonse Allais. Der. → SI L'ON VEUT ABOLIR...

AWACS ing. Palabra formada sobre *Airborne Warning and
Control System*. 'Sistema de Control y Alarma Aérea', cons-
tituido por aviones Boeing 707, que lo llevan (*airborne*,
'llevado en el aire'), especialmente adaptados. El avión
AWACS es el primer avión de vigilancia electrónica. (1979:
País sem.) Ej.

ayatollah ár. (āyatullah) 'ayatolá' (Ac.: 1992), lit.: 'signo de
Alá'. Santón chií, en Irán, con autoridad en cuestiones
de rito, moral y diezmos. (1979: J. Cueto.) Rel.

ayllu aimara. 'ayllu' (Ac.: 1992), 'aillu' (Ac.: 2001), 'comunidad'. (1963: Fdo. Ortiz. Cu.) Antrop.

b

Baaz ár. 'Resurrección' (1990: M. Leguineche). Movimiento creado (1947) en Damasco (Siria), de carácter panarábigo, laico y socializante, extendido en Siria e Iraq. Su teorizador: Michel Allaq. (1990: *País.*) Pol.

babalao afrocub. (lucumí) 'sacerdote' del *oricha* Ifá, en el rito yoruba. Hace adivinaciones, conjuros y rezos. (1998: M. Vicent.) Rel.

Babbit ing. 'Bábbit'. Ciudadano medio estadounidense, de mentalidad estrecha, nombre del protagonista de *Babbit* (1932), novela de Sinclair Lewis. (1931: *Bl. y Negro.*) Lit.

bábushka ru. 'bábusca', 'abuelita (rusa)'. Dim. de *babu*, 'anciana'. (1980: *País.*)

baby ing. 'babi' (Ac.). 1) 'nene'; 2) 'delantalito (para niños)'. Indum.

baby boom ing. 'crecimiento súbito de la natalidad', producido tras la Segunda Guerra Mundial; y *baby boomer* (1991: Telemadrid), el nacido entonces. (1993: P. Sorela.)

baby doll ing. 'picardías', es decir, camisón atrevido femenino, muy corto y con tirantes. En ext.: *baby doll nightdress*, 'camisón (*nightdress*) de muñeca (*doll*) niña (*baby*)'. Con referencia al camisón de Carroll Baker en el filme *Baby Doll* (1956), dirigido por Elia Kazan. (1985: *País sem.*) Indum.

baby-sitter ing. '*baby-sitter*' (Ac.: 2001), 'babisíter', 'niñera por horas (en ausencia de los padres)', pop. 'canguro' (puede serlo un familiar, sin salario). Comp. de *sitter*, 'gallina clueca', y *baby*, 'nene'.

baccara fr. 'bacará' (Ac.), 'bacarrá' (Ac.). Juego de naipes donde el diez, equivalente a cero, se llama *baccara*. Propio de casinos. A veces se ve la incorrecta *bacarrat* (1928: Valle-Inclán) por la correcta *baccara*. (1884: Galdós.) Jue. → BACCARAT.

Baccarat fr. '(cristal de) Baccarat'. Lugar del departamento Meurthe-et-Moselle (Francia), con célebre manufactura de cristales, a los que ha dado nombre.

bacillus lat. cient. 'bacilo' (Ac.), lit.: 'bastoncillo'. (1894: Galdós.) Biol.

backgammon ing. 'backgámmon', 'juego de tablas' (Alfonso X el Sabio), 'tablas reales', lit.: 'juego de atrás', porque las piezas se envían a menudo atrás para reentrar en la tabla. (1977: *País*.) Jue.

background ing. 'lejos' o 'fondo' de una pintura o de una vista; 'trasfondo'. (1989: radio SER.)

backup ing. 'salvaguarda' (1983: P. Guirao), 'copia', 'resguardo' o 'duplicado' para evitar la pérdida o destrucción de un programa informático. (1993: *País*.) Inform.

back yard ing. 'patio trasero'. Así considera políticamente EE.UU., como su patio trasero, a las islas del Caribe e incluso a las Américas Central y del Sur. (1992: R. Tamames.) Pol.

bacon ing. 'beicon' (Ac.: 1992), 'panceta ahumada', 'entreverado ahumado'. Gastr.

badminton ing. 'bádminton' (Ac.: 1992), 'badminton' (Ac.: 1992), 'volante' (Ac.: 1992). Juego importado de la India (*poona*) a Inglaterra. Se jugó por primera vez (1873) en Badminton House, Gloucestershire, propiedad del duque de Badminton. Es semejante a un pequeño tenis, donde la bola tiene una especie de paracaídas, formado por plumas. Existe Federación española de este deporte. (1983: *País*.) Dep.

Baedeker al. 'baedeker', sinónimo de 'guía de viajes'. Las guías *Baedeker* fueron creadas por el editor alemán Karl Baedeker (1801-1852), en 1836, en Coblenza. Su hijo Fritz (1844-1925) se trasladó a Leipzig, donde siguó editándolas. (1888: Galdós.)

baes caló. 'manos'. (1881: Machado y Álvarez.)

baffle ing. 'bafle' (Ac.: 1992), aunque antes 'caja acústica' (1984: *Teleradio*), 'pantalla' (M. Seco), 'columna' (1990: *País*, *LEst*.). Altavoz que reproduce y amplifica el sonido sin producir resonancias propias. (1979: *D. 16*; y antes: 1934: *Bl. y Negro*.)

Baetica praestat equos, tauros Xarama superbos, / eximios Castella duces, Aragonia reges lat. 'Andalucía aporta caballos; Jarama, soberbios toros; / Castilla, eximios caudillos; Aragón, reyes'. Dístico que se halla en la Aljafería de Zaragoza, al pie del retrato de Juan I de Aragón. (1842: V. de la Fuente.) Hist.

baguette fr. 'bagueta', pero se oye y se ve 'baguete' 'barra larga (de pan)', lit.: 'vara' y 'baqueta'. Denominación empleada en las *boutiques* de pan españolas, y en Ec., desde los años ochenta. (1994: Joaq. Vidal.) Gastr.

bai vasc. 'sí'. (1979: *París*.)

bai, jauna vasc. 'sí, señor'. (1897: Unamuno.)

bajañí caló. 'guitarra'. (1975: P. *el de la Matrona*.) Mús.

bakal ár. 'bacal', 'abacería'. (1992: Giménez Caballero.) Com.

balalaika ru. 'balalaica' (Ac.). Instrumento musical de tres cuerdas con caja triangular. Mús.

balance of power ing. 'equilibrio de poder'. Expresión presente en los comentarios y estudios sobre las relaciones internacionales. (1998: Haro Tecglen.) Pol.

baldacchino it. 'baldaquín' (Ac.) 'baldaquino' (Ac.). Por antonomasia, el de Bernini, en San Pedro de Roma. Deriva del it. *Baldacco*, nombre it. antiguo de 'Bagdad', ciudad de la que procedía un rico paño que, sostenido por astas o columnas, servía para cubrir o coronar altares, tronos, lechos señoriales, etcétera. (1988: Galdós.)

balilla it. 'balilla', 1) miembro de la *Opera Nazionale Balilla*, fundada en 1918, organización infantil (de ocho a catorce años) fascista italiana, bajo el régimen de Mussolini, que adoptó para sus componentes el dim. *Balilla*, de *Battista*, nombre del niño Giovanni Battista Peraso, héroe que en

1746 dio en Génova la señal del levantamiento contra Austria. (1936: *ABC*, Sevilla.) Pol.; 2) automóvil utilitario italiano, creado en 1932 por la casa *FIAT* de pequeña cilindrada (inferior a un litro). Transp. t. → FIAT.

ballerina it. 'bailarina'. (1970: Carlos Fuentes, Méx.) Baile.

ballet fr. 'ballet' (Ac.: 1992), 'balé', 'danza'. Del it. *balletto*, dim. de *balo*, 'baile'. Acción escénica danzada, con acompañamiento musical, independiente o intercalada en una obra mayor. (1940: R. Darío.) Baile.

ballottage fr. 'balotaje' (Ac.: 1992), 'votación en segunda vuelta'. De *ballote*, 'bola (de votar)'. En el sistema electoral francés, segunda votación complementaria de la primera; pero en la Am. h. (1923: Fdo. Ortiz, Cu.), 'escrutinio (de votos)'. Pol.

bambino it 'bambino', 'niño'. (1921: Martí Orberá.)

banco fr. 'banco'. En el *chemin-de-fer*, y en otros juegos de azar, la puesta de un jugador igual a la de la banca. Es préstamo del it. al fr. Jue.

bandarra cat. 'bandarra' (Ac.: 2001), 'tipejo', 'gamberro'. (1992: J. de Segarra; 1996: J. C. Iglesias.)

bandeau fr. 'bandó', 'venda' (1992: *Andrenio*). 1) crencha de cabello aplastado sobre la sien. (1896: R. Darío.); también hoy 2) banda horizontal en un cortinaje para reforzarlo en la barra de la que cuelga.

bandeirante port. 'bandeirante', 'abanderado', es decir, miembro de una *bandeira* o expedición armada para explorar los sertones y para reprimir a los indígenas turbulentos, en Brasil. (1925: J. Vasconcelos.) Ej. → SERTÃO.

Bandiera rossa it. 'Bandera roja'. Canción comunista italiana (1919). Difundida en España durante la guerra del 36. Pol. → AVANTI POPOLO!

bandoneon al. 'bandoneón' (h. 1930: C. Gardel; Ac.: 1992). Instrumento musical, parecido al acordeón, pero con botones en ambos lados. Llamado así (1846) por el apellido de su inventor Heinrich Band. Muy difundido en la República Argentina. Mús.

banjo ing. 'banjo' (Ac.). Instrumento musical. Es voz aportada al ing. por esclavos negros de las Indias occidentales. (1938: R. J. Sender.) Mús.

banlieue fr. 'arrabales', 'barrios de las afueras', 'barrios del cinturón de la ciudad'. Con referencia principal a los barrios proletarios de París. (1907: A. Nervo.)

banquisa galicismo. 'banquisa' (Ac.: 2001), 'banco de hielo' (Mtnez. Amador), 'banco de hielos flotantes polares', 'mar de hielo o hielos'. Del fr. *banquise*, de origen escandinavo, del ant. nórdico *pakki*, 'paquete', e *iss*, 'hielo'. Se cree (Robert) que en la formación de *banquise* hay influjo del fr. *banc*, 'banco', así como la asimilación del ant. nórdico *iss*, 'hielo', con el sufijo fem. fr. *-ise*. El it. *banchisa* (pron. 'banquisa') también es préstamo del fr. (1996: Canal +.) Geogr. f.

bantustan ing. 'bantustán' (1994: J. Valenzuela; Ac.: 2001). Nombre dado a los territorios semiautónomos en que se residenciaba exclusivamente a poblaciones negras, bantúes, siguiendo la política de *apartheid* de la Unión Surafricana. *Bantu*, en lengua bantú, significa 'hombres', sing. *munta*, 'hombre'. Pol. → APARTHEID.

banzai jap. 'diez mil años'. De *ban*, 'diez mil', y *zai*, 'años'. Grito de combate y de salutación al emperador. Tiene su origen en la proclamación de la constitución del imperio (12 febrero de 1889), donde fue proferido por la multitud ante el emperador. (1925: Blasco Ibáñez.) Pol.

baquet fr. 'baqué', 'cabina (de un camión o camioneta)'. (1938: R. J. Sender.) Autom.

bar ing. 'bar' (Ac.), el establecimiento, pero 'barra', el mostrador. (1907: Galdós.) Host.

baracaloufi arabismo. Frecuente entre los soldados españoles durante el Protectorado español de Marruecos. Del ár. *baraka alaho fik*, 'Dios te bendiga'. Rel.

baraka ár. 'baraca' (Ac.), 'baraka' (Ac.: 2001), 'albaraca' (1950: Cansinos), 'don carismático', lit.: 'bendición'. (1981: J. L. Sampedro.) Rel.

barbecue ing. 'barbacoa' (Ac.), palabra ésta antillana y muy antigua (1535: Fdez. de Oviedo) en esp. (1991: Cabrera Infante, Cu.) Gastr.

barbi caló. 'airoso', 'gallardo', 'simpático'. (1882: Rodríguez Marín.)

barbiche fr. 'barbija' (1890: J. Martí, Cu.), 'perilla'. (1969: S. de Madariaga.)

Barbie ing. Nombre de una muñequita (29 cm) que representa a una joven rubia y a la que puede vestirse a voluntad. Creada (1959) por Ruth Chandlers, estadounidense, inspirándose en su hija *Barbie*, hipocorístico de *Barbara*. Popular todavía. Jue.

barbouze fr. 'barbas', 'policía o espía paralelo', lit.: 'barba' o 'barbucio'. Comp. de *barb(e)*, 'barba', más la terminación peyorativa *-ouze*. Palabra difundida (1956) durante el último mandato del general De Gaulle, quien utilizó *barbouzes* contra la organización ultra *OAS* (1979: *D. 16*). Pol. → OAS.

Barça cat. 'Barsa'. Abrev. familiar del F. C. Barcelona. (1996: *País*.) Dep.

barcarola it. 'barcarola' (Ac.). 'Canción de barqueros', especialmente de los gondoleros venecianos. Fem. de *barcarolo*, 'barquero'. (1882: Ramos Carrión.) Mús.

barcode ing. 'código de barras'. Com. → EAN.

baré caló. 'grande', 'excelente'. (1855: F. Gómez Sánchez.) → BARÍ.

barí caló. 'barí' (Ac.), 'grande', 'excelente'. (1848: J. Sanz Pérez.) → BARÉ.

barin ru. 'señor', 'terrateniente', 'noble'. (1887: Pardo Bazán.)

barinia ru. 'señora'. (1977: J. E. Zúñiga.) → BARIN.

barman ing. 'barman', 'barista'. De *bar*, 'barra (mostrador)', y *man* 'hombre'. (1915: R. Darío.) Host.

baronet ing. 'baronet', 'baronete'. Título hereditario de nobleza baja. (1789: L. Comella.)

baroque fr. 'barrueco' (1867: N. Fdez. Cuesta), en el mismo sentido que en fr.: 'perla que no es redonda', deforme y pequeñuela. El mismo N. Fdez. Cuesta aplica 'barroca' a la música confusa y disonante. (1866: J. Valera.)

barrage fr. 'barraje', 'recorrido', 'cada vuelta', en las carreras hípicas de obstáculos. Dep.

barretina cat. 'barretina' (Ac.), 'gorro (catalán)'. En it. *berretina*. (1911: C. Bayo.) Indum.

bar-room ing. 'salón-bar' (1881: E. Gaspar.) Host.

barter ing. 'bárter', 'trueque (compensatorio)'. Modalidad, regulada y legal, de compra-venta entre empresas mediante compensación. (1991: *La Caja*.) Econ.

Basajaun vasc. 'Señor del bosque'. De *basa*, 'montaraz', y *jaun*, 'señor'. Ente peludo, semejante al dios Pan helénico, que habita en los bosques. (1891: Unamuno.) Mitol.

bas-bleu fr. 'literata', 'bachillera', lit.: 'media azul'. Trad. del ing. *blue stocking*. (1884: Ortega Munilla.) → BLUE STOCKING.

baseball ing. 'béisbol' (Ac.), 'pelota base', 'pelota' (1999: Cabrera Infante, Cu.) y su jugador 'pelotero' (1999: Cabrera Infante, Cu.) y también 'basebolero' y 'beisbolero' (1923: Fdo. Ortiz, Cu.). (1905: A. Nervo.) Dep.

basebolero anglicismo. En Cu., 'jugador de *baseball*'. (1923: Fdo. Ortiz, Cu.) Dep.

baserritar vasc. 'baserritarra' (1919: Baroja), 'aldeano', 'casero'. De *baserri*, 'aldea (de montaña)'. (1979: L. M. de Aberasturi.)

BASIC ing. 'BASIC', 'básic', 'básico'. Siglas de *Beginners All Purpose Symbolic Instruction Code*. 'Código de Instrucción simbólica de uso general para principiantes' o 'Código general de símbolos para principiantes'. Es un lenguaje de programación informática, ideado (1965) en el Darmouth College (EE.UU.). Inform.

basic English ing. 'inglés básico'. Constituido por un número básico de palabras (850) y por unas normas suficientes para el entendimiento en lengua inglesa. Propuesto por los filósofos ingleses Ogden y Richards. *Basic*, según ellos, es acrónimo de *British-American-Scientific-International-Commercial*. (1958: E. Lorenzo.) Ling.

basket ing. 'básket', pop. 'basque', 'básquet' (Arg.; Parag.; Ec.; Ac.: 1992), 'cesta', 'cesto'. Abrev. de *basketball*, frecuente también en fr., coexistente con 'baloncesto'. Predominante en los años treinta. Dep. → BASKETBALL.

basketball ing. 'baloncesto' (Ac.), 'basquetbol' (Arg.; Parag.; Méx.; Ac.: 1992). Deporte ideado (1892) por J. Naismith, en EE.UU. De *ball*, 'balón', y *basket*, 'cesto'. (1935: *Bl. y Negro.*) Dep.

basset fr. '(perro de) patas cortas', '(perro) bajete'. (1976: *País.*) Zool.

basset-hound ing. 'perro *basset*', 'perro bajete'. (1976: *Kareliano.*) Zool.

bat ing. 'bate' (Ac.). Palo con que se juega al béisbol. (1952: M. A. Asturias, Guat.) Dep.

bata caló. 'madre'. (1881: Machado y Álvarez.)

Batasuna vasc. 'Unidad'. Coalición política vasca aberchale, vinculada subterráneamente a *ETA*. Creada en Pamplona, el 23 de junio de 2001, en sustitución de *Herri Batasuna.* (2001: *ABC.*) Pol. → HERRI BATASUNA.

batasuno vasquismo. Peyorativamente, en esp., afiliado a *Herri Batasuna.* (1990: *ABC.*) Pol. → HERRI BATASUNA.

Bateau-Lavoir fr. 'Barcaza-Lavadero'. Nombre dado por Max Jacob al caserón de la plaza Ravignac, de París, que servía de taller y vivienda a diversos artistas: Juan Gris, Picasso, etc. Arte.

bateau-mouche fr. 'barco-mosca'. Barco de pasajeros en el río Sena en París. (1964: M. Mihura.) Transp. n.

batik mal. **(mbatik)** 'batik', lit.: 'puntear', 'dibujar'. Lienzo teñido de varios colores. Para darle un color, se vierte cera fundida en las reservas hechas en el lienzo, se mete éste en un baño de colorante y después se quita la cera; para los demás colores, se repite esta operación. Esta técnica artística del Extremo Oriente fue introducida en Europa por los holandeses en el siglo XVII. (1925: Blasco Ibáñez.) Arte.

bato caló. 'bato' (Ac.: 1992), 'padre'. (1881: Machado y Álvarez.)

batua vasc. 'batúa'. Abrev. de *euskera batua*. Ling. → EUSKE-RA BATUA.

batzar vasc. 'junta', 'unión'. Pol. → EUSKAL BURU BATZAR.

batzarres vasquismo. 'junteros'. Pl. del vasc. *batzar*. (1891: Unamuno.) Pol. → BATZAR.

batzoki vasc. 'bachoqui', 'círculo (nacionalista)', 'centro (nacionalista)'. Institución ideada (1894), así como la palabra por Sabino Arana, fundador del nacionalismo vasco, para reunir a sus simpatizantes (1908: Unamuno.) Pol.

Bauhaus al. 'Casa de la Construcción'. Escuela de arquitectura fundada (1919) por Walter Gropius (1883-1969) en Weimar (Alemania), con una innovadora concepción de lo arquitectónico, en estrecha relación con la sociedad industrial avanzada y con carácter funcional. Tras la derrota de los socialdemócratas (1924), se disolvió. Después, una segunda etapa, en Dessau, y una tercera, más radical, con Hannes Mayer de director, quien introdujo nuevas secciones: fotografía, escultura, psicología, etc. En 1930, Mies van der Rohe sustituyó a Mayer en la dirección. En 1933, ya situada la escuela en Berlín, fue eliminada por los nazis, dispersándose sus componentes. Arq.

bavaroise fr. 'bavaresa' (1960: J. Rodissoni), 'bavieresa', 'bávara', esto es, 'de Baviera'. Postre frío y aromatizado, generalmente natillas con añadidura de nata o claras montadas. (1892: *Dr. Thebussem*.) Gastr.

bazooka ing. 'bazuca' (Ac.). Arma anticarro introducida (1943) durante la Segunda Guerra Mundial. Llamada así por su semejanza con el instrumento musical, especie de trompeta en forma de tubo de chimenea, que tocaba el actor cómico estadounidense Bob Burns. Ej.

BBC ing. Siglas de *British Broadcasting Corporation*, 'Corporación Británica de Radiodifusión'. De carácter público, estatal. Telecom.

beat ing. 'golpeado', 'perteneciente al movimiento *beat*'. (1976: A. D. Olano.) → BEAT GENERATION.

Beat Generation ing. 'La generación golpeada'. Grupo de escritores norteamericanos (1951-1960) que se sintieron *beaten*, 'golpeados', por las circunstancias de su tiempo. La primera novela *beat* fue, quizá, *Go* (1952), de John Cullon Holmes, que describió el ambiente *beat* de Nueva York en los años cuarenta; la más famosa, *On the road* (1957), de Jack Kerouac: expresa nihilismo, rechazo de los valores políticos y sociales y ahondamiento en el yo. Otros autores: Allen Gingsberg, Gregory Corso, Lawrence Ferlinghetti. Todos ellos se interesaron por las drogas, el sexo, la velocidad, las expresiones obscenas. A veces pretendieron una búsqueda espiritual. Kerouac consideró *beat* como abrev. de *beatific* y llegó a decir que la *Beat Generation* era básicamente religiosa. (1978: L. Racionero.). Lit. → BEATNIK.

(The) Beatles ing. Palabra inventada, irónica y homófona de *beetles*, 'escarabajos', y cuya grafía *beat(les)* evoca el fuerte acento rítmico básico *(beat)* del *jazz*, así como el *beat*, 'golpeado', de *Beat Generation*. Adoptada como nombre de su grupo musical (1962-70), de carácter sincrético, por John Lennon (1940-1980), Paul McCartney (1942), George Harrison (1943-2001) y Ringo Starr (1940), 'los cuatro de Liverpool' (Inglaterra). Mús.

beatnik ing. Palabra formada con la unión de *beat* —que se encuentra en *beat(en)*, 'golpeado', y en *beat(ific)*, 'beatífico'— y el sufijo -*nik*, de origen yidis-eslavo. Designa a los componentes de la *Beat Generation* y a sus seguidores, jóvenes marginales norteamericanos, en rebeldía contra los valores admitidos tras la Segunda Guerra Mundial. Solían vestir tejanos, calzado de tenis, cazadoras. (1967: E. Tijeras.)

beatus ille lat. 'dichoso aquel'. (1838: Mesonero.) Lit. → BEATUS ILLE QUI PROCUL...

beatus ille qui procul negotiis lat. 'dichoso aquel que (vive) lejos de los negocios'. Comienzo de un poema de Horacio *(Epodos,* 2, 1), en elogio de la vida retirada. (1838: Mesonero.) Lit.

beau geste fr. 'hermosa acción o hazaña'. Expresión difundida principalmente por el título y nombre del protagonista de una novela del ing. C. P. Wrenn, escrita en 1920, y un filme (1939), interpr. por Gary Cooper, dirigido por W. A. Wellman. (1911: A. Glez. Blanco.)

Beaujoiais fr. 'boyolé'. Vino tinto, de los viñedos de Monts de Beaujolais, en la Francia central. Gastr.

(the) beautiful people ing. 'gente guapa' (1990: *País, LEst.*) y 'profesionales de alto nivel' *(ibidem)*, típicos de la democracia española en los años ochenta. Expresiones aplicadas (según Raúl Heras) por el famoso periodista Pedro Rodríguez y calcadas por él sobre el tít. de la comedia *The beautiful people* (1941), del estadounidense William Saroyan, donde la 'gente distinguida' verdaderamente, en cambio, es gente corriente, pero hermosa, bondadosa, feliz y original. (1990: Jaime Peñafiel.)

bébé fr. 1) 'bebé' (Ac.), 'nene', 'rorro'; 'bebe' (1974: Vargas Llosa, Pe.), fem. 'beba' (1968: *Gente*, B. A., Arg.); 'bebito' (1970: M. Puig, Arg.) y 'bebita' (1984: F. Morales Pettorino, Ch.); 2) 'muñequito (de juguete)'. (1868: A. Fdez. de los Ríos.)

bebop ing. 'arriba'. Estilo de *jazz* de ritmo rápido y sincopado, con influjo afrocubano. Las dos últimas notas de la frase se parecen a las sílabas de *rebop* o *bebop*. Según Wentworth y Flexner *(Slang)*, *bebop* procede del esp. 'arriba', palabra con que los músicos afrocubanos suelen animarse entre sí cuando tocan, abreviada en 'riba' > *rebop* o *bebop*. Este estilo nació y fue bautizado en los años cuarenta en el club Minton's Playhouse (Nueva York). Cultivado por Charlie Parker, Charlie Mingus y Dizzy Gillespie. (1979: J. M. Costa.) Mús.

béchamelle fr. 'bechamela' (Ac.), 'besamela' (Ac.); pero 'bechamel' (Ac.: 92). 'besamel' (Ac.: 92). Salsa blanca, hecha con harina y leche. Inventada por el financiero Louis de Béchamel (1630-1703), marqués de Nointel. (1904: Galdós.) Gastr.

belcantismo

beefsteak ing. 'bisté' (Ac.), 'bife' (Arg.), 'filete de vaca'. Otras formas: 'bistec' (Ac.), 'bisteque' y 'biftec', esta última a través del fr. *bifteck*; lit.: 'filete asado de carne de buey'. (1832: Larra.) Gastr. → STEAK.

beer ing. 'cerveza'. (1990: *Miscelánea*.) Gastr.

begin the beguine ing. 'empieza la *beguine* o beguina'. Título de una canción (1934) del estadounidense Cole Porter (1891-1964), que se suele trad. al esp.: 'volver a empezar' (Julio Iglesias; J. L. Garci), pero antes: 'comienza el beguín' (Jorge Negrete). *Beguine* es adapt. ing. de la voz creola *biguine*, que algunos creen (cf. Zingarelli) que deriva del ing. *(to) begin*. Lo cierto es que designa una danza peculiar de las Antillas francesas (Martinica y Santa Lucía), algo semejante a la rumba cubana. Se difundió en Francia (1931) durante la Exposición Colonial de París. (1970: Julio Iglesias.) Mús.

begum ing. 'begum', 'begún', 'princesa (islámica)'. Préstamo en ing. del hindi *begam*, préstamo a su vez del tur. *begam*, fem. de *beg*. Difundida en esp., a través del fr., por haber formado parte del título *Los millones de la begum*, de Julio Verne (1828-1905).

behavior ing. 'conducta'. Centro de atención de una doctrina psicológica (behaviorismo), propugnada por John B. Watson (1878-1958), estadounidense, autor de *Behavoir* (1914). (1923: E. d'Ors.) Psic.

behaviorism ing. 'behaviorismo', 'conductismo'. (1923: E. d'Ors.) Psic. → BEHAVIOR.

beige fr. 'beige' (Ac.: 1992), 'beis' (Ac.: 1992). (Tejido) sin teñir, crudo, natural, o que lo parece, generalmente de color café con leche claro. (1933: Jardiel Poncela.) Indum.

beisbolero anglicismo. En Cu., jugador de *baseball*. (1923: Fdo. Ortiz, Cu.) Dep.

belarimotz vasc. 'belarimoch'; 'desorejado', es decir, el que no entiende el vascuence. (1983: *País*.) Ling.

belcantismo it. 'belcantismo'. Corriente artística que sigue el *bel canto* italiano. (1991: E. Franco.) Mús. → BEL CANTO.

belcantista, pl. **belcantisti** it. 'belcantista', 'cultivador del *bel canto*'. (1991: E. Franco.) Mús. → BEL CANTO.

bel canto o **belcanto** it. 'bel canto', 'belcanto', lit.: 'canto bello'. Tiende sobre todo a la belleza del sonido y a la maestría técnica y virtuosística. Esta expresión se difundió por Italia a mediados del siglo XIX; se empleó por primera vez en *12 ariette per camera per l'insegnamento del belcanto italiano* (Milán, h. 1840), de N. Vaccaj, y pronto se extendió por toda Europa. (1868: *Alm. musical*.) Mús.

bella gerant alii! lat. '¡hagan la guerra otros!'. Palabras que dirige Laodamia a su esposo Protesilao, participante de la expedición de Menelao contra Troya, con motivo del rapto de Helena, esposa de Menelao, por el troyano Paris. Proceden de las *Heroidas* (ep. 13, 83), de Publio Ovidio Nasón (43 a. de C.- 16). (1995: L. A. de Villena.) → FELIX AUSTRIA.

bella invenzione it. 'bella o hermosa invención'. Expresión que se encuentra ya en *El príncipe*, de Maquiavelo, y que G. B. Alberti definió: 'fábula interesante y deleitosa'.

belle-de-jour fr. 1) 'campanilla', lit.: 'bella de día'. Flor que se abre de día y se cierra de noche. Bot.; 2) 'prostituta diurna', en contraposición a *belle-de-nuit*, 'bella de noche', que también duplica su significado: 1) 'dondiego de noche'. Bot.; 2) 'prostituta nocturna'. Su equivocidad se difundió con la novela *Belle de jour* (1928) de Joseph Kessel, llevada al cine, con el mismo título (1967) por Luis Buñuel. (1995: Vázquez Montalbán.)

belle époque fr. 'época hermosa'. Con referencia a la vida parisiense de finales del XIX y principios del XX. Acabó al estallar (1914) la Primera Guerra Mundial. (1966: J. M. Rguez. Méndez.)

Bel Paese it. 'Bel Paese', lit.: 'Campo hermoso'. Variedad de queso, procedente de Melzoin, Brianza. Recibió este nombre por el título de la pieza *Il Bel Paese*, del abate Stoppani. Gastr.

beluga ru. 'esturión'. Nombre comercial de un caviar ruso. 'Caviar' es la palabra de origen tártaro o turco (en tur. *haw-*

jar) que pasó a Occidente a través del it. *(caviare; caviale)* y designa 'salazón (de huevas de esturión o de otros pescados)'; en ant. esp. 'caviari' (1556: C. de Villalón), 'cabial' (1615: Cervantes). (1991: Cadena SER.) Gastr.

belvedere it. 'belvedere', 'buenavista', 'mirador'. Edificio independiente, construido como mirador, desde el cual se puede contemplar un hermoso panorama. (1803: Moratín h.) Arq.

bendix ing. 'béndix' (Arias Paz). Marca registrada para diversos mecanismos, especialmente el 'piñón de arranque', inventados por Vincent Bendix (1882-1945), fundador de la Bendix Co. (1940: Arias Paz.) Autom.

bénédictine fr. 'benedictine', 'benedictino' (Ac.), lit.: 'benedictina' (masc. *bénédictin*, 'benedictino'), en concordancia con *liqueur* que en fr. es fem. Licor creado por Dom Bernardo Vincelli, benedictino. Destruido durante la Revolución francesa el monasterio de Fécamp, donde se fabricaba, y salvada la fórmula del licor, el comerciante Le Grand restauró este licor y etiquetó cada botella con las siglas *D.O.M.* de *Deo Optimo Maximo*. Actualmente la destilería se halla en el lugar que ocupó la abadía de origen. Gastr.

(el) beneficio de la duda anglicismo. Introd. en esp. en los años ochenta. Calco del ing. *the benefit of doubt*, cuyo equivalente lat. es *in dubio, pro reo*, y el esp. 'presunción de inocencia' (según señala E. Lorenzo). Der.

(the) benefit of doubt ing. → (EL) BENEFICIO DE LA DUDA.

Benelux fr. 'Benelux'. Comunidad económica, actualmente dentro de la Comunidad Económica Europea, formada por *Be(lgie)*, *Ne(derland)* y *Lux(embourg)*. Pol.

ben trovato it. 'bien inventado', 'bien concebido'. (1831: Larra.) → SE NON È VERO È BEN TROVATO.

berceuse fr. 'nana', 'canción de cuna'. (1890: L. Coloma.) Mús.

béret fr. 'boina'. (1911: R. Darío.) Indum.

berezi vasc. 'especial'. Se solía aplicar a un grupo armado autónomo de *ETA* político-militar. Tras la aparición de *EIA* como partido político, que siguió directrices de *ETA* p-m, y concurrió a las elecciones constituyentes de 1977, algunos grupos *bereziak* se integraron en *ETA* militar. (1981: *País*.) Pol.

bereziak vasc., pl. de **berezi**. (1977: *Interviú*.) → BEREZI.

beri-beri cing. 'beriberi' (Ac.). Debilidad *(beri)* extrema, por carencia de vitamina B. Según W. F. Retana, en esp. es un filipinismo, importado de Ternate (Molucas) a principios del XVII. Med.

beriozka ru. 'tienda especial', 'boutique'; lit.: 'abedul', árbol que en Rusia simboliza lo bello, lo elegante, lo distinguido. (1984: P. Bonet.) Com.

Berliner Ensemble al. 'Grupo berlinés'. Compañía de teatro, fundada (1949) en Berlín-Este por Bertolt Brecht y su esposa, la actriz Helen Weigel, con sede en el *Theater am Schiffbauerdamm*. Su primera función fue *Herr Puntilla*, del propio Brecht. Tea.

bermuda ing. 'bermudas' (Ac.), 'calzones de playa'. En ext.: *bermuda shorts*, coloq. *bermudas*, cuyo uso procede de las islas Bermudas, en ing. *Bermuda Islands*. Popularizados por estadounidenses y franceses en los años cincuenta. Indum.

berori vasc. 'usted'. (1897: Unamuno.)

bersagliere, pl. **bersaglieri** it. 'tirador', 'cazador', 'cazador alpino' (1918: Blasco Ibáñez). Soldado italiano que lleva la cabeza cubierta con sombrero blando, con pluma en un lado, para indicar su carácter de cazador. Los *bersaglieri* forman un cuerpo especial de infantería ligera, instituido en 1836. Del it. *bersaglio*, 'blanco (de tiro)', por tanto, 'tiradores'. (1896: Blasco Ibáñez.) Ej.

bertsolari vasc. 'versolari' (Ac.), 'coplero (vasco)' y también 'verseador' (1998: Cadena SER), 'improvisador popular de versos', 'repentizador popular de versos'. (1976: *País*.) Lit.

Bessemer ing. 'Bessemer'. Apellido de sir H. Bessemer, que da nombre al convertidor por él inventado (1856) y al acero especial que con él se obtiene. Metal.

best boy ing. 'ayudante principal *(chief assistant)*' del director de una producción cinematográfica o televisiva. Lit.:

'el mejor chico'. Suele aparecer en los créditos de algunas producciones. (1991: *El Sol.*) Cine.

best seller ing. 'bestséler', mejor que 'best-séller' (Ac.: 1992), y '*best seller*' (Ac.: 2001), 'de gran venta' (M. Seco); lit.: 'el que mejor *(best)* se vende *(seller)*'. En contextos españoles se ven *best-seller* (1958: F. Ayala) y *bestseller* (1968: Caro Baroja); en franceses: *best-seller* (Robert); en italianos: *best seller* (Zingarelli); y en alemanes: *bestseller* (Wahrig). El ing. am. original es *best seller* (Webster; Simon and Schuster). Biblio.

betel port. 'betel' (Ac.) Planta de hoja perenne que los naturales de la India y países vecinos mascan; sus hojas producen un jugo escarlata. Procede del mal. *vettila.* W. F. Retana considera esta voz como filipinismo en español. (1842: M. Mayo de la Fuente: *vetel.*) Bot.

bête noire fr. 'objeto de especial aversión', 'blanco de ataques', lit.: 'bestia negra', que algunos identifican con el jabalí y otros con el lobo. (1903: N. Estévanez.)

bêtise fr. 'necedad', 'acción estúpida por falta de tacto'. De *bête*, 'bestia'. (1861: J. Valera.)

beur fr. argótico. 'árabe'. Joven nacido en Francia, hijo de padres magrebíes inmigrados. De uso entre ellos mismos. (1994: J. Goytisolo.)

bey fr. 'bey' (Ac.). Préstamo del tur. *beg*, 'señor', 'gobernador de distrito', 'persona de alto rango', fem. *begam*, en fr. *bégum.* Pol. → BÉGUM.

Bhagavad Gita sáns. 'Canto del Bienaventurado'. Poema místico indio, incluido en el *Mahabarata* (lib. VI) y cuyo héroe es Krisna, séptima encarnación de Visnú. Data probablemente del siglo II. a. de J. C. Lit.

bhakti sáns. 'participación' en lo divino, 'devoción', el culto a Krisna mediante el amor. (1970: R. Panikker.) Rel.

biais fr. 'bies' (Ac.), lit.: 'sesgo'. Indum.

biathlon ing. 'biatlón'. Prueba deportiva, desde los JJ. OO. de 1960, consistente en dos ejercicios: esquí y tiro. Es palabra formada por el prefijo ing. *bi-*, 'bi-', y el gr. *athlon*, 'ejercicio atlético', siguiendo el modelo *pentathlon*. Dep.

bibelot fr. 'bibelot' (Ac.: 2001), 'bibeló', 'figurilla' (1986: M. Seco), 'figulina' (1996: Haro Tecglen), 'maritata' (1921: W. F. Retana), si bien esta última suele usarse despectivamente. (1882: Galdós.)

Biblia pauperum lat. 'Biblia de los pobres'. Grabados en madera, con cortas leyendas en latín o alemán, que se comenzaron a imprimir en el siglo XV. Rel.

BIC fr. Nombre comercial forjado sobre el apellido de Marcel Bich (1909-1993), creador (1953) de la 'punta BIC' para bolígrafos de usar y tirar, mediante la adquisición y adaptación del bolígrafo inventado (1938) por el húngaro László Biró († 1985), sobre cuyo apellido se formó 'birome' (1975: E. Sábato, Arg.), por 'bolígrafo', en Argentina.

bicot fr. argótico. 'árabe'. Se aplica en Francia, injuriosamente, a los magrebíes inmigrados. (1994: J. Goytisolo.)

bidet fr. 'bidé' (Ac.), 'baño de asiento', lit.: 'caballito', pues los primeros tenían cuatro patas. (1928: Giménez Caballero.)

bidon fr. 'bidón' (Ac.), '(recipiente de) lata (con tapón)'.

bidonville fr. 'barrio de las latas', 'barrio de chabolas', 'barrio de casuchas', 'callampa' (Ch.; Ac.), es decir, 'hongo'. Casuchas hechas con materiales de desecho o derribo, junto a las grandes ciudades, pobladas generalmente por trabajadores inmigrantes o desocupados. Fue palabra frecuente en los años cincuenta y sesenta. (1962: Ángel González.)

Biedermeier al. Estilo vienés del siglo XIX (1815-1848), confortable, amable, característico en el mobiliario y en algunos pintores (Amerling, Waldmüller, etc.). Con el apellido *Meier* y el adj. *bieder*, 'simple', se creó el personaje Biedemeier en un periódico humorístico de 1853, que representaba al vienés acomodaticio a partir del Congreso de Viena. (1979: *País*.) Arte.

Bier al. 'cerveza'. Gastr.

bife anglicismo. (Ac.) Corriente en Arg. y Urug. Del ing. *beef* '(filete o trozo de) carne de vacuno'. Gastr. → BEEFSTEAK.

bifteck fr. (1899: Sánchez y Rubio.) Gastr. → BEEFSTEAK.

(the) big Apple ing. 'la gran Manzana'. Se dice de Nueva York. (1989: *País*.)

big band ing. 'gran banda'. De *jazz* o de mús. de baile. Compuesta por gran número de músicos e instrumentos. Las *big bands* tuvieron su apogeo, en EE.UU., en el período 1930-1950. (1997: *País*.) Mús. → COMBO.

big bang ing. *'big bang'* (Ac.: 2001), 'gran pum' (Octavio Paz, Méx.), 'gran estallido', 'explosión primigenia' (Ferrater Mora). Con referencia a la teoría del universo propuesta en 1927 por G. Lemaître, astrónomo belga, como 'teoría del Átomo primigenio', seguida hoy por muchos, frente a la teoría de la creación continua. Es expresión popularizada (1948) por George Gamow. (1982: RTVE, 'La Clave'.) Fís.

Big Ben ing. 'Gran Ben'. Nombre popular de la campana (que pesa 13,5 toneladas) del reloj de las Casas del Parlamento de Londres, construido por Ben(jamin Holt). (1971: A. Cortón.)

(the) Big Brother ing. 'el Gran Hermano'. Personaje de *1984*, novela utópica de *George Orwell*, seud. de Eric Arthur Blair (1903-1949), publ. en 1949. Personificación del 'poder sin rostro' en una sociedad tecnificada y totalitaria. (1983: M. Leguineche.) Lit.

bigoudi fr. 'bigudí' (Ac.). Vástago de metal, forrado de cuero, que se rodea con cabellos, para rizarlos. Actualmente sustituido por el rulo.

(the) big stick ing. 'garrote', lit.: 'gran bastón'. Sirve para denominar la política de fuerza empleada por EE.UU. contra sus vecinos del Sur. Arranca del presidente Theodore Roosevelt, quien en cierta ocasión dijo: «*Speak softly and carry a big stick; you will go far*», 'habla suave, pero haz uso del garrote y llegarás lejos'. (1963: F. Ayala.) Pol.

biguine fr. 'biguina' o 'beguina'. Danza y mús. popular de las Antillas francesas. (1994: *País*.) Mús. → BEGIN THE BEGUINE.

bijou fr. 'joya'. (1864: Bécquer.)

biker ing. 'bicista'. Usuario de la *mountain bike*, 'bici de montaña'. (1994: *País*.) Dep. → MOUNTAIN BIKE.

bikini ing. 'bikini' (Ac.: 1992), 'biquini' (Ac.: 1992), 'dos piezas'. Traje de baño femenino que recibió el nombre de la isla Bikini, del archipiélago de las Marshalls, en Micronesia. Fue creado por el ingeniero y modista francés Louis Rêard († 1984), cuatro días después de la primera prueba nuclear (1946) de Bikini, por lo que le dio este nombre. Sin embargo, en fr. se considera (1980: Rey-Debove) anglicismo (1967: R. J. Sender.) Indum.

bilbotarra vasc. 'bilbaíno (castizo)', 'natural de Bilbao', es decir, 'de *Bilbo*' en vasc. (1897: Unamuno.)

Bildungsroman al. 'novela de formación' (1989: Rosa Chacel). Novela que describe la formación interior del héroe en contraste con el mundo exterior. Su máximo ejemplo es *Wilhelm Meister* (1777-1807), de J. W. Goethe; llamada también *Entwicklungsroman*, 'novela de desarrollo', y *Erziehungsroman*, 'novela de educación', cuyo ejemplo puede ser *l'Éducation sentimentale* (1870), de Gustave Flaubert. (1989: Rosa Chacel.) Lit.

bill ing. 'proyecto de ley'. (1789: Moratín h.) Pol.

billet doux fr. 'carta o cartita de amor'. (1995: Jav. Marías.)

bingo ing. 'bingo' (Ac.: 1992). Juego de lotería, procedente de EE.UU., autorizado en España en 1976. Debe su nombre a la exclamación *bingo!*, de *bing*, onomatopeya del sonido de una campana, que expresa que ha ocurrido algo inesperado. (1976: *País*.) Jue.

biodegradable ing. 'biodegradable' (Ac.: 1992). Aquello que de modo natural puede destruirse y ser absorbido por el medio ambiente. Introd. en esp. en los años setenta.

bio-pic ing. 'biopic' (1993: A. Albert), 'biópic', 'biofilme', 'película biográfica'. Contracción de *bio(graphical) pic(ture)*, 'filme biográfico'. Cine.

birdie ing. 'berdi', lit.: 'pajarito'; 'menos uno'. (1990: *País*, *LEst.*) Jugada de golf en que se logra un hoyo con un golpe menos de los fijados en su *par*. (1980: *País*.) Dep.

birome hungarismo. (Ac.) 'bolígrafo'. Formada en Argentina con el apellido de Lázsló Biró († 1985), húngaro, inventor (1938) de este instrumento de escritura. (1975: E. Sábato, Arg.) → PUNTA BOLA.

birra it. 'cerveza'. Uso jergal en España, juvenil e irónico. (1995: R. Cantalapiedra.) Gastr.

birth control ing. 'control de la natalidad', 'regulación de la natalidad'. Med.

bis lat. 'bis' (Ac.), lit.: 'dos veces'.

biscuit fr. 'bizcocho', 'porcelana mate', 'figurita de porcelana', lit.: 'cocido dos veces'. Los primeros *biscuits* se obtuvieron en Francia, en la Real Fábrica de Vincennes, en 1771; popularizados después por la Fábrica Real de Sèvres. Generalmente son producto de una sola cocción, por lo cual el término resulta impropio la mayoría de las veces. (1884: Galdós.) Arte.

bis dat qui cito dat lat. 'quien pronto da, da dos veces'. Sentencia de Publilio Syro, algo reformada: *inopi beneficium bis dat qui dat celeriter,* 'quien da pronto algo bueno al necesitado, da dos veces'.

bism-il-Láh-ir-Rahmán-ir-Rahim ár. 'en el nombre de Alá, el clemente, el misericordioso'. Fórmula con que todo buen musulmán debe comenzar un relato, al finalizar el cual empleará la fórmula *alhamdu-lilah,* 'la loanza a Dios'. (1890: R. Amador de los Ríos.) Rel.

bisnero anglicismo cubano. 'pequeño negociante', 'pequeño vendedor'. Del ing. *business,* 'negocio'. (1994: *País.*) Com.

bisnes y **bisni** anglicismo. 'trapicheo (de drogas)'. Adopción del ing. *business,* 'negocio', y en *slang* también 'trapicheo'. (1992: V. León.) Com.

bistre fr. 'bistre'. Color neutro, pardo ligeramente amarillento. Pint.

bistro fr. 'bistró', 'tabernilla'. (1930: V. Huidobro, Ch.) Host.

bit ing. 'bit' (Ac.: 1992), 'dígito binario'. Formada con la primera sílaba de *bi(nary)* y la consonante final de *(digi)t,* por el norteamericano J. W. Turkey en 1948. Unidad elemental de información que puede tomar dos valores distintos, generalmente 0 y 1; es decir, unidad discreta *(digit)* en un sistema binario *(binary)*. (1982: L. Pancorbo.) Inform.

bitte! al. '¡por favor!'.

bitter neerl., ing., fr. 'bíter' (Ac.). En neerl., lit.: 'amargo'. Bebida colorada y amarga, algo semejante al vermú. Difundida en España principalmente en los años sesenta, aunque conocida antes. (1893: *Bl. y Negro.*) Gastr.

bizarre fr. 'exagerado', 'chocante' (1953: J. R. Jiménez), 'extravagante'. (1953: J. R. Jiménez.)

bizkaitarra vasc. 'bizcaitarra' (1900: L. Taboada), 'vizcaitarra' (Ac.), es decir, 'vizcaíno', pero con matiz vasquista. (1902: Sabino Arana.) Pol.

black-bass ing. 'perca negra'. De *black,* 'negra', y *bass,* 'perca'. Zool.

blackjack ing. 'veintiuna' (1973: Tana de Gámez). Juego de naipes, que recibe el nombre por la carta *blackjack,* 'sota *(jack)* negra *(black)*'. (1982: *País sem.*) Jue.

blackout ing. 'apagón'. De *black,* 'negro' y *out,* 'completamente'. Para oscurecer las ciudades y objetivos militares en períodos de alarma aérea.

Black Panther Party ing. 'Partido de la Pantera negra'. Grupo activista violento de negros estadounidenses en los años sesenta. Pol.

Black Power ing. 'Poder Negro'. Movimiento revolucionario negro, estadounidense, fundado (1966) en Oakland (California), cuyos principales activistas fueron Malcolm X, Stokely Carmichael, Angela Davis, etc. *Black Power* fue primeramente un eslogan de Stokely Carmichael. Pol.

blague fr. 'broma', 'embuste'. (1891: J. Valera.)

Blaue Reiter al. → DER BLAUE REITER.

blaugrana cat. 'azulgrana'. Con referencia a los dos colores que muestra la camiseta de los jugadores del F. C. Barcelona. Dep.

blaver cat. 'blavero' (1997: J. de Segarra), 'azulero'. Del cat. *blau,* 'azul'. Se aplica despectivamente a los regionalistas valencianos, quienes, para diferenciarse de los catalanes, han conseguido añadir una porción azul (como ocurre en la etiqueta de cierto vino famoso) a la bandera cuatribarrada del antiguo reino de Aragón, dotando así a la Comunidad autónoma valenciana de una bandera propia. (1992: Maruja Torres.) Pol.

blazer ing. 'blazer' (Ac.: 2001), 'bláser', pero se ve y se oye también con frecuencia 'blásier' y 'blasier'. Estrictamente, chaqueta deportiva de franela, de color vivo y ornada con un escudo deportivo en el pecho. Adaptada hoy como prenda de vestir de uso más general. De *to blaze*, 'llamear'. (1927: *Bl. y Negro*.) Indum.

bled ár. 'campo abierto', 'despoblado'; frente a 'ciudad', 'poblado'. En uso, en contextos españoles, durante la guerra de liberación de Argelia. (1989: Pardo Despierto.)

blini, sing. **blin** ru. 'hojuelas'. (1991: Haro Tecglen.) Gastr. → CRÊPE.

blister ing. 'blíster', 'blister' (Ac.: 1992), lit.: 'ampolla (transparente)', 'burbuja (transparente)'. Envase transparente, de plástico, cerrado al vacío, para varias unidades separadas de un producto comercial, relativamente pequeñas: pilas de radio, píldoras o pastillas medicinales, etc. Introducida en España en los años ochenta.

blitz ing. 'ataque aéreo' (alemán sobre Inglaterra durante la Segunda Guerra Mundial)'. En ing. es un germanismo, del al. *Blitz*, 'relámpago'. (1944: E. Méndez Domínguez.) Ej. → BLITZKRIEG.

Blitzkrieg al. 'guerra relámpago', 'guerra fulminante'. Táctica del ejército nazi en la Segunda Guerra Mundial. De *Blitz*, 'relámpago', y *Krieg*, 'guerra'. (1945: Ismael Herráiz.) Ej.

blocao germanismo. Aceptado por el *DRAE*. Del al. *Blockhaus*, 'casa *(haus)* de troncos *(Block)*', lo mismo que el ing. *blockhouse*. ¿Deriv. ambos del neerl. *blochuus?* Es una pequeña fortificación improvisada, aislada, en campo descubierto. Ya en la guerra de Cuba hubo 'blocaos' del ejército español y después en la guerra de África (1909-1925); pero en la guerra de España (1936-1939) no se utilizaron 'blocaos', sino 'fortines' de hormigón (por ej., en Brunete). (1928: J. Díaz Fernández.) Ej. → BLOCKHAUS.

blocar galicismo. (Ac.: 2001). Del fr. *bloquer le ballon*, 'acción del portero, en fútbol, cuando detiene un disparo del contrario, recibiendo e inmovilizando por completo el balón'. Deriv.: 'blocaje'. En uso desde los años veinte. (1976: Telemadrid.) Dep.

block ing. 'bloque' (Ac.), 'bloc' (Ac.: 1992), 'taco (de papel)' (Ac.). (1932: Jardiel Poncela.)

blockbuster ing. 'bomba de gran potencia destructora', lit.: 'rompebloques'. Y por ext.: 'filme extraordinario, impresionante, de gran éxito'. Existe en España (1998) una cadena comercial de venta y alquiler de vídeos que se ampara bajo ese nombre. (1993: *Expansión*.) Cine; TV.

Blockhaus al. (1867: N. Fdez. Cuesta.) Ej. → BLOCAO.

bloody Mary ing. 'María sangrienta'. Cóctel de vodka y jugo de tomate. Alude a la reina María de Inglaterra, es decir, a María Tudor. (1991: Moncho Alpuente.) Gastr.

bloomerismo anglicismo. 'blumerismo'. Moda y actitud femeninas, caracterizadas por el uso de *bloomers*, 'calzones'. (1851: *Ellas*.) Indum. → BLOOMERS.

bloomers ing. 'calzones' (1851: *Ellas*), 'bombachos (femeninos)', 'pololos'. Prenda de vestir femenina, consistente en unos holgados calzones que se cerraban en los tobillos, visibles bajo una falda corta. Este atavío fue ideado por Elizabeth Smith Miller, pero llamó la atención de la Sra. Bloomer, luchadora por los derechos de la mujer, y lo popularizó como uniforme de su rebelión hacia 1850; hoy carecen de ese sentido liberador; al contrario, en España, durante el franquismo, los 'pololos' tuvieron un significado regresivo. Indum. → BLÚMER.

Bloomsbury Group ing. 'Grupo de Bloomsbury'. Grupo intelectual británico que floreció entre las dos guerras mundiales. Llamado así por el barrio de Bloomsbury, de Londres, donde solían verse sus componentes, cerca del Museo Británico. Entre ellos: E. M. Forster y Virginia Woolf, novelistas; Roger Fry, crítico de arte; J. M. Keynes, economista; Leonard Woolf, fundador de la Hogarth Press, etc.

Bloque Nacionalista Galego gall. 'Bloque Nacionalista Gallego', siglas *BNG*. Coalición de partidos nacionalistas gallegos de izquierda, fundada por Xosé Manuel Beiras en 1982, en la que están integrados el viejo y refundado *Partido Galeguista*, la *Unión do Pobo Galego*, *Esquerda Galega*, etc. Pol.

blouson noir fr. 'gamberro', lit.: 'cazadora negra'. (1964: M. Mihura.)

blow up ing. 'ampliación (fotográfica)'. Título de un famoso cuento de Julio Cortázar, llevado al cine (1966), con el mismo título, por Michelangelo Antonioni. Fot.

blue jeans ing. 'bluyines' (1977: Isabel Allende, Ch.), 'pantalones vaqueros', 'vaqueros', 'tejanos'. De dril azul, con costuras fuertes y visibles y bolsillos pegados. Se llamaron *jeans* tal vez por préstamo del nombre fr. *Jeans* (de *Gènes*: Génova), famosa por sus driles, y también *levis*, por haber sido creados (1873) por Levi Strauss. Muy populares entre los jóvenes a partir de 1945, su uso se ha extendido universalmente. (1966: Vargas Llosa, Pe.) Indum. → BLUYÍN.

blue notes ing. 'notas tristes'. Se dan en el *jazz*, semejantes a los 'sonidos negros' del flamenco. Mús.

blues ing. 'blues' (Ac.: 1992), y '*blues*' (Ac.: 2001). *Jazz* triste, lento, de ritmo binario; sus letras formadas por cuatro estrofas, que riman *aab* cada una, versan sobre amor perdido o no correspondido. Su tristeza es un eco de los antiguos cantos negros de trabajo, de cárcel, de funerales. (1927: Dalí.) Mús.

blue stocking ing. 'literata', 'mujer pedante', 'bachillera', lit.: 'media azul'. Se dice que al salón de Mrs. Montague, literata de finales del siglo XVII, solía ir un tal Stillingfleet, escritor, que siempre usaba *blue stockings*, uso en que fue imitado allí; de ahí que el salón de Mrs. Montague fuera denominado «club de los *blue stockings*». (1912: L. Coloma.) → BASBLEU.

bluff ing. 'bluff', 'bluf', 'blof' (Am.h.), 'farol', en el *poker.* (1919: Blasco Ibáñez.) Jue.

blúmer anglicismo. (1996: Zoe Valdés, Cu.), por 'braga'; del ing. *bloomer;* pero también existe el pl. 'blúmers' (1969: A. Glez. León, Ven.), por 'bragas' y 'pantaletas', deriv. del pl. ing. *bloomers.* Indum. → BLOOMERS.

Blut und Boden al. 'Sangre y terruño'. Consigna nazi contra el extranjerismo en la vida alemana. Pol.

bluyín, pl. **bluyines** anglicismo. Adapt. en Perú (1983: Calderón Fajardo) y Chile (1977: Isabel Allende) al menos. Del ing. *blue jeans.* Indum. → BLUE JEANS.

BMW al. Siglas de *Bayerische Motorenwerke*, 'Fábrica Bávara de Motores'. Fundada en Munich (Alemania) para la fabricación de motores de aviación, aunque con otro nombre. Desde 1928 produce motores para automóviles. Transp. t.

BND al. → BUNDESNACHRICHTENDIENST.

BNG gall. Siglas de *Bloque Nacionalista Galego*, 'Bloque Nacionalista Gallego', denominación adoptada en 1982 por el *BNPG*, siglas de *Bloque Nacional Popular Galego*, 'Bloque Nacional Popular Gallego'. Pol.

boatiné galicismo. (1990: Maruja Torres.) → OUATINÉ.

boat people ing. 'gente (que huye) embarcada'. Con referencia a los vietnamitas de Vietnam del Sur que huían apiñados en barcos, por razones políticas, en la primavera de 1975, al terminar la agresión de EE.UU. a Vietnam; y posteriormente, por motivos económicos. (1991: *País*.) Pol.

bob ing. 'bob', 'bobe', 'trineo articulado'. Deporte olímpico de invierno. Dep. → BOBSLED y BOBSLEIGH.

bobby ing. 'guardia o policía británico', lit.: 'robertito'. Los *bobbies* recibieron ese nombre popular por haber sido creados, hacia 1820, por sir Robert Peel, ya que el dim. de *Robert* es *Bob*. (1979: J. C. Iglesias.) Pol.

bobsled ing. 'trineo articulado con eje direccional', para correr sobre pista de hielo, murada también con hielo. Comp.

de *(to) bob*, 'balancearse', 'bailar', y *sled*, 'trineo'. Dep. →
BOB.

bobsleigh ing. Es palabra estadounidense equivalente a la
ing. *bobsled*. (1911: *Bl. y Negro*.) Dep. → BOB.

(la) bocca mi baciò tutto tremante it. 'la boca me besó,
todo tembloroso'. Palabras de Francesca (de Rímini) al referir sus amores con Paolo (Malatesta). De Dante (*Infierno*, 5, 136). (1868: Bécquer.) Lit.

boccato di cardinali it. 'bocado de cardenales'. (1879: Galdós.) Gastr.

boche fr. 'boche', 'cabeza cuadrada'. Designa peyorativamente
al soldado alemán de la Primera Guerra Mundial. Parece
aféresis de *caboche*, 'clavo de cabeza cuadrada', semejante
a la punta del casco militar alemán de aquel tiempo; otros
opinan que deriva de *(al)boche*, alteración del jergal *alle-
moche*, 'alemán'. (1917: Valle-Inclán.) Ej.

bochito vasquismo. Dim. de 'bocho', con referencia a Bilbao.
(1903: Unamuno.) → BOCHO; BOTXO.

bocho vasquismo. (Ac.: 1992). Del vasc. *botxo* 'agujero', 'hoyo'. Los bilbaínos denominan cariñosamente 'Bocho' y
'Bochito' a la ciudad de Bilbao, por las características de
su emplazamiento. (1979: Lola Galán.) → BOTXO.

bock fr. 'bock' (Ac.: 1992), pero al. '*Bock*', (Ac.: 2001), injusti-
ficadamente, 'jarra (de cerveza)'. En fr. es préstamo del al.
Bockbier. (1886: A. Sawa.) Gastr. → BOCKBIER.

Bockbier al. 'cerveza de primavera'. (1966: F. Ayala.) Gastr.
→ BOCK.

body ing. '*body*' (Ac.: 2001), 'bodi', lit.: 'cuerpo'. 1) 'body'
(1996: Maruja Torres) o 'bodi', en esp., con intención irónica, 'cuerpo (humano)'. Fisiol.; 2) 'body', 'bodi', 'cuerpo',
'corpiño'. Prenda interior femenina que cubre el cuerpo o
tronco ajustadamente, desde las axilas. (1992: Carmen
Maura.) Es palabra, en uno y otro caso, introd. en esp. en
los años ochenta.

body building ing. 'modelación corporal', lit.: 'construcción
corporal'. Técnica de perfeccionamiento muscular, me-

diante ejercicios y aparatos, una especie de adaptación o 'laicización' del culturismo. (1992: *Tiempo*.)

Boeing ing. Tipo de avión producido por la *Boeing Airplane Company*, fundada por Edward Boeing; desde 1961 se llama *The Boeing Company*, con sede en Seattle (EE.UU.). Transp. a.

boer afr. 'bóer' (Ac.). Préstamo neerl. al afr.: 'granjero'. Granjero blanco, surafricano del Transvaal, de origen neerlandés, descendiente de colonos anteriores a la conquista inglesa de África del Sur. Su lengua es el africán. Actualmente, *boer* sólo se emplea para designar a los colonos del pasado, descendientes de los *Voortrekkers*, que tuvieron que emigrar de la Colonia de El Cabo en los años ochenta del siglo XIX; los blancos actuales son llamados *afrikaners* y *afrikanders*. (1899: Fdo. Araujo.)

bogey ing. 'bogui', 'más uno' (1990: *País*, *LEst*.). Jugada de golf en que se pierde un golpe respecto al *par*. (1980: *País*.) Dep.

bogie ing. 'buje' (Ac.). Mecanismo que permite a los vagones de un tren tomar suavemente las curvas de la vía. Primitivamente, *bogie*, en ing., era 'carro largo, con cuatro ruedas'. Según el *DRAE*, del lat. *buxis*, 'caja', etimología poco probable. (1892: *Bl. y Negro*.) Transp. t.

bohème fr. 'bohemia' (Ac.). Palabra difundida, con nuevo concepto, por *Scènes de la vie de Bohème* (1849), de Henry Murger (1832-1861). Hasta Murger, la vida de Bohemia era la que llevaban los bohemios o gitanos procedentes de Bohemia. Murger trasladó ese concepto de vida libre y al día al mundo de ciertos poetas y artistas, especialmente a los del París de su tiempo. (1861: J. Valera.)

(La) Bohème fr. 'La Bohemia'. Ópera de Giacomo Puccini (1858-1924), libreto de Giacosa e Illica, estr.: 1 febrero 1896, en Turín; basada en *Scènes de la vie de Bohème*, de Henry Murger. Mús. → BOHÈME.

boia it. 'verdugo', 'ejecutor (de la pena capital)'. Se aplica también a los 'ejecutores' de la Mafia. Del lat. *boiam*, 'cadena', 'cepo'. (1990: RNE.)

boiler ing. 'hornilla'. (1972: J. C. Pacheco, Méx.)

boira cat. 'niebla', 'bruma'. (1898: Unamuno.) Meteor.

(le) Bois fr. 'el Bosque', en ext.: *le bois de Boulogne*, 'el bosque de Boulogne', gran parque situado entre París, el Sena y Boulogne, paseo favorito de los parisienses. (1897: Galdós.)

boiserie fr. *'boiserie'* (Ac.: 2001). 1) 'buaserí', 'buasería', 'maderado', 'maderamiento', 'enmaderamiento', 'revestimiento mural de madera'. Arq.; 2) pero en contextos españoles, principalmente 'armario-librería mural', que cubre a lo alto y a lo ancho todo o casi todo el muro. (1990: CETESA.) Mob. Del fr. *bois*, 'madera'.

boîte fr. *'boîte'* (Ac.: 2001), 'sala de fiestas', vulg. 'boite', lit.: 'caja'; en ext.: *boîte de nuit*, lit.: 'caja de noche', es decir, 'sala de fiestas nocturna'. (1911: R. Darío.) Host.

boixos nois cat., 'locos muchachos'. Hinchas violentos del F. C. Barcelona. (1991: *País*.) Dep.

bol fr. 'bol' (Ac.), 'tazón'. Del ing. *bowl*. (1920: *Bl. y Negro*), adoptada en fr. hacia 1830.

bolet cat. 'boleto', 'seta', 'hongo'. Del lat. *boletum*. (1989: *La Vang.*) Bot.

boletaire cat. 'setero', 'buscador de setas'. (1989: *La Vang.*)

bolshevik, pl. **bolsheviki** ru. 'bolchevique' (Ac.), lit.: 'mayoritario'. Miembro de la izquierda del Partido socialista ruso, la cual fue mayoritaria en el II Congreso (1903) de este partido. En esp. se adoptó primeramente, incorrectamente, el pl. *bolsheviki*, en los años veinte, para significar el sing. (1920: *Kiriki bolcheiqui*, rev.; 1921: Unamuno). Pol.

Bolshói ru. 'Grande'. Teatro de Moscú, dedicado exclusivamente al *ballet* y a la ópera. Tea.

bomba anglicismo. Del ing. *(gas) pump*, o *(petrol) pump*, 'bomba o surtidor de gasolina'; deriv.: 'bombero', por 'gasolinero'. (1986: J. Donoso, Ch.)

bomba de tiempo anglicismo. Del ing. *time bombe*, 'bomba de relojería'. (h. 1960: Carlos Fuentes, Méx.; E. Sábato, Arg.; cit. por E. Lorenzo.)

bomber ing. 'bómber' (1998: Cadena SER), 'de bombardero (aéreo)'. Tipo peculiar de cazadora; en ext.: *bomber jacquet*, 'cazadora de bombardero'. (1998: *País*.) Indum.

bona fide lat. 'con buena fe', 'con honesta intención'. Contraria a *mala fide*. Der.

bona nit cat. 'buena noche'. Fórmula de salutación. (1898: Blasco Ibáñez.)

bon cop de fals cat. 'buen golpe de hoz'. Palabras pertenecientes al estribillo del himno *Els segadors.* (1919: J. Senador.) Pol.

bondage ing. 'bondaje'. Práctica sadomasoquista, consistente en sujetar a alguien con cuerdas o cadenas. Lit.: 'esclavitud', 'servidumbre'. (1994: V. León.)

bon dia cat. 'buen día'. Fórmula de salutación. (1898: Blasco Ibáñez.)

bon di tingui cat. 'buen día tenga'. Fórmula de salutación. (1907: R. Darío.)

bongó afrocub. 'bongó' (Ac.: 1992), 'tambor (afrocubano)'. De *bonkó* (1950: Fdo. Ortiz), 'tambor', en lengua efik, propia de los ñáñigos o abakuás. Este instrumento membráfono puede ser un solo tambor cónico, pero más generalmente está compuesto de dos tambores unidos, uno ligeramente mayor *(macho)* que el otro *(hembra)*, que son tocados con los dedos y las palmas de las manos por un solo instrumentista o *bongosero*. (h. 1950: Fdo. Ortiz, Cu.) Mús.

bonhomie fr. 'bonhomía' (1910: *La Nación*, Arg.), 'bonomía' (1999: F. Ayala), 'bonachonería', 'llaneza'. (1864: Bécquer.)

bonjour fr. 'buen día'. Fórmula de salutación.

bon marché fr. 'barato'. (1915: R. S. Suso.)

bonne fr. 'criada'. (1924: Unamuno.)

bonsai jap. 'bonsái' (Ac.: 1992). Arte de jardinería arbórea enana. De *bon*, 'maceta', y de *sai*, 'recipiente'. Cultivo en bandejas o tiestos planos, originado en China hacia 200 a. de C.; los monjes budistas lo llevaron al Japón, donde, en el siglo XV, se hizo popular; introducido en Europa en 1910, en la Exposición de Londres; en España, en los años sesenta. (1978: *País*.) Bot.

(le) bon sauvage fr. 'el buen salvaje'. Idealización del hombre natural, surgida en Francia (1703) gracias al barón de Lahontart, quien en sus *Voyages*, *Mémoires*, etc., reflejó sus experiencias entre los indios del Canadá. La idea del buen salvaje y del hombre natural tuvo su mejor expositor en J.-J. Rousseau. (1991: F. Ayala.) Fil.

bon sens fr. → LE BON SENS EST LA CHOSE DU MONDE LA MIEUX PARTAGÉE.

bonsoir fr. 'buena tarde (noche)'. Fórmula de salutación.

bonus-malus lat. 'bueno-malo'. Fórmula por la cual, en las aseguradoras de automóviles, se premia al buen conductor con una reducción en la tarifa del seguro, mientras que se aumenta la tarifa al mal conductor, al de repetida siniestralidad. (1990: RNE.) Autom.

bon vivant fr. '(persona) agradable, jovial, despreocupada y simpática', 'regalón'. (1899: J. Mª Matheu.)

bon voyage fr. 'buen viaje'. Fórmula de despedida.

bonzo port. 'bonzo' (Ac.). Sacerdote budista en Asia Oriental. Del jap. *bozu*. (1782: Forner.) Rel.

boogie-woogie ing. 'buguibugui', 'bugui'. Primero, en *jazz*, *blues* rápido, con variaciones melódicas acompañadas de notas graves; posterior y más generalmente, danza rápida, típica de los años cuarenta en EE.UU. Comenzó su uso en 1928, fecha en que Clarence *Pinetop* Smith grabó su disco *Pinetop's Boogie Woogie*. En su composición, *boogie* es 'negro', 'demonio o diantre negro', ya que procede al parecer de *bogey* o *bogy*, 'diablo' con cierto tono burlón. Además, entre negros, *to boogie-woogie*, 'alegrarse', 'divertirse'. (1972: Victorio Macho.) Mús.

bookmaker ing. 'corredor de apuestas hípicas', 'boletero', lit. 'el que hace o lleva el libro (de apuestas)'. (1902: *Bl. y Negro*.) Jue.

boom ing. 'auge súbito' (M. Seco), 'bum' (1977: J. Semprún). (1925: Blasco Ibáñez.)

boomerang ing. 'bumerán' (Ac.). Procede de la voz indígena australiana *wo-mur-rang*. (1891: *España Moderna*.)

bootlegger ing. 'contrabandista de licores', en EE.UU., durante la Ley Seca. De *boot*, 'bota', y *leg*, 'pierna', es decir 'caña de bota' donde podía ocultarse un frasco estrecho y curvado de licor. (1934: M. Abril.)

bop ing. → BEBOP.

Borba serb. 'Lucha'. Periódico yugoslavo, partidario del general Tito. (1945: I. Herráiz.) Pol.

borda vasc. 'borda' (Ac.), 'cabaña', 'invernal'. (1921: P. Baroja.) Arq.

(vin de) Bordeaux fr. 'vino de Burdeos'. Denominación de origen del vino 'burdeos'. (1877: *Dr. Thebussem*.) Gastr.

bordinguera anglicismo cubano. 'dueña' o 'patrona de una casa de huéspedes', en ing. *boarding house*. (1923: Fdo. Ortiz, Cu.) Host.

borona gall. 'borona' (Ac.), 'pan de maíz'. (1887: Pardo Bazán.) Gastr.

borroka vasc. 'lucha'. En la terminología de *KAS, Herri Batasuna* y *Jarrai*, organizaciones separatistas vascas, entra en las expresiones *eguna borroka*, 'jornada de lucha' y *kale borroka*, 'lucha callejera', es decir, terrorismo y violencia callejeras. (1993: A. Elorza.) Pol. → KAS; HERRI BATASUNA; JARRAI.

borsalino it. 'borsalino'. Sombrero blando de fieltro y ala estrecha, creado por el sombrerero italiano Giuseppe Borsalino (1834-1900), en su fábrica de Alessandria (1857); todavía (1981: J. L. Sampedro) en boga. (1922: Alf. Camín.) Indum.

borsch ru. 'sopa rusa'. Sopa de col y jugo de remolacha, con tropiezos. (1957: M. Mestayer: *borcht*.) Gastr.

Borussia lat. 'Borusia'. Representación icónica de 'Prusia' como una matrona. Algunos clubes de fútbol alemanes han adoptado este nombre, como el *Borussia Dortmundt* y el *Borussia Mönchengladbach*. Mitol.

bos anglicismo. 'jefe'. En esp. es uso jergal. Del ing. *boss*, 'jefe', 'mandamás'. (1992: V. León.) → BOSS.

boss ing. 'jefe', 'muñidor', 'cacique'. Vulgarismo norteamericano, procedente del neerl. *baas*, 'maestro de aprendices', cuyo uso en Nueva York (1838) censuraba J. F. Cooper. Se empleaba para designar el político electorero, como en esp. 'cacique', 'muñidor', o al jefe de cualquier grupo no regular, como el *gangster* Al Capone, habiendo llegado a altos jefes militares, como Eisenhower, cuya secretaria escribió el libro *Eisenhower was my boss*. (1953: *ABC*.)

bossa nova port. 'movimiento nuevo', 'ritmo nuevo', es decir, nueva manera de tocar el *samba*, creada (1958) por João Gilberto y Antônio Carlos Jobim (1927-1994). Estilo musical brasileño considerado por algunos como el *jazz* brasileño. El músico A. C. Jobim, el autor de *Garota de Ipanema*, afirma que es una 'marchita de *samba*'. (1976: *Triunfo*.) Mús.

boston ing. 'boston'. 1) especie de vals lento. (1910: Alcalá Galiano.) Baile; 2) juego de cartas, inventado en Boston, durante la guerra de la independencia norteamericana (1775-76), semejante al *whist*, con 52 cartas, donde el *valet de carreau* recibe el nombre de *boston*. Jue.

botafumeiro gall. 'botafumeiro' (Ac.), 'incensario'. Por antonomasia, el incensario gigantesco de la catedral de Santiago de Compostela. Rel.

botifarra cat. 'butifarra' (Ac.). 1) 'embutido'. Gastr.; 2) 'corte de manga'. Insulto obsceno. (1980: J. G. Candau.)

botifler cat. 'carrilludo', 'mofletudo'. Se decía de cualquier partidario de los Borbones durante la guerra de Sucesión de España (1702-1713); equivalente a 'colaboracionista'. (1983: *País*.) Hist. → MAULET.

botiga cat. 'botiga' (Ac.: 1992), 'tienda'. (1984: Vázquez Montalbán.) Com.

botiguer cat. 'botiguer' (Ac.: 1992), 'tendero'. (1988: X. Domingo.) Com.

bottega it. 'tienda'. (1968: T. Moix.) Com.

botxo vasc. 'bocho' (Ac.: 1992), lit.: 'hoyo'. Se llama así, popularmente, a Bilbao, por estar situado en una hondonada. → BOCHO; BOCHITO.

bou cat. 'bou' (Ac.), 'pequeño barco de pesca', 'pesquero de arrastre'. Del lat. *bolus*, y éste del gr. *bolos*, 'redada'.

bouc émissaire fr. 'chivo expiatorio'. Con referencia al chivo que, en la fiesta de las Expiaciones, el sumo sacerdote de los judíos cargaba con todos los pecados de Israel, y después enviaba como emisario, con el nombre de Azazel, a los confines del desierto. (1985: Blanco Tobío.) Rel.

boudoir fr. 'saloncillo íntimo', femenino, coquetamente amueblado, próximo a la alcoba. (1866: Bécquer.)

bougnoul fr. 'negro'. Es palabra que los colonizadores franceses aplicaban a los negros de Senegal; actualmente se aplica en Francia, injuriosamente, a los magrebíes inmigrados. En fr. es un préstamo del ulof, una de las lenguas nacionales de Senegal. (1994: J. Goytisolo.)

bouillabaisse fr. 'bullabesa'. Plato caldoso de pescado. Del prov. *bouiabaisso*, tal vez alteración (según Robert) de *bouille* (de *bouillir*, 'hervir') y *peis*, 'pez'. (1897: A. Muro.) Gastr.

boulangisme fr. 'bulangismo'. Movimiento político del último tercio del siglo XIX, antidemocrático, vinculado al general Boulanger (1837-1891), continuado por la *Action française* en cierto modo. (1921: G. de Torre.) Pol.

Boule de suif fr. 'Bola de sebo', 'Gordiflona'. Apodo de la heroína del cuento, así titulado, de Guy de Maupassant, incluido en *Les soirées de Médan* (1880). Lit.

boulevard fr. 'bulevar' (Ac.), 'ronda'. Palabra de origen germánico, significó primero 'fortificación'. En las viejas ciudades, al derribarse las murallas, se reemplazaron éstas con paseos públicos arbolados que conservaron el viejo nombre. En el París de Napoleón III se dio abusivamente este nombre a calles arboladas del interior de la ciudad. (1787: Moratín h.)

boulevardier 'bulevardier', 'bulevarero'. Carácter semejante al de las personas o situaciones que aparecen en las comedias francesas llamadas de *boulevard*. (1896: *Azorín*.) Lit.
→ BOULEVARD.

Boul'Mich fr. Abrev. de *Boulevard Saint-Michel*, calle principal de la *rive gauche* en el *Quartier Latin*, en París. (1903: N. Estévanez.)

bouquet fr. 'buqué' (Ac.: 1992). 1) 'ramillete de flores'. (1821: Moratín h.); 2) 'boca o aroma del vino'. (1841: R. de Navarrete.) Gastr.

bouquin fr. 'libro de lance'. Del neerl. *boek*, 'libro'. (1920: E. d'Ors.) Biblio.

bouquiniste fr. 'librero de lance'. (1899: R. Darío.) Biblio.

bourbon ing. 'bourbon'. *Whisky* de maíz o de maíz y centeno. Por su lugar de origen, el Bourbon County, Kentucky (EE.UU.). (1984: J. Donoso, Ch.) Gastr.

bourgeois fr. 'burgués'. (1893: U. Glez. Serrano.)

bourgeoise fr. 'burguesa'. (1875: M. de la Revilla.)

bourgeoisie fr. 'burguesía', 'clase media' (entre la nobleza y el pueblo llano), 'clase adinerada' (frente a 'proletariado'). (1836: Martínez de la Rosa.)

boutade fr. 'salida' (M. Seco), 'salida de tono' (1915: Unamuno), 'ocurrencia'. (1896: *Azorín*.)

boutique fr. 'boutique' (Ac.: 1992), y *'boutique'* (Ac.: 2001), 'tienda selecta' (M. Seco). Originalmente, en Francia, 'pequeña tienda o almacén modesto hecho con tablas', 'tenducho'. Su sentido actual se debe a modestia afectada. (1930: V. Huidobro, Ch.) Com.

bowl ing. 'bol' (Ac.). (1920: *Bl. y Negro*.) → BOL.

bowling ing. 'bolin', 'boulin', 'boleo'. Juego de bolos americanos. Existe Federación española de *bowling* (1984). (1952: M. A. Asturias, Guat.) Dep.

box ing. 'box', lit.: 'caja'. 1) 'cajón o establo individual en el hipódromo'. (1922: *Bl. y Negro*.) Híp.; 2) 'estacionamiento individual en los circuitos de automovilismo'. (1978: *País*.) Dep.

box ing. 'boxeo' (Ac.), 'box' (Méx.; 1934: J. L. Borges, Arg.) De *box*, 'golpe (con la mano)', 'manotada' o 'golpe (con el puño)', 'puñetazo'. (1887: R. Darío.) Dep.

box-calf ing. 'cuero de ternera'. Curtido con sales de cromo, su grano muestra líneas que se cruzan en ángulo recto. Es nombre comercial creado (1890) por E. L. White, de Massachusetts (EE.UU.), con el apellido del zapatero inglés Joseph *Box* y *calf*, 'ternera'. (1921: Cansinos.) Indum.

boxer ing. 'bóxer', 'boxeador'. 1) perro guardián, apto para luchar, con cara de boxeador. Zool.; 2) miembro de la sociedad secreta china *Chuan-Fei*, 'Los rebeldes del puño' (1770), xenófoba, que, a finales del siglo XIX, adoptó el nombre *I-hotuan*, 'Unión por la justicia y la libertad'; se opuso a la penetración extranjera, occidental, en China, mediante la llamada «rebelión de los *Boxers*» (1900-1901). Pol.

boxer ing. 'bóxer'. Abrev. de *boxer shorts*, '(calzones) cortos de boxeador', llamados también *boxers*, 'boxeadores'. Apareció en contextos españoles en los años ochenta. La nota diferenciadora del ing. *boxer* ante el esp. 'calzoncillo', abrochado éste con botón, estriba en la cinta elástica de aquél, la cual rodea toda la cintura. (1984: El Corte Inglés.) Indum. → SLIP.

boy ing. 1) 'joven'. (1915: *D. de Gádex.*); 2) 'mozo' o 'criado'. (1887: E. Gaspar.) Host.; 3) en los años treinta, en España, 'bailarín o chico del conjunto', paralelo a 'corista o chica del conjunto'. Tea. → GIRL.

boycott ing. 'boicot' (Ac.), 'boicoteo' (Ac.). Por el apellido del capitán Charles Cunninghame Boycott, recaudador de rentas en el condado de Mayo, en Irlanda. En 1880, los arrendatarios, amparados por la *Irish Land League*, 'Liga rural irlandesa', se alzaron contra él. Las tiendas no le vendían artículos, los merodeadores destruían sus fincas, su correo quedó bloqueado, y Boycott tuvo que marcharse de Irlanda a Inglaterra. (1930: M. Altimiras.) Pol.

boycottage fr. 'boicot' (Ac.), 'boicoteo' (Ac.). Del ing. *boycott*. (1910: J. Nombela.) Pol.

boy friend ing. 'acompañante o novio informal'. Frecuentemente en los años sesenta.

boy scout ing. 'explorador'. Muchacho perteneciente al movimiento fundado (1908) por el militar sir R. Baden-Powell, 'para ayudar a los muchachos a hacerse plenamente hombres'. (1909: Fdo. Araujo.)

bra ing. Abrev. eufemística del galicismo ing. *brassiere*. (1970: M. Puig. Arg.) → BRASSIERE.

Brahma sáns. 'Brahma', 'espíritu universal', 'principio del universo'. Forma parte de la trinidad brahmánica. (1875: J. García Ayuso.) Rel.

brahmán sáns. 'lo real', 'el absoluto', 'sabiduría', 'expresión' o 'manifestación de Brahma'. (1927: Ortega; pero *brahman*: 1874: T. García Ayuso.) Rel.

Braille fr. 'braille' (Ac.: 1992). Sistema de lectura para ciegos, inventado por Louis Braille (1809-1852). Biblio.

brain drain ing. 'drenaje de cerebros'. Comp. de *brain*, 'cerebro' y *drain*, 'drenaje'. Expresión estadounidense (1963) paralela a *brain trust*. Es 'drenaje' mirado desde el país que los recibe, pero 'fuga', mirado desde el país que los pierde. (1975: J. L. Abellán.) → BRAIN TRUST.

brainstorming ing. 'confrontación de ideas', 'tormenta de ideas' (1995: G. Villapalos). Reunión técnica para resolver problemas y buscar ideas mediante participación espontánea y sincera. Sistema de trabajo inventado (1939) por el estadounidense Alex Osborn, publicitario, para encontrar eslóganes eficaces. Deriv. de *brainstorm*, 'inspiración repentina', 'idea genial'; comp. de *brain*, 'cerebro', y *storm*, 'descarga', esto es, 'descarga o disparo cerebral'. (1979: Alzugaray.)

brain trust ing. 'grupo de asesores', lit.: '*trust* cerebral o de cerebros'. Término inventado (1933) por James M. Kieran, reportero del *New York Times*, sobre el grupo de profesores que el presidente F. D. Roosevelt tuvo como asesores para llevar a cabo su política, durante su primer mandato (1933-1937), contra la depresión y la crisis. (h. 1970: M. Leguineche.) Pol.

brandada cat. 'brandada' (Ac.: 2001), lit.: 'oscilación', 'vaivén'. Pasta hecha con migas de bacalao, previamente puesta a remojo con ajos picados, y removido y ligado todo ello con aceite de oliva, a lo que se añade leche. Su étimo es el prov. *brandado*, que designa este mismo plato. Algunas veces se ve el fr. *brandade* en lugar del cat. *brandada*. (1959: Ig. Domenech.) Gastr.

brandy ing. 'brandy' (Ac.: 1992), y '*brandy*' (Ac.: 2001), 'coñac'. Del neerl. *brandwyn*, lit.: 'vino quemado'. (1870: R. Pombo.) Gastr.

braña bable. 'braña' (Ac.), 'pasto de verano', 'pasto de altura', (1790: Jovellanos.)

brasier anglicismo (1967: O. Lewis, Méx.) → BRASSIERE.

brasileiro port. 'brasileño' (Ac.) y 'brasilero' (1896: R. Darío; Ac.: 1992). 1) natural o ciudadano del Brasil. Geogr. h.; 2) portugués (en Portugal) enriquecido en Brasil, equivalente al esp. 'indiano'. (1870: Calvo Asensio.) → BRAZILEIRO.

brasserie fr. 'cervecería'. Primero se dijo de los locales donde se fabricaba la cerveza: hacia 1880 se aplicó a los locales donde se expedía el menudeo. De *brasser,* 'mezclar el agua con la malta' para la obtención de la cerveza. (1896: Blasco Ibáñez.) Host.

brassiere galicismo ing. 'corpiño (interior)'. Del fr. *brassière*. Primero significó 'corpiño' o 'justillo', pero ha pasado a ser una variante mayor del simple *soutien-gorge*, 'sostén', 'sujetador'. (1967: Carlos Fuentes, Méx.) Indum. → BRA; BRASIER.

brave new world ing. 'estupendo mundo nuevo'. Título de una novela utópica y futurista (1932) de Aldous Huxley, trad. al esp. como *Un mundo feliz*. (1941: J. L. Borges, Arg.) Lit.

brazileiro lusismo ing. Por el port. *brasileiro*. → BRASILEIRO.

break ing. 'rompimiento (del servicio)'. En el tenis, lo consigue el jugador que gana un juego que ha sacado o servido el contrario. Dep.

break ing. 'carruaje'. 1) 'coche grande de caballos, con cuatro ruedas, con asiento elevado para el cochero, con bancos, propio para excursiones'. (1898: Giner de los Ríos); 2) 'coche o vagón ferroviario de pasajeros'. (1907: Galdós);

3) 'automóvil mixto, para personas y carga', 'furgoneta'. (1979: Alzugaray.) Transp. t.

break! ing. '¡sepárense!'. Mandato del árbitro para que se separen los boxeadores cuando están enzarzados corporalmente. Dep.

break (dance) ing. 'baile roto', con sacudidas y bruscas habilidades, nacido en las calles de Nueva York, entre la población negra, en los años setenta. (1985: *País*.) Baile.

breakfast ing. 'desayuno'. Comp. de *break*, 'rompe', y *fast*, 'ayuno'. (1898: *Bl. y Negro*.) Gastr.

breeches ing. 'briches' (1920: López Pinillos), 'pantalones de montar (a caballo)'. (1916: M. Machado.) Indum.

brent ing. '(petróleo) brent', '(petróleo) del mar del Norte'. Petróleo de máxima calidad. *Brent* es el topónimo de la zona o cuadrícula del mar del Norte donde se hallan los pozos británicos de los que se extrae esta clase de petróleo. Es llamada *Brent* tal vez porque es el hábitat del *brent goose*, 'ganso brent', en lat. cient. *Branta bernicla*. (1990: *ABC*.) Petroq.

breteles galicismo. 'tirantes'. Del fr. *bretelles*. (1970: M. Puig, Arg.) Indum.

brétema gall. 'niebla'. (1900: Pardo Bazán.) Meteor.

brévet d'invention fr. 'patente de invención', 'marca registrada'. *Brévet* es dim. de *bref*, 'breve', 'escrito', 'certificado'. (1861: J. Valera.)

bric-à-brac fr. 'baratillo', 'revoltijo'. (1898: A. Nervo.)

brick fr. 'barco de vela de pequeño tonelaje, con dos mástiles cuadrados'. Adapt. del ing. *brig*, abrev. a su vez del fr. *brigantine*, 'bergantín'. (1927: Unamuno.) Transp. n.

bricolage fr. 'bricolaje' (Ac.: 1992). Trabajo manual de poca monta o arreglos hechos por persona mañosa y aficionada. (1976: *ABC*.)

bricoleur fr. 'bricolador' (1995: TVE). Persona mañosa que hace tareas de bricolaje. (1982: J. Cueto.) → BRICOLAGE.

bridge ing. 'bridge', 'brich', 'briche'. Juego de naipes intr. en Inglaterra, hacia 1886, por Lord Brougham como *biritch* o *britch*. Tanto el juego como su nombre se suponen de origen ¿turco? (1980: Rey-Debove) o ¿ruso? (1913: Pears; 1994: Mini), habiendo sido observado en 1870 en Estambul, de donde pasó a Europa. Su étimo no es, por tanto, *bridge*, 'puente', como se suele decir. (1912: R. Darío.) Jue.

briefing ing. 'sesión informativa' (1998: Cadena SER), 'reunión informativa'. 1) informe o sumario de instrucciones para realizar una tarea; 2) curso o reunión en que se dan esas instrucciones. De *brief*, 'breve'. Procede tal vez de la terminología militar aeronáutica. (1979: Alzugaray.)

brigand fr. 'brigante' (h. 1920: Baroja), 'bandolero'. Aplicada por los franceses, durante la guerra de la Independencia, a los guerrilleros españoles. (1851: A. de Trueba.)

briganti, sing. **brigante** it. 'bandoleros'. (1970: María Teresa León.)

Brigate Rosse it. 'Brigadas Rojas'. Organización terrorista italiana para el poder proletario armado. Fundada (1972) por Renato Curzio. Su acto más resonante, el secuestro y asesinato de Aldo Moro, jefe del gobierno italiano, en 1978, partidario del compromiso de la Democracia Cristiana y el Partido Comunista de Italia. Pol.

brik sue. 'brik', 'brique', 'briqueta', lit.: 'ladrillo'. Envase de cartón especial con forma de ladrillo. (1992: El Corte Inglés.) → TETRA PAK.

brioche fr. 'brioche'. Del normando *brier*, 'migar'. Bollo especial para tomar té, café con leche o chocolate. (1890: L. Coloma.) Gastr.

briquet fr. 'encendedor'. (1960: Carlos Fuentes, Méx.)

British Airways ing. 'Líneas Aéreas Británicas'. Compañía resultante de la fusión de *British European Airways (BEA)*, *British Overseas Airways* y *British Caledonian*. Transp. a.

British Petroleum ing. 'Petróleo Británico', en ext.: *British Petroleum Company*, 'Compañía del Petróleo Británica'. Con sede en Londres. Es una de las llamadas 'siete hermanas'. Petroq.

brocante fr. 'almoneda', 'chamarilería'. (1992: Santillana del Mar.) Com.

brocanteur fr. 'brocanter', 'almonedista' (1992: Telemadrid), 'chamarilero'. (1992: *País*.) Com.

broccoli, sing. **broccolo** it. 'brócoli' (1899: Sánchez y Rubio), 'brecolera' (Ac.), 'bróculi' (Ac.: 2001). En lat. cient. *Brassica oleacea botrytis*. Bot.

brochure fr. 'folleto', 'libro en rústica'. De *brocher*, 'coser las páginas de un libro', con la *broche*, 'aguja' adecuada para ello. Biblio.

broderí galicismo. En Arg., '(tejido) bordado', aplicable a vestidos. Del fr. *broderie*, 'bordado'. Indum.

broker ing. 'bróker', 'bróquer', 'agente u operador financiero', 'intermediario financiero' (1989: TVE), 'intermediario sin riesgo' (*País*, *LEst*.); lit.: 'intermediario'. (1987: *País*.) Econ.

brona gall. (1887: Pardo Bazán.) → BORONA.

browning ing. 'pistola automática, con cargador'. Invención del estadounidense John M. Browning (1855-1926). (1920: López Pinillos.) Ej.

brown sugar ing. 'heroína morena', lit.: 'azúcar morena' (1990: *País*.)

Brücke al. → DIE BRÜCKE.

brûler les étapes fr. 'pasar de largo', lit.: 'quemar etapas'. (1930: E. d'Ors.)

brunch ing. 'almuerzo', en su sentido popular y en el de la primera acepc. del *DRAE*: 'comida que se toma por la mañana', posterior al desayuno. En palabra formada con la fusión de *br*, de *breakfast*, 'desayuno', y *unch*, de *lunch*, 'comida ligera, en pie, del mediodía'. (1996: *País sem*.) Gastr.

brut fr. *'brut'* (Ac.: 2001), 'natural'. Es el vino en su estado primero, no adulterado ni manipulado excesivamente. Gastr.

Buba al. Contracción de *Bundesbank*. (1993: *ABC*.) Econ. → BUNDESBANK.

buchaca catalanismo. 'bolsa', 'bolso', 'bolsillo', con intención irónica. El *DRAE* registra 'buchaca', relacionándola con 'burchaca' y 'burjaca', incluso con el remoto lat. *bur-*

sa, cruzado con el al. *Habersach*, 'saco de mano'. Pero el origen directo de 'buchaca' es el cat. *butxaca*. (1994: J. R. de la Morena.)

budget ing. 'presupuesto económico estatal', del fr. *bougette*, 'bolsa de cuero', del lat. *bulga*. Pol.

buffet fr. 'bufé' (Ac.). Sin embargo, 'bufete', en el *Tesoro* de Covarrubias y en J. de Burgos (1896). (1851: *La Ilustr.*) Host.

buffo it. 'bufo', 'cómico (hilarante)'. (1825: Bretón de los H.). Tea.

building ing. '(gran) edificio'. (1929: *Bl. y Negro*.) Arq.

bulkcarrier ing. '(buque) granelero'. De *carrier*, 'transportador', y *bulk*, 'granel'. (1980: *País*.) Transp. m.

bulldog ing. 'buldog', lit.: 'perro de toros'. Se cree que este nombre deriva del deporte *bull-barting*, 'acoso de perros a toros'. (1887: R. Darío.) Zool.

bulldozer ing. '*bulldozer*' (Ac.: 2001), 'buldócer', 'explanadora'. Máquina automóvil excavadora y niveladora. Es palabra que procede del *slang*, donde significa 'valentón', 'matón'. En los años treinta, *bull-dose* o *bull-doze*, 'intimidar' y 'apalear', pues en Luisiana, a los negros que querían votar les intimidaban a palos, con 'dosis' *(dose)* capaces de tumbar a un 'toro' *(bull)*. (1960: Agustín Yáñez. Méx.)

bullit cat. 'hervido'. Plato de cocina valenciano, consistente en un cocimiento de patatas en trozos, cebolla en gajos y alubias verdes, que se aliña finalmente con aceite de oliva crudo. (1999: Radio España.) Gastr.

Bundesbank al. 'Banco Federal', en ext.: *Deutsche Bundesbank*, 'Banco Federal Alemán', que es el banco central o nacional alemán. (1981: *ABC*.) Econ. → BUBA.

Bundesgrenzschutz siglas **BGS** al. 'Defensa *(Schutz)* Federal *(Bundes)* de Fronteras *(Grenz)*'. Policía armada de fronteras de la RFA. (1992: Martí Font.) Pol.

Bundesliga al. 'Liga Federal'. Campeonato o liga de fútbol de la República Federal Alemana. Dep.

Bundesnachrichtendienst, siglas **BND** al. 'Servicio *(Dienst)* Federal *(Bundes)* de Información *(Nachrichten)*'.

En la RFA, departamento que se ocupa de la información y de la contrainformación. (1990: *País*.). Pol.

Bundesrat al. 'Consejo *(Rat)* o Cámara federal *(Bundes)*', 'Cámara territorial' (1990: *País*), formada por los representantes elegidos de los diversos *Länder* o territorios federados. Instituido en la República Federal Alemana en 1949. Pol.

Bundesrepublik al. 'República Federal'. Nombre con que generalmente se distinguía la Alemania Occidental frente a la 'República Democrática' (es decir, *Deutsche Demokratische Republik*, 'República Democrática Alemana') o Alemania Oriental, antes de la unificación (1990) de las dos. En ext. y oficialmente la *Bundesrepublik* se llama, desde 1949, *Bundesrepublik Deutschland*, 'Alemania, República Federal'. Pol.

Bundestag al. 'Asamblea *(Tag)* federal *(Bundes)*', formada por los representantes del pueblo elegidos. Instituida en la República Federal Alemana en 1949. Pol.

Bundeswehr al. 'Defensa federal'. Nombre de las Fuerzas Armadas de la República Federal Alemana, establecidas por el Tratado de París (1954-55), bajo el Supremo Mando Aliado. (1976: *Cambio 16*). Ej.

bungalow ing. '*bungalow*' (Ac.: 2001), 'bungaló' (Ac.). Casita campestre o playera. Del hindi *bangla*, 'de Bengala' (1887: E. Gaspar.)

bungee ing. 'puenting' (1994: S. Segurola), 'puentin', 'puentismo' (1994: M. Alpuente). Originariamente, *bungee* designaba un 'dispositivo elástico' que en los aviones, sobre todo en los primitivos, facilitaba el movimiento de algunos de sus mecanismos. Modernamente sirve para denominar un deporte de riesgo conocido en esp. como 'puenting', consistente en 'saltar al vacío (desde un puente)' con arnés elástico sujeto al cuerpo del saltador. Este deporte tiene su base en un salto ritual de los indígenas de las islas Vanuatu, del Océano Pacífico. Adoptado y patentado (1986) como deporte por el neozelandés A. J. Hackett

Bungy (nótese su semejanza fonética con *bungee*), de ahí que sea llamado también *Bungy Jump*, 'salto Bungy'. (1991: *Muy interesante*.) Dep. → PUENTING.

Bunker al. 'búnker' (Ac.: 1992), lit.: 'carbonera (de un barco)'. Es palabra de origen escandinavo, isl. *bunki*, danés *bunke*, con el mismo sentido. Y especialmente 1) 'lugar blindado, subterráneo, a prueba de bombardeos'. Famoso el de Hitler en la Cancillería del III *Reich*, en Berlín, donde murió. (1945: Ismael Herráiz); 2) en España, grupo franquista enemigo de la transición a la democracia. (1976: A. Burgos.) Pol.

bunker ing. 'bánker'. 1) 'carbonera (de un barco)'. Transp. m.; 2) 'gran hoya de arena', en los campos de golf, obstáculo para el golfista. (1985: *País*.) Dep.

bunker-barraqueta híbrido (al./val.). Peyorativamente, el grupo político valenciano derechista partidario de la diferenciación de la región valenciana frente a los llamados países catalanes. (1982: *País*.) Pol.

bunny, bunnie ing. 'joven atractiva y fácil', lit.: 'conejito', 'conejita'. Con mínimo aspecto o traje de conejo, vestían las camareras o chicas de alterne asociadas a los establecimientos vinculados a *Playboy*, famosa revista norteamericana del editor Heffner. Host.

Bunraku jap. 'teatro de títeres'. (1981: Vargas Llosa, Pe.) Tea.

buona notte it. 'buena noche'. Fórmula de salutación. (1868: Bécquer.)

buona sera it. 'buena tarde'. Fórmula de salutación. (h. 1910: C. M.ª Ocantos, Arg.)

buon giorno it. 'buen día'. Fórmula de salutación. (1988: A. Pereira.)

buon natale it. 'feliz Navidad'.

Burán ru. 'Burán'. Nombre del primer transbordador espacial soviético (13 septiembre 1988), lit.: 'tormenta de nieve', 'cellisca'. (1990: *País: Burán*.) Cosmon.

burdunchi vasquismo. (1906: Aranaz Castellanos.) → BURDUNTZI.

burduntzi vasc. 'burdunchi', 'espetón', 'asador'. → BUR-
DUNCHI.

bureau fr. 'buró' (Ac.: 1992). 1) mueble escritorio con cajones. (1910: J. Nombela.) Mob.; 2) mueble escritorio con
cajones, o 'escritorio de tambor', que puede cerrarse su
parte superior bajando una pantalla; tal vez de origen estadounidense, pero llamado en ing. am. *roll top desk*, 'escritorio con tapadera enrollable'. (1923: P. Mata.) Mob.;
3) oficina o agencia gubernamental (EE.UU.), de partido
(PC), etc. Pol. Del ant. fr. *burel*, 'burel' (Ac.), paño con que
se cubría el escritorio.

burger ing. 'búrguer', abrev. de *hamburger*, 'hamburguesería'.
(1990: *País*.) Host. → HAMBURGUER.

Bürgermeister al. 'burgomaestre' (Ac.), 'alcalde'. (1914: Baroja.) Pol.

burka ár. 'velo' femenino que cubre todo el rostro, menos los
ojos, y llega hasta los pies. Uso acostumbrado entre las mujeres musulmanas de Afganistán, rígidamente obligatorio
durante el régimen de los talibán, hasta su derrocamiento
en octubre de 2001. Indum. → CHADOR.

burlesque ing. 'burlesque', 'burlesco' (1933: Jardiel Poncela).
Espectáculo paródico y atrevido, en palabras y desnudez.
Comenzó a cultivarse en EE.UU. hacía 1865. Solía acabar
con una 'atracción especial', muy atrevida, hasta llegar al
striptease. Por esto, y por la intervención de la policía, acabó este género de espectáculo, que ha tenido herederos semejantes. Del fr. *burlesque*, y éste a su vez del it. *burlesco*. Tea.

burofax híbrido. 'burofax'. Comp. de 'buró' (del fr. *bureau*) y
del ing. *fax*. Servicio de mensajes entre oficinas de correos
y telégrafos, así como entre oficinas de correos y telégrafos y abonados de telefax, y viceversa. (1991: Real Orden.)
Telecom. → FAX.

Burschenschaft al. 'Unión de bursarios (o estudiantes)'.
Movimiento radical, nacionalista y partidario de la unificación de Alemania. Surgió el 12 de junio de 1815, en Je-
na, extendiéndose rápidamente a otras ciudades universi-

tarias alemanas. Posteriormente ha quedado como una organización universitaria en que el afiliado *(Burschenchafter)* adquiere un compromiso de por vida *(Lebensbundprinzip)* a participar en 'jaranas' o 'francachelas' *(Kneipen)* rituales. (1914: Baroja.)

buru batzar vasc. → EUSKADI BURU BATZAR.

bus ing. 'bus' (Ac. 1992). Aféresis de *autobus* (1963: M. de la Escalera.) Transp. t. → AUTOBUS.

bus ing 'bus', pl. 'buses' (1985: P. Guirao), pero pl. 'bus' (1994: D. Jalón Barroso). Abrev. del lat. *omnibus*, 'vehículo colectivo', lit.: 'para todos'. Transporte o vehículo colectivo, esto es, línea de transmisión masiva de datos y señales, a gran velocidad, entre los componentes de un sistema informático. (1994: *ABC.*) Inform.

buseta anglicismo. En Col. (según E. Lorenzo), por 'microbús'. Transp. t.

Bushido jap. *'Bushido'* (Ac.: 2001), 'Busido'. Código ético de los *samuráis*, lit.: 'camino del guerrero'. (1907: Unamuno.) Ej.

business ing. 'negocio'. (1905: Unamuno.) Econ.

business is business ing. 'el negocio es el negocio'. (1978: *País.*) Econ.

business man ing. 'hombre de negocios'. (1906: Fdo. Araujo.) Econ.

bustier fr. 'peto'. 1) vestido femenino que deja desnuda la espalda, descubiertos los hombros por delante, sujetado con dos tirantes de diversa materia que el vestido. (1982: *País*); 2) 'corpiño interior' o prenda femenina que sujeta el busto hasta la cintura, sin tirantes. (1987: F. Lázaro Carreter.) Indum.

(la) Butte fr. 'la Colina'. Sinónimo de 'Montmartre', barrio de París, situado en una colina. (1911: R. Darío.)

butxaca cat. → BUCHACA.

bwana suaj. 'buana', 'amo'. Del ár. *abuna*, 'nuestro padre'. (1972: I. Montero.)

bye-bye! ing. '¡baibái!', '¡hasta luego!'. Repetición corriente, deriv. del habla infantil, por *goodbye*, alteración ésta, a su vez, de *God with you*, 'Dios sea con usted', por contaminación de *good night*, 'buena noche'. (1983: Vicente Soto.)

bylina ru. 'bilina', lit.: 'suceso'. Poema narrativo tradicional. Lit.

by night ing. 'de noche', 'por la noche', 'nocturno'. Se aplica al nombre de las ciudades, por ej., Madrid *by night*, en las visitas organizadas por las agencias turísticas.

by-pass ing. 'baipás' (1990: RNE). 1) 'pontaje' (1984: Dr. Artaza), adapt. del fr. *pontage*. Tubo o canal añadido como remedio en las cardiopatías ideado (1967) por el médico argentino René Favalaro. (1983: García Márquez.) Med.; 2) 'pontaje' o 'puente' (1996: RNE) de intercomunicación alzado en autovías o autopistas. Ing.

byte ing. *'byte'* (Ac.: 2001), 'octeto'. Conjunto de ocho *bits* que integran una unidad en el ordenador. Contracción de *b(inar)y (octet)te*, 'octeto binario'.

C

c. lat. → CIRCA.

ca. lat. → CIRCA.

cab ing. 'cab', 'coche (de alquiler)', abrev. del fr. *cabriolet*, y en ext.: *hansom cab*. Coche de alquiler de dos ruedas tirado por un caballo, para dos pasajeros, con el cochero detrás, sobre asiento elevado. Llamado así por el apellido del ingeniero inglés J. A. Hansom (1803-1882), que lo diseñó. (1906): María Mtnez. Sierra.) Transp. t. → CABRIOLET.

cabaret fr. 'cabaré' (Ac.). 1) local público de reunión literaria y artística. (1987: *Azorín*); 2) local público de diversión frívola. (1912: A. Donoso.) Host.

cabas fr. 'cabás' (Ac). Del prov. *cabas* (del lat. vulgar **capacium*, 'capazo', 'capacho'). Originalmente, en Francia, cesto que servía para llevar provisiones de boca. (1890: L. Coloma.)

cabriolet fr. 'cabriolé' (Ac.). Del fr. *cabrioler*, 'hacer cabriolas', 'dar saltos de cabra'. 1) coche de caballos de dos ruedas, especie de birlocho, al que (1934: Baroja) «elegantemente llamaban *milord* y popularmente 'manuela'». (1842: *Sem. pint. esp.*); aunque, por exigencias de la rima, se encuentra tempranamente la forma hispanizada 'cabriolé' (1796: Zavala y Zamora). Transp. t.; 2) automóvil descapotable, cerrado o abierto mediante capota fuerte. (1960: Arias Paz.) Transp. t. → CAB.

cachaça port. 'cachaza' (Ac.). Aguardiente de melaza, en Brasil. (1988: A. Pereira.) Gastr.

cachelos gall. 'cachelos' (Ac.) 'trozos o cortadas de patata' para guisos; lit.: 'cachillos'. Gastr.

cachet fr. 'sello'. 1) 'marca o señal distintiva'; 2) 'distinción', 'elegancia', en Esp. y Ec. (1884: *Clarín*); 3) 'caché' o 'cotización' de la actuación de un artista de variedades. Frecuente en los años ochenta y siguientes (Ac.: 2001). (1990: Álv. Marías.) Tea.

caddie ing. 'cadi' (Ac.: 1992), y *'caddie'* (Ac.: 2001), 'ayudante o portador (de los palos)', en el golf. Derivado del fr. *cadet*, 'segundón'. (1942: A. Reyes.) Dep. → CADET.

cadet fr. 'hermano menor', 'segundón'. (1926: R. Gómez de la Serna.) → AINÉ.

cadete rusismo. (1994: *ABC*.) Pol. → KADET.

caeli enarrant gloria Dei lat. 'los cielos proclaman la gloria de Dios'. Del *Salmo* 18, 2, según la Vulgata. Rel.

(avoir le) cafard fr. '(tener) ideas negras', vulg. '(tener) la neura'. (1925: G. de Torre.)

café chantant fr. 'café cantante'. Café con pequeño escenario, desde el cual se entretiene a los clientes con música y canciones. (1870: B. Hortelano.) Host.

café-concert fr. 'café-concierto'. Café con pequeño escenario, desde el cual se entretiene a los clientes con bailes y música ligera. Producto de la Revolución francesa, reprimido bajo el Imperio, revitalizado reinando Luis Felipe, con máximo auge en el Segundo Imperio, por la desaparición de muchos pequeños teatros del *boulevard* del Temple, en París, a causa de reformas urbanísticas. En España, este tipo de café sirvió para introducir el 'género ínfimo'. (1896: Ganivet.) Host.

cafe society ing. 'gente rica y elegante', la que concurría a los lugares de moda (cafés, bares, clubes) en EE.UU. en los años treinta; expresión popularizada por Lucius Beebe, en el *Herald Tribune*. (1986: *ABC*.)

cafezinho port. 'cafeciño' (1977: F. Ayala), 'cafetito'. En Brasil. (1925: J. Vasconcelos, Méx.) Gastr.

caftan ár. 'caftán' (Ac.). Túnica ceñida con una faja. (1890: R. A. de los Ríos.) Indum.

Cafú afrocub. Nombre que se halla en la expresión 'murió Ca-fú', con el sentido de 'se acabó todo'. Variantes: 'Cacan-fú', 'Cacafú', 'Canfunga'. En España, aparece 'Cacafú' (h. 1920. García Lorca) en una canción pop. burlesca. Entre los negros lucumíes de África, el *kakanfó* era el máximo je-fe guerrero, que tenía que vencer o morir en la lucha. El último *kakanfó* fue Afonya; su muerte, siempre recordada, supuso la desaparición del reino yoruba. Hist.

caganet cat. 'cagoncillo', 'cagoncete'. Figura popular y ha-bitual en los *pessebres*, 'belenes', catalanes. (1990: *País*.) Rel.

cagoulard fr. 'encogullado'. Miembro de la *Cagoule*. Pol. → CAGOULE.

Cagoule fr. 'Cogulla'. Nombre dado por la prensa al *Comité secret d'action révolutionnaire*, 'Comite secreto de acción re-volucionaria' o *C.S.A.R.*, de carácter reaccionario, apoya-do por sectores económicos y militares, activo en los años treinta, clandestino, responsable de diversos asesinatos y atentados políticos, como la muerte de los hermanos Ro-selli (1935). Pol.

caipirinha port. 'caipiriña'. Bebida alcohólica brasileña, com-puesta de cachaza, azúcar y limón o lima y corteza de lo mismo. (1997: *País*.) Gastr. → CACHAÇA.

Ça ira! fr. '¡Que se vayan!' Primeras palabras de una canción revolucionaria francesa, con música de contradanza, com-puesta por Bécourt con el título *Carillon national* (1790), cantada por los obreros del Campo de Marte, en París, que realizaban los preparativos de la Fiesta de la Federa-ción (14 de julio de 1790). Su letra primitiva, al ocurrir la revolución, se hizo más violenta, y es la que se conoce. (1906: L. Morote.) Hist.

(La) Caixa cat. 'La Caja'. En ext.: *Caixa de pensions per la ve-llesa i d'estalvis de Catalunya i Baleares*. 'Caja de pensiones para la vejez y de ahorros de Cataluña y Baleares', resul-tado de la unión (1989) de la *Caixa de Barcelona* con la *Cai-xa d'estalvis i pensions de Balears*. Econ.

cake ing. 'bizcocho', 'tarta'. (1888: *Ilustr. art.*) Gastr.

cakes ing. 'pastas'. (1910: *D. de Gádex.*) Gastr.

cakewalk ing. lit.: 'paseo del bizcocho'. Baile de salón, norteamericano, de origen negro, pues salió de un concurso o prueba que consistía en caminar graciosamente para obtener como premio un *cake*, 'bizcocho'. Especie de danzón. (1904: E. García Álvarez.) Baile.

calamo currente lat. 'cálamo currente' (Ac.), 'al correr de la pluma', lit.: 'al correr de la caña'. (1849: C. A. de La Barrera.)

calandra galicismo. (Ac.: 2001). Del fr. *calandre*, para exterior y frontal de la carrocería de los automóviles (Citroën), fuerabordas y motos. Del gr. *kylindros*, 'cilindro', a través del lat. hablado.

calcio it. 'fútbol', lit.: 'puntapié', 'patada'. Adopción moderna del nombre de un deporte italiano del siglo XVI (1996: J. C. Iglesias.) Dep.

calçot cat. 'calsot', 'cebolla tierna y blanca', semidulce, especialmente cultivada para *calçotada*. Se llama así por su forma de 'calza' o 'media'. (1999: *ABC.*) Bot → CALÇOTADA.

calçotada cat. 'calsotada'. Plato de cocina consistente en *calçots* asados a la brasa, que se comen después de mojarlos en una salsa especial. Es comida típica de Valls (Tarragona). (1976: *Gac. ilustr.*) Gastr. → CALÇOT.

caldoche fr. 'caldoche' (1989: RNE). Habitante de Nueva Caledonia, francés de origen, partidario de mantener el *status quo* metropolitano frente a los aborígenes independentistas. (1989: *País.*) Pol.

calé caló. 'calé' (Ac.), 'gitano'. (1882: Martínez Pedrosa.)

calembour fr. 'calambur' (1918: Unamuno; Ac.: 1992). Juego consistente en agrupar las sílabas de una o más palabras de manera que produzcan diferente sentido y efecto cómico. F. Lázaro Carreter aduce este *calembour* de Góngora contra Lope: «A este Lopico, lo pico». (1856: J. Valera.) Ling.

calle vosté; parle vosté cat./val. 'calle usted; hable usted'. Con esta expresión, el Tribunal de las Aguas, de Valencia, distribuye la palabra entre los regantes litigantes de la Huerta. Ha pasado al habla coloquial. (1995: Joaq. Prat.) Der.

call-girl ing. 'joven de llamada', 'joven de citas', 'joven (prostituta) visitante'. Estrictamente, primero fue 'prostituta de la *call-house*', 'casa de citas'; pero desde los años treinta, una que atiende al cliente en la habitación de un hotel o en un apartamento tras ser llamada *(called)* por teléfono. (1976: *País*.)

calligramme fr. 'caligrama' (Ac.: 1992). Forma poética introducida por Guillaume Apollinaire (1880-1918), que dispone la tipografía de los poemas de manera no regular, sino imitativa o buscando efectos estéticos. (1925: G. de Torre.) Lit.

caló caló. 'caló' (Ac.), 'romanó', 'lengua gitana'. (1855: F. Gómez Sánchez.) Ling.

caloré 'caló'. (1928: Valle-Inclán.) → CALORRÓ.

calorré caló. (1746: Torres Villarroel.) → CALORRÓ.

calorró caló. 'gitano'. (1881: Machado y Álvarez.)

calumet fr. 'pipa de la paz'. Es una variante dialectal del fr. *chalumeau*, 'caña', adoptada por los indios de la Luisiana. (1762: J. Clavijo.)

calvados fr. 'calvadó', 'calvados' (1998: J. Mª Arzak; Ac.: 2001). Licor o brandy de manzana, que recibe ese nombre por el departamento de Calvados, en Normandía. (1976, *Hermano Lobo*.) Gastr.

calypso ing. 'calipso'. Canción (y baile) popular de la isla de Trinidad, en el Caribe, de tema político o atrevido. Recibió el nombre de la musa Calipso. Difundido en España en los años setenta. Según Roaring Lyon, es palabra fr. adoptada por los negros de Trinidad. Mús.

camelar caló. 'camelar' (Ac.), 'querer', 'desear', 'cortejar', 'amar', 'seducir', (1855: F. Gómez Sánchez.).

camelo caló. 'camelo' (Ac.), 'engaño'. (1864: Bécquer.)

camelot fr. 'vendedor callejero'. 1) de periódicos. (1921: Cansinos.); 2) de tarjetas eróticas en París. (1922: *Andrenio*.); y 3) de baratijas. (1945: *Azorín*.) Com.

camelots du Roi fr. 'activistas de la *Action Française*'. lit.: 'heraldos del Rey'. En la crisis de los años treinta, grupos de activistas armados contra los comunistas. (1901: Fdo. Araujo.) Pol. → ACTION FRANÇAISE.

Camembert fr. 'camembert' (Ac.: 2001). Queso graso elaborado en Camembert (Orne), Francia. Gastr.

cameo ing. 'cameo', 'inserción', 'aparición breve' de un personaje o personalidad notable en un filme o en una pieza de TV. En ext.: *cameo role*, 'papel cameo', es decir, papel pequeño interpretado por una persona importante. Famosos son los cameos o apariciones de Alfred Hitchcock en sus propios filmes. En ing. *cameo* es un italianismo, del it. *cammeo*, 'camafeo'. (1995: *País*.) Cine.

cameraman ing. 'operador' (Ac.), 'cámara', 'camarógrafo', 'filmador'. De *camera*, 'cámara', y *man*, 'hombre de la cámara'. (1929: F. Ayala.) Cine.

camerino it. 'camarín' (Ac.), 'camerino' (Ac.). (1901: E. Bustillo.) Tea.

Camorra it. 'Camorra' (Ac.: 2001). Banda llamada también *onorata società*, 'sociedad honrada' y *società de l'omertà*, 'sociedad del silencio'. Hermandad delictiva secreta del sur de Italia, algo semejante a la *Mafia*. Observada su existencia durante el reinado de Fernando II de Nápoles; en el reinado de Murat (1820) se extendió a otras regiones de Italia. Su poder disminuyó con la caída de los Borbones, aunque logró mantenerse como muñidora electoral. El origen de la voz *camorra*, y su deriv. *camorrista*, es incierto y discutido. Según Croce, su origen próximo es esp. y el remoto ár., donde se nombraba así a un juego de azar que, en casos dudosos, se dirimía autoritariamente. (1896: Blasco Ibáñez.) → OMERTÀ.

camorrista it. 'camorrista', persona vinculada a la *Camorra*. En esp., además (Ac.), persona inclinada a broncas y peleas. → CAMORRA.

camouflage fr. 'camuflaje' (Ac.), 'enmascaramiento'. La Primera Guerra Mundial desarrolló la técnica del *camoufla-*

ge: introdujo uniformes no vistosos y el enmascaramiento de las armas, de las instalaciones militares, etc. (1921: Cansinos.) Ej.

camouflée fr. 'camuflada'. (1918: Díez-Canedo.) Ej.

camp ing. 'pasado de moda y tiempo', lit.: 'superficial', 'amanerado', 'cursi'. Se aplica a lo propio del período 'de entreguerras', en sus aspectos más visibles y superficiales. (1974: C. Martín Gaite.)

campanile it. 'campanile', 'campanil' (Ac.), 'torre campanario exenta'. Estrictamente es una construcción aislada, aparte de la iglesia, a la que sirve de campanario. (1888: Galdós.) Arq.

camper ing. 'cámper'. Furgoneta automóvil con interior apto para vivir ella. (1993: *País sem.*) Transp. t.

camping ing. 'cámping' (1996: *País*), 'campin'. Lugar de acampada o campamento para excursionistas, dotado con algunos servicios colectivos. Deriv.: 'campista' (1996: RNE) y 'campismo' (1996: RNE). (1928: *Bl. y Negro*.) Host.

camping gas galicismo. Adapt. esp. del franglés *camping-gaz*. Pequeña bombona de gas butano para infiernillos, que sirve para cocinar en los cámpings y acampadas; en ing. *camp stove*, 'infiernillo de acampada'.

Camp Nou cat. 'Campo Nuevo'. Nombre del campo de fútbol del F. C. Barcelona que sustituyó al viejo campo de *Les Corts*. 'Las Cortes'. Dep.

campus lat. 'campus' (Ac.: 1992), 'recinto (universitario)'. Préstamo del lat. al ing. Se usó primero en la Universidad de Princeton (EE.UU.) para designar los terrenos pertenecientes a la universidad. En España se suele emplear acompañado del adj. 'universitario'. (1925: *Bl. y Negro*.) Educ.

canapé fr. 'canapé'. 1) asiento con respaldo y brazos, donde puede tenderse uno o sentarse varios. (1794: *El Semanario de Salamanca*.) Mob. 2) 'montado' o bocadito de pan sobre el cual va sentado algún manjar. (1921: *Tesoro del confitero*; Ac.: 1992.) Gastr.

canard fr. 'bulo', 'falsa noticia', lit.: 'pato'. (1890: L. Coloma.)

cancan fr. 'cancán' (Ac.). 1) danza atrevida y con movimientos que imitan la marcha del pato. Su etimología es dudosa. Unos creen que es onomatopeya del grito del pato; otros derivan esta palabra de las discusiones habidas en la universidad de París (siglo XVI) sobre la pronunciación del lat. *quamquam* (*kuamkuam*: Ramus; *kankan*: Sorbona). Primitivamente significó 'mucho ruido para nada', 'comadreo'. Como danza, Castil-Blaze anota su existencia en la corte de Luis XV. (1856: J. Valera) Baile; 2) tipo de falda femenina juvenil, en boga en los años sesenta o del *twist*. Indum.

candombe afrocub. 'candombe' (Ac.), 'baile (de negros)' en Cuba. (h. 1930: I. Pereda Valdés.) Baile.

candombé afrourug. 'escándalo', 'barullo', como el que puede producirse en un baile de negros. Su acentuación aguda, frente a la llana del afrocub. *candombe*, se debe tal vez a proximidad y contaminación del port. de Brasil *candomblé*. (1950: Fdo. Ortiz, Cu.) → CANDOMBE.

caneco port 'caneco' (Ac.). Tal vez préstamo filipino en esp. (1880: *El Caneco*).

canevas fr. 'cañamazo', 'plan'. (1866: J. Nombela.)

cangaceiro port. 'cangaceiro', 'salteador'. En la región de Paraiba y Pernambuco (Brasil). Palabra divulgada por el famoso filme *O cangaceiro* (1953), escrito y dirigido por el brasileño Víctor Lima Barreto († 1982). (1977: B. Matamoros.)

caniche fr. 'caniche' (Ac.: 2001), 'perro de aguas', 'perro de lanas'. (1911: Pardo Bazán.) Zool.

Cannabis indica lat. cient. 'cannabis índica', 'cáñamo índico'. Del gr. *kannabis*, 'cáñamo'. De esta planta se extrae el hachís. (1991: *El Sol.*) Bot.

cannelloni it. 'canelones' (Ac.). Variedad de pasta italiana rellena de queso o carne y servida con salsa. (1980: F. Mellizo.) Gatr.

canotier fr. 'canotier', 'canoero'. Sombrero de paja, de forma semejante al usado por algunos marineros. Popularizado entre las dos guerras mundiales. Famoso el *canotier* del *chansonnier* Maurice Chevalier. (1968: J.C. Onetti, Urug.) Indum.

cant ing. 'hipocresía', 'gazmoñería', típicamente británica. (1901: Unamuno.)

cantabile it. 'cantábile' (Ac.: 2001), 'cantable'. Pasaje melódico de expresión especialmente intensa (siglo XVIII). Mús.

cantabrum indoctum iuga ferre nostra lat. 'el cántabro indócil a soportar nuestro yugo'. De Horacio (*Odas.* II, VII: *Ad Septimium*, v. 2). Inscripción en el monumento al Cántabro, en Santander. (1965: Beltrán Guerrero.) Lit.

cantata it. 'cantata' (Ac.). Pequeña composición musical para una o más voces. Mús.

Cant dels Segadors cat → ELS SEGADORS.

cantilever ing. 'cantiléver'. De *cant.* 'bisel', y *lever,* 'barra'. Viga voladiza. Se utiliza en la construcción de puentes. (1981: Ortega Spottorno.) Ing.

canzonettista it. 'canzonetista' (1919: *La Nov. Cómica*), 'cantante (de canción ligera)', en teatros de variedades, cafés cantantes, etc. La adaptación 'canzonetista', sin duplicación de la *t*, en uso en los años veinte y treinta.

cañí caló. 'cañí' (Ac.), 'gitano'. (1886: Galdós.)

Cao-Dai viet. 'Palacio Supremo'. Da nombre al caodaísmo, religión sincrética de Indochina, constituida por elementos budistas, cristianos y espiritistas, fundada (1919) por Ngo-Van-Chien. Rel.

capellini it. 'fideos finos o extrafinos', lit.: 'cabellitos'. Palabra introd. en España en los años noventa por nuevas empresas comerciales, frente a la denominación tradicional 'fideos finos'. Gastr.

cap i casal de Catalunya cat. 'cabeza y solar de Cataluña'. Se aplica a Barcelona. (1952: F.-P. Verrié.)

capitis deminutio lat. 'degradación', lit.: 'disminución de cabeza (importancia, categoría)'. En el derecho romano significaba detrimento de la capacidad jurídica, que era plena en quien había nacido libre y era ciudadano romano y *paterfamilias*. Un detrimento de cualquiera de estas cualidades era una *capitis deminutio*. (1882: Palacio Valdés.) Der.

capitonné fr. 'capitoné' (1884: *Clarín*; Ac.: 2001), 'acolchado', 'almohadillado'. De *capiton*, 'borra de seda'. (h. 1925: *Guía of. de Burgos*.)

capo it. 'jefe', 'capo' (Ac.: 1992). (1978: *País*.) → MAFIA.

capoeira port. 'capoeira'. Era una especie de danza (en el Congo), ahora lucha o arte marcial en el Brasil. (1989: *País*.) Dep.

capolavoro it. 'obra maestra', 'obra magistral', 'obra capital', (1881: Pardo Bazán.) → CHEF-D'OEUVRE.

capot fr. 'capó' (Ac.), es decir, 'tapa del motor del automóvil' (M. Seco). No confundir con el fr. *capote*. 'capota' (Ac.), 'cubierta plegadiza de algunos carruajes' (*DRAE*). (1930: Jardiel Poncela.) Autom.

cappuccino it. 'capuchino' (Ac.: 2001), 'café con (poca) leche', es decir, hasta alcanzar un color pardo oscuro, como el hábito de los capuchinos. (1980: F. Mellizo.) Gastr.

capriccio it. 'capricho', (1794: Goya; Ac.). Estampa o pintura que el artista hace, no por encargo, sino por voluntad propia y donde da rienda suelta a su fantasía, como ocurre en los cuadros del Bosco (llamados 'caprichos' en 1649 por Francisco de Pacheco) o en los propios 'caprichos' de Goya. (1986: T. Moix.) Pint.

capusay vasquismo **(kapusai)**. 'capisayo', 'anguarina'. Especie de dalmática con capucha que usaban los pastores vascos. (1891: Unamuno.) Indum.

caput Castellae et camara regia lat. 'cabeza de Castilla y cámara regia'. Título de la ciudad de Burgos. (1907: Galdós: *caput Castellae*.)

carabiniere, pl. **carabinieri**. it. 'carabinero'. Miembro de la policía armada italiana, dotado con carabina.

caravaning ing. 'caravaneo'. Modalidad turística, semejante al *camping*, que en lugar de tiendas de campaña utiliza 'caravanas'. (1982: Sec. E. del Turismo.)

carballeira gall. 'robledal'. (1984: Ramón Eiroa.) Bot.

carballo gall. 'roble'. (1996: C. de Hita.) Bot.

carbonari it. 'carbonarios' (Ac.). Miembros de una rama masónica italiana, utilizada por el rey Fernando de Nápoles para deponer a Murat; se extendió a Francia durante la Restauración y a España, en el reinado de Fernando VII, con reuniones en la *Fontana de Oro*, de Madrid. Su nombre se remonta a la Italia medieval, cuando los conspiradores güelfos, para escapar de la vigilancia de los gibelinos, se reunían en los bosques, en las cabañas de los *carbonari*, ' carboneros'. (1821: Moratín h.) Hist.

cardigan ing. 'cárdigan' (Ac.: 1992), 'chaqueta de punto de lana'. Prenda popularizada por J. Th. Brudenell, séptimo conde de Cardigan, el que dirigió la famosa carga de los Cuatrocientos (1854) en el valle de la Muerte, en Crimea. Indum.

caret lat. 'falta', 'carece'. Llamada tipográfica para indicar que faltan palabras en la composición. Biblio.

cargo cult ing. 'culto o mito del carguero' Creencia religiosa, de carácter milenarista, localizada en las islas de la Melanesia, en el S del Pacífico: espíritus de quienes un día salieron de las islas, quebrantando una interdicción, volverán a ellas con barcos de carga colmados de bienes para distribuirlos entre los creyentes. (1997: M. Delgado.) Antrop.

caricato it. 'caricato' (Ac.), lit.: 'cargado', 'recargado'. El *DRAE* lo define sólo como cantante bajo, bufo en las óperas y como imitador de otros; pero en esp., además, en los años veinte cuarenta, al menos, 'actor-cantante cómico de variedades y revista'. (1851: *Ellas*.) Tea.

caricatura it. 'caricatura (Ac.). Del it. *caricare*. 'exagerar', (1811: A. Puigblanch.) Arte.

CARIN ing. Acrónimo de *Car Information*, 'Información para automóviles'. Sistema de orientación para automovilistas mediante información suministrada por los satélites *GPS*. (1998: *País*.) Autom. → GPS.

carioca port. 'carioca' (Ac.). Es palabra tupí, comp. de *cari*, 'blanca', y *oca*, 'casa'. 1) gentilicio de los naturales de Río de

Janeiro. (1982: *País*.) Geogr. h.; 2) nombre de un baile de la película (1933) *Flying to Rio*, 'Volando a Río de Janeiro', interpretada por Fred Astaire y Gingers Rogers; su mús., comp. por Vincent Youmans, mezcla de *samba* y *maxixe* brasileños, *fox* estadounidense y rumba cubana, según Arthur Ramos. Baile. 3) faena de picador, en las corridas de toros, en que, aquél, dando vueltas en torno al toro, le pica, repica y varilarguea. Inventada por el picador Julio Atienza en los años cuarenta. (h. 1945: *Camisero*.) Dep.

(La) Carmagnole fr. 'La Carmañola' (1867: N. Fdez. Cuesta.) Canción revolucionaria francesa (1792), a cuyo son se danzaba. Debe su nombre a la ciudad de Carmagnola (Piamonte, Italia), de donde procedían, por entonces, muchos obreros de París. Famoso su estribillo: *Dansons la Carmagnole, / vive le son du canon!*, 'Bailemos la Carmañola, / ¡viva el son del cañón!'. *Carmagnole* era, además, una chaqueta corta propia de los obreros piamonteses en Francia, casi sin cuello, adoptada en Francia por la clase popular. (1965: R. J. Sender.) Hist.

Carmina burana lat. 'Cármina burana' (la pron. 'carmina', que tanto se oye, es incorrecta), 'Cantos buranos', llamados así por su lugar de origen, latinizado. Recopilación de poesía goliardesca latina medieval, del siglo XIII —satírica, báquica, erótica, paródica, etc.—, conservada en un monasterio benedictino burano, en Benediktbeuren, de Baviera (Alemania), en la que se inspiró el compositor Carl Orff para su obra (1937) del mismo título. Lit.

carn d'olla cat. 'carne de olla', 'carne de puchero', 'carne de cocido'. Plato de carne cocida con verduras para hacer el caldo de la *escudella*. (1995: Cadena SER.) Gastr. → ESCUDELLA.

carnet fr. 'carné' (Ac.). La adapt. esp. académica es fiel a la pron. francesa, donde la t final es muda. Hoy se utiliza casi exclusivamente para 'documento o tarjeta de identidad' de determinadas actividades (automovilismo, política, asociaciones, etc.). (1976: R. de la Cierva.) Sin embargo, antes fue frecuentemente usado como 2) 'carnet de baile'. (1899: Sánchez y Rubio.); y 3) 'cuaderno de apuntes (de artista)'. (1905: Pardo Bazán.) Arte.

caro it. 'caro', 'querido'. (1896: Blasco Ibáñez.)

Caro nome it. 'Nombre querido'. Comienzo de la gran aria de Gilda en la ópera *Rigoletto* (1851), acto II, de Giuseppe Verdi (1813-1901). (1970: Carlos Fuentes, Méx.) Mús.

carpaccio it. 'carpacho'. Plato consistente, originariamente, en carne rosada, aderezada con aceite y queso parmesano en escamas. Llamado así por G. Cipriani, con ocasión de la exposición de pinturas (1963) de Carpaccio en Venecia, en la que predominaba el color de carne. (1992: M. Vicent.) Gastr.

carpe diem lat. 'coge el día', 'goza el presente'. De Horacio (*Odas*, 1, 2, 8). (1900: Rodó.) Lit.

carreau fr. 'carró', 'diamante'. En la baraja francesa. (1937: Baroja.) Jue.

carrefour fr. 'cruce', 'encrucijada (de caminos)'. (1890: L. Coloma.)

carrer cat. 'calle'. (1963: Manuel Aguilar.)

carrick fr. 'carric' (Ac.). Prenda de abrigo, con varias capillas escalonadas, generalmente tres, puesta de moda, según *DRAE*, por el actor ing. Garrick. Otros (1980: Rey-Debove) opinan que es adaptación francesa del ing. *curricle*, 'coche de dos ruedas y dos caballos', que en fr. pasó a significar el 'coche' y el 'abrigo del cochero'. Introducido en España hacia 1825, a través de Francia, así como la palabra. (1840: Mesonero.) Indum.

(la) carrière fr. '(la) carrera', '(la) carrera (diplomática)'. (1937: Ortega.)

carrousel fr. 'carrusel' (Ac.). Del it. *carosella* o *carosello*. 1) muestra espectacular de ciertas habilidades de un conjunto de caballos. (1899: J. Corrales.) Dep.; 2) 'caballitos', 'tiovivo' de feria, dotado de caballos de madera que ejecutan ciertos movimientos. Jue. Su antecedente lejano (Croce: *España en la vida italiana del Renacimiento*) es el 'juego de cañas' español, en que se lanzaban cañas o pelotas de greda, llamadas estas últimas *caroselli* en napolitano, y *gioco dei caroselli*, el 'juego de cañas' español. Modificado este juego en Francia, recibió el nombre de *carrousel*. (1904: Arniches.)

carte blanche fr. 'carta blanca', en ext.: *donner carte blanche*, lit: 'dar carta o tarjeta blanca', es decir, 'dar plenos poderes'. (1980: L. Pancorbo.)

cartel ing. 'cártel' (Ac.), 'cartel' (Ac.). Acuerdo o unión temporal de empresas industriales o comerciales para imponer o regular precios o producir mercaderías. Aunque su origen remoto es fr., fue introducido en EE.UU. por alemanes inmigrados en EE.UU., tras el *Kartell* (1870) de Bismarck. (1919: J. Senador.) Econ.

carter ing. 'cárter' (Ac.). Sirve de apoyo a los cilindros y soporta los demás órganos del motor del automóvil. Se distingue: 1) el cárter superior o bancada; 2) el cárter inferior, que sirve de depósito de aceite. Debe su nombre al inventor ing. Harrison Carter. Aunque anglicismo, en esp. procede del fr., ya que en ing. se dice *gear-box*, *gear-case* o *casing*. Autom.

cartoon ing. 'cartón' (Ac.). La primera acepción de *cartoon*, en *Oxford Dict.*, es la misma que la quinta del *DRAE*: 'dibujo sobre papel... que servirá de modelo'. También se emplea por 1) 'caricatura', 'historieta gráfica' o 'tira cómica'. (1991: F. Ayala.) Biblio.; 2) 'película de dibujos', 'dibujos animados' (trad. de *animated cartoons*), 'cartón' (2001: Cabrera Infante, Cu.), 'cartón animado' (2001: Cabrera Infante, Cu.). (1987: *Cambio 16*.) Cine.

cascadeur fr. 1) 'acróbata (circense)'. (1926: R. Gómez de la Serna.) Circo; 2) 'especialista' que, en el rodaje de filmes, realiza los actos de gran riesgo, en los cuales sustituye o dobla a los verdaderos actores. (1978: Paco Costas.) Cine → STUNT.

casher hebr. (1957: L. A. de Vega.) Gastr. → KOSHER.

cash-flow ing. 'flujo de caja', 'flujo de fondos', 'excedente de caja', 'movimiento de tesorería', 'ingresos menos costes'. (1976: *País*.) Econ.

cashmere ing. 'casmir'.'cachemira' (Ac.: 2001), 'cachemir' (Ac.: 2001), 'casimir' (Ac.: 2001). Tejido hecho con pelo de cabra y lana de oveja, empleado para chaquetas. (1994: El Corte Inglés.) Anteriormente, 'cachemir' (Ac.), 'cachemira' (Ac.) y 'casmir' (Ac.) designaban un tejido semejante, pero fino, para blusas y camisas, derivadas las tres voces del fr. *casimir*, aunque actualmente ampliadas (Ac.: 1992) a toda prenda de vestir con ese tejido; este fr. *casimir* es francesización del ing. *cassimere*, doblete del también ing. *cashmere*. Todas estas voces tienen su étimo en *Kasmir*, nombre, en lengua kasmiri, de 'Cachemira', región indostánica. Text.

Casio ing. En ext.: *Casio Computer*, 'Calculadora Casio'. Nombre anglizado (*Casio* por el jap. *Kashio*) de una compañía japonesa de calculadoras, fundada (1957) por Tadao Kashio (1918-1993).

cassabah ár. 'alcazaba'. (1890: R. A. de los Ríos.) → KASBAH.

cassette fr. 'casete' (Ac.), es decir, 'cajita' o 'cajetín' especial para cintas magnetofónicas. 'Casete' es fem. con referencia a la cinta y a la cajita que la contiene; es masc. cuando se refiere al aparato de registro y reproducción de 'casetes', llamado 'casetera' en Arg. (1972: *Bl. y Negro*.)

cast ing. 'reparto' (de papeles o personajes) de un filme o un espectáculo. (1984: *ABC*.) Cine → CASTING.

Casta diva it. 'Casta diosa', comienzo de la cavatina que canta Norma en *La Norma* (1831), act. I, de Vincenzo Bellini (1804-1833). (1840: Espronceda.). Mús.

Castellae vires per saecula fuere rebelles lat. 'los hombres de Castilla fueron rebeldes a través de los siglos'. Verso de un poema latino anónimo sobre el ataque (1147) de Alfonso VII contra Almería. (1924: R. Menéndez Pidal.)

casteller cat. 'castillero'. Así son llamados los componentes de los *castells*, 'castillos' o torres humanas características del folclor catalán. (1991: TVE.)

Casti connubii lat. 'Del casto matrimonio'. Encíclica del papa Pío XI (31 diciembre 1930) sobre la indisolubilidad del matrimonio. Rel.

castigat ridendo mores lat. 'corrige las costumbres rien-
do'. Frase de Jean Santeuil para un busto del arlequín Do-
menico Biancoletti, que actuó en Francia, con sus cómicos italianos, llamado por el cardenal Mazarino. Adoptada
como lema por dos teatros de París, la *Comédie Italienne* y
la *Opéra Comique*. (1899: Galdós.) Tea.

casting ing. *'casting'* (Ac.: 2001), pero 'castin', en el habla;
'selección de actores' para el *cast* o 'reparto de personajes' de un filme o un espectáculo; 'reparto' (1997: Arturo
Ripstein, Méx.). (1931: *Bl y Negro*.) Cine → CAST.

çastra sáns. → SASTRA.

castrato, pl. **castrati** it. 'castrado', pl. 'castrados'. Músicos
italianos, castrados en su adolescencia para conservarles
voz de soprano. En España fue famoso Carlos Croschi,
Farinelli, que dirigió el teatro del Buen Retiro. Los castrados se deben a la costumbre napolitana de que los papeles masculinos fueran cantados por mujeres y los femeninos por chicos sopranos. (1762: Clavijo.) Mús.

casus belli lat. 'casus belli' (Ac.) 'caso de guerra', 'ocasión o
motivo de guerra'. (1917: M. Machado.) Der.

catalanada cat. 'catalanada'. Cosa o expresión característica
de los catalanes. (1999: J. Piqué.)

Catalunya Lliure cat. 'Cataluña Libre'. Brazo político de
la organización terrorista *Terra Lliure*. Pol. → TERRA
LLIURE.

catamaran ing. 'catamarán' (Ac.: 1992). Es una embarcación
de doble casco. Préstamo tomado al tamil, *kattumaran*, lit.:
'madera' *(maran)* 'unida' *(kattu)*, pues designaba en Madrás a una balsa de tres piezas de madera, la mediana mayor que las laterales. Actualmente designa, además, un deporte náutico. Transp. n.

catch ing. → CATCH-AS-CATCH-CAN.

catch-as-catch-can ing, 'cachascachcán', abrev. 'cach', lit.:
'agarra como agarrar puedas'. Variedad de lucha libre, pero más libre que ésta. En boga en los años treinta. (1925:
Bl. y Negro.) Dep.

catcher ing. 'cácher', 'parador', 'receptor'. En el béisbol, el jugador que se coloca detrás del bateador para recoger la pelota enviada por el lanzador contrario. (1952: M. A. Asturias, Guat.) Dep.

catchup ing. → CATSUP.

catenaccio it. 'cerrojo'. En fútbol, sistema de juego predominantemente defensivo, cuya invención se atribuye al entrenador Helenio Herrera, de la *Inter*, de Milán, en los años sesenta. (1978: *País*.) Dep. → LIBERO.

catering ing. 'cáterin', 'avituallamiento' (1994: Alex Grijelmo). Servicio de preparación y aprovisionamiento de alimentos, con destino principalmente a ciertos colectivos, como los viajeros de las líneas aéreas, comedores de empresas, escuelas, etc. (1976: *Informaciones*.) Host.

caterpillar ing. 'tractor oruga', lit: 'oruga'. Nombre de la fábrica estadounidense, *Caterpillar Tractor*, productora de esta clase de tractores. (1979: Alzugaray.) Autom.

catgut ing. 'hilo de cirugía', 'hilo de sutura' (1996: E. Lorenzo), para suturar. Lit.: 'intestino de gato', ya que en principio se obtenía este hilo de los intestinos del gato (y también de otros animales). Med.

catharsis gr. (**kátharsis**), 'purificación', 'catarsis'. Efecto producido por la poesía trágica, según Aristóteles (*Poética*). (1925: G. de Torre.) Lit.

catsup ing 'salsa espesa de tomate, sazonada con vinagre, azúcar y especias'. Del ch. *ke-siap*, 'salsa de pescado con vinagre', salió el mal. *kechup*, y de éste el ing. *catsup* con las variantes *ketchup* y *catchup*. (1983: *País*.) Gastr,

cauchemar fr. 'pesadilla'. (1953: F. Ayala.)

caucus ing. 'caucus', pl. 'caucuses'; 'cauco', pl. 'caucos'. Su etimología es discutible. Algunos (Chambers; Migliorini) creen que deriva del algonquino *cau-cawaassough*, 'consejero', o corrupción del ing. *caulk*, 'calafatear'. Pero *caucus* coincide con el lat. *caucus*, 'taza o cuenco para beber'. En la terminología política norteamericana, *caucus* es 'junta o asamblea local para elegir candidatos abiertamente, brazo en alto, sin urnas'. (1984: *País*.) Pol.

causerie fr. 'charla', 'charla fina, amena, ingeniosa'. Se difundió gracias a las *Causeries du lundi* (1849-61), obra del crítico Sainte-Beuve (1804-1869). (1861: J. Valera.) Lit.

causes célèbres fr. 'causas célebres'. Por el título: *Causes célèbres et intéressantes avec les jugements des cours souveraines qui les ont décidées* (20 vols., París, 1734), de François Gayot de Pitaval (1673-1743). Der.

causeur fr. 'conversador'. (1864: J. Nombela.)

cava cat. 'cava' (Ac.: 1992), lit.: 'cueva' o 'bodega (subterránea)'. Acep. intr. en los años setenta para denominar el vino espumoso catalán, ante la imposibilidad legal para emplear la denominación de origen *Champagne* y su trad. 'Champaña'. Gastr.

cavaliere servente it. 'cortejo', 'chichisbeo', lit.: 'caballero sirviente'. En el siglo XVIII, caballero acompañante de una dama a la que servía. Costumbre italiana extendida a Francia y España. (1978: C. Bravo Villasante.) → CHEVALIER SERVANT.

Cavalleria rusticana it. 'Hidalguía rústica'. Ópera en un acto de Pietro Mascagni (1863-1945), libreto de Targioni-Tozzetti y G. Menasci, basada en la novela del mismo título de Giovanni Verga; estr.: Roma, 17 mayo 1890. Mús. → VERISMO.

cavatina it. 'cavatina' (Ac.) Fragmento de ópera más corto que el aria. Dim. de *cavata*, 'tonada'. (1825: Bretón de los H.). No obstante, aunque sin cursiva, se halla tempranamente (1792: L.F. Comella.) Mús.

cave fr. 'cueva', 'cava', 'sótano'. En los años cuarenta y cincuenta, establecimientos públicos, en París, de ambiente existencialista, imitados fuera de Francia, por ej., en Madrid, 'las cuevas de Sésamo', en la calle del Príncipe. (1990: R. Conte.) Host.

cave canem! lat. '¡cuidado con el perro!' Inscripción que solía figurar en las puertas de las casas de la antigua Roma, para avisar de la existencia de un perro guardián suelto, o pintado o esculpido en la entrada. (1887: E. Gaspar.)

CBS ing. Siglas de *Columbia Broadcasting System*. 'Sistema o Red de Radiodifusión de Columbia', en EE.UU. Telecom.

CCCP ru. Siglas, en alfabeto cirílico —equivalentes en alfabeto latino a 'SSSR'— de *Soyuz Sovietskij Sotsialisticheskij Respúblik*, 'Unión de Repúblicas Socialistas Soviéticas', siglas 'URSS' (1922-1991). Este nombre fue instituido por la Constitución de 1927, a propuesta de Frunze, comisario de Guerra. Con él se afirmaba el carácter internacionalista del Estado soviético, pues eliminaba cualquier alusión a Rusia, presente en la anterior denominación: 'República Socialista Federal Rusa de los Soviets'. Pol.

C.D. fr. Siglas de *Corps Diplomatique*. 'Cuerpo Diplomático', en la matrícula de los automóviles pertenecientes a Embajadas extranjeras. Autom.

CD ing. 'CD' (Ac.: 2001). Siglas de *Compact Disc*, 'Disco Compacto', deletreadas en esp. 'cedé' (1996: Roger Salas). De 12 cms de diámetro. Se emplea para sonido, así como para almacenar datos. Mús.; Inform. → COMPACT DISC.

CD-ROM ing. 'CD-ROM' (Ac.: 2001), deletreo: 'cederrom' (1996: Antena 3), por analogía con otros deletreos; pero la RAE propone 'cederrón' (Ac.: 2001). Siglas de *Compact Disc-Read Only Memory*, lit.: 'Disco Compacto-Memoria Únicamente de Lectura'. De 12 cms de diámetro (como el *CD)*. Lanzado en 1984 por las compañías Philips y Sony. La información registrada en él sólo puede ser leída; es invariable. Inform. → CD.

CDU al. Siglas de *Christlich-Demokratische Union*. 'Unión Democrática Cristiana', siglas 'UCD', partido político conservador cristiano, alemán. Pol.

cedant arma togae lat. 'cedan el puesto las armas (poder militar) a la toga (poder civil)'. Primera mitad de un hexámetro que Cicerón (*De officiis*, 1, 22, 82; *in Pisonem*, 30, 73) en beneficio suyo. En ext.: *cedant arma togae, concedat* *laurea laudi*: 'cedan el puesto las armas a la toga, ocupen el puesto de los laureles (militares) los laudes o elogios'. (1925: Blasco Ibáñez.) Der.

cela va sans dire fr. 'ni que decirse tiene', 'por sabido se calla'. (1895: A. Nervo.)

cellophane fr. 'celofán' (Ac.). Marca registrada. Según la Ac., de *cell-*, principio de *cellulose*, 'celulosa', y *phane*, del gr. *faíno*, 'mostrar', es decir, 'celulosa transparente'. Es palabra creada por el suizo Brandenberger (1911): en al. *cellophan*. Sustituye al papel en envolturas, debido a su flexibilidad y a su resistencia a gérmenes, mohos, etc. (1963: Fdo. Ortiz, Cu.)

celo anglicismo. Adapt. esp. (Ac.: 1992), pl. 'celos' (1997: *Cat. L. del Mirall*), del ing. *cellotape* (1928), 'cinta de celo', abrev. de *cellophanetape*, 'cinta de celofán'. Es adhesiva → CELLOPHANE.

celtiberos, id est robur Hispaniae lat. 'los celtíberos, o sea, la fuerza de Hispania'. De Floro *(Hist. romana)*. (1955: Menéndez Pidal.) Hist.

(La) Cenerentola it. 'La Cenicienta'. Ópera (1817) de Gioacchino Rossini (1792-1868), libreto de Jacopo Ferreti. (1872: Galdós.) Mús.

Centesimus annus lat. 'Centésimo año'. Encíclica (1 mayo 1991) del papa Juan Pablo II, en conmemoración del centésimo aniversario de la encíclica *Rerum novarum* del papa León XIII. Actualiza la doctrina social de la Iglesia. Rel. → RERUM NOVARUM.

CENTO ing. Acrónimo de *Central Treaty Organization*, 'Organización del Tratado Central'. Pacto de seguridad impuesto por EE.UU. Primeramente se llamó *METO* (*Middle East Treaty Organization*, 'Organización del Tratado del Oriente Medio'), con sede en Bagdad, hasta que en 1959 se retiró Irak del pacto, pasando a tener su sede en Ankara. (1978: *Triunfo*.) Pol.

CERN fr. Siglas de *Conseil Européen pour la Recherche Nucléarire*, en esp. 'Organización Europea para la Investigación

Nuclear', que es trad. del nombre ing. *European Organization for Nuclear Research* de esta institución, fundada en 1953, con sede en Ginebra. (1990: *País*.) Fís.

cessatio a divinis (o a sacris) lat. 'suspensión de las (funciones) divinas (o de las sagradas)'a un sacerdote de la Iglesia católica. Rel. → A DIVINIS; A SACRIS.

Cessna (Aircraft) ing. 'Aeronaves Cessna'. Fábrica estadounidense fundada por Clyde Cessna, cuyo hijo Eldon († 1992) la especializó en pequeños aviones de uso civil. Transp. a.

c'est drôle fr. 'tiene gracia', 'hace reír', 'resulta cómico'. (1834: Larra.)

c'est fini fr. 'se acabó'. (1897: *Azorín*.)

c'est la guerre fr. 'es la guerra', 'así es la guerra'. (1968: R. S. Ferlosio.)

c'est la vie fr. 'así es la vida'. (1966: R. S. Ferlosio.)

c'est pire qu'un crime, c'est une faute fr. 'es peor que un crimen, es una falta', o error. Frase atribuida a Joseph Fouché (1759-1820), cf. *Mémoires de J. Fouché*, I, 310. (1945: A. Revesz: *c'est plus qu'un crime, c'est une faute*.) Pol.

ceteris paribus lat. '(siendo) iguales las restantes (cosas)'. (1926: Ortega.)

cetnik serb. 'chetnik', 'miliciano (serbio)'. (1945: Ismael Herráiz.) Ej. → CHETNIK.

cf. lat → CONFER.

CGT fr. Siglas de *Confédération Générale du Travail*, 'Confederación General del Trabajo', central sindical francesa. Pol.

CH lat. y fr. Siglas del lat. *Confoederatio Helvetica* y del fr. *Confédération Helvétique*, 'Confederación Helvética'. Utilizadas en las matrículas de los automóviles de Suiza. Autom.

cha chino. 'té', pero también 'cha' (Ac.), voz esta antigua (1657: Gracián) en esp. El esp. 'té' procede del fr. *thé*, presente éste en rótulos comerciales al menos hasta los años cuarenta, en tanto que el port. *chá* procede directamente del chino *cha*. Pero en el esp. de Filipinas, y en algunos sitios de la América hispana, está presente 'cha'. (1887: E. Gaspar.) Gastr.

Chablis fr. 'Chablí'. Vino blanco de Borgoña, cuya denominación tiene origen en la ciudad de Chablis, departamento de Yonne, Francia. Gastr.

chabola vasquismo. Del vasc. *txabola*, 'choza' (Ac.), 'caseta' en el campo, 'barraca' (1904: Blasco Ibáñez). Admitido por el *DRAE*. (1904: Blasco Ibáñez.) Arq. → TXABOLA.

chachi caló. 'estupendo', 'superior'. (1848: J. Sanz Pérez.)

chachipé caló 'estupendo', 'superior'. (1892: Rodríguez Marín.)

chador ár. 'chador'. Manto negro que cubre, de la cabeza a los pies, a la mujer musulmana. (1979: *País*.) Indum.

chafardear catalanismo. Del cat. *xafardejar*, 'hablar sin fundamento o con presunción'. Tanto 'chafardear' como su deriv. 'chafardero', empleados por hablantes de esp. en Cataluña. (1997: Cadena SER.) → CHAFARDERO.

chafardeo catalanismo. Adapt. del cat. *xafardeig*, 'acción de chafardear'. (1998: Cadena SER.) → CHAFARDEAR.

chafardería catalanismo. Del cat. *xafardería*, 'parloteo malicioso' y 'cotillería'. (1997: Joaq. Merino.) → XAFARDEJAR.

chafardero catalanismo. (Ac.: 2001). Del cat. *xafarder*, 'bocazas', 'metomentodo', 'charlatán', incluso 'cotilla'. Empleado por hablantes de esp. en Cataluña. M. Alonso (*Enc. del idioma*) registra su uso, además, en Aragón y Navarra. (1997: Onda Cero.) → CHAFARDEAR.

chagrin fr. 'zapa', 'piel graneada', para calzado, encuadernación, etc. Del tur. *sagri*, 'parte trasera'. (1890: L. Coloma.) Indum.

chaise-longue fr. 'meridiana', lit.: 'silla larga'. Butaca de respaldo común y asiento alargado, para varias personas. (1890: L. Coloma.) Mob.

chalá, masc. **chalao.** caló. 'chalada' (Ac.). (1881: Machado y Álvarez.)

chalar caló. 'chalar' (Ac.), 'enloquecer'. Sentido original: 'ir'. (1855: F. Gómez Sánchez.)

chalet fr. 'chalé' (Ac.), 'casa típica suiza de montaña', lit.: 'refugio (en la montaña)'. Del ant. fr. o prov. *cala*, 'refugio', 'cueva'. La adapt. esp. 'chalé' es muy aproximada a la pron. francesa, ya que la t final en fr. no se pronuncia. La pron. 'chalet' en contextos españoles, es un catalanismo o ultracorrección. (1868: A. F. de los Ríos.)

challenge and response ing. 'reto y respuesta'. Doctrina histórica de Arnold J. Toynbee, desarrollada en *Outline of History* (1934-54), que considera el proceso histórico como un duelo entre circunstancias amenazadoras y reacciones defensivas. (1954: A. Castro.) Hist.

challenger ing. 'desafiador', 'retador', 'aspirante (al título de campeón)' en boxeo. (1926: *Bl. y Negro*.) Dep.

Challenger ing. 'Retador'. Nave espacial tripulada, lanzada al espacio el 4 de abril de 1983 por la *NASA* con objeto de transportar y lanzar desde el espacio un satélite de comunicaciones. Voló cinco días y aterrizó. Es continuación de la nave espacial «Columbia». (1983: *País*.) Cosmonáut.

chalo vasquismo. Del vasc. *txalo*, 'aplauso'. (1892: Unamuno.)

chamán tunguso. 'chamán' (Ac.), 'sacerdote', 'brujo', 'hombre-medicina'. Adaptación, por los tungusos, en el Asia rusa, del pali *samana*, 'monje budista', del sáns., *srama*, 'ejercicio religioso'. Es palabra incorporada al vocabulario antropológico y al de la historia de las religiones. Con su deriv. 'chamanismo' se designa toda religión atenida solamente a sortilegios, rituales mágicos y curanderismo. (1950: F. Ortega.) Antrop. Rel. → SHAMÁN.

chambre fr. 'habitación', 'alcoba'. (1922: P. Mata.)

chambré fr. 'chambré', 'chambrado'. Es el vino que se sirve a la temperatura de la habitación *(chambre)* donde se toma. (1958: L. A. de Vega.) Gastr.

champagne fr. 'champán' (Ac.), 'champaña' (Ac.), '(vino) espumoso (de cava)', 'cava'. Se encuentra 'vino de Champagne' tempranamente (1796: Zabala y Zamora.) (1834: Larra.) Gastr.

Champagne fr. 'Champaña'. Región francesa donde se cría el champán. (1796: Zabala y Zamora.) Gastr.

champán chino. (1879: E. Gaspar; Ac.). → SAMPÁN.

champignon fr. 'champiñón' (Ac.). En fr., lit.: '(seta u hongo) campestre', es decir, toda seta u hongo campestre es *champignon*. Pero en esp. 'champiñón' se refiere al llamado *champignon de Paris* que, contrariamente, no es campestre, sino cultivado. (1896: Pardo Bazán.) Bot. y Gastr.

Champions League ing. En ext.: *UEFA Champions League*, 'Liga de los Campeones (nacionales) de Liga de la *UEFA*'. Expresión divulgada en España por las transmisiones deportivas de Eurovisión. Nuevo sistema (1996), por grupos eliminatorios, para disputar el campeonato de Europa de fútbol. Dep. → UEFA.

champlevé fr. 'campeado'. Tipo de esmalte en el cual se hace campo o reserva en una placa de cobre para verter allí, en el alvéolo formado, la pasta de esmalte. Arte.

Champs Elysées fr. 'Campos Elíseos'. Avenida de París. (1816: A. Ponz.)

chamuyar caló. 'hablar'. (1898: R. Salillas.)

chanar caló. 'saber'. (1855: Gómez Sánchez.)

chance ing. 'chance' (Ac.: 2001), 'ocasión', 'oportunidad', 'chance' (Arg.). Es préstamo del fr. al ing. En fr., originariamente, 'caída o lance favorable en el juego de los dados'. (1927: *La voz de Guipúzcoa*.) Dep.

chandail fr. 'chándal' (Ac.: 92), pl. 'chándales' (1995: J. Goytisolo); 'buzo' (1968: Vargas Llosa, Pe.; 1974: M. Benedetti, Urug.). Originariamente, prenda de punto grueso, con mangas y abierta en el pecho, con botones, semejante a la que usaban los cargadores del mercado de París. Pero ha pasado a significar traje de punto de dos piezas (pantalón largo y chaqueta), ceñido, propio para deportistas, que en fr. se denomina *survêtement*. Se suele ver el pl. 'chandalls', forjado sobre un *chandall* inexistente, aproximación fonética al fr. *chandails*, deriv. éste de *(mar)chand'ail*, 'vendedor de ajo(s)'. (1976: *País*.) Dep.

chanelar caló. 'chanelar' (Ac.), 'entender', 'saber'. (1855: F. Gómez Sánchez.)

Changó afrocub. (lucumí). 'Changó'. Es un *oricha*, 'divinidad', que tiene atados los truenos; semejante a la Santa Bárbara cristiana. (h. 1930: E. Ballagas, Cu.) Rel. → ORICHA.

changurro vasquismo → TXANGURRO.

chanson de geste fr. 'canción de gesta'. La más célebre, la *Chanson de Roland*. Lit.

chansonnier fr. 'cancionero'. Por antonomasia, el típico cantante parisiense de entre las dos guerras, personificado por Maurice Chevalier (1889-1972). (1927: E. d'Ors.)

chantage fr. 'chantage' (Ac.). (1899: Baroja.)

(le) Chant du Départ fr. 'El canto de la Partida'. Himno revolucionario (1794) francés, letra de Marie-Joseph Chénier (1764-1811) —hermano del poeta André Chénier— y mús. de E.-N. Méhul (1765-1849). (1973: Alb. Fdez.) Pol.

chanteuse fr. 'cantante (ligera)'. (1904: R. Darío.) Mús.

chantier fr. 'tajo', esto es, lugar o cobertizo donde se hace el trabajo al aire libre. (1983: E. Pons Prades.)

chantilly fr. 'chantillí (Ac.). Por Chantilly, ciudad próxima a París. 1) crema hecha con nata batida. (1877: *Dr. Thebussem.*) Gastr.; 2) encaje delicado con motivos florales. (1915: *La Tribuna: de Chantilly.*) Text.

chapata italianismo. (1996: El Corte Inglés; Ac. 2001.) → CIABATTA.

chapeau fr. 1) 'sombrero', vulg. 'chapó'. Indum.; 2) 'chapó', determinada partida de billar. (1913: *La Nación.*) Juev.; 3) 'chapó', 'sombrerazo', 'hay que descubrirse'. (1981: *D. 16.*)

chapeau melon fr. 'sombrero melón', 'sombrero hongo'. (1945: Ismael Herráiz.) Indum.

chapela vasquismo. (1906: Unamuno.) → TXAPELA.

chapelaundi vasquismo. (1919: Baroja.) → TXAPELAUNDI.

chapelgorri vasquismo. (1898: Baroja.) → TXAPELGORRI.

chaperon fr. ' chaperón' (Ac.: 2001), 'dueña', 'carabina', y el galicismo irónico 'chaperona' (1912: A. Fdez. Arias; 1998: García Márquez, Col.). Mujer mayor que protege y acompaña a una joven. Lit.: 'capuz', del fr. *chape*, 'capa'. (1994: Rosa Pereda.)

chaquet galicismo. 'chaqué' (Ac.). Del fr. *jaquette*. (1850: A. Flores.) Indum. → JAQUET.

charcuterie fr. 'charcutería' (Ac.: 1992), 'chacinería' (Ac.), 'salchichería'. (1904: R. Darío.)

chargé d'affaires fr. 'encargado de negocios'. Diplomático encargado temporalmente *(ad interim)* de una embajada, o permanentemente *(ad hoc)*. Dipl.

chariah ár. (*sar'ia*) 'charía', 'ley (coránica o sagrada)' elaborada por los ulemas; lit.: 'sendero o camino recto'. (1984: *País*.) Der.

chariot fr. 'charió', 'carretón'. Trípode con ruedas, que culmina en un asiento para el cámara en los rodajes de filmes. (1980: Pérez Ornia.) Cine.

charivari fr. 'charivari', 'cencerrada', 'cantaleta', 'guirigay', 'algarabía'. Introducida por medio de *Charivari*, periódico satírico parisiense, fundado (1832) por Charles Philipon. En Madrid le imitó *La algarabía o el nuevo charivari* (1861).

charleston ing. 'charlestón' (Ac.: 1992). Baile negro estadounidense (1923), con referencia a la ciudad de Charleston, de Carolina del Sur (EE.UU.). Introducido en Europa por la bailarina Josephine Baker (1925). (1929: E. d'Ors.) Baile.

charmant, fem. **charmante** fr. 'encantador'. (1882: Mtnez. Pedrosa.)

charme fr. 'encanto', 'atractivo'. (1922: P. Mata.)

charnego catalanismo. 'charnego' (Ac.: 1992.) (1962: F. Candel.) → XARNEGO.

charqui quechuanismo. (Ac.: 1992). Del quechua *c'harqui*, 'carne seca', 'cecina', 'tasajo', 'salón'; adopt. en ing. *jerky*, 'carne de vacuno *(beef)* secada al sol *(jerked)*'. (1978: J. Edwards, Ch.) Gastr.

Charta Magna lat. (1933: Ortega.) → MAGNA CHARTA.

charter ing. 'chárter' (Ac.: 1992). 1) 'fletamento' (1916: R. Rocafull) de un transporte marítimo. (1916: R. Rocafull.) Transp. m.; 2) 'vuelo turístico contratado'. Deriva del vocabulario náutico, de *to charter*, 'fletar'. Este tipo de vuelo ha alcanzado gran desarrollo en España a partir de los años cincuenta. (1976: *ABC*.) Transp. a.

chartreuse fr. 'chartreuse' (Ac.), y *'chartreuse'* (Ac.: 2001), 'chartrés'. Licor obtenido con plantas aromáticas de los Alpes. Se comenzó a fabricar en la *Gran Chartreuse*, o Cartuja Mayor, cerca de Grenoble (Francia), por los monjes de la regla de San Bruno. Se dice que la fórmula fue dada a los monjes (siglo XVII) por el mariscal d'Estrées. Expulsada la orden de Francia (1880), sus monjes se establecieron en Tarragona (España), donde continuaron la fabricación de este licor. (1875: J. I. Caso.) Gastr.

châssis fr. 'chasis' (Ac.), 'bastidor'. Con referencia 1) a los automóviles. (1928: *La Esfera: chassis*.) Autom.; 2) a las cámaras fotográficas. Fot.; 3) al 'esqueleto', en expresiones jergales, ya en los años treinta, pero con testimonio (Ac.: 1992) tardío. Fisiol.

chat ing. 'chat', 'charla'. La de personas que 'chatean' (1998: *País, Ciberpaís*), es decir, conversan amigablemente conectadas a una red o malla informática. Deriv. 'chatear' (2002: TV7.) (1998: Cadena SER.) Inform.

château fr. 'castillo', así como 'casona' y 'pazo'. (1852: Mesonero.) Arq.

chateaubriand o **châteaubriant** fr. 'filete grueso de lomo de vaca asado en parrilla', abrev. *chateau* o *château*. Invención de un cocinero del escritor François-René de Chateaubriand (1768-1849). (1897: A. Muro.) Gastr.

châteaux en Espagne fr. 'castillos en el aire', lit.: 'castillos en España'. (1910: Nombela.)

chatria sáns. (1902: J. Valera; Ac.) → SATRÍA.

chauffeur fr. 'chófer' (Ac.), 'chofer' (Ac.; y en Méx.). Como hacia 1900 el automóvil era todavía un vehículo a vapor, se denominó *chauffeur*, 'caldeador', 'fogonero', a su conductor; de *chauffer*, 'calentar'. (1908: Galdós.) Autom.

chauvinisme fr. 'chovinismo' (Ac.: 1992), 'patrioterismo'. Por el apellido de Nicolas Chauvin, soldado de Napoleón, famoso por haber recibido diecisiete heridas y haber sufrido la amputación de tres dedos, así como una horrible mutilación en la frente. Famoso, además, por su ingenuidad y la exageración de sus sentimientos patrióticos. *Chauvinisme*, al principio, significó sólo la idolatría napoleónica; después, toda exageración patriótica. La popularidad de Chauvin creció con el *vaudeville*: *La cocarde tricolore. Épisode de la guerre d'Algérie* (1831), de Théodore e Hippolyte Cogniard, donde el personaje Chauvin cantaba el *couplet*: «*J'ai mangé du chameau*», «Yo he comido camello». (1885: Galdós.) Pol.

chauviniste fr. 'chovinista', (Ac.: 1992), 'patriotero'. (1913: Unamuno.)

chavá, fem. **chavea** caló. 'chaval' (Ac.), 'muchacho'. (1855: F. Gómez Sánchez.)

chaval caló. → CHAVÁ.

chavó caló. 'niño'. (1848: J. Sanz Pérez.)

chavosito caló. 'niño', 'niñito'. (1881: Machado y Álvarez.)

che val. (cat. **ce**). 'che' (Ac.). 1) interjección comodín (dubitativa, apelativa, etc.); 2) entre no valencianos, 'valenciano', 'natural de Valencia' (1904: Blasco Ibáñez) y 'hablante de valenciano' (1935: Baroja.)

check in ing. 'mostrador de facturación de equipajes', en los aeropuertos. (1984: *Mundo*.) Transp. a.

Checkpoint Charlie ing. 'Puesto de control *Charlie*'. Denominación popular del *Allied Checkpoint*, 'puesto de control aliado' establecido en Berlín occidental el 14 de agosto de 1961 frente al Berlín oriental (RDA); eliminado el 22 de junio de 1990. (1989: *ABC*.) Geogr. p.

Cheddar ing. 'chéddar', 'chédar', en ext.: *Cheddar cheese*, 'queso de Chéddar'. Queso de leche de vaca, de pasta fina y firme. Originario de Cheddar, en Somersetshire (Inglaterra). (1995: *Mundo*.) Gastr.

cheek to cheek ing. 'mejilla con mejilla'. Modo de bailar muy amoroso. Según el título de una canción de Irving Berlin (1888-1989), cantada y bailada por Fred Astaire y

Ginger Rogers en el filme (1935) *El sombrero de copa (Top Hat)*, dirigido por Mark Sandrich; y antes cantada por Al Jolson. (1977: J. Torbado.) Mús.

chef (de cuisine) fr. 'jefe (de cocina)', 'cocinero', 'chef'. (1913: J. Domenech.) Gastr.

chef-d'oeuvre fr. 'obra capital, 'obra principal', 'obra magistral'. Procede del vocabulario gremial medieval; el aprendiz aspirante a la maestría tenía que realizar un *chef-d'oeuvre*, una 'pieza magistral' para conseguirla. (1851: *Ellas*.) → CAPOLAVORO.

Cheka ru. (**Cheká**) 'Checa', 'checa' (Ac.). Formada por las iniciales de *Chresvischáinaia Komissia*, 'Comisión Extraordinaria', la cual, durante la Revolución rusa y la subsiguiente guerra civil, adoptó los poderes extraordinarios del zarista 'Reglamento de medidas para mantener el orden y la tranquilidad', establecido a raíz del atentado (1881) que causó la muerte del zar Alejandro I. Posteriormente, la *Cheka* (1917-1922) fue sustituida por la *GPU* (1923), ésta por el *NKVD* (1935), éste por el *MVD* (1943) y éste, finalmente, por el *KGB*. Pol. → GPU; NKVD; KGB.

chemin-de-fer fr. 'ferrocarril', lit.: 'camino de hierro'. Juego de naipes semejante al *baccara*. (1982: *País sem.*) Jue. → BACCARA.

cherchez la femme! fr. '¡buscad a la mujer!'. Frase atribuida a Alexandre Dumas (padre), porque la empleó en *Les mohicans de Paris* (1864), pero se halla antes en el *Diary of James Gallantin*, con fecha 16 de febrero de 1820, a propósito del asesinato del duque de Berry: «*Cherchez la femme, others say*», 'Buscad la mujer, dicen otros'. (1961: Max Aub.)

chéri, fem **cherie** fr. 'querido'.

cherif fr. 'cherif', 'jerife' (Ac.). Del ár. *šărīf*, 'noble'. (1905: Galdós: *cheriff*.)

chernoziom ru. 'tierras negras'. Las que forman las llanuras cerealistas de Ucrania. Agr.

Chester ing. 'chéster' (Ac.). Queso de sabor fuerte y pasta prieta, originario del condado de Cheshire, capital Chester (Inglaterra). (1867: N. Fdez. Cuesta: *Chester;* 1897: A. Muro: *chester.*) Gastr.

chetnik serb. (**cetnik**) 'miliciano'. Soldado serbio del ejército del general Draha Mijaiolovich, que luchó contra los nazis en la Segunda Guerra Mundial. Aplicado después a los exiliados serbios contrarios al régimen comunista de Tito en Yugoslavia. Es nombre antiguo, pues también se llamó *chetniks* a los patriotas serbios que lucharon contra el poder otomano y a los componentes de la guardia del rey de Serbia; lit.: 'miliciano', pues deriva de *cheta (ceta)* 'banda o grupo armado', más el sufijo *-nik*, de persona. (1980: *País.*) Hist. → CETNIK.

cheurrón galicismo. (1909: R. Agrasot.) → CHEVRON.

chevalier sans peur et sans reproche fr. 'caballero sin miedo y sin tacha'. (1932: E. d'Ors.) → SANS PEUR ET SANS REPROCHE.

chevalier servant fr. 'caballero acompañante', 'cortejo'. (1981: J. L. Sampedro.) → CAVALIERE SERVENTE.

cheviot ing. 'cheviot' (Ac.), 'chevió' (Ac.). Tejido hecho con lana de los corderos de Cheviot Hills, en Escocia. Suele verse la forma afrancesada *cheviotte.* (1895: A. Nervo.) Indum.

chevron fr. 'cheurón' (Ac.), 'cabrio' (Ac.), 'cheuvrón' (J. R. Mélida), 'ziszás' (R. Agrasot), '(con forma de) compás abierto'. Diseño o motivo heráldico y ornamental.

chez nous fr. 'en nuestra casa', 'entre nosotros', 'en nuestro país'. (1900: A. Nervo.)

chía ár. (**šī'a**) 'chía', esto es, 'partidarios (de Alí)'. Secta opuesta a la *sunna* o 'tradición (ortodoxa)' islámica. La *sunna* reconoce la legitimidad de los tres primeros sucesores de Mahoma: Abu Bakr, Omar y Otmán, por considerar que un profeta no deja linaje o herencia. Los chiíes son 'partidarios' y defensores de la legitimidad de Alí en cuanto yerno de Mahoma, por su matrimonio con Fátima. Alí fue asesinado, pero en torno a él se desarrolló cierto mesianismo, contaminado con aspectos de la gnosis cristiana.

El chiísmo pervive con fuerza en Irán, pero su tierra clásica es Iraq, en cuya ciudad de Kufa se sitúa la tumba de Alí. Rel. → SUNNA.

Chianti it. 'quianti' (Ac.). Vino de Chianti, en la Toscana (Italia). (1982: P. Valderrama.) Gastr.

chiaroscuro it. 'claroscuro'. Técnica pictórica. Pint.

chibolete hebr. (1931: Unamuno.) → SHIBOLET.

chic fr. 'chic' (Ac.). Del al. *Schick*, 'gracia', 'soltura'. 1) 'elegancia', 'distinción'; 2) 'elegante', 'distinguido'. (1884: Galdós.)

Chicago boys ing. 'los muchachos de Chicago'. Grupo de jóvenes economistas seguidores de Milton Friedman, premio Nobel de Economía, autor de *La libertad para elegir*, donde se propugna un neoliberalismo económico. (1982: *País*.) Econ.

chicane fr. 'chicana'. Zigzag en el trazado de un circuito de motorismo. (1983: TVE.) Dep.

chicano ing. 'chicano' (Ac.: 1992). Formada sobre el esp. '(me)xicano'. Primeramente, mexicano de los territorios mexicanos ganados a México por EE.UU.; después, y también, mexicano inmigrado de México a esos territorios. (1976: *País*.) → HISPANO.

chichina italianismo. (h. 1954: Che Guevara.) → CICCINA.

chiclèt cat. 'chicle' (Ac.). Variedad comercial de 'goma de mascar' *(chewing gum)*, que ha dado lugar al catalanismo 'chiclé' (1972: *La Vang.*; registrado por M. Seco) frente al esp. 'chicle', del náhuatl *txictli*. Gastr.

chiffon fr. 'chifón'. Seda transparente. Primero significó 'trapo viejo', 'trapo sobrante' o 'recorte de tela', así como 'trapajo'. Estos trapos sobrantes se guardaban en el *chiffonnier*. (1991: *País*.) Indum. → CHIFFONNIER.

chiffonnier fr. 'chifonier' (Ac.: 2001); aunque se oye también 'sifonier', y más vulg. 'sinfonier', que ya ha penetrado (1999: Madrid) en la publicidad comercial. Especie de cómoda estrecha para guardar prendas pequeñas de vestir. Mob. → CHIFFON.

chigre bable. 'chigre' (Ac.), 'sidrería'. Taberna que expende sidra. (1909: Pérez de Ayala.) Host.

chií ár. 'xíí' (1919: Asín Palacios), 'chií', 'chiita' (Ac.). Seguidor de la *chía*. Tanto *chía* como *chií*, frecuentes en los años ochenta con motivo de las guerras del Líbano y de Irán-Irak. Rel. → CHÍA.

chilaba arabismo. (Ac.). Del ár. *yiliab*, 'túnica con capucha'. (1860: Alarcón.) Indum.

(the) child is father of the man ing. 'el niño es el padre del hombre'. De *My heart leap us*, de William Wordsworth (1770-1850). (1923: Unamuno.)

chill out ing. 1) 'zona de relax o descanso' en las grandes fiestas o reuniones de música electrónica *(raves)*. Expresión que procede del disco *Chill out* (1990), de KLF; lit.: 'enfriamiento', 'quitarse la fiebre'. (1997: *País.*) Mús. 2) música relajante, propia de los *chill outs.* (2001: *País.*) Mús. → RAVE.

chi lo sa? it. '¿quién lo sabe?'. (1895: A. Nervo.)

chimista vasquismo. (1930: Baroja.) → TXIMISTA.

Chinatown ing. 'barrio chino'. Por antonomasia, el de San Francisco, EE.UU.

chiné fr. 'chiné' (Ac.), 'achinado', con referencia a China. Se aplica a determinados tejidos de diversos colores. (1852: Mesonero.) Indum.

chinoiserie fr. 'chinería'. (1961: Lezama Lima, Cu.)

chinorré caló. 'pequeño', 'niño'; en Madrid, pop. 'chinorri'. (1881: Machado y Álvarez.) → TXINGURRI.

chintz ing. 'chintz'. Tejido de algodón estampado con motivos florales, u otros, y con brillo. Empleado para vestir habitaciones. Del hindi *ckhint*, 'algodón estampado'. (1952: *Econ. doméstica.*) Text.

chip ing. 'chip' (Ac.: 1992), 'microplaqueta'. Pequeño cirtuito integrado en la memoria de un ordenador. Inventado simultáneamente (1959) por Jack Kilby y Robert Noyce. (1979: Alzugaray.) Inform.

chipé caló. 'chipé' (Ac.). → CHIPÉN.

chipén caló. 'chipén' (Ac.). (1927: Arniches.) → CHIPÉ.

Chippendale ing. Mobiliario creado por el ebanista Thomas Chippendale (siglo XVIII), inglés, de influencia chinesca, en que los respaldos de las sillas son vanos. Mob.

chips ing. 'patatas fritas'. Abrev. de *potato chips*, 'cortadas (a tiras) de patata' (1959: Ign. Doménech.) Gastr.

chiquet catalanismo (1906: A. Cortón.) → XIQUET.

chiqui vasquismo. → TXIKI.

chiripa vasquismo. Registrado por el *DRAE*. Del vasc. *txiripa*, 'casualidad'. (1992: F. Savater.)

Chiruca galleguismo. 1) hipocorístico gall. del esp. 'Mercedes', nombre de persona. (1949: A. Torrado.); 2) en pl. 'chirucas', botas o zapatillas deportivas vulcanizadas, españolas, llamadas así en honor de la esposa del fabricante. Las primeras 'chirucas' salieron al mercado en los años cuarenta. (1995: Iñ. Gabilondo.) Indum.

chirula vasquismo. (1893: Unamuno.) → TXIRULA.

chistera vasquismo. (1893: Unamuno; Ac.) → TXISTERA.

chistorra vasquismo. → TXISTOR.

chistu vasquismo. (1928: Grandmontagne; Ac.) → TXISTU.

chistulari vasquismo. (1928: Grandmontagne; Ac.) → TXISTULARI.

chi va piano va lontano it. 'quien va despacio llega lejos'. (1888: Blasco Ibáñez.)

chocholada vasquismo. (1895: Unamuno.) → TXOTXOLO.

chocholo vasquismo. (1897: Unamuno.) → TXOTXOLO.

chomba anglicismo. En Arg. y Ch. (Ac.: 1992.) Indum. → YÚMPER.

chompa anglicismo. En Bol., Col., Ec., Parag., Pe. (1968: Vargas Llosa) y Urug. Indum. → YÚMPER.

chopería germanismo. En Arg., por 'cervecería'. Del al. *Schoppen*, '(jarro de cerveza de) un cuarto de litro'. Gastr.

chopin anglicismo. Calco del ing. *shopping*, 'ir de tiendas', 'ir de compras'. De uso en Cuba. (1995: M. Benedetti, Urug.) Com. → SHOPPING.

chopped ing. 'chóped' (Ac.: 2001), lit.: 'picado'. Abrev. de *chopped pork*, 'cerdo picado'. Fiambre cilíndrico embutido, de picadillo cárnico de cerdo, semicurado. De *to-chop*, 'tajar' y 'picar'. Introd. en España en los años ochenta. Gastr.

chop suey ing. Plato chino consistente en trocitos de pollo principalmente, con arroz y hortalizas y salsa picante. Del ch. *shap sui*, 'trozos mezclados', con cierta contaminación del ch. *shap* con el ing. *chop*. (1983: *País sem.*) Gastr. → CHOPPED.

chorré, pl. **chorreles** caló. 'niño', 'hijo pequeño'. (1855: F. Gómez Sánchez.)

chorus girl ing. 'chica del coro', 'chica del conjunto'. (1932: Jardiel Poncela.) Tea. → GIRL.

chouan fr. 'chuán' (1872: Galdós). Perteneciente a la *Chouannerie*. Hist. → CHOUANNERIE.

Chouannerie fr. 'Chuanería'. Insurrección monárquica francesa durante la República, el Consulado y el Imperio, desarrollada en el Bajo Maine, Anjou y Bretaña. Se cree que debe su nombre a uno de sus jefes, Jean Cottereau, llamado Jean Chouan, si bien algunos creen que alude a la costumbre de las partidas de campesinos de imitar el grito de la *chouette*, 'lechuza', para reconocerse. Hist. → CHOUAN.

choubertsky fr. 'chubesqui' (Ac.). Un tipo de estufa casera frecuente en los primeros decenios del siglo XX. (1903: Pardo Bazán.)

choucroute fr. 'chucrute' (1899: Sánchez y Rubio), 'chucrú'. Preparación de la col blanca, cortada en finas tiras y metida en salmuera. Es adapt. en fr. del al. *Sauerkraut*, comp. de *sauer*, 'agrio', y *Kraut*, 'col'. (1897: A. Muro.) Gastr.

choyo gall. **(choio)** 'chollo' (Ac.: 1992), 'asunto', 'negocio', provechoso o no. (1923: Pardo Bazán.)

chozna vasquismo. 'puesto', 'tenderete', 'chiringuito' (1993: A. Inxausti), 'caseta' (1995: Iñ. Anasagasti) en ferias y romerías. (1859: A. de Trueba.) Com. → TXOZNA.

Christian Science ing. 'La Ciencia Cristiana'. Movimiento fundado (1866) en EE.UU. por Mary Baker Eddy (1822-1911), autora de *Science and Health* ('La Ciencia y la Salud'), publicado en 1875; que constituye la Biblia de este movimiento, mezcla de religión y curanderismo. (1931: A. Marichalar.) Rel.

Christmas ing 'Fiesta de la Natividad de Cristo', 'Navidad', lit.: 'misa (o fiesta) de Cristo'. Deriv. del ant. ing. *Cristmasse*, comp. de *masse*, 'misa (o fiesta)', y *Crist*, 'Cristo' (*-mas* entra en otros comp. como *Michaelmas*, 'festividad de San Miguel'). La forma *Xmas* es abrev. de *Christmas* por adopción de la letra griega *ji* mayúscula *(X)* como abrev. del gr. *Xristós* (lat. *Christus*). 'Cristo', lit.: 'Ungido'. En contextos españoles, además, *Christmas* aparece como forma abrev. de *Christmas card*. (1922: *Andrenio*.) Rel. → CHRISTMAS CARD.

Christmas card ing. '*christmas*' (Ac.: 2001), 'tarjeta de Navidad', 'crisma'. La primera fue enviada por el inglés W. E. Dobson (1844), quien, para agradecer a un amigo favores recibidos, le escribió dibujando en la carta a un grupo de amigos brindando por un amigo ausente. (1913: *Bl. y Negro*.)

chumpa anglicismo. (Ac.: 2001). En Guat. Indum. → YÚMPER.

chungo caló. 'malo', 'abominable', 'ruin'. (1881: Machado y Álvarez.)

chute y **chutarse** anglicismos. (Ac.: 2001). Del ing. *shot*, 'inyección hipodérmica' de un medicamento o un narcótico *(drug)* y de *to shot*, 'inyectar con aguja hipodérmica'. Procede del ing. jergal *(slang)* de EE.UU. Introd. en España en los años setenta. (1993: Julio Anguita.)

CIA ing. Siglas de *Central Intelligence Agency*, 'Agencia Central de Inteligencia'. Fundada en 1947, con sede en Langley (Virginia). Servicio estatal de información, espionaje, contraespionaje, trabajos sucios y provocación encubierta, de EE.UU., heredera del *OSS*, siglas de *Office Strategical Service*, 'Oficina de Servicio Estratégico', que, en la Segunda Guerra Mundial, estuvo dirigida por el almirante Donovan; reorganizada, ya como *CIA* (1947), por el almirante Hillenkestter y después por Bedell Smith, Allen Dulles, George Bush, etc. Pol.

ciabatta it. 'chabata', pero se suele oír y ver 'chapata' (1994: Joaq. Vidal; Ac.: 2001). Lit.: 'chancla (grande)' o 'zapatón', como los de los payasos. Variedad italiana de pan, introducida en España en los años noventa. Gastr.

ciao it. 'chao'. Fórmula de despedida. Algunos creen que deriva de la fórmula veneciana antigua *s-sciàvo*, 'esclavo suyo', 'servidor suyo'. (1974: C. Martín Gaite.)

cibercafé anglicismo. Café público dotado de ordenadores para uso de los clientes. (2001: Cadena SER.) Inform.

ciccina it. 'chichina' (en Arg.: h. 1954: Che Guevara), lit.: 'carnecita', 'carnita'. Dim. amoroso de *ciccia*, 'chicha', 'carne'.

Cicciolina it. 'Chicholina'. Nombre artístico de Ilona Staler, estrella erótica y diputada del Partido Radical Italiano. Lo recibió en los años ochenta de sus admiradores, en correspondencia a que ella los llamaba *cicciolini*, 'guaperas', 'macizos'. Es un deriv. de *cicciolo*, 'chicharrón', 'torrezno', que a su vez lo es de *ciccia*, 'chicha', 'carne'. Tea.

cicerone it. 'chicherone', 'cicerone' (Ac.), 'guía (artístico)'. Por *Cicerone*, forma italianizada del nombre latino de Cicerón, el elocuente orador romano. (1793: Moratín h.)

Cif ing. 'Cif', 'coste, seguro y flete'. Palabra formada con las iniciales de *cost*, 'coste', *insurance*, 'seguro' y *freight*, 'flete'. Es el precio de la mercancía en el puerto de destino. (1977: Alzugaray.) Com.

Cinecittà it. 'Ciudad del Cine'. Gran estudio cinematográfico, situado en el Quadraro, Roma, construido en 1937. Durante su construcción, dada su magnitud, descrito por los periodistas como una *cinecittà*, persistiendo este nombre. Cine.

cinema galicismo. (1923: *Gac. Lit.*; Ac.: 1992.) → CINÉMA.

cinéma fr. 'cinema' (Ac.: 1992), 'cinematógrafo' (Ac.), 'cine' (Ac.). Abrev. del fr. *cinématographe* (1895), 'cinematógrafo', comp. del gr. *kinema*, 'movimiento' y *graphein*, 'escribir', y nombra tanto al aparato de filmación y proyección de filmes, como a la sala en que se proyectan. La adapt. española 'cinema' (1923) sirve para denominar el 'arte cinematográfico' (entre los críticos, aún hoy), así como (1928:

Valle-Inclán) 'sala de proyección', paralelamente a 'cine', pero ésta con mayor implantación.

cinemaScope ing. 'cinemascope' (Ac.: 1992). Compuesto de *cinema* y *scope*, a semejanza de *telescope*, *microscope*, etc. Es una filmación y proyección mayor que la normal, sobre pantalla muy alargada y curva. Se empleó por primera vez en el filme *La túnica sagrada* (1953), de Herwin Coster, de la 20th Century Fox. Cine.

cinéma-verité fr. 'cine-verdad'. Movimiento cinematográfico francés que pretende llevar al filme un realismo propio de los filmes documentales. Relacionado con la *nouvelle vague*. (1979: *Hermano Lobo*.) → NOUVELLE VAGUE.

cinerama ing. 'cinerama' (Ac.: 1992). Compuesto de *cine* y *rama*, falso sufijo por *-orama*, a semejanza de *diorama*, *panorama*, etc. Sistema de filmación y proyección que pretende obtener un efecto tridimensional. Cine.

Cinquecento it. 'Quinientos', 'siglo XVI'. Hist.

C.I.O. ing. Siglas de *Congress of Industrial Organizations*, 'Congreso de Organizaciones Industriales'. Central sindical estadounidense que, en 1955, se unió con la *A.F.L.*, formando la sindical *A.F.L./C.I.O.* Pol.

CIO fr. Siglas del *Comité International Olympique*, 'Comité Olímpico Internacional', siglas 'COI'. Dep.

circa lat. 'circa' (Ac.: 2001), 'alrededor de'. Se antepone a una fecha insegura. Abrev.: *c.* y *ca.* (1983: V. Soto.) Cron.

cirrus lat. 'cirro' (Ac.), lit.: 'mechón', 'vedijilla'. (1895: Macías Picavea.) Geogr. f.

Cité fr. 'Ciudad (vieja)'. Con referencia a la parte antigua de la ciudad de París. (1836: Mor de Fuentes.)

Citibank ing. Contracción de *City Bank*, 'Banco de la Ciudad o Ciudadano'. Nombre actual del *First National City Bank*, 'Primer Banco Ciudadano Nacional'. Con sede en Nueva York. Econ.

citius, altius, fortius lat. 'más rápido, más alto, más fuerte'. *Motto* del Comité Olímpico Internacional, ideado

(1894) por el creador de los modernos Juegos Olímpicos, el barón Pierre de Coubertin. Figuró por primera vez en la bandera olímpica en 1920, en Amberes. Dep.

citoyenne fr. 'ciudadana'. Vestido femenino de seda, entretelado y guarnecido con pieles y cordonaduras. En uso en España hacia 1825. (1836: Mor de Fuentes.) Indum.

città dolente it. → LA CITTÀ DOLENTE.

(the) City ing.'la Ciudad'. Barrio comercial y financiero de Londres. (1887: A. Gaspar.) Econ.

CiU cat. Siglas de la coalición política *Convergència (democràtica de Catalunya) i Unió (democràtica de Catalunya)*, de ideología conservadora y catalanista. Pol.

civet fr. 'guiso (de caza: liebre o conejo)', con vino y cebollas (*cives* o *civettes*). (1887: A. Muro.) Gastr.

civet de lièvre san lièvre fr. 'guiso de liebre sin liebre'. (1924: E. d'Ors.) Gastr. → CIVET.

civis lat. 'ciudadano'. (1933: Ortega.)

civis romanus sum! lat. '¡soy ciudadano romano!'. Fórmula consagrada por las leyes Valeria (509 a. de J. C.) y Sempronia (123 a. de J. C.), con la que el ciudadano romano, como tal, invocaba su derecho a no ser sometido a tortura (Cicerón, *In Verres*, II, 63). (1884: *Clarín*.) Hist.

civitas lat. 'ciudad'. Sobre todo en el sentido de 'población (de la ciudad)', en contraste con *urbs*, 'ciudad (material o construida)'. (1933: Ortega.)

claire de lune fr. 'claro de luna', 'claror de la luna', 'claridad lunar'. Título de una (la X) de *Les Orientales* (1820) de Victor Hugo (1801-1881). Frase tópica de la poesía romántica francesa, presente también en la canción popular *Au claire de la lune*. (1884: *Clarín*.) Lit.

clan ing.'clan' (Ac.). Del gaélico *clann*, 'familia', 'estirpe'. Aunque su sentido se ha extendido a 'familia' y 'grupo', estrictamente es el de 'estirpe o familia escocesa'. (1898: L. Coloma.)

claque fr. 'claque' (Ac.). Grupo de gente pagada para que aplauda en las representaciones teatrales. Se dice que deriva del apellido de un personaje: Monsieur Claque, que aparecía en una piececilla de La Harche, *Molière ante el tribunal de Talía*, estrenada en París, en 1782. (1882: Martínez Pedrosa.) Tea.

claqué galicismo. (Ac.: 1992), 'zapateado'. Del fr. *claquette*. Baile. → CLAQUETTE.

claquette fr. 'claqueta' (Ac.: 1992). 1) chapa metálica resonante que se pone en las puntas y tacones del calzado para bailar el zapateado llamado 'claqué' (Ac.: 1992), puesto en boga por Fred Astaire en los años treinta. Baile; 2) instrumento compuesto por dos tablillas que se hace entrechocar para que suenen, anunciando así el comienzo de acción o rodaje de una secuencia fílmica. Cine.

claret fr. 'clarete'. Del ant. fr. *(vin) claret*, hoy *vin clairet*, llamado así por su color rojo claro, rosado. (1877: *Dr. Thebussem*.) Gastr.

clearing ing. 'compensación'. Sistema de comercio internacional en que dos países se pagan mutuamente las importaciones con las exportaciones. (1966: A. Castillo.) Econ.

clementina it. 'clementina' (Ac.: 1992). Variedad cítrica conseguida por hibridación de mandarina y naranja agria. Su nombre se debe a un padre Clemente, italiano, a quien se atribuye esta hibridación. Bot.

clerc fr. 'intelectual'. Término difundido por el libro *La trahison des clercs* (1927), de Julien Benda, donde traza una caracterología del intelectual moderno, antítesis del antiguo *clerc*, por haber entrado erróneamente en el juego de las pasiones políticas. Originariamente, en la Edad Media, *clerc* significa 'tonsurado', 'clérigo', y por ext.: 'estudioso', 'erudito', 'intelectual'. (1929: *Andrenio*.) Pol.

clergyman ing. 1) 'clérigo (protestante)'. (1882: Pardo Bazán.) Rel.; 2) '(vestido de) clérigo'. (1966: C. J. Cela.) Indum. La polémica desatada por la adopción por parte de los sacerdotes católicos de la indumentaria de los *clergymen* protestantes está siendo barrida por el uso de '(vestido) de clérigo', '(traje) de clérigo', frente a 'de cura', 'de sotana'. En ext.: *clergyman suit*. Indum.

clerici vagantes lat. 'clérigos errantes'. En la Edad Media, estudiantes que dejaban las universidades para echarse a los caminos.

cliché fr. 'cliché' (Ac.), 'clisé' (Ac.). (1909: Fdo. Araujo.) Fot.

climax lat. 'clímax' (Ac.), 'punto más alto', 'altura máxima'. Del gr. *klimax*. (1898: Galdós.)

clip ing. 'clip' (Ac.: 1992), 'clipe' (Ac.). 1) 'sujetapapeles alámbrico'; 2) 'broche' o 'prendido'. (1932: *Bl. y Negro.)*; 3) 'pendiente de oreja' que se sostiene mediante presión sobre el lóbulo. (1966: M. Fdez. Galiano.); 4) 'vídeo corto', 'recorte', de carácter musical. (1984: *País.*) Mús.

clipper ing. 'clíper' (Ac.), lit.: 'cortador'. 1) buque de vela ligero y seguro (1845). Transp. m.; 2) avión civil de hélice, transoceánico, veloz y seguro, en uso en los años cuarenta y cincuenta. Transp. a.

clique fr. 'banda', 'grupo'. Originalmente, 'banda de trompetas y tambores'. (1942: F. Ayala.)

clisos caló. 'clisos' (Ac.), 'ojos'. (1971: R. J. Sender.)

clochard fr. 'vagabundo', lit.: 'que camina campaneándose', como campana *(cloche)* o badajo de campana, quizá por efecto del vino. (1962: Gaya Nuño.)

cloisonné fr. 'alveolado'. Tipo de esmalte en que los alvéolos están soldados unos a otros. Arte.

çloka sáns. 'esloca'. (1934: Daza de Campos.) → SLOKA.

closet ing. 'clóset' (Ac.: 2001), en Am. h., 'armario empotrado'. (1970: Carlos Fuentes, Méx.) Mob.

close up ing. 'primer plano'. Procedimiento cinematográfico popularizado por el director estadounidense D. W. Griffith hacia 1920. (1928: *Bl. y Negro.*) Cine.

clòtxina cat. 'clóchina', 'mejillón'. (1991: Joana Benet.) Zool.

clou fr. 'punto certero', lit.: 'clavo'. (1894: A. Ganivet.)

clown ing. 'clown' (Ac.: 1992), y '*clown*' (Ac.: 2001), 'clon' (Ac.), 'payaso'. (1864: Bécquer.) Tea.

club ing. 'club' (Ac.), 'clube' (Ac.). 1) 'círculo', 'sociedad'. (1793: Moratín h.); 2) 'centro político'. (1836: Mtnez. de la Rosa.) Pol.; 3) ya en 1902, 'sociedad deportiva'. Dep.; 4) 'automóvil de turismo con sólo dos puertas laterales'. (1960: Arias Paz.) Autom.

clubman ing. 'socio de un club o círculo', 'hombre de mundo', lit.: 'hombre de club'.

CNN ing. Siglas de *Cable News Network*, 'Red de Noticias por Cable'. Primera red (1980) de noticias televisuales por cable, mediante satélite, estadounidense, fundada por Ted Turner, con sede en Atlanta (Georgia, EE.UU.). Conocida mundialmente desde el inicio (16 enero 1991) de la guerra del Golfo Pérsico. Telecom.

coaga gall. 'coaga'. Contracción de *Coa(lición) Ga(lega)*, 'Coalición Gallega', que sirve para denominar a sus partidarios. Pol. → COALICIÓN GALEGA.

Coalición Galega gall. 'Coalición Gallega'. Partido galleguista y centrista, fundado en 1983. Pol. → COAGA.

COBE ing. Acrónimo de *Cosmic Background Explorer*, 'Explorador del Fondo Cósmico', es decir, 'explorador de la radiación de fondo cósmica'. Satélite de la *NASA*, lanzado en noviembre de 1989, y que el 23 de abril de 1992 captó radiaciones de fondo cósmicas que parecen confirmar la hipótesis del *Big Bang*. (1992: *D. 16.*) Fís. → BIG BANG.

cobla cat. 'cobla' (Ac.). En Cataluña, nombre dado por Pep Ventura a la banda de once músicos para interpretar sardanas. (1970: Garciasol.) Mús.

COBOL ing. 'Cóbol'. Palabra formada con letras de *Co(mmon) B(usiness) O(riented) L(anguage)*, 'Lenguaje para toda clase de asuntos', es decir, lenguaje de programación común para todo tipo de ordenadores. Concebido en 1959. (1979: Alzugaray.) Inform.

coca cat. 'coca' (Ac.), 'torta (catalana)'. Gastr.

coca-cola ing. 'cocacola'. Bebida, con marca registrada, creada en Atlanta (EE.UU.), en 1886, con coca, cola, etc., por

John Styth Pemberton; logomarca de Frank Robinson; diseño de la botella (1913), por Alexander Samuelson. Gastr.

cocho gall. 'cocho' (Ac.), 'cochino', 'cerdo'. (1917: W. Fdez. Flórez.) Zool.

cochon fr. 'cochino'.

cochonnerie fr. 'gorrinada', 'cerdada', 'cochinería'. (1942: J. Plá.)

cockney ing. 'londinense'. Del antiguo *cocken-ey*, 'huevo de gallo', es decir 'huevo mal formado'. En el siglo XVI pasó a significar 'delicado', 'homosexual'; después 'ciudadano delicado, debilucho', frente a 'campesino sano y fuerte' y ya en el siglo XVII, peyorativamente, 'londinense'. 1) 'nativo de Londres', 'castizo (londinense)', especialmente del barrio de East End. (1964: F. M.ª Lorda.) Geogr. h.; 2) 'habla castiza londinense'. (1980: F. Díaz-Plaja.) Ling.

cocktail ing. 'coctel' (Ac.), 'cóctel' (Ac.), 'combinado'. Compuesta de *tail*, 'cola', y *cock*, '(de) gallo'. (1911: A. Glez. Blanco.) Gastr.

cocktail-party ing. 'coctel' (Ac.), 'copetín', lit.: 'reunión-coctel'. (1961: R. J. Sender.)

cocotte fr. 'cocota' (1904: Blasco Ibáñez). Mujer galante, que se halla en el punto medio entre la entretenida y la prostituta. (1884: *Clarín*.)

coda it. 'coda' (Ac.). Pasaje musical final, introducido después de estar completadas las partes esenciales de un movimiento. Mús.

codex lat. 'códice'. Libro manuscrito, generalmente en pergamino. Biblio.

código de barras anglicismo. Calco del ing. *barcode*, 'código *(code)* de barras *(bar)*'. Procedimiento de identificación de un producto y de su precio mediante un lector electrónico. Com. → EAN.

coeur fr. 'corazón'. Naipe de la baraja francesa. (1937: Baroja.) Jue.

coffee break ing. 'pausa para el café', en los centros de trabajo. (1978: L. Carandell.)

cogito, ergo sum lat. 'pienso, luego existo'. De Descartes (*Principia philosophiae*, I, 7 y 10); versión latina de *je pense, donc je suis* (Descartes, *Discours de la Méthode*, 1637). (1912: Unamuno.) Fil.

cognac fr. 'coñac' (Ac.), 'coñá' (Ac.). En ext.: *eau de vie de Cognac*, 'aguardiente de Cognac' ciudad de la Charente. Licor introducido en Francia en tiempos de Enrique II, cuando todavía era sólo duque de Orleans, al casarse con Catalina de Médicis, en 1533. (1888: Blasco Ibáñez.) Gastr.

coiffeur fr. 'peluquero'. (1910: A. Alcalá Galiano.)

coiffure fr. '(tocante al) ornato y peinado del cabello'. (1914: *D. de Gádex.*)

coil ing. 'rollo', 'bobina', de hilo metálico o de chapa metálica. (1979: Alzugaray.) Metal.

coincidentia oppositorum lat. 'coincidencia de opuestos o contrarios'. (1964: A. R. Huéscar.) Fil.

cointreau fr. 'cuantró'. Licor originario de Angers (Francia); su nombre comercial es el apellido de una vieja familia de la región. (1985: J. Glez. Muela.) Gastr.

coitus interruptus lat. (Ac.: 2001), 'coito interrumpido', vulg. 'marcha atrás'. Práctica anticonceptiva en que el pene se retira de la vagina antes de la eyaculación. Expresión difundida por los *Studia in the psychology of the sex* (1900), de Havelock Ellis. (1980: J. M. Ullán.)

coitus reservatus lat. 'coito reservado', es decir, 'dejado' o 'guardado'. Práctica anticonceptiva en que el hombre demora o evita llegar a la eyaculación. (1917: Pérez de Ayala.)

coke ing. 'coque' (Ac.). Se introdujo con las máquinas de vapor, que lo utilizaban. (1862: *Rev. científ.*) Min.

coke ing. Otro nombre, reciente, de matiz más familiar, de *coca-cola*. Gastr. → COCA-COLA.

col fr. 'collado', 'portachuelo'. Muy empleado con motivo de las vueltas ciclistas a Francia. Geogr. f.

cold cream ing. 'crema (facial) fría'. (1867: R. de Castro.) Cosm.

colla cat. 'grupo', 'cuadrilla'. (1989: *País*.)

collage fr. *'collage'* (Ac.: 2001), 'colaje'. De *coller*, 'pegar'. Inexplicablemente 'colage' (Ac.: 1992), ya que la RAE suele adoptar '-aje' para el fr. *-age* (por ej., en 'garaje', fr. *garage*, 'dopaje', fr. *dopage*, etc.). Procedimiento pictórico, presentado por Max Ernst, dentro del grupo *Dada*, en la exposición de Colonia de 1919 y en la de París de 1921. Consiste en pegar un elemento manufacturado (por ej.: una lámina de ciencias naturales) al lienzo y pintar en torno algo sugerido o destacado por ese elemento añadido. (1925: Dalí.) Pint.

college ing. 'colegio'. 1) 'colegio o facultad universitaria', en EE.UU.; 2) 'colegio autónomo universitario', en Inglaterra. (1990: Javier Marías.) Educ.

collidor, pl. **collidors** cat. 'cogedor', 'recogedor', 'recolector'. El que recoge frutos hortícolas (naranjas, tomates, etc.). (1989: *País*.) Agr.

collige, virgo, rosas lat. 'coge, doncella, las rosas'. Comienzo de un poema de Ausonio († hacia 393) que invita a gozar de la vida y de la juventud antes que se marchiten. (1935: *Cruz y Raya*.) Lit.

collonada cat. 'sandez'. Expresión frecuente entre catalanes cuando se expresan en español; aunque deriv. del cat. *colló*, 'cojón', está desprovista de crudeza. (1999: A. Boadella.)

coloratura it. 'coloratura' (Ac.: 2001), lit.: 'coloración'. 1) pasaje rápido y florido en mús. vocal; 2) cualidad de la voz de un cantante que le permite interpretar ese tipo de pasajes. Mús.

colt ing. 'colt'. Revólver inventado por el estadounidense Samuel Colt en 1835. Ej.

comanda galicismo. 'factura o nota (de pedido)', 'cuenta', en los restaurantes. Del fr. *commande*. Empleado por los españoles inmigrados en Francia y a veces irónicamente (1995: Joaq. Vidal) en España, aunque ya va aceptándose su uso en los restaurantes (2001: *País*). Host.

comando anglicismo. Del ing. *commando*, y ésta del port. *comando*. Aunque existía en esp. 'comando' (1867: N.

Fdez. Cuesta), no tenía el sentido que los ingleses dieron a *commando* durante la Segunda Guerra Mundial, pero ya ha sido incorporada al *DRAE* (1992); 1) 'grupo especial de combate por sorpresa' (1984: *ABC.*); 2) 'miembro de un *commando*'. Esta significación procede del port. y del ing. de África del Sur, donde los colonos europeos combatieron con pequeños grupos especiales a los nativos. Ej.

combo ing. 'combo' (Ac.: 2001). Pequeño grupo de mús. de *jazz* o de baile. Es palabra contraída del ing. *combination*, 'conjunto'. (1991: El Combo Belga, grupo.) Mús. → BIG BAND.

Comecon ing. 'Came'. Acrónimo de *Council for Mutual Economic Assistance*, 'Consejo de Ayuda Mutua Económica', creado el 28 de agosto de 1949 por la Unión Soviética y los países de su órbita, paralelo al Plan Marshall; disuelto el 28 de junio de 1991. Es trad. ing. del ru. *Soviet Ekonomícheskoie Vzaimopómoschi*. (1976: *País*.) Pol.

Comédie-Française fr. 'Comedia Francesa'. Institución nacional, fundada en 1680, con la fusión de la compañía del *Hôtel de Bourgogne* y los actores de la compañía de Molière (que ya había muerto) y el *Théâtre du Marais*, en París. Tea.

comédie larmoyante fr. 'comedia sentimental', lit.: 'comedia lacrimosa'. Cultivada en Francia en el siglo XVII. Entre sus principales autores: Philippe Destouches y Nivelle de la Chaussée. Lit.

comfort ing. 'confort'. (1887: E. Gaspar.) → CONFORT.

comic ing. 'cómic' (Ac.: 1992), (1995: F. Ayala.) → COMIC STRIPS.

comic book ing. 'libro cómic'. (1991: *País*.) → COMIC.

comics ing. 'tiras', 'tiras de dibujos', 'historietas'. Historietas narradas con dibujos y letreros, formando tiras horizontales y paralelas. Abrev. de *comic strips*, 'tiras cómicas'. (1965: Rubert de Ventós.) → COMIC STRIPS.

comic strips ing. 'tiras cómicas'. (1966: Carlos Fuentes, Méx.) → COMICS.

Cominform ing. 'Cominform', 'Informcom'. Abrev. de *Com(munist) Inform(ation)*, trad. abrev. del ru. *Informatsiónnoie buró Kommunistícheskij i rabochij partii*, 'Oficina de información de los partidos comunistas y obreros'. Organismo fundado en 1947, en Wilcza Gora (Polonia), en sustitución de la *Komintern*. Disuelto en 1956, tras la desestalinización. Pol. → KOMINTERN.

comitadji tur. **(komitaci)** 'comitachi, lit.: 'miembro de la comisión'. Miembro de una sociedad secreta revolucionaria que actuó en los Balcanes, principalmente en Serbia, durante los últimos tiempos de la dominación turca. La transcrip. *comitadji* es francesa. (1945: A. Revesz: *komitadji*.) Pol.

comité fr. 'comité' (Ac.), del ing. *committee*, divulgado y adoptado durante la Revolución francesa. (1844: L. Corsini.) Pol.

comix ing. 'cómix'. Variante *underground* y contestataria de los *comics*, creada en California, en Berkeley, en 1967, por Shelton y Crum. En *comix* se simplifica el grupo *cs* de *comics* en su equivalencia fonética *x*. → COMICS.

commedia dell'arte it. 'comedia del arte', lit.: 'comedia del gremio (de actores)'. En la Italia medieval y renacentista, los gremios artesanales se denominaban *arti* (en sing. *arte*). La *commedia dell'arte* designa una compañía de actores profesionales. (1924: R. Baeza.) Tea.

comm'il faut fr. 'como es debido'. (1843: Neira de Mosquera.)

common law ing. 'derecho consuetudinario'. Sistema legal británico. Debe evitarse la trad. 'derecho común'. (1925: J. Vasconcelos.) Der.

common sense ing. 'sentido común'. La doctrina o filosofía del sentido común es propia de la escuela o filosofía escocesa, representada por Thomas Reid (1710-96). (1912: Unamuno.) Fil.

commonwealth ing. 'comunidad'. En ext.: *British commonwealth*, 'Comunidad británica (de naciones)'. Sistema que ha seguido, después de la Segunda Guerra Mundial, al Imperio británico. De *wealth*, 'bien', 'riqueza', y *common*, 'común'. (1962: *ABC*.) Pol.

communard fr. 'comunero' (1894: Castelar). Participante de la revolución de la *Commune* de París (1871). (1934: E. d'Ors.) Hist. → COMMUNE.

Commune fr. 'Comuna', lit.: 'Común', 'Municipalidad'. Revolución popular de París (18 de marzo-29 de mayo de 1871), ahogada en sangre. (1873: *Manif. del P. Republicano-democrático*.) Hist. → COMMUNARD.

cómpact anglicismo. 'compacto'. Abrev. de *compact disc*. (1994: *Vieja trova santiaguera*, Cu.) Mús. → COMPACT DISC.

compact disc ing. 'disco compacto', 'disco compactado', es decir, de pequeño tamaño, pero de gran capacidad, y cuyo sonido se reproduce mediante un haz de láser, no con aguja; inventado por la empresa Philips; comercializado desde 1983. Mús. → CD.

compangu bable. 'compango', 'companaje'. Es decir, el chorizo y la morcilla que acompañan a las *fabes* en la *fabada*. Del lat. *cum*, 'con' y *panaticum*, 'panaje'. (1981: *País sem*.) Gastr.

Compaña gall. 'Compañía', 'Hueste' (Pardo Bazán). (1843: Neira de Mosquera.) → SANTA COMPAÑA.

complot fr. 'complot' (Ac.), 'conjura', 'confabulación'. (1906: L. Morote.)

compluvium lat. 'compluvio' (Ac.). El *atrium* o 'patio' era la parte esencial de la casa en la Roma antigua. Su techumbre inclinada, con abertura cuadrangular o rectangular, daba luz a la casa y sobre todo vertía el agua de la lluvias al *impluvium* o 'pileta' que se hallaba en su centro. (1925: Emilio Prados.) Arq.

composite ing. Material acrílico, con partículas de porcelana. Se emplea en prótesis dentales. (1990: *Muy interesante*.) Med.

compost ing. 'compost' (Ac.: 2001), 'mezcla', 'composto' (1981: J. L. Sampedro). Abono resultante de la mezcla de restos orgánicos e inorgánicos. Agr.

compostage fr. 'compostaje' (1997: *ABC*). Del ing. *compost*. (1977: Alzugaray.) Agr.

compte-rendu fr. 'informe', 'reseña', 'recensión'. (1890: L. Coloma.)

comptoir fr. 'mostrador', 'oficina', 'escritorio'. (1910: Ortega.)

computerizar anglicismo. Del ing. *to computerize*, 'computerizar' o 'computadorizar' (Ac.), aplicado especialmente a los procesos de los *computers*, 'computadoras' o 'computadores' electrónicos informáticos para realizar una 'computerización' (1993: *País*.), o mejor 'computarización'. En el área de clara influencia de EE.UU., es decir, en la Am. h., se prefieren los anglicismos derivados de *computer*, en tanto que en España prevalece el galicismo 'ordenador' (anticuado ya 'cerebro electrónico') y 'computarizar' o 'procesar datos'. Inform.

comune it. 'común', 'ayuntamiento', 'municipalidad'. (1970: María Teresa León.) Pol.

concedo lat. 'concedo', 'estoy de acuerdo'. Se empleaba en las disputas escolásticas. (1726: Feijoo.) Fil.

concertina ing. 'concertina' (Ac.). Deriv. del it. *concerto*. Instrumento musical (1869) semejante al acordeón, pero de forma hexagonal u octogonal, creado por el científico e inventor inglés Charles Wheatstone (1802-1875). Mús.

concertino it. 'concertino' (Ac.). Dim. de *concerto*. En esp., 'violinista primero' de una orquesta, el que ejecuta los solos. Mús.

concerto grosso it. 'concierto grande'. Composición musical ejecutada por toda la orquesta. Si no inventor de esta forma, sí fue su modelador Arcangelo Corelli (1635-1713). (1924: Ad. Salazar.) Mús.

concierge fr. 'portera'. (1909: Marquina.)

Conciergerie fr. 'Portería'. Prisión aneja al Palacio de Justicia, en París, donde se encerraba, durante el Terror, a los condenados a muerte. Hist.

concreto anglicismo. (Ac.: 2001). En Am. h., por 'hormigón'. Del ing. *concrete*. (1986: *El Comercio*, Lima, Pe.) Arq.

condictio sine qua non lat. 'condición sin la cual no', 'condición esencial', 'condición indispensable'. (1890: Pi y Margall.) Fil.

condottiere, pl. **condottieri** it. 'condotiero' (Ac.). En la Italia renacentista, el guerrero que se obligaba a combatir bajo *condotta*, 'contrato'. (1915: Díez-Canedo.) Hist.

conducator rum. 'conductor', 'jefe'. Título del jefe (1940-44) del gobierno rumano general Ion Antonescu durante la Segunda Guerra Mundial; de carácter fascista, como *Führer*, *Duce* y *Caudillo*. (1941: M. Reverte), pero aplicado también a Nicolae Ceausescu, secretario general del Partido Comunista del 65 al 89 y presidente de la República de 1974 al 89. (1876: *País*.) Pol.

confer lat. 'compara', 'consulta'. Remite a determinado pasaje de un libro. Abrev.: *cf.* o *cfr.* Biblio.

confetti, sing. **confetto** it. 'confeti' (Ac.), 'papelillos'. En Italia, en Carnaval, se arrojaban al aire *confetti*, 'confites', sustituidos después por papelillos. (1890: L. Coloma.)

Confiteor lat. 'Confesión general' en la misa, según el ritual romano. Es la primera palabra de la Confesión: «yo me confieso». (1877: L. Coloma.) Rel.

confort fr. 'confort' (Ac.: 2001), 'comodidad'. Del ing. *comfort*. (1851: *La Ilustr.*)

confortable fr. 'confortable' (Ac.). (1851: Mesonero.) → CONFORT.

conga afrocub. 'conga' (Ac.: 1992). 1) 'tambor (de los negros congos en Cuba)'. (1950: Fdo. Ortiz, Cu.) Mús.; 2) danza popular cubana, difundida en España en los años cuarenta. Baile.

Congregatio de Propaganda Fide lat. 'Congregación de la Propagación de la Fe'. Comisión vaticana de cardenales para las misiones, instituida en 1622. (1910: Galdós.) Rel.

con moto it. 'con movimiento', 'rápido'. Mús.

connoisseur ing. 'conocedor', 'perito', en asuntos artísticos. Deriva del verbo fr. *connaître*, 'conocer'. (1992: J. A. Millán.) Arte.

Consell de Cent cat. 'Consejo de Ciento'. Nombre del gobierno municipal de Barcelona hasta que fue abolido en 1714 y actualmente nombre de una calle de la ciudad de Barcelona. Pol.

conselleiro gall. 'consejero', 'ministro', con referencia a la *Xunta* o gobierno autónomo de Galicia. Pol.

conseller cat. 'consejero', 'ministro', con referencia al gobierno autónomo de Cataluña. Pol.

conseller en cap cat. 'consejero jefe', en Cataluña. (1983: *País*.) Pol.

conselleria cat. 'consejería', departamento de la *Generalitat* o gobierno autónomo de Cataluña. Pol.

consellería gall. 'consejería', departamento de la *Xunta de Galicia* o gobierno autónomo de Galicia. Pol.

consensus lat. 'consenso'. (1918: *Andrenio*.) Pol.

Consolat de Mar cat. 'Consulado de Mar'. Institución catalana antigua, formada por dos cónsules (un ciudadano honrado y un mercader), que entendía en cuestiones litigiosas de navegación y comercio marítimos. Der.

consolatrix afflictorum lat. 'consoladora de los afligidos'. De la Letanía de Nuestra Señora, según el ritual romano. (1887: J. R. Mélida.) Rel.

consommé fr. 'consomé' (Ac.). (1878: Galdós.) Gastr.

consulting ing. 'consultoría (de empresas)', 'consultoría' (1977: *País*). (1979: Alzugaray.) Ing.

consumatum est lat. 'consumado es'. Últimas palabras de Jesús (San Juan, 19, 30), según la Vulgata. (1958: F. Ayala.) Rel.

contadini, sing. **contadino** it. 'aldeano', 'lugareño'. De *contado*, 'aldea', 'lugar'. (1867: J. Nombela.)

container ing. 'contenedor' (Ac.: 1992). Para el transporte de mercancías. Introducido en los años setenta en España.

containment ing. 'contención. Política de contención, llamada también 'doctrina Truman', factor inicial de la 'guerra fría' (1947-1990), por haber sido propuesta por el presidente de EE.UU. Harry S. Truman contra la expansión soviética. Pol.

continuum lat. 'continuo'. Con referencia a una línea, serie o fenómeno que no se interrumpe. (1995: Haro Tecglen.)

contralto it. 'contralto' (Ac.). Es la más baja de las voces femeninas, correspondiente al alto masculino, o contratenor. (1825: Bretón de los H.) Mús.

contra natura falso latinismo. 'antinatural', 'contra la naturaleza'. Según M. Seco, en esta expresión *natura* está ya españolizada, desde hace mucho tiempo, y por tanto no debe escribirse con cursiva. (1893: U. Glez. Serrano.) Der. → CONTRA NATURAM.

contra naturam lat. 'contra la naturaleza'. Expresión lat. que, según Herrero Llorente, se refiere al pecado nefando. Rel. → CONTRA NATURA.

contraria contrariis curantur lat. 'los contrarios se curan con los contrarios'. Principio de la medicina alopática, opuesto al de la homeopática. Es versión latina de un aforismo de Hipócrates. Med.

Contrarreforma germanismo. Calco del al. *Gegenreformation*. Término histórico acuñado (1776) por Johann Stephan Pütter (1725-1807), jurista de Gotinga; difundido (1886), para caracterizar la época de las guerras de religión (1546-1648), por Moritz Ritter, autor de *Deutsche Geschichte in Zeitalter der Gegenreformation* (1886), 'Historia alemana de la época de la Contrarreforma'. Hist.

Convergència Democràtica de Catalunya cat. 'Convergencia Democrática de Cataluña'. Partido nacionalista de centro-derecha, fundado el 17 de noviembre de 1974 en Montserrat, liderado por Jordi Pujol. Pol.

Convergència i Unió cat. 'Convergencia y Unión'. Pol. → CIU.

convertible ing. 'convertible' (Ac.: 1992). Sustituye a veces a 'descapotable' (Ac.), deriv. ésta del fr. *décapotable*. Autom.

coolie ing. 'culí' (Ac.), 'bracero', 'peón'. Procede del hindi *quli*. (1887: E. Gaspar: *culi* y *coolie*.)

cool jazz ing. '*jazz* frío'. Desarrollado en los años cincuenta, en la costa occidental de EE.UU., entre músicos blancos con estudios universitarios. En cierto modo, un enfoque «intelectual» del *jazz*. (1980: J. M. Costa.) Mús.

cop ing. 'poli(cía)'. Abrev. jergal estadounidense de *copper buttons*, 'botones de cobre', que durante algún tiempo caracterizaron los uniformes de la policía. → ROBOCOP.

copain fr. 'compañero', 'amiguete'. (1899: R. Darío.)

copión italianismo. Del it. *copione*, aumentativo, con matiz despectivo, del it. *copia*, 'copia'. 1) fascículo (según Zingarelli) que contiene el texto particular correspondiente a un determinado actor y a cada uno de los intervinientes en un filme. (1991: Fernán-Gómez.); 2) 'copia de trabajo' o 'borrador' de una porción de un filme, para corrección y eliminación de detalles que se han de tener en cuenta en el proceso de la filmación. Equivalente a la corrección de pruebas en imprenta. (2000: Alex de la Iglesia; Ac.: 1992.) Cine.

copyright ing. 'derecho de propiedad intelectual', lit.: 'derecho' *(right)* de 'reproducción' *(copy)*. Der.

coqueluche fr. 'tos ferina'. (1882: M. Cané, Arg.) Med.

coram nobis lat. 'en presencia nuestra'.

coram populo lat. 'córam pópulo' (Ac.), 'ante el pueblo', 'públicamente'. Palabras de Horacio *(ad Pisones*, 185) referentes a que el poeta no debe mostrar ciertos asuntos al público. (1856: J. Valera.) Lit.

coram vobis lat. 1) 'en presencia vuestra', 'con énfasis, arrogancia o altanería'. (1782: Forner.); 2) 'coranvobis' (Ac.), aspecto de la persona gruesa y corpulenta y que afecta gravedad en público.

corbeille fr. 'cestillo (de flores)'. (1925: Federico Oliver.)

corderoy anglicismo. 'pana'. Adopt. en Arg. Del ing. *corduroy*, 'pana'. Indum.

cordon bleu fr. 'cocinero de primera categoría', lit.: 'cordón azul'. En la orden del Santo Espíritu, fundada (1578) por Enrique III de Francia, sus individuos llevaban un cordón azul que descendía desde el hombro izquierdo hacia el lado derecho. Se concedía a personas de mucho mérito y, por traslación, a los sobresalientes en el arte de la cocina. (1896: A. Nervo.) Gastr.

cordon sanitaire fr. 'cordón sanitario' (1848: *El tío Camorra*). Línea de puestos sanitarios en torno a una comarca, etc., para impedir la expansión de una enfermedad. Expresión acuñada, al parecer, por el Dr. Fauvel, que fue inspector de los servicios sanitarios de Francia. Es un calco de *cordon militaire*, o serie de puestos militares para guardar una zona. *Cordon*, 'cordón', es dim. de *corde*, 'cuerda'. Med.

corduroy ing. 'pana'. Uso corriente en Perú. (1998: Bryce Echenique, Pe.) Text. → CORDEROY.

corned beef ing.'carne de vacuno *(beef)* curada *(corned)* con sal'. Generalmente, enlatada. (1980: F. Mellizo.) Gastr.

corner ing. 'córner', 'saque de esquina'. En el fútbol. (1923: M. Hernández.) Dep.

cornflakes ing. 'copos de maíz', tostados y crujientes, que, bañados en leche, sirven para desayuno; también son llamados en España (1992) 'cereales'. Lit.: 'hojuelas de maíz', según Castillo y Bond (*Dic. Univ. Chicago*). Ideados y comercializados (1898) por el estadounidense William K. Kellog, han alcanzado difusión mundial. (1992: Carlos Fuentes, Méx.) Gastr.

corniche fr. 'cornisa'. Costa alta y abrupta. Por antonomasia, la *Corniche* de la Costa Azul, en Francia. (1982: A. Puértolas.) Geogr. f.

corpore insepulto lat. 'con el cuerpo (cadáver) presente'. En funerales religiosos. (1978: *País*.)

corpus lat. 'corpus' (Ac.), 'cuerpo', 'colección', 'recopilación', en torno a una misma materia (derecho, inscripciones, etc.). (1926: *Andrenio*.) Biblio.

corpus Christi lat. 'cuerpo de Cristo'. Rel.

corpus delicti lat. 'cuerpo del delito'. Der.

Corpus iuris canonici lat. 'Cuerpo del derecho canónico'. Recopilación del derecho eclesiástico católico, vigente hasta 1918, año en que fue reemplazado por el *Codex iuris canonici*, 'Código del derecho canónico'. Der.

Corpus iuris civilis lat. 'Cuerpo o recopilación del derecho civil'. Ordenado por Justiniano (siglo VI) y dirigido por Triboniano. Consta de *Institutiones, Digesta* o *Pandectas Codex*, y *Novellae*. Der.

corredoira gall.'carrera'. Camino entre bardas o linderos. (1843: Neira de Mosquera.)

Corriere della Sera it. 'Correo de la Tarde'. Periódico diario de Milán. Period.

corrigenda, sing. **corrigendum** lat. 'correcciones a efectuar'. Biblio.

corset fr. 'corsé' (1899: Sánchez y Rubio; Ac.). (1890: Galdós.) Indum.

corsi e ricorsi it. → RICORSI.

cortile it. 'patio'. (1896: Blasco Ibáñez.) Arq.

Cosa nostra it. 'Cosa nuestra'. Nombre interno y eufemístico que dan los mafiosos a su asociación delictiva, pero que ya ha pasado al habla común. (1982: *País*.) → MAFIA.

Cosi fan tutte it. 'Así obran todas'. Título de una ópera cómica de W. A. Mozart, libreto de Lorenzo da Ponte, estrenada en Viena (1790), y pasaje cantado por Alfonso en el cuadro III del acto II. Mús.

Côte d'Azur fr. 'Costa azul'. En Francia, la marina que va desde Menton hasta Saint-Raphaël. (1904: Benavente.)

côtelette fr. 'costillita', 'chuletilla'. (1887: L. Coloma.) Gastr.

coterie fr. 'grupo', 'peña', 'capillita'. (1910: A. Alcalá Galiano.)

cotillon fr. 'cotillón' (Ac.). Baile en que se regala algo como recuerdo. (1899: Sánchez y Rubio.) Baile.

cottage ing. 'casa de campo', 'casa rústica'. (1868: A. F. de los Ríos.)

cottolengo it. 'cottolengo'. Residencia hospitalaria para desamparados y deficientes situada en el campo. Su fundación se debe a San Giuseppe Benedetto Cottolengo (1786-1842). (1976: I. de la Fuente.) Rel.

couché fr. 'cuché' (Ac.). (1900: *Miscelánea*.)

couchette fr. 'litera'. En los trenes, clase inferior a la 'cama'. Introducida en los años cincuenta. Transp. t.

coulisses fr. 'bastidores', 'entre bastidores'. Tea.

couloir fr. 'corredor', 'pasillo'. En montañismo, pasillo preparado por los montañeros para ascender y descender por las rocas. (1981: *D. 16*.) Dep.

coulomb fr.'culombio' (Ac.). Adoptado como nombre internacional para la cantidad de electricidad, en homena-

je al físico Ch. A. Coulomb (1736-1806). (1899: R. Darío.) Fís.

country club ing. 'club de campo'.

country (music) ing. 'música campera'. De estilo tradicional popular, en EE.UU. (1976: Haro Ibars.) Mús.

coupage fr. 'mezcla', 'corte'. De vino de origen con otros.
De *couper*, 'cortar' (1980: *País*.)

coup d'État fr. 'golpe de Estado'. (1899: R. Darío.) Pol.

coup de foudre fr. 'flechazo', lit.: 'golpe de rayo', 'fulmina-
ción'. (1934: Morla Lynch, Ch.)

coup de théâtre fr. 'efecto teatral', 'efectismo'. (1910: A. Alcalá Galiano.)

coupé fr. 'cupé' (Ac.), lit.: 'cortado'. Coche con dos puertas,
con un solo asiento corrido, para dos o tres personas, se-
mideportivo. (1911: A. Glez. Blanco.) Autom.

couplet fr. 'cuplé' (Ac.). Canción ligera, de estilo francés, cantada generalmente por una mujer (1884: Galdós.) Mús.

(la) Cour des Miracles fr, 'Plaza de los Milagros'. Lugar en
el París del final de la Edad Media, reino y refugio de ma-
leantes y tullidos mendicantes, donde 'milagrosamente'
dejaban de ser tullidos, según Victor Hugo (*Nôtre-Dame
de París*, VI; 1832); equivalente, aunque más sórdida, al
cervantino 'patio de Monipodio', en Sevilla, de *Rinconete
y Cortadillo*, novela de Cervantes. En esta expresión se juega con los significados de *cour*, 'patio' y 'corte' y *miracle*,
'milagro' y 'falso milagro' o 'cosa inesperada'. (1994: J. Valenzuela.)

couscous fr. 'cuzcuz' (Ac.), 'alcuzcuz' (Ac.). Del ár. *kuskús*.
Nombre de la sémola en Marruecos y del plato nacional
marroquí, que se prepara con sémola, garbanzos, carne,
pasas y hortalizas. (1978: *Bl. y Negro*.) Gastr.

covenant ing. 'pacto', (1894: Pardo Bazán.) Der.

Covent Garden ing. Con este antiguo nombre, lit.: 'Huerto del Convento', se conoce un sitio en Londres famoso
por su mercado de frutas y hortalizas, así como por su teatro del mismo nombre. (1989: E. Lorenzo.)

cover-girl ing. 'chica de cubierta'. Modelo fotográfica para las cubiertas de las revistas gráficas. (1953: *ABC*.) Biblio.

cowboy ing. 'cauboy', 'vaquero (del Lejano Oeste)'. (1899: R. Darío.)

CPU ing. Siglas de *Central Processing Unity*, 'Unidad Central de Procesamiento', siglas 'UCP'. *Chip* que realiza y en el que confluye toda la información procesada. (1988: *Tribuna*.) Inform.

crack ing. 1) 'sobresaliente', 'futbolista excepcional', por transposición del leng. de la hípica, donde *the crack* es el caballo favorito. (1976: *Informaciones*.) Dep.; 2) 'droga formada con cocaína, levadura y agua', inventada en EE.UU. en los años ochenta. (1986: *País*.) Med.; 3) 'resquebrajamiento', 'ruina', 'gran crisis financiera'. (1989: J. Corrales.) Econ. → CRASH.

cracker ing. 'cráquer', lit.: 'crujiente'. Tipo de galleta hojaldrada y salada que cruje al romperse. Existente en contextos españoles al menos desde los años veinte. Gastr.

cracker ing. 'cráquer', 'pirata informático', 'intruso malévolo', es decir, 'persona que intenta acceder a un sistema informático sin autorización y con intención malévola' (1995: ATI), a diferencia de *hacker*. Inform. → HACKER.

cracking ing. 'craqueo' (Ac.). En ext.: *fuel catalitic cracking*, 'craqueo o rompimiento catalítico del *fuel*'. (1927: *Gac. de Madrid*.) Petroq.

crampon fr. 'crampón' (V. Salvá; Ac.: 2001), 'taco'. Los alpinistas usan calzado con 'crampones', o tacos o agarres de hierro, para ascender por paredes de montañas o para caminar sobre superficies de hielo. (1992: TVE.) Dep. Existe el esp. 'cramponado', es decir, 'con enganche', en Heráldica.

crash ing. 'bancarrota', gran crisis bursátil; pero *crack* en contextos españoles anteriores a 1987; lit.: 'estallido'. (1987: R. Tamames.) Ecom. → CRACK.

crawl ing. 'crol' (Ac.), 'estilo libre' (1996: *País*). Estilo de natación introducido en los Juegos Olímpicos (1912) de Estocolmo. De *to crawl*, 'moverse hacia delante en posición prona', como los gusanos, los nenes, etc. Se dice que fue introd. en Occidente por el príncipe hawaiano Kahamoku. (1928: *Bl. y Negro*.) Dep.

crayon fr. 'crayón', 'creyón' (1990: Cabrera Infante, Cu.), 'lápiz (de dibujo)'. (1908: *Monos*.)

credo quia absurdum lat. 'creo porque es absurdo'. Frase atribuida a San Agustín y a Tertuliano, pues refleja la actitud de ambos ante los misterios de la fe, incomprensibles para la razón. (1869: J. Valera.) Rel.

credo ut intelligam lat. 'creo para comprender'. De San Anselmo (1833-1109) en su *Proslogion*. Fil.

crema cat. 'quema'. → NIT DE LA CREMA.

(la) crema cat. (val.) 'la quemada' que se produce en la *Nit de la crema*. → NIT DE LA CREMA.

crème fr. 'crema', 'flor y nata'. (1886: J. Yxart.)

crème de la crème fr. → LA CRÈME DE LA CRÈME.

crème Parmentier fr. 'puré de patatas'. Llamado así en honor de Antoine-Augustin Parmentier (1731-1813), que desarrolló en Francia el cultivo de la patata. Gastr.

crémerie fr. 'cremería' (1996: marca registrada, Esp.) y 'lechería' o 'mantequería' en su sentido amplio de 'tienda o fábrica de productos lácteos'. (1911: R. Darío.) Com.

crèole fr. 'creole', 'creol' (1991: Sol Alameda), '(francés) criollo', '(francés) haitiano'. Habla francesa popular de Haití. (1950: Fdo. Ortiz, Cu.) Ling.

crepar italianismo. 'estallar', del it. *crepare*. Uso coloq. en Arg. por 'morir'.

crêpe fr. 'crespa'. 1) 'seda rugosa o rizada', 'seda crespa'. (1914: Blasco Ibáñez.) Indum. 2) 'crepe' (Ac.: 1992), 'crepa' (Am. h.), 'crep' (Ac.: 2001), 'hojuela', especie de pestiño muy delgado, hecho con *pâte crêpe*, 'pasta crespa'. (1912: R. Darío.) Gastr.

crêpe Georgette fr. (1981: J. L. Sampedro.) → GEORGETTE.

crepe (rubber) ing. '(goma) crespa'. Del fr. *crêpe*, 'crespa'. Suela de goma sintética, generalmente blanca, y por ello llamada también 'de tocino'. En España, en los años treinta, corrientes las expresiones 'suela de crepe' y 'suela de tocino'. Indum.

crêpe Suzette fr. 'crespa *Suzette*'. Hojuela de masa que se enrolla o dobla, al estilo de *Suzette*, 'Susanita', dim. de *Susanne*, 'Susana'; se la enriquece con licor de sabor a naranja y se la flamea antes de servirla caliente. (1957: M. Mestayer.) Gastr. → CRÊPE.

crescendo lat. e it. '*crescendo*' (Ac.: 2001), 'creciente'. Pasaje musical gradualmente creciente en altura y fuerza, o el crecimiento de cualquier sonido. Contrario a *deminuendo*. (Siglo XVIII.) Mús.

crescite et multiplicamini lat. 'creced y multiplicaos'. Palabras de Jehová a Eva y Adán, según la Vulgata. (*Génesis*, 1, 28). (1852: Mesonero.) Rel.

cricket ing. 'críquet' (Ac.), lit.: 'bastón'. Deporte inglés. (1887: E. Gaspar.) Dep.

crida cat. 'crida' (Ac.), 'grito', 'llamamiento público'. (1978: *D. 16.*) Pol.

Crida a la Solidaritat cat. En ext.: *Crida a la Solidaritat en defensa de la llengua, la cultura i la nació catalana*, 'Llamamiento a la Solidaridad en defensa de la lengua, la cultura y la nación catalana'. Organización (1981-1992) independentista. Pol.

crique galicismo. 'gato (mecánico)', para levantar pesos. De uso en Arg. Del fr. *cric*, 'gato (mecánico)'. Mec.

critérium fr. 'critérium', 'criterio'. Serie de pruebas de ciclismo realizadas en un mismo día y en un mismo lugar. Préstamo del lat. *criterium*, préstamo a su vez del gr. *kriterion*. (1976: *País*.) Dep.

croccanti, sing. **croccante** it. 'crocantes', sing. 'crocante'. Del fr. *croquant*, 'crujiente', de *croquer*, 'hacer crujir con los dientes'. 1) composición de almendras o avellanas o piñones tostados, para planchas y fondos de tartas; en este caso su uso procede del fr. directamente. (1899: Sánchez y Rubio: 'crocante'); 2) una variedad italiana de helado. Gastr. → CROQUANT.

crochet fr. 'croché'. 1) '(labor de) ganchillo'. (1852: *Ellas*; Ac.: 1992). 2) 'gancho', golpe especial en boxeo. (1925: *Bl. y Negro*.) Dep.

croissant fr. 'cruasán' (Ac.), 'medialuna' (Ac.), lit.: '(luna) creciente'. Calco del al. *Hörnchen;* 'cuernecillos', pues los primeros cruasanes se hicieron en Viena, tras el asedio turco de 1689, recordando la Media Luna turca. (1934: R. J. Sender.) Gastr.

croissanterie fr. 'cruasantería', 'cruasanería', 'bollería (especializada en cruasanes)'. Introd. en España en los años ochenta. Com.

Croix de Feu fr. 'Cruz de Fuego'. Organización francesa de ex combatientes de la Primera Guerra Mundial, derechista y violenta, fundada por el coronel de la Rocque. Protagonizó disturbios en París en los años treinta, tras el *affaire* Stavisky. Pol.

cromlech ing. 'crómlech', 'crónlech' (Ac.: 1992). Monumento megalítico, compuesto por un grupo de menhires colocados en círculo, como el de Stonehenge, en Gran Bretaña. Del ant. galés *crom*, 'curva', y *lec'h*, 'piedra'. Arqueol.

crooner ing. 'cantante melódico', 'vocalista' (en los años cuarenta y cincuenta). De *to croon*, 'gemir', 'cantar suave', 'cantar con la boca cerrada'. Famosos *crooners:* Bing Crosby y Frank Sinatra. (1979: J. M. Costa.) Mús.

croquant fr. 'crocante' (Ac.), adjetivo sinónimo del sust. *croquante*, lit.: 'que chasca'. Costra para tartas, hecha con almendras o avellanas picadas y ligeramente tostadas. (1967: M. Mestayer.) Gastr. → CROCCANTI.

croquet ing. 'cróquet'. Juego que consiste en hacer pasar una bola, a impulsos de un mazo, bajo arquitos. (1899: Sánchez y Rubio.) Dep.

croquis fr. 'croquis' (Ac.), 'apunte'. (1859: Alarcón.) Arte.

cross ing. 'cross' (Ac.: 1992), 'cros', '(campo) traviesa' (M. Seco), lit.: 'cruce'. Dep. → CROSS COUNTRY.

cross country (running) ing. 'cros', lit.: '(correr) a campo traviesa'. (1926: G. Mtnez. Sierra.) Dep.

croupier fr. 'crupier' (Ac.: 1992). De *croup*, 'grupa'. Es una mesa de juego, el empleado que es tenedor de la banca. (1887: E. Gaspar.) Jue.

crudités fr. 'crudezas', 'crudidades', '(hortalizas) crudas'. Se consumen en su estado natural, enteras o cortadas, sueltas o mezcladas. (1995: K. Arguiñano.) Gastr.

cruise (missile) ing. '(misil) de crucero'. (1983: *País*.) Ej.

crux ansata lat. 'cruz con asa'. La que en su parte superior tiene un círculo o asa. (1982: Haro Tecglen.) Rel.

cruzeiro port. 'cruceiro' (Ac.: 1992), 'crucero'. Unidad monetaria brasileña. (1984: *País*.) Num.

crylor fr. 'crilor'. Marca registrada de una fibra textil, acrílica, semejante a la estadounidense *orlon* y a la alemana *Dralon*. Text.

CSU al. Siglas de *Christlich-Soziale Union*, 'Unión Social-Cristiana', siglas 'USC', partido conservador y confesional de Baviera, Alemania. Pol.

C.T.V. it. Siglas de *Corpo di Truppe Volontaire*, 'Cuerpo de Tropas Voluntarias'. Eufemismo con que se denominó a unidades regulares del ejército italiano, al mando del general Gambara, que intervinieron, junto al ejército del general Franco, en la guerra de España (1936-1939). (1985: Ric. Blasco.) Ej.

cui prodest lat. 'a quien beneficia', en ext.: *cui prodest scelus, is fecit*, 'a quien beneficia el crimen, ése lo cometió'. De Séneca (*Medea*, 500-501). (1903: N. Estévanez.) Der.

cuique suum lat. 'a cada cual lo suyo'. (1900: *Miscelánea*.) Der. → SUUM CUIQUE TRIBUERE.

cuius regio, eius religio lat. 'a tal región, tal religión'. Principio adoptado por la Dieta de Augsburgo (1555): que los príncipes del Imperio y los magistrados imperiales podrían imponer su propio credo a sus súbditos. (1982: A. Gala.) Hist. → SUB UNA LEGE, SUB UNO REGE, SUB UNO DEO.

cul-de-lampe fr. 'viñeta de fin de capítulo', lit.: 'culo de lámpara'. (2002: Haro Tecglen.) Biblio.

cul-de-sac fr. 'callejón sin salida', 'calle ciega' (1972: M. Otero Silva, Ven.), lit.: 'culo de saco'. (1980: P. J. Ramírez.)

culé catalanismo. 'culé', 'hincha del F. C. Barcelona'. Vulgarismo irónico en lugar del cat. normativo *culer*, lit.: 'culero', 'aculado'. Se dice que en los viejos tiempos del campo de Las Corts, del F. C. Barcelona, muchos hinchas se instalaban en lo alto del muro, aculados, con el culo fuera, para ver gratis los partidos de fútbol. (1980: *País*.) Dep.

culi hindi. (1987: E. Gaspar.) → COOLIE.

culotte fr. 'pantalón'. 1) 'culot', prenda interior femenina. (1982: *País*.); 2) 'culote' (1996: Perico Delgado), 'culot', pantalón de ciclista. Indum.

cult movie ing. 'película de culto', especial, admirada por los entendidos. (1992: *País*.) Cine.

cultureta cat. 'cultureta', 'culturilla'. En boga en los años sesenta para designar la cultura catalana en cuanto entendida por algunos de modo excluyente, narcisista y chovinista, con desprecio de lo no catalán. (1983: J. Ramoneda.)

cum grano salis lat. 'con un grano de sal', 'con cuidado'. (1916: Ortega.)

cum laude lat. 'cum laude' (Ac.: 2001), 'con elogio', 'con alabanza'. En las calificaciones académicas de los títulos universitarios. (1976: M. Muñiz.) Educ.

cum quibus lat. 'cumquibus' (Ac.), vulg. 'cónquibus' (1967: J. Sender) por 'dineros', irónicamente; lit.: 'con los cuales'. (1794: G. Zavala y Zamora.)

cumulus lat. 'cúmulus', 'cúmulo' (Ac.). Nube en forma de cerro puntiagudo. (1878: Palacio Valdés.) Meteor.

cunnilingus lat. Estimulación oral del órgano sexual femenino. (1991: Elena Ochoa.)

cup ing. 'cap', lit.: 'copa'. Bebida preparada con vino y trozos de frutas y aromatizada con canela y gotas de licor. (1926: W. Fdez. Flórez.) Gastr.

curaçao port. 'curasao' (M. Seco). Licor hecho con naranjitas amargas. Con origen en Curaçao, 'Curazao' (M. Seco), isla de las Antillas. Gastr.

currante caloísmo madrileño. 'trabajador'. Por el caloísmo andaluz *currelante*. (1990: *Cambio 16*.)

currelante caloísmo andaluz. 'trabajador'. (1977: Carlos Cano.) → CURRELAR.

currelar caló. 'trabajar'. (1881: Machado y Álvarez.)

currelo caloísmo andaluz. 'trabajo'. (1977: Carlos Cano.) → CURRELAR.

curriculum lat. 'currículum', 'currículo' (Ac.). 1) abrev. de *curriculum vitae (cf. infra);* 2) a) proyecto que fija los objetivos de la educación escolar; b) conjunto de objetivos, contenidos, métodos pedagógicos, criterios de evaluación, niveles y modalidades del sistema educativo; c) organización de las actividades escolares para la consecución de determinados conocimientos, y d) proyecto que determina los objetivos de la educación y el plan de acción para conseguirlos. (1990: LOGSE.) Educ.

curriculum vitae lat. 'currículum vitae' (Ac.), 'papel de méritos' (1822: Blanco White), 'historial', 'hoja de méritos', 'currículo biográfico y profesional', 'hoja de vida' (en Colombia), 'hoja de vida laboral' (en la Seguridad Social española); lit.: 'carrera o curso de la vida personal'. (1935: Pérez de Ayala.)

currito caloísmo madrileño. (Ac.: 2001). 'trabajo' y 'trabajador', en lugar de los caloísmos andaluces *currelo* y *currelante. Currito*, por 'trabajo', es dim. de *curro*, pero *currito*, por 'trabajador', parece estar contaminado por la expresión 'hacer el currito', esto es, 'trabajar y recibir los golpes', como les ocurre a los curritos o títeres de cachiporra, populares en Madrid en los años veinte y treinta. (1989: *Cambio 16*.) → CURRELO.

curro caloísmo madrileño. (Ac.: 1992). 'trabajo' por el 'lugar donde se trabaja' y por la 'actividad que allí se desarrolla'. (1990: *Mundo*.) → CURRELO.

curry ing. 'curry', 'curri'. Del tamil *kari*, 'salsa'. Salsa muy picante, procedente de la India, introd. en Europa por los ingleses. (1887: E. Gaspar.) Gastr.

cursus honorum lat. 'curso o carrera de honores'. En la antigua Roma, 'la consecución ascendente de empleos' hasta llegar al consulado. (1973: Márquez Villanueva.)

cutter ing. 'cuchilla', 'cúter' (1992: *País*; Ac.: 2001), lit.: 'cortadora'. Se utiliza en dibujo y en manualidades. (1990: *País*.)

cyberpunk ing. Contracción de *cyber(netic)*, 'cibernético', y *punk*, 'maleante', 'delincuente'. Neologismo que sirvió de título a un relato (1983) del estadounidense Bruce Bethke, donde unos adolescentes utilizan la informática para crear caos en la sociedad y que ha dado origen a una especie de anarquismo tecnológico literario representado principalmente por la novela *Neuromante* (1984), de William Gibson, y presente en otros autores como Bruce Sterling, John Shirley, etc. (1993: *País*.) Lit.

cyborg ing. Contracción de *cyb(ernetic) org(anism)*, 'organismo cibernético'. Ente u organismo natural al que se le han añadido algunos órganos sintéticos o artificiales. Participa como personaje en relatos de ficción científica. (1994: A. Albert.) Lit.

cyberspace ing. 'ciberespacio'. (1995: ATI). Término creado por William Gibson en su novela *Neuromante* (1984) para el mundo de los ordenadores. Inform.

cyclostyle ing. 'ciclostil' (Ac.: 1992), 'ciclostilo' (Ac.), 'multicopista' (Ac.). Marca registrada. (1921: Cansinos.) Biblio.

czar ru. 'zar' (Ac.) *Czar* es transcrip. francesa del ru. *tsar* y estuvo vigente en esp. a lo largo de los siglos XVIII (1796: Comella) y XIX (1872: Galdós; 1894: Castelar). El fem. 'zarina' es adapt. del fr. *czarine* ('czarina': 1796: Comella), pues la adapt. española del ru. *tsaritsa* tendría que haber sido 'zariza' o 'zarisa'. El derivado *tsarevich*, 'zarevich' —aunque 'zarevitz' (Ac.)—, es lit.: 'hijo del zar'. Pol.

czardas húng. (**csárdás**, pron. 'chardas'), *'czarda'* (Ac.: 2001), 'zardas', 'zarda' (en it. existe la adaptación *ciarda*, pron. 'charda'). Danza nacional húngara. La grafía *czardas* es inglesa, francesa y alemana. (1989: *País*.) Baile.

d

d lat. Abrev. del lat. *dele*, 'borra', o *delete*, 'borrad'. Se emplea en la corrección de pruebas de imprenta para indicar que se debe suprimir lo señalado. Biblio.

da capo it. 'da capo' (Ac.), 'desde el comienzo'. Se emplea para indicar la repetición de un pasaje musical.(1972: Comella.) Mús.

dacha ru. 'dacha' (Ac.: 2001), 'casa de campo', lit.: 'don o regalo (del príncipe)'.

Dachshund al. 'perro zarcero', 'perro tejonero', 'perro salchicha' (por sus patas cortas y cuerpo extremadamente largo). De *Dachs*, 'tejón', y *Hund*, 'perro'. (1921: P. Henríquez Ureña.) Zool.

dacron ing. 'dacrón' (1973: Tana de Gámez). Marca registrada (1951). Fibra textil sintética, fuerte e inarrugable, que se obtiene por reacción del glicol etilénico y el ácido tereftálico. Se emplea para velas de barco y alas de aviones ultraligeros. (1981: *País sem.*) Text.

Dada fr. 'Dadá' (Ac.: 2001). Repetición silábica infantil, según unos, y 'caballito de madera', según otros. En cualquier caso, con las connotaciones de espontaneidad, infantilidad y juego. «*Dada* no significa nada» (Tristan Tzara). Da nombre a un movimiento artístico, surgido en Zurich (Suiza), en 1917, acaudillado por el poeta Tristan Tzara, quien proclamaba el fracaso de la razón y de la sociedad, abogando por la espontaneidad en el arte. Su órgano de expresión fue la revista *Dada* (1918), de Zurich, y luego la *Anthologie Dada* (1919), el *Bulletin Dada* y el *Dadaphone* (1920), de París. (1917: G. de Torre.) Lit.

daddy ing. 'papaíto', 'papito', 'papacito' (Am. h.), 'papi'. Dim. de *dad*, 'papá'. (1979: L. Goytisolo.)

daemon meridianus lat. 'demonio meridiano', es decir, la 'acidia', mal que hostigaba a los monjes de la Tebaida en el mediodía. (1982: F. Ynduráin.) Rel. → DÉMON DU MIDI.

dago ing. 'dago', 'diego', 'español'. Es palabra del tiempo isabelino para significar 'español' peyorativamente. (1935: J. L. Borges, Arg.)

Dagoll Dagom cat. Nombre irónico y sin sentido, pero de afirmación catalanista, de una compañía de teatro innovador fundada en 1974. Es expresión inventada, especie de chibolete, de fonética fácil para los catalanohablantes, pero difícil para los hispanohablantes, por sus sílabas finales -*goll* y -*gom*. (1994: *País*.) Tea.

dahír ár. 'dahír' (Ac.), 'decreto real'. En Marruecos. (1976: *País*.) Pol.

Dáil Eireann gaél. 'Congreso del Eire', que, con el *Seanad Eireann*, 'Senado del Eire', forma parte del *Oireachtas*, 'Parlamento' irlandés. Suele emplearse *Dáil* solo. Pol.

daimio jap. 'daimio' (Ac.), 'príncipe territorial', 'señor feudal', 'noble', lit.: *dai*, 'grande', *mio*, 'nombre'. Figura surgida con la instauración del feudalismo en Japón, con vasallaje ante el *Mikado*. (1925: Blasco Ibáñez.) Hist. → MIKADO.

daimon gr. 'demonio', 'diosecillo'. (1911: R. Darío.)

Dai Nippon jap. 'Gran Japón', con sentido ultranacionalista. De *dai*, 'grande', y *Nippon*, que es nombre que prefieren los japoneses para su país, 'País del Sol Naciente', en tanto que 'Japón' tiene su origen en el nombre dado por los chinos a este país. Pol. → NIPPON.

daiyosai jap. 'rito de coronación'. Rito secreto en que el *Tenno*, el 'Emperador', recibe la consagración o iluminación divina al encontrarse con la diosa Amaterasu, el Sol, así como con sus divinos antepasados. (1990: R. Vilaró.) Pol.

dalai lama tib. 'dalai-lama' (Ac.: 1992), 'monje supremo' entre los budistas del Tíbet. De *dalai*, 'océano', y *lama*, 'gran sacerdote', esto es, 'océano de sabiduría'. Rel.

dame de compagnie fr. 'dama de compañía', 'señora de compañía'. (1875: J. I. Caso.)

da mihi animas, caetera tolle lat. 'dame las almas, quítame lo demás'. *Motto* de la Sociedad Salesiana. Rel.

dan jap. 'dan' (Ac.: 1992). Cada uno de los diez grados superiores, en artes marciales, a partir del cinturón negro. Dep.

dance music ing. 'música (electrónica) de baile'. Reune una gama de estilos musicales (*jazz, rock, funk, trance, thechno*, etc.), y está destinada a grandes espacios. (1997: *País*.) Mús.

dancing ing. 'sala pública de baile', 'baile público'. Del ing. *dancing-hall*, 'salón de baile'. (1922: E. d'Ors.)

dandy ing. 'dandi' (Ac.). En Escocia, *Dandy* es diminutivo de *Andrew*, 'Andrés'. (1843: R. de Navarrete.)

Danke schön al. 'muchas gracias'. Fórmula de cortesía. (1965: F. Ayala.)

danser sur un volcan fr. 'bailar sobre un volcán'. Frase de Salvandy al duque de Orleans (luego rey Luis Felipe), en una fiesta en honor del rey de Nápoles, su cuñado, el 31 de abril de 1830. En ext.: *«C'est une fête toute napolitaine, nous dansons sur un volcan»*, 'Es una fiesta enteramente napolitana, estamos bailando sobre un volcán', aludiendo a que los ruidos de la inminente revolución eran semejantes a los del Vesubio en erupción. Hist.

dantzari vasc. 'danzante'. (1954: J. M.ª Iribarren.) Baile.

d'après nature fr. 'del natural'. (1837: Mesonero.) Pint.

Dar al-Islam ár. 'Morada del Islam', es decir, territorio donde rige la ley musulmana *(saría)*. (1997: J. Goytisolo.) Rel.

darling ing. 'querida', 'cariño'. (1918: A. Nervo.)

dascha ru.(1934: R. J. Sender.) → DACHA.

Dasein al. 'lo real', 'la última realidad', 'la existencia misma', en la terminología filosófica de Immanuel Kant (1724-1804); 'ser en el mundo', en la de Martin Heidegger (1889-

1976); 'realidad objetiva', en la de Karl Jaspers (1883-1961); lit.: 'ser ahí'. (1983: M. Benedetti, Urug.) Fil.

das Ewig-weibliche al. 'el eterno femenino', 'el principio femenino del amor y de la gracia', 'lo verdaderamente femenino', que guía al hombre a la perfección, según Goethe, en la segunda parte de *Fausto, in fine*. (1911: A. Glez. Blanco.) Lit.

datafax ing. 'datafax'. Sistema de transmisión facsímil de imágenes (gráficos, dibujos, firmas), utilizando las líneas de telecomunicación. Palabra formada con el lat. *data*, 'datos' y *fax*, transcripción fonética de *facs(imile)*. (1981: *D. 16.*) Telecom.

data globe ing. 'guante director', lit.: 'guante de datos' (1992: *País*.) Comp. del lat. *data*, 'datos', y del ing. *globe*, 'guante'. Este guante está dotado de sensores que le permiten dirigir un ordenador. Inventado (h. 1985) por el estadounidense J. Lanier. (1992: *País*.) Inform.

data highway ing. 'autopista de información' (1995: *País*), lit.: 'autopista de datos'. Expresión aportada por el vicepresidente Al Gore (cuyo padre fue constructor de obras públicas), bajo la presidencia de Bill Clinton, de EE.UU., para un proyecto (1994) global de información, es decir, una malla informática. (1995: ATI.) Inform.

Dau al set cat. 'Dado al siete'. (Expresión irónica, ya que no existe un dado siete). Grupo vanguardista de pintores catalanes (Joan-Josep Tharrats, Joan Ponç, Modest Cuixart, Antoni Tàpies y el escritor Joan Brossa), fundado en 1947. Su órgano de expresión fue la revista *Dau al set* (1951). Pint.

daylight ing. 'luz (*light*) diurna (*day*)'. Se utiliza en el comercio de tubos fluorescentes. Electr.

dazibao chino. 'dazibao', 'dacibao', lit.: 'cartel con grandes letras'. Cartel mural político en la República popular china. (1978: *País*.) Pol.

DDR al. 'RDA'. Siglas de *Deutsche Demokraticsche Republik*, 'República Democrática Alemana', instaurada en mayo de

1949; reabsorbida, en octubre de 1990, por la República Federal Alemana. Pol.

DDT ing. 'DDT', deletreo: 'dedeté'. Siglas, atribuidas al químico inglés Alexander King, de *dichloro-diphenyl-trichloroethane*, 'diclorodifeniltricloroetano', insecticida descubierto por el suizo Paul Miller, Premio Nobel (1948). Quím.

DEA ing. Siglas de *Drug Enforcement Agency*, 'Agencia o departamento de control de narcóticos', en EE.UU., de carácter gubernamental represivo; sucesora (1976) del *BNDD*, siglas del *Bureau of Narcotics and Dangerous Drugs*, 'Oficina o Departamento de Narcóticos y Drogas Perniciosas'. (1989: *ABC*.) Pol.

dealer ing. 'díler' (1992: V. León), 'camello' (en jerga), 'vendedor de drogas', lit.: 'traficante'. (1989: D. A. Manrique.) Com.

debâcle fr. 'debacle' (Ac.: 1992), 'desastre' (1892: Pardo Bazán), 'derrota arrolladora', 'acabose' (h. 1990: F. Flores). De *debâcler*, 'quitar la barra de cierre (*bâcle*)' y sobre todo 'romperse repentinamente en trozos la capa de hielo de un río' que son arrastrados arrolladoramente por la corriente. Se difundió principalmente con el libro *La débâcle* (1892), de Émile Zola. (1884: Galdós.) Hist.

debé caló. (1881: Machado y Álvarez.) → DIVÉ; UNDEBÉ.

debellare superbos lat. 'derribar a los soberbios'. (1915: Baroja.) → PARCERE SUBIECTIS, DEBELLARE SUPERBOS.

debla caló. 'debla' (Ac.). 1) 'diosa'; 2) 'cante flamenco perteneciente al grupo de las tonás'. (1881: Machado y Álvarez.)

début fr. 'debut' (Ac.: 1992), en el habla 'debú'. 1) 'estreno'. (1860: *Alm. Museo Universal*.) Tea.; 2) 'primera salida ante el público'. (1864: Bécquer.) Tea.

décalage fr. 'decalaje', 'desfase', 'desajuste'. (1976: D. Viñas.) Sociol.

decapante galicismo. (Ac.: 2001). Del fr. *décapant*. Con referencia a un producto que descapa o 'decapa' (Ac.: 1992), es decir que elimina la capa de pintura que cubre un objeto. Es palabra introd. en la segunda mitad del siglo XX. Quím.

decathlon gr. 'decatlón' (Ac.: 1992). Prueba atlética *(athlon)* de diez *(deca)* ejercicios: carrera: 100, 400 y 1.500 metros; vallas; salto: longitud, altura y pértiga; lanzamiento: disco, jabalina y peso. Incorporada a los JJ. OO., en Estocolmo, en 1912. Tal vez por influencia de la acentuación aguda de 'maratón', 'decatlón' también con acentuación aguda. Dep. → PENTATHLON.

déclassé fr. 'desclasado', 'venido a menos'. (1890: L. Coloma.) Sociol.

de facto lat. 'de facto' (Ac.), lit.: 'de hecho'. Situación opuesta a *de jure*. (1962: P. Laín.) Der. → DE IURE.

deficit lat. 'déficit' (Ac.), lit.: 'falta'. (1907: Fdo. Araujo.) Econ.

de gustibus non est disputandum lat. 'sobre gustos no cabe discutir', 'sobre gustos nada hay escrito'. (1923: Ortega.)

Deia vasc. 'Llamada'. Periódico vasco subtitulado *Diario de Euskadi*, fundado en1936, vuelto a publicar en Euskadi al restaurarse la democracia en España. Period.

Dei gratia lat. 'por la gracia de Dios'. Rel.

de incognito lat. 'de incógnito', 'sin darse a conocer'. (1842: V. de la Fuente.)

de iure lat. (Ac.: 1992). 'de derecho'. Situación opuesta a *de facto*. (1976: *Gaceta ilustr.*) Der. → DE FACTO.

déjà vu fr. 'visto o sentido antes'. En Psicología, impresión de que se ha visto o sentido antes algo que en realidad se ve o se siente por primera vez. (1984: C. J. Cela.) Psic.

déjà vu, déjà connu fr. 'ya visto, ya conocido (antes)'. (1992: Haro Tecglen.) → DÉJÀ VU.

del. lat. Abrev. de *delineavit*, 'delineó', 'trazó'. Suele verse delante del nombre del artista al pie de un dibujo. Arte.

de la musique avant toute chose fr. 'la música por encima de cualquier otra cosa'. Primer verso del poema *Art Poétique*, del libro *Jadis et naguère* (1884), del Paul Verlaine (1884-1896), donde se exalta lo impar, lo gris, el matiz, y se condena la elocuencia, finalizando así: *et tout le reste est littérature*, 'y todo lo demás es literatura'. (1904: R. Darío.) Lit.

delco ing. 'delco' (Ac.: 1992), 'distribuidor (de corriente)'. Siglas de *Dayton Engineering Laboratories Corporation, Ohio*,

'Corporación o sociedad de los Laboratorios Dayton, Ohio'. Designa un aparato o mecanismo de encendido del motor de los automóviles, inventado en dichos laboratorios. (1954: Arias Paz.) Autom.

dele lat. 'dele' (Ac.), lit.: 'borra', 'suprime', 'destruye'. Se emplea en la correción de pruebas de imprenta. (1933: F. Fabregues.) Biblio.

delectando pariterque monendo lat. 'deleitando a la vez que instruyendo'. De Horacio (*ad Pisones*). (1893: A.Nervo.) Lit.

delenda est Carthago lat. 'Cartago debe ser destruida'. Frase de Catón el Viejo (232-147 a. de J.C.), al ver que, tras la segunda guerra púnica, Cartago trataba de reorganizarse. (Floro, *Hist. Rom.*, 1, 31, 4; Tito Livio, 1, 49.) (1870: Galdós.) Hist.

delenda est monarchia lat. 'la monarquía debe ser destruida'. Esta reforma de la conocida frase de Catón (*delenda est Carthago*) sirvió de final en el artículo de José Ortega y Gasset, 'El error de Berenguer' (*El Sol*, Madrid, 15 noviembre 1930) contra la monarquía de Alfonso XIII. Hist. → DELENDA EST CARTAGHO.

delete ing. 'borrar'. Adapt. ing. del imperativo pl. lat. *delete*, 'borrad'. Instrucción para borrar en un ordenador. (1996: Maruja Torres.) Inform.

delicatessen germanismo ing. *'delicatessen'* (Ac.: 2001), 'delicadezas' (1988: *ABC*, cit. por E. Lorenzo) o 'exquisiteces' gastronómicas. Del al. *Delikatesse*, 'golosina', pl. *Delikatessen*. Denomina tanto 1) la tienda en que se expenden como 2) los productos ya elaborados que en ella se expenden. De EE.UU. procede esta forma anglizada del al. *Delikatessen*. (1927: Benavente, cit. por E. Lorenzo.) Gastr. → DELIKATESSEN.

Delikatessen (sing. **Delikatesse**) al. 'golosinas', 'manjares delicados o exquisitos'. Del fr. *délicatesse*, 'delicadeza' en general. Gastr. → DELICATESSEN.

delirium tremens lat. 'delírium trémens' (Ac.), 'delirio con suma agitación (corporal)'. El lat. *tremens* significa 'que tiembla'. Estado agudo de locura producido por el alcoholismo. Es expresión acuñada por el doctor T. Sutton, inglés, en 1813. (1868: Galdós.) Med.

de luxe fr. 'de lujo'. 'superior', 'especial'. Suele añadirse a las marcas o nombres de algunos productos. Aunque frase francesa, ha penetrado en esp. a través del ing. y de productos anglosajones. Com.

démarrage fr. 'demarraje' (1991: TVE), 'demarre' (de 'demarrar'), lit.: 'desamarre'. En las competiciones ciclistas, la maniobra por la cual un ciclista arranca o se separa velozmente del resto de los ciclistas. Dep.

demi-mondaine fr. 'mujer de costumbres laxas, casi de cortesana'. (1896: I. de Genover.)

demi-monde fr. 'mundillo de mujeres de costumbres laxas, casi de cortesanas'. Término popularizado por la pieza teatral *Le Demi-Monde* (1855), de Alexandre Dumas h., quien confesó haberlo introducido en la lengua francesa. Pero Othon Guerlac *(Les citations françaises)* dice que antes (1823) lo empleó en ing. *(half-world)* el norteamericano Gallantin. (1865: Galdós.)

deminuendo lat. 'disminuyendo', 'menguando' (Bretón de los H.), 'en disminución'. Pasaje musical en gradual disminución, o la disminución de cualquier sonido. Contrario a *crescendo*. Mús.

demi-vierge fr. 'medio virgen', 'virgen a medias' (1917: S. Romo-Jara), 'virgen loca' (1902: J. de Laserna). Mujer liberada que no tiene en cuenta plenamente las restricciones sociales. Se popularizó esta expresión con la novela *Les demi-vierges* (1894), de Marcel Prévost, y el personaje Peggy del novelista francés Willy, marido de la novelista Colette. *Les demi-vierges* fueron adaptadas (1921) al teatro español por González Llana y Francos Rodríguez con el título *Las vírgenes locas*. (1902: J. de Laserna.) Lit.

demo gall. 'demonio'. (1908: *Monos*.) Rel.

démodé fr. 'anticuado', 'fuera de moda'. (1904: R. Soriano.)

démon du midi fr. 'demonio del mediodía', 'demonio meridiano' (Gracián). Demonio que todo lo trastorna, produciendo malestar y acidia. Se suele aplicar por los franceses al rey Felipe II de España. (1934: E. d'Ors.) → DAEMON MERIDIANUS.

de mortuis nihil nisi bonum lat. 'de los muertos no se hable sino bien'. Sentencia atribuida a Quilón (siglo VI a. de J. C.), uno de los siete sabios de Grecia. (1987: Cabrera Infante, Cu.) Fil.

demos gr. 'pueblo', 'gente'. (1907: Ortega.)

de nihilo nihilum, in nihilum nihil posse reverti lat. 'de la nada nada nace, nada puede convertirse en nada' (Persio, 3, 83-84). Doctrina adoptada por Lucrecio (*De rerum natura*, 1, 265-266). Fil.

denim ing. 'dénim', 'tela vaquera' (1994: Ign. Cembrero). Se emplea para los *blue jeans*. *Denim* es abrev. de la expresión *serge de Nim*, préstamo en ing. del ant. fr. *serge de Nismes*, en fr. mod. *serge de Nîmes*, 'sarga de Nimes'. (1994: T. Delclós.) Indum.

dénouement fr. 'desenlace', 'desanudamiento'. Lit.

de occultis lat. 'de ocultis' (Ac.), 'ocultamente', en ext.: de *occultis non iudicat Ecclesia*, 'la Iglesia no juzga sobre las cosas ocultas'. (1843: V. de la Fuente: *de ocultis*.) Rel.

Deo gratias lat. 'deo gracias' (Ac.), lit.; 'gracias a Dios'. Respuesta de los fieles o del ayudante de la misa al final de la Epístola, en el ritual romano. (1838: Mesonero.) Rel.

de omni re scibile lat. 'de todo lo que se puede saber'. Título de un tratado de Pico della Mirandola (1463- 1494), al que un bromista, quizá Voltaire, añadio: *et quibusdam aliis*, 'y algunas otras cosas más'. (1886: J. Yxart.) Fil.

Deo Optimo Maximo lat. 'A Dios Óptimo Máximo'. *Motto* de la orden de San Benito, abrev.: *D.O.M.* Rel.

Deo volente lat. 'Deo volente' (Ac.), 'si Dios quiere'. (1796: Moratín h.) Rel.

déplacé fr. 'desplazado', 'fuera de su sitio'. (1908: Rodríguez Marín.)

de primo cartello it. 'de primer cartel'. (1863: J. L. Luaces, Cu.) Tea.

de profundis clamavi ad te, Domine lat. 'desde las profundidades clamé a ti, Señor'. Comienzo del salmo 130, o salmo de la Penitencia, según la Vulgata. Rel.

de Propaganda lat. 'de o para la propagación'. (1772: Cadalso.) Rel. → CONGREGATIO DE PROPAGANDA FIDE.

de Propaganda Fide lat. 'de o para la propagación de la Fe'. (1912: C. Bayo.) Rel. → CONGREGATIO DE PROPAGANDA FIDE.

déraciné fr. 'desarraigado', 'sin sentimiento patriótico'. Término difundido por el título *Les déracinés* (1897), novela de Maurice Barrès. (1899: Benavente.) Pol.

dérapage fr. 'derrapaje' (V. Salvat) o 'patinación' (V. Salvat) de las ruedas de un vehículo. Está en uso el v. 'derrapar' (1958: M. Alonso; Ac.: 1992), de donde ha salido 'derrape'. (1991: M. A. Bastenier.)

Der Blaue Reiter al. 'El jinete azul'. Revista que tomó el título de una pintura de Kandinsky: fue órgano del grupo expresionista formado en Munich (1911) por Kandinsky, Klee, etc. (1989: E. García-Posada.) Pint.

derbuka ár. 'derbuca' (1994: J. Goytisolo). Tambor árabe, alto y panzudo, de barro o metal su caja. (1900: A. Nervo.) Mús.

derby ing. 'derbi' (Ac.: 1992), 'clásico' (Arg.). Competición deportiva de máximo interés y rivalidad, especialmente local. Con referencia a la carrera anual de caballos (*Derby Day*, 'Día de Derby'), que se celebra el 1 de junio en Epsom, al sur de Londres, instituida en 1780 por lord Derby para festejar su matrimonio con Elizabeth Hamilton. (1890: Galdós.) Dep.

derelictio lat. 'derelicción'. Es la evacuación de un territorio con la intención de dejarlo abandonado definitivamente; o la renuncia unilateral a la soberanía sobre un territorio. Der.

dernier cri fr. → LE DERNIER CRI.

dernier mot fr. → LE DERNIER MOT.

derrick ing. 'grúa móvil'. Llamada así porque recuerda el tipo de horca que en la prisión de Tyburn (Gran Bretaña) utilizaba (siglo XVIII) un verdugo apellidado Derrick.

derviche fr. 'derviche' (Ac.). Del ár. *darwis*, lit.: 'visitador *(wis)* de puerta *(dar)*', esto es, 'monje medicante'. Además de 'derviche' (Ac.), existen 'dervich' (1859: Alarcón) y 'dervís' (1860: Ossorio y Bernard). Los derviches constituyen una hermandad religiosa, desarrollada en Turquía (en Anatolia), que practica, como vías hacia lo sagrado, la ascesis y la danza; por ello son llamados derviches giróvagos o danzantes. Esta hermandad fue fundada por Jaladdy Rumi († 17 diciembre 1273). Rel.

désappointé fr. 'contrariado'. (1828: L. Perú de Lacroix.)

descangallada lusismo. (h. 1930: Carlos Gardel.) → ESCANGALHADA.

déshabillé fr. *'déshabillé'* (Ac.: 2001), 'vestido de casa'. (1767: Clavijo.) Indum.

desiderata lat. 'desiderata', 'variedad de cosas deseadas', 'lista de cosas deseadas'. (1897: M. B. Cossío.)

desideratum lat. 'desiderátum' (Ac.), 'muy deseable o deseado'. (1863: M. del Palacio.)

desperta, ferro! cat. '¡despierta, hierro!'. Los almogávares, famosos por sus hechos de guerra contra turcos y griegos (1308-1388) en Oriente, antes de entrar en acción golpeaban sus espadas contra las piedras y arrastraban sus chuzos por el suelo, pronunciando este grito de combate, grito que ha servido de título a una novela (1931) de Ricardo León (1877-1943). (1842: V. de la Fuente.) Hist.

De Stijl neerl. 'El Estilo'. Tendencia artística geometrizante que recibe su nombre de la revista *De Stijl* (1917-1928). Su principal representante en la pintura: Piet Mondrian (1872-1944). (1995: P. Palazuelo.) Pint.

destroyer ing. 'destróyer', 'destructor'. Nombre de un *torpedoboat* 'torpedero', botado en 1882. (1896: Royo Villanova.) Ej.

detective ing. 'detective' (Ac.), 'investigador de delitos'. Deriv. del verbo *to detect*, 'descubrir', 'averiguar', 'investigar'. Ha penetrado en esp. gracias a la serie de novelas de Sherlock Holmes, de A. Conan Doyle. (1908: *Bl. y Negro*.)

détente fr. 'distensión'. Especialmente alusiva a la política de distensión entre EE.UU. y la Unión Soviética en los años setenta. (1976: L. Méndez Domíguez.) Pol.

detritus lat. 'detrito' (Ac.), lit.: 'desgastado'. (1893: U. González de la Calle.)

deuce ing. 'iguales'. En tenis, situación de un *game* con empate a cuarenta puntos que puede resolverse por un jugador con dos *(deuce)* ganancias sucesivas, decisorias del *game*. (1983: *Muy interesante*.) Dep.

Deus absconditus lat. 'Dios escondido'. En ext.: *Vere, tu es Deus absconditus*, 'En verdad, tú eres Dios escondido', palabras del profeta Isaías (45, 15), según la Vulgata.(1896: A. Nervo.) Rel.

deus ex machina lat. 'máquina' (López Pinciano), 'dios (que desciende al escenario) por medio de una máquina', 'artificio divino de carácter resolutorio', 'recurso artificial o externo para resolver dificultades'. En el antiguo teatro griego, este artificio consistía en hacer que un dios, por medio de una máquina, descendiera al escenario para rescatar al héroe o resolver la trama. Eurípides lo utilizó en la mitad de sus obras; pero Esquilo y Sóflocles lo evitaron. Aristóteles condenó su uso *(Poética)*, ya que el desenlace debe originarse de la acción misma del drama. Un empleo moderno de este recurso se observa en *La ópera de calderilla*, de Bertolt Brecht, quien, para salvar a Mac el Cuchillo, acude a la proclamación de la reina Victoria. (1893: *Azorín*). Lit.

deus nobis haec otia fecit lat. 'un dios nos restituyó estos bienes'. Palabras del pastor Títiro (Virgilio, *Églogas*, I, 6). (1823: Moratín h.) Lit.

Deutsche Mark al. 'marco alemán'. Unidad monetaria alemana. (1982: *País*.) Num.

Deutschland, Deutschland über alles al. 'Alemania, Alemania sobre todo'. Primeras palabras del himno nacional alemán. Su letra se debe a August Heinrich Hoffmann von Fallersleben (1798-1874), quien lo compuso (1841) con el título *Das Lied der Deutschen*, 'El canto de los alemanes'. La mús. pertenece a Joseph Haydn (1732-1809), quien la escribió (1797) originalmente para el canto austriaco de Haschka *Gott erhalte Franz den Kaiser*, 'Dios guarde al emperador Francisco II'. Tras la derrota del nazismo (1945) se suprimió la primera estrofa, por su carácter pangermanista y expansivo, comenzando el himno ahora así: *Einigkeit, und Recht und Freiheit*, 'Concordia y legalidad y libertad'. (1915: Unamuno.) Pol.

Deuxième Bureau fr. 'Despacho u oficina segunda'. Nombre que se da al Servicio de información militar del Estado Mayor del Ejército francés. (1932: E. d`Ors.) Ej.

de visu lat. 'de visu' (Ac.: 1992), 'de vista'. (1918: *Andrenio.*)

de vita et moribus lat. 'de vita et móribus' (Ac.), lit.: 'sobre la vida y las costumbres'. Certificado de buena conducta. (1817: Moratín h.) Pol.

devotio moderna lat. 'devoción moderna'. Movimiento cristiano vinculado a Gerard Groote (1340-1384), fundador de los Hermanos de la vida común, que influyó sobre Tomás de Kempis. Según la *devotio moderna*, la esencia del cristianismo es una comunión espiritual con Dios a través de Cristo, ya que la vida cristiana es más importante que la práctica cristiana. (1933: Ortega.) Rel.

dévouement fr. 'devoción', 'entrega', 'sacrificio'. (1866: J. Valera.)

dharma sáns. 'darma', 'derecho', 'ley', 'norma', 'deber (moral)', 'virtud'. Forma parte de la trilogía de los fines humanos en el hinduismo: *dharma, artha* y *kama*. (1921: Ortega.) Rel.

**d`Hondt** fr. Apellido del jurista belga V. d`Hondt (1907), creador de un sistema electoral que es el empleado en las elecciones públicas del Reino de España. Pol.

dhyana sáns. 'yana', 'meditación'. (1902: J. Valera.) Fil. → ZEN.

DIA ing. Siglas de *Defense Intelligence Agency*, 'Agencia de Inteligencia (o Información) del Departamento de la Defensa', en EE.UU. Ej.

diabolo fr. 'diábolo' (Ac.). Juego personal inventado (1907) por el ingeniero francés Gustave Phillipart. Del lat. *diabolus* (Zingarelli), 'diablo', o del it. *diavolo* (Robert; *DRAE*), 'diablo', o del gr. *diaballo* (Chambers; Elseberri), 'lanzar', 'arrojar'. Jue.

diada cat. 'diada', 'jornada conmemorativa'. (1976: S. Millás.)

diada de Catalunya cat. 'jornada de Cataluña'. Conmemora el 11 de septiembre de 1714, fecha en que Rafael de Casanova *(conseller en cap)* fue herido de gravedad durante el asedio de Barcelona por las tropas de Felipe V. Pol.

diada de l´onze de setembre cat. 'jornada del once de septiembre'. (1995: *País*.) → DIADA DE CATALUNYA.

(el) día después anglicismo. Calco del ing. *the day after*, 'el día siguiente a', expresión que sirvió de título a un filme estadounidense apocalíptico (1983; dir.: Nicholas Meyer; intérpr.: Jason Robbards), sobre lo que quedaría en la tierra después de una guerra nuclear. (1994: Canal Plus.)

diadumenos gr. 'portador de diadema'. Con referencia a las estatuas griegas de atletas, que muestran el cabello sujeto por una cinta que cruza su frente, siendo la más famosa una de Policleto. Esc.

dial ing. 'dial' (Ac.: 1992), 'disco graduado', 'indicador', 'indicador de emisoras', en muchos receptores de radio. Aunque literalmente significa 'disco', en los receptores suele tener forma de cinta o rectángulo. (1979: Alzugaray.) Telecom.

Diamat al. Abrev. de *Dia(lektischer) Mat(erialismus)*, 'materialismo dialéctico', doctrina marxista. Suele encontrarse en los estudios marxistas. Pol.

dianoia gr. 'facultad de pensar'. (1982: F. Ynduráin.) Fil.

dicar caló. 'ver'. (1881: Machado y Álvarez.)

dicastero it. 'dicastero', 'dicasterio' (Ac.: 1992), 'ministerio'. Del gr. *dikasterion*, 'despacho del juez *(dikastés)*', del gr. *di-*

ké, 'justicia'. En Italia, 'ministerio'; y en la Curia romana, 'congregación', 'departamento' o 'sección'. Pol.

dicebamus hesterna die lat. 'decíamos ayer'. Frase con que comenzó su lección fray Luis de León el 26 de enero de 1577, en la universidad de Salamanca, cuando volvió a desempeñar su cargo, tras cinco años de prisión en la Inquisición de Valladolid. La primera mención escrita de esta frase es tardía: se halla en *Monasticum augustinianum* (Munich, 1623), de Nicolás Crusenio, aunque debió de pervivir oralmente hasta entonces. (1904: F. Blanco García.)

dici de omni, dici de nullo lat. 'ser dicho de todos, ser dicho de ninguno'. (1726: Feijoo.) Fil.

dictum lat. 'dicho', 'proverbio', 'sentencia'. (1964: Lezama Lima, Cu.)

Die Brücke al. 'El Puente'. Primer grupo artístico expresionista, formado en Dresde (Alemania), en 1905, por Erich Heckel, E. L. Kirchner y Karl Schmitt-Rottluf. (1989: E. García-Posada.) Arte.

Die Freie Buhne al. 'Teatro Libre'. Fundado en Berlín (1899) por Otto Brahm, a imitación del *Théâtre Libre*, de París, fundado por Antoine. Su primer estreno fue *Espectros*, de Ibsen, y a ésta siguieron obras de Hauptmann, Suddermann, Zola, Tolstoi. Tea. → THÉÂTRE LIBRE.

Die Grünen al. 'Los Verdes'. En la República Federal Alemana, partido ecologista, pacifista, feminista, etc. (1994: *País*.) Pol.

Diesel al. 'diesel' (Ac.), 'diésel' (Ac.: 2001). Motor de combustión interna con ignición por compresión, inventado (1907) por el alemán Rudolf Diesel (1858-1913). Mec.

Dies irae lat. 'Dies irae' (Ac.), lit.: 'el día de la ira'. Primeras palabras de la secuencia (autor anónimo, siglo XII, según unos; Tomás de Celano [† 1275], según otros), incorporada a la misa de Difuntos, en el ritual romano, y basada en palabras de Sofonías (*Sofonías*, I, 15), según la Vulgata. (1865: Galdós.) Rel.

Dieu el mon droit fr. 'Dios y mi derecho'. *Motto* que figura en el escudo de Inglaterra desde el reinado de Enrique IV. Hist.

digest ing. 'digesto' (Ac.), 'compilación', 'recopilación'. Término frecuente en los años cicuenta y sesenta, debido a la circulación del *Readers Digest*, 'Digesto del Lector', revista estadounidense de textos varios resumidos. Procede del término jurídico lat. *digestum*, pl. *digesta* (como los *Digesta Iustiniani*), que eran recopilaciones ordenadas de leyes. (1963: Manuel Aguilar.) Biblio.

digesta lat. 'digesto' (Ac.). Recopilación u ordenación jurídica. Deriva de la famosa recopilación o *Digesta* de Justiniano. Der.

digital ing. 'digital' (Ac.: 1992), 'numérico'. Se emplea en 1) informática y en 2) relojería electrónica.

Diktat al. 'dictado', 'imposición'. Término aplicado peyorativamente por los alemanes, especialmente por los nazis, al Tratado de Versalles (1917) con que finalizó la Primera Guerra Mundial. *Diktat* alude al fr. *dictée*, palabra que se hallaba en un artículo de *Le Temps* (1919) en que se hablaba de 'paix de justice dictée' a los alemanes. (1934: *Cruz y Raya*.) Hist.

dilettante, pl. **dilettanti** it. 'diletante' (1792: Comella; Ac.: 1992), 'amante de la música', 'aficionado a la música'. Los italianos aficionados con pasión a la música eran llamados *dilettanti*. El término pasó a Francia con la música italiana. Posteriormente se generalizó para los aficionados a las demás artes y para sus cultivadores inauténticos, llegando a tener sentido peyorativo en cualquier campo.(1835: Mesonero) Mús.

dilettantismo it. 'diletantismo' (Ac.: 1992). (1926: *Andrenio*.) Mús.

diminuendo it. 'diminuendo', 'disminuyendo', 'menguando', 'en disminución'. (S. XVIII: tonadilla.) Mús. → DEMINUENDO.

DIN al. Siglas de *Deutsche Industrie Normen*, 'Normas de la Industria Alemana', establecidas en 1926, con el sentido actual de *Das ist Norm*, 'Ésta es la norma' (Brockhaus).

dinari, dinari e più dinari it. 'dinero, dinero y más dinero'. Dicho atribuido por Giovanni Botero (*Detti memorabili*, 1610) a Giovanni Giacomo de Medici, marqués de Marignano. Hist.

diner room ing. 'comedor'. (1887: E. Gaspar.)

Ding an sich al. 'la cosa en sí'. En la terminología de Kant, en su *Crítica de la razón pura* (1781), lo que hay bajo la apariencia del objeto. Fil.

diñar caló. 'diñar' (Ac.), 'dar', 'entregar'. (1855: F. Gómez Sánchez.)

dip ing. 'moje' o 'salsa espesa', para la cual generalmente se emplea queso y en la cual se pueden mojar patatas, galletas, etc. (1996: *País*.) Gastr.

diquelar caló. 'diquelar' (Ac.), 'ver', 'mirar'. (1881: Machado y Álvarez.)

dirham ár. 'dirham' (Ac.) y 'dirhem' (Ac.). Moneda de Marruecos y fracción de la unidad monetaria en otros países islámicos. Del gr. *drajme*, 'dracma'. Num.

dirt-track ing. 'pista polvorienta'. De *track*, 'pista', 'rodada', y *dirt*, 'sucia', 'polvorienta'. Deporte de competición de motocicletas sobre pista polvorienta, de polvo de ladrillo o de ceniza, en boga en los años treinta. (1929: *Bl. y Negro*.) Dep.

dirty realism ing. 'realismo sucio'. Tendencia literaria estadounidense. Su principal representante es el novelista David Leavitt (n. 1961), autor de *Amores iguales* (1988), quien expuso las características de esta tendencia —marcada por la homosexualidad y el SIDA— en la revista *Esquire* (1985). (1990: *País sem.*) Lit.

discipulus est prioris posterior dies lat. 'el día posterior es discípulo del día anterior', es decir, 'el mañana es discípulo del ayer'. Sentencia de Publilio Syro. (1996: Vázquez Montalbán.)

disc jockey ing. 1) 'presentador de discos' en las emisoras de radio (1976: M. Alpuente); 2) 'pinchadiscos' (1987: *País*) o 'pincha' (1995: L. Hidalgo), el que programa o pincha los discos en las emisoras de radio o en las discotecas. Lit.: 'yóquei o jinete de discos'. Mús.

disco music ing. 'música de disco'. Música de baile nacida del *rock* y del *swing*. Adoptada en ing. *disco(theque)* del fr. *discothèque*. Divulgada en España en los años setenta. (1999: Diego A. Manrique.) Mús.

discothèque fr. 'discoteca' (Ac.). 'Local público en que se escucha o baila música de discos', principalmente música *rock* y *disco*. La discoteca es invención francesa. El norteamericano Alan Freed, descubridor del término *rock*, llevó la música *rock* a las grandes reuniones al aire libre; los franceses, a locales cerrados, pequeños relativamente. A España llego la discoteca con el *boom* turístico (1967-71). (1976: Alfonso Eduardo.) Mús.

Discoverer ing. 'Descubridor'. Satélite artificial terrestre estadounidense que devuelve a la Tierra una cápsula con información científica y militar. Cosmonáut.

diseuse fr. 'recitadora'. (1908: Pardo Bazán.) Tea.

disiecta membra lat. 'miembros dispersos'. (1934: E. d`Ors.)
→ DISIECTA MEMBRA POETAE.

disiecta membra poetae lat. 'miembros dispersos del poeta'. Palabras de Horacio (*Sátiras*, 1, 4, 62): es decir, si se despoja al verso de su cualidades, el ritmo y la medida, queda el verso descuartizado y sus miembros pasan a ser miembros dispersos del poeta. Lit.

diskette ing. 'disquete' (Ac.: 1992). Se emplea en informática para recibir, conservar y reproducir información. (1988: *Tribuna*.) Inform.

display ing. 'display' (Ac.: 2001), 'pantalla de visualización', en un ordenador. (1990: *País*.) Inform.

disputatio, pl. **disputationes** lat. 'discusión'. En la escolástica medieval, había dos métodos de enseñanza: la *lectio*, 'lección', que se atenía a exponer y comentar un texto, y la *disputatio*, 'discusión' de una cuestión planteada por el maestro y resuelta por él mismo, tras examinar los argumentos en pro y en contra, así como las respuestas a las objeciones.

La *disputatio* sobrevive en España hasta el siglo XVI, como lo atestiguan las *Disputationes metaphysicae* (1597), obra de Francisco Suárez. (1993: R. Sánchez Ferlosio.) Fil.

distinguo lat. 'distingo' (Ac.). Fórmula de la argumentación escolástica. A la proposición del adversario se respondía bien admitiéndola (*concedo*, '[la] admito'), bien negándola (*nego*, '[la] niego'), o bien distinguiendo (*distinguo*, 'yo distingo') sus diferentes aspectos, negando unos y concediendo otros. (1726: Feijoo.) Fil.

DIU galicismo. Calco de las siglas del fr. *Dispositif Intra-Utérin*, 'Dispositivo Intra-Uterino', contraconceptivo, trad. del ing. *IUD*, siglas de *Intrauterine device*. En esp. coexisten 'DIU' y 'diu' (1983: *Informaciones* y 1983: *País*, como registra M. Seco, en su *DEA*). Med. → STÉRILET.

diva it. 'diva' (Ac.), 'estrella del *bel canto*', lit.: 'diosa'. (1865: Galdós.) Mús.

divé caló. (1881: Machado y Álvarez.) → UNDEBÉ.

divel caló. (1843: Sebastián Herrero.) → DIVÉ.

divertimento it. 'divertimento' (Ac.: 1992), 'divertimiento'. Pieza ligera y sencilla de música instrumental. (1922: V. de Pedro.) Mús.

divertissement fr. 'divertimento'. Danza intercalada en una ópera (Gounod, Borodin) o en un *ballet* (Chaikovski) o en los entreactos de las óperas. (1946: Lezama Lima, Cu.) Baile.

divette fr. 'cancionista', 'cupletista'. (1901: *El Teatro*.) Tea.

divide et impera lat. 'divide e impera'. Máxima enunciada (según Herrero Llorente) por Maquiavelo, aunque su paternidad se ha atribuido a muchos, desde Filipo de Macedonia hasta Luis XI de Francia (Mérimée: *Chronique du regne de Charles IX*, 1829). Hist.

Divini Redemptoris lat. 'Del Divino Redendor'. Encíclica (19 septiembre 1907) del papa Pío X, en la que rechaza el marxismo ateo. Rel.

divo it. 'divo' (Ac.: 1992), 'gran figura del *bel canto*', lit.: 'dios'. (1926: E. Sánchez Torres.) Mús.

diwan ár. 'diván' (Ac.), lit.: 'libro o registro público'. 1) 'ministerio', 'oficina'. Pol.; 2) 'colección o recopilación poética'. Lit.

dixi lat. 'he dicho'. Palabra final de un discurso.

Dixieland ing. 'tierra sureña', lit.: 'país de Dixie'. Estilo de *jazz* del Sur de EE.UU., o 'estilo de Nueva Orleans', propio de los años veinte, y anterior al *swing*, propio de los años treinta. *Dixie* es palabra *slang* que designa a Nueva Orleans y, por extensión, a los estados sureños de EE.UU. Este término se popularizó con la canción de guerra *I wish I was in Dixie* (1859), de D. D. Emmet. Unos dicen que *dixie* deriva del límite denominado «Mason-Dixon Line»; otros la entroncan con el fr. *dix*, 'diez', que apareció en los billetes de diez dólares impresos por un banco de Luisiana antes de la guerra de Secesión; los comerciantes del Mississipi trabajaban en el río para ganar *dixies*. Mús.

dixit lat. 'dijo'. (1976: M. Azcárate.) → MAGISTER DIXIT.

djinn ár. (1991: J. L. Sampedro.) → DYIN.

DKW al. Siglas de *Deutsche Kraftfahrt Werke*, 'Fábrica alemana de vehículos de motor'. Marca de los vehículos de esa fábrica. Autom.

DNA ing. 'ADN', siglas de 'ácido desoxirribonucleico', ya que *DNA* lo son de *desoxyribonucleic acid*, cuya molécula contiene el código genético. Biol.

Dobermann al. 'dóberman' (Ac.: 2001), 'dobermán'. Perro guardián, procedente de Alemania, creado por Friedrich Ludwig Dobermann en 1860. Suele emplearse la adaptación ing. *doberman*. (1976: *País*.) Zool.

dock ing. 'muelle', y por ext.: 'almacén portuario'. (1868: A. F. de los Ríos.) → DOCKER.

docker ing. 'estibador', 'obrero portuario'. (1963: Manuel Aguilar.) → DOCK.

docteur ès lettres fr. 'doctor en letras'. (1958: F. Ayala.) Educ.

doctor Angelicus lat. 'doctor Angélico'. Se aplica a Santo Tomás de Aquino. Fil.

doctor Eximius lat. 'doctor Eximio'. Se aplica al filósofo español del Renacimiento Francisco Suárez (1548-1617), jesuita. Fil.

doctor Seraphicus lat. 'doctor Seráfico'. Se aplica a San Buenaventura (1221-1274), franciscano. Fil.

doctor Subtilis lat. 'doctor Sutil'. Se aplica a Duns Scotto (1265- 1308). Fil.

Dolby (system) ing. 'sistema Dolby'. Procedimiento de registro del sonido en los filmes, con el cual se reducen los ruidos de fondo, consiguiéndose gran fidelidad en la reproducción del sonido. Recibe este nombre (1966) por el apellido de su inventor Ray Dolby, estadounidense. (1991:V. Verdú.) Cine.

Dolby surround ing. 'rodeo Dolby', 'envolvente (Dolby)' (1998: tiendas Expert). Procedimiento de registro y reproducción de sonidos con ondas de baja frecuencia. Con este procedimiento se consigue que las audiciones, principalmente en las salas de proyección cinematográfica, rodeen ambientalmente al oyente. (1998: Cadena SER.) Cine.

(il) dolce far niente it. '(el) placentero no hacer nada'. (1835: Mesonero.)

(il) dolce stil novo it. '(el) dulce estilo nuevo'. Palabras de Dante (*Purgatorio*, 24, 57) para caracterizar el estilo de algunos de sus predecesores, como Guido Guinizelli; es más una nueva actitud ante la mujer y el amor que propiamente un estilo literario. (1920: Cansinos.) Lit.

(la) dolce vita it. '(la) vida dulce'. Estilo de vida libre, típica de una elite formada por ricos, artistas, estrellas de cine, *playboys, starlets*, etc., característica de la Roma nocturna de los años sesenta, reflejada en el filme *La dolce vita* (1960) de Federico Fellini. (1963: F. Ayala.) Cine.

dollar ing. 'dólar' (Ac.). (1918: Blasco Ibáñez.)

dolman fr. 'dolmán' (Ac.). Chaqueta del uniforme de los húsares, adoptada por el ejército de Napoleón en algunos casos. Aunque adoptado en esp. tempranamente el fr. *dolman*, con acento agudo: 'dolmán' (1842: *Sem. pint. esp.*), puede verse también el al. *dolman* (1945: Ismael Herráiz). Es palabra procedente del tur. *dolaman*, que dio en esp. antiguo 'dolaman' (1556: C. de Villalón.) Ej.

dolmen fr. 'dolmen' (Ac.). Del bretón *dol*, 'mesa', y *men*, 'piedra'. Palabra introducida en el vocab. arqueológico por Legrand d`Ausay, en el siglo XIX. (1887: E. Gaspar.) Arqueol.

D.O.M lat. Siglas de *Deo Optimo Maximo*, 'Por Dios Óptimo Máximo', *motto* de la orden benedictina. Figuran estas siglas en los marbetes del licor benedictino. Rel.

Dominus vobiscum lat. 'Sea el Señor con vosotros'. Palabras que el sacerdote dice varias veces a lo largo de la misa, en el ritual romano, respondiéndole los fieles: *Et cum spiritu tuo*, 'Y con tu espíritu'. Rel.

domus aurea lat. 'casa áurea', 'casa de oro'. De la Letanía de Nuestra Señora, con referencia a la Virgen María. (1991: Molina Foix.) Rel.

don ing. 'profesor miembro del claustro de un *college* o universidad', en Inglaterra. (1970: J. de Ojeda.) Educ.

donna è mobile it. → LA DONNA È MOBILE.

donut ing. 'donut'. Variante o simplificación de *doughnut*, compuesta de *nut*, 'tuerca', 'rosca', y *dough*, '(de) masa'. Producto muy divulgado en España desde los años setenta. (1981: *País*.) Gastr.

dopar galicismo. (Ac.: 1992). → DOPING.

doping ing. 'dopin', 'drogamiento', 'dopaje' (Ac.), deriv. ésta del anglicismo fr. *dopage*. En ing., *dope*, 'droga', deriva del neerl. *doop*, 'salsa'. Es un estímulo farmacológico, pero ilegal, empleado primeramente en hípica, después en el ciclismo, más tarde en otros deportes competitivos. (1963: J. Casares.) Dep.

Dopolavoro it. 'Tiempo libre', lit.: 'Después del trabajo'. Nombre de una organización fascista italiana para los trabajadores; semejantes a ella, la alemana *Kraft für Freude*, 'La Fuerza por la Alegría', nazi, y la española *Educación y Descanso*, falangista. (1934: E. d`Ors.) Pol.

Doppelgänger al. 'doble'. La alucinada visión de otro mismo que acompaña al visionario. (1990: A. M. Sarrión.)

Doppler (effect) ing. 'efecto Doppler', o cambio de la frecuencia de una onda (luminosa o sonora), resultante de un cambio en la distancia entre la fuente emisora y el receptor. Por el apellido de C. J. Doppler (1803-1853), físico austríaco. (1990: M. de Lope.) Fís.

DOS ing. Siglas de *Disk Operating System*, 'Sistema de Operación (o Explotación) con ficheros-discos'. Además, programa en lenguaje máquina que permite a la unidad central (*CPU*) recibir y guardar datos en su sistema de almacenamiento masivo de discos. (1985: P. Guirao.) Inform. → CPU.

dossier fr. 'dossier' (Ac.: 1992), 'dosier', 'expediente', 'legajo'. De *dos*, 'dorso', 'espalda', 'lomo', donde se inscribe su número o clasificación. (1920: Blanco Fombona, Ven.)

doublé fr. 'similor', 'chapado (en oro)', lit.: 'doblado'. Se emplea en bisutería fina. (1948: F. Ayala.)

doubles ing. 'dobles'. Partida de tenis entre dos parejas de jugadores. Opuesto a *singles*, 'partidas individuales'. Dep.

do ut des lat. 'do ut des' (Ac.), 'doy para que des'. Fórmula usual en contratos. (1874: Alarcón.) Der.

Dow-Jones Average ing. 'promedio o índice de cotización media de Dow-Jones'. Es el índice de cotización media de acciones y obligaciones en Wall Street, que se publica en *The Wall Street Journal*, diario fundado (1891) por los periodistas Charles Down y Edward Jones, cuyos apellidos dan nombre a este índice promedio. Econ.

Down (syndrome) ing. 'síndrome de Down', llamado vulgarmente 'mongolismo'. Por el apellido de J. L. H. Down (1828-1896), médico inglés que estudió esta enfermedad. Med.

Downing Street ing. 'calle Downing'. Calle de Londres donde se halla la residencia del jefe del gobierno, equivalente a 'jefatura del gobierno'. Pol.

down-town ing. 'centro de la población', 'centro', donde se hallan los edificios públicos y administrativos, los teatros, las tiendas importantes, etc.; lit.: '(ir, bajar o subir) al centro o ciudad'. (1986: E. Chillida.)

down way ing. 'arroyada', 'línea de caída de las aguas'. Se utiliza para señalar límites, como el al. *Talweg*. En el mar, 'línea de navegación más profunda' y 'mediana'.

doxa gr. 'opinión pública'. (1935: X. Zubiri.) Fil.

dragoman fr. 'dragomán' (Ac.), 'trujamán'. Del ár. *targumán*, 'guía', 'intérprete'.

drag queen ing. 'reinona' (1994: *País*), 'loca' y 'locaza' (1996: Maruja Torres). Comp. de la voz *slang* o jergal *drag*, 'homosexual travestido de mujer' y 'atavío fem. en hombres', y de *queen*, 'reina'. En ing. estándar, *drag* es un arte de pesca. (1994: A. Albert.)

Dr. Livingstone, I presume? ing. 'El Dr. Livingstone, supongo?'. Frase circunspecta del periodista y explorador inglés Henry M. Stanley (1841-1904), corresponsal del *New York Herald*, al encontrar (10 noviembre 1871), tras penosa búsqueda, en el corazón del África negra, en Ujiji, rodeado de indígenas, al Dr. David Livingstone (1813-1873), misionero y explorador escocés, a quien se consideraba muerto o perdido. (1995: L. Carandell.)

Dralon al. 'dralón'. Marca registrada de una fibra textil acrílica, semejante a la norteam. *orlon* y a la fr. *crylor*.

dramatis personae lat. 'personas del drama', 'lista de personajes'. (1907: Valle-Inclán.) Lit.

Drang nach Osten al. 'impulso o marcha hacia el Este'. Es una constante en la política alemana moderna, hasta la derrota del nazismo en 1945. (1945: Ismael Herráiz.) Hist.

drawingroom ing. 'salón'. (1933: *Bl. y Negro*.)

dreadnought ing. 'acorazado', lit.: 'intrépido'. De *dread*, 'no teme', y *nought*, 'nada'. Nombre de un navío de guerra, creado en 1906 en Inglaterra y que produjo un cambio radical en las marinas de guerra. Desplazaba 1.500 toneladas, armado con cañones de 12 pulgadas. Sirvió de modelo para los acorazados hasta la Segunda Guerra Mundial.

Su «Trafalgar» fue la batalla de Jutlandia (1916). (1925: J. Vasconcelos, Méx.) Ej.

Dream Team ing. 'Equipo de Ensueño'. Aplicada al equipo de baloncesto que representó a EE.UU. en los JJ.OO (1992) de Barcelona. Dep.

dribbling ing. 'driblin', 'regate', en fútbol. (1926: *Bl. y Negro.*) Dep. → DRIBLAR.

driblar anglicismo. (Ac.: 1992), por 'regatear', en fútbol. Dep. → DRIBBLING.

dripping ing. 'chorreamiento'. Modalidad de pintura artística, por chorreo de colores sobre lienzo (u otro soporte) colocado en el suelo. Así desarrollada, la pintura es un gesto inmediato, *action painting*, 'pintura activa'. Su principal representante: el estadounidense Jackson Pollock (1912-1956). (1990: Estela Ocampo.) Pint. → ACTION PAINTING.

(das) Dritte Reich al. 'el Tercer Reich'. Expresión acuñada (1915) por Thomas Mann, añadida a la secuencia: I *Reich*: Sacro Imperio Romano; II *Reich*: el creado por Bismarck. De esta expresión se adueñaron los nazis (1933-1945) para denominar su régimen. Pol. → REICH.

III Reich al. Deletreado: *Drittes Reich*, 'Tercer Reich'. Pol.

drive ing. 1) 'golpe de derecha', 'derecho', y mejor, 'directo' (pues también se puede dar con la izquierda), en tenis. (1910: *Bl. y Negro.*); 2) 'golpe largo', jugado en las salidas, en golf. (1980: *País.*) Dep.

drive-in ing. 'autocine' (Ac.: 1992). Cine al aire libre para automovilistas, que pueden contemplar desde el automóvil filmes proyectados a una gran pantalla. *To drive* es 'conducir un coche' y su deriv. *to drive-in*, 'entrar o llegar en coche a un lugar'. También existen, en EE.UU., otros servicios *drive-in* (bancarios, de restauración, de bebidas, etc.), de los que pueden beneficiarse los automovilistas sin salir del coche. (1953: *Rev. española.*) Cine.

driver ing. 'dráiver', 'golpe inicial' (1973: Tana de Gámez), en el golf, así como el palo con que se hace el saque. Dep.

(les) droits de l´homme fr. 'los derechos del hombre', en ext.: *les droits de l'homme et du citoyen*, 'los derechos del hombre y del ciudadano', decretados por la Asamblea Nacional francesa en las sesiones de 23, 24 y 26 de agosto de 1789 y aceptados por el rey Luis XVI; confirmados con declaración solemne como 'derechos naturales, indeclinables y sagrados del hombre' en la Constitución francesa de 3 de septiembre de 1791. (1972: Am. Castro.) Pol.

drôle de guerre fr. → LA DRÔLE DE GUERRE.

drug ing. (1933: Jardiel Poncela.) → DRUGSTORE.

drugstore ing. 'tienda múltiple', en que se expenden artículos muy diversos, generalmente pequeños, así como bebidas y refrescos, con horario amplio, lit.: 'tienda o expendeduría de medicamentos' y otros artículos menudos. De origen norteamericano. (1933: Jardiel Poncela.)

dry-farming ing. 'labores de secano'. Expresión de origen norteamericano (1878), para técnicas especiales del cultivo de secano. (1929: J. Dantín.) Agr.

dry martini ing. 'martini seco'. Cóctel norteamericano, mezcla de vermú blanco seco y ginebra, atestiguado en 1904. (1982: E. Chamorro.) Gastr.

ducas caló. 'ducas' (Ac.) 'penas hondas'. Diminutivos: *duquitas, duquelas, duquiyas*. (1881: Machado y Álvarez.)

duce it. 'jefe'. Título de Benito Mussolini, durante su mandato (1922-1944) en la Italia fascista. (1931: E. d'Ors.) Pol.

duce, duce, duce it. 'jefe, jefe, jefe'. Triple grito ritual fascista en honor de Benito Mussolini. (1938: Queipo de Llano.) Pol.

duet ing. 'dueto'. Género musical discográfico, originado en EE.UU., interpretado por dos famosos cantantes. (1994: Paco Clavel.) Mús.

dulce et decorum est pro patria mori lat. 'dulce y honroso es morir por la patria'. De Horacio (*Odas*, 3, 2, 13). (1907: A. Nervo.) Lit.

dulcia linquimus arva lat. 'tuvimos que dejar los dulces campos'. Forma parte del verso que dice Melibeo a Títiro (*Eglo-*

ga I, 3; de Virgilio): *nos patriae fines et dulcia linquimus ar-va*, 'nosotros tuvimos que abandonar los confines de la patria y los dulces campos'. (h. 1923: J. L. Borges, Arg.)

Duma ru. 'Duma' (Ac.), 'Asamblea'. Parlamento ruso, instaurado (1906) por el zar Nicolás II y disuelto en 1917 por la Revolución bolchevique; reinstaurado el 12 de diciembre de 1993. En ext.: *Gosudártsvennaya Duma*, 'Asamblea estatal'. Pol.

dum-dum beng. '(bala) explosiva', llamada así porque tuvo su origen en la ciudad de Dum-Dum, de Bengala. Prohibida por la Conferencia de La Haya (1899). Todavía empleada en los años treinta del siglo XX. (1938: R. J. Sender.) Ej.

dumping ing. '*dumping*' (Ac.: 2001), 'dumpin', 'desplome', 'abaratamiento anormal' (Alfaro), 'a la baja'. Es la venta de productos, principalmente en el extranjero, a precios más bajos de lo normal, por medios artificiosos, para destruir la competencia. (1904: Fdo. Araujo.) Econ.

dum spiro, spero lat. 'mientras respiro, espero', es decir, 'mientras hay vida, hay esperanza'. (1980: L. Pancorbo.)

duo it. 'dúo' (Ac.). (1762: J. Clavijo.) Mús.

duomo it. 'catedral'.

duplex lat. 'dúplex' (Ac.: 1992), 'dúplice'. Se aplica a los apartamentos dobles, en sentido vertical, con escalera interna. Abrev. de *duplex apartment*, 'apartamento dúplice'. (1976: *ABC*.)

dura lex lat. 'dura ley'. (1910: Pardo Bazán.) Der. → DURA LEX, SED LEX.

dura lex, sed lex lat. 'dura ley, pero es ley'. De *Digesta Iustiniani* (40, 9, 12). (1966: J. Goytisolo.) Der.

duraluminio germanismo (al. *Duralumin*). Aleación de aluminio con cobre y manganeso, para endurecerlo. Según unos (Vahrig; *DRAE*), por el lat. *durus*, 'duro'; pero según otros (Zingarelli), por el nombre de la fábrica que lo patentó, la *Dürener Metallwerke*, de la ciudad de Düren, quizá por la semejanza del lat. *durus* y el al. *Dür(ener)*. Metalurg.

dura tellus Iberiae lat. 'la dura tierra de Iberia'. De Horacio (*Odas*, 4, 14). (1935: Bosch Gimpera.) Hist.

durmiente anglicismo. Del ing. *sleeper*, 'traviesa (de vía férrea)'. Muy extendido por la Am. h. (1964: Carlos Fuentes, Méx.; 1992: P. Neruda, Ch,; Ac.: 1992). Transp. t.

duty free shop ing. 'tienda *(shop)* libre *(free)* de aranceles o impuestos *(duty)*'. Tipo de tiendas instaladas en los aeropuertos internacionales. (1978: *País*.) Com.

dux lat. 'dux' (Ac.), 'dogo'. Título (pero en it. *doge*, fem. *dogaressa*, 'dogaresa') del magistrado supremo de la antigua República de Venecia. (1973: Moratín h.) Hist.

DVD ing. (Ac.: 2001). Siglas de *Digital Video Disc*, 'videodisco digital' (1996: *País*), 'disco óptico digital'. Deletreo: 'deuvedé'. (1996: *País*.) Inform.

dybbuk hebr. (**dibbuq**) 'dibuk', lit.: 'unión'. 'Alma en pena' (1930: C. de Castro) que encarna en un cuerpo ajeno. Esta palabra se difundió con el drama yidis *Dibuk* (1915), de *Anski* (seud. de S. S. Rapaport, 1863-1920), por medio de su versión al ing. *The dybbuk*. Rel.

dyin ár. (**ŷinn**, pl. **ŷunun**) 'yin', 'genio', ser sobrenatural, de orden inferior al angélico, que puede presentarse en forma humana. (1922: Giménez Caballero.) Rel.

e

eadem sed aliter lat. 'las mismas (cosas), pero de otro modo'. (1934: J. A. Maravall.)

eagle ing. 'menos dos' (1980: *País, LEst.*), lit.: 'águila'. Jugada de golf en que se ganan, en un hoyo, dos golpes menos que el *par*. (1980: García Candau.) Dep.

EAJ vasc. Siglas de *Eusko Alderdi Jeltzalea*, 'Partido Nacionalista Vasco', fundado (31 julio 1895) por Sabino Arana (†1903), bajo el lema *Jaungoikoa eta legi-zarra*, 'Dios y ley vieja'. Pol.

EAM gr. mod. Siglas de *Ethnikó Apeleftherotikó Métopo*, 'Frente Nacional de Liberación' (1944-45), cuyo brazo armado era el *ELAS*. Pol. → ELAS.

EAN ing. Siglas de *European Article Numbering*, 'Numeración Europea de Artículos', llamada corrientemente 'código de barras', para el control de existencias y pago de artículos, mediante lectura óptica. Su sede: en Bruselas. (1994: *País.*) Com.

eau de toilette fr. 'agua de tocador' (1995: Perf. Álvarez Gomez, Madrid), por 'agua de Colonia' y 'colonia'. Uso frecuente, en España, en envases de este producto, no en el habla. (1984: *País sem.*) Cosm. → TOILETTE.

écarté fr. 'ecarté' (Ac.), lit.: 'descartado'. Juego de naipes para dos jugadores en que el jugador puede descartar ciertas cartas y tomar otras del mazo. (1832: Larra.) Jue.

ecce cuniculi multi! lat. '¡mira, cuántos conejos!'. Frase de un cuentecillo tradicional, pronunciada por un estudiante tonto, a quien, estando de caza, advirtieron de que no hablase para no espantar los conejos. Y como se espantasen al decirla y le riñesen, respondió: «¿Quién había de pensar que los conejos sabían latín?». Se halla esta frase ya en la *Floresta española* (1574), de Melchor de Santa Cruz, y hasta en la zarzuela *El barberillo de Lavapiés* (1874). (1874: L. M. de Larra.)

ecce homo! lat. '¡he aquí al hombre!'. Palabras de Poncio Pilato (San Juan, 29, 5), según la Vulgata. (1841: *Sem. pint. esp.*) Rel.

écharpe fr. 'echarpe' (1915: *La Tribuna*; Ac.). Especie de chal (1832: Larra.) Indum.

echecoandre vasquismo. (1887: L. Coloma.) → ETXEKOANDRE.

echecojauná vasquismo. (1864: A. de Trueba.) → ETXE-KOJAUNA.

Echelon ing. 'Escalón': Organización y sistema de espionaje electrónico estadounidense. Proyectado en 1947, desarrollado de manera importante en los años setenta del siglo XX. No sólo se ocupa de captar información militar y política, sino también económica, etc. Dependiente de la *NSA*, Agencia Nacional de Seguridad, de EE.UU. Del fr. *échelon*. (2000: *País*.) Pol.

ecotage ing. 'ecotage'. Palabra construida sobre *eco(logy)*, 'ecología' y *(sabo)tage*, 'sabotaje'. Acción de sabotaje de los activistas ecologistas. (1977: *País*.) Pol.

écran fr. 'pantalla (cinematográfica). (1929: F. Ayala.) Cine.

ecu ing. (Ac.: 1992). Siglas de *european count unit*, 'unidad de cuenta europea', establecida, el 13 de marzo de 1979, por la Comunidad Económica Europea, como moneda suya, en función del producto nacional bruto de cada país de la CEE; con valor fijado diariamente; posteriormente se llegó a la interpretación *european currency unity*, 'moneda' o 'unidad de cambio europea' (1989: Ag. EFE), 'unidad monetaria europea', es decir, 'unidad monetaria del SME o Sistema Monetario Europeo'. Econ. → EURO.

écuyère fr. 'amazona', 'amazona circense'. (1850: A. Flores.)

edda isl. 'edda'. Colección o recopilación de antigua poesía escandinava sobre temas míticos y tradicionales hecha hacia 1280. Con el mismo título, hacia 1230, Snorri Sturluson reunió sus obras en prosa; lit.: 'abuela', según algunos. (1881: J. Valera.) Lit.

Edelweiss al. 'estrella de nieve' (1980: A. Ceballos), 'estrella de las nieves' (1995: TVE), 'flor de nieve', trad. del cat. *flor de neu* (1993: *Encicl. catal.*). Comp. de *edel*, 'gentil', 'noble', y *Weiss*, 'blancura'. En lat. cient., *Leontopodium alpinum*. (1900: A. Nervo.) Bot.

ederra, masc. **eder** vasc. 'hermosa'. (1987: Unamuno.)

effendi tur. (**efendi**) 'efendi' (Ac.). Tratamiento de respeto que se daba a los funcionarios turcos, y en general a toda persona de estudios. La transcripción ing. *effendi*, la al. y la fr. *efendi*. (1867: N. Fdez. Cuesta.)

EFTA ing. 'AELC'. Siglas de *European Free Trade Association* 'Asociación Europea de Libre Comercio'. Fundada en Estocolmo (4 de enero de 1960) por países europeos no integrados entonces en el Mercado Común: Austria, Dinamarca, Noruega, Gran Bretaña, Portugal, Suecia y Suiza, adhiriéndose después (1961) como miembro asociado Finlandia, y como miembro de pleno derecho (1970) Islandia. En 1973 abandonaron la *EFTA*, para integrarse en el Mercado Común, Dinamarca y Gran Bretaña; y en 1975, Austria, Suecia y Finlandia. (1978: *País*.) Econ.

EGI vasc. → EUSKO GAZTEDI INDARRA.

Egin vasc. 'Hacer'. Diario vasco *abertzale*, con vinculaciones, ideológicas al menos, con *Herri Batasuna* y *ETA*. Su primer número: 15 junio 1977; clausurado judicialmente en 1998; sucedido en el mismo año por *Gara*. Period. → HERRI BATASUNA; ETA; GARA.

ego lat. 'ego' (Ac.: 1992), 'yo'. Pertenece a la terminología psicoanalítica. Pero el fundador del psicoanálisis empleaba el al. *das Ich*, 'el yo'. *Ego* es trad. lat. de *das Ich* debida a los psicoanalistas anglosajones; introducido tardíamente en esp., ya que inicialmente se empleó 'yo'. (1939: R. J. Sender.) Psicoan.

ego sum qui sum lat. 'yo soy el que soy'. Palabras de Jehová a Moisés. (*Éxodo*, 3, 14). (1878: Galdós.) Rel.

ego sum via et veritas et vita lat. 'yo soy el camino y la verdad y la vida'. Palabras de Jesús (San Juan, 14, 6), según la Vulgata. (1905: R. Darío.) Rel.

ego te absolvo lat. 'yo te absuelvo'. Palabras con que el confesor da la absolución en el ritual romano. (1886: R. Darío.) Rel.

Egunkaria vasc. 'Egunkaría', 'Diario'. Period. → EUSKALDUNON EGUNKARIA.

egun on vasc. 'buenos días', lit.: 'buen *(on)* día *(egun)*'. Salutación. (1897: Unamuno.)

eheu! fugaces labuntur anni lat. 'ay, rápidos se deslizan los años'. En ext.: *eheu, fugaces, Posthume, Posthume, labuntur anni*, 'ay, rápidos, Póstumo, Póstumo, se deslizan los años'. De Horacio (*Odas*, 2, 14, 1). (1772: Cadalso.) Lit.

EIA vasc. Siglas de *Euskal*, 'Vasca', *Iraultzarako*, 'de la Revolución', *Alderdi*, 'Partido', 'Partido de la Revolución Vasca'. Nació como partido tras la conferencia de prensa (San Juan de Luz, sep. 1976) de *ETA* político-militar, a la que estuvo algo vinculada (así como la *KAS* o *ETA* militar). En 1977 se presentó como partido a las primeras elecciones democráticas de la Monarquía española, alejándose de la violencia y el ultranacionalismo. El germen de *EIA* fue la ponencia «Otxagabia» de *Pertur* (Moreno Bergareche), creador de *ETA* político-militar. En junio de 1981 desaparece, integrándose en *Euskadiko Ezkerra*. (1979: *D. 16*.) Pol.

eidos gr. 'idea'. (1936: Zubiri.) Fil.

Einfühlung al. 'proyección sentimental' (Ovejero y Mauri), 'endopatía' (F. Vela), 'empatía'. El sentimiento que proyectamos en las cosas bellas. Concepto estético adoptado por Th. Lipps (1913), siguiendo a Herder (1750-1758), sobre la identificación del sujeto y del objeto. (1912: Pérez de Ayala.) Fil.

Einigkeit und Recht und Freiheit al. 'Concordia y legalidad y libertad'. Comienzo actual del himno de Alemania, desde la derrota del nazismo (1945). (1992: *País*.) Pol. → DEUTSCHLAND, DEUTSCHLAND ÜBER ALLES.

ein Reich, ein Führer, ein Volk al. 'un Estado, un Jefe, un Pueblo'. Eslogan totalitario nacionalsocialista, imitado en España, durante el régimen franquista, así: 'una Patria, un Estado, un Caudillo'. (1996: *Tribuna*.) Pol.

Eintracht al. 'Concordia'. Nombre de un club de fútbol de Frankfurt. Dep.

Éire gaél. 'Éire'. Fue nombre oficial (1937-1949) de Irlanda, que siguió al de *Irish Free State*, 'Estado Libre Irlandés' (1922- 1937), actualmente *Republic of Ireland*. Pol.

Eixample cat. 'Ensanche' (1861: Ild. Cerdá). Zona de ampliación urbana de Barcelona, iniciada en 1860, ideada por el urbanista Ildefonso Cerdá (1815-1876).

ekintza vasc. 'acción'. Eufemismo militar, por 'atentado', con que los etarras denominan sus acciones terroristas. (1992: *País*.) Pol.

ekumene gr. (**oikoumene**) 'ecúmene' (1926: Ortega; Ac.: 1922), 'ecúmeno' (1929: E. d´Ors), 'comunidad'. En ext.: *oikoumene ge*, 'la tierra *(ge)* habitada *(oikoumene)*'. (1926: Ortega.)

ELA vasc. 'STV'. Siglas de *Eusko Langileen Alkartasuna*, 'Solidaridad *(Alkartasuna)* de Trabajadores *(Langileen)* Vascos *(Eusko)*', organización sindical nacionalista vasca, fundada en 1911. Pol.

El Al hebr. 'Hacia el Cielo', 'A lo Alto'. Nombre de la compañía aérea civil de Israel, ideado (1948) por David Remez, ministro de Transportes de Israel entonces, inspirándose en el bíblico Libro de Oseas (11, 7). *El Al* se subllama en ing. *Israel Airlines*, 'Líneas aéreas de Israel'. Transp. a.

élan fr. 'impulso', 'empuje'. (1920: Baroja.)

élan vital fr. 'impulso vital'. Expresión acuñada por Henri Bergson en *L´évolution créatrice* (1907). Según Bergson, la evolución de las especies vivas, la vida, sólo es posible si las variaciones están coordinadas entre sí y de acuerdo, además, con el medio; su transmisión y progreso manifiestan en ella un *élan* o impulso; la complicación del organismo dibuja los obstáculos que hubo de superar para constituirse. (1919: Baroja.) Fil.

ELAS gr. mod. Siglas de *Ethnikós Laikós Apeleftherotikós Stratós*. 'Ejército Popular Nacional de Liberación Nacional', brazo armado del *EAM* (1944-45). Ej. → EAM.

electro ing. 'electro'. Abrev. de *electronic*, 'electrónico', abrev. a su vez de *electro-funk* o de *electro-rap*. Estilo musical surgido (1982) en Nueva York, con la pieza *Planet Rock*, del pinchadiscos Afrika Bambaataa. Esta pieza fue elaborada con una caja de ritmos y el sampleo de la pieza *Trans Europe Express*, del grupo alemán Kraftwerk. Se caracteriza por una rítmica primaria, sintética y sincopada. (1998: *País, Tentaciones*.) Mús. → FUNK; RAP.

electroshock ing. 'electrochoque' (Ac.). Tratamiento psiquiátrico, de la esquizofrenia principalmente, ideado en 1938 por el Dr. Ugo Carletti, italiano. (1976: *País*.) Med.

elepé anglicismo. (Ac.: 2001). Deletreo esp. de las siglas *LP*, del ing. *Long Play*, 'Larga Duración'. (1979: Ruiz Tarazona.) → LONG PLAY.

elevador anglicismo. Del ing. *elevator*, 'ascensor'. En uso en Cuba (1923: F. Ortiz, Cu.) y en México (1978: Carlos Fuentes, Méx.), así como 'elevadorista' (1979: A. Azuela, Méx.) por 'ascensorista'.

elevated (railroad) ing. '(ferrocarril) alzado o elevado' sobre las calles de la ciudad, por ej., el que existe en Nueva York. (1932: Jardiel Poncela.) Transp. t.

Eli, Eli, lamma sabacthani! arameo. '¡Dios mío, Dios mío, por qué me has abandonado!'. Palabras de Jesús en la cruz (San Mateo, 27, 46), según la Vulgata. Rel.

élite fr. 'élite' (Ac.) y 'elite' (Ac.: 2001), 'minoría selecta', 'la flor y nata'. (1893: U. Glez. Serrano.)

el-jamdul-lah fr. (1870: J. Goytisolo.) → ALHAMDULIL-AH.

Elkarri vasc. 'Movimiento (de uno a otro)' para el diálogo y el acuerdo, surgido (enero 1993) entre simpatizantes de las posiciones políticas de *Herri Batasuna*, *KAS* y *ETA* para posibilitar un entendimiento pacífico con el Estado español. (1993: *D. 16*.) Pol.

els altres catalans cat. 'los otros catalanes'. Expresión divulgada por un libro de Francisco Candel (1964) sobre los ciudadanos catalanes que no lo son de origen, sino llegados de otras regiones de España. (1982: García Márquez, Col.) Pol.

Els Joglars cat. 'Los Juglares'. Compañía catalana de teatro independiente, satírico. Fundada (1962) y dirigida por Albert Boadella. Tea.

Els Països catalans cat. → PAÏSOS CATALANS.

Els Quatre Gats cat. 'Los Cuatro Gatos'. Nombre de un café literario y artístico de Barcelona, de la calle de Montesión, fundado por Pere Romeu (1897), donde Picasso expuso (1899) por primera vez sus obras; y de una revista artístico-literaria que allí tuvo su origen (1899). Frecuentado además por los pintores Rusiñol, Casas y Nonell. Arte.

Els segadors cat. 'Los segadores'. Himno nacional catalán. Adopción de un canto popular, *Cant dels Segadors* (1640), anticastellano, contra la política centralista de Felipe IV, durante la guerra de Cataluña (1640-1652). (1919: J. Senador.) Pol.

Els Setze Jutges cat. 'Los Dieciséis Jueces'. Grupo que promovió el nacimiento de la *nova cançó* catalana en 1961. Este nombre deriva del trabalenguas *setze jutges mengen fetge d'un pentjat*, 'dieciséis jueces comen hígado de un ahorcado'; propuesto, por su dificultad para los no catalanes, por Josep M.ª Espinás. Mús. → SETZE JUTGES MENGEN FETGE D'UN PENTJAT.

e-mail ing. 'e-mail', pero también se oye 'i-meil' e irónicamente 'emilio' (1998: Iñ. Gabilondo). Abrev. de *electronic mail*, 'correo electrónico' (1998: Cadena SER). Sistema de intercambio de mensajes entre usuarios de ordenadores mediante redes de intercomunicación como *Internet*; inventado (1971) por el estadounidense Ray Tomlinson. (1995: ATI.) Inform.

emakume vasc. 'mujer' pero con matiz nacionalista (frente al corriente *andere*), esto es, perteneciente al movimiento

Emakume Abertzale Batza (1922), 'Asamblea Patriota de Mujeres', rama del PNV, inspirada en el *Cumman nan Ban* irlandés. (1931: *Crónica*.) Pol.

embarras du choix fr. → L'EMBARRAS DU CHOIX.

emir al-muminín ár. 'príncipe de los creyentes', 'miramamolín'. Rel.

EMK vasc. Siglas de *Euskal Mugimendu Komunista*, 'Movimiento Comunista Vasco'. Unido a la *LKI* en marzo de 1991. (1991: *País*.) Pol.

Emmental germanismo fr. '(queso) Emmental' o 'emmental'. Con referencia a su lugar de origen, el valle (en al. *Tal*) de Emmen, cercano a Berna (Suiza). En al. este queso se llama *Emmentaler*, 'emmentalés', y en ext.: *emmentaler Käse*, 'queso emmentalés'. Es queso de leche de vaca, de pasta densa, dorada, y con grandes agujeros o bolsas de aire, ocasionadas por el ácido propiónico. Gastr.

Emmy ing. 'Emmy'. Estatuilla, análoga al *Oscar* en cine, que la *Academy of Television Arts and Sciences*, 'Academia de las Artes y Ciencias de Televisión', entrega, desde 1949, a los premiados con el *Emmy Award*, 'Premio Emmy', por sus méritos en el campo de la TV. *Emmy* es hipocorístico del nombre fem. *Emma*. TV.

en avant fr. 'adelante'. (1859: Alarcón.)

encant, pl. **encantes** cat. 'encante' (1799: A. de Capmany; Ac.), 'baratillo' (M. Seco). Venta pública o particular o almoneda de bienes. Com.

encore! fr. '¡otra más!'. Petición del público en las audiciones musicales. (1997: José Carreras.) Mús.

encriptar anglicismo. Del ing. *to encrypt*, 'cifrar', 'poner en cifra'. Tratamiento de los datos informáticos de un ordenador mediante una clave o cifra para impedir que otro que no sea el destinatario pueda leerlos. (1898: Cadena SER.) Inform.

endiñar caló. 'dar' y 'golpear con violencia'. (1836: Mesonero.)

ene vasc. 'ené' (1892: Unamuno), 'ea', 'vaya'. (1966: M. de la Escalera.)

enfant du siècle fr. 'hijo del siglo'. Su difusión se debe al libro *Confession d'un enfant du siècle* (1836), de Alfred de Musset. (1871: Palacio Valdés.)

enfant gâté fr. 'niño mimado' (1835: Larra.)

enfant terrible fr. 'chico terrible, desconsiderado'. Su difusión se debe, primero, a la serie de grabados *Les enfants terribles*, de Gavarni (1804-1866) y, después, a *Les enfants terribles* (1929), relato de Jean Cocteau. (1884: *Clarín*.)

enfin seuls! fr. '¡al fin solos!'. Su difusión se debe al cuadro *Enfin seuls!*, de Émile Toffano, expuesto en el Salón de París de 1881. Arte.

engagé fr. 'comprometido'. (1965: F. Ayala.) Lit. → ENGAGEMENT.

engagement fr. 'compromiso'. Con referencia al arte y el pensamiento y, principalmente, al papel social y político de la literatura. En este sentido se empleó por primera vez en 1933 por Jean Guéhenno. Propugnador del compromiso social y político del escritor fue J.-P. Sartre durante la Resistencia y la posguerra de la Segunda Guerra Mundial. (1971: F. Ayala.) Lit.

English only ing. 'Sólo inglés'. 1) movimiento iniciado (1981) por el senador estadounidense Hayakawa contra el bilingüismo en la escuela, es decir, contra el español. (1991: *País*.) Educ. 2) nombre con que es conocido un proyecto de ley aprobado (1 agosto 1996) por el Congreso de EE.UU. para establecer la obligatoriedad del inglés, sólo el inglés, en los documentos y debates oficiales. Pol.

english spoken ing. 'se habla inglés'.

engobe fr. 'engalba' (1940: M. Gómez Moreno). Pasta cerámica fina, añadida después de formada la vasija, en su exterior. (1989: Arturo Luna.)

ENI it. Siglas de *Ente Nazionale Idrocarburi*, 'Ente Nacional de Hidrocarburos', organismo estatal italiano que controla los productos petrolíferos. (1987: *País*.) Pol.

en mente latinismo. Mero calco del lat. *in mente*, 'en la mente'. (1995: Perico Delgado.) → IN MENTE.

En-Nahda (o **An-Nahda**) ár. 'Renacimiento'. 1) nombre que recibió el resurgimiento cultural árabe del s. XIX; 2) nombre del movimiento islamista de Túnez en la actualidad. (1991: Gema Muñoz.) Pol.

Enola Gay ing. Nombre con que es conocido el avión B-59, estadounidense, que lanzó (6 agosto 1945) la bomba atómica, llamada *Little Boy*, 'Chico pequeño', que destruyó Hiroshima. El teniente coronel Paul W. Tibbets, que mandaba el *Enola Gay*, adoptó para su avión estos dos nombres de pila, que eran los de su madre. Ej.

Enosis gr. 'Reunión'. Movimiento político que propugnaba la reunión o reunificación política de Chipre y Grecia, tras la Segunda Guerra Mundial. Pol.

en petit comité fr. 'en reunión pequeña', 'entre pocos asistentes'. (1866: Galdós.)

en plein air fr. 'al aire libre'. → PLEIN AIR.

enquête fr. 'encuesta'. (1905: *El Teatro*.)

enragé fr. 'rabioso', 'furibundo'. (1882: M. Cané, Arg.)

entente fr. 'entente' (1998: Cadena SER; Ac.: 2001), 'entendimiento', 'acuerdo', coloq. 'entente'. (1905: A. Nervo.)

(Triple) Entente fr. '(Triple) Entendimiento'. Entre Inglaterra, Francia y Rusia (1924), frente a Alemania. Pol.

Entente cordiale fr. 'Entendimiento cordial'. Con referencia al entendimiento a que se llegó entre Francia e Inglaterra para resolver sus diferencias sobre África en 1904. Pero el origen de esta expresión —con referencia a las relaciones entre Francia a Inglaterra— es anterior: se halla en el discurso del trono (27 diciembre 1843) del rey Luis-Felipe de Francia; incluso se cree que es trad. de una frase anterior (*a cordial good understanding*, 'un cordial y buen entendimiento') de Lord Aberdeen sobre las relaciones francoinglesas. (1913: R. Darío.) Pol.

entertainer ing. 'entretenedor', 'animador'. (1955: F. Ayala.) Tea. → ENTERTAINMENT.

entertainment ing. 'función', 'entretenimiento', 'diversión'. Se aplica, como característica suya, a todo espectáculo o función teatral. Es término popularizado por la canción *This is entertainment*, del estadounidense Cole Porter. (1981: *Ya.*) Tea.

entourage fr. 'entorno', 'acompañamiento'. (1875: J. I. Caso.)

entrechat fr. 'trenzado de pies'. Es un paso de *ballet*. (1980: F. Díaz-Plaja.) Baile.

entrecôte fr. 'entrecot' (Ac.: 1992), 'entrecó' (M. Seco), 'entrecuesto'. Es el trozo de carne de vaca cortado entre dos costillas. (1987: A. Muro.) Gastr.

entrefilet fr. 'entrefilé', 'entrefilete' (1932: R. J. Sender), 'suelto' (1868: F. Villalba). Unas o pocas líneas intercaladas en la página de un periódico, entre dos textos no conexos. (1868: *Alm. Museo Universal.*) Period.

enxebre gall. 'puro', 'genuino', 'castizo'. (1924: Valle-Inclán.)

EOKA gr. mod. Siglas de *Ethnikí Organosi Kypriotikú Aghona* (o *Apeleftherosis*), 'Organización Nacional de Lucha (o Liberación) Chipriota', de inspiración griega, que en los años cuarenta y cincuenta luchó contra la dominación inglesa de Chipre. (1992: J. Goytisolo.) Pol.

épanouissement fr. 'florecimiento', 'floración'. (1926: Ortega.)

épatant, fem. **épatante** fr. 'que causa estupefacción'. (1900: A. Nervo.)

épater le bourgeois fr. (1990: A. Nervo.) → POUR ÉPATER LE BOURGEOIS.

e pluribus unum lat. 'uno (hecho) de muchos' o 'uno (hecho) de varios'. Lema inscrito en el escudo de EE.UU. Procede de San Agustín (*Confesiones*, 14, 8, 3). (1994: *País.*) Pol.

epos gr. 'épica', 'poema épico', 'narración'. (1934: E. d´Ors.) Lit.

eppur si muove! it. '¡y sin embargo se mueve!'. Frase de Galileo ante la Inquisición cuando (22 de junio de 1633) le obligaba a abjurar de su tesis, de que la Tierra se mueve alrededor del Sol. No aparece en ningún escrito de la época, sino tardíamente, en la *Biblioteca italiana* (1757) de Giuseppe Baretti. (1860: J. Valera.) Astr.

équipier fr. 'futbolista'. (1929: Antonio Gay.) Dep.

ERASMUS ing. Acrónimo de *European Community Action Scheme for the Mobility of Univerity Students*, 'Plan de acción de la Comunidad europea sobre intercambio y movimiento de estudiantes universitarios', creado (1987) para favorecer el reconocimiento de títulos, la concesión de becas, etc. (1989: J. Marcelo.) Educ.

eray caló. 'caballero'. (1881: Machado y Álvarez.)

ERC cat. Siglas de *Esquerra Republicana de Catalunya*, 'Izquierda Republicana de Cataluña', partido separatista, resultado de la fusión (1931) del *Partit Republicà Català*, de Lluìs Companys y Marcelino Domingo, el *Estat Català*, de Francesc Macià, y el grupo *L'Opinió*. Pol.

erdera vasc. 'lengua extraña', pero con referencia peyorativa y especial a la española. Etimológicamente, 'media lengua'. (1891: Unamuno.) Ling.

Eretz Yisrael hebr. 'Tierra de Israel'. Con referencia a la extensión de Israel en los tiempos bíblicos. Puede tener un sentido reivindicativo y expansionista actualmente. (1982: C. Mendo.) Pol.

Erez Israel hebr. (1923: Concha Espina.) → ERETZ YISRAEL.

erg intern. (fr., ing., al.). 'ergio' (Ac.). Unidad de trabajo, en el sistema cegesimal. Adoptado en la terminología científica internacional. Del gr. *ergon*, 'trabajo'. Fís.

ergo lat. 'ergo' (Ac.), 'por consiguiente'. Introduce la conclusión del silogismo, en la lógica escolástica. (1726: Feijoo.) Fil.

Erin gaél. 'Erín' (1862: A. de Trueba). Antiguo nombre de Irlanda, divulgado por los poemas del falso bardo Ossian (James Macpherson, 1736-1796.) Lit.

Er.N.E. vasc. Siglas de *Ertzainen Nazional Elkartasuna*, 'Solidaridad Nacional de Policías'. Sindicato independiente. (1989: *Interviú*.) Pol.

errare humanum est; perseverare autem diabolicum lat. 'errar es humano; pero perseverar (en el error es), además, diabólico'. Fórmula medieval contra los herejes. (1893: Curros Enríquez.) Rel.

erreguiña vasquismo **(erregina)**. 'reina'. (1909: Baroja.) Pol.

Ersatz al. 'sucedáneo'. Su difusión se debe a la Primera Guerra Mundial y a la posguerra, tiempo en que en Alemania surgieron muchos sucedáneos, principalmente de artículos alimenticios, debido a la escasez. (1942: J. Plá.) Gastr.

ertzaina vasc. 'erchaña', 'vigilante *(zaina)* o policía autonómico vasco'. (1937: *Gudari*.) Pol.

Ertzaintza vasc. 'Erchancha', 'Policía'. Cuerpo de policía, creado en 1936, con el primer Estatuto de Euskadi. Resucitado en octubre de 1982, por el segundo Estatuto o Estatuto de Guernica. (1982: *País*.) Pol.

escafandra autónoma. Adaptación en esp. del ing. *aqualung*. → AQUALUNG.

escalivada cat. 'escalibada' (1992: J. Marsé). Del cat. *escalivar*, 'asar'. Plato de cocina consistente en cebollas cortadas en gajos y berenjenas cocidas en rescoldo, pimientos asados, huevos duros, salsa vinagreta y perejil picado. El *DRAE* trae, aunque restringido a Aragón, 'escalibar', del que podemos derivar 'escalibada'. (1976: *País*.) Gastr.

escalope fr. 'escalope' (Ac.); 'escalopa' (1950: F. Marqués) es un catalanismo. Del ing. *scallop*, lit.: 'concha', 'venera'. (1876: Castro y Serrano.) Gastr.

escamot cat. 'pelotón', 'grupo'. Los *escamots* fueron el brazo armado del movimiento *Estat Català*, fundado por Francesc Macià (1922); capitaneado por Josep Dencàs en los años treinta. Tuvo su origen entre los exiliados catalanes, en Francia, a consecuencia de la dictadura del general Primo de Rivera. Se caracterizaban por vestir camisa verde. (1933: E. d´Ors.) Pol.

escangalhada port. 'descangallada', 'desvencijada', 'enflaquecida'. (1912: R. Darío: *descangalhado*.)

escudella cat. 'escudella', 'escudilla'. Plato de cocina consistente en verdura, patatas, fideos gordos y arroz, todo ello cocido en caldo de carne, llamada *carn d´olla*, 'carne de olla o puchero'. (1897: A. Muro.) Gastr.

escudería italianismo. → SCUDERIA.

esfoyaza bable. 'esfoyaza' (Ac.), 'deshoja' (en Cantabria). Reunión de personas para deshojar y enristrar las panochas de maíz. (1903: Palacio Valdés.) Agric.

eskerrik asko vasc. 'muchas gracias'; lit.: 'en agradecimiento *(eskerrik)* mucho *(asko)*. (1897: Unamuno.)

esnifar anglicismo. (Ac.: 2001). 'sorber o aspirar por la nariz cocaína'. (1998: Maruja Torres.) → SNIFF.

espadela gall. 'espadilla' con que se bate el cáñamo y el lino. (1913: Valle-Inclán.) Text.

espatadantza vasc. 'espatadanza', 'danza de las espadas'. Baile.

espatadantzari vasc. 'espatadanzari', 'danzante de espada'. Baile

espatadanza vasquismo. (1904: Blasco Ibáñez.) Baile. → ESPATADANTZA.

espatadanzari vasquismo. (1928: Grandmontagne.) Baile. → ESPATADANTZARI.

esperanto esperanto. 'esperanto' (Ac.). Lengua internacional artificial inventada (1887) por el *doktoro Esperanto*, esto es, el Dr. L. L. Zamenhof (1859-1917); lit.: 'el que espera' o 'el que tiene esperanza'. (1915: Unamuno.) Ling.

espetec cat. 'longaniza (catalana)'. Sinón. comarcal del cat. *fuet*. Difundido en contextos españoles en los años noventa. Gastr. → FUET.

espid anglicismo. (1992: V. León.) → SPEED.

espidbol anglicismo. (1992: V. León.) → SPEEDBALL.

espion fr. 'espión' (Ac.), voz que ya no se usa, sino 'espía'. Sin embargo, persiste la huella de 'espión' en el deriv. 'espionaje'. Del it. *spione*. (1816: J. B. Arriaza.) Ej.

espresso it. 'esprés' (Ac.: 1992). Modalidad de preparación del café, rápida y al vapor; en ext.: *caffé espresso*. (1980: F. Mellizo.) Gastr. → EXPRESS.

esprit fr. 'espíritu', 'ingenio' (1993: Ortega Spottorno), 'carácter', 'esencia', 'quintaesencia' (1986: A. del Hoyo), según los casos. (1782: Forner.)

ESPRIT ing. Acrónimo de *European Strategic Program for Research and Development in Information Technologies*, 'Programa

Estratégico Europeo sobre Investigación y Desarrollo de Tecnologías de Información'. (1989: Julián Marcelo.) Inform.

Esprit fr. 'Espíritu'. Revista renovadora del pensamiento cristiano, fundada (1932) por Emmanuel Mounier (1905-1950). Durante la *Résistance* contra el nazismo, representó a los cristianos *engagés*, 'comprometidos'. Fil.

esprit de corps fr. 'espíritu corporativo', lit.: 'espíritu de cuerpo'. (1991: Jav. Marías.)

esprit de finesse fr. 'espíritu de finura', 'espíritu de agudeza'. Sirve para penetrar viva y profundamente en las consecuencias de los principios, frente al *esprit de géometrie*, 'espíritu de geometría', que abarca y razona los principios, según la distinción hecha por Blaise Pascal. (1993: A. Elorza.) Fil. → ESPRIT DE GÉOMETRIE.

esprit fort fr. 'inconformista', 'iconoclasta', lit.: 'espíritu fuerte', es decir, todo aquel que tiene a gala no creer en materia de religión o que se caracteriza por sus opiniones o costumbres desafiantes. (1840: Espronceda.)

esprit gaulois fr. 'espíritu galo', 'ingenio galo', 'carácter galo', pero muy marcado. (1915: R. León.)

esprit de géométrie fr. 'espíritu de geometría', es decir, el que abarca y razona los principios, según Blaise Pascal, frente a *esprit de finesse*. (1995: García Añoveros.) Fil. → ESPRIT DE FINESSE.

esprit nouveau fr. 'espíritu nuevo', en las artes y en las letras, opuesto al establecido, representado en Francia por la revista *L'Esprit Nouveau*, fundada en 1921. Pero anteriormente, famosa frase de Eugène Spuller (1835-1906), político amigo de Gambetta; aunque republicano y laico preconizó un *esprit nouveau*, de reconciliación, en la política religiosa de la República. (1921: G. de Torre.)

esprit parisien fr. 'espíritu, ingenio o carácter parisiense'. (1925: G. de Torre.)

esqueixada cat. 'esquejada', 'ensalada de hebras (de bacalao o atún)', añadida de tomate, aceitunas, etc. Del cat. *esqueix*, 'hebra arrancada'. (1994: *País*.) Gastr.

Esquerra Republicana cat. Pol. → ERC.

esse est percipi lat. 'ser es ser percibido'. Doctrina filosófica empirista del inglés George Berkeley (1685-1753). (1912: Unamuno.) Fil.

Esso ing. Nombre abrev. de *Esso Petroleum Co.*, formado por el deletreo de *S* y *O* de *Standard Oil (Co. of New Jersey)* una de las petroleras llamadas «las siete hermanas». Por cuestiones legales, en algunos de los EE.UU., desde 1973, *Standard Oil*, es decir *Esso*, pasó a llamarse *Exxon*, aunque con cierta proximidad a *Esso*. Petroq.

establishment ing. 'orden establecido', 'orden existente', 'establecimiento' (1994: Vargas Llosa, Pe.), 'régimen', 'sistema'. (1974: López Pacheco). Pol.

estaribé caló. 'cárcel'. Otras formas: *estaribel, estaripel*. (1882: Rodríguez Marín.)

estaribel caló. (1928: Valle-Inclán.) → ESTARIBÉ.

Estat Català cat. 'Estado Catalán'. Movimiento nacionalista (1922) dirigido por Francesc Macià, desde su exilio en Francia, durante la dictadura de Primo de Rivera. Proclamado efímeramente en Cataluña el 14 de abril de 1931. Su ideología ha sido asumida después por el partido *Esquerra Republicana*. Pol. → ERC.

Estatut de Sau cat. 'Estatuto de Sau'. Llamado así por el nombre de la localidad donde fue redactado por una comisión de parlamentarios catalanes en junio de 1978, ratificado en referéndum el 25 de octubre de 1979; y también para diferenciarlo del anterior *Estatut* aprobado por la República española en 1932, abolido por Franco al ocupar Cataluña en 1939. Pol.

est deus in nobis lat. 'hay un dios en nosotros'. En ext.: *est deus in nobis; agitante calescimus illo*; 'hay un dios en nosotros; cuando él se agita, nos enardecemos'. De Ovidio (*Fastos*, 6, 5). (1726: Feijoo.)

esthéticien, fem. **esthéticienne** fr. 'esteticista' (Ac.: 1992). Quien tiene por profesión cuidar del embellecimiento del cuerpo humano, principalmente el rostro. (1962: *Ya.*) Cosm.

est modus in rebus lat. 'hay medida en las cosas', 'nada en exceso'. De Horacio (*Sátiras*, 1, 1, 106).

estudio anglicismo. (Ac.: 1992.) → STUDIO.

E. T. ing. Siglas de *E(xtra)t(errestrial)*, 'Extraterrestre'. Popularizadas por el filme *E. T.* (1982), del estadounidense Steven Spielberg.

ETA vasc. Siglas de *Euskadi ta Askatasuna*, 'Euskadi y Libertad'. Organización surgida en 1959, formada originariamente por jóvenes separados del PNV, quienes se entregaron a la lucha armada contra el Estado español a partir de 1961, adquiriendo con el tiempo un ideario mezcolanza de independentismo, racismo y marxismo. En su IV Asamblea establecieron la teoría de la acción-represión. En posteriores asambleas adoptaron otras tácticas, acabando por confundir la lucha armada con la extorsión y el asesinato. Pol.

étagère fr. 'aparador'. Porque tiene *étages*, 'tablas estantes'. También 'estantería' (h. 1915: Manuales Soler.)

et alii lat. 'y otros (autores)'; abrev. *et al.* Se emplea en referencias bibliográficas principalmente. (1998: F. Savater.) Biblio.

etalonado galicismo. Deriv. del fr. *étalonner*. Operación (*étalonnage*) que consiste en uniformar diferentes tomas cinematográficas, ajustando los colores, luces, etc. a un mismo *étalon*, 'patrón' o 'modelo', para que no se note que se han hecho en momentos y circustancias diferentes. (1990: TVE.) Cine.

etarra vasc. 'etarra' (Ac.), 'miembro de *ETA*'. Pol. → ETA.

et caetera lat. 'y las demás (cosas o asuntos)'. (1928: E. d´Ors.)

(l´) eterno dolore it. 'el eterno dolor'. Del verso de Dante (*Inf.*, III, 2): *per me si va nell´eterno dolore*, 'por mí se va al eterno dolor'. (1953: *La Codorniz*.)

ethos gr. 'carácter'. (1926: Ortega.) Fil.

etiam ruinae periere lat. 'también las ruinas perecieron'. De Lucano (*Farsalia*, 9, 969), al describir la visita de César a las ruinas de lo que fue Troya. (1949: A. del Hoyo.) Lit.

et in Arcadia ego! lat. '¡también yo (viví) en Arcadia!', es decir, '¡también yo conocí las delicias de vivir en Arcadia!'. Título de un cuadro del pintor francés Poussin (1594-1665). Ésta es la interpretación generalizada. Frente a ella, Erwin Panofsky establece ésta: 'Yo (la Muerte) también existo en Arcadia', es decir, también en la Arcadia utópica y feliz existe la Muerte; y señala que el primero en utilizar la frase *(et ego in Arcadia)* fue G. F. Guercino, en su cuadro *La muerte en Arcadia* (1621), atribuido a Bartolomeo Schidone (1570-1615). (1868: Galdós.) Pint.

et nous, les basques, nous ne datons plus! fr. '¡pero nosotros, los vascos, no datamos!'. Frase, según J. Michelet, de un vasco a un Montmorency que se gloriaba de que su estirpe databa del siglo VIII. (1925: Unamuno.)

et nunc et semper lat. 'y ahora y siempre'. En ext.: *sicut erat in principio et nunc et semper*, 'como era en el principio, ahora y siempre'. Del Salmo 42, propio de la misa de los Catecúmenos, *Judica me*, 'Júzgame', en el ritual romano. (1918: *Azorín.*) Rel.

et passim lat. 'y en otros lugares'. Notación de consulta bibliográfica. (1976: C. P. Otero.) Biblio.

et pour cause fr. 'con motivo', 'por su cuenta y razón'. (1904: R. Darío.)

être à la page fr. 'estar al día', 'estar al corriente', 'estar al tanto', lit.: 'estar en la página (debida)', con referencia a un libro abierto. → À LA PAGE.

et reliqua lat. 'y las restantes (cosas)', en sentido semejante al de *et caetera*. (1758: P. Isla.)

et sic de caeteris lat. 'y así de todas las restantes (cosas)'. (1793: Cadalso.)

e tutti quanti it. 'y cuantos más', 'y todos sin excepción'. Se emplea para dar término a una enumeración. (1896: I. de Genover.)

etxekoandre vasc. 'ama de la casa'. De *etxeko*, 'de casa', y *andre*, 'señora'. (1978: A. Elorza.) → ECHECOANDRE.

etxekojauna vasc. 'amo de la casa'. De *etxeko*, 'de casa', y *jaun*, 'señor'. (1978: A. Elorza.) → ECHECOJAUNÁ.

etymo gr. 'étimo' (Ac.). Sentido primero y forma primera de una palabra. (1933: Ortega.) Ling.

eucalyptus lat. cient. 'eucalipto' (Ac.). (1884: *Clarín*.) Bot.

eudaimonía gr. (1986: E. Lledó.) → EUDEMONÍA.

eudemonía grecismo. (**eudaimonía**). 'felicidad'. Término puesto en boga por las trad. de las obras de Arthur Schopenhauer, aunque el gran teórico de la eudemonía fue Aristóteles. Fil.

EURATOM ing. Palabra formada sobre *Eur(opean) Atom(ic) Energy Community)*, 'Comunidad Europea de Energía Atómica'. Tratado firmado (1957) en la Conferencia de Roma, por Benelux, Alemania Federal, Francia e Italia, al mismo tiempo que el tratado de la Comunidad Económica Europea. En 1972 se incorporaron Gran Bretaña, Irlanda y Dinamarca (*de facto* en 1973). Pol.

eureka! gr. '¡eureka!' (Ac.: 1992), lit.: '¡lo hallé!', '¡di con la respuesta!'. Palabra de Arquímedes al descubrir el principio de la hidrostática cuando estaba bañándose. (1868: *Alm. Museo Universal*.) Fís.

EUREKA ing. Acrónimo de *European Research Coordination Agency*, 'Agencia de Coodinación de la Investigación Europea'. Iniciativa (1985) del presidente francés François Mitterrand, como alternativa europea, no comunitaria, paralela, pero civil, a la *SDI* propuesta (1985) por el presidente Reagan, de EE.UU. (1989: J. Marcelo.) → SDI.

euribor internacional. 'euríbor' (1999: Cadena SER). Tipo de interés de referencia para el mercado hipotecario en la zona del euro, es decir, en la Comunidad Europea, propuesto en 1998. Es palabra formada analógicamente sobre el modelo ing. *Libor*, con *eur(o) i(nter) b(ank) o(ffered) d(ate)*. (1998: *País, Neg.*) Econ. → LIBOR.

euro internacional. (Ac.: 2001). Nombre de la moneda única y común para toda la Unión Europea, propuesto por el canciller alemán Helmut Kohl y acordado por el Consejo de Europa en la reunión (15 diciembre 1995), de Madrid, bajo la presidencia de Felipe González, presidente del gobierno de España. Comenzó a utilizarse el 1 de enero de 1999 por algunos países de la Unión y se generalizó su uso en el año 2002. Num. → ECU.

Europol ing. Abrev. *European Police*, 'Policía europea'. Institución, creada en 1992, por el Tratado de Maastricht, con sede en La Haya, para servicio de las policías europeas. Es construcción semejante a *Interpol*. Pol.

Eurostar ing. En ext.: *European Star*, 'Estrella europea'. Nombre del tren ferroviario que une a Inglaterra y Francia por el túnel del canal de La Mancha, inaugurado en 1994. Transp. t.

Euskadi (ahora; anteriormente **Euzkadi**) vasc. 'País vasco'. Palabra no tradicional, creada (1894) por Sabino Arana para designar el 'país' o 'conjunto *(-di)*' 'vasco *(euska)*', con connotación política nacionalista. Anteriormente se usaba *Euskal Herria*, 'Euscalerría' (1919: Unamuno), denominación adopt. actualmente por el izquierdismo *abertzale* para diferenciarse del nacionalismo católico derechista del PNV. Geogr. pol. → EUSKAL-HERRIA.

Euskadi askatuta vasc. 'País vasco libre'. 'Vasconia libre'. Lema del nacionalismo vasco. (1931: Unamuno.) Pol.

Euskadi buru batzar vasc. 'Junta suprema de Euskadi', órgano superior del Partido Nacionalista Vasco. De *buru*, 'cabeza', y *batzar*, 'junta', 'unión'. (1978: *D. 16*.) Pol.

Euskadiko Eskerra vasc. 'Izquierda *(Eskerra)* de *(-ko)* Euskadi'. Partido izquierdista nacionalista vasco, creado en los años setenta y que en 1981 absorbió a *EIA* y en 1982 a parte del Partido Comunista vasco; incorporado al PSOE en 1993. Pol. → EUSKAL ESKERRA.

Euskal Batasuna vasc. 'Unidad vasca'. Movimiento político del País Vasco francés, paralelo a *Herri Batasuna*, del País Vasco español. (1990: *País*.) Pol → HERRI BATASUNA.

euskaldun vasc. 'euscaldún', pero 'euscalduna' (Ac.: 1992), 'hablante de vascuence', 'vascohablante'. (1920: Unamuno.) Ling.

euskaldunak vasc. 'euscaldunes', pero 'euscaldunas' (Ac.: 1992), 'hablantes de vascuence', 'vascohablantes'. (1864: A. de Trueba.) Ling.

euskaldunberri vasc. 'vascohablante nuevo'. (1989: J. L. Arriaga.) Ling.

Euskaldunon Egunkaria vasc. 'Diario de los Euscaldunas', 'Diario de los vascohablantes', totalmente en vascuence. Fundado el 6 de diciembre de 1990. Period.

Euskalerría vasquismo. 'Euscalerría'. (1902: Unamuno.) → EUSKAL-HERRIA.

Euskalerrian, euskaraz vasc. 'En Euscalerría, vascuence'. Consigna impositiva nacionalista frente a quienes no hablan vascuence. (1983: *País*.) Ling.

Euskal Eskerra vasc. 'Izquierda Vasca'. Partido desgajado (1991) de *Euskadiko Eskerra*. (1992: *País*.) Pol.

Euskal Herria vasc. 'Euscalerría' (1919: Unamuno). Lit.: 'El pueblo *(herria)* vasco *(euskal)*'. Denominación para la totalidad de los territorios vascos, tanto españoles como franceses, contrapuesta a la denominación oficial, *Euskadi*, inventada ésta (1894) por Sabino Arana, adopt. por el Partido Nacionalista Vasco primero y después por los estutos vascos de autonomía como nombre nacional. Pero el radicalismo *abertzale* de *HB* y *ETA* elude el empleo de *Euskadi* y prefiere emplear *Euskal Herria* por su matiz irredentista. Pol.

Euskal Herritarrok vasc. 'Nosotros los ciudadanos (lit.: 'habitantes del pueblo') vascos'. Cambio de nombre adopt. por *Herri Batasuna* para las elecciones autonómicas del 25 de octubre de 1998. Pol. → HERRI BATASUNA.

euskaltegi vasc. 'academia pública de euscaldunización', para el aprendizaje del vascuence. Estar academias fueron creadas (1981) por el gobierno autónomo vasco. (1982: RNE.) Ling.

Euskal-Telebista vasc. 'Televisión vasca'. (1982: *País*.) Telecom.

Euskaltzaindia vasc. 'Academia de la lengua vasca'. Fundada en 1918. (1983: L. Michelena.) Ling.

euskara vasc. (1864: A. de Trueba.) → EUSKERA.

euskara batua vasc. 'vascuence unificado'. (1982: *País*.) Ling. → EUSKERA BATUA.

euskera vasc. 'vascuence', 'lengua vasca', 'eusquera' (Ac.). (1894: *Bizkaitarra*.) Ling.

euskera batua vasc. 'vascuence unificado', 'vascuence normalizado', 'vascuence oficial', promovido en 1968 por un congreso sobre la unificación del vascuence. (1982: *País*.) Ling.

Eusko abendaren vasc. 'Raza vasca'. Himno nacionalista vasco, conocido también por su primer verso: *Gora ta gora*. (1982: *País*.) Pol. → GORA TA GORA EUSKADI.

Eusko Abertzale Ekintza vasc. 'Acción Nacionalista Vasca'. Partido nacionalista. Se diferencia del PNV por su aconfesionalidad y su izquierdismo. Fundado enl 28 del junio de 1936; tuvo su apogeo durante la guerra española de 1936; hoy, grupúsculo integrado en *Herri Batasuna*. Pol.

Eusko Alderdi Jeltzalea vasc. 'Partido Nacionalista Vasco'. Pol. → EAJ.

Eusko Alkartasuna vasc. 'Solidaridad Vasca'. Partido formado por Carlos Garaikoetxea, en septiembre de 1986, al separarse del PNV. Pol.

Eusko Gaztedi vasc. 'Juventud Vasca'. (1982: J. Letamendía.) Pol. → EUSKO GAZTEDI INDARRA.

Eusko Gaztedi Indarra, siglas **EGI** vasc. 'Asociación de la Juventud Vasca'. Rama juvenil del PNV, conocida también como *Eusko Gaztedi* (1982: J. Letamendía). (1984: Red. de *El País: Golpe mortal*.) Pol.

Eusko gudariak (gera) vasc. '(Somos) soldados vascos'. Comienzo de un himno militar vasco. (1977: *H. del Lunes*.) Ej.

Eusko Gudarortea vasc. 'Ejército vasco'. Con referencia al que hubo en Euskadi (1936-1937) durante la guerra de España (1936-1939). (1978: Jiménez de Aberasturi.) Ej.

Eusko-Ikaskuntza vasc. 'Sociedad de Estudios Vascos'. Fundada en 1918. Educ.

eusquera vasquismo. 'vascuence'. (1902: Unamuno; Ac.: 1992.) Ling. → EUSKERA.

Euzkadi vasc. Así hasta 1950 aprox.; después, *Euskadi*. (1899: Sabino Arana.) Pol. → EUSKADI.

Evangelium vitae lat. 'El Evangelio de la vida'. Encíclica (27 abril 1995) del papa Juan Pablo II sobre problemas relacionados con la vida y la muerte: aborto, fertilización *in vitro*, eutanasia, pena de muerte, bioética, etc. Llama mucho la atención la palabra *Evangelium* en esta encíclica. Rel.

evasé, fem. **evasée** fr. 'acampanado'. Forma para faldas o pantalones femeninos. (1993: Pedro del Hierro.) Indum.

everglade ing. 'marisma'. Con referencia a las marismas de Florida principalmente. (1924: Muñoz Lumbrier.) Geogr. f.

evohé lat. **(evohe)** 'evohé' (Ac.). Grito con que las bacantes invocaban al dios Baco. Del gr. *evoi*. El acento en *evohé* testimonia su procedencia próxima francesa. (1899: *Kasabal*.) Rel.

Ewig- weibliche al. → DAS EWIG-WEIBLICHE.

ex abrupto lat. 'ex abrupto' (Ac.), 'de improviso', 'de repente'. (1894: Balart.) Der.

ex abundantia lat. (1925: Ortega.) Rel. → EX ABUNDANTIA CORDIS, OS LOQUITUR.

ex abundantia cordis lat. (1860: J. Valera.) Rel. → EX ABUNDANTIA CORDIS, OS LOQUITUR.

ex abundantia cordis, os loquitur lat. 'según la abundancia del corazón, habla la boca'. Palabras de Jesús a los fariseos (San Mateo, 12, 5, 34), según la Vulgata. (1912: L. Coloma.) Rel.

exactitude fr. → L´EXACTITUDE EST LA POLITESSE DES ROIS.

ex aequo lat. 'por igual'. (1976: *País*.)

ex cathedra lat. 'ex cáthedra' (Ac.), 'desde la cátedra', 'autoritariamente', 'con tono doctoral'. Así hace sus declaraciones el Papa en el Consistorio. (1890: Pi y Margall.) Rel.

excelsior! lat. '¡más arriba!', '¡más alto!'. Introducida por las traducciones (1880: R. Pombo) del poema *Excelsior*, del norteamericano Longfellow (1807-1882). (1904: Núñez de Arce.) Lit.

exchange ing. 'cambio'. Con referencia al cambio de moneda extranjera. Econ.

Exchange ing 'Bolsa de Londres'. Fundada en 1566 por sir Thomas Greham con el nombre de *The Royal Exchange*. Econ.

excreix cat. 'excrex' (Ac.), 'esponsalicio', 'arras'. Donación *propter nuptias* del contrayente a la contrayente en correlación con la dote de ésta, usual en Aragón y Cataluña, lit.: 'crecimiento', 'incremento'. (1882: Pi y Margall.) Der.

excursus lat. 'digresión aparte', 'excurso'. Aparte, prolongación o ampliación, al final de un libro, sobre un tema ya tratado en el cuerpo del libro. (1990: J. Tusell.) Biblio.

excusatio non petita lat. 'excusa no pedida'. En ext.: *excusatio non petita, accusatio manifesta*, 'excusa no pedida, acusación manifiesta'. (1971: R. J. Sender.) Der.

exequatur lat. 'exequátur' (Ac.), lit.: 'hágase'. Autorización o permiso que lleva esta palabra con la firma de un alto dignatario (papa, rey, ministro). Se da a un legado, cónsul, etc., para que sea admitido en sus funciones. (1877: *Dr. Thebussem*.) Pol.

Exército Guerrilleiro do Pobo Galego Ceibe gall. 'Ejército Guerrillero del Pueblo Gallego Libre'. Grupúsculo armado clandestino, fundado en 1986 por Antonio Arias Curto; brazo armado del grupúsculo político *Galiza Ceibe*, 'Galicia Libre'. (1989: *País*.) Pol. → GALIZA CEIBE.

EXIMBANK ing. Palabra formada sobre *Export-Import Bank (of Washington)*, 'Banco de Exportación e Importación de Washington'. Econ.

exit ing. 'salida'. Del lat. *exit*, lit.: 'sale'. Indicación de salida en lugares públicos anglosajones. (1977: A. Grosso.)

ex libris lat. 'ex libris' (Ac.) 'exlibris'. Sello o grabado para indicar la propiedad de un libro, lit.: 'entre los libros de', es decir, 'perteneciente a la biblioteca de'. (1892: *Dr. Thebussem.*) Biblio.

ex nihilo lat. 'de la nada'. (1901: *Clarín.*) → NIHIL FIT EX NIHILO.

ex novo lat. 'de nuevo'. (1982: P. Urbano.) Fil.

Exocet fr. 'Éxoceto'. Proyectil empleado en la guerra de la Malvinas (1982), que tiene figura semejante al pez volador llamando en lat. *exocetus.* (1982: *ABC.*) Ej.

Exodus lat. 'Éxodo' (Ac.). Helenismo en lat., del gr. *éxodos,* 'salida'. 1) título del libro segundo, o de Moisés, de la versión Vulgata de la *Biblia,* en el que se narra la salida de Egipto de los israelitas, conducidos por Moisés. Rel.; 2) nombre de un barco que partió (11 julio 1947) de Marsella, cargado con gran número de judíos, a quienes los británicos no permitieron desembarcar en Palestina, cuando esta se hallaba bajo su mandato. Pol.; 3) título de un *bestseller* del novelista estadounidense Leo Uris, llevado al cine, que narra la terrible aventura del barco *Exodus,* mencionada en 2. Lit.

ex Oriente lux lat. 'del Oriente (viene) la luz', en ext.: *ex Oriente lux, ex Occidente lege,* 'del Oriente, la luz; del Occidente, la ley'. (1989: E. Garrigues.)

explication de texte fr. 'explicación de texto'. Método pedagógico francés para el análisis de un pasaje literario. Lit.

Explorer ing. 'Explorador'. Satélite espacial norteamericano. El primero de esta serie fue lanzado al espacio en 1958. Cosmonáut.

express ing. 'exprés' (Ac.: 1992). 1) '(tren) expreso' (Ac.), muy rápido y con pocas paradas. En este sentido, *express,* en contextos españoles, procede del anglicismo fr. *express.* (1887: L. Coloma.) Tranp. t.; 2) '(café) exprés'. Procede del fr. *café express,* café rápido al vapor, sistema y expresión procedentes del it. *caffè espresso.* Gastr.

ex professo lat. 'ex profeso' (Ac.), 'deliberadamente'. (1775: M. Sarmiento.)

extra ing. 'extra' (Ac.) Figurante en un filme. Es un latinismo en inglés. Cine.

extra muros lat. 'extramuros' (Ac.), 'fuera de la muralla'.

extrema sunt vitiosa lat. 'los extremos son viciosos' (1893: U. Glez. Serrano.)

Ex ungue leonem 'al león (se le conoce) por la zarpa'; es decir, por la mano, o por sus señales, se puede conocer a la persona y sus intenciones. Según Herrero Llorente, es trad. lat. de una frase que Plutarco atribuye a Alceo y Luciano a Fidias. (1758: P. Isla)

ex voto lat. 'exvoto' (Ac.). La fórmula latina completa es: *ex voto donatum*, 'donado por promesa'. Rel.

Exxon ing. Nombre que, en determinados lugares, sustituye, por motivos legales, a *Esso*. Petroq. → ESSO.

eye liner ing. 'lápiz de ojos'. De *eye*, 'ojo', y *liner*, 'lápiz de maquillar', 'delineador'. (1981: R. Montero.) Cosm.

f

fabada bable. 'fabada' (Ac.). (1916: Pérez de Ayala.) Gastr.

fabes bable 'judías blancas', 'judías de manteca'. (1916: Ramos Carrión.) Gastr.

Fabian Society ing. 'Sociedad Fabiana'. Agrupación política inglesa, fundada en 1883, socialista suasiva, pacifista, entre cuyos componentes figuraron Sidney y Beatrice Web, H. G. Wells, G. Bernard Shaw, etc. 'Fabiana' por la advocación de Quinto Fabio Máximo, quien, con paciencia, derrotó a Aníbal en Tarento (215 a. de J. C.); los impacientes le motejaron de *Cunctator* o 'Tardador', según la trad. (1636) de Gracián. Pol.

fabliau fr. 'fazaña' (A. de Hita). Cuento en verso, cómico o satírico, cultivado en la baja Edad Media en Francia. (1882: Pardo Bazán.) Lit.

face lifting o **face lift** ing. 'cirugía facial estética'. Med. →
LIFT.

facies lat. 'facies' (Ac.), 'aspecto'. 1) 'aspecto (de una roca)'. (1924: Muñoz Lumbier.) Geol.; 2) 'aspecto (de un semblante)'. (1927: Ortega.) Med.

facies leonina lat. 'facies (Ac.) leonina (Ac.)'. Rostro leonado, a consecuencia de una degradación leprosa de los cartílagos de la nariz y de las orejas. (1992: *País*.) Med.

facio ut facias lat '(lo) hago para que (lo) hagas'. Como ejemplo que imitar. (1992: J. de Armiñán.)

fac simile lat. 'facsímile' (Ac.), 'facsímil' (Ac.). Compuesta de *fac*, 'haz(lo)', y *simile*, 'semejante'. (1835: Larra.)

factoring ing. 'factoreo'. Del lat. *factor*, 'factor', 'agente'. Gestión sobre solvencia de clientes, facturación, etc., que se hace para otras empresas. (1982: C. M. Rama.) Econ.

fac totum lat. (1914: Ant. Paso.) → FACTOTUM.

factotum lat. 'factótum' (Ac.), 'hacelotodo'. Compuesta de *fac*, 'haz(lo)', y *totum*, 'todo'. (1877: J. R. Mélida.)

fadista port. 'fadista'. Cantante de fados. (1870: G. Calvo Asensio.) Mús.

fado port. 'fado' (Ac.). Canto popular, melancólico. Derivado quizá del lat. *fatum*, 'hado'. (1855: J. de Aldana Ayala.) Mús.

fadristern cat. 'hijo segundón'. Es el hijo que sigue al mayor (*hereu*) o a la hija mayor (*pubilla*), excluido de la heredación; lit.: 'mozo o joven (*fadrí*) externo (*stern*)', es decir, 'hermano de afuera' (Moneva y Puyol). (1898: Unamuno.) Der.

fagot fr. 'fagot' (Ac.), 'fagote' (M. Seco), pl. 'fagotes' (1796: Comella), 'bajón'. Instrumento musical. El fr. *fagot* procede de it. *fagotto*. Mús.

Fahrenheit al. Apellido de Gabriel Daniel Fahrenheit (1686-1736), de Danzig, que da nombre a una escala termométrica, empleada en los países anglosajones. Hiela el agua a 32° F y la hierve a 212° F. Fís.

faïence fr. 'fayenza' (1894: *Dr. Thebussem*), 'faenza', 'loza de Faenza'. Es loza estanífera y con vedrío. (1940: M. Gómez Moreno.).

fainéant fr. 'holgazán'. En la historia de Francia, se llama *rois fainéants*, 'reyes holgazanes', a los últimos reyes merovingios, porque hicieron dejación de su poder en los mayordomos del palacio. Hist.

faire châteaux en Espagne fr. 'construir castillos en el aire', 'hacerse ilusiones'; lit.: 'hacer (*faire*) o construir (*bâtir*) castillos en España'. (1980: L. Pancorbo.)

faire pendant fr. 'formar pareja'. (1925: G. de Torre.) → PENDANT.

fair play ing. 'juego limpio'. Expresión propia del juego del *cricket*, pero que ha trascendido de él al habla común. (1920: Unamuno.) Jue.

fairway ing. 'calle (del hoyo)' (1992: TVE). En golf, zona o camino *(way)* limpio *(fair)* de obstáculos, con hierba rala, entre el *tee* y el *green*. Dep.

faisandé fr. 'afaisanado', 'manido', 'puesto al sereno'. Con referencia a alimentos, en particular de caza (perdiz), como condición favorable para prepararlos. Deriv. del fr. *faisan*, 'faisán'. (1945: *Azorín*.) Gastr.

fait accompli fr. 'hecho consumado'. (1966: J. Goytisolo.)

faits divers fr. 'gacetillas', 'sucesos varios'. Sección de un periódico. (1904: R. Darío.) Period.

FAK ing. Acrónimo de *Freight All Kind*. 'Flete de Cualquiera Clase'. 'Tarifa o arancel por peso', sea cual fuere la clase de mercancía. (1979: Alzugaray.) Com.

fakir ár. 'faquir' (Ac.), lit.: 'pobre (voluntario)', por amor a Dios, frente a *mezkin*, 'pobre'. (1903: Fdo. Araujo.)

falasha amárico. 'falasa', 'judío etíope'; lit.: 'extraño', 'extranjero'. (1991: *País*.) Rel.

falcata lat. 'falcada' (Ac.) 'ahozada'. Espada hispánica curva, de la era de Hallstat. Arqueol.

fama volat lat. 'la fama vuela', 'lo que se dice vuela', 'las palabras vuelan'. De Virgilio (Eneida, 3, 121).

fan ing. 'fan' (Ac.: 2001), 'fanático', 'seguidor', 'entusiasta', 'admirador'. Es apócope del ing. *fanatic*. (1962: *Triunfo*.) Mús.

fanée fr. 'fane' (h. 1930: E. S. Discépolo), 'marchitada', 'gastada'. Se aplica a mujeres que han perdido la lozanía. (1868: Galdós.)

fanzine ing. 'fanzine', 'fancine', 'fancín', '*comic* contracultural'. Compuesta de *fan(atic)* y *(maga)zine*, frente a *prozine*, de *pro(fessional)* y *(maga)zine*, 'revista de profesionales'. (1984: *País sem*.) Period.

FAO ing. Siglas de *Food and Agriculture Organizacion*, 'Organización de la Alimentación y la Agricultura', perteneciente a las Naciones Unidas. Se originó en la Conferencia sobre Alimentación y Agricultura, en Hots Springs, en junio 1943. Pol.

fa presto it. 'actúa rápido', 'improvisador', 'repentizador'. Se ha aplicado a algunos artistas, como Luca Giordano. (1897: *Azorín*).

farci fr. 'relleno'. Gastr.

farewell! ing. '¡que le vaya *(fare)* bien *(well)*!', '¡adiós!'. Título de un poema de Lord Byron, George Gordon (1788-1824), trad. (1852) por Rafael Pombo. (1905: A. Nervo.)

far niente it. 'hacer nada'. (1896: Blasco Ibáñez.) → DOLCE FAR NIENTE.

farsi ár. 'farsi'. Persa escrito con caracteres arábigos. (1895: Macías Picavea.) Ling.

Far West ing. 'Lejano Oeste', en EE.UU., en el siglo XIX. (1895: Macías Picavea.) Geogr..

Fasci italiani di combattimento it. 'Haces o grupos italianos de combate'. Organización fundada por Benito Mussolini el 23 de marzo de 1919. (1972: Sainz de Robles.) Pol.

fascio it. 'fascio', lit.: 'haz'. (1923: Unamuno.) Pol.

fascio littorio it. 'haz lictorio'. Emblema fascista (1926) tomado a la antigua Roma. Allí los magistrados iban precedidos por los *lictores* (*lictor*, contracción de *ligator*, de *ligare*, 'atar'), que portaban las *fasces*, 'haces' de varas; cuando se hallaban fuera del *pomerium*, o recinto sagrado, intercalaban un hacha en cada haz de varas, simbolizando así el derecho de vida y muerte. También se halla en el emblema de la Guardia Civil española, cruzado por una espada. → LITTORIO.

fascismo it. 'fascismo' (Ac.). Esta forma se ha generalizado frente a 'fachismo' (1937: N. Guillén, Cu.), calcada fonéticamente sobre el it., y frente al vulg. 'facismo', o el 'fajismo' propuesto por Unamuno. (1923: Unamuno.) Pol.

fascista it. 'fascista' (Ac.) Forma generalizada frente a 'fachista' (1976: Orlando Letelier, Ch.), calcada ésta fonéticamente sobre el it., frente al vulg. 'facista', o el 'fajista' de Unamuno, o el peyorativo pop. 'facha' (1990: Fco. Ayala). (1923: Unamuno.) Pol.

fashion ing. 'moda'. (1892: *España Moderna*.). Indum.

fashionable ing. 'elegante', 'que viste a la moda', 'lechuguino'. (1835: Mesonero.) Indum.

fast food ing. 'comida (*food*) rápida (*fast*)'; y peyorativamente, 'comida basura'. Propia de las hamburgueserías y establecimientos análogos. (1989: J. Cueto.) Gastr.

Fatah ár. Acrónimo formado con las iniciales *FTH* (*fa, at, ah*) de *Harakat*, 'Movimiento', *Tahrir*, 'de Liberación', *Filastin*, 'de Palestina', que leídas de derecha a izquierda, al modo árabe, dan la palabra *Fatah*, 'Conquista', pero en el sentido de 'Abertura (a la esperanza)', deriv. del verbo *fataha*, 'abrir'. Este movimiento, dirigido por Yasir Arafat, está incorporado (1968) a la Organización para la Liberación de Palestina (OLP), fundada en 1964. (1978: *País*.) Pol.

fata morgana it. 'hada morgana'. Especie de espejismo que se ve en el estrecho de Mesina, que se suponía obra del hada Morgan, hermanastra del rey Arturo en los relatos del ciclo artúrico. (1927: Ortega.) Lit.

Fatty ing. 'Gordito'. Alias de Roscoe Arbucle, artista cómico del cine norteamericano mudo. Cine.

fatty ing. 'gordito'. En uso en España durante los años veinte del siglo XX → FATTY.

fatum lat. 'hado', lit.: 'lo dicho', 'lo predicho', 'lo profetizado'. Deriv. de *fari*, 'hablar', 'predecir'. (1918: A. Nervo.)

fatwa ár. 'fetua' (Ac.), 'decreto (político-religioso)'. En su origen, 'dictamen legal', es decir, respuesta de un jurista (*muftí*) a una cuestión en litigio. Deriv. del verbo *afta*, 'emitir una decisión legal'. (1991: Ll. Basset.) Der.

faubourg fr. 'arrabal', 'barrio'. Su sentido primero fue el de 'arrabal', por tratarse de un barrio exterior a la muralla. (1887: L. Coloma.)

faubourg Saint-Germain fr. 'barrio de San Germán'. Barrio aristocrático de París. (1900: R. Darío.)

fauve fr. 'fove', lit.: 'fiera'. Califica a cierto tipo de pintor, y su pintura, de la primera mitad del siglo XX. Este término tiene su origen en el crítico Louis Vauxcelles, quien, ante la audacia de ciertos cuadros de Matisse, Derain, Rouault, Dufy, Vlaminck, etc., en una misma sala del Salón de Otoño (1905), en París, dijo que todos ellos estaban agrupados en una 'jaula de *fauves*', es decir, de 'fieras'; según otra versión, hallándose en dicho Salón, ante una escultura clasicista de Marquet, exclamó: '¡Donatello entre la fieras *(fauves)*!'. (1924: Sánchez Rivero.) Pint.

fauvisme fr. 'fovismo' (Ac.: 1992), 'fierismo' (Gómez de la Serna). (1929: Gómez de la Serna.) Pint.

faux amis fr. 'falsos amigos'. Con referencia a expresiones de idiomas muy parecidos, de la misma familia; ese parecido, en ciertos casos, induce a traducciones erróneas. (1991: E. Lorenzo.) Ling.

favela port. 'barrio de chabolas'; lit.: 'colmena'. En Brasil. (1982: *País*.)

fax ing. 'fax' (Ac.: 1992), pl. 'faxes', aunque se suele oír el incorrecto pl. 'los fax' (1995: Alvarez Cascos). Deriv.: 'faxear' (1989: *País*). *Fax* es abrev. de *telefax*, a la que ha sustituido. (1989: *País*.) Telecom.. → TELEFAX.

fazenda port. 'hacienda'. Explotación agraria característica del Brasil. (1925: J. Vasconcelos.)

FBI ing. Siglas de *Federal Bureau of Investigation*, 'Oficina Federal de Investigación', fundada (1924 durante el primer mandato del presidente F. D. Roosevelt, y cuyo primer director fue Edgar Hoover. Pol.

FBS ing. Siglas de *Forward Based Systems*, 'Sistemas de bases avanzadas'. Se refiere a los bombarderos y submarinos norteamericanos con base en Europa capaces de emplear armas nucleares. (1981: *País*). Ej.

FDP al. Siglas de *Freie Demokratische Partei*, 'Partido Demócrata Liberal'. Es el partido liberal de la RFA. Pol.

fecit lat. 'lo hizo'. Palabra que acompaña a veces al nombre del artista en sus obras, para confirmar su autoría; abrev. *fec.* (1840: Salas y Quiroga.) Arte.

fedayin, sing. **fedaŷ** ár. 'guerrilleros', lit.: 'hombres para el sacrificio'. Históricamente se llamó así a los *haschischin*, quienes realmente estaban dispuestos al sacrificio al ejecutar las acciones que se les encomendaban. (1991: *País*.) Ej. → HASCHISCHIN.

feds ing. Abrev. de *federals*, 'federales', con que se designa a los agentes del *FBI*, o *Federal Bureau of Investigation*. (1991: *País*.) → FBI.

feedback ing. 'retroalimentación', 'retroacción', 'realimentación', 'reajuste', 'autocorreción', en los ordenadores electrónicos. De *feed*, 'alimentar', y *back*, 'atrás'. (1978: R. S. Ferlosio.) Inform.

feeling ing. 1) 'duende' (1995: Ant. Flores), 'sentimiento' o 'expresividad' musical, características de algunas interpretaciones de *jazz*. (1990: *País*.); 2) 'filin' (Ac.: 2001), en Cuba, estilo especial de interpretación del bolero. (1995: *País*.) Mús → FÍLIN.

féerie fr. 'feería' (1900: A. Nervo), 'espectáculo mágico'. (1917: Gómez Carrillo.)

féerique fr. 'feérico' (1925: G. de Torre; Ac.: 1992), 'mágico', 'hechizado', 'encantado'. Del fr. *fée*, 'hada'. (1971: Corrales Egea.)

felibre prov. 'felibre' (Ac.). Escritor en *langue d'oc*. (1888: Pardo Bazán.) Lit. → FELIBRIGE.

felibrige prov. 'escuela formada (1854) por cultivadores *(felibres)* de la literatura provenzal'. (1930: E. d'Ors.) Lit. → FELIBRE.

felix Austria lat. 'feliz Austria'. Expresión perteneciente al dístico: *Bella gerant alii, tu, felix Austria nube / nam quae Mars aliis dat tibi regna Venus.* 'Hagan otros las guerras, tú, feliz Austria, cásate, / pues los reinos que a otros da Marte a ti te los da Venus'. Se refiere a la beneficiosa política de enlaces matrimoniales de la casa de Austria. Este dístico se escribió con motivo de la boda (1447) preparada por el emperador Federico III para su hijo Maximiliano con María de Borgoña. Está inspirado en la invocación *(bella gerant allií!)* de Laodamia a su esposo Protesilao, con motivo de la guerra de Troya, expresada en *Heroidas* (13, 83), del poeta latino Ovidio. (1934: E. d'Ors.) → BELLA GERANT ALII!

felix culpa lat. 'feliz culpa'. (1911: J. R. Jiménez.). Rel. → O FELIX CULPA!

felix qui potuit rerum cognoscere causas lat. 'dichoso quien pudo conocer las causas de las cosas'. De Virgilio (*Geórgicas*, 2, 490). (1990: García Hortelano.)

fellagha fr. 'partisanos argelinos'. Del ár. *fellag*, 'asaltacaminos'. Durante la guerra de la independencia de Argelia (1954-1962).

fellah, pl. **fellahin** ár. 'felaj', 'felá', lit.: 'campesino'. (1887: E. Gaspar.)

fellatio lat. 'felación' (Ac.: 2001), 'mamada', 'chupada', 'lamida'. De *fellare*, 'mamar', 'chupar'. (1982: *País*.)

femme fatale fr. 'mujer fatal'. (1962: Indalecio Prieto.)

femme savante fr. 'literata', 'bachillera', lit.: 'mujer erudita'. Debe su difusión a *Les femmes savantes* (1672), comedia de Molière. (1849: C. A. de la Barrera.) Lit.

ferodo ing. 'ferodo', 'forro'. Tejido prensado de amianto, a veces sobre armazón de hilos de cobre; se emplea como revestimiento del disco de embrague y de los frenos del automóvil. Es el nombre de la fábrica que lo produce, fundada (1897) por Herbert Frood, quien sobre su propio apellido forjó el anagrama *Ferodo*, con la adición de la *e*. Autom.

ferrada gall. 'ferrada' (Ac.), 'herrada'. Vasija cónica de madera, con aros de hierro, base ancha y boca estrecha. La Ac. señala su uso en Asturias; pero también se usa en Galicia. (1866: *Alm. Museo Universal*.)

ferragosto it. 'el primer día de agosto', literalmente. Del lat. *feridae Augusti*, 'fiestas de Augusto', que se celebraban el día primero de agosto; pero ahora coinciden con la festividad de la Asunción, el 15 de agosto. (1944: Ismael Herráiz.)

ferry ing. 'transportador', 'transbordador'. (1925: J. Vasconcelos, Méx.) Transp. m. → FERRY BOAT.

ferry boat ing. 'barco transportador', 'barco transbordador', para personas, vehículos y mercancías conjuntamente. De *to ferry*, 'transportar', y *boat*, 'barco'. (1895: *Bl* y *Negro*.) Transp. m.

festina lente lat. 'apresúrate despacio'. Empresa atribuida al emperador Augusto (Suetonio, *Doce Césares*, 'Augusto', 25, 14). (1801: Jovellanos.) Hist.

festival ing. 1) 'fiesta', 'festejo'. En este sentido está registrado por la Ac. (festival musical, pero también festival taurino), como derivado del lat. *festivalis*. Existen estos otros netamente como anglicismos: 2) 'fiesta dedicada en beneficio u honor de una persona o motivo determinado'; 3) 'temporada periódica de exhibición de un determinado arte, generalmente coronada por una concesión de premios' (M. Seco), por ej., de cine, de la canción, etc.

Festschrift al. 'Homenaje', lit.: 'escrito conmemorativo o solemne'. Volumen de trabajos publicados en honor de un profesor, investigador, etc. (1980: J. Cid Pérez.) Biblio.

feta italianismo. En Arg. Del it. *fetta*, 'raja', 'rodaja', 'loncha' de fiambre. Gastr.

fétiche fr. 'fetiche' (Ac.), 'ídolo (negro)'. Del port. *feitiço*, 'hechizo' (1867: N. Fdez. Cuesta). (1904: Blasco Ibáñez.) Rel.

fettuccine, sing. **fettuccina** it. 'fetuchinas', sing. 'fetuchina'; 'tallarines romanos' (Dic. Hoepli). Dim. de *fettuccia*, 'tajadita', 'rebanadita', dim. a su vez de *fetta*, 'tajada', 'rebanada'. Es una pasta alimentaria cortada en largas y finas tiras. Se suele ver la errónea, por contaminación, *fettuccini*. (1990: *Cambio 16: fettuccini*.) Gastr.

feuilleton d'été fr. 'serpiente de verano', lit.: 'folletón o folletín de verano'. Lo de 'serpiente' tal vez por alusión al famoso monstruo del lago Ness, que suele ser noticia de verano. (1985: Blanco Tobío.) Period.

feuilleton-roman fr. 'folletín', 'novela-folletín', 'novela de folletín' (1973: E. Glez. Mas) y peyorativamente 'novela folletinesca'. Se llama así a la novela que se publicaba, por trozos diarios, en una sección fija *(feuilleton)* de los periódicos. De su éxito dependió muchas veces la difusión de los periódicos. Se desarrolló en Francia en la segunda mitad del siglo XIX, aunque sus más característicos ejemplos daten de unos años antes: *Mémoires du Diable* (1837, 'Memorias del Diablo'), de Frédéric Soulié (1800-1847); *Mystères de Paris* (1843, 'Misterios de París') y *Le juif errant* (1845, 'El judío errante'), de Eugène Sue (1804-1857). El *feuilleton*, como sección fija y especial de un diario, en el siglo XIX, dio el esp. 'folletín' (1870: G. Calvo Asensio: 'folletín político y literario') y era voz única para artículos y novelas folletinescas, aunque con mayor fijación para estas (1896: A. Sánchez Pérez), que acabaron por apropiarse de ella. El doblete 'folletón', con el sentido de 'gran artículo especial y sesudo', más reciente y diferenciador, fue adoptado intencionadamente por el diario *El Sol*, de Madrid, en los años veinte. (1973: E. Glez. Mas.) Period.

F.F.I. fr. Siglas de *Forces Françaises de l'Intérieur*, 'Fuerzas Francesas del Interior'. Nombre dado por el general De Gaulle al ejército clandestino francés en la Francia ocupada por los nazis durante la Segunda Guerra Mundial; sus componentes eran llamados *fifis*. (1944: E. Méndez Domínguez.) Ej.

fiaca italianismo. En Arg. Del it. *fiacca*, 'pereza', 'desgana', (1967: R. Talesnik, Arg.)

fiacre fr. 'coche de punto', '(coche) simón', de caballos y con cuatro ruedas. Llamado así porque su creador vivía en la calle Saint-Martin, de París, y había en el portal de su casa una imagen de San Fiacre. (1785: A Ponz.) Transp. t.

fiancé, fem. **fiancée** fr. 'novio', 'prometido'. (1900: A. Nervo.)

Fianna Fáil gaél. 'Soldados del Destino'. Partido conservador, escindido (1926) del *Sinn Féin*. Dirigido por Eamon de Valera, consiguió la independencia de Irlanda. (1990: *País.*) Pol. → SINN FÉIN.

fiasco it. 'fiasco' (Ac.), 'fracaso'. (1851: *Ellas.*) Tea. → HA FATTO FIASCO.

FIAT it. Siglas de *Fabbrica Italiana Automobili Torino*, 'Fábrica Italiana de Automóviles de Turín' fundada en 1899, especializada en la fabricación de automóviles en serie desde 1912. Autom.

fiat iustitia et pereat mundus lat. 'hagase justicia y (aunque) perezca el mundo'. Frase de Fernando I (1503-1564), rey de Hungría (1526), después emperador (1556-64), corregida más tarde por el filósofo alemán G. F. Hegel (1770-1831) así: *fiat iustitia ne pereat mundus*, 'hágase justicia para que no parezca el mundo.' (1995: F. Tomás y Valiente.) Der.

fiat lux lat. 'hágase la luz'. (1834: Larra.) Rel. → FIAT LUX ET LUX FACTA FUIT.

fiat lux et lux facta fuit lat. 'hágase la luz y la luz fue hecha'. Palabras de Jehová (*Génesis*, 1, 3), según la Vulgata. (1890: Pi y Margall.) Rel.

FIBA fr. Siglas de *Féderation Internationale de Basketball Amateur*, 'Federación Internacional de Baloncesto Amateur'. Permanecen estas siglas, aunque ya la Federación ha perdido su carácter *amateur*, interpretándose ahora así: *Féderation Internacionale de Basketball Association*, tal vez por analogía con las siglas *FIFA*. Dep. → FIFA.

fichu fr. 'fichú', 'pañoleta'. (1884: Galdós.) Indum.

Fides et Ratio lat. 'La Fe y la Razón'. Encíclica (14 septiembre 1998) del papa Juan Pablo II sobre estos dos modos de llegar a la Verdad. Es, en cierta manera, una actualización de la encíclica *Aeterni Patris*, del papa León XIII. Rel. → AETERNI PATRIS.

fides in animun unde abiit, vi nunquam redit lat. 'casi nunca vuelve la confianza al ánimo que la perdió'. Sentencia de Publilio Syro. (1996: Vázquez Montalbán.)

fideuà cat. 'fideuá' (Ac.: 2001), 'fideada'. Variante de paella en que los fideos sustituyen al arroz. Gastr.

field work ing. 'labor de campo' (1994: SER), 'estudio, trabajo o investigación en el campo o sobre el terreno', propio de antropólogos, naturalistas, folkloristas, etc. Se ha generalizado el uso del calco 'trabajo de campo'. (1970: J. Caro Baroja.) Antrop.

FIFA fr. Siglas de *Féderation Internationale de Football Association*, 'Federación Internacional de Fútbol de la Asociación', fundada en 1921 por el francés Jules Rimet. En ing., el *Association Football* es el que se juega conforme a las reglas elaboradas por la 'Asociación para la reforma del fútbol', es decir, 'fútbol de la Asociación', para distinguirlo del *Rugby football*, 'fútbol de Rugby' o *rugby*. Dep. → SOCCER.

Fifo ing. 'Fifo'. Palabra formada con las iniciales de *first in, first out*, 'primero en entrar, primero en salir'. 1) valoración de existencias que tienen salida igual a la de las primeras existencias entradas. (1979: Alzugaray); 2) 'memoria de primero en entrar, primero en salir', es decir, memoria donde la primera instrucción introducida es la primera en salir. (1985: P. Guirao.) Inform.

fifty-fifty ing. 'mitad y mitad', 'al cincuenta por ciento', lit.: 'cincuenta-cicuenta'. (1979: Alzugaray.)

fila caló. 'cara'. (1840: Rodríguez Rubí.)

filet mignon fr. 'filete *mignon*' (1960: José Rondissoni), 'filete miñón' o 'filete o filetillo de solomillo' de vacuno. Se refiere, en fr., más que al posible guiso, al corte de la carne. En fr., *mignon* significa 'bonito', 'lindo'. Gastr.

filibusterismo anglicismo. (Ac. 2001). A la acep. de 'piratería' hay que añadir la de 'obstrucionismo', táctica parlamentaria irregular y malévola. Este anglicismo de significado procede de una ya vieja (1850) conducta paralamentaria de EE.UU.; introducido recientemente en España. Pol.

filin anglicismo. (Ac.: 2001.) Del ing. *feeling*, 'sensitivo', 'emotivo', 'expresivo'. Especialmente en Cuba, particularidad musical, surgida en los años cuarenta del S. XX, en que se produce la fusión de la trova tradicional cubana con el jazz y que ha tenido continuación e influencia en la Nueva Trova Cubana de la Cuba castrista. (1995: Omara Portuondo, Cu.). Mús → FEELING.

fill meu! cat. '¡hijo mío!'. (1898: Blasco Ibáñez.)

filloa gall. 'filloa' (Ac.), 'torta fina'. Se hace con harina y sangre de cerdo, espolvoreándola con azúcar y regándola con miel. Es golosina de Carnaval. (1978: *Bl. y Negro*.) Gastr.

film ing. 'filme' (Ac.), 'película', 'cinta'. (1911: R. Darío.) Cine.

filmlet ing. 'filmín' (M. Seco), 'filmito', 'cortito'. Muy pequeño cortometraje publicitario. Cine.

final four ing. 'final a cuatro', lit.: 'cuatro finalistas'. En baloncesto, final en que participan cuatro finalistas, con eliminatorias de dos a dos. Modalidad de final introd. en España en los años noventa. Dep.

fin de siècle fr. 'fin de siglo', adj. 'finisecular'. Alude al final del siglo XIX, y especialmente a la literatura, personajes, objetos y moda de ese tiempo, considerados más o menos patológicos o decadentes o vacuos o equívocos. Su origen se remonta al parecer, a 1835, pero fue expresión propagada por la pieza teatral *Fin de siècle* (1888), de F. de Jouvenot y H. Micard (1894: Barlart.) Lit.

Fine Gael gaél. 'Tribu o clan de los Gaélicos'. Escisión (1986) de los *Fianna Fáil*, dirigida por Garret Fitzgerald. (1990: *País*.) Pol. → FIANNA FÁIL.

(aux) fines herbes fr. 'con hierbas finas', 'con hierbas aromáticas', es decir, con un picadillo de hierbas sazonadoras, como el perejil, el estragón, el perifollo, etc., a partes iguales. Se usan principalmente para una clase especial de tortilla francesa u *omelette aux fines herbes* y también para ciertos quesos. (1894: *Dr. Thebussem*.) Gastr.

finger ing. 'finguer' (1999: Cadena SER), '(entrada o salida) saliente', retráctil o no; lit.: 'dedo'. Irónicamente, 'manguera' (1994: *País*). Acceso o salida directa de los aviones o en los campos de fútbol, llamada así por parecer un dedo extendido o que se extiende. (1991: Fdo. Schwartz.)

finis lat. 'fin'.

finis coronat opus lat. 'el final corona la obra'. (1846: *Fray Gerundio*.)

finis Poloniae lat. 'fin de Polonia'. Frase atribuida a Kosciusko (1764-1817), héroe por la independencia de Polonia, con motivo de la derrota polaca de Maciejowice (1794). Pero Kosciusko negó haberla pronunciado (según carta suya al conde de Ségur, 12 de noviembre 1774). Hist.

finis terrae lat. 'finisterre', 'fin de la tierra'. (1937: Machado.)

finn sue. '(velero) finés', en ext.: *finn dingi* o *dinghi*, 'dingui finés'. Es un compuesto sue. del ing. *finn*, 'finés', y del beng. *dingi*, 'embarcación (pequeña)'. Admitida entre las clases olímpicas, muy pequeña (4,50 m), con un tripulante y una vela. Dep.

Fioretti it. 'Florecillas', en ext.: *Fioretti di S. Franceso*, adapt. en it. (siglo XIV) de los *Actus beati Francisci et sociorum ejus*, 'Hechos del beato Francisco y de sus compañeros', en el sentido de 'hechos piadosos y de humildad'. (1912: R. Darío.) Rel.

fioritura, pl. **fioriture** it. 'fioritura', 'floritura'. Adorno o embellecimiento de un tema musical. (1835: Mesonero.) Mús.

(the) First Lady ing. 'la Primera Dama', es decir, la esposa del presidente de EE. UU. (1981: R. Vilaró.) Pol.

firth ing. 'estuario'. (1895: Macías Picavea.) Geogr. f.

fitness ing. 'preparación (física)', en ext.: *physical fitness*, conseguida mediante ejercicios y aparatos. (1992: Publicidad.)

(the) five o´clock tea ing. 'el té de las cinco'. (1891: J. Valera.) Gastr.

fixing ing. '(tipo de) cambio oficial (diario) al cierre (de la Bolsa)', (1982: *Pueblo*.) Econ.

fjord nor. 'fiordo' (Ac.). (1897: Ganivet.) Geogr. f.

fl. lat. Abrev. de *floruit*, 'floreció'. Indica el período de florecimiento de un autor, de quien se desconocen las fechas de nacimiento y muerte.

flagrante delicto lat. → IN FLAGRANTE DELICTO.

flan fr. 'flan' (Ac.). (1862: *Alm. Museo Universal.*) Gastr.

flanear galicismo. Del fr. *flâner*, 'pasear sin rumbo'. En contextos españoles, tiene un sentido irónico, del que carece 'pasear'. (1913: Galdós.) → FLÂNEUR.

flâneur fr. 'paseante', 'paseante urbano' (1995: Jaime Siles). (1917: Pérez de Ayala.) → FLANEAR.

flapper ing. 'joven desenvuelta y atrevida en su vestir y en su conducta' y también, 'joven con vestidos ceñidos y andar ondulante'. Se aplicó a ciertas estrellas de Hollywood, en los años veinte y treinta, como Clara Bow y Jean Harlow. De *to flap*, 'mover o batir las alas *(flaps)*.' (1927: Benavente). Cine.

flash ing. 'flas' (1983: V. Soto; Ac.). 1) 'luz instantánea y artificial' utilizada en fotografía. (1957: Zamora Vicente.) Fot.; 2) 'aparato que produce el *flash*'. Fot.; 3) 'ráfaga' (1994: P. Altares) informativa, 'cuña', es decir, despacho telegráfico y breve de agencia de noticias, principalmente 'noticia de última hora'. (1975: *ABC*.) Period.

flash back ing. *'flash back'* (Ac.: 2001), 'vuelta breve', 'breve pasaje retrospectivo', en los filmes. (1966: Carlos Fuentes, Méx.) Cine.

flatus vocis lat. 'hálito de voz'. Doctrina de los nominalistas, en la Edad Media, quienes consideraban los conceptos universales como meras palabras, hálitos de voz. (1904: Unamuno.) Fil.

Fleet Street ing. Nombre de una calle de Londres, llamada así, 'calle de la Corriente (subterránea)', por la corriente subterránea *(fleet)* que la recorre hasta dar con el Támesis. Es por antonomasia la 'calle de la Prensa periódica', porque en ella tienen su sede los principales periódicos y agencias de noticias de Londres. Period.

fletán galicismo. (Ac.: 2001). Introd. en esp. en 1995, con motivo de la llamada «guerra del fletán» o disputa de los pescadores españoles con los canadienses por las pesquerías de fletán próximas a Canadá. Del fr. *flétan*, que nombra un gran pez plano de los mares fríos, con cierta semejanza al lenguado. Zool.

flic fr. *(argot)*. 'poli(cía)'. (1939: Alberti.)

flic flac fr. 1) paso de baile que consiste en un 'choque rápido de los pies'. Baile; 2) 'salto rápido, apoyándose en las manos, adelante o atrás, incluso volteándose en el vuelo'. (1998: Susana Mendizábal.) Dep. Es voz onomatopéyica, semejante al ing. *flip flop*. Algunos diccionaristas (V. Salvá; Amador) traducen por 'chischás'. Existe el esp. vulgar 'flin flan' (1843: V. de la Fuente.) → FLIP FLOP.

flipar, flipado, flipe anglicismos. (Ac.: 2001). Ahora son voces del esp. argótico. 'Flipar' (1990: *El Mundo*) es sentirse estupefacto pero a gusto, como drogado, es decir, 'flipado'; y 'flipe' (1998: Def con dos) es como una 'toma de droga' gustosa. Eric Partridge señala *flipped*, 'inconsciente por droga' como voz *slang* desde 1930.

flip flop ing. 'salto rápido, apoyándose en las manos, adelante o atrás, incluso volteándose en el vuelo'. Es expresión onomatopéyica que refleja el aleteo. (1908: Benavente: *flip flap*.) Dep.

flipper ing. 'maquinita (de bolas)', 'billar eléctrico'. Inventada en los años cuarenta, en EE.UU., por Harry Mabs; introducida en España en los años cincuenta. En realidad, *flipper*, 'aleta', pero en jerga *(slang)* 'mano', es el dispositivo situado debajo de la maquinita, para manejarla, y por ext., la maquinita misma. (1981: *País*.) Jue. → PINBALL.

flirt ing. 'flirteo' (Ac.), 'coqueteo', 'galanteo', 'relación (amorosa pasajera)'. (1899: R. Darío.)

FLN fr. Siglas de *Front de Libération Nationale*, 'Frente de Liberación Nacional', argelino, que llevó a cabo la lucha contra Francia para la liberación e independencia (1962) de Argelia. Pol.

FLNA port. Siglas de *Frente Nacional de Liberação de Angola*, 'Frente Nacional de Liberación de Angola', fundado por Holden Roberto, que luchó por la independencia (1975) en el norte de Angola, y escindido de *UNITA*, con predominio de la etnia ovimbundu. Pol. → UNITA.

floppy ing. '(disco) flexible'. Abrev. de *floppy disk*, 'disco o disquete blando o flexible' (1973) para registro de datos y pasar información de un ordenador a otros. (1995: Eug. Suárez.) Inform.

floruit lat. → FL.

Flos sanctorum lat. 'Flor de santos'. Libro de grandísima difusión en los siglos XVI y XVII en España. Contenía la vida de gran número de santos y por el orden en que los celebra la Iglesia. (1913: Pérez de Ayala.) Rel.

Flos sophorum lat. 'Flor de sabios'. Título de un libro (1918) de Eugenio d`Ors, subtitulado 'Ejemplario de la vida de los grandes sabios'. Está forjado sobre *Flos sanctorum*. Lit.
→ FLOS SANCTORUM

flou fr. 'borroso', 'difuso' (1937: Ortega.) Fot.

flying dutchman ing. 'el holandés *(dutchman)* volador *(flying)*'. Embarcación de seis metros de eslora, a vela, para dos tripulantes. Clase olímpica desde los Juegos de Roma (1960). Propuesta por la Federación Holandesa de Vela. Con alusión al legendario barco fantasma del holandés maldito, objeto de la ópera *Der fliegender Höllander*, 'El holandés volador' (1843), de Richard Wagner. (1980: *País.*) Dep.

FM ing. 'FM'. Siglas de *Frequency Modulation*, 'Modulación de Frecuencia', llamada en esp. 'Frecuencia Modulada'. Estas siglas constan en los diales de los receptores de radio que la poseen. Con referencia a la operación que permite variar la frecuencia de una onda portadora para transmitir una señal, así como la superposición de esta señal a la onda portadora. Descubierta (1955), en EE.UU., por Edwin Armstrong sobre estudios anteriores (1934) de C. Fleming. Telecom.

FNAC fr. Siglas de *Féderation Nationale d´Achat des Cadres*, 'Federación Nacional de Compra de Cuadros'. Entidad comercial de adquisición de objetos culturales (libros, discos, etc.), que nació como cooperativa para la adquisición de cuadros. Con sucursales establecidas en España (Madrid y Barcelona) en los años noventa. Com.

FOB ing. 'FOB', 'FAB'. Palabra formada con las iniciales de *Freight On Board*, 'Flete (a precio) A Bordo', siglas 'FAB', es decir, 'precio de la mercancía en el puerto de origen'. (1978: Alzugaray.) Com.

Föhn al. 'fen'. Viento cálido del Sur, en la Suiza alemana. (1988: *País.*) Meteor.

foie gras fr. '*foie gras* o *foie-gras*' (Ac.: 2001), 'fuagrá', y vulg. 'fuagrás', lit.: 'hígado graso', conseguido por procedimiento especial. Hubo un período (1950-70) en que, en esp., además de su significado estricto, se empleaba para significar *pâté* de otras materias que el hígado graso de oca. Actualmente (1993) el uso de *(pâté de) foie gras* se limita a su materia verdadera. (1862: Bécquer.) Gastr.

folder ing. 'fólder' (1983: E. Poniatowska, Méx.; Ac.: 1992), 'carpeta (de cartulina)', plegable para guardar documentos.

foleto italianismo. Del it. *folleto*, 'duente', 'duendecillo'. Dim. del it. *folle*, 'duende'. (1744: J. de Zamora.) Mitol. → FOLLETO.

foliada gall. 'foliada'. Fiesta nocturna aldeana gallega. (1885: Pardo Bazán.)

folk anglicismo. (Ac.: 2001). Abrev. de *folk music*. Mús → FOLK MUSIC.

Folketing dan. 'Parlamento', actualmente, desde 1953, unicameral, de Dinamarca; anteriormente 'Cámara baja', del *Rigsdag*. Comp. de *folke*, 'pueblo', y *ting*, 'asamblea'. Pol.

folk-lore ing. 'folclore' (Ac.), 'folclor' (Ac.), lit.: 'saber popular (tradicional)'. Término creado (1864) por William J. Thoms, fundador de la *Folk-Lore Society* (1878) de Londres, a imitación de la cual se fundo en España la «Sociedad del Folk-Lore Andaluz», en 1881.

folk music ing. 'música *folk*'. Música de carácter folclórico (1950: Fdo. Ortiz, Cu.) Mús.

folk (song) ing. '(canción) popular (tradicional)'. Movimiento musical estadounidense, extendido a otros países. En España se introdujo en los años sesenta, para designar la canción popular tradicional española actualizada, con moderna instrumentación, o por cantantes o por grupos. (1976: M. Alpuente.) Mús.

follet cat. 'foleto', 'duende'. (1994: C. Canales.) Mitol. → FOLLETO.

folleto it. 'foleto' (1774: J. de Zamora), 'duende'. (1676: P. Fuentelapeña.) Mitol.

fondac ár. 'fondac' (Ac.), 'parador'. (1890: R. A. de los Ríos.) Host.

fondak ár. (1860: Alarcón.) → FONDAC.

fondant fr. 'fundible', es decir, que se funde o derrite. Se aplica a chocolates no duros o que se derriten con facilidad en la boca o en la chocolatera. Gastr.

fondue fr. 'fundida', 'derretida'. Plato de cocina suizo consistente en queso derretido y vino. (1912: R. Darío.) Gastr.

foot-ball ing. 'fútbol' (Ac.). En España se adoptó primeramente el término ing. y así «Madrid Foot-Ball Club» (1902), actualmente «Real Madrid Club de Fútbol». La trad. 'balompié' (1920: M. de Cavia.) tiene un uso menor que 'fútbol'. (1896: *Bl. Y Negro.*) Dep.

footing ing. 'futin', 'carrera personal continua'. Es un falso anglicismo en fr., introducido en España a través de la jerga del boxeo, donde el *footing*, 'hacer pies', sirve de entrenamiento y preparación. En ing. propiamente *jogging*. (1894: A. Nervo.) Dep. → JOGGING.

forcado port. 'forcado'. Es el mozo que en las ganaderías sujeta *(pega)* los toros y de ahí una forma especial de torear en las plazas, a pecho descubierto, sin trastos, en que un grupo de mozos en fila *(forcados)* ha de sujetar y dominar al toro por los cuernos. (1976: *País.*) Dep. → PEGA; PEGADOR.

force de frappe fr. 'arma disuasoria', eufemismo por 'armamento nuclear', lit.: 'fuerza de golpeo'. Así designó (3 noviembre 1959) el general De Gaulle, en su septenado, el armamento nuclear francés, creado como fuerza de disuasión frente a cualquier potencia nuclear. (1964: F. Mª. Lorda.) Ej.

forceps lat. 'fórceps' (Ac.), lit.: 'tenaza'. Med.

Foreign Office ing. 'Despacho extranjero', es decir, 'Ministerio de Asuntos Exteriores', en la Gran Bretaña. (1910: Gáldos.) Pol.

forfait fr. '*forfait*' (Ac.: 2001), '(contrato) a tanto alzado'. Unas veces se oye 'forfé', siguiendo la pron. francesa, pero también 'forfait' (1997: Cadena SER) y el pl. 'forfaits' (1999: Carm. Encinas). (1978: *País.*) Econ.

forint abrev. **Ft.** húng. 'forinto' (1990: *País*), 'florín húngaro'. Unidad monetaria húngara. (1988: *País.*) Num.

Formica ing. 'Formica', 'formica' (Ac.: 1992). Nombre comercial de un producto de una empresa de EE.UU., obtenido con aldehído fórmico. Se utiliza para laminados plásticos, en mobiliario y revestimientos. (1992: V. Verdú.) Mob.

Fornarina it. 'Panaderita', 'Hornerita'. Mote de la hija de un *fornaio*, 'panadero', 'hornero', de Roma, pintada por Rafael. Pint.

fornitures fr. 'fornituras' (Ac.), es decir, elementos menores (botones, entretelas, guarniciones, etc.) o 'artículos de sastrería'. También 'de relojería'. (Ac.: 2001). (1893: *Silv. Lanza*.) Indum.

foro gall. 'foro' (Ac.), 'renta'. Contrato rústico de arriendo, temporal en su origen, permanente en la práctica, lo que en ocasiones da lugar a pleitos, odios, luchas. (1882: Pi y Margall.) Der.

forse altri canterà con miglior plettro it. 'quizá otro cantará con mejor plectro'. De *Orlando furioso* (XXX, 16), de Ludovico Ariosto (1474-1533). (1861: Bécquer.) Lit.

fortaleza volante anglicismo. Trad. del ing. *fliying fortress*, marca registrada por la compañía Boeing, de Seatle (EE.UU.), de un avión superbombardero que comenzó a emplearse en la Segunda Guerra Mundial. Ej.

forte it. 'fuerte' (Ac.). (1893: J. Lasalle.) Mús.

forte-piano it. 'fortepiano' (Ac.), 'piano'. (1871: Gáldos.) Mús.

fortis imaginatio generat casum lat. 'una fuerte imaginación puede engendrar un acontecimiento'. Sentencia medieval latina, citada por Michel de Montaigne (1533-1592), en uno de sus *Éssais* (I, XXI). (1996: Santos Juliá.) Fil.

fortissimo it. 'fortísimo' (Ac.), (1893: J. Lasalle.) Mús.

fortiter et suaviter lat. 'con energía y suavidad'. → FORTITER IN RE ET SUAVITER IN MODO.

fortiter in re et suaviter in modo lat. 'con energía en cuanto al asunto, con suavidad en cuanto al modo'. Uno de los lemas de la Compañía de Jesús, formado sobre palabras análogas del cardenal Acquaviva. (1986: A. Elorza.) Rel.

Fort Knox ing. Establecimiento militar situado en el estado de Kentucky (EE.UU.), próximo a Louisville, y que alberga el *U.S. Federal Gold Deposity*, 'Reserva de oro federal de los EE.UU.', desde 1936. Econ.

Fortran ing. 'Fortran'. Formada sobre *For(mula) Trans(lation)*, 'traducción de fórmulas', es decir, 'programación informática dedicada a problemas científicos'. (1977: Alzugaray.) Inform.

fortunate senex! lat. '¡afortunado anciano!'. Palabras de Melibeo a Títiro, a quien felicita por conservar sus campos, ya que tendrá una vejez asegurada. De Virgilio (*Églogas*, I, 46).

forum lat. 'fórum', 'foro' (Ac.), lit.: 'plaza pública'. Reunión o lugar de discusión. Es préstamo del lat. en ing. y de éste al esp. (1962: *Arriba*.)

forward ing. 'delantero', en fútbol. Todavía en uso en Arg. (1929: *Estampa*.) Dep.

forza Italia! it. '¡ánimo, Italia!', lit.: '¡fuerza, Italia!', 1) grito de los seguidores de la *squadra azurra*, 'equipo azul', el equipo nacional italiano de fútbol. (1982: *País*.) Dep.; 2) nombre de un movimiento político fundado (enero 1994) por Silvio Berlusconi contra el ascenso de la izquierda en Italia, tras la *Tangentopoli* y el hundimiento de la derecha. (1994: RNE.) Pol. → TANGENTOPOLI.

fotut cat. 'jodido'. Empleada también por hablantes de esp., irónicamente y con sentido más suave que su trad. española. (1999: Maruja Torres.)

foulard fr. 'fular' (Ac.). 1) 'seda muy ligera (para vestidos, corbatas, pañuelos)'. (1884: Galdós.) Indum.; 2) 'fular' (1890: L. Coloma.) 'pañuelo grande de seda (de cabeza o cuello)' (1890: L. Coloma.) Indum.

four-letter-word ing. 'palabra fea', 'palabra malsonante', 'taco', lit.: 'palabra de cuatro letras', por alusión a la fea *fuck*. (1989: E. Lorenzo.)

fox ing. 'fox'. (1923: *Raffles*.) → FOX-TROT.

fox terrier ing. 'foxterrier' (Ac.: 1992), '(perro) raposero' '(perro) ratonero'. (1966: R. J. Sender.) (1905: R. Leyda.) Zool.

fox-trot ing. 'foxtrot' (Ac.: 2001), lit.: 'trote *(trot)* zorruno *(fox)*'. (1919: V. Huidobro, Ch.) Baile.

foyer fr. 'vestíbulo', 'salón', en los teatros, donde el público puede hablar, fumar o beber en los entreactos, lit.: 'hogar'. (1886: A. Vico.) Tea.

frac fr. 'frac' (Ac.), 'fraque' (Ac.). Del al. *frack* o del ing. *frock*. (1826: *Aviso a los lechuguinos*.) Indum.

fractal ing. 'fractal' (Ac.: 2001). Neologismo (1975) debido al matemático B. Mandelbrot, quien lo derivó del lat. *fractus*, 'roto', 'no entero', 'interrumpido', 'irregular'. Con él se designa primariamente a la forma que se obtiene por repetición de un proceso geométrico bien definido. Pero no sólo es un concepto matemático, sino también un método para analizar diversidad de fenómenos de la naturaleza que parecen sin ley o caóticos. (1990: *Muy interesante*.) Mat.

fraga gall. 'fraga' (Ac.), 'bosque (inculto)' 'bosque (espontáneo)'. (1896: Pardo Bazán.)

France combattante fr. 'Francia combatiente'. Así se denominó a los franceses seguidores del general De Gaulle a partir de 1942, en la Segunda Guerra Mundial. → FRANCE LIBRE.

France libre fr. 'Francia libre'. Expresión acuñada por el general De Gaulle, frente a la Francia ocupada por los nazis y la Francia de Pétain durante la Segunda Guerra Mundial. (1973: E. Pons Prades.) Hist.

(Agence) France Presse fr. 'Agencia Francia Prensa'. Agencia de noticias. Period.

franglais fr. 'franglés' (1994: Haro Tecglen). Designa el fr. excesivamente contaminado por el ing. Es palabra formada sobre *fran(çais)* y *(an)glais*, divulgada por el libro (1964) *Parlez-vous franglais?*, de René Étiemble. (1983: R. Carnicer.) Ling.

frappant fr. 'evidente', 'patente'. (1911: A. Glez. Blanco.)

frappé fr. 'enfriado', 'semihelado'. Se dice de las bebidas alcohólicas que se sirven con cierto grado de frialdad. (1899: A. Nervo.) Gastr.

fraticello, pl. **fraticelli** it. 'fraticelo' (Ac.), lit.: 'frailecillo'. Se aplicaba a los seguidores de una herejía iniciada por Gerardo Segarello, de Parma, quien murió en la hoguera en 1300. Éste, no habiendo sido admitido en la orden franciscana, adoptó, sin embargo, el hábito franciscano y la pobreza absoluta, así como costumbres comunistas e inobediencia a la Iglesia. Los franciscanos consiguieron que el papa Juan XX los condenase como heréticos en la bula *Gloriosam Ecclesiam* (1911: C. Bayo.) Rel.

fratria lat. 'fratría' (Ac.), 'hermandad'. (1928: Ortega.)

Frau al. 'mujer (casada)', 'señora'. (1915: R. León.)

Fräuleín al. 1) 'señorita'. (1932: Jardiel Poncela.); 2) 'institutriz (alemana)'.

freak ing. 'extravagante', 'excéntrico', 'marginal'. Semejante al *hippy*, dedicado a la artesanía de collares y cinturones y al cultivo de granjas abandonadas; generalmente drogadicto de drogas duras. (1976: *País*.)

free cinema ing. 'cine libre'. Corriente cinematográfica inglesa paralela a la literatura de los *angry young men*. Representada por el director Tony Richardson, quien dirigió *Mirando atrás con ira. Sabor a miel*, etc. Cine → ANGRY YOUNG MEN.

free kick ing. 'friqui', (1992: Telemadrid), 'tiro libre', 'golpe franco'. En fútbol, lanzamiento de balón, con el pie, parado el balón, en castigo por falta hecha, cerca del área propia, sobre un contrario; lit.: 'golpe libre con el pie'. Dep. → FRIQUI.

free lance ing. 'independiente', 'libre'. Trabajador (periodista, fotógrafo, etc.) que actúa por libre y vende su producción (artículos, fotos, etc.) a quien puede o le conviene, lit.: 'lanza (o lancero) libre'. (1980: *País*.) Period.

Freeze Movement ing. 'Movimiento de Congelación'. Norteamericano, surgió (1979) durante las SALT II. Fundado por Randall Forsberg, autor de *Call to halt the nuclear arms race*, 'Llamamiento para detener la carrera de las armas nucleares'. (1982: S. Alv. Coto.) Ej. → SALT.

Freie Buhne al. → DIE FREIE BUHNE.

Freie Deutsche Jugend al. 'Juventud Alemana Libre'. Organización juvenil comunista de la República Democrática Alemana. Fundada por Erich Honecker en 1946. (1989: C. Trías.) Pol.

Freie Deutsche Partei. Die Liberalen al. 'Partido Alemán Libre (o Liberal)', 'Los liberales'. Pol. → JUDOS.

(der) Freischütz al. 'El cazador furtivo', lit.: 'el francotirador'. Ópera de Carl Maria Von Weber (1786-1826), libreto de Friedrich Kind, en tres actos, estr.: 1821. (1872: Galdós.) Mús.

FRELIMO port. Palabra formada con las sílabas iniciales de *Frente de Liberação de Moçambique*, 'Frente de Liberación de Mozambique', liderado desde 1962 por Samora Machel, consiguió la independencia (junio 1975) frente a Portugal. Pol. → RENAMO.

fricandeau fr. 'frincandó' (Ac.). Guiso de carne (o pescado) mechada o lardada, que se sirve con salsa o puré de patatas o con guisantes. (1899: E. Sánchez Rubio.) Gastr.

fricassée fr. 'fricasé' (Ac.). Guiso de carne en trozos, que se sirve con salsa. Gastr.

frigidaire ing. (fr. aparente). 'frigidaire' (2002: Luis Báez, Cu.), 'friyider' (en Esp., en el habla, en los años veinte y treinta, ya en desuso, por haberla reemplazado 'nevera' y 'frigorífico'), 'frigider' (1985: F. Morales Pettorino, Ch.). Es marca registrada estadounidense (1920) de un armario frigorífico. Según A. Room, su nombre se debe a William C. Durant, quien, tras adquirir la *Guardian Frigerator*, denominó a esta compañía *Frigidaire Corporation*. Por su apariencia francesa, los diccionarios franceses actuales (Robert) no mencionan el origen estadounidense de esta palabra, desconocida en fr. antes de 1920, aunque ya existía *frigorifique* (1909: *Petit Larousse*), 'frigorífico' (1928: *La Esfera*.)

friqui anglicismo. (1993: Telemadrid.) Dep. → FREE KICK.

fritta it. 'frita' (1904: Pérez-Villamil; Ac.: 1992). Mezcla de materias terrosas y salinas sometida a cocción *(fritta)* para la obtención de vidrio y porcelana.

frivolité fr. 'frivolité'. Labor de punto hecha con nudos. (1892: Gáldos.)

Frohe Weihnachten! al. '¡Feliz Navidad!'.

Frolinat fr. Palabra formada sobre *Front de Libération National*, 'Frente de Liberación Nacional', organización político-militar del Chad, creada en 1965. Pol.

Fronda galicismo. Suele emplearse en contextos políticos. Pol. → FRONDE.

Fronde fr. 'Fronda', pero lit.: 'Honda', aunque a veces se lea u oiga, por ej., 'aires de Fronda', expresión equívoca. Procede *Fronde* de las pedreas con hondas de los chicos de París entre sí, incluso contra las autoridades que intentaban reprimirlas. Dio nombre, primero a la rebelión (1648-49) del Parlamento de París, o *Fronde parlementaire*, 'Fronda parlamentaria', contra Mazarin, llamada también *Vieille Fronde*, 'Fronda vieja'; y después, a la rebelión (1649-53) de los príncipes, como Condé, partidarios de España, llamada *Fronde des princes*. 'Fronda de los príncipes', o *Jeune Fronde*, 'Fronda joven (o nueva)'. Hist.

frónesis gr. 'prudencia', en cuanto inteligencia mundana, es decir, 'sabiduría práctica'. (1986: E. Lledó.) Fil.

Front National fr. 'Frente Nacional'. Partido francés ultraderechista y racista, fundado en 1972 por Jean-Marie Le Pen. (1998: *País*.) Pol.

frou-frou fr. 'frufrú' (Ac.: 1992), 'roce (de tela)'. (1832: Baig-Baños.)

Fru danés. 'señora'. (h. 1915: C. M.ª Ocantos, Arg.)

frufrú galicismo. (Ac.: 1992). Del fr. *froufrou*, en el sentido de vestido femenino con adornos un tanto llamativos. (1992: *ABC*.). Indum. → FROU-FROU.

fuel ing. → FUEL OIL.

fuel oil ing. 'fuelóleo', 'fuel' (Ac.), de *fuel*, 'combustible', y *oil*, 'aceite'. Fracción de petróleo destinada a combustible. (1927: *Gac. de Madrid*.) Petroq.

fuet cat. 'fuet' (Ac.: 2001), 'fuete' lit.: 'látigo'. Embutido catalán. Término difundido en los años ochenta. Gastr. → ESPETEC.

fugaces labuntur anni lat. → EHEU! FUGACES LABUNTUR ANNI.

fugit irreparabile tempus lat. 'el irrecuperable tiempo huye sin cesar'. De Virgilio (*Geórgicas*, 3, 2, 84). Inscripción de reloj. (1923: Baroja.) → TEMPUS FUGIT.

Führer al. 'guía', 'conductor', 'jefe', 'caudillo'. Título de Adolf Hitler, jefe del Partido Nacional Socialista Alemán y del Tercer *Reich*. (1934: A. Mendizábal.) Pol.

Führerprinzip al. 'principio o doctrina del caudillaje', 'sometimiento al *Führer*'. (1934: A. Mendizábal.) Pol.

Fujica jap. Nombre de una cámara fotográfica de la *Fuji Film Co.*, con sede en cercanía del volcán Fuji, es decir, del Fujiyama o Fuyiyama. Está formado con el jap. *Fuji* y el ing. *ca*, letras iniciales de *camera*. Foto.

full ing. 'lleno'. Anglicismo en uso en Venezuela.

full ing. Abrev. de *full time* (1994: Martha Alvarado Aillón, Ec.) → FULL TIME.

full contact ing. 'contacto pleno'. Boxeo con manos y pies, enguantados éstos también. Dep.

full time ing. '*full time*' (Ac.: 2001), 'dedicación plena', 'dedicación exclusiva', 'de lleno', lit.: 'tiempo entero o pleno'. (1976: J. Cueto.) → FULL.

fumarola it. 'fumarola' (Ac.). Humareda llameante, formada por la emanación de gases volcánicos ardiendo. (1867: N. Fdez. Cuesta.) Geogr. f.

fumata bianca it. 'humareda blanca'. Con ella se anuncia la elección de nuevo Papa, en una de las chimeneas del Vaticano. Rel. → FUMATA NERA.

fumata nera it. 'humareda negra'. Con ella se anuncia, por una de las chimeneas del Vaticano, que el escrutinio de votos de los cardenales, para la elección del nuevo Papa, ha resultado negativo. (1989: R. de la Cierva.) Rel. → FUMATA BIANCA.

fumet fr. 'fumé'. Salsa hecha con caldos y jugos de carnes, muy aromatizada por la adición de trufas, setas, etc. (1998: M. J. Cabot.) Gastr.

fumeto italianismo. Del it. *fumetto*, 'humito'. (1998: Vázquez Montalbán.) Biblio. → FUMETTI.

fumetti it. *'comics'*, 'tiras de dibujos', 'historietas gráficas', lit.: 'humitos', es decir, los humos o nubecillas, 'bocadillos' en esp., en que suelen estar enmarcados los diálogos en estas historietas. (1970: Carlos Fuentes, Méx.) Biblio.

fumoir fr. 'saloncillo de fumar'. (1890: L. Coloma.)

fundamentalismo anglicismo. (Ac.: 1998), Calco del ing. *fundamentalism*, secta u orientación religiosa protestante estadounidense surgida en la primera mitad del siglo XX como reacción contra el modernismo; acentúa la autoridad literal de la Biblia. Preconizada por la publicación periódica *The Fundamentals* (1910). Por extensión, se suele aplicar este nombre a todo movimiento religioso integrista. Rel. → INTEGRISMO.

Fundi al. Abrev. de *Fundamentalist*, 'fundamentalista'. Miembro del partido político ecologista alemán *Die Grünen*, 'Los Verdes', contrario a las posiciones de los *Realos*, 'realistas' o 'pragmáticos' del mismo partido. (1955: *País*.) Pol. → REALO; DIE GRÜNEN; FUNDAMENTALISMO.

funera plango, / fulgura frango, / sabbata pango lat. 'lloro a los difuntos, /quiebro los rayos, / anuncio las solemnidades'. Inscripción de campanas. En ocasiones se añade: *excito lentos, / dissipo ventos, / placo cruentos*, 'incito a los lentos, / disipo los vientos, / aplaco a los cruentos'. (1942: P. Mourlane.) → VIVOS VOCO.

funk ing. Originariamente, 'estado emocional depresivo', característico del *blues* y que llegó a impregnar al *jazz* (*funky jazz*) y al *rock* (*funk rock*) y al *punk* (*punk-funk*.) (1992: *País*.) Mús. → PUNK.

(La) Fura dels Baus cat. Nombre —irónico— de un grupo catalán de teatro, innovador, fundado en 1979, en Moià (prov. de Barcelona) y que aspira a realizaciones de espectáculo total; lit.: 'El Hurón *(Fura)* de los Baus', y aún más: 'El Hurón de las Basuras o del Vertedero', ya que *els Baus* es el nombre del lugar donde los vecinos de Moià arrojan las basuras. (1992: Haro Tecglen) Tea.

furgón galicismo. (Ac.). Del fr. *fourgon*, 'carruaje cubierto', para mercancías, etc. En esp.: 1) 'carruaje militar', para transporte de municiones, etc. Ej.: 2) 'vagón ferroviario auxiliar', en los trenes, y puede ser 'furgón de cabeza' o 'furgón de cola'. Transp. t.

furgoneta galicismo. (Ac.). Del fr. *fourgonnette*. Automóvil de carga, menor que la camioneta, para traslado o reparto de mercancías u objetos no de gran tamaño. Transp. t.

futón jap. (Ac.: 2001). 'colchoneta' 1) para dormir, puesta directamente sobre el suelo o sobre un soporte bajo o 2) empleada como respaldo blando y suelto en butacas, sofás, etc.). (1999: publ. com.) Mob.

futurismo it. 'futurismo' (Ac.: 1992). Movimiento artístico y literario italiano, contrario al 'pasadismo'. Sostenía que el arte y la cultura no deben estar vinculados al pasado, a lo museístico, sino proyectados al futuro, al dinamismo y al maquinismo de la vida moderna. Fundado por Filippo Tomaso Marinetti (1896-1944), que lo proclamó en su *Manifesto futurista* (1909). (1911: A. Glez. Blanco.) Arte. → PASADISMO.

futurista it. 'futurista' (Ac.: 1992). Seguidor del *futurismo*. (1911: A. Glez. Blanco.) Arte. → FUTURISMO.

fuzzy logic ing. 'lógica difusa' (1991: *País*), 'lógica borrosa' (1991: Univ. Complutense). El adj. *fuzzy*, lit.: 'borroso', 'difuso', 'indistinto'. Existe una Sociedad Española de Lógica y Tecnología *Fuzzy*. En virtud de esta lógica, los ordenadores actúan y establecen relaciones con conceptos intermedios o imprecisos. (1991: *País*.) Inform.

g

(punto) G al. 'punto G'. Determinado punto del sexo femenino, dotado de especial intensidad erótica. Llamado así, con la G inicial del apellido del doctor suizo Ernst Grafenberg, en reconocimiento de sus investigaciones (1950) sexológicas. Anat.

gabon vasc. 'gabón', lit.: 'buena noche'. 1) 'buena(s) noche(s)'. Salutación. (1991: Antena 3); 2) 'Nochebuena'. (1897: Unamuno.)

gaché caló. 'gaché' (Ac.), 'hombre', 'castellano'. (1844: V. de la Fuente.)

gachí caló. 'gachí' (Ac.), 'mujer'. (1881: Machado y Álvarez.)

gachó caló. 'gachó' (Ac.), 'hombre', 'castellano', es decir, que no es de la raza calé. (1775: tonadilla.)

gadget ing. 'artilugio'. Cualquier aparato mecánico o electrónico, ingenioso y de pequeño tamaño. (1961: R. J. Sender.)

gaffe fr. 'torpeza', 'coladura', 'metedura de pata'. (1891: A. Nervo.)

gag ing. 'efecto cómico'. Causado por la acción o por la palabra en una obra escénica o cinematográfica. Se emplea especialmente con referencia al cine cómico. Originariamente *gag* era equivalente *slang* de la 'morcilla' de nuestra jerga teatral, introducida para provocar risa. (1966: M. Fdez. Galiano.) Cine.

gaga fr. 'gagá' (Ac.: 2001), '(viejo) chocho'. (1915: Baroja.)

Gaia gr. 'Gaia', entre los griegos, 'la Gran Madre', 'la Gran Diosa'. Otras formas: 'Gaya' (1910: Lugones, Arg.) y 'Gea' (1910: Lugones, Arg.). Término propuesto a James Lovelock por William Golding para su concepto de la vida en la Tierra (1979), como un sistema de autorregulación, en que la Tierra y su atmósfera tienden a mantener condiciones adecuadas para la vida a lo largo del tiempo, es decir, 'el sistema hipotético que regula este planeta'. (1990: Cadena SER.)

gala fr. 'gala'. Aunque esta palabra consta en el *DRAE*, no con el sentido que aquí se registra, aunque ha entrado en él recientemente (Ac.: 1992): 'actuación (de un artista del espectáculo)', divulgado en los años sesenta; y si bien el *DRAE* señala su origen en el ant. fr. *gala*, y éste en el germ. *wale*, su procedencia próxima está en el it. *gala* (fr., ing. y esp. *gala*.) Tea.

galantuomo it. 'gentilhombre', 'caballero'. Se aplica a Víctor Manuel II, del Piamonte, primer rey de Italia, *il re galantuomo* (1841: R. de Navarrete) y también a su hijo Amadeo de Saboya, rey de España (1909: Galdós.) Hist.

Galeusca híbrido (gall., vasc., cat.). → GALEUZCA.

Galeuzca (pero actualmente **Galeusca**) híbrido (gall., vasc., cat.). Anagrama de *Galiza*, 'Galicia', *Euzkadi*, 'País Vasco', y *Catalunya*, 'Cataluña'. 1) da nombre a un pacto firmado en Compostela (julio 1933) por parlamentarios nacionalistas gallegos, vascos y catalanes; 2) título de una revista de exiliados nacionalistas (Buenos Aires, 1945-1946); 3) reunión de parlamentarios nacionalistas en Guernica (1977), semejante a la de 1933. Pol.; 3) *Galeusca*, nombre de un canal de TV constituido por las televisiones autonómicas de Galicia (TVG), Cataluña (TV-3) y el País Vasco (ETB). Inaugurado el 31 de diciembre de 1996, desaparecido en agosto de 1998. TV.

Galiza Ceibe gall. 'Galicia Libre'. Grupo político de extrema izquierda nacionalista. Anteriormente, en los años veinte, *Galiza Ceibe* fue lema de unas tablas publicadas por la revista nacionalista *A nosa terra* con diez puntos reivindicativos. Pol. → EXÉRCITO GUERRILLEIRO DO POBO GALEGO CEIBE; A NOSA TERRA.

galley ing. 'cocina o despensa (de avión)', lit.: 'galera', y después 'cocina de barco'. En ella se ponen a punto los platos suministrados por el servicio de *catering* del aeropuerto. (1981: E. Lorenzo.) Host. → CATERING.

Gallup (poll) ing. '(encuesta) Gallup'. Por el apellido de George H. Gallup (1901-1984), estadístico y periodista estadounidense, que fundó (1935) el *American Institute of Public Opinion,* 'Instituto Americano de la Opinión Pública', para el sondeo de la opinión pública sobre cualquier materia. Estad.

galop fr. 'galop' (Ac.), 'galope'. Es la última figura del *quadrille,* 'cuadrillo', baile francés, en que se imita el ritmo de las pisadas del caballo en el galope (1835: *El Artista.*) Baile → QUADRILLE.

galopin fr. 'galopín' (Ac.), 'chaval', lit.: 'aprendiz', 'chico de recados'. De *galoper,* 'galopar'.

Gama'a islamiya transcrip. errónea del ar. *Ǧama'a islamiya,* es decir Yama'a islamiya. (1993: TVE) → YAMA'A ISLAMIYA.

gamba it. 'pierna'. En el esp. actual, uso irónico, aceptado (1998) por la RAE, en la expresión 'meter la gamba' (1998: RNE) por la corriente 'meter la pata'.

gamberro ¿vasquismo? 'gamberro' (Ac.). Tal vez del vasc. *ganbirot.* (1930: A. Gorrochategui.)

game ing. 'juego'. Dentro de una partida de tenis. (1976: *País.*) Dep.

gamin fr. 'gamín' (en Colombia, según M. Seco), 'golfillo', 'pillete'. Lit.: 'chico de la calle' y también 'chiquillo'. (1882: V. Pérez Rosales, Ch.)

gang ing. 'ganga' (en Puerto Rico), 'pandilla'. (1931: J. Camba.) → GANGSTER.

gangsta rap ing. 'rap gangsta', 'rap pandillero', 'rap violento'. (1996: *País.*) Mús. → RAP.

gangster ing. 'gángster' (Ac.: 1992), 'gánster' (Ac.: 2001), 'pandillero' (Am. h.). Miembro de un *gang* o 'banda (delictiva)'. (1931: J. Camba.) → GANG.

ganja ing. jamaicano. 'gaña', 'marihuana'. Término *slang,* jergal, de los *rastas.* (1981: *País.*) → RASTA.

gap ing. 'brecha'. Con referencia a las disimilitudes existentes entre dos generaciones. (1980: *País*.) Sociol.

Gara vasc. 'Somos', 'Estamos'. Periódico de inspiración etarra (enero 1999), sucesor del diario *Egin*, tras la clausura judicial de éste (15 julio 1998) por sus vinculaciones con *ETA*. Próxima a *Gara*, la voz *gar*, 'llama'. (1999: *ABC*.) Period. → EGIN.

garage fr. 'garaje' (Ac.). (1925: *Guía of. de Burgos*.) Autom.

garage (sound) ing. 'sonido de garaje'. Estilo de música oriundo de Nueva York, emparentado con el *house* de Chicago, pero más recargado de agudos. Se le ha definido como *house* con alma *(soul)* por su cercanía al *soul*. (1989: *País*.) Mús. → HOUSE.

garbì cat. 'garbí', 'garbino' (Ac.), '(viento del) Sudoeste', 'ábrego'. Del ár. *garbí*, 'occidental'. (1991: Martín Prieto.) Meteor.

garçon fr. 'mozo', 'camarero'. (1888: J. Estremera.)

garçonnière fr. 'garzonera', 'pisito de soltero'. (1890: Pardo Bazán.)

Garde mobile fr. 'Guardia móvil'. Institución policial francesa. (1973: E. Pons Prades.) Pol.

garden party ing. 'reunión o fiesta en el jardín'. *De garden*, 'jardín', y *party*, 'reunión'. (1894: Pereda.)

garimpeiro port. 'buscador de piedras preciosas o de oro'. En Brasil, *garimpo* es el lugar donde se buscan las piedras preciosas o el oro. (1981: *País sem*.) Min.

garlochí caló. 'garlochí' (Ac.), 'corazón'. (1855: F. Gómez Sánchez.)

garota port. 'rapaza', 'chica', 'muchacha'. Palabra difundida por la canción *Garota de Ipanema*, 'La muchacha de Ipanema', mús. de A. J. Jobin. (1995: J. C. Iglesias.) → BOSSA NOVA.

garriga cat. 'carrascal', 'chaparral', 'coscojar'. De *garric*, 'carrasco'. (1999: Dr. Bandrés.) Bot.

(the Order of the) Garter ing. 'Orden de la Jarretera'. → JARRETIÈRE.

gásfiter y **gasfiter** anglicismo. 'fontanero'. Del ing. *gasfitter*, 'instalador de gas'. (1993: *El Mercurio*, Santiago, Ch.); también 'gasfitero' (1969: M. Hildebrandt, Pe.; Ac.: 2001) y deriv. 'gasfitería'. (1986: *El Comercio*, Lima.)

gasoil ing. 'gasoil', 'gasóleo' (Ac.). (1927: *Gac. de Madrid*.) Petroq.

Gastarbeiter al. 'trabajador inmigrado', 'trabajador extranjero', lit.: 'trabajador huésped'. Se llama así en la República Federal Alemana al trabajador extranjero que contribuyó al 'milagro económico alemán de los años cincuenta' y a la expansión industrial siguiente. (1965: A. M. de Lera.)

Gaststäte al. 'gastete' (1965: F. Ayala), 'cantina'. (1966: A. M. de Lera.) Host.

gate ing. 'puerta'. Con motivo del escándalo del hotel Watergate ha pasado a ser sufijo *-gate* con significación de 'escándalo', así en *Irangate*, escándalo de tráfico de armas, en los EE.UU. del presidente Reagan, a favor del Irán y de la «contra» nicaragüense, y lo mismo en otros casos sucios políticos. Pol.

GATT ing. Siglas de *General Agreement on Tariffs and Trade*, 'Acuerdo General sobre Aranceles y Comercio'. Establecido en la Conferencia de Ginebra (30 de octubre de 1947) para desarrollar la Carta de la Habana (donde surgió la Organización Internacional de Comercio) en 1948. (1980: *País*.) Econ.

gauche divine fr. 'izquierda divina'. Así se llamaba a los jóvenes intelectuales barceloneses de izquierda durante el tardofranquismo. (1981: *D. 16*.) Pol.

gaucherie fr. 'torpeza'. (1854: J. Valera.)

gauchisme fr. 'izquierdismo', 'extremismo (de izquierda)'. (1976: F. Umbral.) Pol.

gauchiste fr. 'izquierdista', 'extremista (de izquierda)'. (1976: C. Sentís.) Pol.

gaudeamus lat. 'gaudeamus' (Ac.), lit.: 'alegrémonos'. Fiesta, regocijo, comida y bebida abundante. (1887: J. R. Mélida.)

Gaudeamus igitur lat. 'Gocemos, pues', en ext.: *Gaudeamus igitur / iuvenes dum sumus*, etc., 'Gocemos, pues, / mientras somos jóvenes'. Comienzo de un canto goliárdico medieval, adopt. como himno universitario en Alemania en el siglo XVIII, en su forma actual. Su origen está vinculado a un salmo penitencial de 1267, que constaba de tres estrofas, cuyos versos iniciales eran: 1ª) *Gaudeamus igitur;* 2ª) *Ubi sunt qui ante nos;* 3ª) *Vita nostra brevis est.* (1906: Blasco Ibáñez.) Educ. → UBI SUNT.

Gaudium et spes lat. 'Gozo y esperanza'. Constitución pastoral adoptada por el Concilio Vaticano II, en 1965, sobre la Iglesia en el mundo actual. (1978: A. Gala.) Rel.

gaufre fr. 'gofre' (Ac.: 2001). Pastel de pasta ligera, cocida en un molde (*gaufrier)* formado por dos placas alveoladas que imprimen un dibujo en relieve (1957: M. Mestayer: *gaufré;* 1995: *País sem.*) Gastr.

Gauleiter al. 'gobernador (*Leiter)* de comarca (*Gau)*', 'distrito' o 'cantón', durante el III *Reich* alemán, es decir, bajo el nazismo. (1941: M. Reverte.) Pol.

gay ing. 'homosexual declarado', 'gay' (Ac.: 2001), aunque también se oye la pron. ing. 'guei' (1996: Onda Cero). El pl. 'gais' (1997: Maruja Torres) exigiría un sing. 'gai'. Del fr. *gay,* 'alegre'. (1976: *Interviú.*)

Gay Liberation Front ing. 'Frente de Liberación Gay'. Constituido en EE.UU. en 1969. (1996: V. Verdú.) Pol. → GAY POWER.

gay power ing. 'poder *gay*'. Consigna nacida (18 junio 1969) en el *pub* Stonewall Inn, de West Village, Nueva York. Pol.

gay saber prov. **(gai saber)**. 'gaya ciencia'. Estilo o escuela poética de los trovadores provenzales de la Edad Media. (1888: Pardo Bazán.) Lit.

gaztetxe vasc. 'gazteche', 'casa de la juventud'. Comp. de *gazte,* 'joven', y *etxe,* 'casa'. Lugar de reunión de jóvenes radicales vascos. (1994: *País.*) Pol.

(La) gazza ladra it. 'La urraca ladrona'. Ópera (1817), en dos actos, libreto de Gherardini, mús. de Gioacchino Rossini (1792-1868). (1872: Galdós.) Mús.

Geiger (zähler) al. '(contador) Geiger'. Para radiaciones ionizantes. Inventado (1928) por el físico alemán Hans Geiger (1882-1945). Fís.

Geiser al. 'géiser' (Ac.). (1895: Macías Picavea.) Geogr. f. → GEYSER.

geisha jap. 'geisha' (Ac.: 2001), 'geisa'. Danzarina, cantante y entretenedora en una casa de té. De *gei*, 'arte', 'habilidad', y *sha*, 'persona'. (1905: L. Morote.) Baile.

gel ing. 'gel' (Ac.: 1992). Sustancia líquida viscosa, casi cuajada. Deriv. del ing. *gelatine*. (1978: *País*.) Cosm.

Generalitat cat. 'Generalidad' o 'Diputación general'. Institución surgida en el siglo XIV y que, en 1873, representaba a la cuatro provincias catalanas. Restablecida con los estatutos de autonomía de 1932-1939 y 1979 como órgano representativo de Cataluña, integrado por el *Parlament* (poder legislativo) y un *President* con un *Consell* (poder ejecutivo). Pol.

gengo jap. 'lema' o 'calificación' que se atribuye a una 'nueva era' o mandato imperial en Japón. (1989: R. Vilaró.) Pol.

(le) génie n'est qu'une grande aptitude à la patience fr. 'el genio sólo es una gran aptitud para la paciencia'. Frase atribuida a Buffon (George-Louis Leclerc du Buffon, 1707-1788) por Héraut de Séchelles (*Voyage à Montbard*, pág. 11), frente a la cual dijo Paul Valéry (1871-1945) en *Charmes: o longe impatience!*, '¡oh larga impaciencia!'. (1964: López Morillas.)

genius loci lat. 'genio' (tutelar) del lugar', 'carácter local'. (1925: E. d'Ors.)

gens lat. 'gente'. La familia romana pretendía descender de un *pater* más o menos divinizado; todos los que reconocían un mismo *pater* llevaban el mismo *nomen gentilicium*, 'nombre gentilicio', y mantenían los mismos cultos o *sacra gentilicia*. La *gens* se dividía en ramas *(familias)* y cada una de ellas reconocía la autoridad de un *paterfamilias*. (1903: Unamuno.) Hist.

gentleman, pl. **gentlemen** ing. *'gentleman'* (Ac.: 2001), 'caballero'. (1850: A. Flores.)

gentlemen's agreement ing. 'pacto o acuerdo entre caballeros'. (1938: Azaña.) Pol.

Gentlemen's Agreement ing. 'Acuerdo entre caballeros'. Es el que se produjo entre Gran Bretaña e Italia sobre la navegación en el Mediterráneo durante la guerra de España (1936-1939); establecido el 2 de enero de 1937, completado el 2 de abril de 1938, contribuyó a la victoria de Franco sobre la República española. Pol.

genus irritabile lat. (1926: *Andrenio*.) → GENUS IRRITABILE VATUM.

genus irritabile vatum lat. 'el irritable género (o especie) de los poetas'. De Horacio (*Epístolas*, 2, 2, 102). (1827: Moratín h.) Lit.

georgette fr. En ext.: *crêpe georgette*, 'crespón *georgette*', fino y transparente, creado por Georgette de la Plante, modista de París. (1944: Constancia de la Mora.) Indum.

gerá caló. (1971: R. Molina.) → ERAY.

Gernikako arbola vasc. 'El árbol de Guernica'. Título de la canción-himno compuesta (1853) por el bardo José María Iparraguirre (1820-1881). (1904: Rodr. Soriano.) Mús.

Gestaltheorie al. 'teoría de la forma', 'teoría configuracional' (1975: C. P. Otero). Afirma que la sensación es global, pues las relaciones y sus términos se reciben conjuntamente en una forma *(Gestalt)*, en una estructura espontánea que determina la significación de las partes. Su principal representante: Kurt Koffka (1896-1941). (1964: A. R. Huéscar.) Fil.

Gestapo al. 'Gestapo'. Palabra formada sobre *Ge(heime) Sta(ats)po(lizei)*, 'Policía Secreta del Estado'. Tristemente famosa durante el III *Reich* alemán, bajo el nazismo. (1943: J. L. Borges.) Pol.

geyser ing. 'géiser' (Ac.), 'surtidor termal'. Préstamo en ing. del isl. *geysir*. Pero el surgimiento vertical de agua termal recibe en isl. el nombre de *hver*; en tanto que *Geysir* es propiamente el nombre del que alcanza mayor altura. Se encuentra pronto entre nosotros el incorrecto *geisser* (1895: Macías Picavea), traído quizá del al. *Geiser*. Geogr. f.

ghetto it. 'gueto' (Ac.), 'judería'. Se cree que es aféresis de *borghetto*, 'pequeño burgo'; pero algunos (Zingarelli) señalan su procedencia de Ghetto, pequeña isla veneciana llamada así porque, en el siglo XVI, había allí un *ghetto* o 'ferrería'; a esta isla fueron relegados los judíos venecianos. Ahora este término se aplica a cualquier barrio mísero donde grupos humanos, por su color o pobreza, se ven obligados a vivir. (1904: R. Darío.)

ghost-town ing. 'pueblo deshabitado', 'pueblo abandonado', lit.: 'pueblo *(town)* fantasma *(ghost)*'. (1981: J. L. Sampedro.)

G.I. ing. 'soldado estadounidense'. Pertenece a la jerga militar. Las siglas *G.I.*, de *Government Issue*. 'Suministro del Gobierno', se aplican a quien vista uniforme de soldado, que no siempre cae bien. Algo semejante al esp. 'sorche' y 'chusquero'. Ej.

gicleur fr. 'yicler' (Ac.: 2001), 'chicler', 'inyector o pulverizador (del carburador)'. (1979: *Pueblo*.) Autom.

gigolo fr. 'gigoló' (Ac.: 1992), 'bailón profesional', 'joven que recibe regalos o dinero de las mujeres por sus favores sexuales'. *Gigolo* es el masc. de *gigolette*, nombre que recibía la joven trabajadora que, al terminar la jornada, se iba a bailar *la gigolette*. Y como dice la canción: *si tu veux être ma gigolette, moi je serais ton gigolo*, 'si tú quieres ser mi *gigolette*, yo seré tu gigoló'. (1925: Baroja.)

gilí caló. 'gilí' (Ac.), 'tonto'. (1848: J. Sanz Pérez.)

gillette ing. '*gillete* o *gillette*' (Ac.: 2001), 'yilé', 'yilet'. 1) 'maquinilla de afeitar'; 2) 'hoja o cuchilla para maquinilla de afeitar'. Por el apellido del inventor de este sistema de afeitado (1903), el estadounidense King C. Gillette. (1928: García Lorca.)

gin ing. *'gin'* (Ac.: 2001), 'yin'. Aguardiente de cebada por lo general, aromatizada con bayas de enebro. *Gin* es abrev. de *geneva*, adapt. ing. del neerl. *ginever* y ésta a su vez del fr. *genièvre*, 'enebro' (1984: J. Glez. Muela.) Gastr.

gin-fizz ing. *'gin-fizz'* (Ac.: 2001), 'yinfís'. Mezcla de ginebra y gaseosa. Compuesta de *gin*, 'ginebra', y *fizz*, 'efervescente'. (1951: Alv. de la Iglesia.) Gastr.

ginger-ale ing. *'ginger-ale'* (Ac.: 2001), 'refresco con jenjibre'. De *ale*, 'cerveza', y *ginger,* 'jenjibre'. Bebida efervescente, no alcohólica, azucarada, aromatizada con jenjibre. (1944: Moreno Villa.) Gastr.

ginseng chino. 'ginseng', 'jinsén', 'yinsén' (1996: Onda Cero). Comp. chino de *sen*, (planta) con raíz', y *gen*, '(en forma de) hombre'. En lat. cient.: *Panax ginseng*. Es planta medicinal. (1979: J. M. Ullán.) Bot.

gin-tonic ing. *'gin-tonic'* (Ac.: 2001), 'yintónic', 'yintónica'. Mezcla de ginebra y agua tónica. En EE.UU., *gin-tonic*; en Inglaterra, *gin and tonic* (1960: Carlos Fuentes, Méx.). (1979: J. M. Ullán.) Gastr.

(La) Gioconda it. 'La Gioconda'. Título de un cuadro (entre 1500 y 1508) de Leonardo da Vinci (1452-1519) en que está retratada Mona Lisa, esposa del patricio florentino Francesco del Giocondo. Pint.

Giovinezza, giovinezza, primavera di belleza it. 'Juventud, juventud, primavera de belleza'. Estribillo de la canción de los *Arditi* (1917), atribuida a G. Gastaldò; mús. de Giuseppe Blanc. Los *Arditi*, 'Audaces', fueron una tropa creada por el coronel Basi (junio de 1917) a imitación de las *Sturmtruppen*, 'tropas de asalto', germánicas. El estribillo se divulgó en España por las divisiones italianas enviadas por Mussolini en ayuda del general Franco durante la guerra civil (1936-1939). Ej.

girl ing. 1) 'moza', 'joven'. (1882: Pardo Bazán.); 2) 'chica de conjunto', 'corista'. Del ing. *(chorus) girl*, 'chica del coro'. (1922: P. Mata.) Tea. → CHORUS GIRL.

glacé fr. Se aplica a una modalidad de azúcar, 'azúcar glacé'. (2001: Azucarera, Madrid.) Gastr.

glacis fr. 'glacis' (Ac.). Talud o declive de suave pendiente. (1772: Cadalso.) Geogr. f.

Gladio it. 'Gladio'. Del lat. *gladium*, 'espada'. Organización secreta conspirativa, incluso terrorista, creada en 1952 por los servicios de información de la OTAN para impedir la llegada al poder de la izquierda en Italia, donde fue descubierta en noviembre de 1990. (1990: *País*.) Pol.

glamour ing. *'glamour'* (Ac.: 2001), 'hechizo', 'encanto', 'atractivo'. Propio de las estrellas de cine en los años treinta (1965: Rubert de Ventós.) Cine.

glamouroso anglicismo. (Ac.: 2001). Del ing. *glamorous*, (1992: *Tiempo*.) → GLAMOUR.

glam rock ing. Abrev. de *glamorous rock*, 'rock con *glamour*', es decir, con cierto atractivo y encanto, frente al rock primigenio. Se caracteriza por su ambigüedad sexual, dandismo wildeano, etc. Su principal representante: David Bowie (1999: *País*.) Mús.

glamuroso anglicismo. (Ac.: 2001). Del ing. *glamorous* (1994: Lola Galán.) → GLAMOUR.

glasa y **glasear** galicismos. Del fr. *glace*, 'glasa (de azúcar)' (1927: M. Mestayer), capa de azúcar solidificada que se utiliza en productos de repostería y confitería para 'glasear' (1921: *Tesoro del confitero*; Ac.: 2001) con 'azúcar glas' (1921: *Tes. del confitero*; Ac.: 2001). Gastr. → GLACÉ.

glásnost ru. 'glásnost', lit.: 'transparencia'. Política soviética iniciada por Mijail Gorbachov en enero de 1987. (1987: *País*.) Pol.

globetrotter ing. 'globetróter', 'trotamundos', 'corremundos'. (1912: A. Donoso, Ch.)

Gloria in excelsis Deo lat. 'Gloria a Dios en las alturas', seguido de: *et in terris pax hominibus bona voluntatis*, 'y paz en la tierra a los hombres de buena voluntad'. Es el comienzo del 'Gloria' en la misa según el ritual romano (1865: Galdós.) Rel.

Gloria tibi, Domine lat. 'Gloria a ti, Señor'. Se dice en el comienzo y al final de la lectura del Evangelio en la misa, según el ritual romano. Rel.

G-men ing. Abre. jergal de *Government men*, 'hombres del Gobierno', es decir, 'agentes federales', 'agentes del *FBI*', en EE.UU. (1993: A. Caño.) Pol. → FBI.

GMT ing. Siglas de *Greenwich Mean Time*, 'Tiempo u hora media de Greenwich'. Indica la hora o referencia horaria para la Gran Bretaña y Europa occidental, señalada por el reloj del Observatorio de Greenwich.

gneis al 'gneis' (Ac.), 'neis' (M. Seco). Roca de estructura pizarrosa. (1886: José Martí.) Min.

gnocchi, sing. **gnoccho** it. 'ñoqui' (Ac.: 2001). 1) 'trocitos' de masa hecha con patata, harina de trigo, mantequilla, leche, huevo y queso rallado que se cuecen en agua con sal. Gastr. En Argentina, además, 2) 'puñetazo' y 3) 'individuo que sólo se presenta a cobrar, no a trabajar'.

gnosis gr. 'gnosis' (Ac.). Conocimiento o especial comprensión de los misterios de la fe. Postura teológica cristiana herética, producto típico del sincretismo religioso de la última época de la filosofía antigua, prescinde del Antiguo Testamento, condena el matrimonio y el trato sexual, no acepta que el mundo sea creación de Dios, sino de un demiurgo, ya que es un mundo de pecado, etc. (1960: Cansinos.) Rel.

goal ing. 'gol' (Ac.), 'tanto', lit.: 'meta'. (1925: Arniches.) Dep.

goal average ing. 'golaverage' (1994: Gilera), 'golaveraje', 'cociente de goles hechos y recibidos' (E. Lorenzo), en fútbol. (1928: *Bl. y Negro*.) Dep.

gobernanza anglicismo. "Arte o manera de gobernar que se propone como objetivo el logro de un desarrollo económico, social e institucional duradero promoviendo un sano equilibrio entre el Estado, la sociedad civil y el mercado de la economía", según *DRAE* (2001). En este sentido es anglicismo reciente en esp.; sin embargo ya existía esta voz en esp. con el sentido simple de "acción y efecto de gobernar y gobernarse" (Ac.) Pol.

Go down, Moses ing. 'Desciende, Moisés'. Título de un famoso *spiritual* negro que, además, sirvió de título a una novela de William Faulkner, Premio Nobel de Literatura. (1935: J. L. Borges, Arg.) Mús.

God save the King (o **the Queen**) ing. 'Dios salve al Rey (o a la Reina)'. Himno oficial del Reino Unido de la Gran Bretaña, desde mediados del siglo XVIII. Su música se atribuye a F. F. Haendel. Los franceses (1872: Larousse) la atribuyen a Lulli, de quien la copiaría Haendel. La letra de Harry Carey. (1793: Moratín h.) Pol.

gofre galicismo. (Ac.: 2001). Del fr. *gaufre*. Pastel cocido entre dos moldes alveolados *(gaufriers)* que le imprimen un dibujo en relieve. (1995: Madrid, calle del Carmen.) Gastr. → GAUFRE.

gofrería galicismo. Pastelería donde se cuecen y expenden 'gofres'. (1995: Madrid, calle del Carmen.) Gastr. → GOFRE.

go-go girl ing. 'chica gogó', 'bailarina gogó'. Tal vez adapt. española o francesa del ing. de EE. UU. *go-go dancer* 'bailarina animadora' en salas de baile, etc. (1976: A. D. Olano.) Baile.

golden ing. 'gólden'. (1988: A. Pereira.) Gastr. → GOLDEN DELICIOUS.

Golden Delicious ing. 'deliciosa dorada' lit., pero 'gólden' entre sus consumidores españoles. Es manzana de piel amarilla, muy jugosa, de origen estadounidense. (1980: F. Mellizo.) Gastr. → GOLDEN.

Golden Gate. ing. 'Puerta de Oro'. Entrada marítima a la bahía de San Francisco, en California. (1925: Blasco Ibáñez.) Geogr. f.

gold rush ing. 'fiebre del oro', lit.: 'carrera (en busca) del oro'. Emprendida en el siglo XIX en California (1849) y posteriormente en Alaska. Título de un filme (1925) de Charlie Chaplin.

golden share ing. 'acción de oro'. Privilegio de intervención de la administración pública en la venta o unión de empresas. (2000: Cadena SER.) Econ.

golem hebr. 'gólem', lit.: 'terrón'. Monstruo creado cabalísticamente, utilizado como criado de casa, de la cual no puede salir, y que lleva la palabra *emet*, 'verdad', escrita en la frente. Contribuyó a la difusión de esta palabra el filme alemán *Der Golem* (1920), dirigido e interpretado por Paul Wegener. (1960: J. L. Borges, Arg.) Mitol.

golf ing. 'golf' (Ac.). Se cree que procede del neerl. *kolf*, 'palo de juego'. Las primeras noticias de este juego proceden de Escocia, si bien los escoceses importaron las primeras pelotas de golf de Holanda. (1907: *Bl. y Negro*.) Dep.

gommeux fr. 'gomoso' (Ac.), ya en uso en 1917 *(La Nov. cómica)*. Joven presumido, algo ridículo, quizá porque sus movimientos tienen algo de la naturaleza de la goma. (1890: L. Coloma.)

gonfaloniere it. 'gonfaloniero' (Ac.), 'confalonier' (Ac.), 'gonfalonier' (Ac.). Autoridad ejecutiva de una ciudad. Pol.

gong ing. 'góng' (Ac.), 'gongo' (Ac.). Del mal. *gung*. (1887: E. Gaspar.)

good bye ing. 'hasta luego'. Salutación introducida ('gudbai', en el habla) por el cine sonoro estadounidense en los años treinta, cuando aún no se doblaban al esp. los filmes sonorizados en ing. (1961: E. Neville.) Cine. → BYE-BYE.

gora ETA militarra vasc. 'viva ETA militar'. (1982: *País*.) Pol.

gora Euskadi vasc. 'viva Euskadi'. (1976: *País*.) Pol.

gora Euskadi askatuta vasc. 'viva Euskadi libre'. Grito o lema del nacionalismo vasco. (1931: Unamuno.) Pol.

Gora ta gora Euskadi vasc. 'Viva y viva Euskadi'. Otro nombre del himno vasco nacionalista *Eusko abendaren*, ahora himno oficial de Euskadi. Escrito por Sabino Arana (1895) para sustituir al *Gernikako arbola*, de Iparraguirre. (1981: *País*.) Pol. → EUSKO ABENDAREN.

gore ing. 'cuajarón de sangre'. Adjetiva a un tipo de filmes. (1992: A. Albert.) Cine.

gore-tex ing. 'goretex' (1998: *Sanitas*). Marca registrada. Es una mezcla de microfibras artificiales empleada principalmente en la fabricación de calzado y en otras prendas. Permite la transpiración, sin que, por otra parte, la cale el agua. Comp. de *gore*, apellido del fabricante, A. L. Gore, y *tex*, abrev. de *textile*, 'textil'. (1995: A. Grijelmo.) Indum.

gorgonzola it. 'gorgonzola' (Ac.: 2001). Queso cilíndrico con molde verde, típico de Gorgonzola, ciudad italiana. Gastr.

gorila anglicismo. (Ac.: 2001). Del ing. *gorilla*, que en la jerga maleante, en EE.UU., significó primeramente 'delincuente violento'. En los años veinte y treinta, en el pleno auge del gangsterismo, pasó a significar 'miembro de un *gang*', 'extorsionista', 'guardaespaldas', etc. Introd. en esp. a través de los doblajes de los filmes de gángsteres y de la novela negra.

Gosbank ru. Contratación de *Gos(udárstvenni) Bank*, 'banco del Estado'. Es el que regulaba las inversiones estatales en la Unión Soviética. Econ.

gospel (music) ing. '(música) evangélica'. Estilo musical negro que imita el de los himnos evangélicos en los EE.UU. *Gospel*, 'Evangelio', es contracción de *good spell*, 'buena nueva'. (1979: J. M. Costa.) Mús.

Gosplán ru. 'Gosplán'. Contracción de *Gos(udárstvenni) Plan*, 'Plan estatal'. Comisión estatal de planificación y supervisión del Plan quinquenal en la extinta Unión Soviética. Econ.

gotelé galicismo. (Ac.: 2001). 'gotillado'. De 'gotilla', dim. de 'gota'. Del fr. *gouttelette*, 'gotilla', dim. de *goutte*, 'gota'. Procedimiento especial de pintar paredes, con el que se deja la superficie pintada no rugosa ni lisa, sino como goteada. (1990: CETESA.)

Gotha al. Sinón. de 'catálogo o nómina de reyes, nobles y personalidades importantes', como las que aparecían en el *Gotha*, en ext.: *Gothaischer genealogischer Hofkalender nebst Diplomatisch-statischen Jahrbuche*, 'Calendario cortesano de Gotha, con Anuario diplomático-político'. Se publicaba anualmente en Gotha (Turingia, Alemania), desde 1763, por la casa Justus Perthes. (1926: Roberto Arlt, Arg.) Pol.

Götterdämmerung al. 'El crepúsculo de los dioses'. Última parte de la tetralogía *El anillo del nibelungo (El oro del Rin; La valquiria; Sigfrido; El crepúsculo de los dioses)*. Estr.: 1875, en Bayreuth. (1980: L. Pancorbo.) Mús.

Gott ist tot al. 'Dios ha muerto'. Frase de Friedrich Nietzsche (1844-1900) sobre la fe cristiana en su tiempo, expresada en *El eterno retorno* (5, 343), así como en diversos lugares de *Así hablaba Zaratustra* (1883-85). (h. 1960: J. Corts Grau.) Fil.

gouache fr. 'guacha' (1928: E. d'Ors), 'guache' (Ac.: 1992). Del it. *guazzo* y ésta del lat. *aquatio* —de donde el esp. 'aguazo' (Ac.)—, 'mojar o diluir con agua (el color)'. Es una especie de temple o témpera sobre papel. Se diferencia de la acuarela en que en ésta el blanco no es pintado sino que se reserva en el papel, mientras que en la *gouache* se pinta el blanco y, por adición de goma arábiga, los colores son más opacos. El uso del término *gouache* se debe al auge de la pintura francesa en los finales del siglo XIX y en la primera mitad del XX. (1886: J. Ixart.) Pint.

goulash ing. 'gulás'. Del húng. *gulyás hús*, 'comida *(hús)* de pastor *(gulyás)*'. Guiso de carne, patatas y cebolla; pero fuera de Hungría es un estofado de carne y hortalizas condimentado con *paprika*. Aunque hoy prevalece en contextos españoles el anglicismo *goulash*, está atestiguado anteriormente (1882: Castro y Serrano) el galicismo *goulasch* (aunque con errata: *gollasch*). Gastr. → PAPRIKA.

gourmand fr. 'gastrónomo', según Brillat-Savarin, en su *Fisiología del gusto;* 'gran comedor' (1877: J. Castro y Serrano), 'buen comedor' (1877: J. Castro y Serrano), de acuerdo con el uso fr. de ese tiempo (h. 1900: *Dict. Bescherelle);* pero 'glotón' en el uso esp. actual. (1890: L. Coloma.) Gastr.

gourmandise fr. 'golosina', 'bocado exquisito'. (1916: Pérez de Ayala.) Gastr.

gourmet fr. '*gourmet*' (Ac.: 2001), 'gurmé', 'gurmet', 'gastrónomo', 'comedor de gusto refinado', en el uso actual. Del ant. fr. *gormet*, 'ayudante del vinatero', después 'catador de vinos', 'gran catador' (1877: J. Castro y Serrano) y modernamente, tanto en fr. (h. 1900: *Dict. Bescherelle)* como en esp., 'amante de la buena mesa', tanto en vinos como en comida. (1890: L. Coloma.) Gastr.

gouvernante fr. 'gobernanta', 'ama de gobierno'. (1899: R. Darío.)

go West! ing. '¡ve al Oeste!'. Eslogan de la segunda mitad del siglo XIX, en EE.UU., para la colonización del Oeste, lanzado por Horace Greeley (1811-1872) y que en ext. era así: *Go West, young man and grow up with the country,* 've al Oeste, joven, y crece con el país'. (1935: J. L. Borges, Arg.) Pol.

goy, pl. **goyim** yid. 'gentil', es decir, 'no judío', especialmente 'cristiano'. Del hebr. *goi*. (1995: J. Adriansen.) Rel.

GPS ing. Siglas de *Global Positioning System*, 'Sistema de localización global', cuyo deletreo en esp. es 'gepeese' (1995: RNE). Creado en los años setenta por el Departamento de Defensa de EE.UU. para uso militar, pero ampliado a usos civiles desde 1990. Este sistema, mediante veinticuatro satélites artificiales, permite localizar la altitud, longitud y altitud de un objeto situado en cualquier punto de la Tierra, así como su velocidad de desplazamiento. (1995: RNE.) Fís.

GPU ru. Siglas de *(Obiediniónoie) Gosudárstvennoie Polítícheskoie Upravleniie*, 'Dirección política estatal unificada', es decir, *OGPU*. Creada en 1928 para sustituir a la *Cheká*, ya que ésta recordaba fonéticamente el 'Reglamento' (1881) represivo zarista, establecido a raíz del atentado que mató a Alejandro II. La *GPU* se ocupaba de las actividades contrarrevolucionarias, el espionaje y el bandolerismo, hasta que fue sustituida por el *KGB*. (h. 1932: Ricardo León.) Pol.

gracieta ¿catalanismo? Es una 'gracia pequeña', algo insulsa. (1996: Onda Cero.)

gradus ad Parnassum lat. 'camino al Parnaso'. Diccionario (1772) de palabras y frases para componer versos latinos. (1911: A. Glez. Blanco.) Lit.

Graecia capta ferum victorem coepit lat. 'la vencida Grecia venció al fiero vencedor'. De Horacio (*Epíst.*, 2, 1, 155). (1947: A. del Hoyo.) Hist.

graffiti, sing. **graffito** it. 'grafitos', sing. 'grafito' (1930: R. J. Sender; Ac.: 1992); también 'esgrafitos' (1904: P. Naval). Son letreros, dibujos o pintadas, por lo general satíricos o indecentes, grafiados en los muros. Del lat. *graphium*, 'estilo' o 'punzón' para escribir en tablillas de cera, en la antigua Roma. Es término popularizado por el filme (1973) *American graffiti*, 'Grafitos americanos', de ambiente típicamente americano. En la jerga madrileña de los 'grafiteros' (1998: *País*.), éstos, como los *writers* neoyorquinos, se llaman a sí mismos 'escritores' (1998: *País*), los cuales no sólo 'escriben', sino que también hacen 'pintadas rápidas' o 'vómitos' (*ibid.*), o 'tagean' sus 'firmas'. Pueden hacerlo individualmente o en *jam*, 'grupo'. (1976: *Triunfo*.) → TAG; JAM SESSION.

Grammy ing. Nombre del premio anual de la *National Academy of Recording Arts and Sciences*, 'Academia Nacional de Artes y Ciencias Discográficas', con sede en Nueva York, fundada en 1957, a las mejores grabaciones musicales. Consiste en una reproducción dorada de un gramófono en pequeñas dimensiones. *Grammy* es dim. de *Gramophone*. Mús.

gramola ing. 'gramola' (Ac.: 1992). Marca de fábrica. Designaba un tipo de gramófono-mueble, con bocina o altavoz interior. Comp. de *gram(ophone)* y el sufijo *-ola*, por analogía con *pianola*. (1932: García Lorca.) Mús.

gramophone ing. 'gramófono' (1915: *La Tribuna*; Ac.) Marca registrada (1887) por Emile Berliner en EE.UU. para diferenciar su aparato, que introdujo el registro y reproducción de sonido mediante discos. Para forjar este nombre invirtió y adaptó la palabra *phonogram*, diferenciándose así de *phonograph*, anterior (1885), que registraba el sonido en cilindros de cera.

(la) Grand Armée fr. 'el Gran Ejército'. El que formó Napoleón para invadir Rusia (1912). (1945: Ismael Herráiz.) Ej.

Grandeur fr. 'Grandeza', → LA GRANDEUR.

Grand-Guignol fr. 'Gran Guiñol'. Nombre de un teatro de París, fundado en 1897, de muñecos, donde a veces se representaban obras con actores, generalmente de asuntos terribles, horribles y macabros. Se aplica a personajes dramáticos exagerados, truculentos. (1926: *Andrenio*.) Tea. → GUIGNOL.

Grândola, vila morena port. 'Grándola, villa morena'. Canción de José Alfonso (1929-1987), que sirvió de contraseña para la Revolución de los Claveles (24 abril 1974) en Portugal. Grándola es población de la Extremadura portuguesa. Mús.

Gran Prix fr. 'Gran Premio'. Establecido (1863) por Napoleón III para una competición hípica semejante al *Derby* británico. Actualmente se aplica a otras competiciones deportivas. Dep.

Grand-Siècle fr. → LE GRAND-SIÈCLE.

gran slam → SLAM.

Gran Sol galicismo. Pesquería situada entre Irlanda e Inglaterra, llamada así por los pescadores que a ella van a faenar. Es adapt. esp. del fr. *Grande Sole*, 'Gran Lenguado'. Pero en ing. se llama *Irish Box*. → IRISH BOX.

grapa italianismo. (Ac.: 2001). Del it. *grappa*, 'aguardiente de orujo', 'orujo'. Del it. lombardo *grapa*, 'escobajo (del racimo de uvas)', contaminado por el it. *grappo*, 'racimo (de uvas)'. De uso frecuente en Arg. y Urug. (1975: E. Galeano, Urug.) Gastr.

Grasshopper anglicismo al. Nombre ing. de un equipo de fútbol suizo, de Zürich, lit.: 'saltador *(Hopper)* de prados *(Grass)*', en esp. 'saltamontes', insecto que figura en su escudo. En al. normativo (Wahrig no registra *Grasshopper*), *Grashüpfer* y *Heuschrecke*. Dep.

gratin fr. 'gratén' (1950: I. Domenech), 'gratín' (Ac.: 2001), 'costra'. (1893: Galdós.) Gastr.

gratinée fr. 'gratinada', 'costrada', 'costrosa'. Gastr. → GRATIN.

gratis data lat. 'dada gratuitamente'. (1839: Ag. Azcona.)

gratis et amore lat. 'gratis y con amor'. (1842: Mesonero.)

green ing. 'grin', lit.: 'verde'. En golf, pequeña zona verde, de césped ralo pero cuidado que rodea a cada hoyo. (1925: *Bl. y Negro*.) Dep.

Greenpeace ing. 'Pazverde'. Da nombre a un movimiento internacional ecologista, así como a su barco insignia. Es contracción de la frase (1971) de un activista antinuclear canadiense: 'Queremos paz *(peace)* y que sea verde *(green)*'. Constituido inicialmente por algunos cuáqueros y algunos objetores de conciencia estadounidenses, refugiados en Canadá, contra la guerra de Vietnam. Ha luchado contra la caza de ballenas, contra el basurero atómico del Atlántico, contra las pruebas nucleares estadounidenses en Alaska y contra las francesas (1972, 1987, 1995) en el Pacífico, etc. En su bandera flamea el arco iris. Tiene su sede en Amsterdam. (1982: *País*.) Pol. → RAINBOW WARRIOR.

grelo gall. 'grelo' (Ac.). Es el tallo tierno y la flor del nabo. (1950: Otero Pedrayo.) Gastr.

gremmlin ing. 'duendecillo (travieso)', 'trasgo'. Divulgada por el filme *Gremmlins* (1984), guión de Chris Columbus, dirección de Joe Dante, producción de Steven Spielberg; pero antes puesta en boga por *The Gremmlins* (1943), relato de Roald Dahl (1916-1990). (1971: R. J. Sender.) Mitol.

grès fr. 'gres' (Ac.). Pasta de arcilla y arena cuarzosa que, cocida a altas temperaturas, se emplea en la construcción y en cerámica.

Gretchen al. Dim. de *Grete*, dim. a su vez de *Margarete*, 'Margarita', nombre de persona. Se emplea en el sentido de 'moza alemana típica', con la siguiente imagen: trenza rubia partida en dos cocas y vestido blanco aldeano, hasta media pierna. (1927: E. d'Ors.)

greuge catalanismo. (Ac.). 'agravio'. De uso en Aragón. → SÍNDIC DE GREUGES.

grève fr. 'huelga', lit.: 'glera', es decir, 'orilla arenosa o pedregosa del mar o de un río'. Procede de *place de Grève*, actualmente *place de l'Hôtel-de Ville*, en París, próxima al río Sena. Antaño (1310-1832) se ejecutaba en esa plaza a los condenados a muerte; también se reunían en ella los sin trabajo, para contratarse. (1988: A. Pereira.) Pol.

grifa ár. 'grifa'. Es la parte superior de la adormidera (1976: *Interviú*.)

grill ing. 'grill' (Ac.: 2001), 'parrilla'. 1) 'parrilla', utensilio de cocina. Introducida en España en los sesenta como aparato electrodoméstico; 2) abrev. de *grill-room*, 'restaurante-parrilla'. (1925: *Bl. y Negro*.) Host.

grillé fr. 'asado a la parrilla'. (1888: *Dr. Thebussem*.) Gastr.

grill room ing. '(restaurante) parrilla'. (1915: *La Tribuna*.) Host.

grimpeur fr. 'escalador (de montañas)'. En contextos españoles, aplicada a los ciclistas escaladores en el *Tour de France*. (1992: TVE.) Dep.

grippage fr. 'gripaje', 'agarrotamiento'. El que se produce en las piezas móviles del motor por avería. (1960: Arias Paz.) Autom.

grippe fr. 'gripe' (Ac.), 'gripa' (en Méx.). *Grippe* estuvo en uso hasta los años veinte (1922: E. d'Ors), conviviendo con 'gripe' (1925: anuncio). (1838: B. Hortelano; 1848: *Sem. pint. esp.*) Med.

grisette fr. 'griseta (parisiense)' (1871: *La danza moderna*, hoja suelta), galicismo frecuente entre los escritores modernistas; 'modistilla', 'costurera'. Originariamente tela gris, ligera y barata, 'griseta' (Ac.: 1992), con que solían vestirse las jóvenes trabajadoras. La *grisette* se diferencia de la *midinette* en que aquélla podía ser de costumbres más ligeras. (1993: José Hierro.) → MIDINETTE.

grizzly ing. En ext.: *grizzly bear*, 'oso gris', o mejor 'grisáceo' o 'pardusco', habitante de los bosques y montañas del NO de EE.UU. Zool.

grog ing. 'grog' (Ac.: 2001), 'ponche irlandés' (1996: E. Lorenzo). Ponche hecho con agua caliente azucarada y ron.

Grog era el apodo que los marineros dieron al almirante inglés Edward Vernon, *Old Grog*, que se caracterizaba por usar capa de *grogram*, 'gorgorán'. Hacia 1740 se hizo impopular porque ordenó que el ron de ración para la marinería fuera mezclado con agua. (1887: E. Gaspar.) Gastr.

groggy ing. 'grogui' (Ac.: 1992), 'atontado', 'tambaleante', a causa de un golpe en la cabeza. Pertenece a la jerga del boxeo. Deriva de *grog*. (1925: *Bl. y Negro*.) Dep. → GROG.

grognard fr. '(soldado) veterano' del ejército de Napoleón; lit.: 'gruñón'. (1965: J. M.ª Iribarren.) Ej.

groom ing. 1) 'mozo de cuadra', 'mozo de caballos', 'caballerizo'. (1887: L. Coloma.) Dep.; 2) en el circo, 'auxiliar uniformado' en la pista, pero que no ejecuta números circenses. (1908: Benavente.) Circo. Su más antiguo significado fue el de 'mozo' o 'criado'.

gros fr. 'gro' (Ac.). Tejido de seda originario de Nápoles y de Tours. (1826: *Aviso a los lechuguinos*.) Indum.

gros plan fr. 'primer plano'. (1925: G. de la Torre.) Cine.

grosso modo lat. 'grosso modo' (Ac.), 'a grandes rasgos', 'en términos generales'. (1906: Pérez de Ayala.)

groupie ing. 'grupera', 'grupilla'. Seguidora incondicional de un grupo, *group* de *rock and roll*. Puede verse *groupy* (1982: Rosa Montero), pero es forma incorrecta. Mús.

Grundschule al. 'escuela primaria'. (1991: *País*.) Educ.

grunge ing. 'desastrado' 'desaliñado' y, además, 'seguidor del *grunge rock*'. Su aspecto desaseado se debe a la superposición de camisetas, al uso de botas toscas (de soldado o de peón campesino). Es voz jergal. (1994: *País*.) Mús. → GRUNGE ROCK.

grunge rock ing. 'rock grunge'. Variedad de rock nacida (1989) en Seattle y cuyo principal representante ha sido Kurt Cobain († 1994) con su grupo Nirvana. Mús. → GRUNGE.

gruppetto it. 'grupito'. Con referencia, en las grandes vueltas y carreras ciclistas, a un pequeño número de corredores que, juntos, logran salirse o escapar temporalmente del gran pelotón. (1998: Perico Delgado.) Dep.

gruyère fr. 'gruyer' (1884: *Clarín*; Ac.: 1992). Queso de vaca originario de la comarca suiza *Gruyère*, donde se halla el pueblo *Gruyères*, y en cuya bandera figura una *grue*, 'grulla', su ave emblemática. *Gruyère* vendría a ser la comarca de la grulla y *Gruyères*, pueblo donde hubo nidos de grullas. Aunque en contextos españoles coexisten *Gruyères* (1899: Sánchez y Rubio; 1990: *País, LEst.*) y *Gruyère* (1867: N. Fdez. Cuesta; 1897: A. Muro), esta última, *Gruyère*, es la verdadera denominación de origen del queso gruyer; no *Gruyères*. Gastr.

GSM ing. Inicialmente (1987) siglas del fr. *Groupe Special Mobile*, 'Grupo especial Móvil', asimiladas actualmente al ing. *Global System for Mobile (Communications)*, 'Sistema Global de (Comunicaciones) Móviles'. Permite hacer y recibir llamadas telefónicas en la zona europea abarcada por el sistema; y, además, enchufando al terminal *GSM* un ordenador personal portátil, se pueden transmitir mensajes y faxes, contactar con otros ordenadores, etc. (1995: *País*.) Telecom.

guachimán anglicismo. 'celador', 'vigilante' (en Ch., Ec., Pe., y Ven.). Del ing. *watchman*. (1986: F. Morales Pettorino, Ch.)

gudari, pl. **gudariak** vasc. 'soldado', 'guerrero'. De *guda*, 'guerra'. (1937: *Gudari*.) Ej.

Guignol fr. 'guiñol' (Ac.). Nombre de una *marionnette* o títere, originado en Lyon, con los rasgos característicos del campesino del Delfinado. Inventada por Laurent Marquet (1744-1844) a finales del siglo XVIII. La dotó con los rasgos humorísticos de Polichinela, pero, llevada a París, adquirió otros, tremendos éstos. (1879: Galdós.) Tea. → GRAND-GUIGNOL.

(The) Guinness Book of Records ing. 'Libro Guinness de los Récords'. Anuario de récords o plusmarcas de todo género. Creado en 1955 por *Guinness Publishing*, editorial fundada por el fabricante británico de la cerveza Guinness. Biblio.

guipure fr. 'guipur' (Ac.: 2001), 'blonda'. (1884: Galdós.)

guiris vasquismo. (Ac.: 1992). 1) Se supone contracción de *guiristinos*, pronunciación vascuence del esp. 'cristinos', sing. *guiri*, con que los carlistas vascos denominaban a los soldados del ejército liberal de la reina Cristina. (1876: Curros Enríquez.) Ej.; 2) actualmente, voz jergal en lugares de gran concurrencia turística, por 'turista extranjero'.

guiyar caló. 'huir'. (1848: J. Sanz Pérez.)

gulag ru. 'gulag', 'campo de concentración soviético'. Término difundido por Aleksandr Solyenitsin, en *Archipiélago Gulag*, donde denunció la existencia de muchos campos de concentración soviéticos. Es palabra formada sobre *G(lavnoie) U(pravlenie) Lag(uerei)*, 'Dirección General de Campos (de concentración)'. Pol.

Gulf ing. En ext.: *Gulf Oil Corporation*, 'Corporación o compañía Petrolera del Golfo', con sede en Pittsburg (Pennsylvania, EE.UU.). Es una de las llamadas 'siete hermanas'. Petroq.

Gulf Stream ing. 'Corriente del Golfo (de México)'. En ext.: *Mexico's Gulf Stream*, expresión acuñada por Benjamin Franklin (1706-1790) para denominar esta corriente atlántica por él observada. (1901: Galdós.) Geogr. f.

gulyás hung. → GOULASH.

GUM ru. Siglas de *Gosudárstvenni Universalni Magazín*, 'Almacenes Universales Estatales'. Com.

gure toki vasc. 'nuestro *(gure)* sitio *(toki)*'. Nombre de algunos establecimientos (restaurantes, etc.) vascos. Host.

gurkha hindi. 'gurja', 'gorka' (1892: Montaner y Simón), 'gurka' (1982: García Márquez, Col.), 'gurca'. Soldado profesional indo-británico, procedente de Nepal. (1982: *País*.) Ej.

guru sáns. 'guru', 'gurú' (Ac.: 2001), 'maestro espiritual', en el hinduismo. (1874: T. García Ayuso.) Rel.

gusa ¿vasquismo? 'hambre'. Voz argótica en el esp. coloquial, como otras varias procedentes del vasc. ¿Del vasc. *gose*, 'hambre'?

guten Abend! al. '¡buenas tardes (o noches)!', salutación desde la puesta del sol.

gute Nacht! al. 'buena noche', salutación hasta la salida del Sol.

guten Morgen! al. '¡buenos días!', salutación matinal.

guten Tag! al. '¡buenos días!', salutación.

gutta-percha ing. 'gutapercha' (1932: L. Fdez. de Sevilla; Ac.: 1992). Del mal. *getah percha*, 'sustancia endurecida', impermeable, hecha con goma endurecida y obtenida de árboles gomeros.

guzla fr. 'guzla' (Ac.). Instrumento musical de cuerda única, trenzada, de crines de caballo, y típico de los morlacos. Palabra de procedencia serbocroata, difundida por el libro *La Guzla* (1827), de Prosper Merimée. (1859: Alarcón.) Mús.

gymkhana ing. 'gincana' (M. Seco). Prueba hípica o automovilística de obstáculos. Del hindi *gend-khana*, 'casa de danza', pero sustituyendo *gend* por el ing. *gym(nastics)*, 'gim(nasia)'. (1902: *Bl. y Negro.*) Dep.

Gymnasium latinismo al. 'Gimnasio'. En Alemania, instituto de enseñanza media para quienes pretenden seguir estudios universitarios. Del lat. *gymnasium*. (1981: Julián Marías.) Educ.

h

habeas corpus lat. 'hábeas corpus' (Ac.). En ext.: *habeas corpus ad subjiciendum*, 'tengas el cuerpo para que comparezca'. La ley británica *Habeas Corpus Act* (1679) manda al guardián del detenido que lo conduzca *(habeas corpus)* al tribunal *(ad subjiciendum)*, para que la legalidad de la detención pueda ser determinada. Es una garantía contra las detenciones arbitrarias. (1865: *Manif. del P. Democrático.*) Der.

habent sua fata libelli lat. '(también) los libros pequeños tienen su propio destino'. De Terenciano Mauro (*Carmen heroycus*, II, «De litteris, syllabis et metris» v. 1286). En ext.: *pro captu lectoris habent sua fata libelli*, 'los libros pequeños también tienen sus lectores'. (1864: J. Valera.) Lit.

habent sua lacryma rerum lat. (1886: M. Murguía.) → SUNT LACRYMAE RERUM.

Habima hebr. 'Tablado', 'Escenario'. Compañía de teatro hebreo, formada en Moscú (1917). Atrajo la atención de Stanislavsky, quien encargó a su discípulo Vajtangov que la dirigiera, pasando a ser uno de los cuatro estudios afiliados al Teatro de Arte de Moscú. Su mayor éxito: *Dibbuk*, de S. Anski, dirección de Vajtangov. Desde 1931, establecida en Palestina; y ya con edificio propio (teatro, escuela, biblioteca), en Tel Aviv, desde 1945. (1935: Giménez Caballero.) Tea.

habitat ing. 'hábitat' (Ac.), 'habitat' (1971: Rodríguez de la Fuente), 'entorno vital', 'espacio vital'. Es el territorio natural donde desarrolla su vida un animal o una planta. El *DRAE*, siguiendo la definición ing. *(Oxford Dict.)* afirma que *habitat* es la 3ª pers. sing. del pres. de ind. del lat. *habitare*, es decir, '(el lugar donde) él habita', habiendo sido adoptado en ing. por los naturalistas, pasando del ing. al esp., y de ahí la pronunciación anglizada 'hábitat' frente a lat. *habitat*. Es indiscutible que su uso en esp. procede del ing., pero existe *habitat* en fr., con el mismo sentido, al menos desde 1808 *(Petit Robert)*, no como anglicismo, sino como derivado del fr. *habiter*. (1976: *País*.) Biol.

habitué fr. 'habitué' (en Arg.), 'habitual', 'asiduo' a un determinado lugar; lit.: 'habituado'. (h. 1918: J. Dicenta.)

hachich arabismo. (1910: *La Prensa*, B. Aires, Arg.) → HASHISH.

hacker ing. 'intruso (informático)' en programas informáticos ajenos, por curiosidad, sin malevolencia, pero ilegal. Al 'intruso malévolo', o 'pirata informático', se le llama en ing. *cracker*. (1990: M. Ruiz de Elvira.) Inform. → CRACKER.

hadiz ár. 'tradición', lit.: 'relato de un hecho o acontecimiento'. Tradición o tradiciones (1919: Asín Palacios: *hadices*, pero también *hadizes*) acerca de la vida y predicaciones de Mahoma transmitidas por sus compañeros y que constituyen la base de la *Sunna*. (1919: Asín Palacios.) Rel. → SUNNA.

ha fatto fiasco it. 'ha tenido un fracaso o fallo'. Con referencia al *bel canto*. (1825: Bretón de los H.) Mús.

Haganah hebr. 'Jaganá', lit.: 'Defensa'. Organización paramilitar, fundada (1921) por Jacobinsky, discípulo de Theodor Herzl, el fundador del sionismo. Dependiente de la Agencia Judía, su misión era proteger los grupos judíos en Palestina que convivían con los árabes durante el mandato británico (1920-48). Sirvió de fundamento para el actual Ejército *(Tsahal)* de Israel (1979: P. Gómez Aparicio.) Ej.

Haggada hebr. 'Jagadá', lit.: 'relato', 'relación'. Doctrina y sumario de temas bíblicos y talmúdicos. (1953: Millás Vallicrosa.) Rel.

Haika vasc. 'Levantarse', 'Ponerse en pie', 'Alzarse'. Coalición juvenil vasca aberchale, formada principalmente por

Jarrai, 'Seguir', juventud de *KAS*, vascoespañola, y *Gazteriak*, 'Juventudes' vascofrancesas. Surgida en el encuentro masivo de Cambo les Bains (Francia) el 22 de abril de 2000. (2000: *País*.) Pol.

haikai jap. 'haikai', 'jaikai' (1983: A. Cabezas). Forma poética inventada por Sokán (1465-1553), variante ingeniosa del *hokku* o *jokku* (1983: A. Cabezas) o terceta inicial de la *renga* o poema ligado. (1920: J. J. Tablada, Méx.) Lit. → HAIKU.

haiku jap. 'jaiku' (1983: A. Cabezas). Es la más breve forma poética japonesa, influida en su contenido, por el budismo *zen*. Consta de tres versos (de cinco, siete y cinco sílabas) que recogen la esencia de un momento agudamente percibido, enlazando la Naturaleza y la naturaleza humana. Inicialmente (años veinte), en esp., se empleó *haikai*, para denotar 'forma poética japonesa en general', sin distinguirla del *haiku*, voz intr. posteriormente (años ochenta). Lit. → HAIKAI.

haique ár. **(haik)** 'jaique' (Ac.). Manto de lana, generalmente blanco, que sirve de vestido. (1890: R. A. de los Ríos.) Indum.

hakam hebr. Título que reciben algunos rabinos; lit.: 'hombre sabio'. (1991: *País*.) Rel.

halaja hebr. 'código judío'. Conjunto de normas religioso-jurídicas, talmúdicas, a las que se han añadido enmiendas y modificaciones dictadas por el paso del tiempo. Lit.: 'camino a seguir', deriv. de *halaj*, 'camino'. A veces se ven las transcrip. *halakha* (ing.) y *halacha* (al.). (1995: *País*.) Rel.

hall ing. '*hall*' (Ac.: 2001), 'jol' (1996: Jesús Pardo), 'vestíbulo', 'entrada', 'recibimiento', 'sala de recepción (en hoteles)'. (1891: Pardo Bazán.)

Halles fr. 'Mercados'. Con especial referencia a los de París, derribados en los años sesenta. (1719: A. Ponz.) Com.

Halloween (Night) ing. '(Noche de) *Halloween*', '(Víspera de) Todos los Santos *(All Halloween)*', es decir, el 31 de octubre. *Halloween* es palabra escocesa. Esta festividad se celebra con máscaras y disfraces. La palabra se ha difundido en contextos españoles gracias al filme *Halloween* (1978), estadounidense, dirigido por John Carpenter. (1990: J. R. Ripoll.) Rel.

hamartía gr. 'creencia u opinión errónea que puede conducir a acciones erróneas', con consecuencias trágicas, según Aristóteles *(Poética)*. Lit.

Hamás ár. 'Entusiasmo', 'Ardor por la fe' (1993: E. Sirvan). Deletreo de las siglas, en ár., del Movimiento *(Harakat)* de la Resistencia Islámica. Facción palestina islamista, no integrada en la OLP; fundada (1987) por Amed Yassin. (1993: *D. 16.*) Pol.

hamburger ing. 'hamburguesa' (Ac.: 1992). Bocadillo de carne picada. Su uso procede de EE.UU. Del al. *hamburger,* 'hamburgués/esa'. (1948: Jardiel Poncela.) Gastr. → BURGER.

hamman ár. 'baño (público)', 'alhama' (1611: Covarrubias; 1867: N. Fdez. Cuesta; 1954: Cansinos). (1989: *País.*)

hamoc tagalo (1891: J. Rizal.) → AMOK.

(órgano) Hammond ing. Instrumento musical inventado (1933) por John Hannert y Laurens Hammond. En 1960 adoptó un altavoz rotatorio que aporta el trémolo característico de este instrumento en la actualidad. Mús.

Hamster al. 'hámster' (Ac.: 2001). Pequeño roedor, de pelaje rojo, blanco en el vientre, común en el E de Europa; animal de jaula, casero, en España, desde los años sesenta. Zool.

hanbalí ár. Adepto a la escuela teológica y jurídico-moral sunní de Ahmad ibn Hanbal († 855), caracterizada por una fidelidad rigurosa a la religión de los antiguos, es decir, de los compañeros del Profeta, y relacionada actualmente con la *wahhabiya* o wahabismo. Rel. → WAHABISMO.

Handball al. 'balonmano'. La forma más reconocida de este juego es de origen europeo, frente a un particular *handball* estadounidense. (1935: *Bl. y Negro.*) Dep.

handicap ing. 1) 'hándicap', 'obstáculo', y, por ende, 'desventaja'. Procede del lenguaje de la hípica. (1887: E. Gaspar.); 2) ventaja que da o recibe del campo un jugador de golf. (1985: *País.*) Dep.

handycam ing. 'videocámara de mano'. Palabra creada por la empresa japonesa Sony con el ing. *cam(era)*, 'cámara', y *handy*, 'manual'. (1995: TVE.) TV.

handling ing. 'servicio general (de viaje)', lit.: 'manejo', 'manipulación'. En los aeropuertos, servicio global que se hace al viajero y al avión en que se ha de viajar. (1982: *País.*) Transp. a.

hangar fr. 'hangar' (Ac.), lit.: 'cobertizo'. Para aviones, en los aeródromos. (1925: W. Fdez. Flórez.) Transp. a.

Hannibal ad portas lat. 'Aníbal (está) a las puertas (de Roma)'. Frase de los romanos, tras la batalla de Cannas, según Cicerón (*Filípicas*, 1, 3). Hist.

Hansa al. 'Hansa' (Ac.), 'Ansa' (Ac.). *Hansa* es la forma latinizada y moderna (siglos XIX-XX) del ant. al. *Hanse* (siglos XII-XVIII), 'gremio', 'agrupación'. 1) 'agrupación o gremio de comerciantes' de algunas ciudades portuarias del N de Alemania —ciudades hanseáticas— con otras ciudades extranjeras del N de Europa. Hist.; 2) nombre (*Lufthansa*) de la 'compañía (*Hansa*) aérea (*Luft*)' civil y comercial de la República Federal Alemana. Transp. a.

Hanuká hebr. 'Januká', 'Janucá' (1961: Cansinos), lit.: '(Fiesta de) las Luminarias'. Se celebra durante una semana del mes de diciembre, encendiéndose una luminaria cada día en un candelabro especial llamado *janukiyá.* Esta fiesta conmemora la victoria de los Macabeos sobre Antíoco el Grande de Siria (siglo II a. de J. C.). (1922: Isaac Muñoz: *Janukah.*) Rel.

happening ing. 'espectáculo improvisado y participativo', lit.: 'acontecimiento'. Inventado por el pintor Allan Kaprow con su exposición (1959) *18 Happenings in 6 parts* (Galería Reuben, Nueva York), para suprimir la distancia entre el arte y la vida y dar un sentido de comunidad frente a la tecnología. En el verano de 1966 el *happening* llegó, incluso, a la calle. Ha influido sobre la música y el teatro. (1971: M. Aub.) Tea.

happy birthday to you ing. 'feliz cumpleaños tengas'. Canción (1935) estadounidense de felicitación, que el cine sonoro ha difundido universalmente. Basada en la canción *Good morning to all*, 'Buen día para todos', escrita en 1893, por Mildred y Patty S. Hill. (1996: Manuel Rivas.)

happy end ing. 'final feliz'. Característico de ciertas películas amables de Hollywood. Sin embargo, esta expresión es un seudoanglicismo fr. (Robert; E. Lorenzo) por el ing. *happy ending*. (1949: F. Ayala.) Cine.

happy new year! ing. '¡feliz año nuevo!'. (1918: Díez de Tejada.)

hara-kiri jap. 'haraquiri' (Ac.). Suicidio ritual por 'corte *(kiri)* del vientre *(hara)*'. Es la denominación usual en Occidente para esta práctica japonesa. Sin embargo, la denominación más frecuente en Japón es *seppuku*. (1925: Blasco Ibáñez.)

hard-core ing. 'mákina', en jerga. Es una variante estadounidense del *punk* inglés; lit.: 'denso', 'nucleado'. (1991: L. Hidalgo.) Mús. → PUNK.

hard discount ing. 'descuento fuerte o grande', 'superdescuento' (1995: *País*), lit.: 'descuento duro'. Modalidad comercial característica de un tipo de establecimientos: 'tiendas de descuento' (1995: *País*) o 'tiendas de superdescuento' (1995: *ABC*), especializados en la venta de productos (principalmente alimenticios) envasados y a precios bajos. Com.

hard rock ing. '*rock* duro', más enérgico que el *rock* y posterior a éste. (1991: L. Hidalgo.) Mús. → ROCK AND ROLL.

hardware ing. 'equipo material' o 'dotación básica de un ordenador', 'soporte físico' (1991: *País, LEst.*), 'soporte', realmente 'herramienta', 'instrumental' o 'utillería' informática; lit.: 'ferretería'. (1979: Alzugaray.) Inform.

Hare Krishna sáns. 'Hare Krisna', 'Salve, Krisna'. Movimiento hinduista de invocación a Krisna, séptimo avatar («Salvador») de Visnú, de tradición vaísnava (Visnú = Krisna). Su maestro: Prabhupada († 1977). Legalizado (1977) en España como 'Asociación Internacional para la Conciencia Krisna'. Basado en el *mantra* o cántico: *Hare*

Krisna, Hare Krisna, Hare Krisna, Krisna, Krisna. Hare, Hare. / Hare Rama, Hare Rama. Rama. Hare, Hare, con cuya repetición se llega a cierto éxtasis. Según Prabhupada, *Krisna* y *Rama* significan el gozo supremo y *Hare* (vocativo *Hare*) es la suprema energía del Señor. Se supone que este mantra produce un estado gozoso de conciencia espiritual, la llamada 'conciencia Krisna'. Los adeptos de este movimiento visten túnicas amarillas *(dhotis)*, llevan las cabezas rapadas y bailan y cantan al son de címbalos *(karatalas)*. Su alimento, *prasadam,* es vegetariano, especie de comunión con Krisna. (1980: *País sem.*) Rel.

harem ár. **(haram)** 'harén' (Ac.), lit.: 'prohibido', 'inviolable'. (1883: J. Cortada.)

harka ár. 'harca' (Ac.), pero pop. y peyorativo 'jarca'. Tropa irregular en Marruecos. (1905: Galdós.) Ej.

harkis ár. 'jinetes', 'soldados de caballería', que componen una *harka.* (1994: J. Goytisolo.) También se llaman así los jinetes armados que ejecutan los festejos conocidos como 'fantasías'. Ej.

harmonica ing. 'armónica' (Ac.), 'harmónica' (Ac.). Del lat. *harmonica.* Término adoptado (1793) por Benjamín Franklin para un instrumento musical de su invención (varios recipientes de vidrio de diferentes timbres que se hacían sonar por frotación); pero en su uso actual procede del al. *Harmonika* (1829) y se aplica a una especie de órgano de boca. Mús.

harmonium fr. 'armonio' (Ac.), 'harmonio' (Ac.). Instrumento musical inventado por el francés Debain (1840), quien introdujo esta palabra latina para designarlo. (1895: A. Nervo.) Mús.

haschisch o **hachisch** fr. 'hachís' (Ac.). (1886: A. Sawa.) → HASHISH.

haschischin, sing. **haschischí** ár. **(ḥašīšīyūn,** sing. **ḥašīšī),** 'hachischinos', 'asesinos', lit.: 'que toman o fuman hachís'. Individuos de una secta, quienes, al ingresar en ella, hacían voto de ser *fedayin,* 'hombres dispuestos al sacrificio', es decir, a matar a quien su jefe les ordenase, ayudándose del hachís. Su jefe era Hasán ibn as-Sabbah (siglo XI), iraní, chií, conocido como *Shaij al-Yabal*, 'el Viejo de la Montaña', pues tenía su residencia en la alta fortaleza de Alamut (Irán). (1980: L. Pancorbo.) Rel. → HASCHISCH; FEDAYIN.

hash ing. Abrev. jergal del ing. *hashish*. (1989: Diego A. Manrique.) → HASHISH.

hashish ing. 'hachís' (Ac.). Del ár. *hachisch (hašiš)*, lit.: 'hierba seca', en lat. cient. *Cannabis sativa*. La transcrip. *hashish* es inglesa, en tanto que son francesas *hachisch* y *haschisch*. Entre los consumidores españoles actuales predomina una pronunciación próxima a la inglesa. (1892: R. Darío.) → FEDAYIN.

hasidim, sing. **hasid** hebr. 'hasidim' (1942: J. L. Borges, Arg.), sing. 'hasid'; 'jasidim' (1991: Mario Satz, Arg.), sing. 'jasid'; 'jasidistas' (1970: Ramón Díaz), sing. 'jasidista'. El hasidismo o jasidismo es un movimiento religioso estricto y fundamentalista dentro del judaísmo. Fue fundado en 1750 por Israel ben Eliazar, en Ucrania. Rel.

hatha yoga sáns. 'hata yoga', 'yoga del esfuerzo', 'yoga físico'. Consiste en ejercicios de respiración, ya que la *prana* cósmica penetra en nosotros por vía respiratoria. Divulgado en Occidente por Suami Vivekananda. (1914: A. Nervo.) Rel.

hat-trick ing. 'trío de goles', en fútbol, conseguidos por un mismo jugador en un solo partido. Expresión introd. en España en los años noventa. Procede del *cricket*, donde el jugador que colaba tres bolas sucesivas —jugada o estratagema *(trick)* excepcional— recibía como premio un sombrero *(hat)*. (1997: *País.*) Dep.

Hauptschule al. 'escuela de formación'. lit.: 'escuela principal o básica' para quienes han de aprender después oficios. (1991: *País.*) Educ.

haute couture fr. 'alta costura'. Suele verse en establecimientos dedicados a ella. Indum.

haxx ár, **(haŷŷ)** 'peregrinación (a La Meca)'. Obligación ritual de todo musulmán a hacerla, al menos una vez en la vida. (1996: J. Goytisolo.) Rel.

HB vasc. Siglas de *Herri Batasuna*, deletreo en esp.: 'hachebé'. Pol. → HERRI BATASUNA.

heautontimorumenos gr. 'el que se atormenta a sí mismo'. Título gr. de una comedia latina (163 a. de J. C.) de Publio Terencio Afer (184-159 a. de J. C.). Califica la conducta del anciano Cremes, víctima de sí mismo y de sus injustificadas preocupaciones. (1893: *Clarín*.)

heavy ing. (1984: TVE.) Mús. → HEAVY METAL.

heavy metal (rock) ing. '*rock* metálico pesado'. Con alusión a los *heavy metals*, 'metales pesados', es decir, a los de gravedad específica elevada, y a *heavy*, en jerga, 'caliente', 'lascivo' y 'peligroso'. Debe su nombre quizá al apodo *The Heavy Metal Kid* de un personaje de la novela *Nova Express*, de William Burroughs. (1987: Diego A. Manrique.) Mús.

Hegoalde vasc. 'Zona *(alde)* Sur *(hego)*'. Con referencia, desde el punto de vista vasco francés, al país vasco español frente a *Iparralde*, 'Zona Norte' o país vasco francés. (2001: Cadena SER.) Pol. → IPARRALDE.

heil!, heil! al. '¡viva!', '¡viva!'. Vítor nazi. (1945: Ismael Herráiz.) Pol.

heil Hitler! al. '¡viva Hitler!'. Vítor y saludo de los miembros del Partido Nacional Socialista Alemán, impuesto a toda Alemania y en el ejército bajo el nazismo. (1934: A. Mendizábal.) Pol.

Heimwehr al. 'Milicia o Defensa *(Wehr)* patriótica *(Heim)*'. De carácter clerical-fascista, en Austria, fundada en 1927, pero suprimida por los nazis al anexionarse Alemania a Austria. (1945: A. Revesz.) Pol.

hélas! fr. '¡ay!'. (1832: Mesonero.)

hereu cat. 'heredero', 'mayorazgo'. (1876: F. L. de Retes.) Der.

Hermanos musulmanes arabismo. Trad. de *al-Ijwán al-muslimúm*. Movimiento político islamista, fundado (1928) por Hasán al-Banna, asesinado en 1954, en Egipto, basado en la *saría* o ley coránica. Rel. y Pol.

Herrenvolk al. 'Pueblo *(Volk)* de Señores *(Herren)*'. En la terminología nazi y racista, 'el pueblo alemán'. (1945: Ismael Herráiz.) Pol.

Herri Batasuna vasc. 'Unidad popular'. De *herri* 'pueblo', y *batasun,* 'unidad'. Coalición independentista vasca, cercana a *ETA,* cuyas reivindicaciones políticas apoya, creada por la 'mesa de Alsásua' (1978), integrada, en un principio, por *HASI* (Partido popular socialista revolucionario), *LAIA* (Partido revolucionario de trabajadores vascos), *ESB* (Convergencia socialista vasca) y ANV (Acción nacionalista vasca); pero desde 1980, inexistente casi ANV, disuelta (1990) *ESB* y ya fuera *LAIA* (1990) y disuelta (1992) *HASI,* diríase que *HB* queda formada por grupúsculos, secuelas y entornos afines. Refundada el 23 de junio de 2001 con el nombre de *Batasuna,* 'Unidad'. Pol. → BATASUNA; EUSKAL HERRITARROK.

herriko taberna vasc. 'taberna del pueblo'. Comp. de *herri,* 'pueblo', y *ko,* 'del'. Lugar de reunión de militantes de *Herri Batasuna.* (1995: *País.*) Pol. → HERRI BATASUNA.

hertz al. 'hercio' (Ac.). En la nomenclatura internacional, la unidad de frecuencia del sonido. Por el apellido del físico alemán Heinrich Hertz (1857-1894). Fís.

hetman pol. 1) en Polonia, 'jefe guerrero', entre los cosacos, por elección; 2) en el período 1581-1792, el gran *hetman* era el defensor de la frontera polaca frente a los tártaros. Según algunos, (entre ellos, Wahrig) la palabra *hetman* puede tener lazos con el al. *Hauptmann,* 'capitán', y el ru. *atamán,* 'capitán o jefe de cosacos'. Ej. → ATAMÁN.

Hezbolá o **Hizbolá** ár. 'Partido *(hizb)* de Alá'. De chiíes libaneses, fundado (1982) por Mohamed Huseín Fadlalá. (1987: *País.*) Pol.

hiatus lat. 'hiato' (Ac.). 'laguna', 'vacío'. (1893: U. Glez. Serrano.)

hi-ball ing. 'jaibol' (Am. h., R. J. Alfaro). Abrev. de *high-ball*. (1962: F. Ayala.) Gastr. → HIGH-BALL.

hic et nunc lat. 'aquí y ahora'. (1793: Moratín h.)

hic iacet lat. 'aquí yace'. Inscripción funeraria. (1793: Moratín h.)

hic Troia fuit lat. 'allí fue Troya', 'entonces se armó la batalla'. (1835: Mesonero.) Hist.

hide ing. 'puesto (de observación de la vida silvestre)', lit.: 'escondite'. (1994: L. M. Domínguez.)

hi-fi ing. 'hi-fi'. Abrev. de *high fidelity*, lit.: 'alta fidelidad', por 'gran fidelidad'. Introd. en España en los años sesenta, con pronunciación a la española: 'hi-fi'. Mús.

high ing. Abrev. de *high life*. De uso en Ven. → HIGH LIFE.

high-ball ing. 'jaibol' (1970: S. Magaña, Méx.). Lit.: 'proyectil *(ball)* alto *(high)*'. Güisqui con agua o hielo, servido en vaso alto. (1958: Carlos Fuentes, Méx.) Gastr.

highbrow ing. 'intelectual', lit.: 'cejialto'. En boga en EE.UU. hacia 1920 y siguientes. (1927: E. Noel.) → LOWBROW.

high fidelity ing. 'alta fidelidad', lit., por 'gran fidelidad'. Sistema de reproducción del sonido. (1960: Fr. Ayala.) Mús. → HI-FI.

highland ing. 'montaña', lit.: 'tierra o región alta', en Escocia. (1906: A. Nervo.) Geogr. f.

highlander ing. 1) 'montañés', habitante de las tierras altas *(highlands)* de Escocia. Geogr. h.; 2) 'soldado de un regimiento de montañeses en Escocia'. (1875: Galdós.) Ej.

high life ing. 'alta sociedad', 'vida aristocrática', lit.: 'vida alta'. (1882: Martínez Pedrosa.)

high-tech ing. Abrev. de *high technology*, 'alta tecnología', es decir, la que requiere una gran tecnología y base científica. Adjetiva a un estilo arquitectónico futurista, casi de ficción científica, desarrollado en los años setenta, por los arquitectos ingleses Norman Foster, Michael Hopkins y Nicolas Grimshaw. Su ejemplo más conocido es el Centro Pompidou (1977), de Piano y Rogers, en París. (1994: L. Fdez. Galiano.) Arq.

hijab ár. Transcrip. ing. y fr. del ár. *jiyab*. (1993: *País*.) Rel. →
JIYAB.

hillbilly ing. 'montañés', 'serrano'. Comp. de *hill*, 'monte',
'cerro', y *Billy*, hipocorístico de *William*, 'Guillermo'. Habitante de las comarcas pobres y montañosas del S de
EE.UU. Su mús.: *hillbilly music*, y sus cantos: *hillbilly songs*,
han influido en el *rockabilly*. (1953: Juan R. Jiménez.) Mús.
→ ROCKABILLY.

hinterland al. 'territorio o zona de influencia', lit.: 'tierra interior', es decir, tierra alejada de los centros urbanos, sentido en que se emplea en geografía física. De mayor uso
en geografía política y en política internacional. (1894:
Ganivet.) Pol.

híper anglicismo. Abrev. españolizada del ing. *hypermarket*,
'hipermercado'. Mercado de más de 2500 m², situado fuera de los centros habitados y dotado de diversos servicios
complementarios. (1982: F. Umbral.) Com.

hip, hip, hurra! ing. Triple grito onomatopéyico que expresa exaltación y gozo. Se emplea principalmente en ambientes deportivos. → HURRAH!

hip-hop ing. 'jip-jop'. Esta expresión fue divulgada por el primer verso de la pieza *The Rapper's Delight*; tiene, además,
un valor de insistencia fónica, como ocurre en la expresión *honky-tonk*. 1) 'movida *(hop)* de colgados *(hip)*', propia de los ambientes negros y callejeros de Nueva York; es
decir, de los adictos al *rap*, 'raperos', a los *graffiti*, 'grafiteros' o 'escritores', y a la *breakdance*, 'baile roto (por sacudidas)'. (1990: *País*.); 2) otro nombre para el *rap*; bajo él,
sus seguidores se sienten más musicales que los simples
raperos, meros recitadores con ritmo. (1998: A. Toner.)
Mús. → RAP.

hippy ing. '*hippie* o *hippy*' (Ac.: 2001), 'jipi'. De *hip*, que en la
jerga de los negros norteamericanos significa 'despierto',
'entonado', por la marihuana o el *LSD*. Es término peyorativo para designar un tipo de marginales, surgidos
frente al orden establecido a consecuencia de la política

belicista de bloques, y en auge como respuesta a la guerra del Vietnam. (1973: A. L. Gradoli.)

Hispanic Society of America ing. 'Sociedad Hispánica de América'. Fundada (1904) por el filántropo Archer M. Hungtinton, con sede en Nueva York. (1932: F. de Onís.)

hispano ing. 'hispano' (Ac.: 2001), 'hispánico'. Según Barnhart, abrev. de *Hispano-American*. Al principio se aplicó a los que de este origen vivían en el SO de los EE.UU. A partir de los años sesenta, a los inmigrantes también; paralelamente los *hispanos* llaman *anglos* a los *angloamericans*, 'angloamericanos'. Geogr. h.

hispanorum inquieta avidaque in nova res sunt ingenia lat. 'los ingenios hispanos son inquietos y ávidos de cosas nuevas'. De Tito Livio (*Hist.*, 22, 21). (1919: Unamuno.)

hit ing. 'éxito', 'triunfo', sobre todo en teatro, discografía, etc. Procede de la terminología del béisbol, donde significa 'batazo'; y así, en Ven., 'dar, conectar o hacer un *hit*', en béisbol, es dar un buen golpe a la pelota que permita el avance de un jugador. (1977: P. Gimferrer.)

Hitachi jap. Nombre de una compañía japonesa (*Hitachi Ltd.*) de maquinaria industrial y eléctrica, fundada en 1910. Con referencia a Hitachi, ciudad sita al NE de Tokio, donde tuvo sus comienzos (1904). Electr.

Hitlerjugend al. 'Juventud hitleriana'. Organización juvenil alemana nazi. (1934: R. J. Sender.) Pol.

hit-parade ing. 'desfile o cabalgata de éxitos', 'lista de éxitos populares, por orden de popularidad', sobre todo en discografía. (1972: J. Montero.) Mús. → HIT.

hiyab ár. (1994: J. Goytisolo.) → JIYAB.

hobbit ing. Término inventado por J. R. Tolkien (1892-1973), en su novela *The Hobbit* (1937). Los *hobbits* son seres diminutos, más pequeños que los enanos, bonachones, habitantes de un país legendario. (1982: J. Tébar.) Lit.

hobby ing. 'hobby' (Ac.: 2001), 'jobi', 'afición', 'pasatiempo preferido'. De *hobby horse*, 'caballito de madera', 'juguete con que se juega preferentemente'. (1967: J. Cortázar, Arg.) → VIOLON D'INGRES.

hockey ing. '*hockey*' (Ac.: 2001), 'joquei'. (1904: *Bl. y Negro*.) Dep.

holding ing. '*holding*' (Ac.: 2001), 'grupo'. Abrev. de *holding company*, 'grupo o compañía de empresas', que tiene el control (*holding*) de ellas; sometidas, pues, a una dirección o control único. (1972: *Bl. y Negro*.) Econ.

hold up ing. 'atraco a mano armada', abrev. de *hold up your hands!*, '¡manos arriba!'. (1933: Jardiel Poncela.)

holter ing. 'hólter'. Aparato portátil que, aplicado al cuerpo del paciente, generalmente durante una jornada, registra, mediante electrocardiograma continuo, las posibles alteraciones cardíacas. (1998: Sanitas.) Med.

home ing. 1) 'hogar', 'casa propia'. (1882: Galdós.); y por ext.: 2) 'patria'. (1925: E. d'Ors.)

Home Fleet ing. 'Marina de guerra británica', lit.: 'Flota patria'. (1936: *Bl. y Negro*.) Ej.

homelands ing. 'territorios patrios'. Eufemismo con que se encubrían 'territorios de residencia obligada para los aborígenes negros', donde éstos, en la Unión Surafricana, eran concentrados, siguiendo la política racista de *apartheid*. (1990: *País*.) Pol. → APARTHEID.

(the) homeless ing. 'los sin hogar', 'los sin techo'. Nueva clase, marginal, surgida en la sociedad capitalista en los últimos decenios del siglo XX. (1992: RNE.) Pol.

Home Rule ing. 'Gobierno autónomo', lit.: 'Gobierno patrio'. Gobierno autónomo de Irlanda, anterior a la consecución de su independencia como *Irish Free State*, 'Estado Libre Irlandés'. (1870: *España Moderna*.) Pol. → ÉIRE.

home, sweet home ing. 'hogar, dulce hogar'. Principio de una canción de John Howard Payne (1791-1852), quien la incluyó en su ópera *Clari* (h. 1832; mús. de Sir Henry Bishop). Esta famosa canción está basada en otra siciliana que Payne oyó cantar a una joven campesina. (1912: R. Darío.)

homme à femmes fr. 'mujeriego'. (1921: Ortega.)

homme de lettres fr. 'hombre de letras', 'literato (profesional)'. (1914: Ortega.)

Homo antecessor lat. cient. 'Homo antecéssor', 'Hombre antecesor'. Nueva especie de *Homo*, anterior (800.000 años) al *homo sapiens*, hallada (1994) en Atapuerca (Burgos, España), por lo que también es llamado 'hombre de Atapuerca'. (1997: J. L. Arsuaga.) Antrop.

Homo erectus lat. 'hombre erecto', 'hombre erguido'. Estadio de la evolución del hombre, posterior al *Australopithecus* y anterior al *Homo sapiens*. Se produjo hace medio millón de años. Antrop.

Homo faber lat. 'hombre fabricante','hombre artífice', 'hombre fabril' (E. d'Ors), o *presapiens*, anterior al *Homo sapiens*. Señala un rasgo diferenciador del hombre frente a los demás animales. (1929: E. d'Ors.) Antrop.

Homo habilis lat. 'hombre hábil'. Antepasado del *Homo sapiens*, descubierto en Olduvai (Tanzania) por el Prof. Leakey, que vivió hace más de medio millón de años. (1990: P. Laín.) Antrop.

homo homini lupus lat. 'el hombre es lobo para el hombre'. De Plauto (*Asinaria*, 2, 4, 28). (1884: *Clarín*.) Lit.

Homo ludens lat. 'hombre lúdico', 'hombre ludente'. Caracterización del hombre divulgada en los años treinta por el historiador Johannes Huizinga, en su libro *Homo ludens* (1938). Antes (1754), Friedrich Schiller afirmó: «el hombre solamente juega cuando en el sentido completo de la palabra es hombre y solamente es hombre completo cuando juega» (*Cartas sobre la educ. estética del hombre*, XV). Antrop.

Homo neandertalensis lat. 'hombre neandertalense', 'hombre neandertalés', 'hombre de Neandertal'. (La denominación 'neandertal' (1998: *País*), aunque frecuente incluso entre los antropólogos, es incorrecta.) Hombre del Paleolítico hallado (1856) en Neandertal, mejor dicho, en la angostura llamada *Neandertal-Grotte*, del río Düssel, próxima a Düsseldorf. También se ve *Homo neanderthalensis*, con el grupo -th-, obsoleto ya en al., aunque persiste en el germanismo fr. *Néanderthal* (Robert). (1963: Obermaier-García Bellido.) Antrop.

Homo oeconomicus lat. 'hombre económico'. Concepto manchesteriano y marxista del hombre en cuanto sujeto de la Economía. (1935: S. de Madariaga.) Econ.

Homo sapiens lat. 'hombre sapiente', caracterización del hombre en la clasificación de Carolus Linnaeus (1707-1778) en su *Systema naturae* (1758; décima edición). Tercer estadio de la evolución del hombre: siguió al *Australopithecus* y al *Homo erectus*, hace medio millón de años. (1899: R. Darío.)

Homo sapiens sapiens lat. 'hombre sapiente sapiente'. Con esta duplicación se trata de diferenciar al *Homo sapiens* moderno, aparecido hace unos cincuenta mil años, frente a su antecesor, el *Homo sapiens* primitivo. (1991: P. Laín.) Antrop.

homo sum, nihil humanum a me alienum puto lat. 'hombre soy, nada que sea humano reputo ajeno a mí'. De Terencio (*Heautontimorumenos*, I, 1: *homo sum, humani nihil a me alienum puto*). (1859: J. Valera.) Lit.

homo videns lat. 'hombre vidente'. Caracterización, irónicamente antropológica, del hombre de finales del siglo XX, atenido casi exclusivamente a las pantallas de TV y de los ordenadores y al que se le supone apartado del pensamiento abstracto. Expresión puesta en boga, en los años noventa, por Giovanni Sartori, con su libro *Homo videns*.

homunculus lat. 'homúnculo' (Ac.), 'homúnculus' (1993: Buero Vallejo). Hombre artificial, creado por el doctor Wagner, en el *Fausto II*, de Goethe, siguiendo las instrucciones que para el caso dio en *De generatione rerum naturalium*, el médico Paracelso (1493-1541). (1882: M. Cané, Arg.) Mitol.

Honda jap. Fábrica (1948) de motocicletas y otros vehículos motorizados. Con referencia al apellido del ingeniero Soichiro Honda, su fundador. Autom.

honky-tonk ing. 'antro musical' o 'sala de baile ruidosa'. Originariamente, según Partridge, 'mús. de banjo' y 'garito o antro negro'. De *honk*, 'grito del ganso' y, por ampliación, 'sonido del cláxon'. Según el mismo Partridge, *tonk* tiene mero valor reduplicativo respecto a *honky*. (1997: J. Mtnez. de Pisón.) Mús.

honni soit qui mal y pense fr. 'vituperado sea quien piense mal de ello'. *Motto* de la orden de la Jarretera, instituida en Inglaterra en 1344, organizada en 1349. Según unos, es frase de Eduardo III, al recoger del suelo una liga que, en un baile, había dejado caer su amante, la condesa de Salisbury (Polidoro Virgilio, *Angelicae Historicae*, 1534); según otros, la pronunció en la batalla de Crécy (1346) cuando hizo atar su jarretera a una lanza a guisa de insignia (Holinshed, *Crónicas*, 1572). Figura, además, como *motto* del escudo del Reino Unido. (1859: Alarcón.) Hist. → GARTER.

honoris causa lat. 'honoris causa' (Ac.), 'por causa de honor'. Doctorado universitario concedido por méritos, aunque éstos no sean estrictamente universitarios, y no por pruebas de examen. (1899: Unamuno.) Educ.

hooligan ing. '*hooligan*' (Ac.: 2001), 'júligan', 'gamberro'. Por el apellido de una familia irlandesa de mala fama que, hacia 1890, vivía en The Borough, de Londres. (1967: E. Tijeras.) → JÚLIGAN.

hora fugax lat. 'la hora es fugaz', es decir, 'el tiempo corre'. Inscripción en relojes solares de iglesias. (1926: Baroja.)

horresco referens lat. 'tiemblo al referirlo'. Palabras de Eneas al referir la muerte de Laoconte y sus hijos aprisionados por una serpiente, según Virgilio (*Eneida*, 2, 204). (1862: Mesonero.) Lit.

horribili dictu lat. 'horrible de decir'. (1945: A. Revesz.)

horror vacui lat. 'horror al vacío'. Característica de la materia en la física antigua. (1978: Rosa Montero.) Fís.

hors d'œuvres fr. 'entremeses'. La hoy olvidada adaptación 'ordubres' (1897: A. Muro) persistía pero con sentido irónico en 1913 (1913: banquete a Manuel Azaña), aunque en serio durante (1957: M. A. Alonso-Duro) el ultranacionalismo lingüístico franquista. Lit.: 'fuera de la obra', es decir, parte saliente y destacada del cuerpo de una obra o edificio; su significado gastronómico viene del siglo XVII. Gastr.

Horst Wessel Lied al. 'Canción de Horst Wessel'. Canción nazi, escrita por Horst Wessel, jefe de tropas de asalto, asesinado en 1930. Comienza así: *Die Fahne hoch*, 'En alto la bandera'. Pol.

hortus conclusus lat. 'huerto cercado' (1561: Fr. L. de León), 'jardín cerrado' (1937: Em. Prados). Del *Cantar de cantares*, (4,12), según la Vulgata. Alude al cuerpo de la Esposa. (1898: A. Nervo.) Rel.

hosanna lat. 'hosanna' (Ac.), 'loor'. En ext.: *hosanna in excelsis Deo*, 'loor a Dios en las alturas'. Palabras que forman parte del *Sanctus* en la misa, según el ritual romano. Del hebr. *hosi'a-anna*, 'sálvanos'. Rel.

hos ego versiculos feci, tulit alter honores lat. 'yo hice estos versos, otro se llevó los honores'. (1772: Cadalso.) → SIC VOS NON VOBIS.

hot-dog ing. 'perrito caliente'. Creación gastronómica, anterior a 1913, de Harry Mozely Stevens, para los Polo Grounds, de Nueva York, con el nombre de *dachhundsausages*, 'salchichas perro salchicha'. Se dice (M. H. Dohan) que su actual denominación se debe al caricaturista deportivo T. A. Dorgan *(Dad)*. Por otra parte, la Cámara de Comercio de Coney Island prohibió (1913) el término de Stevens, pues podía inferirse de él que las salchichas estuviesen hechas con carne de perro salchicha, no en forma de perro salchicha. (1948: Jardiel Poncela.) Gastr.

hôtel fr. 'hotel' (Ac.). 1) 'casa aislada y con jardín', 'palacete'. (1878: Galdós.) Arq.: 2) 'hospedaje de alta categoría'. Host.

hôtel de Ville fr. 'casa de la Villa', 'casa consistorial', 'casa ayuntamiento'. (1868: A. F. de los Ríos.) Pol.

hôtel garni fr. 'hotel amueblado'. (1910: J. Nombela.) Host.

hôtel meublé fr. 'hotel amueblado', en realidad, en contextos españoles, 'hotel para citas', 'casa de citas', y abrev. *meublé*. (1991: Vázquez Montalbán.) Host.

house (music) ing. 'música *house*'. Aunque podría traducirse literalmente 'música casera', aquí *house* está desprendida de *Warehouse* (lit.: 'almacén'), nombre del club Warehouse, de Chicago, donde, a mediados de los ochenta, Frankie Knuckles inició este estilo de mús. electrónica de baile, especie de *pastiche* o mús. de cortar y pegar, que se obtiene manipulando cintas, discos, sintetizadores y *samplers*, aparatos capaces de robar digitalmente sonidos. (1989: *País*.) Mús. → SAMPLER; ACID HOUSE; GARAGE SOUND.

hovercraft ing. 'barco aerodeslizante', 'aerodeslizador', 'deslizador' (en las Baleares). De *craft*, 'nave', y *(to) hover*, 'deslizarse por el aire', es decir, nave que no toca directamente el agua. Nombre y patente registrados (1961) en Inglaterra, pero invento del inglés Christopher Cockerell en 1955. (1979: Alzugaray.) Transp. m.

hoyatoleslam, pl. **hoyaheslam** ár. En Irán, entre los chiíes, clérigo musulmán de grado inferior al ayatolá. Rel. → AYATOLLAH.

H.P. ing. Siglas de *Horse Power*, lit.: 'fuerza de caballo', es decir, 'caballo de vapor', 'caballo dinámico'; abrev. 'caballo'. (1862: *Rev. cient.*) Fís.

huasipungo quechua. 'pedazo de tierra cultivable' que el patrón de una hacienda cede al trabajador a cambio por su trabajo. (1969: Jorge Icaza, Ec.)

huayno quechua. 'huayno', 'huaino'. Canción y danza populares peruanas, de origen indio. (h. 1860: J. Mª Arguedas, Pe.) Mús.

Hubble ing. Nombre de un telescopio espacial lanzado al espacio en 1990 que, más que un telescopio en el sentido estricto, es un detector de datos astrofísicos. Se llama así en honor del estadounidense Edwin Hubble, famoso en los años veinte por sus estudios sobre la nebulosa Andrómeda. Astron.

hugonote galicismo. Del fr. *huguenot*, formado sobre el al. suizo *Eignot*, doblete del al. normativo *Eidgenosse*, 'socio o aliado *(Genosse)* por juramento *(Eid)*'. En 1536, los calvinistas ginebrinos, junto con los de Berna y Friburgo, se aliaron y juramentaron en confederación *(Genossenschaft)* contra el duque de Saboya. En la católica Francia *huguenot* se utilizó, con acento peyorativo, para motejar a los calvinistas franceses. Hist.; Rel.

hula haw. 'hula'. Bailarina típica hawaiana. Lit.: 'falda de hierbas', (1925: Blasco Ibáñez.) Baile.

hula-hoop ing. 'hulahup'. Aro que se hace girar con la cintura. De *hoop*, 'aro', y del haw. *hula*, 'falda de hierbas', ya que el movimiento de la cintura es semejante al que se hace en el *hula-hula*. En boga en los años sesenta, tiende a abandonarse por dañino. Jue. → HULA-HULA.

hula-hula haw. 'hulahula'. Danza hawaiana propia de mujeres, vestidas con faldas de hierba *(hula)*. Baile. → HULA.

Human Rights Watch ing. 'Vigilancia de los derechos humanos'. Organización humanitaria. (2002: *País*.) Pol.

Humanae vitae lat. 'De la vida humana'. Encíclica del papa Pablo VI, en 29 de julio de 1968, acerca de los métodos de control de la natalidad. Rel.

Humani generis lat. 'Del género humano'. Encíclica (12 agosto 1950) del papa Pío XII, sobre el evolucionismo, el existencialismo y el historicismo. Rel.

Humanus genus lat. 'El género humano'. Encíclica (1884) del papa León XIII, sobre la masonería. Rel.

humour ing. 'humor (inglés)'. (1870: J. Valera.)

humus lat. 'humus' (Ac.). Capa de tierra fértil o vegetal. (1888: Pardo Bazán.) Agr.

hurrah! ing. '¡hurra!' (Ac.). Grito de entusiasmo, encabezado a veces por *hip, hip, hip*. La más antigua transcripción que he encontrado pertenece a Moratín h.: *urré* (1798), tomada por él de oídas en su viaje a Inglaterra. Tanto en fr. (1824: Conde de Ségur) como en esp. (1840: Espronceda: '¡hurra, cosacos del desierto!') se mezcló a veces el ing. *hurrah* y el ru. *hurá* o *urá*, grito de guerra de los cosacos.

husky ing. 'husky', 'jasqui', 'chaquetón de rombos' (1999: Cadena SER). Prenda exterior de vestir, sin mangas, para abrigar el tronco, o también con cuello pequeño y mangas, guateadas a rombos. Primeramente de color verde, después con otros colores. Introd. en España en los años ochenta. Indum.

hybris gr. 'hibris' (1961: M. Fdez. Galiano), 'soberbia'. (1968: Caro Baroja.)

i

IATA ing. Siglas de *International Air Transport Association*, 'Asociación Internacional de Transporte Aéreo', siglas 'AITA'. Sede: Montreal. Transp. a.

iberismo port. 'iberismo'. Doctrina que, en la segunda mitad del siglo XIX, propugnaba una estrecha unión política y cultural de Portugal y España, es decir, en port., una *União iberica*, y que dio lugar a una polémica llamada *questão iberica*. En el origen del iberismo está la publicación en port. de los libros *A União Iberica* (Lisboa, 1859; 2ª ed.) y *A Iberia* (Lisboa, 1852) de los españoles Sixto Cámara y Sinibaldo de Mas, respectivamente. (1861: J. Valera.) Pol. → QUESTÃO IBERICA.

iberistas port. 'iberistas'. Escritores y políticos portugueses partidarios del iberismo. (1868: J. Valera.) Pol. → IBERISMO.

ibid lat. Abrev. de *ibidem*. Biblio → IBIDEM.

ibidem lat. 'ibídem' (Ac.), lit.: 'en el mismo (libro ya citado)'. Biblio.

IBM ing. Siglas de *International Business Machines*, '(Sociedad) Internacional de Máquinas de Oficina', de San Francisco (EE.UU.), sucesora (1980) de la *Tabulation Machine Company* (1924), 'Compañía de Máquinas de Tabulación'. Inform.

ICBM ing. Siglas de *Inter Continental Ballistic Missile*, 'Misil Balístico Inter Continental'. Así se designó el primer misil teledirigido intercontinental, con 5.000 millas de alcance, en EE.UU. (1963: R. Urgotti.) Ej.

iceberg ing. 'iceberg' (Ac.), lit.: 'montaña de hielo'. Del neerl. *ijsberg* o del al. *Eisberg*, 'montaña *(Berg)* de hielo *(Eis)*', (1911: A. Glez. Blanco.) Geogr. f.

ice cream ing. 'mantecado helado', lit.: 'crema helada' (1916: A. Nervo.) Gastr.

I Ching chino 'Libro de los cambios', uno de los cinco libros clásicos del pensamiento chino. Contiene la doctrina del *yin* y el *yang*. Fil. → YIN.

ictus lat. 'ictus', lit.: 'golpe'. Ataque leve cerebral que produce parálisis más o menos transitoria. Med.

idem lat. 'ídem' (Ac.), lit.: 'lo mismo'.

idem per idem lat. 'ídem per ídem' (Ac.) 'lo mismo lo uno que lo otro', lit.: 'lo mismo por lo mismo'. (1897: Pereda.)

id est lat. 'esto es', 'es decir', 'o lo que es lo mismo'. Abrev.: *i. e.* (1941: J. L. Borges. Arg.)

idola fori lat. 'imágenes *(idola)* vanas o prejuicios inherentes al foro', es decir, a la elocuencia o al lenguaje. Es una de las cuatro clases de prejuicios señaladas por Francis Bacon (1561-1626). (1901: Campoamor.) Fil.

idola specus lat. 'imágenes vanas o prejuicios inherentes a la propia persona', ya que son reflejo de ella, pues actúa como *specus*, 'espejo'. Es una de las cuatro clases de prejuicios señaladas por Francis Bacon (1561-1626). (1901: Campoamor.) Fil.

idola theatri lat. 'imágenes vanas o prejuicios inherentes al aula o escuela'. Una de las cuatro clases de prejuicios señaladas por Francis Bacon (1561-1626). (1901: Campoamor.) Fil.

idola tribus lat. 'imágenes vanas o prejuicios inherentes a la tribu', es decir, a la raza, a la nación, al grupo, etc. Es una de las cuatro clases de prejuicios señaladas por Francis Bacon (1561-1626). Fil.

idus lat. 'idus' (Ac.). En el calendario romano, el 15 de marzo, de mayo y de julio; el 13, en los demás meses. Las otras referencias mensuales eran las calendas, o primer día de cada mes, y las nonas, es decir, el 7 de marzo, de mayo, de julio y de octubre, pero el 5 en los demás meses. (1986: R. de la Cierva.)

iettatore it. 'echador (de mal de ojo)'. → JETTATORE.

iettatura it. 'echadura (de mal de ojo)', 'aojo', 'aojamiento', 'aojadura'. Palabra del dialecto napolitano *(jettatura)* divulgada por la literatura francesa del siglo XIX, principalmente por el relato *Jettatura* (1847) de Théophile Gautier, así como *jettatore*. En Arg. y Urug., 'yeta', por *jettatore*, y el verbo 'yetar'; también 'jeta' en Ch. (1991: J. Edwards, Ch.)

I.G. al. Siglas de *Interessen Gemeinschaft*, 'Sociedad de Intereses o Compañía'. Se anteponen a los nombres de empresas: *I.G. Farben Industrie, I.G. Metall*, etc.

igloo ing. 'iglú' (1943: Vox: Ac.: 1992). 1) 'casa de nieve'. Del esq. *idglu(vigag)*; 2) 'contenedor público de vidrio recuperable' (1992: *País*), debido a su forma. Arq.

ignorantia neminis prodest lat. 'el desconocimiento del derecho a nadie aprovecha'. (1932: Rodríguez Marín.) Der.

I have a dream ing. 'Tengo un sueño'. Comienzo del célebre discurso pronunciado por el líder negro estadounidense Martin Luther King (1929-1968), en Washington, al finalizar la gran marcha interracial de 1963: sueño de unos EE.UU, con plena igualdad, convivencia e integración racial. Pol.

I.H.S. lat. Siglas de *Iesus Hominum Salvator*, 'Jesús Salvador de los Hombres', según muchos; pero es 'frase inventada en la Iglesia primitiva para dar un significado a las tres iniciales IHS del nombre de Jesús en griego' (V. J. Herrero Llorente). Adoptadas como *motto* por la Compañía de Jesús en 1534. Rel.

ikastola vasc. 'ikastola' (Ac.: 2001), 'icastola', 'escuela (vasca)'. (1977: *Pueblo*.) Educ.

ikebana jap. 'arte floral japonés'. Comp. de *ike*, 'viva', y *bana*, 'flor'. (1993: *ABC*.)

ikurriña vasc. 'ikurriña' (Ac.: 2001), 'icurriña', 'bandera (vasca)'. Ideada por Sabino Arana para Vizcaya, adoptada después

(1933) por el PNV y más tarde (1936) por el primer gobierno autónomo de Euskadi. Así la concibió Sabino Arana: fondo rojo, significando 'el pueblo'; aspas verdes de la cruz de San Andrés, significando 'la ley' (la 'vieja ley' o *lagi zarra*), por encima del 'pueblo'; cruz blanca superpuesta, significando 'la doctrina de Cristo', por encima de la 'ley' y del 'pueblo'; y escudo de las siete provincias pretendidas. (1976: *País*.) Pol.

il dolce far niente it. → DOLCE FAR NIENTE.

il faut s'abêtir fr. 'hay que entontecerse'. Frase de Blaise Pascal (1523-1662). (1912: Unamuno.) Fil.

il faut vivre sa vie fr. 'hay que vivir la propia vida'. Concepto ibseniano transmitido a través del fr. (1912: Unamuno.)

illorum lingua resonat quasi tympano tuba lat. 'la lengua de ellos (los castellanos) resuena como trompeta en el tímpano'. Verso del poema latino anónimo sobre el ataque (1147) de Alfonso VII contra Almería. (1924: Menéndez Pidal.) Ling.

il Re Galantuomo it. → GALANTUOMO.

ils ne passeront pas fr. 'no pasarán'. Frase con que los soldados franceses, en la Primera Guerra Mundial, expresaron su determinación de parar la ofensiva de las tropas alemanas del *Kronprinz* sobre Verdún (1916); retornada en esp. por Dolores Ibarruri, *Pasionaria*, y los milicianos republicanos, contribuyó a defender Madrid (1936) frente a las ofensivas del ejército de Franco. (1945: A. Revesz.) Ej.

Illyushin ru. 'Iliusin'. Apellido del ingeniero soviético Serguei V. Ilyushin, o Iliusin, que da nombre a la serie de aviones diseñados por el *Osobij Konstruktorskoie Buró S. V. Iliusin*. 'Departamento de Construcciones Especiales S. V. Iliusin'. Transp. a.

image d'Épinal fr. 'grabado o estampa de Épinal'. Esta ciudad del departamento de los Vosgos (Francia) fue centro de producción de estampas que se difundieron mucho en el siglo XIX como elemento decorativo de las viviendas de las clases populares. (1935: Ortega.) Arte.

imago lat. 'imagen'. En la psicología de C. J. Jung, 'imagen subconsciente de un arquetipo, con influencia sobre la conducta y las emociones'. (1960: Rof Carballo.) Psicoan.

imago mundi lat. 'imagen del mundo'. Título de una cosmografía de Peter d'Ailly, leída por Colón. (1983: A. Escohotado.) Geogr.

imam ár. 'imán' (Ac.), lit.: 'guía' que dirige la oración entre los musulmanes. (1890: J. Yxart.) Rel.

imbroglio it. 'embrollo', 'enredo'. (1886: J. Yxart.) Lit.

impasse fr. 'callejón sin salida'. (1922: E. d'Ors.)

impeachment ing. 'residencia' (Ac.), 'impugnación', lit.: 'impedimento', 'obstáculo', 'dificultad'. La que se hizo contra Richard Nixon, por su sucia conducta en el asunto del hotel Watergate (17 de junio de 1972), lo que le obligó a dejar la presidencia (1974) de EE.UU. De *impeach*, 'residencia o acusación (contra un funcionario)'. (1977: *Triunfo*.) Der.

implemento, implementar anglicismos. (Ac.: 1992). De uso principalmente en Venezuela, por 'herramienta', 'utensilio' o 'instrumento' y por 'poner en funcionamiento (algo)'.

impluvium lat. 'impluvio' (Ac.). Espacio descubierto del atrio de las casas romanas de la Antigüedad, que recibía las aguas de las lluvias. (1887: E. Gaspar.) Arq.

import-export ing. 'importación-exportación'. Econ.

imprimatur lat. 'imprimátur' (Ac.). lit.: 'imprímase'. Autorización, generalmente eclesiástica, para que se pueda imprimir y publicar un texto. Rel.

impromptu fr. 'impromptu' (Ac.), 'improvisación', 'repentización'. Del lat. *in promptu*, 'de pronto'. Composición musical que parece improvisación. (1905: A. Nervo.) Mús.

in ing. 'a la moda', 'en boga', lit.: 'dentro', contrario de *off*, 'fuera'. Introducido en los años setenta. (1973: R. Domenech.)

in aeterno lat. 'por o para siempre'. (1861: J. Valera.)

in aeternum lat. 'para siempre'. (1887: J. R. Mélida.)

in albis lat. 'in albis' (Ac.), lit.: 'en blancos'. Locución procedente de la liturgia católica. Oficiar *in albis* es oficiar con
túnica de lino blanco. Pero se emplea con los verbos 'dejar' y 'quedarse' para significar 'sin entender'. En ext.: *in
albis vestibus*, 'con vestes blancas': así vestían los catecúmenos, en los primeros siglos del Cristianismo, el primer
Domingo de Pascua, para bautizarse. (1882: R. M. Pedrosa.) Rel.

in anima vili lat. 'in ánima vili' (Ac.), 'en ánima vil', 'en animal irracional'. Con relación a los experimentos médicos
o biológicos que se hacen con animales. (1893: Curros Enríquez.) Biol.

in articulo mortis lat. 'in artículo mortis' (Ac.), 'en ocasión
de muerte', 'a punto de morir'. (1843: Hartzenbusch.) Der.

incipe, parve puer, per risum cognoscere matrem lat.
'comienza, niño chico, por la sonrisa a conocer a tu madre'. De Virgilio (*Egloga* IV, 60). (1966: A. del Hoyo.)

incipit lat. 'íncipit' (Ac.: 2001), 'comienza (aquí o así)'. Palabra con que comenzaban algunas obras latinas. Actualmente se utiliza esta palabra en las descripciones bibliográficas, anteponiéndola a las primeras palabras de un texto.
(1952: A. de Larrea.) Biblio.

income tax ing. 'impuesto sobre los ingresos', 'impuesto sobre la renta'. (1888: Galdós.) Econ.

in continenti lat. 'incontinenti' (Ac.), 'inmediatamente'. (1887:
L. Coloma.)

incroyable fr. 'lechuguino', lit.: 'increíble' (1872: Galdós).
Con este nombre se motejó durante el Directorio a los jó-
venes afectados, por su modo de vestir y conducirse. (1943:
Baroja.) Indum.

incumbit probatio qui dicit non qui negat lat. 'la prueba incumbe al que afirma, no al que niega'. De Justiniano (*Pandectas*, XXII, III, 2ª). (1868: Sentencia, Trib. Supremo.) Der.

indexar anglicismo. 'indexar' (Ac.: 1992) a 'indizar' (Ac.:
1992). 1) 'registrar ordenadamente datos e informacio-

nes para elaborar un índice' *(DRAE)*, en general, incluso en Inform.; 2) en Arg., 'ajustar automática y periódicamente los salarios, pensiones, etc., conforme al 'índice' o indicador' (en ing. *index*) del coste de la vida, acción denominada 'indiciación' (1996: C. Solchaga), del ing. *indexation*. Econ.

index expurgatorius lat. 'índice expurgatorio'. Lista de pasajes que se deben expurgar o suprimir en determinados libros. El primer índice fue autorizado (1571) por el Concilio de Trento. Rel.

index librorum prohibitorum lat. 'índice de libros prohibidos'. El primero autorizado por el Concilio de Trento, se publicó en 1564. Estos índices se abolieron el 14 de junio de 1966. Rel.

index translationum lat. 'índice de traducciones'. Catálogo anual de traducciones de libros, iniciado en 1934 por el Instituto de Cooperación Intelectual de la Sociedad de Naciones, proseguido por la *UNESCO*. (1934: E. d'Ors.) Biblio.

indie ing. Abrev. de *independent*, 'independiente', es decir, no sujeto a criterios estrictamente comerciales. Se aplica a los filmes y a los discos producidos por entidades pequeñas, apartadas de esos criterios. (1998: *País, Tentaciones.*) Cine y Mús.

in diebus illis lat. 'en aquellos días'. Locución de los Evangelios, según la Vulgata. (1868: *Alm. Museo Universal.*) Rel.

indoor (games) ing. '(juegos o deportes) a cubierto', 'bajo techado', 'en pista cubierta'. (1992: TVE.) Dep.

in dubiis lat. 'en los (casos) dudosos'. Der. → IN DUBIIS, LIBERTAS.

in dubiis, libertas lat. 'en los (casos) dudosos, libertad'. (1981: J. G. Bedoya.) Der.

in dubio, pro reo lat. 'en caso de duda, a favor del reo'. (1976: *Informaciones.*) Der.

in extenso lat. 'in extenso' (Ac.: 2001), 'en extenso', 'por extenso'. (1919: Asín Palacios.)

in extremis lat. 'in extremis' (Ac.), 'en los últimos momentos'. Palabras de Jairo a Jesús, sobre su hija moribunda, según la Vulgata (San Marcos, 11, 23). (1792: Moratín h.) Rel.

INF ing. Siglas de *I(ntermediate Range) N(uclear) F(orces)*, 'Fuerzas Nucleares de Alcance Medio'. Del ejército de EE.UU. Ej.

infandum, regina, iubes renovare dolorem lat. 'reina, me mandas renovar un indecible dolor'. Palabras de Eneas, con las que comienza el relato que hace a la reina Dido, de Cartago, de la caída de Troya, (Virgilio, *Eneida*. 2, 2) (1762: J. Clavijo.) Lit.

in fieri lat. 'in fíeri' (Ac.: 2001), 'haciéndose', 'en formación'. (1868: E. Blasco.) Fil.

in fine lat. 'en el final'. De un capítulo, página o párrafo. (1983: J. L. Pitarch.) Biblio.

in flagrante delicto lat. 'en flagrante delito', vulg. 'con las manos en la masa'. Es decir, en el momento de cometerse el delito, o cuando los bienes, armas, instrumentos, etc., presentes justifican la presunción del delito. (1882: Pi y Margall.) Der.

influenza it. 'influenza' (Ac.), 'gripe'. Lit.: 'influencia o salida de líquido'. (1892: *Bl. y Negro*.) Med.

in folio lat. 'in folio' (Ac.), 'en folio'. (1762: J. Clavijo.) Biblio.

infra lat. 'más abajo', 'más adelante', 'infra'. Con referencia a pasajes de escrituras o libros. Biblio.

in fraganti lat. 'in fraganti' (Ac.), 'en flagrante (delito)', 'con las manos en la masa'. Es lat. corrupto. (1828: L. Perú de Lacroix.) Der. → IN FLAGRANTE DELICTO.

in fragranti lat. 'in fraganti' (Ac.), 'en flagrante (delito)', 'con las manos en la masa'. Es lat. corrupto. (1868: Pereda.) Der. → IN FLAGRANTE DELICTO.

in genere lat. 'en el género', 'en general'. (1782: Forner.)

ingesta ing. 'ingesta', 'lo ingerido', '(alimentos) ingeridos'. Del lat., pl., n., *ingesta*. Se emplea actualmente en la terminología médica, pero de forma incorrecta a veces por 'ingestión'. (1989: *D. 16*.) Med.

in God is our trust ing. 'en Dios reside nuestra confianza'. Frase repetida en el himno nacional de EE.UU. Pol. → (THE) STARSPANGLED BANNER.

in God we trust ing. 'confiamos en Dios'. Frase final del juramento presidencial en EE.UU. y *motto* de la moneda estadounidense. (1992: Haro Tecglen.) Pol.

in hoc signo vinces lat. 'con este signo vencerás'. Frase que el emperador Constantino vio en torno a una cruz que se le apareció antes de entrar en batalla (312) contra Majencio. A partir de entonces mandó que la cruz y esa leyenda figurasen en la insignia o lábaro de cada una de las legiones, según Eusebius Pamphili (*Vita Constantini*, I, 23). (1898: Unamuno.) Rel.

Iniciativa per Catalunya cat. 'Iniciativa por Cataluña'. Coalición formada (1987) por el *PSUC*, el *Partit dels Comunistas Catalans* y la *Entesa dels Nacionalistes d'Esquerra*, 'Unión de los Nacionalistas de Izquierda'. Hermanada con la coalición 'Izquierda Unida', hasta 1997, año en que se separó de ella. Pol.

in illo tempore lat. 'in illo témpore' (Ac.), 'en aquel tiempo'. Palabras del oficio de la misa para comenzar la *Sequentia Sancti Evangelii*, en el ritual romano. (1793: Moratín h.) Rel.

in infinitum lat. 'hasta el infinito'. (1726: Feijoo.) Fil.

in interiore hominis habitat veritas lat. 'en el interior del hombre habita la verdad'. De San Agustín. La frase completa: *Noli foras ire. In te ipso redi, quia interiore hominis habitat veritas.* 'No quieras salir fuera. Vuélvete hacia ti mismo, ya que la verdad habita en el interior del hombre' (*De vera religione*, 72). (1898: Unamuno.) Rel.

in itinere lat. 'in itínere' (Ac.: 2001), 'en el camino', 'en el viaje'. Se refiere a una modalidad de accidente laboral que puede ocurrir al trabajador en el viaje desde su domicilio al centro de trabajo o de éste a su domicilio. (1979: Alzugaray.) Der.

in loco citato lat. 'en el lugar citado'. Biblio.

in medias res lat. 'in medias res' (Ac.: 2001), 'en el medio', 'en medio del asunto'. De Horacio *(ad Pisones*, 148). (1975: L. Sierra.) Lit.

in medio virtus lat. 'en el medio (está) la virtud'. (1995: J. M.ª Bandrés: *virtus est in medio.*)

in memoriam lat. 'in memóriam' (Ac.), 'en memoria', 'en recuerdo'. (1906: Pérez de Ayala.)

in mente lat. 'in mente' (Ac.: 2001), 'en la mente', 'en el pensamiento'. (1881: Galdós)

in nuce lat. 'en breves dimensiones', 'en compendio', lit.: 'en nuez', 'dentro de una nuez'. (1974: M. Fdez. Álvarez.)

in pari causa melior est conditio possidentis lat. 'en igual derecho, la situación mejor es la del que tiene la posesión'. (1901: *Clarín.*) Der.

in pari causa possesor potior haberi debet lat. 'en igual derecho, el poseedor debe ser preferido'. Der.

in partibus lat. 'in pártibus' (Ac.) (1851: *Concordato Pio IX-Isabel II*). Rel. → IN PARTIBUS INFIDELIUM.

in partibus infidelium lat. 'in pártibus infidélium' (Ac.), 'en países de infieles'. Con referencia a un obispo sin sede real, sin función real, como título meramente honorífico. (1871: J. Valera.) Rel.

in pectore lat. 'in péctore' (Ac.), 'en el pecho', 'dentro de uno mismo'. (1843: Estébanez Calderón.)

in petto it. 'en el pecho', 'dentro de uno mismo', 'interiormente', 'en secreto', 'in péctore' (Ac.). Con referencia a la designación de un nuevo cardenal por el papa, sin haberlo dado a conocer públicamente. Es práctica iniciada por el papa Paulo III (1468-1549). Rel. → IN PECTORE.

in puribus lat. macarrónico. 'in púribus' (Ac.). Abrev. jocosa de *in puris naturalibus.*

in puribus naturalibus lat. Es lat. corrupto y jocoso → IN PURIS NATURALIBUS.

in puris naturalibus lat. 'en completa desnudez'. (1911: A. Glez. Blanco.)

input ing. *'input'* (Ac.: 2001), 'entrada'. 1) 'insumo', con referencia a los factores de producción en una producción dada. Es término específico de Leontieff, creador de las tablas de *input-output*, es decir, sobre las relaciones de
insumo-producto. (1958: *La Codorniz.*) Econ.; 2) 'aducto'.
Es término específico de la terminología lingüística de
Noam Chomsky. (1975: C. P. Otero.) Ling.; 3) 'entrada'
(de documentos en un ordenador electrónico)'. Inform.

in re lat. 'en la cosa misma', 'en la realidad'. Fil.

INRI lat. 'INRI' (Ac.). Siglas de *Iesus Nazarenus Rex Iudaeorum*,
'Jesús Nazareno Rey de los Judíos', palabras puestas por
mofa en la Cruz. Rel.

in sacris lat. 'en (órdenes) sagradas'. (1882: Martínez Pedrosa.) Rel.

in saecula saeculorum lat. 'en los siglos de los siglos'. De
la Vulgata (San Pablo, *Gálatas*, 1, 5). Rel.

inscha'l-lah ár. 'inchalá' (1993: J. C. Gumucio), 'si Dios quiere', lit.: 'si Alá quiere'. Se añade a cuanto se ha dicho. (1960:
Cansinos.) Rel.

in situ lat. 'in situ' (Ac.: 2001), 'en el lugar', 'en el propio lugar', 'sobre el terreno'. (1943: E. García Gómez.)

in specie lat. 'en especie'. (1782: Forner.)

instant book ing. 'libro urgente', motivado por una actualidad palpitante. (1978: M. Leguineche.) Biblio.

in statu quo (ante) lat. 'en el mismo estado o situación en
que se hallaba antes'. (1787: Moratín h.)

integrismo galicismo. (Ac.: 1992). Del fr. *integrisme*. Interpretación radical y absoluta, para todos los órdenes de la
vida, de una doctrina religiosa. Actualmente se aplica al
extremismo conservador cristiano y también al musulmán.
En contextos españoles coexiste con el anglicismo 'fundamentalismo'. Rel. → FUNDAMENTALISMO.

inteliguentsia ru. 'intelectualidad', 'la clase intelectual'. (1895:
J. Yxart: *intelighentsia*.)

intelletto d'amore it. 'entendimiento o comprensión del amor'.
Pertenece a una canción de Dante, en *La vita nuova*, que

comienza así: *Donne che avete intelletto d'amore / io vo' con voi della mia donna dire*, 'Mujeres que entendéis de amor / con vosotras voy a hablar de mi dueño'. (1900: R. Darío.)

Intelligence Service ing. 'Servicio de Inteligencia'. Departamento secreto de información (*Secret Intelligence Service*) británico. (1932: E. d'Ors.) Pol. → M.I.

Intelsat ing. 'Intelsat'. Formada sobre *International Telecommunication Satellite Organization*, 'Organización Internacional de Telecomunicación por Satélite', creada en 1960. Telecom.

Inter it. 'Ínter'. Abrev. de *Internazionale F. C.*, 'Internacional F. C.', veterano club de fútbol de Milán. Dep.

inter alia lat. 'entre otras cosas'.

Intercity ing. Modalidad de electrotrén ferroviario rápido que une ciudades, esto es, 'interurbano'. Introd. en España en los años setenta. Transp. t.

interface, pl. **interfaces** ing. 'interfaz' (Ac.: 1992), pl. 'interfaces'. Zona o límite o superficie o cara *(face)* común de acción o conexión entre *(inter)* dos sistemas informáticos, es decir, 'intersuperficie'. (1976: Alzugaray.) Inform.

interferon ing. 'interferón'. (Ac.: 2001). Término creado por el inglés A. Isaacs y el suizo J. Lindemann, en 1957, para designar la proteína sintetizada por una célula animal atacada por un virus para impedir el progreso de ese virus. Comp. del ing. *interfer(e)* y el sufijo arbitrario *-on*. Med.

interim lat. 'ínterin' (Ac.).

interlingua lat. artif. 'interlingua'. Lengua artificial construida (1903) sobre bases latinas, pero sin flexiones, por el matemático italiano Giuseppe Peano (1858-1932). (1971: Lázaro Carreter.) Ling.

intermezzo it. 'intermedio'. Pieza corta, generalmente cómica, insertada entre los actos de una ópera. La propagación de este término, con matiz lírico y melancólico, se debe en gran parte al *Intermezzo* de Heinrich Heine, publicado en *Tragoedien mit einem lyrischen Intermezzo* (1823). (1913: C. Bayo.) Lit. Mús.

Internet ing. 'La Red' (M. Seco: 2001). Acrónimo de *International Network (of Computers)*, 'Red o Malla Internacional de Computadoras'. Autopista de información estadounidense, de origen (1969) militar, pero ya (1993) de acceso público y de carácter general. (1994: V. Verdú.) Inform.

inter nos lat. 'ínter nos' (Ac.), 'entre nosotros', 'en confianza'. (1772: J. Cadalso.)

Interpol ing. Abrev. de *International Police*, 'Policía Internacional'. Organismo internacional para la persecución de los delitos contra las personas y la propiedad. Creada en 1914, en Mónaco. Con sede en Viena desde 1923; desde 1946, en París, como 'Organización Internacional de Policía Criminal', bajo las siglas, en ing. *ICPO* y en fr. *OIPC*. Pol.

interposita persona lat. 'interpósita persona' (Ac.), que, aparentando obrar por cuenta propia en un acto jurídico, lo hace por encargo de otro. Der.

interregnum lat. 'interregno'. Con referencia al intervalo que pueda haber, en ausencia de rey, entre dos reinados. Hist.

interview ing. 'entrevista (periodística)', 'interviú'. (1867: R. J. Cuervo.) Period.

inter vivos lat. 'ínter vivos' (Ac.), 'entre vivos'. Con referencia a actos y donaciones entre personas que viven. (1884: *Clarín*.) Der.

Intifada ár. 'Insurrección', 'Revuelta'. Rebelión desarmada de los palestinos en los territorios ocupados por Israel, iniciada el 9 de diciembre de 1987. (1988: *ABC*.) Pol.

intra muros lat. 'intramuros' (Ac.), lit.: 'dentro de los muros o de la muralla'.

Introito it. 'Introito' (Ac.), lit.: 'introducción', 'principio', 'comienzo', 'preámbulo'. Así se denominan las primeras palabras que pronuncia el sacerdote al comenzar la misa. Rel.

Inturist ru. 'Inturist'. Abrev. de *In(ostranni) Turist*, 'Turista extranjero', nombre de la agencia de turismo extranjero (1929) en la Unión Soviética. (1932: Alberti.)

inuit esq. 'esquimal'. Palabra con la que los esquimales, en su lengua *(inuktitut)* se llaman a sí mismos, pl. de *inuk*, 'hombre'. El esp. 'esquimal' (1867: N. Fdez. Cuesta), así como el ing. *eskimo* y *eskimau*, proceden del algonquino *askimau*, 'come *(mau)* carne cruda *(aski)*', con que los algonquinos designaban al habitante del Norte helado. (1993: Rosa Montero.) Geogr. h.

in utroque lat. 'in utroque' (Ac.), lit.: 'en uno y otro (derecho)'. (1743: M. Sarmiento.) Der. → IN UTROQUE IURE.

in utroque iure lat. 'in utroque iure' (Ac.: 2001), 'en uno y otro derecho', esto es, titulado en derecho civil y en derecho canónico. (1733: Deán Martí.) Der.

in vino veritas lat. 'en el vino, la verdad'. Proverbio latino, mencionado por Plinio el Viejo *(Hist. nat.*, 16, 28), entre otros. (1924: Unamuno.)

in vitro lat. 'in vitro' (Ac.: 2001), 'en vidrio'. Con referencia a la reacción fisiológica que se hace fuera del organismo, por medio de tubos, probetas, etc. (1967: F. Ayala.) Biol.

in vivo lat. 'en vivo'. Con referencia a la reacción fisiológica que se hace en propio organismo vivo. (1979: Julián Marías.) Biol.

in voce lat. 'de viva voz'. Con referencia a las enmiendas parlamentarias que se piden de palabra, no mediante escritos. (1978: *País.*) Pol.

IOR it. Siglas de *Istituto per le Opere di Religione*, 'Instituto para las Obras de Religión', conocido como el 'Banco del Vaticano'. Estando dirigido por el cardenal Marzinkus, implicado (1986) en la tenebrosa quiebra del Banco Ambrosiano y en el escándalo de la logia *P2*. Rel. → P2.

Iparralde vasc. 'Zona *(alde)* norte *(ipar)*'. Con referencia al país vasco francés, frente a *Hegoalde*, 'Zona *(alde)* sur *(hego)*', con referencia al país vasco español. (1987: J. M.ª Bandrés.) Pol.

Iparretarrak vasc. 'Etarras del Norte'. Nombre subsiguiente de la organización *Ipartarrak*, pero más mimética con respecto a *ETA*. (1982: *País.*) Pol. → IPARTARRAK.

Ipartarrak vasc. 'Los del Norte'. Organización (1973) nacionalista, afín a *ETA*, del País vasco francés. (1980: *País.*) Pol.

ipse dixit lat. 'él mismo lo dijo', equivalente a 'el Maestro lo dijo'. Frase corriente entre los discípulos de Pitágoras. (1782: Forner.) Fil.

ipso facto lat. 'ipso facto' (Ac.), lit.: 'por el hecho mismo', 'inmediatamente'. (1772: Cadalso.)

I.R.A. ing. Siglas de *Irish Republicam Army*, 'Ejército Republicano Irlandés'. Combatió por la independencia de Irlanda frente a Inglaterra y renacido (1969) en la lucha clandestina contra la ocupación británica de Irlanda del Norte, como *Provisional I.R.A.* Ej. → SINN FÉIN.

Irangate ing. Compuesto de *Iran*, 'Irán' y *gate*, empleado aquí como sufijo equivalente a 'escándalo'. Es palabra paralela a *Watergate*. Sirve para denominar al escándalo de la venta clandestina de armas, por los EE.UU. a Irán, para, con el dinero obtenido, financiar secretamente a la 'contra' nicaragüense. El escándalo estalló en 1986, bajo la presidencia de Ronald Reagan. Pol. → GATE.

IRBM ing. Siglas de *Intermediate Range Ballistic Missiles*, 'Misiles balísticos de alcance intermedio', del ejército norteamericano. (1981: *País.*) Ej.

i res més cat. 'y nada más', 'y sanseacabó'.

Irgun hebr. 'Irgun'. Palabra inicial de *Irgun Tzvai Lehumi*, 'Organización Militar Nacional', acrónimo *Etzel*, sus letras iniciales en hebreo. Fundada en 1940, clandestinamente, al margen de la Agencia Judía, por Menahem Begin, antiguo oficial del ejército polaco. Surgió como una rama del *Haganah*, con jefes que estimaban que había que hacer algo más, y como fuerza de choque. (1979: P. Gómez Aparicio.) Ej.

I.R.I. it. Siglas de *Istituto per la Ricostruzione Industriale*, 'Instituto para la Reconstrucción Industrial', que es la mayor empresa estatal de Italia. (1993: *País.*) Pol.

Irish Box ing. 'Caja irlandesa'. Nombre de una pesquería situada entre Irlanda y Gran Bretaña. Llamada en fr. *Gran-*

de Sole, 'Gran Lenguado', de las que se deriva el esp. 'Gran Sol'. (1994: *País*.) → GRAN SOL.

irish coffee ing. 'café irlandés'. Café caliente, con azúcar, más medio whisky, crema de leche encima y en capa, sin remover. (1989: L. Bettónica.) Gastr.

Irmandades da Fala gall. 'Hermandades de la Lengua'. Movimiento que reivindicaba los derechos de Galicia como pueblo con personalidad propia. Surgió en 1916. En la asamblea de Lugo (1918) se declaró movimiento político nacionalista, partidario de la autonomía de Galicia, pero fue truncado (1923) por la dictadura de Primo de Rivera. Su revista *A nosa terra* (1916-1920) concluyó como órgano del Partido Galleguista; en cambio, la revista *Nós* (1920-1930) puede considerarse su máximo órgano cultural. Pol. → A NOSA TERRA.

irmandinos gall. 'hermanados', 'hermandinos' (1945: Otero Pedrayo). Labriegos y vecinos de las pequeñas ciudades que se sublevaron (1467) contra el poder todavía feudal imperante. (1977: *País*.) Hist.

iron curtain ing. 'telón de acero', 'cortina de hierro' (Am. h.), calco. En esp. 'telón metálico', en los teatros para aislar, en caso de incendio, el escenario y el auditorio. Es expresión famosa por haberla empleado Winston Churchill para caracterizar, durante la guerra fría, el aislamiento que adoptó la Unión Soviética, junto con sus aliados frente al mundo occidental. Pero ya la había empleado antes Vicent Troutbridge en su artículo «A iron curtain across Europe» (*London Sunday Empire News*, 21 de octubre de 1945). Hist.

irredentismo it. 'irredentismo' (Ac.: 1992). Movimiento nacionalista que se propone liberar tierras patrias sujetas al extranjero. Surgido en Italia, antes, durante y después de la Primera Guerra Mundial. Pol. → ITALIA IRREDENTA.

irrintzi vasc. 'irrinchi', 'relinchido' (1904: Unamuno), lit.: 'relincho'. Grito característico de los vascos. (1904: Unamuno.)

irrinzi vasquismo. (1864: A. de Trueba.) → IRRINTZI.

Irurak bat vasc. 'Las tres, una'. Es decir, las tres provincias vascas, una sola entidad. Antiguo lema carlista, fuerista, bajo el lema superior 'Dios y Fueros', sustituido más tarde por *Laurak bat*, 'Las cuatro, una', en que se añade Navarra, ampliado en *Zazpiak bat*, 'Las siete, una', que incluye, además, los territorios vascofranceses. (1890: Pardo Bazán.) Pol. → ZAZPIAK BAT; LAURAK BAT.

isba ru. **(isbá)** 'isba' (Ac.). Casa o cabaña hecha con troncos de árboles. (1934: R. J. Sender.)

ISBN ing. Siglas de *International Standard Book Number*, 'Número Librario Normalizado Internacional', es decir, 'número de registro librario internacional'. Introducido en España en 1972. Su agencia internacional tiene su sede en Berlín. Biblio.

Iskra ru. 'Chispa'. Periódico revolucionario, fundado (1900) por Lenin. Pol.

Istiqlal ár. 'Independencia'. Partido nacionalista marroquí, fundado en 1943. (1976: *Interviú*.) Pol.

Italia irredenta it. 'Italia irredenta'. Territorios italianos o de lengua italiana que se hallaban bajo el dominio del Imperio austrohúngaro, después de consumada la unidad de Italia. (1892: Galdós.) Hist. → IRREDENTISMO.

Itar-Tass ru. Acrónimo de *Informatsionno Telegrafnoie Aguentsvo Rossii*, 'Agencia de Información Telegráfica de Rusia', más *Tass*. Agencia rusa surgida tras el hundimiento de la Unión Soviética. Period. → TASS.

item lat. 'ítem' (Ac.), 'también', 'además'. Últimamente suele emplearse como anglicismo, con la acepción que tiene en ing.: 'punto', 'apartado' (M. Seco), 'concepto', 'partida', 'renglón', 'rubro'. (1982: *País*.) Sociol.

ite, missa est lat. 'idos, la misa ha terminado'. Fórmula litúrgica que precede a la bendición final que el celebrante dará a los fieles, según el ritual romano. (1896: R. Darío.) Rel.

ITER ing. Siglas de *International Thermonuclear Experimental Reactor*, 'Reactor Termonuclear Experimental Internacional'. Proyecto conjunto (1985) de EE.UU., URSS, Comunidad Europea y Japón. (1991: *País.*) Fís. → TOKA-MAK; JET.

ITT ing. Siglas de *International Telephone and Telegraph (Corporation);* 'Sociedad Telefónica y Telegráfica Internacional', con sede en Wobum, Massachusetts (EE.UU.). Telecom.

iunior lat. → JUNIOR.

iure divino lat. 'por derecho divino'. La Reforma luterana proponía que los obispos ostentasen su función por derecho divino, frente al humano del Papa y de la Curia. Rel.

iure humano lat. 'por derecho humano'. Según la Reforma luterana, el que se atribuían el Papa y la Curia para nombrar obispos. Rel.

iuris error nulli prodest lat. 'el error o ignorancia del derecho a nadie favorece o excusa'. De Justiniano (*Diog.* 1, 4, 3ª). (1861: Sentencia.) Der.

iuris tantum lat. 'tan sólo de derecho', es decir, 'tan sólo presunción de derecho'. (1992: *País.*) Der.

ius abutendi lat. 'derecho de abusar', 'derecho de abuso', 'derecho de plena posesión'. (1890: *Progr. Partido Demócrata.*) → IUS UTENDI ET ABUTENDI.

ius gentium lat. 'derecho de gentes'. Entre los antiguos romanos, el derecho que se aplica a los extranjeros. En cierto modo, germen del 'derecho internacional'. (1935: F. de los Ríos.) Der.

ius loci lat. 'derecho de lugar o suelo', donde se nace; más apropiado *ius soli*, 'derecho de nacionalidad'. (1995: Olabarría.) Der.

ius naturale lat. 'derecho natural'. (1935: F. de los Ríos.) Der.

ius primae noctis lat. 'derecho de la primera noche', 'derecho de pernada'. (1937: P. Mata.) Der.

ius puniendi lat. 'derecho punitivo', propio del Estado. (1996: Rubio Llorente.) Der.

ius sanguini lat. 'derecho de sangre', 'derecho de filiación'. (1982: G. López Montoto.) Der.

iustitia est constans et perpetua voluntas ius suum cuique tribuens lat. 'justicia es una constante y perpetua voluntad de dar a cada cual lo que le pertenece'. Procede de *Digesta Iustiniani* (I, II) y *Sum. Th.* (2°, 2ae, q. 58), de Santo Tomás de Aquino. (1966: R. J. Sender.) Der.

Iustitia et Pax lat. 'Justicia y Paz'. Comisión pontificia dedicada a los derechos humanos. Creada bajo el pontificado (1958-63) de Juan XXIII. Rel.

iustum pretium lat. 'precio justo'. Doctrina moral cristiana, en la Edad Media, adoptada por los gremios para fijar el precio, frente a la usura y la economía libre y competitiva. (1974: M. Fdez. Álvarez.) Der.

ius utendi et abutendi lat. 'derecho de uso y de abuso'. Definición de la propiedad en Derecho romano. En ext.: *ius utendi et abutendi re sua quatenus ratio potitur,* 'el derecho de usar y abusar de la cosa propia en cuanto la razón del derecho lo permita'. (1899: Unamuno.) Der.

iuvenilia lat. → JUVENILIA.

IWW ing. Siglas de *Industrial Workers of the World.* 'Trabajadores Industriales del Mundo'. Sindicato obrero estadounidense fundado en 1905, que admitía en su seno a toda clase de trabajadores sin distinción de origen, raza, color o credo. Sus afiliados eran llamados *woblies;* su mártir fue Joe Hill, ejecutado el 19 de noviembre de 1915. Pol.

ixuxu bable, 'ijujú' (1892: *Clarín;* Ac.). Grito característico de los asturianos. (1877: *Dr. Thebussem.*)

iytihad ár. **(iŷtihād)** 'ichtihad', 'criterio personal' (1936: Salv. Vila) o 'esfuerzo personal' de interpretación jurídica del Corán y de la tradición islámica. Entre los sunníes dejó de hacerse, aceptándose la doctrina establecida a través de los siglos por diversas escuelas jurídicas; pero entre los chiíes sigue manteniéndose este esfuerzo o criterio personal de interpretación. (1991: Gema Muñoz.) Der.

Izvestia ru. 'Noticias'. Periódico comunista, cuyo primer número salió el 28 de febrero de 1917, en Petrogrado, luego órgano del soviet de Moscú y después portavoz oficial de la Unión Soviética, al proclamarse la Constitución (1925) de dicha Unión. Pol.

j

jab ing. 'yab'. Golpe corto, en boxeo. (1981: *D. 16.*) Dep.

jaba, dim. **jabita** anglicismo. (Ac.). Del ing. *handbag*. De uso en Cuba, por 'bolsa', 'bolsa de mano', 'bolsa de la compra'. (1973: Tana de Gámez.)

J'accusse fr. 'Yo acuso'. Título de una carta abierta de Émile Zola a Félix Faure, presidente de la República francesa, publicada en *L'Aurore* (París, 13 enero 1898) contra las autoridades militares por su injusto proceso y condena del judío Dreyfus. El título de esta carta abierta no se debe a Zola, sino que fue impuesto por Georges Clemenceau. Considerada difamatoria por el Ejército, Zola fue sometido a proceso (22 febrero 1898) y condenado a un año de prisión y al pago de 3.000 francos de multa. Pol.

jachares caló. (1848: J. Sanz Pérez.) → ACHARES.

jack ing. 'enchufe hembra' (Tana de Gámez) en los circuitos eléctricos. Es voz que se halla frecuentemente en la publicidad de aparatos con componentes eléctricos. Electr.

jacquard fr. 'jacquard', 'yacar'. Jersey tejido con punto y diseño *jacquard*. Este punto permite la repetición de diversos motivos geométricos, generalmente coloridos. Por el apellido del mecánico Joseph-Marie Jacquard (1752-1834), de Lyon (Francia), inventor de un telar que permitía esta repetición y diversidad. (1963: Ang. Nadal.) Indum.

Jacquerie fr. 'Santiagada'. Rebelión campesina en el norte de Francia (1357-8). Llamada así porque *Jacques*, 'Santiago', era nombre corriente entre los campesinos. (1938: Azaña.) Hist.

jacuzzi ing. '*jacuzzi*' (Ac.: 2001), 'yacuci'. Bañera de hidromasaje. Es nombre dado por su inventor, el estadounidense Roy Jacuzzi, en 1968. (1989: A. Gala.)

Jahrbuch al. 'Anuario'. Publicación anual. Comp. de *Jahr*, 'año' y *Buch*, 'libro'. (1901: *Clarín*.) Period.

jai alai vasc. (**jaialai**) 'fiesta (*jai*) alegre (*alai*)'. Nombre muy generalizado para establecimientos en que se juega a la pelota vasca. (1899: Sánchez y Rubio.) Dep.

jaibol anglicismo. (1970: S. Magaña, Méx.) Gastr. → HIGH-BALL.

jaiku jap. (1983: A. Cabezas.) → HAI-KAI.

jaima ár. 'jaima' (Ac.: 2001), 'tienda de campaña'. (1977: *País*.)

jaique ár. (1848: V. de la Fuente; Ac.) → HAIQUE.

jalar caló. 'jalar' (Ac.), 'comer'. (1951: Alcalá Venceslada.)

jalufo arabismo. 'cerdo'. Del ár. *haluf* o *jaluf*. (1992: *País*.)

jamboree ing. 'yamboré'. En jerga (*slang*), 'juerga'. Comenzó a usarse por los *scouts* en su Primer Encuentro Internacional (1920), en el sentido de 'reunión o asamblea de *scouts*'

jam session ing. 'sesión de improvisación musical', 'descarga' en Cuba (1995: Cachao, Cu.). *Jam* significa 'apretujamiento de cuerpos', pero también es posible que proceda (Webster) de *jam(boree)*, 'juerga'. Sesión de *jazz* en que los músicos tocan por su exclusivo placer, con improvisaciones libres sobre temas conocidos; por ext.: concierto público de *jazz*, con las características mencionadas. (1980: *Rev. de Occ.*) Mús.

jangada port. 'jangada' (Ac.), aunque también se oye 'changada' y 'changadero' (1997: TVE 2), con mayor aproximación a la fonética portuguesa. Es voz de origen hindostánico, del tamil. Se refiere a una embarcación primitiva o improvisada, balsa con vivienda, típica del Amazonas brasileño. Aunque esta palabra ya se encontraba recogida por N. Fernández Cuesta en su *Dic.* (1867), su difusión se debe al título de una novela (1881) del francés Jules Verne (1828-1905). Transp. n.

jaquet galicismo. 'chaqué' (Ac.). Del fr. *jaquette*. (1884: *Clarín*.) Indum.

jarca arabismo. En esp., en el habla, uso despectivo por 'grupo astroso y despreciable', con el mismo sentido que a veces se emplean 'tribu', 'troupe' y 'trupe' (ambas del fr. *trouppe*). → HARKA.

jarcha ár. 'jarcha' (Ac.: 2001). Estrofa final de una *moaxaja*. Lit → MOAXAJA.

jargón fr. 'jerga'. Ling.

Jarrai vasc. Nombre de la sección juvenil de *KAS*, formada por *taldes*, 'grupos'; lit.: 'seguir'. (1989: *País*.) Pol. → KAS.

jarraitxu vasc. 'joven perteneciente a *Jarrai*'. (1994: A. Guenaga.) Pol. → JARRAI.

Jarretière fr. 'Jarretera' (Ac.), lit.: 'liga (para sujetar la media o la calza)'. Da nombre a una orden caballeresca inglesa (en ing.: *the Order of the Garter*), instituida en 1348 por Eduardo III. (1890: L. Coloma.) → HONNI SOIT QUI MAL Y PENSE.

ja sóc aquí cat. 'ya estoy aquí'. Abrev. de la frase histórica de Josep Tarradellas, presidente de la *Generalitat* de Cataluña en el exilio, al volver a Barcelona, el 23 de octubre de 1977, cuando dijo: *Ciutadans de Catalunya, ja sóc aquí*, 'Ciudadanos de Cataluña, ya estoy aquí'. Hist.

jauncho vasquismo. (1900: Baroja.) → JAUNTXO.

Jaungoicoa vasquicismo. (1903: Blasco Ibáñez.) → JAUNGOIKOA.

Jaungoikoa vasc. 'Dios', lit.: 'señor (*jaun*) de lo alto (*goikoa*)'. Rel.

Jaungoikoa eta lagi-zarra vasc. 'Dios y Ley vieja'. Lema de Sabino Arana, fundador del nacionalismo vasco. (1894: *Bizkaitarra*.) Pol.

jauntxo vasc. 'jauncho', 'señor (poderoso)', 'cacique (carlista)', 'carlistón'. (1920: Baroja). Pol. → JAUNCHO.

jazz ing. 'yaz' (Ac.). Género musical estadounidense, heredero del *ragtime*. Nació en Nueva Orleans, antes de 1910. En la jerga de los negros, según el trombonista Preston Jackson, *to jazz* significaba 'excitar'. Y según Scott Fitzgerald, 'primero había significado sexo, después baile, después música'. La primera vez que apareció escrita *jazz* fue en 1917, en el disco *Original Dixieland Jazz Band*. Sus ritmos se basan en cantos africanos, en cantos de los esclavos campesinos, y en cantos de los ferroviarios y de los presos. Originariamente se tocaba en reuniones y bailes como entretenimiento de los músicos y sus amigos en las calles; luego en *saloons* y casas públicas, especialmente en Storyville, y en los barcos del Mississipi. Al desaparecer la prostitución legal, los músicos buscaron trabajo lejos del Sur, haciendo de Chicago su centro en los años veinte. Los blancos comenzaron a imitarles. Se extiende el *jazz* a Nueva York y se pierde algo de la identidad del estilo *Dixieland*, 'sureño', hasta el punto de producirse, hacia 1930, un nuevo estilo, el *swing*. A partir de entonces sobrevienen en el *jazz* adaptaciones de música popular, de baladas, de música de baile, e importantes cambios de estilo, gracias sobre todo al saxofonista Charlie Parker. La presencia de *jazz* en contextos españoles es posterior a la de *jazz band*. (1926: E. Sánchez Torres.) Mús.

jazz band ing. 'banda de yaz', aunque *jazz band*, en España, comenzó empleándose como sinónimo de *jazz*. (1921: Pardo Bazán.) Mús.

jeans ing → BLUE JEANS.

jebo vasc. 'aldeano'. (1891: Unamuno.)

jedife ár. (1899: Pardo Bazán.) → JEDIVE.

jedive ár. (**jedivi**) 'jedive' (Ac.), lit.: 'señor poderoso', 'soberano'. Fue título del virrey de Egipto, tributario nominal del sultán de Constantinopla. La transcrip. *jedife* (Pardo Bazán) es tal vez adaptación del al. *Chedive*. Originalmente era palabra persa: *khudaw o judau*, 'pequeño dios'. Pol.

jeep ing. 'campero' (1983: M. Alario, Col.; Ac.: 1992), 'todo terreno', 'todoterreno' (1999: *País*), 'yip'. Automóvil (1941) apto para terrenos difíciles, por su resistencia y maniobrabilidad. *Jeep* es término inventado por los soldados norteamericanos durante la Segunda Guerra Mundial, los cuales asociaron el nombre del personaje Eugene the Jeep, creado por E. C. Segar en sus tiras cómicas sobre Popeye, con las siglas *G.P.*, de *General Purpose*, 'para fines generales' o 'todo terreno' con que se denomina oficialmente este automóvil. *Jeep* se pronuncia 'yip', y *G.P.*, parecidamente, 'yipi'. (1944: E. Méndez Domínguez.) Autom.

JEL vasc. → JELKIDE.

jelkide vasc. 'militante' o 'miembro' del Partido Nacionalista Vasco (en vasc. *Eusko Alderdi Jeltzalea*), fiel al lema *Jaungoikoa eta Lagi-zarra*, 'Dios y Ley vieja', de Sabino Arana, y cuyas siglas son *JEL*, a las que se añade -*kide*, 'miembro'. (1978: A. Elorza.) Pol.

je m'en f... fr. Forma pudorosa escrita para evitar la obscena *je m'en fous*. (1971: R. J. Sender.) → JE M'EN FOUS.

je m'en fiche fr. → JE M'EN FOUS.

je m'en fichisme fr. 'pasar de todo'. (1902: Baroja.) → JE M'EN FOUS.

je m'en fous fr. 'paso de ello', 'me importa un pelo'. Frase que expresa indiferencia y desprecio, característica de la actitud denominada *je' m'en foutisme*, 'pasar de todo', paralela a *je m'en fichisme*, de igual sentido. Originariamente, *foutre* era un verbo obsceno. (1971: Max Aub.)

je m'en foutisme fr. → JE M'EN FOUS.

je pense, donc je suis fr. 'pienso, luego existo'. Principio racionalista de René Descartes (1596-1650), en su *Discours de la Méthode* (1648). (1933: Unamuno.). Fil. → COGITO, ERGO SUM.

jeres caló. 'hombres'. (1881: Machado y Álvarez.)

jersey ing. 'jersey' (Ac.). Prenda de vestir, de punto, para el medio cuerpo superior. Debe su nombre a la isla de Jersey, en el canal de la Mancha. (1899: Sánchez y Rubio.) Indum.

JET ing. Siglas de *Joint European Torus*. 'Torus Conjunto Europeo', de la Comunidad Europea, para investigar la fusión nuclear, que será seguido por el *ITER*. (1991: *País*.) Fís. → ITER.

jet ing. *'jet'* (Ac.: 2001). 1) '(propulsión a) chorro'; y por extensión, 'avión de reacción', 'reactor'. (1966: M. Fdez. Galiano.) Transp. a.; 2) abrev., en contextos españoles, de *jet set*. (1989: M. A. Gozalo.) → JET SET.

jeta italianismo. (1991: J. Edwards, Ch.) → IETTATURA.

jet lag ing. 'falta de acomodación' o 'trastorno horario', 'desfase horario' (2000: Alf. Celemín), lit.: 'intervalo de retardación *(lag)* que produce los largos viajes aéreos en *jet*' por las variaciones horarias ocasionadas por el cruce de meridianos. (1998: Cadena SER.) Aeron.

jet set ing. 'conjunto *(set)* de personalidades que suelen viajar en reactor *(jet)* particular'. Se originó esta expresión en los años cincuenta, con referencia al millonario Howard Hughes y sus amigos, propietarios todos de reactores y que en el mismo día podían desayunarse en Hollywood y almorzar en Nueva York. (1983: *País*.) → JET SOCIETY.

jet society ing. 'gente famosa de los lugares de moda'. Semejante a *jet set*. (1977: F. Umbral.) → JET SET; CAFE SOCIETY.

jettatore it. napolitano. (1904: G. de Laferrère, Arg.) → IETTATORE.

jettatura it. napolitano. (1894: Ganivet.) → IETTATURA.

jettature fr. → IETTATURA.

jeu d`esprit fr. 'juego de ingenio'.

jeu de massacre fr. 'juego de pimpampún'. (1921: G. de Torre.)

jeune fille fr. 'chica joven'. (1905: R. Darío.)

jeunesse dorée fr. 'juventud dorada', 'juventud rica'. Denominación acuñada, al parecer, por Louis-Marie-Stanislas Fréron (1752-1802), quien la aplicó a un grupo contra-revolucionario formado tras la caída de Robespierre en 1794. (1899: R. Darío.) Hist. → MUSCADINS.

jilí caló. (1882: Rodríguez Marín.) → GILÍ.

jingle ing. 'yinguel' (en Arg.), 'fondo o fondillo sonoro'. Mús. o sonidos que acompañan a un *spot* publicitario en TV; lit.: 'campanilleo'. (1994: Telemadrid.)

jingle bells ing. 'campanillas (*bells*) tintineantes (*jingle*)'. Popular canto de Navidad, sobre mús. de U. Pierpont. (1997: Joaq. Merino.) Rel.

jingo ing. (Ac.). 'patriotero belicista'. Esta palabra procede de la bravata *by jingo!* (abrev. de *by living jingo!*, '¡por sandiez vivo!'), que se hallaba en una canción tabernaria londinense que dice así: «No buscamos guerra, / pero, *by jingo*, si la hacemos, / tenemos hombres, / tenemos barcos / y también tenemos dineros». En consecuencia, se dio el nombre de *jingo* a todo inglés que apoyaba la política belicista de Lord Beaconsfield, quien envió (1878) la marina de guerra a aguas turcas (Gallípoli) para frenar la expansión rusa. (1895: José Pagliari, Cu.) Pol.

jingoísmo anglicismo. (Ac.). 'patrioterismo belicista', 'nacionalismo belicoso', algo semejante al *chauvinisme* francés. Del ing. *jingoism*. (1997: Rafael Rojas, Cu.) Pol. → JINGO.

jiñar caló. 'cagar'. (1881: Machado y Álvarez.)

jiujitsu jap. 'jiujitsu', 'yiuyitsu', 'yiuyichu'. Sistema de lucha personal en que se sabe utilizar la fuerza del contrario para vencerlo, lit.: 'arte de ceder'. (1908: Unamuno.) Dep.

jiyab ár. 'velo', prescrito a la mujer musulmana. (1992: J. C. Gumucio.) Rel. → HIYAB.

jockey ing. 'yóquei' (Ac.), lit.: 'juanito'. Diminutivo de *Jock*, variante escocesa de *Jack*, hipocorístico del ing. *John*, 'Juan'. Se empleó primero para designar a cualquiera, de manera especial a los palafreneros y cocheros (1843: R. de Navarrete); y, por último, al 'jinete de caballo de carreras'. (1867: R. de Castro.) Híp.

Jockey Club ing. 'Club de los yóqueis'. Asociación que se ocupa de la organización de las carreras de caballos. De matriz aristocrático. (1851: *Ellas*.) Híp.

Jocs Florals cat. 'Juegos florales'. Instituidos en Cataluña, en Barcelona, en 1859, con Milá i Fontanals como presidente, y Antoni de Bofarull como secretario. Se celebraban anualmente. En 1877 premiaron *L'Atlàntida*, de Jacinto Verdaguer. Se establecieron a imitación de los que se instituyeron en 1325, en Toulouse, por los *mestres en gai saber*. Lit.

jogging ing. '*jogging*' (Ac.: 2001), 'carrera personal ligera'. Introducida en los años ochenta, en competencia con *footing*, de uso anterior. (1980: *País*.) Dep. → FOOTING.

John Birch Society ing. 'Sociedad John Birch'. Estadounidense, anticomunista. Fundada (1953) por Robert Welch Jr., en recuerdo del capitán John Birch, del Arma Aérea de EE.UU. (*USAF*), considerado el primer caído (1945), en China, de la 'guerra fría'. (1984: M. Benedetti, Urug.) Pol.

John Bull ing. 'Juan Toro'. Personaje de una obra de teatro, *Justicia infernal*, de John Arbuthnot (1667-1735), que personificaba a Inglaterra. Arbuthnot escribió más tarde *Historia de John Bull* (1712), con la que se generalizó esta personificación de Inglaterra. (1895: R. Darío.)

joie de vivre fr. 'gozo de vivir'. (1903: Unamuno.)

joint venture ing. '(sociedad de) riesgo (*venture*) mancomunado (*joint*)', 'empresa mixta'. Cuando dos o más empresas se asocian temporalmente en capital y riesgo. (1988: *País*.) Econ.

jongler fr. 'yongler', 'diestro', 'malabarista'. En el circo, quien juega, lanzándolas al aire, con pelotas, mazas, etc. Se suele ver por error ortogr., *jongleur*, con *u* añadida, que es 'juglar'. (1900: *Miscelánea*.) Jue.

jonron anglicismo. Del ing. *home run*, lit.: 'carrera casera', es decir, en béisbol, la carrera completa que hace un jugador por efecto del golpe que ha dado a la bola. De uso en Ven. Dep. → HOME RUN.

joule ing. 'julio' (Ac.). Nombre adoptado internacionalmente para la unidad práctica de energía eléctrica. Por el apellido del físico inglés James Prescott Joule (1818-1889). Fís.

joystick ing. 'bastoncillo (*stick*) de juego (*joy*)', 'palanca de mando', 'mando'. Es vertical y puede inclinarse en todas las direcciones para mover un punto en una pantalla. Se utiliza en juegos electrónicos. (1994: *País*.) Inform.

Jr. ing. Abrev. de *Junior*. → JUNIOR.

judo jap. 'yudo' (Ac.), lit.: 'método *(do)* suave *(ju)*'. Sistema de lucha personal, más evolucionado que el *jiutjitsu*. La transcrip. *judo* es inglesa. Se introdujo en España en los años cincuenta. Dep. → JUDOKA.

judoka jap. 'yudoka', 'yudoca' (Ac.: 1992). Practicante de yudo. Dep. → JUDO.

Judos al. 'yudos', 'jóvenes demócratas', 'jóvenes liberales', esto es, pertenecientes a la juventud del Partido Liberal de la R.F.A. *Judo* es abrev. de *Jungdemokrat*, 'joven demócrata', y está formada analógicamente con *Jusos*, 'jóvenes socialistas'. (1977: *País*.) Pol. → FREIE DEUTSCHE PARTEI.

Jugendstil al. 'estilo *Jugend*', 'estilo *Juventud*'. Estilo modernista, en el dibujo y en las artes decorativas, con auge en 1890-1900. Debe su nombre a la revista *Jugend*, 'Juventud', que se publicó en Munich desde 1896. (1961: J. L. Sampedro.) Arte.

jukebox ing. 'máquina tocadiscos automática eléctrica', para lugares públicos; funciona mediante la introducción de moneda. Lanzada por la *Automatic Music Instruments*, estadounidense, en 1927, pero su apogeo lo alcanzó tras la Segunda Guerra Mundial. Comp. de *box*, 'caja', y de *juke*, 'burdel', tal vez porque la primera se instaló en un burdel, o *juke*, regentado por una mujer apellidada precisamente *Juke*. Son típicos de los *jukeboxes* en el interior de los *juke points*, es decir, en los restaurantes económicos de carretera así llamados. (1976: *Hermano Lobo*.) Mús.

júligan ru. 'júligan', 'gamberro (violento)'. Del ing. *hooligan*. (1978: L. López Muñoz.) → HOOLIGAN.

Jumbo ing. 'Yumbo', con significado de 'grande', 'gigantesco'. *Jumbo* es transcrip. ing. del suaj. *Yambo*, 'jefe'. 1) nombre de un gran elefante del Royal Zoo, de Londres, adquirido (1883) por el estadounidense P. T. Barnum para su famoso circo. (1904: *Azorín*.) Tea.; 2) nombre de un avión gigante (*Boeing* 747) de pasajeros. Transp. a.

Jumuhuriya ár. → YUMUHURIYA.

juncal caló. 'juncal' (Ac.), 'gallardo', 'garboso'. (1955: F. Gómez Sánchez.)

jundanal caló. 'soldado', 'guardia'. (1881: Machado y Álvarez.)

Jungfrau al. 'Doncella', 'Virgen (María)', lit.: 'mujer *(Frau)* joven *(jung)*'. Nombre de un pico alpino, en el cantón de Berna (Suiza), de 4.107 metros. Geogr. f.

jungle ing. 'jungla', 'selva'. Sonido musical, de origen londinense, surgido en los años noventa. Se caracteriza por su polirritmia, entrecortamiento y aceleración. (1996: *País*.) Mús.

junior lat. 'junior' (Ac.). 1) en ing., añadido al nombre, abrev. *Jr.*, diferencia a hijo y padre *(Senior*, abrev. *Sr.)* que llevan el mismo nombre. (1907: Galdós.); 2) sirve para distinguir a los deportistas menores de veintiún años *(juniores)* de los mayores *(seniores)*, así como las competiciones y pruebas que ellos realizan. Debe evitarse el pl. ing *juniors* a favor del esp. 'juniores'. (1896: Sánchez y Rubio.) Dep.

Junker al. 'noble'. Deriva de *jung Herr*, 'joven señor'. 1) 'noble prusiano', 'militar prusiano', 'prusiano reaccionario'. (1917: Unamuno.) Hist.; 2) 'nombre de un tipo de avión alemán de bombardero, diseñado por Hugo Junkers (1859-1935) y empleado por la Legión Cóndor, alemana, en la guerra de España (1936-1939) Ej.

junkie ing. 'yonqui' (1980: J. C. Iglesias), 'drogadicto (que se pincha droga)'. Comenzó a usarse en este sentido, en EE.UU., en los años veinte. Del *slang* o jerga, *junk*, 'droga dura', lit.: 'chatarra', 'trasto echado a perder'. (1983: *País*.)

jure divino lat. → IURE DIVINO.

jure humano lat. → IURE HUMANO.

juris tantum lat. → IURIS TANTUM.

jus abutendi lat. → IUS ABUTENDI.

jus gentium lat. → IUS GENTIUM.

jus naturale lat. → IUS NATURALE.

Jusos al. 'yusos', 'jóvenes socialistas', del *SPD* de la R.F.A. Es palabra formada sobre *Jungsozialisten*. (1977: *País*.) Pol. → JUDOS.

jus primae noctis lat. → IUS PRIMAE NOCTIS.

jusqu'au bout! fr. '¡hasta el final!'. Frase del general (después mariscal) Gallieni, gobernador militar de París, en su proclama (3 de septiembre de 1914) a la guarnición y al pueblo de París, luego que, ante el avance alemán, saliera el gobierno hacia Burdeos. «He recibido el encargo de defender a París contra el invasor; ese encargo lo cumpliré *jusqu'au bout!*» Hist.

juste milieu fr. 'justo medio', 'punto medio'. Frase de Denis Diderot (Salón de 1767), pronunciada después por Luis Felipe en su discurso de la Corona (1831), para explicar su política de centro: «Procuramos mantenernos en un *juste milieu*, alejado por igual de los excesos del poder popular y de los abusos del poder regio». (1908: Pardo Bazán.) Hist.

justum pretium lat. → IUSTUM PRETIUM.

jus utendi et abutendi lat. → IUS UTENDI ET ABUTENDI.

juvenilia lat. 'juveniles', '(asuntos o cosas) de la juventud'. Con referencia a las actividades generales o artísticas, principalmente las literarias, de la edad juvenil. (1882: M. Cané. Arg.)

j'y suis, j'y reste fr. 'aquí estoy y aquí me quedo'. Frase atribuida al mariscal Mac-Mahon (1808-1892), quien, tras haber tomado el fuerte de Malakoff, el 8 de septiembre de 1855, recibió aviso de su general en jefe de que los rusos planeaban hacerlo saltar por los aires. Al oficial que le llevó el aviso, Mac-Mahon le entregó un papel donde se dice estaba escrita aquella frase. 'No creo haber dado a mi pensamiento esa forma lapidaria —declaró Mac-Mahon, según G. Hanotaux—. Nunca hago frases'. (1980: L. Pancorbo.) Hist.

k

k-1, k-2, k-3, etc. ing. → KAYAK.

Kaaba ár. (**Ka'ba**) 'Caaba' (1867: N. Fdez. Cuesta), lit.: 'habitáculo cúbico'. Santuario islámico, situado en el patio de la gran mezquita de La Meca, siempre cubierto con una rica y ornada funda textil. En su ángulo oriental exterior se halla empotrada la Piedra Negra, para que la toquen los peregrinos. Hacia este santuario se orientan los fieles para sus oraciones. En su peregrinación a La Meca (*hach*), realizan el *tawaf*, rito consistente en dar vueltas a la Caaba. Rel.

Kabala hebr. (**qabbalah**) 'Cábala' (Ac.), lit.: 'transmisión', 'tradición'. Corriente mística y esotérica del judaísmo. Su libro fundamental es el *Zohar*, 'Libro del Esplendor', comentario místico de la *Torá*. *Kabala* es una transcrip. ingl., junto a *Kabbala*, *Cabbala* y *Cabala*. Rel. → ZOHAR; TORA.

Kabarett al. 'cabaré' (Ac.). Def fr. *cabaret*. 1) local con espectáculo de variedades y 2) género de espectáculo satírico y atrevido, característico del Berlín de los años veinte y treinta. (1984: Haro Tecglen.) Tea. → CABARET.

kabila ár. 'cabila' (Ac.), lit.: 'tribu'. Tribu de beduinos o bereberes. (1859: *Alm. Museo Universal*.) Geogr. h.

kabuki jap. 'género dramático popular realista', en contraste con el *no*, cuasi religioso. Comenzó (siglo XVII) con la sacerdotisa O-Kuni, que formó una compañía de hombres y mujeres. Sus actores no usan máscaras (los del *no*, sí) y salen a escena desde el patio de butacas (los del *no*, por un puente desde el vestuario al escenario). Es palabra compuesta de *ka*, 'poesía', *bu*, 'danza', y *ki*, 'arte' o 'destreza'. (1925: M. Pedroso.) Tea.

Kach hebr. Acrónimo de *Kahane Chai*, 'Kahane vive'. Facción político-religiosa, racista (contraria a los matrimonios mixtos), violenta, incluso terrorista. Fundada por el hijo del rabino Meir Kahane, en su memoria. Meir Kahane murió asesinado en EE.UU., donde había fundado (1967) una Liga de Defensa Judía, para responder a las agresiones antisemitas; propugnaba un ancestral Estado bíblico en Israel. (1995: *País*.) Pol.

kadet ru. 'cadete' (1994: *ABC*). Abrev. formada con las iniciales de *konstitucionnij demokrat*, 'demócrata constitucional', es decir, miembro del partido liberal enfrentado a los comunistas durante la Revolución de Octubre (1917). La *-t* se debe a contaminación de *kadet*, 'cadete (militar)'. Pol.

kaiku vasc. 'caicu', 'cuenco'. 1) 'cuenco'. (1964: García Serrano.); 2) 'chaquetón', característico de los miembros del PNV. (1975: *La Calle*.) Indum.

kairós gr. 'ocasión', 'oportunidad', 'azar' (E. Lledó). (1990: E. Lledó.) Fil.

Kaiser al. 'káiser' (Ac.), 'emperador.' Del lat. *Caesar*, 'César'. Pol.

kakemono jap. 'caquemono'. Pintura colgante que se puede enrollar. Lit.: 'cosa *(mono)* colgante *(kake)*'. (1931: Morla Lynch, Ch.) Pint.

kala-azar hindi. 'kala-azar', lit.: 'enfermedad negra'. Infección tropical. (1992: Olga Ramos.) Med.

kaláshnikov ru. 'kalásnikov'. Nombre abreviado del fusil automático *Avtomat-Kalashnikova-47*, abrev. *AK-47*, posterior (1947) a la Segunda Guerra Mundial; en 1974, versión mejorada: *AK-74*. Llamado así por el apellido de su inventor, el entonces sargento soviético Mijail T. Kaláshnikov (n. en 1919). Ej.

kale borroka vasc. 'lucha *(borroka)* callejera *(kale)*'. En la terminología de los etarras, en el País Vasco. (1997: Arzalluz.) Pol.

kama sáns. 'apetito', 'placer', 'amor'. Con *dharma* y *artha* forma la trilogía de los fines humanos en el hinduismo. (1874: T. García Ayuso.) Rel.

kama rupa sáns. 'alma animal', donde residen los apetitos. De *kama*, 'apetito', y *rupa*, 'forma'. (1890: J. Valera.) Fil.

Kama sutra sáns. 'Tratado del amor (placer)'. Escrito por Vatsyayana (siglo I). Comp. de *kama*, 'amor (placer)', y *sutra*, 'tratado'. (1902: J. Valera.)

kamikaze jap. 'kamikaze' (Ac.: 2001), 'piloto suicida', lit.: 'viento *(kaze)* divino *(kami)*'. Alude al viento desencadenado por Tenshi, el hijo del cielo, contra la flota chinotártara que se dirigía (1281) al Japón para conquistarlo. Durante la Segunda Guerra Mundial, los *kamikazes* se estrellaban voluntariamente con su avión y su carga explosiva contra el objetivo adversario. El primer ataque *kamikaze* fue el 17 de mayo de 1944, en el que el comandante Katushiga se estrelló contra un destructor estadounidense. Más tarde se empleó en los ataques *kamikazes* una bomba volante, *Jinrai*, 'rayo del cielo', transportada en avión hasta la proximidad del blanco (40 km) manejada luego por un piloto suicida. Fue diseñada por el capitán de corbeta Niki. Ej.

kanaka haw. 'canaca' (Ac.), 'natural de Hawai'. Deriva de la raíz *anak*, 'hombre', común a todas las lenguas malayas. W. F. Retana considera esta palabra en esp. como filipinismo. (1906: Galdós: *canaca*.) Geogr. h.

kanpora! vasc. '¡fuera!'. Grito *abertzale* vasco contra las fuerzas de orden público españolas en el País Vasco. Pol.

Kapo al. 'kapo', 'capo', 'cabo'. Del fr. *caporal*, 'cabo', y ésta del it. *caporale*, 'cabo'. En la jerga de los campos nazis de concentración, durante la Segunda Guerra Mundial, destino o mando inferior, generalmente desempeñado por un prisionero de confianza. (1983: Enrique Líster.) Ej.

kapusai vasc. → CAPUSAY.

kaputt al. 'estropeado', 'echado a perder', 'roto' y 'sanseacabó'. Muy divulgada, finalizada la Segunda Guerra Mun-

dial, debido a la novela *Kaputt* (1943), de Curzio Mala-
parte. (1958: Carlos Pereyra.)

karaoke jap. 'karaoke' (Ac.: 2001). 1) 'actuación de un cantante espontáneo, con micrófono y con respaldo (*playback*)
musical'; lit.: *kara*, 'vacío', y *oke*, 'orquesta'. Moda nacida
en Japón en los años ochenta, difundida en España en los
noventa; 2) 'aparato que consta de un amplificador y mi-
crófonos que se conectan al televisor y al vídeo'. Mús.

karate jap. 'kárate' (Ac.: 1992), 'cárate'; lit.: 'mano *(te)* abierta *(kara)*'. Sistema de lucha personal en que se emplea la
mano abierta para golpear al adversario con el canto de la
mano. Introducido en España en los años cincuenta. Dep.

karma sáns. 'karma' (Ac.: 2001), 'acción', 'hado', 'destino'. En
el hinduismo, el peso o la suma de actos realizados durante
una encarnación, suma que determina o condiciona su hado o destino en la siguiente. (1914: A. Nervo.) Rel.

karoshi jap. 'karosi', 'carosi'. Enfermedad mortal por exceso
de trabajo en el Japón superdesarrollado. (1991: *País*.) Med.

karst al. 'karst' (Ac.: 2001), 'erosión característica de terrenos
calizos o kársticos' o 'cársticos' (Ac.: 1992), típico de Karst,
región austríaca y que ha pasado a la terminología geoló-
gica. (1924: Muñoz Lumbier.) Geol.

kart ing. Alteración arbitraria de *cart*, 'carretón', 'carretilla'.
Vehículo enano con motor de explosión, para carreras en
circuitos cerrados. Abrev. de *go-kart*, 'carretón que corre',
'carretón de carreras', comp. de *go*, 'que corre', 'que anda', y *cart* (alterado en *kart*), originariamente 'tacataca',
'carretón (o andador) para nenes'. Este deporte, introducido e España en los años cincuenta, recibe el nombre de
karting, 'carretonear'. Dep.

Kartell al. (1930: R. León.) Ecom. → CARTEL.

KAS vasc. Siglas de *Koordinadora Abertzale Sozialista*, 'Coor-
dinadora Patriótica Socialista'. Superestructura independentista extremista que coordina a *ETA*, su brazo armado,
y a *Herri Batasuna*, su brazo político, principalmente; a las
que hay que añadir el sindicato *LAB*, el colectivo feminis-

ta *Egizan*, el juvenil *Jarrai*, etc. La llamada 'alternativa *KAS*' consistente en: salida de la policía española del territorio de Euskadi; incorporación de Navarra a Euskadi; amnistía para los presos *abertzales* (condenados por terrorismo); autodeterminación. (1981: *ABC*.) Pol.

Kasbah ár. 'Kasba' (Ac.: 2001), 'Casba', 'Alcazaba'. Con referencia estricta al barrio así denominado de la ciudad de Argel. (1904: Rodr. Soriano.) → CASSABAH.

kasida ár. (qāsida) 'casida' (Ac.). Forma o composición poética monorrima. (1982: R. Darío.) Lit.

Kataeb ár. 'Falange'. Partido político libanés cristiano, fundado por Pierre Gemayel (1905-1984), en 1936, solidario con el nazi-fascismo de los años treinta y cuarenta, aliado de Israel para la conquista del poder en el Líbano en los años ochenta y siguientes. (1982: *País*.) Pol.

katana jap. 'catana' (Ac.: 2001), 'sable (de samurái)', largo y algo curvado, con un solo filo. Característico de los oficiales del ejército japonés hasta el final de la Segunda guerra mundial; diferente del sable corto (*wakizashi*), empleado para combate y suicidio ritual. (2000: Cadena SER.) Ej.

kátharsis gr. (1942: P. Laín.). → CATHARSIS.

kátib ár. 'catib', 'secretario'. (1890: R. A. de los Ríos.)

Katipunan tagalo. 'Asociación', en ext.: *Kataastaasan kagalanggalan Katipunan Nang Mga ng Bayan*, 'Suprema y venerable asociación de los hijos del pueblo'. Sociedad secreta patriótica filipina, fundada en 1892 por Andrés Bonifacio, contra la dominación española. Sus afiliados firmaban su compromiso con su propia sangre, siguiendo una antigua tradición. (1898: P. Díaz Casou.) Pol.

katiusha ru. 'lanzadera con varios cañones', móvil, empleada por el Ejército rojo durante la Segunda guerra mundial, llamada también 'órgano de Stalin'. *Katiusha* es hipocorístico de *Katia*, que a su vez lo es de *Yekaterina*, 'Catalina', nombre popular ruso. (1992: *País*.) Ej.

katiuska rusismo. Nombre popular, durante la guerra de España (1936-1939), en la zona republicana, de un tipo de avión de bombardeo, de fabricación soviética, empleado por el Ejército de la República española. Ej.

katiuskas rusismo. (Ac.: 2001). 'botas altas de mujer', típicamente rusas. Llamadas así porque las llevaba el personaje 'Katiuska' de la zarzuela homónima (1936) de Pablo Sorozábal. Usadas durante los años treinta y cuarenta. (1994: Cadena SER.) Indum. → KATIUSHA.

kayak ing. 'kayak' (Ac.: 2001), 'bote de piel de foca' originariamente, casi cerrado, con una abertura que se ata al cuerpo del tripulante. Actualmente sirve para un deporte olímpico, designado con la *k* inicial, con variaciones numéricas según el número de tripulantes: *k-1* (con un tripulante), *k-2* (con dos), etc. Del esq. *qaiaq*. Transp. n.

Kazetler al. 'concentrado', 'prisionero de campo de concentración' en la Alemania nazi. Deriva del nombre de las letras *k* (en al. *Ka*) y *z* (en al. *Zet*), que se hallan en la palabra *Konzentration*. (1976: J. Semprún.) Pol. → KONZEN-TRATIONSLAGER.

kebad tur. 'kebab' (Ac.: 2001). Trocitos de carne de cordero especiados y asados. Del ár. *kabab*. (1991: M. Alpuente.) Gastr.

keepsake ing. 'libro-recuerdo', 'libro-regalo'. Libro bello, bien encuadernado e ilustrado, que se regalaba como recuerdo en la segunda mitad del siglo XIX. (1904: R. Darío.) Biblio.

keffia ár. (**keffiyah**) 'kefía' o 'quefía' (1994: TVE), 'kefieh' (1996: J. Valenzuela). Cubrecabezas usado por los *fedayin* palestisnos del *Fatah*, consistente en un pañuelo sujetado por un aro a modo de diadema. También se encuentran las transcrip. *kufía* (1993: *País*), *qufía* (1993: *País*), *kufiya* (1993: J. C. Gumucio) y *kufieh* (1993: J. C. Gumucio), basadas en la variante ár. *kuffiyah*. (1978: *País sem.*) Indum.

kéfir fr. 'kéfir' (Ac.). Producto lácteo fermentado con granos de kéfir, típico del Cáucaso. Es voz caucásica introducida en esp. a través del fr. (1908: T. Zúñiga y Cerrudo: *kefir*.) Gastr.

kendo jap. 'kendo' (Ac.: 2001), 'quendo', lit.: 'camino *(do)* de la espada *(ken)*'. Arte marcial que actualmente se practica con palos de bambú, no con espadas como antaño hacían los samuráis. Introducida en España en los años setenta. Dep.

kennst du das Land wo die Zitronen blühn? al. '¿conoces el país donde florecen los limoneros?' Primer verso de la 'canción de Mignon', en *Wilhelm Meister* (1796) de J. W. Goethe (1749-1832). (1925: E. Díez-Canedo.) Lit.

kermesse fr. 'kermés' (Ac.), 'quermés' (Ac.). Del neerl. *kerkmisse*, 'misa de iglesia', fiesta de Carnaval en los Países Bajos, y, en general, fiesta al aire libre. En España, fiesta al aire libre, en sitio acotado, con carácter benéfico. (1890: L. Coloma.)

kerosene ing. 'querosene' (1980: O. Soriano, Arg.), 'queroseno' (Ac.), 'kerosén' (1962: J. L. Borges, Arg.), 'kerosene', 'querosín' y 'querosino', en algunas naciones de la América hispana (según M. Seco). Fracción de petróleo conseguida en 1854, a la que dio nombre su inventor estadounidense, con el gr. *keros*, 'cera', y el sufijo científico *-ene*, 'eno'. Primero se utilizó para el alumbrado: 'petróleo lampante' (1927: Real Orden); actualmente sirve como combustible en los aviones reactores. (1996: *El Comercio*, Lima, Pe.)

ketchup ing. *'ketchup'* (Ac.: 2001). → CATSUP

Key West ing. 'Cayo Hueso', en el mar Caribe. Es adapt. ing. del esp. 'Cayo Hueso'. (1966: Bravo Morata.) Geogr. f.

KGB ru. Siglas de *Komitet Gosudárstvennoi Bezopásnosti*, 'Comité de Seguridad del Estado', siglas 'CSE', heredero de la *GPU*. Es muy frecuente la incorrección 'la *KGB*'; debe decirse 'el *KGB*'. Pol. → GPU.

khaki hindi. 'kaki' (Ac.: 2001), 'caqui' (Ac.), lit.: 'polvoroso', '(cubierto) de polvo'. Tejido de color crudo, pardo amarillento, empleado para uniformes militares por su identificación y camuflaje con terrenos secos. Introducido en el ejército inglés de India en 1850 y después en la guerra del ejército inglés contra los *boers* (1895-1902) en África. (1904: R. Darío.) Ej.

khan ár. 'kan' (Ac.), 'jan'. Del pers. y tur. *jan*, 'jefe o príncipe (tártaro)'. La transcrip. *khan* es francesa, inglesa y alemana. Pol.

KIA ing. Siglas de *Kuwait Investment Authority*, 'Instituto o Consejo de Inversiones de Kuwait', dependiente del Ministerio de Hacienda de Kuwait. (1991: *Diario de la Paz*.) Pol. → KIO.

kibbutz, pl. **kibbutzim** hebr. (**qibbus**) 'kibutz' (Ac.: 2001), 'quibús', lit.: 'colectividad' y 'granja colectiva'. Del verbo *qabas*, 'juntar'. El primer quibús fue el de Ginossar, cerca del Tiberíades, fundado (1937) por Igal Allon († 1980), que llegó a ser ministro de Asuntos Exteriores de Israel. (1970: Ramón Díaz; pero 1953: *kibbuts*: Millás Vallicrosa.) Pol.

kiblah ár. (**qibla**) 'quibla', 'alquibla' (Ac.). Es la dirección de La Meca, indicada por el mihrab de la mezquita, dirección a que el creyente se vuelve para hacer la oración o azalá. (1890: R. A. de los Ríos: *quiblah*; 1966: Cansinos: *kiblah*.) Rel.

kichenet anglicismo. En Arg. Del ing. *kitchenette*, 'cocinita' en un miniapartamento. → KITCHENETTE.

kidnapping ing. 'secuestro'. De *kid*, 'niño', y (*to*) *nap*, 'coger'. Puesta en boga a raíz del secuestro y asesinato del hijo del aviador Lindberg, héroe nacional. (1933: Jardiel Poncela.)

kif ár. 'quif' (Ac.). Mezcla de hojas de cáñamo índico que se fuma. *Kif* es transcrip. ing. del ár. *kef* (*kayf*), 'placer', 'amistad'. (1905: Galdós.)

kilim tur. 'kílim', 'quílim' (1993: *País*), 'tapiz' o 'colgadura turca', con flecos sólo en su caída. (1993: Museo Thyssen.) Mob.

Kilimanjaro suaj. 'Kilimanjaro', 'Kilimanyaro', lit.: 'montaña que brilla (por las nieves)'. Situada en Tanzania. Geogr. f.

kilt ing. 'falda (escocesa) de montañés'. Prenda de vestir tradicional entre los *highlanders*, 'montañeses', de Escocia. (1993: J. Barriuso.) Indum.

kimono jap. 'quimono' (Ac.), lit.: 'cosa (*mono*) de seda'. (1906: L. Morote.) Indum.

Kindergarten al. 'jardín de infancia'. Institución escolar para la infancia, ideada por Friedrich Froebel (1782-1832), en su libro *Entwickelnd-erziehende Menschenbildung (Kindergarten-Pädagogik)*, 'Educación por desarrollo'. (1966: A. M.ª de Lera.) Educ.

Kinder, Küche, Kirche al. 'niños, cocina, iglesia'. Consigna nazi de las tres kas, que señalan el papel sumiso de la mujer en el III *Reich*. (1989: Víctor Mora.) Pol.

king size ing. 'tamaño regio.' Expresión comercial para significar que el artículo a que se aplica tiene mayor tamaño que los corrientes u ordinarios. (1993: *Forges*.) Com.

KIO ing. Siglas de *Kuwait Investment Office*, 'Despacho de Inversiones de Kuwait'. Entidad financiera, muy activa en España en los años ochenta, dependiente de la KIA. Ecom. → KIA.

kipá hebr. 'kipá' (Ac.: 2001), 'quipá', 'solideo' (1992: Samuel Toledano). Coronilla tejida con que ceremonialmente se cubren los judíos. (1991: *País*.) Rel.

Kippur hebr. 'Expiación'. (1953: Millás Vallicrosa; también *chipur*: 1782: J. Clavijo.) Rel. → YOM KIPPUR.

Kirsch al. '*kirsch*' (Ac.: 2001), 'kirsch' Abrev. de *Kirschwasser* (1914: Baroja.) Gastr. → KIRSCHWASSER.

Kirschwasser al. 'aguardiente de cerezas'. Abrev.: *kirsch*. Gastr. → KIRSCH.

kismet tur. 'hado', 'destino'. Del ár. *quismat*. (1917: Gómez Carrillo.)

kit ing. 'kit' (Ac.: 2001), 'juegos, estuche o caja de piezas o de herramientas', lit.: 'conjunto de pertrechos'. Del neerl. *kitte*. (1992: Jordi Nogués.)

kitchenette ing. 'cocinita', 'cocineta' en México (según Emilio Lorenzo). Dim. de *kitchen*, 'cocina'. → KICHENET.

kitsch al. 'lo cursi', 'lo pretencioso', 'lo insincero', 'lo excesivo', 'lo hortera' (M. Seco), con cualquiera de esos significados aparece en contextos españoles. En al. es aquello que denota un gusto por lo recargado, superfluo unas veces, y otras por lo sentimentaloide y lo dulzón, pero siempre un exceso sin ajuste a lo real. (1975: L. Pancorbo.)

kiwi maorí. 'kiwi' (Ac.: 2001). 1) 'kivi' (Ac.: 1992), ave emblemática de Nueva Zelanda. Zool.; 2) 'kiwi' (Ac.: 1992) y 'quivi' (Ac.: 1992), fruto (en ing. *kiwi berry* o *kiwi fruit*) característico de Nueva Zelanda, introducido en España en los años setenta. En lat. cient. *Actinidia chinensis*, por ser originario de China. Bot.

kjökkenmödding dan. 'kiekenmodingo', lit.: 'desperdicios de cocina o comida'. Yacimiento de desperdicios de alimentos en una estación prehistórica. Hist.

KKK ing. → KU-KLUX-KLAN.

klaxon ing. 'claxon' (Ac.). Nombre de la empresa estadounidense que lo fabricó, marca registrada (1910), basado en el gr. *klazoo*, 'lanzar o producir un grito o sonido fuerte'. (1923: O. Girondo. Arg.) Autom.

kleenex ing. 'klínex', 'pañolito celulósico'. Marca registrada (1924) estadounidense. Palabra inventada, forjada con la artif. *kleen* [fonéticamente semejante al ing. *(to) clean*, 'limpiar'] y el sufijo arbitrario *-ex*. Producto y palabra introd. en España en los años setenta. Originariamente era un producto celulósico de la madera que, durante la Primera Guerra Mundial, podía sustituir al algodón hidrófilo; aplicado después como desmaquillador y finalmente como pañuelo de nariz. (1968: J. C. Onetti, Urug.)

KLM neerl. Siglas de *Koninklije Luchtvaart-Maatschappij*, 'Compañía Real Holandesa de Aviación'. Transp. a.

Knéset hebr. 'Parlamento'. (1982: *País*.) Pol.

knickerbockers ing. (1912: *Bl y Negro*.) → KNICKERS.

knickers ing. 'bombachos'. Abrev. de *knickerbockers*. El apellido Knickerbocker era uno de los más característicos entre lo pobladores holandeses de Nueva Amsterdam, hoy Nueva York, por lo que a estos pobladores y a sus descendientes se les llamó, por los pobladores de origen británico, *knickerbockers*, así como a sus típicos pantalones.

El uso de *knickers* en España, como prenda de vestir habitual, comenzó en los años veinte. (1933: *Bl. y Negro.*) Indum.

knock down ing. 'derribado'. En boxeo. (1976: L. Méndez Domínguez.) Dep.

knock out ing. 'nocao' y su deriv. 'noquear'; 'fuera de combate', 'sin sentido'. En boxeo. (1920: J. López Pinillos.) Dep.

know how ing. 'tecnología', 'utilización', 'modo de empleo', lit.: 'saber cómo'. (1979: Alzugaray.)

knut ru. 'látigo'. Introducida en el último tercio del siglo XIX. (1926: R. León.)

K.O. ing. Siglas de *knock out*; deletreo: 'cao' (1998: F. Ayala.) Dep. → KNOCK OUT.

koblari vasc. 'coplero'. (1891: Unamuno: *koplari.*)

Kobold al. 'duende', 'trasgo'. (1923: Unamuno.) Mitol.

kodak ing. 'kodak'. Sinónimo de 'cámara fotográfica portátil e instantánea' en los años veinte y treinta. Palabra arbitraria, de base onomatopéyica, acuñada (1899) por su inventor, el norteamericano George Eastman (1854-1932). (1922: Giménez Caballero.) Fot.

Koh-i-noor ing. 'Koh-i-nur', 'Koinur'. Del per. *Ko-i-nur*, 'Montaña de luz', nombre de un gran diamante de 106 quilates, que se halla actualmente integrado en la corona de Su Majestad británica. Joy.

kohl ár. (**al-kuhl**) 'sombreador', 'alcohol' (Ac.). Afeite femenino para oscurecer o alcoholar los párpados. (1930: R. León.) Cosm.

koiné (dialektos) gr. 'koiné' (Ac.: 2001), 'coiné' (1971: F. Lázaro Carreter). 1) estrictamente, 'lengua común', de base ática, adoptada por los griegos del siglo IV a. de J. C.; 2) cualquiera lengua común para diversas comunidades. (1980: E. Lorenzo.) Ling.

kokotxa vasc. (**kokotza**) 'cococha' (Ac.: 1992), 'barbadilla' (Ac.). En pl., plato de cocina preparado con el tejido glandular ('barbadilla') que cubre la mandíbula inferior del bacalao o de la merluza. (1975: *Gaceta ilustr.*) Gastr.

koljós ru. 'granja colectiva'. Palabra formada con las sílabas iniciales de *kollektívnoie*, 'colectiva', y *josiáistvo*, 'granja'. (1933: Alberti.) Agr.

kolossal al. 'colosal' (Ac.). Se emplea irónicamente. (1923: Baroja.)

Kominform al. → COMINFORM.

Komintern ru. Abrev. de *Kommunistícheskii Internatsional*, 'Internacional comunista', es decir, la Tercera Internacional, fundada en 1919 por Lenin, al margen de la Segunda Internacional. Se disolvió (1943) durante la Segunda Guerra Mundial, como gesto de buena voluntad de los soviéticos con sus aliados. (1926: R. León.) Pol.

komitaji tur. Transcrip. alemana del tur. *Komitaci*. (1944: A. Revesz.) Pol. → COMITADJI.

Kommandantur al. 'Comandancia'. (1945: Ismael Herráiz.) Ej.

Kommando al. 'pelotón o cuadrilla (de trabajadores)', prisionero en los campos de concentración alemanes durante la Segunda Guerra Mundial. (1977: J. Semprún.) Pol. → COMANDO.

Komsomol ru. Palabra formada con las sílabas iniciales de *Kommunistícheskii Soyuz Molodioyi*. 1) 'Unión de juventudes Comunistas'. (1934: R. J. Sender.) Pol.; 2) en el habla, 'consomol', es decir, 'paquete (de vituallas)'. Por el nombre del barco soviético *Komsomol* que trajo cargamentos de víveres a la zona republicana durante la guerra de España (1936-1939). De uso frecuente durante la guerra y en las prisiones franquistas de la posguerra. Gastr.

konditorei al. Equivalente al esp. 'salón de té', lit.: 'confitería'. Deriv. del al. *konditor*, 'confitero', y a su vez del lat. *condītor*, 'cocinero'. (1966: A. M.ª de Lera.) Host.

Konica jap. Cámara fotográfica, fabricada por la *Konishiroku UK*. El nombre es contracción del jap. *Koni(shiroku)* y del ing. *ca(mera)*. Fot.

Konzentrationslager al. 'Campo de concentración (masiva de presos)', abrev. *KZ* (pron. *kazet*), de donde deriva *Kazetler*, 'concentrado'. (1976: J. Semprún.)

kopeck fr. 'copeca' (Ac.: 1992), o mejor 'copeica' (1963: L. Abollado), del ru *kopeika*, moneda equivalente a un céntimo de rublo, lit.: 'lancita'. De *kopyé*, 'lanza', y el sufijo dimin. *-ka*, por alusión a la lanza con que aparecía dotada la figura del zar. (1911: Pardo Bazán.) Num.

kore, pl. **korai** gr. ático. 'kore', 'core' (1961: M. Fdez. Galiano). Estatua griega arcaica de joven vestida. (1934: J. Pijoan.) Arte.

kornak hindi. 'cornac' (Ac.), 'cornaca' (Ac.), 'conductor de elefantes'.

koros, pl. **koroi** gr. ático. 'koros', 'coros'. Estatua griega arcaica de joven vestido. En jónico, *kouros* (1992: T. Moix), pl. *kourai*. (1934: J. Pijoan.) Arte.

korrika vasc. 'carrera'. (1982: *País*.) Dep.

korrikalari vasc. 'corredor (pedestre)'. (1990: *País*, *LEst*.) Dep.

kosher ing. 'alimento preparado de acuerdo con la ley mosaica'. Del hebr. *kasher*, 'recto', 'legítimo', 'correcto'. (1934: J. L. Borges, Arg.) Gastr.

kraal afr. 'corral'. Aldea de negros en África del Sur, rodeada por un vallado, con espacio libre en medio para el ganado. Procede del port. *curral*. (1935: R. Baroja.)

Kraft durch Freude al. 'A la fuerza por la alegría'. Organización nazi para el tiempo libre, semejante a la italiana fascista *Dopolavoro* y a la española falangista 'Educación y Descanso'. (1974: Ig. Agustí.) Pol.

kraker neerl. 'ocupante', lit.: 'rompedor', 'derribador'. Miembro de un movimiento de ocupación de viviendas vacías, a imitación del movimiento ing. de los *squatters*. (1982: *País*.)

Krásnaya Zvezdá ru. 'Estrella Roja'. Órgano de las Fuerzas Armadas de la Federación rusa. Ej.

kremlin ru. (Ac.: 1992), 'ciudadela'. De *kreml*, 'piedra'. Por antonomasia, el *Kremlin* de Moscú.

krill nor. 'kril' (Ac.: 1992). Especie de plancton de los mares polares, formado por huevecillos blancos de diminutos moluscos y crustáceos. Zool.

kris mal. 'cris' (Ac.: 1992), 'kris' (Ac.: 2001), 'machete (mala-yo)'. (1925: Blasco Ibáñez.)

Kristallnacht al. 'Noche *(Nacht)* de cristal(es rotos)'. *Pogrom* nazi de destrucción de escaparates de los comercios de los judíos, realizado la noche del 9 al 10 de noviembre de 1938. (1992: Martí Font.) Pol.

Kronprinz al. 'príncipe de la Corona', 'príncipe heredero', lit.: *Krone*, 'corona', y *Prinz*, 'príncipe'. (1917: Valle-In-clán.) Pol.

Krugerrand ing. Moneda especial, de oro, de la Unión Su-rafricana. Compuesto de *rand*, nombre de la unidad mo-netaria surafricana, y el apellido de Paul Kruger, presi-dente (1891-1900) de la república de Transvaal. (1981: *País*.) Num. → RAND.

ksatrya sáns. (1931: U. Glez. de la Calle.) → SATRÍA.

kshatrya sáns. (1874: García Ayuso.) → SATRÍA.

Kuchen al. 'kuchen', en la escritura, pero 'kujen' en el habla, en Chile; 'pastel', 'tarta'. (1986: F. Morales Pettorino, Ch.) Gastr.

Ku Klux Klan ing. Organización secreta racista, antinegra, en EE.UU., fundada, tras la guerra de Secesión, con restos del ejército sureño, en 1867, por el general Nathan Bed-ford Forrest, su primer gran Brujo; disuelta en 1869. Re-fundada en 1915 como *Knights of the Ku Klux Klan*, 'Caba-lleros del Ku Klux Klan', defensora hoy de un americanismo ultra, antiizquierdista, filo-nazi y contraria a las minorías étnicas de todo tipo, además de antinegra. Se cree que en la formación de esta palabra intervinieron el gr. *kiklos*, 'círculo', y el escocés *klan*, 'clan'. (1925: E. d'Ors.) Pol.

kulak ru. 'pequeño propietario campesino', durante la época estalinista. Es término peyorativo, lit.: 'agarrado', 'taca-ño', 'usurero', lit.: 'puño'. (1934: R. J. Sender.)

Kultur al. 'Cultura', 'Civilización', y a veces 'cultura germá-nica' y peyorativamente 'Kultura' (1912: Unamuno). Se difundió con la germanización cultural de España (1920-1950), emparejándose con 'Civilización', de influencia francesa, sustituyendo 'Cultura' a aquélla frecuentemente (1924: Unamuno.)

Kulturkampf al. 'Disputa cultural'. Movimiento prusiano (1870-1880) para poner a la Iglesia católica bajo el Estado. El término se debe a Virchow, quien lo pronunció en 1873. Comenzó como una disputa dentro de la Iglesia católica, entre quienes sostenían el dogma de la infabilidad del Papa, proclamado por Pío IX en 1870, y los 'viejos' católicos, que se negaban a admitirlo. El canciller Bismarck apoyó a estos últimos en las escuelas estatales. (1901: Unamuno.) Pol.

Kümmel al. 'cúmel', 'aguardiente de comino', lit.: 'comino'. (1899: Pardo Bazán.) Gastr.

kun fu chino. 'kunfú', 'kung-fu' (Ac.: 2001), lit.: 'tratar de encontrar la salida', desechando toda clase de inhibiciones. Es un sistema de lucha personal en que se pone en actividad la globalidad del ser. Introducido en los años sesenta. (1966: *ABC*.) Dep.

Kuomintang chino. 'Partido *(tang)* Nacional *(kuo)* del Pueblo *(min)*'. Fundado por Sun-Yat-sen, en 1912, tras la caída del emperador de China. Pol.

Kursaal al. 'sala o edificio para entretenimiento de los clientes y visitantes de un balneario', lit.: 'sala de curas'. Adoptado después para denominar teatros, centros de variedades, etc, (1916: Galdós.) Tea.

kvas ru. 'cerveza de pan de centeno', refresco de verano. Se emplea a veces en la sopa fría, de pan negro, llamada *okroschka*. (1897: A. Nervo.) Gastr.

Kyrie gr. 'Kirie' (Ac.) lit.: '¡oh, Señor!'. Primer movimiento de una misa cantada. Rel.

Kyrie, eléison gr. '¡Señor, ten piedad!'. Se dice en el comienzo de la misa, y en otros momentos, según el ritual romano. Procede del texto gr. del Salmo 122. Rel.

KZ al. Abrev. de *Konzentrationslager*, 'campo de concentración'. (1970: J. Benito de Lucas.) Pol. → KONZENTRATIONSLAGER.

1

LAB vasc. Siglas de *Langile Abertzaleen Batzordea*, 'Asamblea de Trabajadores Patriotas', sindicato afín a *HB*. Pol. → HE-RRI BATASUNA.

Laborem exercens lat. 'Quien ejerce un trabajo'. Encíclica (14 de septiembre de 1981) de Juan Pablo II sobre la cuestión social, en el 90 aniversario de la encíclica *Rerum novarum* de León XIII. Rel.

labor omnia vincit lat. 'el trabajo todo lo vence'. De Virgilio (*Geórgicas*, 145). (1910: A. Salcedo.)

Labour Party ing. 'Partido del Trabajo', 'Partido Laborista'. Partido socialista británico, fundado en 1906. Pol.

labura italianismo. (Ac.: 2001). 'trabaja'. Es voz jergal. (h. 1927: Carlos Gardel, Arg.-Urug., en el tango «Siglo Veinte, cambalache».) → LABURO.

laburo italianismo. (Ac.: 2001). Es voz jergal en Arg. Del it. *lavoro*, 'trabajo'.

laburu vasc. 'lábaro', 'cruz'. (1980: *D. 16*.) Rel.

la chair est triste, hélas! et j'ai lu tous les livres fr. 'la carne es triste, ay, y he leído todos los libros'. Supone hastío de la carne y del espíritu. De Stéphane Mallarmé (1842-1898), primer verso del poema *Brise marine*, del libro *Vers et prose* (1893). (1892: A. Nervo.)

la città dolente it. 'la ciudad doliente', 'la ciudad del dolor'. En ext.: *Per me si va ne la città dolente*, 'Por mí se va a la ciudad doliente'. Inscripción que se halla en la puerta del Infierno, según Dante (*Divina comedia, Infierno*, 3, 1). (1924: Unamuno.) Lit. → LASCIATE OGNI SPERANZA.

lacón gall. 'lacón' (Ac.). Codillo o brazuelo curado del cerdo. (1881: R. de Castro.) Gastr.

la crème de la crème fr. 'lo mejor de lo mejor', 'la flor y nata', lit.: 'la crema de la crema'. (1982: *País*.)

lacrima Christi lat. 'lágrima de Cristo'. Nombre de un vino dulce del S de Italia. Gastr.

lacrymae rerum lat. 'las lágrimas de las cosas'. (1897: J. Azardun.) → SUNT LACRYMAE RERUM.

Lada ru. Nombre de un automóvil producido por la Fábrica de Automóviles Volga, situada en Tolyatti, a orillas del Volga. *Lada* significa 'querido', pero, además, es hipocorístico de *Vladimir*, popular nombre ruso de persona. Autom.

ladies ing. 'damas', 'señoras'. Inscripción que figura a la entrada de los servicios higiénicos públicos. (1933: Jardiel Poncela.)

ladies and gentlemen ing. 'damas y caballeros'. (1956: M. A. Asturias, Guat.)

la dolce vita it. → DOLCE VITA.

la donna è mobile it. 'la mujer es móvil'. Primer verso de la canción del duque de Mantua, enamorado de Gilda, hija del bufón Rigoletto, en la ópera *Rigoletto* (acto IV), música de Giuseppe Verdi (1813-1901), libreto de Piave, estrenada en 1851. (1863: Bécquer.) Mús. → QUAL PIUMA AL VENTO.

la drôle de guerre fr. 'la guerra de pega', 'la guerrita'. En Francia, los primeros meses de la Segunda Guerra Mundial. (1973: Pons Prades.) Hist.

lady ing. 'ladi' (Ac.), 'señora'. Etimológicamente, 'amasadora de pan', del a. ing. *hlaefdige*, compuesto de *hlaef*, 'pan' y *dige*, 'amasadora'.

La Fura dels Baus cat. → FURA DELS BAUS.

lager ing. 'láguer'. Cerveza de fermentación larga (40 días), frente a *ale*, de fermentación corta. Es un germanismo en ing.: en al. *Lagerbier*, 'cerveza *(Bier)* de almacén *(Lager)* o reserva'. (1991: TVE.) Gastr. → ALE.

Lager al. 'campamento (de prisioneros de guerra)'. Ej.

la Grandeur fr. 'la Grandeza'. Con referencia a la de Francia, *Leitmotiv* del general De Gaulle y, antes, de Napoleón Bonaparte. (1978: La *Calle*.) Pol.

laguntzaile vasc. 'lagunchaile', 'colaborador'. De *laguntza*, 'acompañamiento', 'ayuda'. Se aplica a los colaboradores de los comandos etarras. (1991: *País*.) Pol. → ETA.

lai fr. 'lai'. Poema corto, quizá de origen céltico, generalmente narrativo. Versaban sobre aventuras maravillosas, del ciclo artúrico o de la Tabla Redonda. Los más célebres, escritos por Marie de France (h. 1160-1170). Lit.

LAIA vasc. Siglas de *Langile Abertzale Iraultzaileen Alderdia*, 'Partido (*Alderdi*) Revolucionario (*Iraultzaile*) Nacionalista (*Abertzale*) de Trabajadores (*Langile*)', formado por gente salida de *ETA* tras la muerte del almirante Carrero Blanco (1974.) Pol.

Laika ru. 'Laika', lit.: 'ladradorcita'. Nombre de la perra que fue el primer viajero del espacio exterior, a bordo del *Sputnik* II, lanzado el 2 de noviembre de 1957. Pertenece a una raza de perros cazadores de osos en Siberia. Cosmonáut.

laissez faire, lassez passer fr. 'dejad hacer, dejad pasar'. Lema que resume la doctrina económica del fisiócrata francés François de Quesnay (1694-1744). Pero su origen es muy discutido. Se dice que el primero en pronunciarla fue Vicente de Gournay, en una asamblea de fisiócratas (1758). Turgot la atribuye a un negociante de la época de Colbert, pero según Oncken, se debe al marqués d'Argenson, en cuya *Memoria* (1736) se lee; para Ramón Carande, es de Mirabeau; y para Lezama Lima, del embajador y fisiócrata Dupont de Nemours. Pero su difusión general se debe a *The Wealth of Nations* (1776), obra de Adam Smith. (1875: Galdós.) Ecom.

lama tib. (**blama**). 'lama' (Ac.), lit.: 'instruido'. Monje budista del Tibet. (1882: F. Mtnez. Pedrosa.) Rel.

lambada port. 'lambada', lit.: 'correazo' (Regina dos Santos). Música y baile muy sensual, agarrado, que algunos estiman procedente del N del Brasil; popularizado (1989) por el grupo brasileño Kaoma. Baile.

Lambretta it. 'Lambretta'. Motocicleta *scooter*, fabricada en la factoría *Innocenti di Lambrate*. *Lambretta* pretende ser dimin. de *Lambratte*. Transp. t. → VESPA.

lamé fr. 'lama' (1894: F. Naval), 'laminado'. Tejido hecho con hilos de seda y plata u oro. (1952: *Econ. doméstica*.) Indum.

la mer, la mer, toujours recommencée! fr. 'el mar, el mar, siempre recomenzado'. Verso del poema *Le cimetière marin*, de Paul Valèry (1871-1945). Nueva expresión de la idea del eterno retorno, del filósofo presocrático Heráclito. (1995: Haro Tecglen.) Lit.

la Moreneta cat. → MORENETA.

Land, pl. **Länder** al. 'territorio (autónomo)', 'país (autónomo)', dentro de la República Federal Alemana, lit.: 'país'. Geogr. p.

landau fr. 'landó' (1918: E. Sellés; Ac.). Coche de caballos, de cuatro ruedas, con doble capota abatible. Del al. *Landau*, nombre de ciudad, si bien los alemanes denominaban a este coche *Landauer*, 'de Landau'. (1878: Galdós.) Transp. t.

Landrover ing. 'lanróver' (1983: *Peridis*), 'todo terreno', 'todoterreno' (1999: *País*). Automóvil (1963) de la fábrica inglesa *Rover*, destinado al campo *(land)*, semejante al *jeep*. Transp. t.

Landtag al. 'Parlamento regional', en la República Federal Alemana. Comp. de *Tag*, 'parlamento', y *Land*, 'región'. (1994: J. Comas.) Pol.

langue fr. 'lengua'. En la concepción lingüística de Ferdinand de Saussure, 'sistema gramatical y lexical adquirido de una comunidad', frente a *parole*, 'habla', ésta en cuanto uso individual del sistema. Ling. → PAROLE.

langue d'oc fr. 'provenzal', lit.: 'lengua de *oc*', frente a *langue d'oil*, 'lengua de *oil*': o 'francés'. Diferenciación lingüística por las formas de decir 'sí', en la Edad Media, en Francia: en ant. fr. *oil* (fr. *oui*), deriv. del lat. *hoc ille*, 'esto mismo'; en ant. prov. *oc*, deriv. del lat. *hoc*, 'esto'. (1891: Pardo Bazán.) Ling.

la pittura è una cosa mentale it. 'la pintura es una cosa mental'. De Leonardo da Vinci *(Tratado de la pintura)*, frente a la consideración de la pintura como trabajo manual. (1962: Gaya Nuño.) Pint.

lapsus lat. 'lapso' (Ac.), 'caída', 'resbalón', 'error', 'desliz'. (1907: Rodríguez Marín.)

lapsus calami lat. 'lapsus cálami' (Ac.), 'error o desliz de la pluma'. Del lat. *calamus*, 'caña' que, convenientemente preparada, servía para escribir. (1907: *ABC*.)

lapsus linguae lat. 'lapsus línguae' (Ac.), 'error o desliz de la lengua (o de la palabra)', (1909: S. y J. Alv. Quintero.)

lapsus memoriae lat. 'error o desliz de la memoria', 'patinazo'.

lar gall. 'lar' (Ac.), 'hogar', 'fogón'. (1888: Pardo Bazán.) → LAREIRA.

lareira gall. 'larera', 'cocina'. Es la piedra o conjunto de piedras donde está situado el lar. (1977: Fdo. González.) → LAR.

larghetto it. 'largueto'. Movimiento musical en tiempo lento, más lento que el *andante*, menos que el *largo*. Mús.

largo it. 'largo' (Ac.). Movimiento musical en tiempo lento, más lento que el *larghetto*, menos que el *andante*. Mús.

l'art pour l'art fr. 'el arte por el arte'. Es decir, sin limitaciones sociales, morales, políticas, religiosas, etc. Frase de Benjamín Constant *(Journal intime*, 1804) y Víctor Cousin (conferencias de la Sorbona, 1818, reunidas en *Cour de philosophie*, 1836) y Théophile Gautier (1835). (1976: A. M. Campoy.) Arte.

lasagna, pl. **lasagne** it. 'lasaña' (Ac.), 'cinta'. Pasta de harina en forma de cintas o placas. Gastr.

lasciami, lasciami, oh lasciami partir! it. '¡dejadme, dejadme, oh dejadme partir!'. Palabras del dúo del ac. III de la ópera *Gli Ugonoti*, 'Los Hugonotes' (1835), de J. L. Meyerbeer (1791-1864). (1884: *Clarín*.) Mús.

lasciate ogni speranza it. (1893: *Clarín*.) → VIDE INFRA.

lasciate ogni speranza voi ch'entrate it. 'dejad toda esperanza, los que entráis'. De Dante (*Infierno*, 3, 9). Este verso forma parte de la inscripción que se halla en la puerta de entrada a la 'ciudad doliente'. (1851: Pí y Margall.) Lit. → LA CITÀ DOLENTE.

laser ing. 'láser' (Ac.: 1992). Palabra formada sobre *light amplification by stimulated emission of radiation*, 'amplificación de la luz mediante emisión estimulada de radiación'. Rayo luminoso monocromático de gran intensidad, capaz de transportar millones de ondas. Realizado por primera vez (1960) por T. H. Maiman. (1979: Alzugaray.) Fís.

last but not least ing. 'el último, pero no el menor'. (1980: Elías Díaz.)

latet anguis in herba lat. 'la serpiente está oculta en la hierba.' De Virgilio (*Églosas*, 3, 93). (1915: Baroja.) Lit.

Latin lover ing. 'amante latino', 'amante moreno', 'galán latino'. Tipo humano cuyo más característico representante fue el actor Rodolfo Valentino. (1976: F. Umbral.)

lato sensu lat. 'en sentido amplio'. Contrario a *stricto sensu*.

laudatio lat. 'elogio', 'panegírico'. En la antigua Roma, 'elogio fúnebre', *laudatio funebris* (Séneca) o simplemente 'elogio', *laudatio* (Cicerón); actualmente, 'elogio' al recipiendario de algún premio, honor, título, etc. (1986: M. A. Aguilar.)

laudator temporis acti lat. 'elogiador del tiempo pasado'. De Horacio (*ad Pisones*, 173). (1893: *Clarín*.) Lit.

Laurak-bat vasc. 'Las cuatro (provincias vascas), una'. Consigna nacionalista que incluye a Navarra. (1890: Pardo Bazán.) Pol. → IRURAK BAT; ZAZPIAK BAT.

laus deo lat. 'alabanza a Dios'. (1870: *Alm. Museo Universal*.) Rel.

laus in ore proprio vilescit lat. 'la alabanza (de sí mismo) en boca propia envilece'. (1912: Armiches.)

laus tibi, Christe lat. 'alabanza a ti, Cristo'. Palabras del ayudante, al terminar el sacerdote la lectura del Evangelio en la misa de los catecúmenos. Pero en contextos españoles, 'asunto terminado', 'sea lo que Dios quiera', 'no hay más remedio'. (1837: Bretón de los H.) Rel.

lavanda it. 'lavanda' (Ac.: 1992), 'espliego'. Del lat. *lavanda*, 'para lavarse'. (1772: Cadalso.) Cosmét.

l'avara povertà dei catalani it. 'la avara pobreza de los catalanes'. De Dante (*Paradiso*, VIII, 77: '*l'avara povertà de Catalogna*'). Tópico que más que a la pobreza se refiere a la sordidez y avaricia, según Croce *(España en la vida italiana del Renacimiento)*. (1935: P. Mourlane.)

l'avi cat. → AVI.

lawn tennis ing. 'tenis sobre hierba'. (1887: E. Gaspar.) Dep.

lazzarone pl. **lazzaroni** it. 'mendigo', 'soguilla', en Nápoles. (1793: Moratín h.)

leader ing. 'líder' (Ac.), 'jefe', 'jefe de partido'. (1865: J. Valera.) Pol.

leasing ing. 'arredamiento-financiación a largo plazo de bienes de equipo', 'arrendamiento financiero' (1994: *País*). Operación financiera que comprende un contrato de arrendamiento de bienes de equipo y una opción de compra de esos bienes, (1976: J. M. del Rey.)

Lebensraum al. 'espacio vital'. Doctrina aportada por los geopolíticos alemanes, cuyo principal representante fue Karl Haushofer (1869-1946), de quien fue discípulo el líder nazi Rudolf Hess. Según los nazis, Inglaterra y Francia, por decadentes, y los estados pequeños (menos Suiza y el Vaticano) por pequeños, deberían desaparecer, en beneficio de Alemania, que pasaría a ser el corazón de Eurasia. Pol.

Leberwurst al. 'salchicha de hígado'. (1923: C. Espina.) Gastr.

le bon sens est la chose du monde la mieux partagée fr. 'el buen sentido es la cosa mejor repartida del mundo'. Comienzo del *Discours de la Méthode* (1637), de René Descartes (1596-1650). (1912: Unamuno.) Fil.

lectorem delectando pariterque monendo lat. 'deleitando a la vez que instruyendo al lector'. De Horacio *(ad Pisones)*. (1826: *Aviso a los lechuguinos*.) Lit.

le dernier cri fr. 'el último grito (de la moda)'. (1897: Ganivet.) Indum.

le dernier mot fr. 'la última palabra'. (1911: A.. Glez. Blanco.)

Lega Nord it. 'Liga Norte'. Partido político italiano de inspiración separatista, liderado (1993) por Umberto Bossi. Pol.

legatus a latere lat. → A LATERE.

Legenda aurea lat. 'Leyenda áurea', 'Leyenda dorada'. Colección de vidas de santos escritas por Jacobo de Vorágine (1230-1298), obispo de Génova. Rel.

leggings ing. 'perneras'. 1) 'leguis' (1930: R. J. Sender; Ac.: 1992), 'polainas'. (1925: *Guía of. de Burgos*.) Indum.; 2) 'pantalón exterior femenino, muy ajustado a la pierna (*leg*) y que llega sólo hasta encima de los tobillos'. (1993: El Corte Inglés.) Indum.

Leghorn ing. 'legorna'. Raza de gallinas muy ponedoras, adoptada en el siglo XVIII en EE.UU. Por el nombre ing. *Leghorn* de la ciudad italiana *Legorno* o *Livorno*, en esp. 'Liorna'. (1932: *Bl. y Negro*.) Zool.

Légion d'Honneur fr. 'Legión de Honor'. Orden fundada por Napoleón Bonaparte en 1812 para distinguir a militares y civiles. Pol.

legionella lat. cient. 'legionela' (Ac.: 2001). Abrev. de *legionella pneumophila*, 'legionela neumófila', bacteria que produce *legionellosis*. (1983: *País*.) Med. → LEGIONELLOSIS.

legionellosis lat. cient. 'legionelosis' (1995: *Bl y Negro*; Ac.: 2001), 'enfermedad del legionario'. Forma de neumonía identificada en EE.UU. durante (1976) una convención de la *American Legion*, donde causó víctimas. Producida por la bacteria *legionella pneumophila*, 'legionela neumófila'. (1997: R. Ac. de Med. y *País*, anuncio.) Med. → AMERICAN LEGION.

Lego dan. Nombre dado, en los años treinta, por el juguetero Kirk Christiansen a sus productos. *Lego* es simplificación de la expresión dan. *let godt*, 'juega bien'. La fábrica-ciudad de *Lego*, situada en Billund (Dinamarca) se llama Legoland. Jue.

le Grand Siècle fr. 'el Gran Siglo'. Con referencia al siglo XVII francés, llamado también 'siglo de Luis XIV'. Hist.

lehendakari vasc. 'lendakari' (Ac.: 2001), 'lendacari', 'presidente (de Euskadi)'. Forma adoptada, con la reforma ortográfica de 1968, en sustitución de *lendakari*. Pol. → LENDAKARI.

lehendakaritza vasc. 'lehendacaricha', 'lendacaricha', 'presidencia'. (1998: RNE.) Pol. → LEHENDAKARI.

Leica al. 'Leica' (pron. 'Laica'). Cámara fotográfica inventada (1913) por Oskar Barnack, fabricada (1924) por la empresa *Leitz*, de Wetzler (Alemania). Es palabra arbitraria comp. con el al. *Lei(tz)* y el ing. ca*(mera)*, 'cámara'. (1954: Che Guevara.) Fot.

Leitmotiv al. 'motivo conductor'. Tema musical que, principalmente en las óperas, caracteriza a un personaje, una situación, un sentimiento. Expresión divulgada a través de Richard Wagner; famoso, por ej., el *Leitmotiv* de la Espada, en su Tetralogía. Parece ser que esta expresión se debe a Friedrich Wilhelm Jähns, quien con ella caracterizó algunos pasajes musicales de Karl Maria von Weber (1786-1836). (1904: N. Mariscal.) Mús.

le juste milieu fr. → JUSTE MILIEU.

l'embarras du choix fr. 'la dificultad de elegir.' (1851: Mesonero.)

le mot de Cambronne fr. → MOT DE CAMBRONNE.

le mot juste fr. 'la palabra justa', 'la palabra adecuada'. Aspiración estilística del novelista francés Gustave Flaubert (1821-1880) en sus escritos. (1998: Cabrera Infante, Cu.) Lit.

lendakari vasc. 'lendakari' (Ac.: 2001), 'presidente (de Euskadi)'. Forma utilizada primeramente, durante la vigencia del primer Estatuto vasco, sustituida, con la reforma ortográfica de 1968, por *lehendakari*. (1977: A. Elorza.) Pol. → LEHENDAKARI.

l'enfer, c'est les autres fr. 'el infierno lo constituyen los otros'. De Jean-Paul Sartre, en *Huis-clos* (1947). (1992: P. Laín.) Lit.

le nom ne fait pas à la chose fr. 'el nombre no tiene que ver con la cosa', 'el hábito no hace al monje'. (1866: Galdós.); también: *Le nom ne fait rien à la chose*. (1860: A. de Trueba.)

le nom ne fait pas à l'affaire fr. 'el nombre no tiene que ver con el asunto'. (1835: Mesonero.)

leotard ing. 'leotardo' (Ac.: 1992). Malla que cubre de pies a cintura al trapecista. Llamada así por el apellido del francés J. Léotard (siglo XIX), inventor del trapecio volante. De vestido de trapecista pasó en los años sesenta a prenda femenina; el *panty* es un heredero suyo. Indum. → PANTY.

le roi est mort, vive le roi! fr. '¡el rey ha muerto, viva el rey!'. Fórmula empleada en la monarquía francesa para comunicar la muerte del rey y anunciar el reinado de su sucesor. La pronunciaba tres veces un heraldo, desde el balcón principal del palacio real. Se dijo por última vez el 24 de octubre de 1824, en los funerales de Luis XVIII, en la iglesia de Saint-Denis. Hist.

les affaires sont les affaires fr. 'los negocios son los negocios'. Proverbio que sirvió de título a una comedia (1903) de Octave Mirbeau (1848-1911), lo que contribuyó a su difusión. (1905: L. Morote.)

Les Deux Magots fr. 'Los Dos Muñecos chinos'. En ext.: *Café des Deux Magots*. Café literario de París, sito en 6 Place Saint Germain -des-Près. Fundado en 1895, conservó la enseña que allí había cuando era un simple almacén. Entre sus parroquianos más asiduos y famosos: Verlaine, Rimbaud, Malraux, Gide, Giraudoux, Picasso, Léger, Prévert, Hemingway, Sartre, Beauvoir, Breton, etc. Host.

les dieux ont soif fr. 'los dioses tienen sed'. Es decir, los dioses (y los ídolos y las pasiones) tienen sed de sangre, exigen sacrificios humanos, como los dioses del paganismo. Es título de una famosa novela de Anatole France, que tomó del periódico *Le vieux Cordelier* (1794), de Camille Desmoulins. Carlyle lo empleó en inglés *The Gods are thirsty*, como título de un capítulo de su *Historia de la Revolución francesa*. Hist.

les jeux sont faits fr. 'las jugadas están hechas' (1995: A. Batllebó). Frase que, en el juego de la ruleta, dice el *croupier*, para cerrar las apuestas; a la que añade *rien ne va plus*, 'no se admiten más (apuestas)'. (1911: Pérez de Ayala.) Jue.

le style, c'est l'homme fr. 'el estilo es el hombre'. Según G. L. Leclerc, conde de Bufón (1707-1788). Es frase (según Guerlac) que sintetiza un largo párrafo del *Discours de réception à l'Académie* (1752), de Buffon, que acaba así: *le style est l'homme même*, 'el estilo es el propio hombre'. (1945: Azorín.) Lit.

l'État, c'est moi fr. 'el Estado soy yo'. Se dice que esta frase la pronunció Luis XIV de Francia ante el parlamento de París el 13 de abril de 1655; pero según Chéruel *(Hist. de l'administration monarchique en France)*, tal frase no aparece en las actas de las sesiones. Hist.

letraset ing. 'letras transferibles'. Marca de fábrica (1963) inglesa. (1982: F. Arroyo.)

lettre de cachet fr. 'carta sellada'. Con la que el rey de Francia, en los tiempos anteriores a la Revolución, mandaba a prisión, a la Bastilla, a los nobles, sin publicidad, evitándose así el deshonor. (1775: A. Ponz.) Hist.

Levis ing. 'Levis', 'levis', '(pantalones) vaqueros'. Marca registrada (1873) estadounidense. Acrónimo de *Levis S(trauss)*, nombre del fundador de la empresa de vestimenta estadounidense *Levi Strauss and Co.* Los diccionarios estadounidenses registran *Levis* (por ej. Webster, Simon and Schuster), pero suele verse *Levis's* (1995: *País*.) Indum. → BLUE JEANS.

l'exactitude est la politesse des rois fr. 'la puntualidad es la cortesía de los reyes'. Frase favorita de Luis XVIII de Francia (reg. 1814-1824), según los *Souvenirs* de su contemporáneo J. Laffite. (1988: C. Jiménez.) Hist.

lex posterior derogat priori lat. 'la ley posterior deroga la ley anterior'. Principio o adagio jurídico. (2002: Nicolás Sartorius.) Der.

lex rei sitae lat. 'la ley de la cosa situada', es decir, las cosas se rigen por la ley del lugar en que están sitas. (1873: Sentencia.) Der.

l'homme, c'est un roseau pensant fr. 'el hombre es una caña que piensa'. De Blaise Pascal (1623-1662), en *Pensées* (6, 347). En ext.: *l'homme n'est qu'un roseau, le plus faible de la nature, mais c'est un roseau pensant*, 'el hombre no es más que una débil caña, la más débil de la naturaleza; pero es una caña que piensa'. Fil.

liaison fr. 'relación amorosa', no conyugal, extraconyugal. (1939: R. J. Sender.)

(les) liaisons dangeureuses fr. 'las relaciones peligrosas'. Título de una novela epistolar de P.-A.-F. Choderlos de Laclos (1741-1803), publicada en 1782; trad. esp. (París, 1822), por Cecilio Corpas, con el título *Las amistades peligrosas*. (1921: Baroja.) Lit. → LIAISON.

libera nos, Domine lat. 'líbranos, Señor'. Respuesta que se repite en la segunda parte de las Letanías, en su primera mitad, según el ritual romano. (1905: Blasco Ibáñez.) Rel.

libero it. 'líbero' (Ac.: 2001), 'libre', 'defensa escoba'. En fútbol, el defensor que no juega en una posición fija, sino con cierta libertad. Táctica de juego inventada en 1954 por Karl Rappan, seleccionador de Suiza, muy difundida en Italia y en el campeonato mundial de 1958 (1990: J. Valdano); o por el entrenador argentino, afincado en Italia, Helenio Herrera (1980: A. Relaño). Entre sus máximos representantes, el alemán Beckenbauer y el español *Pirri*. Dep. → CATENACCIO.

liberté, égalité, fraternité fr. 'libertad, igualdad, fraternidad'. Frase pronunciada (30 de junio de 1793) en el club de los *Cordeliers* (llamado así porque se reunía en un convento de franciscanos de París), fundado por Danton, Marat y Desmoulins durante la Revolución francesa. *Motto* oficial de la

Segunda República francesa, que lo adoptó ya en su primera proclama (1848); abolido por el Segundo Imperio, pero restaurado por la Tercera República. (1899: a. Nervo.) Pol.

Liberty ing. 'Liberty', 'libertí' (1935: García Lorca). Tejido raso, con dibujos o florecitas sobre fondo claro, empleado en mobiliario e indumentaria; y movimiento artístico semejante al *Art nouveau* francés, al 'Arte joven' español, al *Floreale* italiano y al *Jugendstil* alemán. Toma nombre del apellido de Arthur Lasenby Liberty (1843-1917), de Londres, importador de especias y objetos artísticos del Extremo Oriente a través de su empresa Liberty and Co. (1903: *Bl y Negro*.) Arte.

Liberty (ship) ing. '(barco) *Liberty*', 'barco de la Libertad'. Carguero mediano, producido en serie, ideado por el ingeniero estadounidense Kaiser, para satisfacer las grandes necesidades del transporte marítimo en la Segunda Guerra Mundial. (1973: A. Fdez.) Transp. m.

libido lat. 'libido' (Ac.: 1992), y no 'líbido', como se suele oír, por analogía con 'lívido'. Deseo instintivo, especialmente deseo sexual. Pertenece a la terminología psicoanalítica. El primero en emplearlo fue C. J. Jung y, tras él, Sigmund Freud. (1925: E. d'Ors.) Psicoan.

Libor ing. 'Líbor'. Palabra formada sobre *L(ondon) I(nter) b(ank) o(perating) r(ate)*, 'tasa interbancaria de Londres'. (1982: *País*.) Econ. → MIBOR.

libretto it. 'libreto' (Ac.). Con referencia al texto literario de una ópera. (1782: Forner.) Mús.

Licht, mehr Licht al. 'luz, más luz'. (1935: Gímenez Caballero.) → MEHR LICHT

lido it. 'playa', 'ribera', 'marina'. Famoso el *Lido* de Venecia. (1944: Ismael Herráiz.) Geogr. f.

Lied, pl. **Lieder** al. 'canción'. Poema lírico cantable, de expresión sentimental. Tuvo este género gran desarrollo durante el Romanticismo musical alemán, con Schubert, Schumann, etc. (1858: R. de Castro: *lieder*; 1923: Concha Espina.) Mús.

Lifo ing. 'Lifo'. Palabra formada con las iniciales de *Last in, first out*, 'la última que entra, (igual a) la primera que sale'. Valoración de las existencias entradas. (1979: Alzugaray.) Econ.

lift ing. 'lift', '(golpe) liftado'. En tenis, el que se da con la raqueta inclinada hacia delante para imprimir a la bola un movimiento rotatorio y un efecto de avance a fin de que su bote sea rápido. Dep.

liftado anglicismo. (1990: *País, LEst.*) Dep. → LIFT.

lifting ing. *'lifting'* (Ac.: 2001), 'estiramiento' (1993: Vázquez Montalbán), pero también 'atezar' y 'atezamiento', en el sentido de la primera acepción del *DRAE*: 'poner liso, terso o lustrado', principalmente el rostro (o *face lift*) mediante cirugía plástica, eliminando arrugas o excesos. De *to lift*, 'levantar', 'alzar'. (1989: A. Gala.) Med.

light ing. 'lait', 'ligero', 'suave'. Se aplica a tabacos, bebidas, etc., menos fuertes de lo habitual. (1989: *ABC.*)

lignum crucis lat. 'lígnum crucis' (Ac.), lit.: 'madera de la cruz'. (1899: Pardo Bazán.) Rel.

Likud hebr. 'Cohesión'. Coalición de varios partidos (*Herut*, nacionalista; Partido Liberal, y otros partidos menores, como el *Laam*, el *Rafi*, el *Tami*, etc.). Formación en 1973, dirigida por Menájem Beguin hasta 1983, en que le sucedió Itzhak Shamir. (1983: *País*.) Pol.

Lili Marleen al. Canción (1941), letra de H. Leib, mús. de H. Schultze; popular entre los soldados alemanes de la Segunda Guerra Mundial. Mús.

limes lat. 'límite', 'frontera'. Con referencia a la frontera fortificada del Imperio romano contra los bárbaros. (1926: Ortega.) Hist.

liminal ing. 'liminal', 'liminar'. Del lat. *limen*, 'frontera'. En psicología, 'en el límite o umbral de los sentidos', frente a *subliminal*, 'debajo del límite o umbral de los sentidos', que es traducción inglesa del al. *unter der Swelle des Bewusstseins*, lit.: 'debajo del umbral de la conciencia', concepto de Herbert (*Psychologie als Wissenschaft*, 1824.) Psic.

limousine fr. 'limusina' (Arias Paz; Ac.: 2001). Automóvil de carrocería cerrada, cuya característica era el encristalamiento que separaba los asientos delanteros de los traseros. Actualmente, por influjo estadounidense, 'turismo de gran lujo y gran tamaño'. (1922: P. Mata.) Autom.

lingam sáns. 'falo'. Representa a Siva en el hinduismo. Rel.

lingo ing. 'lengua' o 'habla' o 'jerga' particular de un grupo o campo determinado. En su origen (Partridge), 'jerga del hampa'. Ahora, además, 'terminología'. En este sentido, adoptada como nombre o título de un programa de TVE. (1993: Ramoncín.) Ling.

lingua franca lat. 'lengua franca'. Originalmente se llamó así la lengua (italiana) llevada por los cruzados (francos) a Oriente. Hoy se llama así a un idioma mixto o a una lengua o dialecto con el que se pueden comunicar individuos de lengua o dialectos diferentes. En Brasil existe como *lingua franca* la llamada *lingua geral*, 'lengua general', que es el dialecto tupí utilizado por los misioneros para comunicarse con diversidad de indios. Actualmente el inglés básico puede considerarse lengua franca, dada su difusión. (1933: Ortega.) Ling.

linier ¿catalanismo? Hasta 1996, en España compartían el uso 'linier' y 'juez de línea'; pero, desde julio de 1996, las autoridades deportivas exigen el uso, en fútbol, de 'árbitro asistente', que suele abrev. en 'asistente'. Generalmente se ha venido considerando 'linier' como anglicismo (así, el *DRAE*), pero en ing. su función la desempeña el *linesman*, 'hombre de la línea'. El único *linier* que existe en ing. no es sust. sino adj. (*vide* Webster, s.v.: *liny*) con el significado de 'lleno de líneas'. Emilio Lorenzo (1996) señala que Otto Pfändler (*Wortschatz der Sportsprache Spaniens*, 1954) considera *linier* como posible formación catalana, posibilidad que no descarta Martín de Riquer. No obstante, el *Diccionario de la llengua catalana* (Barcelona, Enciclopèdia Catalana, 1993) también acepta *linier* en cat. como anglicismo. Dep.

links ing. 'recorrido' que se hace en un campo de golf. (1980: J. García Candau.) Dep.

Links und Links al. 'Izquierda e izquierda'. Canción comunista alemana, divulgada en España por las Brigadas Internacionales. (1939: *Col. Canciones en lucha*.) Pol.

linoleum ing. 'linóleum', 'linóleo' (Ac.). Formada con el lat. *linum*, 'lino' y *oleum*, 'óleo', 'aceite'. Suelo impermeable hecho con tela de yute bañada con aceite de lino, goma, resina, etc., inventado por F. Walton (1860). Actualmente, ocupan su sitio materiales plásticos. (1912: Arniches.)

linotype ing. 'linotipia' (Ac.). Máquina de composición tipográfica que compone líneas enteras. Inventada por O. Morgenthaler, en Cincinatti (EE.UU.), en 1885. De *lin(e) o(f) type(s)*, 'línea de tipos'. (1933: F. Fábregues.) Impr.

lion fr. 'hombre a la moda', 'dandi', 'león' (1844: V. de la Fuente), lit.: 'león'. (1843: R. de Navarrete.) → LIONNE.

lionne fr. 'mujer elegante', 'mujer a la moda', lit.: 'leona'. Según Balzac (*Albert Savarus*, 1842), es uso debido a la canción de Alfred de Musset: *Avec vous vu dans Barcelonne*, donde aparece el verso: *c'est ma maîtresse et ma lionne. Lionne* es fem. fr. del ing. *lion*, que aludía a los leones de la Torre de Londres, es decir, la casa de fieras fundada por Jacobo I (1834). *Lionne* es el par fem. del masc. *dandy*. (1865: Galdós.) → LION.

lipizzaner al. 'lipizano'. Caballero de la yeguada de Lipizza (en al.; pero Lipica, pron. 'Lipicha', en esloveno), lugar próximo a Trieste, en Eslovenia, utilizado en la famosa Escuela Española de Equitación, de Viena. Dep.

lipstick ing. 'barra de labios'. (1995: Martes y Trece.) Cosm. → ROUGE.

litchi ing. 'lichi'. Del ch. *li chih*, en lat. cient. *Litchi chinensis*. Fruta de origen chino, consistente en una nuez frágil que contiene una pulpa gelatinosa y una semilla. Bot.

(the) Little Italy ing. 'La pequeña Italia', es decir, el barrio italiano de Nueva York; y, por extensión, el de Chicago. (1991: *País*.)

Littorio it. Nombre de una división fascista italiana, del C.T.V., mandada por el general Bittori, que intervino en la guerra de España (1936-1939) en ayuda del general Franco y contra la República española. Ej. → FASCIO LITTORIO y C.T.V.

living ing. 'living' (1998: A Dorfman, Ch.), 'cuarto de estar'. En ext.: *living room*. (1935: Morla Lynch, Ch.) → LIVING ROOM.

living room ing. 'cuarto de estar' y últimamente 'salón'; lit.: 'el cuarto en que se vive o se hace la vida'. En contextos españoles, desde los años sesenta, más frecuente la abrev. *living*, 'livin', en el habla. (1927: Jardiel Poncela.)

Living Theatre ing. 'Teatro Vivo'. Compañía de teatro, estadounidense, fundada por Julian Beck y Judith Malina en 1951. Se basa en el *happening*, en la improvisación colectiva, en la participación del público y en el llamado 'teatro de la crueldad' de Antonin Artaud. Sus vinculaciones con el movimiento *beat* y el anarquismo y con los movimientos de protesta de los años sesenta (contra la guerra del Vietnam) le acarrearon persecuciones en EE.UU. y en otros países por motivos diferentes. Actualmente (1980) reside en Italia. (1966: J. Antuña.) Tea.

LKI vasc. Siglas de *Liga Komunista Iraultzailea*, 'Liga Comunista Revolucionaria'. Trotskista. Unida al *EMK* en marzo de 1991, es afín a *HB* y a *ETA*. (1991: *País*.) Pol. = EMK.

lladre cat. 'ladrón'. (1895: Blasco Ibáñez.)

llar cat. 'llar' (Ac.: 1992), 'fogón' y 'hogar'. (1898: Unamuno.)

Lliga Regionalista cat. 'Liga Regionalista'. Fundada (25 abril 1901) por Prat de la Riba, con la fusión de su *Centre Nacional Català* (1899) y la *Unió Regionalista* (1900) del Dr. Robert. Tuvo importacia durante los tres primeros decenios del siglo XX, especialmente bajo el liderazgo de Francesc Cambó. Pol.

Lloyd's ing. Compañía de seguros, inicialmente sólo marítimos, actualmente generales. Nació en Londres, en 1688. Su nombre se refiere al apellido de Edward Lloyd, propietario del establecimiento de bebidas que, en el puerto de Londres, frecuentaban los contratantes de seguros. Der.

lob ing. 'globo' (*País*, *LEst.*). Es voz que se usa en tenis y en críquet. Consiste, en tenis, en un lanzamiento de la pelota alto y lento por encima del contrario. (1989: *País.*) Dep.

lobby ing. '*lobby*' (Ac.: 2001). 1) 'vestíbulo público (de un hotel, etc.).' (1932: Jardiel Poncela.) Host.; 2) 'grupo de presión', 'camarilla'. Se llama *lobby* un vestíbulo público del Congreso de los EE.UU., al que suelen acudir los *lobbysts* que representan unos mismos intereses para influir sobre los congresistas a su favor. El término puede aplicarse a cualquier grupo que busca o ejerce determinada presión política o económica, aun fuera de los parlamentos o congresos. (1976: J. A. Hervada.) Pol.

lobisome gall. 'hombre lobo'. (1947: C. Martínez Barbeito.) Mitol.

loc. cit. lat. Abrev. de *loco citato*, 'en el lugar citado'. Se emplea en citas bibliográficas. Biblio.

lock out ing. 'cierre (patronal)'. (1929: M. Altimiras.) Pol.

loco citato lat. 'loco citato' (Ac.), 'en el lugar ya citado'. (1912: Unamuno.) Biblio. → LOC. CIT.

locus amœnus lat. 'lugar ameno'. Tópico literario, con el sentido de 'paraje hermoso', con prados, árboles, fuentes, arroyuelos, etc., escenario de la poesía bucólica. (1995: *ABC.*) Lit.

locus riget actum lat. 'el lugar rige el acto', es decir, los actos se siguen por la ley del país en que se otorgan. (1885: Sentencia.) Der.

Loden al. 'loden'. 1) paño basto de lana, para abrigos y capotes, tejidos sin batanar, de modo que no lo cale la lluvia. Semejante quizá al esp. 'estambrado' o a 'estameña'; 2) '(abrigo) *loden*'. (1925: E. d'Ors.) Indum.

Loess al. (**Löss**). 'depósito de marga o polvo, generalmente de color amarillento, que se cree ha sido transportado por el viento'. Geol.

loft ing. 'desván' o 'bohardilla', rehabilitado como vivienda, con un solo espacio multiuso. (2001: Elvira Lindo.)

loggia it. 'logia', 'galería', 'balconada'. (1896: R. Darío.) Arq.

logos gr. 1) 'palabra'; 2) 'razón'. Fil.; 3) 'Verbo', segunda persona de la Trinidad, según San Juan. Rel.

lollard ing. 'lolardo'. Adepto a las doctrinas heréticas de John Wycliffe (1330-1384), lit.: 'refunfuñador'. Rel.

longa manus lat. 'larga mano', en sentido figurado, pues llega o influye más allá del propio alcance de la mano. (1989: R. de la Cierva.)

long-play ing. 'larga duración'. Disco fonográfico de larga duración que gira a 33 revoluciones por minuto. (1976: M. Roig.) Mús.

look ing. 'imagen (personal)', 'aspecto (personal)', 'presencia (física)'. (1987: J. Llamazares.)

looping ing. 'rizando'. (1938: Herrera Petere.) Aeron. →
LOOPING THE LOOP.

looping the loop ing. 'rizar o rizando el rizo'. 1) número ciclista circense. (1905: Benavente.) Circo; 2) maniobra aeronáutica arriesgada y espectacular. (1922: E. d'Ors.) Aeron.

lo rat penat cat. 'el murciélago', lit.: 'el ratón penado', 'el ratón alado' (1931: Unamuno), del lat. *pennatum*, 'alado', de *penna*, 'pluma'. Animal heráldico que figura en el escudo de Valencia y que, además, da nombre a una sociedad de cultura valenciana (1878), que tiene su origen remoto en el calendario *Lo Rat Penat*, fundado en 1874 por Constantino Llombart, republicano federal, pimargaliano, quien se proponía renovar la vida política y social valenciana. La sociedad *Lo Rat Penat* se debe en gran parte a la iniciativa de Llombart, pero pronto se hizo con su dirección el grupo de Teodoro Llorente, cayendo en manos de la burguesía conservadora y tradicionalista. (1904: R. Soriano.)

lord ing. 'lord' (Ac.), 'señor'. Etimológicamente, 'el que guarda el pan amasado por la *lady*'. Del antiguo ing. *hlaford*, antes *halfwear*, de *hlaf*, 'pan', y *weard*, 'guardián'. → LADY.

Lord Mayor ing. 'alcalde de algunas grandes ciudades inglesas'. Pol.

Lorelei al. Peñón erguido (130 metros) en la margen derecha de una garganta del Rin, entre St. Goar y Oberwesel, mitificado como una sílfide que atrae a los barqueros para destruirlos. De *lure*, 'astuto'. (1915: R. Leóm.) Mitol.

Lost Generation ing. 'Generación perdida', o echada a perder. Palabras dichas por Gertrude Stein a Ernst Hemingway, haciéndose eco de lo que dijo el dueño de un garaje a un joven mecánico: *génération perdue*. Hemingway las puso como epígrafe de su libro *The sun also rises* (1926), cuyo héroe es un herido de guerra, emasculado. Sirven para dar nombre a la generación de novelistas norteamericanos que surgió en la posguerra de la Primera Guerra Mundial. (1971: Corrales Egea.) Lit.

loto italianismo. → LOTTO.

lotto it. 'loto', 'lotería primitiva'. Modalidad de lotería reinstaurada en España en los años ochenta. Jue.

loudness ing. 'compensador'. Filtro, en los equipos de alta fidelidad, para captar los sonidos medios en audiciones de pequeño volumen; evita que los agudos y graves borren los medios. (1970: *D. 16*.) Mús.

loulou fr. 'lulú'. Perrito de compañía. (1965: R. Chacel.) Zool.

loup garou fr. 'hombre lobo'. (1785: A. Ponz.) Mitol.

love at first sight ing. 'flechazo (de amor)'. → AMOR A PRIMERA VISTA.

love story ing. 'enamoramiento', lit.: 'historia de amor'. Palabras muy difundidas por haber servido de título a un filme famoso (1971), basado en la novela homónima de Erich Segal. (1982: R. de la Cierva.) Lit.

low-brow ing. 'cejibajo'. En EE.UU. hombre ordinario, que no tiene o no presume de mucha cultura; en contraposición a *high-brow*, 'cejialto', hombre que presume de intelectual y cultivado. (1991: M. de la Escalera.) → HIGH-BROW.

L.P. ing. Siglas de *Long Play*, 'Larga Duración', 'elepé' (1979: Ruiz Tarazona). (1976: *País*.) Mús. → LONG PLAY.

LSD al. 'ácido lisérgico', coloq. 'ácido'. Siglas del al. *Lyserg-Säure-Diaethylamide*, 'dietilamida del ácido lisérgico', droga descubierta (1936) por el doctor Albert Hoffmann, del Laboratorio Sandoz, de Basilea (Suiza), quien advirtió sus efectos estupefacientes casualmente en 1943. Su denominación de laboratorio *LSD* 25 fue adoptada en EE.UU. e internacionalmente. Su consumo como droga alucinógena en EE.UU. comenzó en los años sesenta, gracias al profesor Timothy Leary, quien llegó a formar una secta cuasi religiosa que utilizaba el *LSD* de modo cuasi eucarístico.

Luca fa presto it. 'Lucas hace (o pinta) rápido'. Se aplica al pintor Lucas Giordano (1632-1705). (1909: Rodó.) → FA PRESTO.

Lufthansa al. 'Hansa aérea', 'Compañía aérea' civil de la República Federal Alemana. Transp. a. → HANSA.

Lufwaffe al. 'Fuerza aérea', 'Arma aérea'. Se emplea con referencia casi exclusiva a la fuerza aérea del III *Reich*, durante la Segunda Guerra Mundial. (1944: E. Méndez Domínguez.) Ej.

Luge al. 'trineo'. Deporte olímpico. (1980: *País*.) Dep.

Luger al. Pistola automática, de nueve mm de calibre, inventada (1898) por Georg Luger. Empleada en la guerra de España (1936-1939). (1938: A. del Hoyo.) Ej.

Lumen Dei lat. 'Luz de Dios', en ext.: Asociación Católica de Fieles Union *Lumen Dei*, fundada en 1972 por el jesuita español P. Rodrigo de Molina († 2002). De carácter integrista. Con arraigo en Puerto Rico y otros países americanos. (1996: *País*.) Rel.

lumpen germanismo. (Ac.: 2001). Abrev. de 'proletario *lumpen*', 'proletario andrajoso', sin conciencia de su clase. En al. *Lumpen* es 'traje raído', 'andrajo', 'harapo'. (1976: F. Umbral.) Pol. → LUMPENPROLETARIAT.

Lumpenproletariat al. 'proletariado andrajoso'. En la terminología marxista, el proletariado mísero y sin conciencia de clase. (1977: F. Umbral.) Pol.

Luna Prospector latinismo ing. 'Prospector de la Luna', 'Propector lunar.' Sonda de 300 kg., lanzada al espacio, a 100 km de la Tierra (enero 1998), por la NASA. Astron.

lunch ing. '*lunch*' (Ac.: 2001), 'lonche' (Am. h.), 'almuerzo', 'refrigerio', 'tentempié'. Por lo general, comida ligera y fría que se toma al mediodía y que se suele tomar en pie. Deriv.: 'lonchar' (1994: Martha Alvarado, Ec.). (1878: Galdós.) Gastr.

luncheon ing. 'almuerzo', 'tentempié', pero más formal que el *lunch*. (1876: *Dr. Thebussem*.) Gastr.

lunch room ing. 'sala *(room)* donde se toma el *lunch* o tentempié'. (1887: Blasco Ibáñez.) Host.

Lunnik ru. 'Lunar'. Nombre de una serie de satélites (1957) artificiales soviéticos enviados en torno a la Luna, de los cuales uno, el *Lunnik 2*, logró posarse el 3 de agosto de 1959 en el mar de la Tranquilidad, y otro, el *Lunnik 3*, fue el primero en fotografiar la cara oculta de la Luna. Cosmonáut.

lupara it. 1) 'escopeta de cañones cortos', típica de Sicilia y de los bandidos sicilianos. Deriva del *lupo*, 'lobo', porque se usaba para ahuyentar y cazar lobos; 2) especie de bastón, con un explosivo en un extremo, utilizado por los submarinistas. (1982: *País*.)

lupus in fabula lat. '(como) el lobo en la fábula', esto es, aparece el lobo cuando se está hablando de él, o como dice el refrán: 'en hablando del ruin de Roma, por la puerta asuma'. De Cicerón (*ad. Atticum*, 13, 33a, 1). (1980: E. P. C. de Lorenzo.)

lurker ing. 'lúrker', 'fisgón' (1998: J. A. Millán), 'mirón', 'husmeador'. De *to lurk*, 'estar al acecho', 'estar a la husma'. Cibernauta que no participa personalmente en un foro informático, pero que sí husmea los mensajes e informes de los participantes directos de un foro. Deriv.: el anglicismo 'lurkear', es decir, 'fisgar', 'husmear'. (1998: J. A. Millán.) Inform.

Lurraldea vasc. 'En defensa de la Tierra'. Comp. de *alde*, 'a favor', y *lur*, 'Tierra'. Organización ecologista. (1991: J.L. Barbería.) Pol.

luthier fr. 'lutier', 'violero' (J. Casares). De *luth*, 'laúd'. (1984: *País*.) Mús.

lyceum lat. 'liceo'. Del gr. *Likeion*, jardín que hubo en Atenas, junto al templo Apolo, donde Aristóteles, paseando, solía enseñar a sus discípulos. Vale tanto como 'centro cultural'. (1926: María de Maeztu.) Educ.

Lyceum Club ing. Centro de fomento de la cultura y los derechos de la mujer. El primero, fundado por Constance Smedley (1881-1941) fue el de Londres, seguido por los Berlín (1905), París (1906), Madrid (1926), etc. El de Madrid fue cerrado por decreto tras la victoria de Franco (1939) y reconvertido en falangista Centro Cultural Medina. Educ.

lycra ing. 'licra'. Nombre comercial de un textil de fibra sintética elástica, o 'elastán', obtenida (1962) por la Du-Pont de Nemours (EE.UU.), con polímeros y elastómeros. Indum.

Lynch (Law) ing. 'ley de Lynch'. Llamada así porque fue el capitán William Lynch (1742-1820), de Pittsylvania, Virginia (EE.UU.), quien puso en práctica esta «ley», es decir, la ejecución ilegal de presuntos criminales decidida por asambleas no autorizadas.

lyrics ing. 'palabras o letras de una canción', lit.: 'lírica'. (1994: Cabrera Infante, Cu.) Mús.

m

macadam ing. 'macadán' (Ac.), 'firme'. Sistema de construcción de caminos, inventado por el escocés John. L. McAdam (1756-1836). Consiste en elaborar un firme o capa de piedra triturada sobre un lecho combado que facilita el desagüe. (1868: A. Fdez. de los Ríos: *macadan*.) Transp. t.

macaroni it. dialectal. 'macarrones' (Ac.); parece que procede del venciano *macaroni*, sing. *macarone* (siglo XVII: *Estebanillo González: macarrone*). Actualmente, además, se llama 'macarrón' al tubo de plástico amarillo que sirve de protector a cables eléctricos. Gastr.

maccarthysmo, maccartismo, macartismo anglicismo. Del ing. *McCarthysm*, forjado sobre el apellido del senador Joseph R. McCarthy (1909-1957), quien, durante la Guerra fría, en los años cincuenta, presidió la Comisión de Seguridad Interior de la Cámara de Representantes, para investigar las actividades antinorteamericanas (*un-American affairs*) en EE.UU.; en realidad, para perseguir sañudamente a cualquier persona de inclinación izquierdista como si fuera comunista o antipatriota. Pol.

Macassar ing. 'macasar' (Ac.). En ext.: *Macassar oil*, 'acite de Macassar'. Por Macassar, puerto de las islas Célebes (Indonesia). (1884: Galdós: *macassar*.) Cosmét.

mach al. 'mach' (Ac.). Nombre internacional de la unidad de velocidad aeronáutica. Por el apellido del físico autríaco Ernst Mach (1838-1916). Fís.

machiche falso fr. (**matchiche**). (1987: *País*.) Baile. →
MAXIXE.

macfarlane ing. 'macfarlane', 'macfarlán'. Por el apellido
Mac-Farlane, del presunto creador de esta prenda de vestir: abrigo sin mangas, con aberturas para los brazos, con
esclavina sobrepuesta. En contextos españoles nunca se ve
'macfarlane' o 'macfarlán', sino *macferland* (1895: A. Nervo; 1923: A. Espina; 1978: *Informaciones*), *mackferland* (1903:
El Teatro) y *makferland* (1915: *Dorio de Gádex*; 1948: R. Gómez de la Serna), semejantes algo al anglicismo fr. *macferlane* (1877: Littré). Indum.

machinada vasquismo. (1892: Unamuno.) Pol. → MATXINADA.

mackintosh ing. 'impermeable'. Por el apellido de Charles
Macintosh (sin la k) (1766-1843), inventor de una tela impermeable, tratada con goma, que fabricaba en Glasgow
(Escocia). (1865: L. Coloma.) Indum.

maco vasquismo 'cárcel', 'trena', 'talego'. Es voz jergal en esp.,
como otros muchos vasquismos. Del vasc. *mako*. (1997:
Cadena SER.) → MAKO.

macramé fr. 'macramé' (Ac.:1992).Del tur. *makrama*, del ár.
micramah, 'nudo'. Trabajo de pasamanería, a base de nudos. (1951: J. Cortázar, Arg.)

macró galicismo. (1926: Roberto Arlt, Arg.; 1974: Vargas Llosa, Pe.) → MAQUEREAU.

macsura ár. (**maqsura**). 'macsura' (Ac.), 'maksura' (1955:
Cansinos), 'tribuna', en las mezquitas. (1890: R. A. de los
Ríos.) Rel.

madame fr. 'madama' (Ac.). 1) 'señora'; 2) 'dueña', 'ama' o
'regente' de un prostíbulo. (1980: *País*.)

madapolam hindi. 'madapolán' (Ac.). Tejido blanco de algodón. Recibe el nombre de la ciudad india Madapolam,
de la región de Madrás, productora de esta clase de tejido. (1867: N. Fdez. Cuesta.)

made in ing. 'manufacturado en....'.

(La) Madelon fr. 'La Madelón'. Canción ligera, mús. de Louis
Bousquet, que se popularizó entre los soldados franceses

durante los dos últimos años de la Primera Guerra Mundial. La oyó (1916) el capitán Antonie Grillet en un *music-hall* de París y se la enseñó a sus soldados, habiéndose extendido rápidamente por todo el ejército francés. *Madelon* es dim. de *Madeleine*, 'Magdalena'.

mademoiselle fr. 'señorita'. (1908: Benavente.)

Madonna it. 'Nuestra Señora'. 1) 'Virgen María'. Rel.; 2) 'pintura o estatua de la Virgen'. (1884: R. Pombo.) Arte.

madrasa ár. 'madraza' (Ac.: 2001), 'medersa' (1994: J. Goytisolo), 'escuela religiosa', donde se estudia religión y el derecho canónico. Surgió como institución innovadora en el siglo X, en Nisabur (Irán), sustituyendo el mero dictado (*imlā'*) por la explicación (*tadrīs*). (1994: *País*.) Rel.

maelstrom ing. 'remolino marino'. Se suele producir a la altura de Noruega, con gran violencia. Del neerl. *maelstroom*, hoy *maalstroom*, 'corriente (*stroom*) giratoria (*maal*)', En al. *Malstrom*. (1896: A. Nervo) Geogr.f.

maestoso it. 'maestoso', lit.: 'majestuoso'. Movimiento musical lento y solemne. Mús.

Mafia it. 'Mafia' (Ac.). Asociación secreta delictiva siciliana, existente al menos desde 1870. Nació entre los terratenientes para doblegar a los aparceros; actualmente vinculada al contrabando, la prostitución, el juego, el tráfico de drogas, tanto en Sicilia como en EE.UU. Se rige con un código no escrito, ritual de iniciación, señales de identificación, etc. En contextos españoles solía verse *Maffia* (1896: A. Nervo; 1912: A. Donoso; 1917: Rodó; 1923: Baroja) y *maffiosi* (1978: *País*), así como fuera del esp. (1893: *Meyers Lex.*) Es palabra del dialecto siciliano, pero de origen discutido. Algunos la consideran (Zingarelli; Melzi; Wahrig; Webster) de origen ár. (*mahya*, 'jactancia', 'bravuconería'); otros (Sciascia), del toscano *maffia*, 'miseria'. → COSA NOSTRA.

mafioso, pl. **mafiosi** it. 'mafioso' (Ac.). Individuo perteneciente a la *Mafia*. → MAFIA.

magazine ing. 'revista' o 'miscelánea' periódica impresa, 'magacén' (Ac.), 'magacín' (Ac.: 1992), 'magazín' (Ac.: 1992).

Del ár. *majzin*, 'almacén', 'tienda de varios', 'abacería'. La primera revista que adoptó este nombre fue *The Gentleman's Magazine* (1731), de Londres, pasando al fr. *magasin* (1776). El esp. 'almacén', como título de revista (*Almacén de frutos literarios*: 1820) es trad. del fr. *magasin* (1899: R. Darío.) Period.

magenta it. 'magenta' (Ac.: 2001). Color rojo púrpura, descubierto hacia 1859, año de la batalla de Magenta, en que los franceses y los sardos derrotaron a los austriacos, liberando a Italia. Pint.

Maginot fr. Nombre que se dio a la línea defensiva fronteriza francesa, 'línea Maginot', levantada en el período de entreguerras (1919-1939), frente a Alemania. Por el apellido de André Maginot (1877-1932), ministro bajo cuyo mandato se emprendió. Ej.

magister lat. 'magíster' (Ac.: 2001), 'maestro'; 'magíster' (1993: *Boletín COD y L*; Ac.: 1992), titulación o diplomatura especial. (1924: Ortega.) Educ.

magister dixit lat. 'magíster díxit' (Ac.: 2001), '(lo) dijo el maestro'. En ext.: *Magister dixit, ergo verum est*, 'lo dijo el Maestro, luego es verdadero'. Palabras que los escolásticos esgrimían como argumento sin réplica, con referencia a Aristóteles. (1888: Ganivet.) Fil.

maglia rosa it. 'malla rosa', 'camiseta rosa'. La que viste el primer clasificado en el *Giro* o Vuelta ciclista de Italia. Dep.

magma gr. 'magma' (Ac.). Masa ígnea blanda. (1939: Cansinos.) Geol.

Magna Charta lat. 'Magna Carta', 'Carta Magna'. Código de libertades firmado por el rey Juan de Inglaterra en 1215. (1933: Ortega.) Pol.

magneto ing. 'magneto' (Ac.). Abrev. de *magnetoelectric generator*, 'generador magnetoeléctrico'. Pieza del motor en los automóviles. Su género en España es fem. (según el *DRAE*); en Am. h. (según M. Seco), masc. Autom.

magnetófono germanismo. (Ac.) Del al. *Magnetophone*, nombre dado (1935) por AEG, al primer registrador y reproductor de sonido en cinta magnética. El sufijo -*phone*, a semejanza de *gramophone* en ing. y en al. *Grammophone*. Junto al correcto esp. 'magnetófono' es frecuente oir 'magnetofón', de apariencia fonética francesa.

Magnificat lat. 'Magníficat' (Ac.). En ext.: *Magnificat anima mea Dominum*, 'mi alma exalta al Señor', palabras de María (San Lucas, 1, 46) según la Vulgata, que sirven de comienzo al *Magnificat*, himno en el oficio de Vísperas. Rel.

magnum latinismo en fr. y en ing. 'magno'. 1) en fr. se aplica a botellas de bebidas alcohólicas de tamaño *magnum*, es decir, mayor que el corriente. Gastr.; 2) en ing., al cartucho o bala y al arma de fuego de tamaño mayor que el corriente y al cartucho o bala dotados de carga mayor que la que les corresponde. Ej.

Magnum latinismo en fr. Nombre de una famosa agencia periodística gráfica, fundada en 1947 en París por el húngaro Robert Capa (Andrei Friedman), el polaco Chim (David Szymin) y el francés Henri Cartier-Bresson. La fundación la celebraron bebiendo una botella de champán de tamaño *magnum*; de ahí el nombre de la agencia. Period. → VID. SUPRA.

magnum opus lat. 'obra magna'.

magosto gall. 'magosto' (Ac.). Es merienda de castañas con vino nuevo. Suele celebrarse en la segunda quincena de octubre y especialmente el 1 de noviembre, fiesta de Todos los Santos. En su origen tal vez fue rito funerario. (1843: Neira de Mosquera.)

Magots fr. → LES DEUX MAGOTS.

magyar húng. 'magiar' (Ac.), 'húngaro'. Difundida, durante la segunda mitad del siglo XIX, pero con la ortografía *madgyar*, gracias a la zarzuela *Los Madgyares* (1857), libreto de Luis de Olona (1823-1863), y mús. de Joaquín de Gaztambide; también registrada así por N. Fdez. Cuesta en su *Dic.* (1867), aunque ya con remisión a *magyar*, perviviendo *madgyar* en Rubén Darío (1904), M. Ramos Carrión, J. Nombela (1910) y Flores García (1913), por influjo de la zarzuela. *Madgyar* supone un acercamiento fonético ('mád-yar') a la palabra húngara. (1884: *Clarín*.) Geogr. h.

maharajah ing. 'maharajá', pop. 'marajá' (1926: R. Gómez de la Serna), 'príncipe (hindú)'. Del hindi *maha raya*, 'gran rey'. La pronunciación esp. sigue la transcrip. ing. servilmente, cuando debería ser 'majarayá' o 'majáraya'. Esta palabra se popularizó en España por la llegada (1906) del *maharajah* de Kapurtala a la boda de Alfonso XIII y Victoria Eugenia, y su boda con la bailarina Anita Delgado. (1913: Valle-Inclán.) Pol.

maharani hindi. 'maharani', 'princesa (hindú)', 'esposa del maharajá'. Pol.

mahatma ing. 'mahatma', lit.: 'gran espíritu' adepto al budismo y con poderes sobrenaturales. Es transcr. ing. del sáns. *mahatman*. Se popularizó en España en los años veinte y treinta en relación con las campañas de no-violencia del *mahatma* Gandhi. Rel. (1902: J. Valera.) Rel.

mah-jong o **mah-jongg** chino, 'mah-yong', 'mayong', 'mayón'. Juego de mesa, con fichas, chino. El folleto de instrucciones (Madrid, Páez, h. 1920) dice que *mah-jong* significa 'yo gano' y que hacer *mah-jong* es 'ganar el juego'. Pero según el *Oxford Dict.*, *mah-jong* es transcrip. ing. del chino *ma*, 'gorriones', y *djung*, 'juego', y de ahí, 'juego de los gorriones' (1958: A. de Armenteros). (1923: Linares Rivas.) Jue.

mail-coach ing. 'coche correo', 'diligencia'. (1888: J. Estremera.) Transp. t.

mailing ing. 'mailin', 'venta o distribución por correo *(mail)*', mediante cartas, folletos, catálogos, etc., con arreglo a una *mailing list*, 'lista de direcciones postales'. (1990: *Época*.) Com.

maillot fr. 'maillot' (Ac.: 1992), Prenda de punto elástica, entera o media. Inventada por Maillot, según Talma *(Mémoires)*, cuando, como empleado en la Ópera de París, quiso conciliar la decencia y la gracia sustituyendo el pantalón con una prenda más ceñida. 1) prenda de punto elástica que cubre de pies a cintura a los bailarines y bailarinas de *ballet*. (1929: Gómez de la Serna.) 2) prenda de punto que cubre todo el cuerpo de los atletas y acróbatas de circo. (1896: José Yxart.) 3) 'bañador (de punto)'. (1923: Concha Espina.) 4) 'camiseta (de punto)', de los ciclistas de carreras.

main frame ing. 'mainframe'. Comp. de *main*, 'principal', y *frame*, 'estructura'. 1) originariamente, 'ordenador central'; 2) 'unidad central', o parte principal del ordenador, la cual comprende la unidad de tratamiento, la memoria y los interfaces a los periféricos. Inform.

maiolica it. 'mayólica' (Ac.), 'mayorquina' (1870: Bécquer). Loza decorada y con vedrío. Del lat. *Maiorica*, 'Mallorca', origen remoto de esta artesanía italiana. (1940: M. Gómez Moreno.)

maiora canamus lat. 'cantemos asuntos más importantes'. (1900: Galdós.) → PAULO MAIORA CANAMUS.

Maiorica lat. 'Mallorca'. Geogr.

mairie fr. 'alcaldía' (1836: Mart. de la Rosa.) Pol.

mais habelas, hai-nas gall. 'pero haberlas, hailas'. Frase proverbial, en ext.: *xa sei que non hai que crer nas meigas, mais habelas, hai-nas*, 'ya sé que no hay que creer en las brujas, pero haberlas, hailas'. (1971: A. Cordón.)

Maison carrée fr. 'Casa cuadrada'. Con este nombre se conoce un templo romano de Nîmes (Francia), que realmente no es cuadrado, sino con planta rectangular. Arq.

maison close fr. 'burdel'.

maison meublée fr. 'casa amueblada'. Es decir, con apartamentos de alquiler amueblados. (1890: L. Coloma.)

mais où sont les neiges d'antan? fr. 'pero, ¿dónde están las nieves de antaño?'. Estribillo de la *Balada de las damas del tiempo ido*, perteneciente al *Gran Testamento*, de François Villon (1431-1465?). (1926: Unamuno.) Lit. → UBI SUNT.

maitagarri vasc. 'amable', 'amada'. (1891: Unamuno.)

maite vasc. 'amado', 'querido'.

maitechu vasquismo. (1899: A. de Trueba.) → MAITETSU.

maitetsu vasc. 'cariño'. Requiebro amoroso, lit.: 'amoroso'. (1899: A. de Trueba: *maitechu*.)

maitia vasc. 'madre'. Sustituye cariñosamente a *ama*, 'madre'. (1897: Unamuno.)

maître fr. *'maître'* (Ac.: 2001), 'metre', 'jefe (de camareros)', 'jefe (de comedor)', en un restaurante. (1926: W. Fdez. Flórez.) Host.

maître d'hôtel fr. 'metre de hotel', 'jefe de los empleados de un hotel' (1789: Cadalso.) Host.

maîtresse fr. 'querida', 'amante'. (1964: Lezama Lima, Cu.)

maizena ing. 'maizena', 'maicena' (1899: Sánchez y Rubio; Ac.: 1992). Formada con el esp. *maíz* y el sufijo *-ena*. Fécula de maíz preparada para usarse en cocina. Es marca de fábrica (1850) norteamericana. Introducida en Europa en 1862. Gastr.

Majlís ár. (**maŷlís**). 'asamblea' o 'parlamento' del Irán. (1981: *País*.) Pol.

majora canamus lat. → PAULO MAIORA CANAMUS.

majorette ing. *'majorette'* (Ac.: 2001), 'mayoreta', 'bastonera' (Am. h.). En ext.: *drum majorette*, 'tamborerita mayor'. (1978: *País sem.*)

Majorica lat. (**Maiorica**) 'Mallorca'. Nombre de una industria mallorquina de perlas artificiales, pronunciado generalmente no al uso latino (Maiórica), sino españolizado (Majórica).

Majzén ár. 1) 'Gobierno' de Marruecos, bajo el sultán. (1905: Galdós.) Pol.; 2) administración o funcionariado palatino, en el Marruecos actual. (1984: D. del Pino.) Del ár. *jazana*, 'almacenar', 'tesaurizar', con alusión a la función recaudatoria de impuestos oficiales. Pol.

make love, not war ing. 'haz el amor, no la guerra'. Eslogan surgido en EE.UU. en tiempos de la guerra de EE.UU. contra Vietnam. Pol.

maketo vasc. 'maqueto' (Ac.: 1992). Término peyorativo para designar a quien no es natural del País Vasco, pero vive allí. Los maquetos fueron originariamente los mineros no vascos que constituyeron la mano de obra del poderío industrial vizcaíno, secundadores de huelgas, del socialismo, indiferentes en religión, etc., por todo ello mal considerados en una sociedad religiosa y tradicional. (1893: Sabino Arana.) Geogr. h.

make up ing. 'maquillaje facial (para la escena)', lit.: 'realce', 'acentuación'. (1928: *Bl y Negro*.) Tea.

makila vasc. 'maquila' (1909: Unamuno), 'palo' 'bastón'. (1952: J. M.ª Iribarren.)

making off ing. 'película del rodaje (de una película)'. Filme paralelo o documental sobre el rodaje de un determinado filme. (1995: J. Medem.) Cine.

mako vasc. 'maco' (1997: Cadena SER), 'trena', 'talego'. Voz aplicada con sentido jergal en vasc., entre los etarras y afines suyos, pero en vasc. normativo 'combo', 'gancho', 'paréntesis'. En vasc. el equivalente del esp. 'cárcel' es *gartzela* o *espetxe*. (1992: F. de Azúa.) Pol. → MACO.

mala fide lat. 'con mala fe'. Lo contrario de *bona fide*. Der.

malapropism ing. 'malapropismo' (1998: Haro Tecglen). Deformación y uso inapropiado de palabras extranjeras. Con referencia a Mr. Malaprop, personaje de *Los rivales*, de Sheridan (1751-1816), que solía cometer tales errores basados en etimologías populares. *Malaprop* es adapt. fonética al ing. del fr. *mal à propos*, 'mal a propósito'. Ling.

malaria it. 'malaria' (Ac.). (1900: Unamuno.) Med.

mal du siècle fr. 'mal del siglo'. Es decir, la melancolía romántica. Es frase de Sainte-Beuve (1833), acerca de los poetas románticos. (1912: Unamuno.) Lit.: → WELTSCHMERZ.

malentendu fr. 'malentendido' (Ac.: 1992). (1889: Pardo Bazán.)

mal fario caló. 'mala sombra'. (1881: Machado y Álvarez.)

malgré lui fr. 'mal que le pese', 'a pesar suyo'. (1900: A. Nervo.)

malgré moi fr. 'a pesar mío'. (1948: Jardiel Poncela.)

malgré tout fr. 'a pesar de todo'. (1911: Ortega.)

malpocado gall. 'infeliz'. (1902: Valle-Inclán.)

mamaliga rum. 'gachas o puches de harina'. Plato típico rumano. (1945: Ismael Herráiz.) Gastr.

mamarro vasc. 'coco (de los niños)'. Sirve de apodo *(Mamarru)* a un notorio terrorista etarra. (1888: Unamuno.) → ETA.

mambo afrocub. 'mambo'. Canto y danza popular cubanos. Primeramente, 'canto ritual de los hechiceros congos, afrocubanos'. En congó, es decir, en lengua conga, *mambu*, pl. de *diambu*, significa 'asuntos', 'palabras', 'conversaciones' con los entes invisibles mediante el canto; por último, fue título de un danzón (1939), de Oreste López, que dio origen al moderno mambo, porque en su final, muy bailable y muy agitado, los músicos 'mambeaban', 'coversaban'. El mambo, como música, surge del cruzamiento del ritmo de varios instrumentos, esto es, viene a ser un *palabre* o conversación de ritmos. (1950: Fdo. Ortiz, Cu.) Mús.

mammut al. 'mamut' (Ac.). Del ruso siberiano (ostiaco) *mamut*; en ing. *mammoth*, en fr. *mammouth* (1899: A. Nervo). En contextos españoles, a veces, el híbrido (1921: Cansinos) *mammuth*. Zool.

mámushka ru. 'madrecita', 'mamaíta'. (1979: A. del Hoyo.)

management ing. '(técnica de) gerencia o gestión (de empresas)'. (1992: Univ. de Deusto.) Econ.

manager ing. 'mánayer', 'mánager' (1996: *La Vang.*) y 'mánáger' (1984: Fred Galiana). 1) gerente de una sociedad mercantil. (1908: *Monos*.) Econ.; 2) 'apoderado', 'representante', con referencia a artistas, toreros, boxeadores, etc. (1909: J. J. Cadenas.)

mancheta galicismo. Del fr. *manchette*, 'cabecera (de un periódico)', lit.: 'manguita'. Es dim. de *manche*, 'manga'. Originariamente es la guarnición añadida que encabeza o termina una manga. (1993: M. A. Aguilar.) Period.

Mancomunitat cat. 'Mancomunidad'. Institución catalana, creada en 1914 por Real Decreto, compuesta por representantes de las diputaciones de las cuatro provincias catalanas. Suprimida en 1925, por la dictadura del general

Primo de Rivera. Su primer presidente fue Prat de la Riba. Pol.

manda carallo! gall. '¡manda carajo!', '¡manda huevos!' (1998: Fed. Trillo) y más suave '¡manda narices!' (2000: Cadena SER). Expresión de estupor o de hartura. (1994: A. Pereira.)

mandala sáns. 'mandala' (Ac.: 2001), 'círculo'. En el budismo, esquema lineal ornado con colores simbólicos que representan el universo. (1964: P. Palazuelo.) Rel.

mane, thecel, phares arameo. Palabras enigmáticas escritas en el palacio del rey Baltasar, en Babilonia, durante un banquete, interpretadas por el profeta Daniel (Daniel, 5), anunciando la ruina del rey y de su reino. (1871: José Martí.) Rel.

manga jap. 'manga', 'cómic japonés', 'historieta gráfica japonesa'. De temática intrínsecamente japonesa. Con adapt. a otros medios, al cine y al vídeo, como dibujos animados. Introd. en España en los años noventa. (1993: *País*.) Biblio.; Cine.

manganello it. 'porra'. Instrumento de ataque de los fascitas italianos contra sus adversarios. (1976: *Triunfo*.) Pol.

mangar caló. 'mangar' (Ac.). 1) 'pedir'; 2) 'hurtar'. (1975: P. *El de la Matrona*.)

mangue caló. 'mangue' (Ac.), 'de mí', 'de mi persona'. (1904: E. Blasco.)

Manhattan ing. 'manhattan'. Cóctel que se puso en boga en EE.UU. a finales del siglo XIX, mezcla de vermú y *whisky*. (1929: *Bl. y Negro*.) Gastr.

Manhattan District (o **Manhattan Project**) ing. 'Distrito de Manhattan' o 'Proyecto de Manhattan'. Nombre del programa y del equipo de investigadores que, en EE.UU., desarrolló la primera (1945) bomba atómica. Ej.

maniera it. 'maniera', 'manera' (Ac.). 1) carácter o peculiaridad que da un pintor a todas sus obras. Pint.; 2) modo, tonalidad, registro o clave de una obra musical. (1979: B. Matamoros.) Mús.

manierismo it. 'manierismo' (Ac.: 1992). Su uso arranca de Vasari, en sus *Vidas* (1512-1574) de los grandes artistas del Renacimiento. Fase estilística que sigue al Renacimiento, sin la vitalidad o autenticidad de éste, más formalista. (1929: E. d'Ors.) Arte.

Manifest Destiny ing. 'Destino Manifiesto'. Concepto político estadounidense, nacionalista, expansionista, imperialista, mesiánico. Los EE.UU., por él, consideran natural y de modo 'manifiesto' su expansionismo, primero hacia el Oeste de EE.UU., después hacia América latina, y después... Empezó a popularizarse esta expresión en 1845, pero se consagró con el libro *Manifest destiny* (1885), de John Fiske, y las aportaciones de Josiah Strong (1885) y John Burgess (1890), y muy principalmente con *The influence of the sea power upon history* (1890), de Alfred Malan. (1856: Rafael Pombo, Col.) Pol.

mani pulite it. 'manos limpias'. Nombre dado, en los años noventa, a la actividad judicial italiana contra la corrupción política, la llamada *Tangentopoli*. (1995: X. Bru de Sala.) Pol. → TANGENTOPOLI.

Manitou algonq. 'Manitou', 'Manitú'; lit.: 'Espíritu'. Poder sobrenatural e impersonal. Rel.

Manneken-pis neerl. 'Hombrecito meón', 'Meoncín', 'Meoncete', 'Meoncillo' (1980: Fr. G. Lorca). Escultura de Doquesnoy (1619), cerca de la plaza Mayor de Bruselas (el original, en el Museo de la Plaza). Es monumento a un niño que, con su micción, se dice, apagó una mecha encendida, salvando así a Bruselas. (1924: R. Baeza.) Esc.

ma non troppo it. 'pero no demasiado'. Acotación musical complementaria, por ej.: *piano, ma non troppo*. (1962: P. Laín.) Mús.

manqué fr. 'fracasado', 'frustrado'. (1905: Pardo Bazán.)

mansarde fr. 'mansarda' (1945: *Azorín*), 'bohardilla'. Elemento característico en los edificios del arquitecto francés François Mansard o Mansart (1598-1666). (1900: A. Nervo.) Arq.

man spricht Deutsch al. 'se habla alemán'.

mantarra vasc. 'mandil', 'mandilón' y el vasquismo 'mandarra' (en Álava y Navarra). En vasc. estricto, 'trapo', 'lienzo'. (1891: Unamuno.) Indum.

mantelo gall. 'mantelo' (Ac.). Delantal que defiende la saya. (1886: Pardo Bazán.) Indum.

Mantoux fr. Nombre con que se denomina una prueba médica para la tuberculosis, debida al médico francés C. Mantoux, n. en 1877. Consiste en la inyección intracutánea de tuberculina, para conocer la reacción del paciente. Med.

mantra sáns. 'mantra' (Ac.: 2001), 'fórmula sagrada', en el hinduismo. Es breve y repetible. Se aprende de un guru, en una especie de iniciación. (1980: *País sem.*) Rel.

manu militari lat. 'por la fuerza de las armas'. (1904: Galdós.) Ej.

manyar italianismo. En Arg. Del it. *mangiare*, coloq. 1) 'comer'; 2) 'entender'.

ma per troppo variar natura è bella it. 'pero por su mucho variar la naturaleza es bella'. Procede del endecasílabo *per troppo variar natura è bella*, de Serafino Aquilano (*Opere*, Roma, 1515, soneto XLVIII). (1877: Galdós.)

maquereau fr. 'macró', 'macarra', 'chulo de putas', 'rufián', lit.: 'caballa'. (1896: J. Yxart.) → MACRÓ.

maqueto vasquismo. (Ac.: 1992) → MAKETO.

maquila vasquismo. (1909: Unamuno.) → MAKILA.

maquillage fr. 'maquillaje' (Ac.). (1906: L. Morote.) Tea.

maquis fr. 'monte bajo'. Durante la Segunda Guerra Mundial, en Francia, los que se echaron al monte (*maquis*) para combatir el nazismo se llamaron *maquisards*, siendo muchos de ellos republicanos españoles exiliados; en ese mismo tiempo y después los guerrilleros españoles antifranquistas que luchaban en España recibieron el nombre de 'maquis', sing. 'maqui' (Ac.: 1992). (1944: E. Méndez Domínguez.) Ej. → MAQUISARD.

maquisard fr. 'amontado', 'montonero'. Guerrillero de la Resistencia francesa contra la ocupación nazi de Francia. (1944: E. Méndez Domínguez.) Ej. → MAQUIS.

marabout fr. 'marabú' (Ac.). Adorno hecho con plumas de marabú, que es ave zancuda semejante a la cigüeña. Del ár. *marbut*. (1884: Galdós.) Indum.

marar caló. (1881: Machado y Álvarez.) → MERAR.

maratón gr. 'maratón' (Ac.: 1992). Es una larga carrera pedestre, por tanto, de resistencia. Forma parte de las pruebas de los Juegos Olímpicos modernos, si bien también recibe este nombre cualquier carrera de este tipo no olímpica. Se llama así en recuerdo de la victoria de Maratón y de la larga carrera que hizo un desconocido soldado ateniense, desde Maratón a Atenas, para comunicar la victoria alcanzada (490 a. de C.) por Milcíades contra los persas de Darío. La transcrip. correcta en esp. es 'maratón' (1965: M. Fdez. Galiano); en al., ing. y fr., *marathon*. Aunque suele verse con artículo fem., por sobreentenderse 'carrera' o 'prueba', es preferible (1986: M. Seco) el masculino. Dep.

marchand fr. 'marchante' (Ac.), 'tratante'. Quien corre, compra o vende obras de arte, y que, para ello, goza de la exclusiva de los artistas para quienes trabaja. (1886: M. Murguía.) Arte.

(le) marché aux Puces fr. 'mercadillo de lance', lit.: 'el mercadillo de las pulgas', por tratarse de cosas viejas. Famoso el de París. (1941: Baroja.) Com.

marchinha port. 'marchiña', 'marchita'. Danza carnavalesca, descendiente de la polka checa: la primera fue escrita en 1899 por Cinquinha Gonzaga. (1988: *País*.) Baile.

marciare, non marcire it. 'avanzar, no corromperse (en el estatismo)'. Lema del futurista italiano Marinetti. (1925: G. de Torre.) Lit. → FUTURISMO.

Mardi Gras fr. 'Martes de Carnaval', lit.: 'Martes Graso'.

mare cat. 'madre'. (1898: Blasco Ibáñez.)

mare clausum lat. 'mar cerrado'. Doctrina expuesta en el libro *Mare clausum* (1635), de Selden, contra el libro *Mare liberum*, de Hugo Grocio. (1935: F. De los Ríos.) Der.

(la) Mare de Deu cat. 'la Madre de Dios'. (1990: J. Vicent-Marqués.) Rel.

mare liberum lat. 'mar libre'. Doctrina expuesta en *Mare liberum* (1609), obra de Hugo Grocio, sobre la libertad de los mares. (1935: F. de los Ríos.) Der.

marelo gall. 'amarillo', 'rubio'. Aplicado al ganado vacuno de este pelaje. (1888: Pardo Bazán.) Zool.

mare magnum lat. 'mare mágnum' (Ac.), lit.: 'mar magno', 'multitud confusa de cosas' (M. Seco). (1861: J. Valera.)

Mare nostrum lat. 'Mar nuestro'. El Mediterráneo, según Tito Livio. (1909: Rodríguez Marín.) Geogr. f.

marginalia lat. 'marginales', 'notas marginales'. (1911: R. Darío.) Biblio.

Marianne fr. 'Mariana'. De *Marie-Anne*, nombre corriente en Francia en tiempos de la Revolución francesa. Lo adoptaron los revolucionarios para personificar la República en una mujer tocada con gorro frigio, característico de los esclavos liberados, en la Antigüedad; iconografía de la República, adoptada también por la Segunda República Española (1931-1939). (1999: *País*.) Pol.

marine ing. 'marine' (Ac.: 1992), 'infante de marina'. Soldado perteneciente al *Marine Corps*, 'Cuerpo de infantes de Marina', o *Navy*, 'de la Armada', en la Marina de guerra de EE.UU. (1976: D. Viñas.) Ej.

mariña gall. 'marina'. (1882: Pardo Bazán.) Geogr. f.

marionnette fr. 'marioneta' (Ac.). Títere que se mueve por medio de hilos. Del nombre personal *Marionnette*, diminutivo de *Marion*, que lo es a su vez de *Marie*. (1894: J. Yxart.) Tea.

marivaudage fr. 'elegancia, gracia y refinamiento un tanto afectado' a la manera del siglo XVII francés. Alude a las características del estilo de Marivaux (1688-1763), sobre todo en su comedia *Le jeu de l'amour et du hasard* (1764). (1868: J. Valera.) Lit.

marketing ing. *'marketing'* (Ac.: 2001), 'marquetin', 'mercadotecnia' (Ac.), 'mercadeo' (Am. h.), 'comercialización'. Previsión y orientación de precios y productos en que se tienen en cuenta los de la competencia y las necesidades del mercado. (1969: A. Archauco Royo.) Com.

marmitako vasc. 'de *(ko)* marmita', 'de cazuela', 'caldereta'. Plato de cocina, generalmente de pescado (bonito) y patatas. (1981: *ABC*.) Gastr.

marrasquino italianismo. (Ac.). Del it. *maraschino*, licor de cerezas hecho con el fruto (*marasca*, 'cereza amarga') del *marasco*, en lat. cient. *Prunus cerasus*, var. *marasca*. (1918: E. García Álvarez). Gastr.

marron glacé fr. 'castaña endulzada', 'castaña almibarada'. Castaña cocida, cubierta e impregnada de almíbar. (1890: L. Coloma.). Gastr.

(La) Marseillaise fr. 'La Marsellesa'. Himno nacional de Francia. Compuesto en 1792, letra y música, por Rouget de Lisle —hallándose como oficial de ingenieros en la guarnición de Estrasburgo—, su primer título fue *Chant de guerre de l'Armée du Rhin*. 'Canto de guerra del Ejército del Rin'; dado a conocer en París por los federados marselleses (*Le Chant des Marsellais*; también: *Marche des Marsellois*), finalmente recibió el título de *La Marseillaise*. Pol.

marshal ing. 'jefe de policía', en algunas comunidades de EE.UU. (aunque se aplica también a otras clases de funcionarios). Del ant. fr. *mareschal*, fr. *maréchal*. Evítese la incorrecta *marshall* (1960: Carlos Fuentes, Méx.), debida a influjo del apellido *Marshall*, por ej., entre otros muchos, del secretario de Estado norteamericano (1947-49) G. C. Marshall, que dio nombre al 'plan Marshall' de recuperación económica de Europa tras la Segunda Guerra Mundial. Pol. → SHERIFF.

Mars Pathfinder ing. Lit.: 'Explorador de Marte'. Nave espacial lanzada (diciembre 1996) por EE.UU. a Marte, a donde llegó (4 julio 1997), con objeto de explorar dicho planeta, mediante un ingenio móvil, el *Sojourner*, 'Transeúnte'. *Mars Pathfinder* ha sido precedida por la sonda *Mariner* 4 (1965) y las naves *Viking* 1 (julio 1976) y *Viking* 2 (agosto 1996). Cosmon. → SOJOURNER.

martini it. Nombre comercial de un producto (vermú) de la compañía *Martini e Rossi*, que puede ser *bianco*, 'blanco', o *rosso*, 'rojo'. Gastr. → DRY MARTINI.

mas cat. 'mas' (Ac.), 'granja (catalana)'. Explotación agrícola que consta de edificios, cultivos, pastos y arboledas. (1886: J. Yxart.) Agr. → MASIA.

mascletà cat. 'machada'. De *mascle*, 'macho', petardo gordo frente a *femella*, 'hembra', o petardo ligero o 'buscapiés'. Es una serie de explosiones de petardos que se hacen durante las fiestas populares valencianas. (1971: M. Aub.)

maser ing. 'máser'. Palabra formada sobre *m(icrowave by) a(mplification) s(timulated) e(emisión of) r(adiation)*; 'amplificación de microondas por emisión estimulada de radiación'. (1979: Alzugaray.) Telecom.

masìa cat. 'masía' (Ac.), 'casa de labor (catalana)'. Concurre con el cat. *mas*, pero *mas* se refiere al conjunto de una explotación agrícola o granja, en tanto que *masìa* es un edificio principal. (1898: Unamuno.) Agr. → MAS.

Masorah hebr. 'Masora' (Ac.), lit.: 'Tradición'. Conjunto de tradiciones sobre las cuales se basa la interpretación judía del Antiguo Testamento. Rel.

masover cat. 'masovero' (Ac.), 'agricultor', 'granjero'. (1965: *Rev. de Occ.*) Agr. → MAS; MASÌA.

massacre fr. 'masacre' (Ac.:1992), 'matanza', 'carnicería', 'matazón' (Am. h.).

massage fr. 'masaje' (Ac.), que ha sustituido en muchos casos al esp. '(dar) friegas'. Del ár. *massa*, 'tocar'. (1904: *Aecé.*) Med.

mass-media ing. 'masmedia', 'medios de comunicación social', 'medios de difusión pública' (Lázaro Carreter), 'medios de comunicación masiva' (1992: Fidel Castro). Del ing. *mass*, 'masivo(s)', y el lat. *media*, 'medios', sing. *medium*, 'medio'. (1972: J. L. López Aranguren.)

mastaba ár. 'mastaba' (Ac.: 1992), lit.: 'banco'. Tumba del antiguo Egipto faraónico, rectangular, con techo plano y lados inclinados. (1917: Gómez Carrillo.) Arq.

master ing. 'máster', 'maestría' (1985: A. Rodríguez, Méx.), en ext.: *master's degree*, 'grado de máster', 'maestrazgo' (cf. *DRAE*, 3ª acep.). Es título adicional. Vale tanto como título de experto o especialista en una determinada materia profesional. (1982: M. Vicent.) Educ.

master ing. 'máster', 'grabación matriz'; 'grabación original', 'original'. Abrev. de *master matrix*, 'matriz magistral'. Con referencia a la matriz de una grabación original discográfica, de la que pueden obtenerse tiradas de discos. (1996: *País*.)

masters ing. 'maestros'. Torneo especial de golf, para jugadores altamente calificados, frente a los torneos *open*, 'libres'; lit.: 'abiertos'. (1980: *País*.) Dep.

match ing. 'encuentro', 'competición'. (1897: Galdós.) 1) 'partido (de fútbol)'; 2) 'combate (de boxeo)'. (1907: Unamuno.) 3) 'partida (de tenis).' (1936: *Ahora*.) Dep.

match ball ing. 'bola o pelota de partido', en tenis, situación en que el jugador dispone de una bola para ganar. Dep.

matchiche fr. 'machicha'. Del port. *maxixe*, nombre de una danza brasileña introducida en Francia hacia 1904. (1910: M. J. Bertrán.) Baile → MAXIXE.

match play ing. 'partida de hoyos', en el golf. Se resuelve por el número de hoyos (no por el número de golpes) ganados. (1991: *País*.) Dep.

Mater et Magistra lat. 'Madre y Maestra'. Encíclica de Juan XXIII (15 de mayo de 1961) sobre el papel de la Iglesia católica en el mundo actual, principalmente sobre la cuestión social. Rel.

materia prima lat. 'materia prima' (Ac.). Según Aristóteles, además de las cuatro elementos (agua, fuego, aire, tierra) o cuerpos simples, hay que tener en cuenta una *materia prima*, carente de existencia material hasta aliarse con la *forma*, lo que permitía que un elemento se convirtiese en otro. El concepto de *materia prima* fue adoptado por la alquimia y por último en nuestro mundo industrial. (1903: *Zeda*.) Fís.

matinée fr. 1) 'matiné', '(función) matinal', pero también 'fiesta, reunión, espectáculo que tiene lugar en las primeras horas de la tarde' (Ac.). (1895: A. Nervo.) Tea.; 2) 'mañanita', prenda de vestir casera femenina. (1884: *Clarín*.) Indum.

matiners cat. 'madrugadores'. Así fueron llamados los participantes en la *guerra de los matiners* (1846-1849), carlista, en la que Ramón Cabrera fue nombrado general en jefe de Cataluña, Aragón y Valencia por la facción. (1972: Manuel Aguilar.) Hist.

mato port. 'mato' (Ac.). Terreno inculto, con vegetación silvestre. (1988: A. Pereira.)

matrilocal ing. 'matrilocal'. Modo de residencia determinado por la residencia de la madre (o esposa); opuesto a *patrilocal*. De uso frecuente en textos antropológicos. Antrop.

matrioska ru. 'muñeca rusa'. Hipocorístico de *Matriona*, nombre típico de aldeana. Juguete consistente en una muñeca de madera pintada, hueca, con el cuerpo dividido en dos partes, que se enroscan, y que tiene dentro otra más pequeña, y ésta, otra, y así sucesivamente, hasta llegar a la última, diminuta. (1978: I. López Muñoz.)

matxinada vasc. 'machinada', 'motín', 'rebelión'. De *matxinatu*, 'rebelarse', 'amotinarse'. Pol. → MACHINADA.

maudit fr. 'maldito', es decir, 'reprobado', 'condenado'. Calificación frecuente, tanto con el fr. *maudit* como con el esp. 'maldito', en la estimación literaria de algunos escritores. Su difusión se debe al libro *Les poètes maudits* (1884), de Paul Verlaine (1844-1894), trad. al esp. (1921) por Mauricio Bacarisse. (1998: F. Umbral.) Lit.

maulet cat. 'tramposo'. Partidario del archiduque Carlos durante la guerra de Sucesión de España (1702-1714). Hist. → BOTIFLER.

Mau Mau kikuyu 1) movimiento guerrillero independentista y 2) miembro de la tribu kikuyu que luchó, en los años cincuenta, por la independencia de Kenia contra la dominación inglesa. La lengua de los kikuyus pertenece a la rama bantú. Pol.

Mauser (gewehr) al. '(fusil) Máuser', 'máuser' (Ac.: 1992). Diseñado por los hermanos Peter (1836-1914) y Wilhelm

Mauser (1834-1882), empleado por el Ejército español hasta época reciente. Ej.

mauvais sujet fr. 'mala persona'. (1841: R. de Navarrete.)

maxi ing. 'maxi', 'grande'. Formada analógicamente sobre el ing. *mini* con el lat. *maximus* o *maxima*. Se usa como adj.: 'falda maxi', y como prefijo: 'maxifalda'. Indum → MINI.

maximum lat. 'máximum' (Ac.), 'máximo'. (1842: *Sem. pint. esp.*)

maxixe port. 'machicha'; en esp. a través del fr. *matchiche*, 'matchicha' (1907: Aranaz Castellanos). Danza brasileña originada (1870-80) en el grupo carnavalesco *Estudantes de Heidelberg*. Recibió el nombre de un *folião* o 'chalado' del carnaval llamado *Maxixe*. (1910: C. Bayo.) Baile. → MATCHICHE.

maya sáns. 'ilusión', aunque es término intraducible. Es la materia ilusoria, el velo que oculta la realidad absoluta. Dentro del hinduismo, está relacionado con el culto a Siva, dios que representa, en la *Trimurti hindú*, el aspecto destructor. (1934: Daza de Campos.) Rel.

Mayflower ing. 'Flor de mayo'. Barco en que llegaron (1620) *the Pilgrim Fathers*, 'Los Padres peregrinos', los primeros colonizadores, a Nueva Inglaterra, germen de los EE.UU. Hist.

Mazda per. Nombre adoptado por las estadounidenses *Thorn Electrical Industries* para su bombillas eléctricas. Fue sugerido por Frederick P. Fish, ya que Mazda es el zoroastriano dios de la luz. Electr.

mazurka pol. 'mazurca' (Ac.). Baile semejante a la *polka* y pieza musical compuesta con el ritmo de este baile. Lit.: 'de Mazur (Massuria o Masovia)', provincia de donde procede. (1835: Mesonero.) Baile.

mea culpa lat. 'por mi culpa'. Palabras del *Confiteor*, al comienzo de la misa, según el ritual romano. (1887: J. R. Mélida.) Rel.

meccano ing. 'mecano' (Ac.). Marca registrada por *Meccano Ltd.*, de Liverpool en 1905, de un juguete de construcción, metálico, debido a F. Hornby, quien estableció el nombre

sobre la base *mechanics*, 'mecánica'. (1933: Jardiel Poncela.) Jue.

medal play ing. Variedad en el juego del golf en que la partida se resuelve, no por el número de hoyos ganado (*match
play*), sino por el número de golpes dados. Lit.: 'partida
con medalla o premio'. (1991: *País.*) Dep. → MATCH PLAY.

media, sing. **medium** lat. 'medios'. (1972: J. L. López Aranguren.) → MASS-MEDIA.

medium lat. 'médium' (Ac.). En el espiritismo, la persona que
actúa de transmisor y receptor en la relación de los vivos con
el mundo de los espíritus. Es término adoptado por el sueco
Emmanuel Swedenborg (1688-1772), después por sus discípulos ingleses, más tarde por los ocultistas del siglo XIX, y
muy divulgado gracias a *Le livre des Médiums* (1861), del francés Allan Kardec, padre del espiritismo. (1850: A. Flores.)

meeting ing. 'mitin' (Ac.), 'reunión', 'asamblea'. (1861: J. Valera.) Pol.

mégaron gr. 'mégaron', 'megarón'. Gran sala rectangular,
propia de los palacios micénicos y, después, de los templos
clásicos griegos. Arq.

mehr Licht al. 'más luz'. Palabras de Goethe antes de morir
(22 de marzo de 1832). Al parecer, lo que verdaderamente dijo Goethe a su criada fue: 'Abre los cuartillos de la
ventana, para que entre más luz'. Lit.

meiga gall. 'meiga' (Ac.), 'bruja'. (1886: Pardo Bazán.) Mitol.

meigallo gall. 'embrujo', 'aojamiento'. Deriv. de *meiga*, 'bruja'. (1891: Valle-Inclán.) Mitol.

meigas fora! gall. '¡brujas fuera!'. Conjuro. Suele acompa-
ñar a la *queimada*, cuando sus llamas se van acabando. (1981:
J. L. Sampedro.) → QUEIMADA.

Mein Kampf al. 'Mi lucha'. Libro escrito por Adolf Hitler en
la prisión después de *Putsch* del 8 de noviembre de 1923;
biblia del nacionalsocialismo; publicado en 1925. Pol.

Meistersinger al. 'maestro cantor'. Poeta ciudadano del siglo XVI, siendo Hans Sachs el más representativo maestro
cantor de Nuremberg. Lit.

mélange fr. 'mezcla'.

mêlée fr. 'mezcolanza'. Momento del juego del rugby. (1976: *País*.) Dep.

mel i mató cat. 'requesón *(mató)* con miel *(mel)*'. (1982: Manuel Vicent.) Gastr.

mélisma gr. 'melisma' (Ac.). Secuencia melódica de notas para una sola sílaba. (1923: Falla.) Mús.

melo-drama italianismo **(melo-dramma)** 'melodrama' (Ac.). Drama con trozos musicales intercalados y cantados que sirven para subrayar la acción. (1796: Comella.) Lit.

melting-pot ing. 'crisol', lit.: 'vasija *(pot)* de fundición *(melting)*'. Expresión divulgada (1908) por el novelista inglés Israel Zangwill (1864-1926) para caracterizar a EE.UU., crisol de inmigrantes de muy diverso origen. (1960: J. Goytisolo.)

membresía anglicismo. (Ac.: 2001), 'afiliación'. Calidad o conjunto *(ship)* de afiliados o miembros *(members)* de una sociedad, club, etc. Del ing. *membership*. (1984: M. Buendía, Méx; 1997: R. Moreno Fraginals, Cu.) Pol.

memento lat. 'memento' (Ac.), lit.: 'acuérdate', 'recuerda'. 1) recordación de los difuntos en la misa. Rel.; 2) 'recordatorio'.

memento, homo lat. 'recuerda, hombre'. En ext.: *memento, homo, qui pulvis es et in pulvis reverteris*. 'recuerda, hombre, que polvo eres y en polvo te convertirás'. Palabras que dice el sacerdote en el miércoles de Ceniza, al poner la ceniza, recordando las palabras de Jehová *(Génesis, 3, 19)* a Adán, después del pecado original, según la Vulgata. (1865: Galdós.) Rel.

memento mori lat. 'recuerda que has de morir'. Palabras que se dicen los monjes trapenses al encontrarse. (1963: F. Ayala.) Rel.

memento pulvis es lat. (1921: Pérez de Ayala) Rel. → MEMENTO, HOMO.

memo ing. 'apuntaciones recordatorias'. Abrev. ing. coloquial del lat. *memorandum*. (1993: *País*.) → MEMORANDUM.

memorabilia lat. '(cosas o asuntos) memorables', 'recuerdos'. Palabra difundida por el título en lat. de los *Recuerdos de Sócrates*, de Jenofonte (¿434-355? a. de J. C.), escritos en griego. (1993: F. Savater.)

memoranda lat. 'memoranda' (Ac.), lit.: '(asuntos) a recordar'. (1906: Galdós.)

memorandum lat. 'memorándum' (Ac.), 'memorando' (Ac.). Su empleo parece proceder del ing. 1) 'cuaderno o librito de apuntaciones'. (1875: J. I. Caso.); 2) 'comunicación recapitulatoria diplomática sin firma'. Dipl. → MEMO.

memorial ing. 'acto' y 'monumento funerario recordatorio'. (1979: *País*.)

Memorial de Greuges cat. 'Memorial de Agravios'. Con este nombre se conoce la *Memoria en defensa de los intereses morales y materiales de Cataluña*, presentada a Alfonso XII en 1883 por Valentí Amirall y el *Centre Català*, 'Centro Catalán'. (1991: A. Balcells.) Pol.

Men ing. 'Hombres'. Inscripción que figura en la puerta de los servicios higiénicos públicos. (1933: Jardiel Poncela.)

ménage à trois fr. 'triángulo', lit.: 'familia o matrimonio de tres (esposa, amante y marido)'. Tema frecuente en el teatro francés burgués de finales del siglo XIX y principios del XX. (1878: Galdós.) Lit.

ménagerie fr. 'casa de fieras'. (1914: *D. de Gádex*.)

menchevique rusismo, **(menshevik,** pl. **mensheviki)** 'menchevique' (Ac.), lit.: 'minoritario'. Oponente a Lenin a partir del II Congreso (1903) del Partido socialdemócrata ruso. Pol.

menda caló. 'menda' (Ac.), 'mi persona'. Es un 'yo' enfático. (1971: C. Clavería.)

mendigoitzale vasc. 'mendigoichale', 'montañero'. (1978: Jiménez de Aberasturi.) Dep.

mengue caló. 'mengue' (Ac.), 'diablo', 'duende'. (1855: Gómez Sánchez.) Mitol.

menhir fr. 'menhir' (Ac.). Monumento megalítico consistente en una sola pieza alzada. Del bajo bretón *men*, 'piedra', e *hir*, 'larga'. Arqueol.

menina gall. 'niña'. (1881: Pardo Bazán.)

meninos da rua port. 'niños de la calle', sin familia y sin techo, en Brasil. Nueva clase social marginal, semejante a la de los gamines de Colombia, objeto de represión asesina. (1993: Carlos Fuentes, Méx.) Pol. → GAMIN.

menora hebr. 'menora'. Candelabro litúrgico judaico, de siete brazos que simbolizan los siete días de la Creación. Lit.: 'candelabro'. (1996: J. Valenzuela.) Rel.

mens sana in corpore sano lat. 'mente sana en cuerpo sano'. De Juvenal (*Sátiras*, 10, 356), quien quiso decir que el hombre sabio no pide al cielo más que la salud del alma y la salud del cuerpo. (1856: J. Valera.)

menu fr. 'menú' (Ac.). Del lat. *minutus*, 'menudo', 'pequeño'. 1) conjunto de platos o lista detallada de platos que componen una comida. (1884: Galdós; Ac.) Gastr.; 2) posteriormente, lista de platos que componen una comida a precio fijo (Ac.). Gastr.; 3) lista de operaciones posibles, a elegir, propuesta en la pantalla de un ordenador. (1983: P. Guirao; Ac.: 1992.) Inform.

menuet fr. 'minué' (Ac.). Dim. del fr. *menu*, 'pasito'. 1) danza francesa para dos personas, de movimiento rápido (siglo XVI), después (siglo XIX) de movimiento moderado (1762: Clavijo: *minuet*.) Baile; 2) forma musical de movimiento moderado, que se intercala en composiciones musicales más amplias. Mús → MINUETO.

merar caló. 'morir', 'matar'. (1881: Machado y Álvarez.)

Mercalli it. Apellido del vulcanólogo G. Mercalli (1850-1914) que da nombre a una escala duodecimal para medir la magnitud de los seísmos por los daños causados. Geogr. f. → RICHTER.

merchandising ing. 'mercadización'. Promoción y comercialización subsidiaria en torno a un producto. (1979: Alzugaray.) Com.

merde! Fr. '¡mierda!'. Es famosa palabra de Cambronne. (1965: R. J. Sender.) Hist. → MOT DE CAMBRONNE.

merry Christmas! ing. '¡feliz Navidad!'.

(the) merry England ing. 'la jovial Inglaterra'. (1984: Miret Magdalena.) → OLD MERRY ENGLAND.

mésalliance fr. 'boda desigual', 'bodorrio', 'casorio'. (1906: A. Nervo.)

Messerschmitt al. Avión de combate empleado en la guerra de España (1936-1939) y en la Segunda Guerra Mundial (1939-1945). Diseñado por Willi Messerschmitt (1898-1978), cuyo apellido, además, encabeza el nombre de la fábrica de aviones *Messerschmitt-Bolkow-Blohn Gmbh.* Ej.

mes sous! mes sous! fr. '¡mis dineros! ¡mis dineros!'. Frase del avaro Harpagón, creyéndose robado, en *L'Avare* (1668), comedia de Molière (1622-1673). (1992: Haro Tecglen.) Lit.

mestre en gay saber prov. 'maestro en gaya ciencia'. (1863: A. Flores.) Lit. → GAY SABER.

mestressa cat. 'ama (de casa)', 'dueña (de casa)' y 'jefa' o 'maestra' o 'esposa' de un *mestre*, 'maestro (de un oficio)'. (1963: Manuel Aguilar.)

metanoia gr. 'cambio'. (1989: *París.*)

meteosat ing. 'meteosat', 'satelite meteorológico', lanzado por el hombre al espacio para observar los cambios atmosféricos. Es contracción de *meteo(rological) sat(ellite).* Meteor.

metèque fr. 'meteco' (Ac.). Del lat. *metoecum*, del gr. *metoikos*, 'extranjero', 'inmigrado'. En fr. tiene sentido peyorativo, como el vasc. *maketo* y el cat. *xarnego*. (1925: G. de Torre.)

métier fr. 'oficio', 'empleo'. (1906: A. Nervo.)

metteur en scène fr. 'director de escena'. (1928: Estévez Ortega.) Tea.

meublé fr. 'amueblado'. → HÔTEL MEUBLÈ.

(à la) meunière fr. 'a la molinera' (1959: Ana Herrera), es decir, '(guiso aderezado) a la molinera', 'enharinado'. Gastr.

meyba ing. Nombre comercial de un tipo de pantalón (corto) de baño, introducido en los años cincuenta. (1982: J. Cueto.) Indum.

mezzanine anglicismo. 'mezzanine', pron. 'mesanín' (1977: L. Flórez, Col.), lit.: 'entresuelo'. Procede del ing. de EE.UU. *mezzanine*, y a su vez del fr. *mezzanine*, y a su vez del it. *mezzanino*, dim. de *mezzano*, 'mediano', 'medio'. (1994: J. Goytisolo.) Arq.

mezza voce it. 'media voz'. (1899: F. A. de Icaza.) Mús.

mezzo forte it. 'medio fuerte'. (1899: J. Lasalle.) Mús.

Mezzogiorno it. 'Mediodía'. La región meridional de Italia. (1900: Unamuno.) Geogr.

mezzo soprano it. *'mezzosoprano'* (Ac.: 2001), 'medio soprano'. Cantante con voz entre el soprano y el contralto. El masc., aunque se aplica a voces femeninas, se debe a que originalmente se aplicaba a los cantantes *castrati*. (1865: Galdós.) Mús. → CASTRATI.

M.I. ing. Siglas de *Military Intelligence*, 'Inteligencia (o Información) Militar', nombre del Servicio de Información del Reino Unido. Este servicio está formado por distintas secciones, numeradas del 1 al 15. Las más famosas son el *M.I.-6*, o *Intelligence Service* o *Secret Intelligence Service*, para obtener información en el exterior, y el *M.I.-5*, especializado en el contraespionaje y popularizado por las novelas de Ian Fleming sobre James Bond, llevadas al cine. (1993: *País*.) Pol.

Míbor espanglis. 'Míbor' (1997: TVE) ó 'mibor' (1996: *País*). Forjada sobre *M(adrid) i(nter) b(ank) o(perating) r(ate)*, 'Tasa interbancaria de Madrid'; paralela a *Libor*. (1983: *País*.) Ecom. → LIBOR.

Mi-Carême fr. 'Antruejo', lit.: 'mediada la Cuaresma'. (1924: E. d'Ors.) Rel.

Michelin fr. 'Michelín'. 1) neumático producido por *Michelin et Cie*. (1913: *Guía Michelin de España*.) Autom., 2) 'michelines': cúmulos o rollos de grasa causados por la celulitis. Uso pop. deriv. del monigote, vestido con neumáticos en torno al cuerpo, representativo de esta marca, creado en 1898, por el dibujante O'Galop, a instancias de Édouard y André Michelin. Este monigote recibió el nombre de *Bibendum* y primeramente apareció tragándose clavos y cristales (principales enemigos de los neumáticos), mientras decía, con palabras de Horacio (*Odas*, I, 37), escritas con motivo de la victoria de Augusto de Actium: *Nunc est bibendum*, 'hay que celebrarlo', lit.: 'Llegó el momento de beber'. Autom.

Mickey Mouse ing. 'Miguelito Ratón'. Personaje de una serie de películas de dibujos de Walt Disney. Nació en 1928, en la película *Steamboat Willie*. Cine.

microbús galicismo. (Ac.: 1992.) Pequeño autobús ligero. Transp. t.

microchip ing. 'microchip' (Ac.: 2001), 'microprocesador'. Circuito integrado (*chip*) miniaturizado (*micro*), para el tratamiento y gestión de datos; es decir, realiza las funciones de una unidad de procesamiento central. Inventado (1971) por *Ted*, apodo de Marcian E. Hoff, de la compañía Intel, de Silicon Valley, California. Inform. → CHIP.

microfilm ing. 'microfilme' (Ac.). Introducido en España en los últimos años cuarenta. (1961: L. Martín Santos.) Fot.

microprocesador anglicismo. (Ac.: 1992.) Del ing. *microprocessor*, llamado también *microchip*. Inform. → MICROCHIP.

Midi fr. 'Mediodía'. La región meriodinal de Francia. (1927: E. d'Ors.) Geogr.

MIDI ing. Siglas de *Musical Instruments Digital Interface*. 'Interface o interconexionador digital de instrumentos o aparatos musicales', originado en 1981. (1992: *País*.) Mús.

midi y midi- ing. 'media' y 'media-'. Se emplea como adjetivo y como prefijo. Con referencia a prendas de vestir femeninas: vestidos, abrigos, faldas, que llegan hasta media pantorrilla. Uso paralelo al de *maxi* y *mini*. (1993: *País*.) Indum.

midinette fr. 'modistilla', estrictamente: 'joven trabajadora que puebla las calles (de París) a la hora del mediodía (*midi*). (1922: *Andrenio*.)

MiG ru. 'MiG' o 'Mig'. Acrónimo formado con la sílaba inicial del apellido de Artiom Mikoyan († 1980) y la consonante inicial del apellido de Mijail Guriévich, ingenieros soviéticos, con el que se da nombre, seguido por un número serial, a los aviones de combate diseñados por el *Oso-bij Konstruktorskoie Buró Mikoyan-Guriévich*, 'Departamento de Construcciones Especiales Mikoyan-Guriévich'. Ej.

mignardise fr. 1) 'melindre', 'monada'. (1916: Unamuno); 2) 'golosina'. (1982: *ABC*.) Gastr.

mignon fr. → FILET MIGNON.

mihrab ár. 'mihrab' (Ac.). 'mirab' (1843: Lafuente Alcánta-ra). Nicho de oración, en las mezquitas, orientado hacia La Meca. (1890: R. A. de los Ríos.) Rel.

Mikado jap. 'Mikado' (Ac.). lit.: 'puerta *(mi)* sublime *(ka-do)*'. Título del emperador del Japón. (1890: L. Colo-ma.) Pol.

mildew ing. 'mildiu' (Ac.). Moho de la vid. (1927: J. Dan-tín.) Bot.

miles gloriosus lat. 'soldado fanfarrón'. Según el título y el carácter del personaje Pirgopolinices de la comedia *Miles gloriosus* (c. 205 a. de J. C.) de Plauto. Lit.

milieu fr. 'medio social' y, peyorativamente, 'bajos fondos', 'hampa'. (1934: E. d'Ors.)

Milladoiro gall. 'Miliario'. Con referencia a los hitos milia-rios que señalan el Camino de Santiago de Compostela. Actualmente da nombre a un grupo de mús. *folk* gallego, fundado por Antón Seoane y Rodrigo Román. Mús.

millardo galicismo. (Ac.: 1996). Del fr. *milliard*, 'mil millo-nes'. Introd. en España en los años noventa. Mat.

Mil M-4 ru. Helicóptero de guerra (pero no armado), espe-cializado en interferencias. Denominado por la OTAN *Hound*, 'perro de caza'. Diseñado por el *Osobij Konstruk-torskoie Mijail L. Mil*, 'Departamento de Construcciones especiales de Mijail L. Mil'. Ej.

milord ing. 1) 'mi *(mi o my)* señor *(lord)*'. Tratamiento. (1886: F. Pérez y Glez.); 2) carruaje de viajeros, de dos plazas, con cuatro ruedas, y asiento elevado para el cochero. Aunque la palabra es de origen ing., es decir, anglicismo en fr., en este sentido sólo tiene uso en fr. (1980: Rey-Debove). (1890: L. Coloma.) Transp. t.

mímesis gr. 'mimesis' (Ac.), 'imitación'; también 'imitación de la realidad', 'repetición creadora', 'recreación' (E. Trías). (1971: Corrales Egea.) Lit.

minar ár. 'alminar' (Ac.). Tal vez de *manarah*, 'faro', con referencia a la torre del faro de Alejandría, una de las siete maravillas. Rel.

minbar ár. 'almimbar' (Ac.), 'mimbar', 'púlpito'. Situado, en las mezquitas, junto al *mihrab*. (1890: R. A. de los Ríos.) Rel.

minestrone it. 'sopa de pasta y verduras', (1899: E. Sánchez Rubio.) Gastr.

mini ing. 'mini', 'muy pequeña'. Abrev. del ing. *miniature*, 'miniatura'. Se usa como adj.: 'falda mini', pero más frecuentemente como prefijo: 'minifalda', moda ésta introducida por Mary Quant, en Londres, en los años sesenta. Indum. → MAXI.

minimal art. ing. 'arte minimal', 'minimalismo' (1993: *País*). Término acuñado (1965) por el filósofo Richard Wolheim. Designa una escuela artística norteamericana que trata de representar lo máximo con lo mínimo. Surgió con la exposición *Primary Structure*, 'Estructura primaria', del Jewish Museum, de Nueva York, en los años setenta. Cultivadores: Carl Andre, Dan Flavin, Sol Lewit, Donald Jud; también se aplica a una tendencia musical. (1981: *País*.) Arte.

minimum lat. 'mínimum' (Ac.), 'mínimo'. (1890: Pi y Margall.)

Minnesänger al. → MINNESINGER.

Minnesinger al. 'trovador (alemán)', lit.: 'cantor del *Minne*', es decir, 'cantor del amor cortés', a semejanza de los trovadores provenzales. El más famoso, Walter von der Vogelweide, del siglo XII. En al., la voz propia y usual no es *Minnesinger*, sino *Minnesänger*, aunque aquélla sea la más difundida fuera de Alemania, entre anglosajones, franceses y españoles. Algunos grandes diccionarios (1893: *Meyers Lex.*) no la registran y otros (1986: Wahrig) sólo como voz colateral. Según Emilio Lorenzo, *Minnesinger* podría haberse formado analógicamente con *Meistersinger*. (1861: J. Valera.) Lit. → MEISTERSINGER.

minueto it. 'minué' (Ac.), 'minueto' (Ac.). Mús. → MENUET.

minus lat. 'menos'.

minuteman ing. 'minutemán'. 1) soldado voluntario durante la Revolución norteamericana contra los ingleses; 2) miembro de un cuerpo de civiles armados (especie de somatén) para casos de urgencia de carácter chovinista y anticomunista. Ej.; 3) nombre de un misil balístico continental, de tierra a tierra, estadounidense. (1991: *País*.) Ej.

miquelet cat. 'miquelete' (Ac.), 'fusilero de montaña'. Dim. de Miquelot de Prats, antiguo jefe de esta tropa, activa en el siglo XVIII y XIX. Ej.

mir ru. 1) 'municipio agrario', lit.: 'mundo'. Colectividad en que la tierra estaba distribuida en suertes entre los componentes (cabezas de familia) del *mir*, al que estaban vinculados; pero a partir de la reforma de 1906, el cultivador gozó de libertad para separarse del *mir* y cultivar su suerte independientemente. (1887: Pardo Bazán.) Agr.; 2) nombre, lit.: 'paz', de una serie de estaciones espaciales soviéticas; la primera, lanzada al espacio el 20 de febrero de 1986. Cosmonáut.

mirabile dictu lat. 'admirable de decir'. De Virgilio (*Geórgicas*, 2, 20). (1911: A. Glez. Blanco.) Lit.

mirabile visu lat. 'admirable de ver'.

mirage fr. 'miraje'. 1) 'ilusión óptica', 'espejismo', y 'miraje', galicismo éste que a veces se encuentra en poetas modernistas. Del fr. *mirer*, 'mirar viendo o deseando' y, a su vez, del lat. *mirari*, 'contemplar'. Esta ilusión óptica fue observada por el ejército de Napoleón en Egipto. (1917: Unamuno.); 2) *Mirage*, nombre de un avión francés de combate, fabricado por la compañía *Avions Marcel Dassault/Bréguet Aviation*. Ej.

miscere utile dulci lat. 'mezclar lo útil con lo dulce'. De Horacio (*ad Pisones*). Lit.

mise au point fr. 'puesta a punto'. (1923: Ortega.)

mise en page fr. 'confección tipográfica', lit.: 'puesta en página'. Biblio.

mise en plis fr. 'fijación o marque del peinado' mediante un cosmético, en los lavados intermedios del cabello. (1979: *Lecturas*.) Cosm.

mise en scène fr. 'puesta en escena', 'puesta', 'montaje escénico'. Se difundió esta expresión gracias al director del *Théâtre Libre*, de París, Antoine (1858-1943), renovador de la dirección escénica a finales del siglo XIX, con el montaje de obras naturalistas. (1860: J. Valera.) Tea.

mise en valeur fr. 'puesta en valor', 'realzada'. (1976: Jiménez Lozano.)

Miserere lat. 'Miserere' (Ac.), lit.: 'Compadécete', 'Ten misericordia'. Himno cantado en las tinieblas de Semana Santa, que tiene por letra el Salmo 51, que comienza: *Miserere mei, Deus*, 'Compadécete de mí, Dios', según la Vulgata. (1918: Unamuno.) Rel.

miserere lat. 'miserere' (Ac.). Adjetivada en la expresión 'cólico miserere', u 'oclusión intestinal grave'. Med.

miserere nobis lat. 'ten piedad de nosotros', lit.: 'compadécenos'. Una de las respuestas de los fieles en la misa. Rel.

misery acquaints a man with strange bedfellows ing. 'la miseria o el infortunio depara al hombre extraños compañeros de cama'. De Shakespeare (*The Tempest*, II, 2ª). Como señala Emilio Lozàno (1992), se suele oír y leer en España la adapt.: 'La política hace extraños compañeros de cama'.

Misnah hebr. 'Misná', lit.: 'Recepción', 'Recapitulación'. Título de la parte más antigua del *Talmud*, seguida de *Gemara*, 'Conclusión'. Rel.

miss ing. '*miss*' (Ac.: 2001), 'señorita'. (1929: Blasco Ibáñez.)

missile ing. 'mísil' (Ac.), 'misil' (Ac.). Del lat. *missilis*, 'arma arrojadiza'. Tipo de arma creado en EE.UU. en 1945. Ej.

missing ing. 'desaparecido'. En ext.: *missing person(s)*, 'persona(s) desaparecida(s)'. Expresión jurídica, policíaca y periodística, pero difundida como eufemismo para enmascarar el asesinato de personas tachadas de izquierdismo, sepultadas en lugares secretos. Puesto en boga por el filme *Missing* (1982), de Costa Gavras. (1993: Onda Cero.) Pol.

missino lat. 'partidario del M.S.I.', es decir, del *Movimiento Soziale Italiano*, 'Movimiento Social Italiano', neofascista, surgido en la posguerra de la Segunda Guerra Mundial. Pol. → M.S.I.

mister ing. 1) 'señor'; 2) 'míster' o 'entrenador (de fútbol)'. Dep.

mistral galicismo. (Ac.). Del fr. *mistral*, que es un provenzalismo, deriv. del lat. *magistralem*, 'magistral'. Es un viento fuerte del NO, llamado en cat. *vent mestral* y en Aragón 'viento maestro' (1999: M. Toharia). Meteor.

MIT ing. Siglas de *Massachussets Institute of Technology*, 'Instituto de Tecnología de Massachusetts', en EE.UU. Educ.

Mit brennender Sorge al. 'Con ardiente preocupación (o pesar)'. Encíclica (marzo 1937) del papa Pío XI ante el avance del nazismo. (1988: Julián Marías.) Pol.

mitraillette fr. 'metralleta' (Ac.). (1944: E. Méndez Domínguez.) Ej.

Mitsubishi jap. Fábrica de automóviles. Su nombre significa 'tres diamantes' o 'tres rombos', los cuales constituyen el logotipo de la empresa y sus productos. Autom.

Mitteleuropa al. 'Europa media', es decir, 'Europa central'. Con referencia especial a los estados balcánicos. Término geopolítico divulgado por Naumann (1915), con el precedente (1841) de Friedrich List. (1927: E. d'Ors.) Pol.

mixti fori lat. 'mixtifori' (Ac.), 'de foro mixto', 'de tribunal mixto'. Se dice de los delitos que pueden conocer tanto el tribunal eclesiástico como el secular. Por extensión, se aplica a hechos confusos, cuya verdadera naturaleza es difícil deslindar. Der.

moaxaha ár. **(muwaššaḥa)** 'muasaja', 'moaxaja', 'moasaja'. Composición poética vulgar, frente a la casida clásica. Inventada (h. 960) por Mucaddam el Ciego, de Cabra (Córdoba). Las moaxajas más vulgares, las que se cantaban por las calles, recibieron el nombre de 'zéjeles'. (1915: J. Ribera.) Lit. → ZÉJEL; JARCHA; MUWASSAHA.

mobbing ing. 'acoso moral en el trabajo' (2002: D. López Garrido). Conducta abusiva con que jefes o compañeros en el trabajo tratan de humillar y degradar al otro, especie de "psicoterror laboral" (2002: Cadena SER), condenado por algunas leyes europeas. De *to mob*, 'atacar', 'atropellar'. (2002: *País*.)

Mobil ing. En ext.: *Mobil Oil Corporation*. 'Mobil, Compañía de Petróleo', con sede en Nueva York. Es una de las llamadas 'siete hermanas'. Petroq.

mobiles fr. 'móviles'. Obra del artista Alexander Calder († 1976), hechas con varillas metálicas, plumas y otros elementos de poco peso que, colgados del techo o sostenidos en apoyos, se mueven en el aire. Denominadas así por Marcel Duchamp. (1976: *País*.) Esc.

mod, pl. **mods** ing. Abrev. de *modern*, 'moderno'; irónicamente: 'elegante'. Joven inglés de los años sesenta y setenta, caracterizado por un punto de ultraelegancia eduardiana. Aseados con flequillos y patillas, etc. Representados en el filme *Quadrophenia* (1979). (1969: J. Gallego.)

modem ing. 'módem' (1992: *País*; Ac.: 2001). Contracción de *mo(dulator)-dem(odulator)*, 'modulador-desmodulador'. Ingenio que hace compatibles dos sistemas diferentes de transmisión de datos. Telecom..

Modern Style ing. 'Estilo moderno'. Estilo decorativo de finales del siglo XIX. Responde a ideas estéticas de origen inglés, cuyo propósito era embellecer la vida cotidiana con muebles (Bonnard), decorados (Maurice Denis), tapices (Maillol), vidrios (Tiffany), mosaicos, arquitectura, etc., en ruptura con la imitación de estilos antiguos. (1899: R. Darío.) Arte.

modus operandi lat. 'modus operandi' (Ac.), 'modo de operar', 'modo de hacer'. (1928: E. d'Ors.)

modus vivendi lat. 'modus vivendi' (Ac.), lit.: 'modo de vivir'. Acuerdo temporal hasta llegar a otro definitivo. (1869: *Alm. Museo Universal.*) Der.

mohair ing. 'moher', 'mohair'. Tejido hecho con pelo de cabra de Angora. Del ár. *mojayyar*. (1976: Renée L. de Haro.) Indum.

moira gr. 'destino trágico'. (1957: Rof Carballo.)

moiré fr. 'moaré' (Ac.). (1872: *Alm. G. y Roig*; 1921: Lorca), 'muaré' (Ac.). Tejido con visos o aguas. (1832: Mesonero.) Indum.

(cóctel) Molotov ru. V. M. Molotov (1890-1986) fue ministro de Asuntos Exteriores de la URSS durante (1939-1956) la Segunda Guerra Mundial y la guerra fría, en pleno estalinismo. Su nombre sirvió para designar un arma explosiva de preparación casera.

MOMA ing. Abrev. con que es conocido el *Museum of Modern Art*, 'Museo de Arte Moderno' de Nueva York. Arte.

mona cat. 'mona' (Ac.), 'hornazo'. Del ár. *mu'na*, 'provisión de boca'. (1927: Lorca.) Gastr.

mon Dieu! fr. '¡oh, Dios!', '¡santo Dios!', lit.: '¡Dios mío!' (1991: Maruja Torres.)

mongeta cat. 'muncheta' (1913: Pardo Bazán), 'habichuela', 'alubia', 'judía'. Gastr.

monitum, pl. **monita** lat. 'consejo'; 'advertencia', 'admonición'. (1991: *País.*)

monocle fr. 'monóculo' (Ac.). Anteojo o lente para un solo ojo. (1898: R. Darío.)

monologue intérieur fr. 'monólogo interior'. Artificio narrativo mediante el cual los pensamientos de un personaje son presentados como van fluyendo. Lit. → THE STREAM OF CONSCIOUSNESS.

monopoly ing. 'monopolio'. Juego de mesa basada en la especulación inmobiliaria urbana. Creado (1935) por Charles Darrow, en EE.UU. (1991: P. J. Ramírez.) Jue.

monorail ing. 'monorraíl' (Ac.: 1922), 'monocarril'. Ferrocarril con un solo raíl de rodadura. (1979: Alzugaray.) Transp. t.

monotype ing. 'monotipia' (Ac.). Máquina de composición de tipos sueltos, inventada (1887) por el norteamericano Langston. (1933: F. Fábregues.) Impr.

Monsieur de Paris fr. 'verdugo de París'. (1899: Azorín.)

Montedison it. Gran empresa resultante de la fusión de dos: la *Mont(ecatini)* y la *Edison*.

monteira gall. 'montera'. (1888: Pardo Bazán.) Indum.

monumentum aere perennius lat. 'monumento más perenne que el bronce'. De Horacio (*Odas*, 3, 30, 1). (1957: Gaya Nuño.) Lit.

Moon cor. '(Movimiento) Moon' o 'Iglesia de la Unificación', fundada en 1954 por Sung Myung Moon, coreano, nacido en 1920, de familia budista, convertido luego al presbiterianismo. Establecida aparentemente sobre principios democráticos y cristianos, es en realidad una asociación anticomunista. Registrada como 'Asociación para la Unificación del Cristianismo mundial'. Están vinculadas a ella CAUSA, siglas de 'Confederación de Asociaciones para la Unidad de las Sociedades de América', y AULA, acrónimo de 'Asociación pro Unidad Latinoamericana', anticomunistas y conservadoras ambas. (1968: *País*.) Rel.

moonie ing. 'mooni' o 'muni', 'munista'. Seguidor del Movimiento *Moon*. (1986: *París*) Rel. → MOON.

mopa anglicismo. (Ac.: 2001). Del ing. *mop*, 'greñas'. Utensilio de limpieza de suelos.

moqueta galicismo. Del fr. *moquette*. Desde 1930, 'suelo textil' en habitaciones, pero anteriormente (1866: N. Fdez. Cuesta), "tela de lana con trama de hilo" para cubrir muebles. Text.

mordoré fr. 'mordoré'. Color pardo pálido con algo de brillo dorado. Se aplica a tejidos. (1927: Arniches.) Indum.

more geometrico lat. 'con o al modo o método geométrico'. Expresión divulgada por *Ethica more geometrico demonstrata* (1677), de Baruch Spinoza (1632-1677). (1912: Unamuno.) Fil.

more maiorum lat. 'según costumbre de los antepasados'.

(la) Moreneta cat. '(la) Morenita'. Nombre popular de la Virgen de Monserrat, en Cataluña. Rel.

Morgue fr. 'Morgue' (Ac.: 2001), uso en Ch. (1987: *La Nación*, Santiago, Ch.) y Pe. (1999: TVE). 'Depósito (de cadáveres)'. Se llamaba así al principio (siglo XVII) el lugar de una prisión donde se examinaba a los presos para su identificación: por analogía, se aplicó después al Instituto médico legal de París, en el *quai de la Rapée*, junto al puente de Austerlitz, donde se exponían, para su identificación, los cadáveres de desconocidos. (1983: *País*.)

morituri te salutant lat. 'los que han de morir te saludan'. (1836: Larra.) Hist. → AVE, CAESAR, MORITURI TE SALUTANT.

morna port. 'morna', 'lamento', 'pena'. Deriv. tal vez del ing. *to mourn*, 'dolerse'. Es una especie de *fado* de Cabo Verde. (1993: N. Sáenz de Tejada.) Mús. → FADO.

morriña gall. 'morriña' (Ac.), 'nostalgia (del terruño)'. (1792: Comella.)

morrosko vasc. 'morrosco', 'mocetón (vasco)'. (1976: F. Umbral.)

mors certa, hora incerta lat. 'la muerte, cierta; hora, incierta'. (1973: E. Glez. Mas.)

Morse ing. 'Morse'. Aparato telegráfico y código de señales (alfabeto Morse) nombrado con el apellido de su inventor (1838), el norteamericano Samuel Finlay Breese Morse (1791-1872). Telecom..

mortadella it. 'mortadela' (Ac.). (1897: A. Muro.) Gastr.

mortis causa lat. 'mortis causa' (Ac.). Con referencia a la transmisión de bienes, tras fallecimiento de su propietario. (1979: *BOE*.) Der.

moscorra vasquismo. (Ac.: 1992), 'borrachera'. En canción popular trufada de vasquismos. → MOSKORRA.

moscorro vasquismo. 'borracho'. En canción popular trufada de vasquismos. → MOZKOR.

moskorra vasc. (**mozkorra**) 'borrachera'. (1897: Unamuno.) → MOSCORRA.

Mossad hebr. 'Instituto', en ext.: *Hamossad Lemodi'In Vetaf-kidin Meyuhadim*. 'Institución de Inteligencia (o Información) y Misiones Especiales'. Servicio secreto de Israel, fundado en 1951. (1988: *País*.) Pol.

(els) mossos d'Esquadra cat. 'los mozos de Escuadra'. Policía catalana armada, de naturaleza civil, para la seguridad pública. (1983: *País*.) Pol.

mot-à-mot fr. 'palabra por palabra'. Con referencia a las traducciones. (1960: Cansinos.)

motard fr. 'motero' (1991: *País*; Ac.: 2001). Usuario fanático de la motocicleta. (1991: RNE.) Transp. t.

(le) mot de Cambronne fr. 'la palabra de Cambronne'. Eufemismo empleado por la duquesa de Guermantes (Proust: *À la recherche du temps perdu*) por *merde*, pronunciada por el general Cambronne (1770-1842), al ser requerido para que se rindiera, en Waterloo. La versión oficial es que Cambronne dijo *meurt* y no *merde*: '*La garde meurt, mais ne se rend pas*', 'La guardia muere, pero no se rinde'. (1982: F. Ayala.) Hist.

motel ing. 'motel' (Ac.). Palabra acuñada por un arquitecto (1925) para la publicidad de un hotel carretero de San Luis Obispo, California, sobre las palabras *mo(tor car)* y *(ho)tel*. (1973: A. Zamora Vicente.) Host.

mot juste fr. → LE MOT JUSTE.

motocross fr. 'motocrós'. Carrera en motocicleta a campo traviesa. Compuesta por el fr. *moto(ciclette)* y el ing. *cross (country)*, '(campo) traviesa'. (1976: Paco Costas.) Dep.

motor-home ing. 'hogar motorizado', 'casa móvil' (1994: Telemadrid), 'hogar automóvil' en que viven los motoristas que participan en carreras. (1990: *País*.) Dep.

motoscafo it. 'motoscafo', 'barca con motor'. Compuesta de *moto*, de *motore*, 'motor', y *scafo*, 'casco (de barca)'. (1991: García Hortelano.) Transp. n.

motto it. 'mote' (Díaz Rengifo), 'inscripción' (Gracián), 'lema' (Gracián), 'epígrafe' (Gracián). Sentencia o frase inscrita en un emblema o que lo acompaña. Del prov. o fr.

mot, 'dicho (en voz baja)', del lat. *muttio*, 'susurrar', 'murmurar'. (1966: A. del Hoyo.)

motu proprio lat. 'motu proprio' (Ac.), 'por impulso propio', 'por impulso personal', 'voluntariamente'. Con principal referencia a documentos religiosos, publicados por personal decisión o voluntad del Papa. (1782: Forner.) Rel.

moucho gall, 'mochuelo'. (1883: Pardo Bazán.) Zool.

mountain bike ing. 'bici(cleta) de montaña', especial para toda clase de terreno. Modalidad deportiva surgida en los alrededores de San Francisco (EE.UU.) en los años setenta. (1991: J. Antón Blanco.) Dep.

mousmé fr. (1900: A. Nervo.) → MUSMÉ.

mouse ing. 'ratón'. Aparato que, con forma parecida a un ratón, es movido por la mano del usuario para evaluar y seleccionar los elementos sobre los que se pretende operar. Inventado por el estadounidense Douglas Engelbert, del Stanford Institute. En España se ha generalizado 'ratón', en tanto que en ciertas áreas hispanas de América han adoptado el ing. *mouse*. Inform.

mousse fr. '*mousse*' (Ac.: 2001), 'espuma'. 1) 'espuma (de chocolate)'. (1913: I. Domenech.) Gastr.; 2) 'espuma (de jabón)'. Cosm.

mouton fr. 'mutón', en el habla; lit.: 'cordero'. Con referencia a prendas de abrigo hechas con piel de cordero. (1979: *País*.) Indum.

movie ing. 'película', 'filme'. (1931: García Sanchiz.) Cine.

Moviment de Defensa de la Terra cat. 'Movimiento de Defensa de la Tierra'. Grupo independentista catalán, afín a *Terra Lliure*. (1992: *País*.) Pol. → TERRA LLIURE.

moviola anglicismo (del ing. **movieola**) 'moviola' (Ac.: 1992). 1) aparato utilizado para el visionado y montaje de películas. *Movieola* es marca registrada (1929) en EE.UU., de donde ha salido la adapt. 'moviola', común al esp., fr. e it. Es palabra compuesta de *movie*, 'película', y sufijo arbitrario -*ola*, por analogía con otros aparatos que lo llevan, como 'pianola', 'gramola', etc. (1981: J. Benet.) Cine; 2) suerte de banderillas en que el torero camina hacia atrás, de espaldas al toro (movimiento análogo y característico de la moviola), para ponerle las banderillas; inventada (1993) por el torero Vicente Ruiz, *el Soro*. Dep.

mozkor vasc. 'borracho'. → MOSCORRO.

mozzarella it. 'mozarela'. Queso napolitano, originariamente de leche de búfala (hoy también de leche de vaca), de pasta blanca, de consumo fresco. Del it. *mozza*, 'corte'. Gastr.

MP ing. Siglas de *Military Police*. Ej.

MPLA port. Siglas de *Movimento Popular da Libertação de Angola*, fundada por Agostinho Neto, que conquistó la independencia de Angola en 1975, sobreponiéndose al *FLNA* de Holden Roberto, que luchaba en el Norte, y a la *UNITA*, de Jonas Sabimbi, que luchaba en el Sureste. Está formado principalmente por mestizos y la etnia nbundo, propia de Luanda. Pol.

Mr. ing. Abrev. de *Mister*, 'Señor', abrev. 'Sr.', que se antepone al apellido personal. → MISTER.

Mrs. ing. Abrev. de *Mistress*, 'Señora', abrev. 'Sra.', que se antepone al apellido (del marido) de la mujer casada. Del fr. *maîtresse*, 'señora'.

M.R.P. fr. Siglas de *Mouvement Républicain Populaire*, 'Movimiento Republicano Popular'. Partido político francés fundado por el general de Gaulle durante la Resistencia a la ocupación nazi de Francia. Pol.

M.S.I.-D.N. it. Siglas de *Movimento Soziale Italiano - Destra Nazionale*, 'Movimiento Social Italiano - Derecha Nacional'. Neofascista, surgido (1946) en Italia, después de la Segunda Guerra Mundial; transformado (1995) en *Alleanza Nazionale*, 'Alianza Nacional', por su líder Gianfranco Fini. Pol. → MISSINO.

muedzin ár. (1890: R. A. de los Ríos.) Rel. → MUEZZIN.

muezzin ár. (mu'addin) 'almuédano' (Ac.), 'almuecín' (Ac.), lit.: 'convocador'. Pregonero que desde el alminar de la mezquita dice el *idzán*, esto es, el llamamiento, cinco veces al día, a la oración, con estas palabras: *cad camat-uss-*

ssalah, 'ya comienza la oración'. La transcrip. *muezzin* es francesa. (1833: J. Cortada.) Rel.

muftí ár. 'muftí' (Ac.). Doctor o jurisconsulto islámico. Rel.

muga vasc. 'muga' (Ac.), 'mojón', 'puesto fronterizo'. (1910: J. Nombela.)

mugalari vasc. 'pasador de muga o frontera', 'guía fronterizo'. (1991: *País*.)

muguet fr. 'muguete' (Ac.), en lat. cient. *Convallaria maialis*. Planta vivaz de los bosques de Francia, que se da también en el N de España, con flores blancas, acampanilladas, que se abren en mayo. (1972: Cristina Martín.) Bot.

muiñeira gall. 'muñeira' (Ac.), lit.: 'molinera'. Baile popular gallego. (1843: Neira de Mosquera.) Baile.

muito obrigado port. 'muy agradecido', lit.: 'muy obligado'. Fórmula de cortesía. (h. 1950: *Al compás del chachachá del tren*, canción.)

mujik ru. 'musik', 'mujik', 'campesino (ruso)'. Del ru. *mushik*, lit.: 'hombrecillo', a través de fr. *moujik* (1887: Pardo Bazán.)

mulah ár. **(mullā)** 'mulá'. Santón chiíta. (1934: R. J. Sender.) Rel.

mulé caló. 'muerte'. (1991: M. Balmaseda.)

Mulieris dignitatis lat. 'De la dignidad de la mujer'. Carta apostólica (1988) del papa Juan Pablo II. Rel.

multa renascentur lat. En ext.: *multa renascentur quae iam cecidere*, 'muchas (palabras) que estuvieron muertas renacerán'. De Horacio (*ad Pisones*, 70). (1860: J. Valera.) Ling.

multimedia (system) ing. 'sistema multimediático', 'sistema plural de medios (de comunicación e información)', es decir, 1) en general, de varios medios de comunicación e información; y 2) en especial, 'material digitalizado que combina texto, gráficos, imagen fija y en movimiento, así como sonido' (según la definición de la ATI). Inform.

multi sunt vocati, pauci vero electi lat. 'muchos son los llamados, pero, en verdad, pocos los elegidos'. Palabras de Jesús (San Mateo, 20), según la Vulgata. (1890: Pi y Margall.) Rel.

multum in parvo lat. 'mucho en poco (espacio)'. (1949: J. L. Borges, Arg.)

muncheta catalanismo. (1913: Pardo Bazán.) → MONGETA.

muppet ing. 'teleñeco'. En ing. *muppet* es palabra creada (h. 1969) por el marionetista estadounidense Jim Henson (1936-1990). Está formada con *mu*, transcrip. fonética ing. del fr. *ma* (de *marionnette*, 'marioneta') y el ing. *ppet* (de *puppet*), 'muñeco'. El esp. 'teleñeco' está compuesto por 'tele(visión)' y '(mu)ñeco', en virtud del programa 'Los teleñecos', de TVE, emitido (1976-1980) en España.

(ley de) Murphy anglicismo. Trad. de *Murphy's Law*. Enuncia que 'todo lo que puede acabar mal, acabará mal', con variantes todas del mismo tono. Con referencia a un hipotético funcionario irlandés apellidado Murphy (1920), al que se supone enunciador de esta ley cazurra del 'peorismo'. (1995: Onda Cero.)

muscadins fr. 'muscadinos', 'almizclados', 'perfumados'. Del fr. *musc*, 'almizcle'. Eran jóvenes activistas termidorianos, cuyas familias se habían enriquecido con la Revolución francesa. Provistos de gruesos bastones, o 'poder ejecutivo', con ellos maltrataban a los exaltados y jacobinos. (1890: L. Coloma.) → JEUNESSE DORÉE.

musical (comedy) ing. '(comedia) musical'. Género norteamericano de comedia, con recitación, baile, música y canto, en teatro o en cine, nacido a finales del siglo XIX. Tea.

music-hall ing. '*music-hall*' (Ac.: 2001), 'salón de variedades'. Dio nombre común a este género de salas de espectáculos el Canterbury Music Hall, de Westminster Bridge Road, en Londres, fundado en 1850. (1899: R. Darío.) Tea.

musmé jap. **(musume)** '(mujer) joven', 'muchacha'. En realidad, 'musmé' no procede directamente del jap. *musume*, sino del japonesismo fr. *mousmé*. (1904: L. Morote.) → MOUSMÉ.

Mussolini ha sempre ragione it. 'Mussolini tiene siempre razón'. Frase que procede del *Vade-Mecum del perfetto fascista, sequito da Dieci assiomi per il Milite ovvero Avvi-*

si ideali, 'Vademécum del perfecto fascista, seguido de Diez axiomas para el Militante, o Avisos ideales', de Leo Longanesi. Suele citarse erróneamente (1996: *País: il Partito ha sempre ragione*), por contaminación de una consigna comunista. Pol.

mustang ing. 1) '(caballo) mestenco o mesteño', es decir, que no tiene amo, libre. Deriva del esp. 'mestenco', y éste, del esp. 'mesta'. Se aplica a los caballos libres, salvajes, de las regiones fronterizas de EE.UU. con México; 2) 'avión de bombardeo estadounidense', empleado en la Segunda Guerra Mundial. Ej.

mutatis mutandis lat. 'mutatis mutandis' (Ac.), 'cambiando lo que se debe cambiar' (Ac.), lit.: '(una vez) cambiadas (las cosas o términos) que deben ser cambiadas'. (1891: Pardo Bazán.)

mutato nomine lat. 'mutato nómine', lit.: 'cambiado el nombre'.

Mutawa ár. 'Mutaua', 'Mutagua'. Policía (religiosa) de Arabia Saudí. (1990: Ig. Carrión.) Rel.

mutil vasc. 'muchacho', 'mozo'. (1899: Galdós.)

muwassaha ár. (1933: E. García Gómez.) Lit. → MOAXAHA.

muyahidin sing. **muyahid** ár. 'combatientes', 'guerrilleros'. *Muyahid* es 'el que se esfuerza', es decir, 'el que hace el *yihad*, 'esfuerzo'. (1978: *País*.) Ej. → YIHAD.

myosotis fr. 'miosotis'. Del gr. *myos*, 'ratón', y *ous, otos*, 'oreja', pues los pétalos de esta flor semejan orejas de ratón. (1861: M. del Palacio.) Bot.

n

nabab fr. 'nabab' (Ac.). Del ár. *nawwab* (sing, *naib*), pl. de dignidad, título de los delegados o gobernadores de la India musulmana bajo el imperio de los mongoles. Del fr. pasó al esp., con el sentido de 'hombre rico', 'poderoso'. (1891: Palacio Valdés.) Pol.

nabi hebr. y ár. 'nabí' (Ac.); lit.: 'profeta'. Préstamo del hebr. al fr., donde se aplicó esta palabra a los pintores del grupo promovido por Paul Sérusier en París (1888) para liberar a la pintura del impresionismo mediante los colores planos, siendo su principal figura A. Bonnard. (1983: *País*.) Pint.

Nacht und Nebel al. 'Noche y Niebla'. Expresión popular para designar acciones que se cometen en secreto, al amparo de la noche y de la niebla. Heinrich Himmler (1905-1945), jefe de las *SS* y ministro del Interior del *III Reich* adoptó esta expresión popular (al oírsela al gigante Fafner cuando dice a los enanos: *Seid Nacht und Nebel gleich!*, '¡Haceos semejantes a la noche y la niebla!', en *El oro del Rin*, de Richard Wagner) para la operación que designaba a las personas, principalmente judíos y opositores al nazismo, que, en los campos de concentración nazis, durante la Segunda Guerra Mundial, estaban destinadas a morir en las cámaras de gas. (1969: Serrano Plaja.) Pol.

Nadal gall. 'Navidad'. (1893: Pardo Bazán.) Rel.

Nadal cat. 'Navidad'.

NAFO ing. Siglas de *North Atlantic Fisheries Organization*, 'Organización u Organismo de las Pesquerías del Atlántico Norte'. Creada en 1978. (1995: *País*.) Pol.

Nahda ár. (1995: Gema Muñoz.) Pol. → EN-NAHDA.

naïf, pl. **naïves** fr. 'naíf' o 'naif' (Ac.: 2001); 'naív', pl, 'naíves', lit.: 'ingenuo'. Del lat. *nativus*, 'natural', 'sin artificio'. Con referencia a los pintores que no poseen educación artística o que no tienen en cuenta las reglas de la perspectiva y del arte, como el «aduanero» Rousseau. Pint.

najarse caló. 'marcharse', 'escapar'. (1882: Rodríguez Marín.)

nanny ing. 'nani' (1994: Rosa Villacastín). Mujer que se ocupaba del cuidado integral de los niños de una familia, con rasgos de 'niñera', 'institutriz', 'aya', etc. Es voz en desuso, así como el empleo. Divulgada por la serie televisiva *Nanny* (1982) de la *BBC*. (1990: Marg. Landi.) Educ.

napa ing. 'napa' (Ac.: 1992). Un tipo de curtición de piel para indumentaria. Recibe el nombre de Napa, población de California (EE.UU.). Indum.

napalm ing. 'napalm' (Ac.: 2001), 'napalme', o mejor 'napalmi'. Sustancia gelatinosa e inflamable empleada en armamento. Es palabra compuesta de *Na*, símbolo químico del sodio (primera sílaba de *natron*), y de *palm(itate)*, es decir, 'palmitato de sodio', el cual sirve de base a esta sustancia (1980: Rey-Debove); según otros (1989: Webster: 1990: Zingarelli; 1991: Wahrig), compuesta de *na(phtene)* y *palm(itate)*. Inventada en 1942, en la Universidad de Harvard (EE.UU.) (1968: E. Díaz Valcárcel.) Ej.

naquerar caló. (1882: Rodríguez Marín.) → ARAQUERAR.

naraguila arabismo jergal. 'pipa para fumar kif'. Del ár. *narayil*, 'narguile' (Ac.). (1992: V. León.) → NARGUILÉ.

narghile ing. (1890: L. Coloma.) → NARGUILÉ.

narguilé fr. 'narguile' (Ac.). Del ár. *narayil*, 'nuez de coco'. Pipa de fumar, con largo tubo que comunica con un recipiente de agua aromatizada, a través de la cual pasa el humo del tabaco antes de llegar a la boca del fumador. Tal vez el recipiente fuera primeramente una nuez de coco o de forma semejante a ella. (1892: Pardo Bazán.)

Naródnaia Volia ru. 'Voluntad del Pueblo'. Organización clandestina populista contra el zarismo, de la cual uno de sus dirigentes fue Vera Figner. (1972: L. Abollado.) Pol.

Naródnik, pl. **naródniki** ru. 'populista'. Miembro de un movimiento político y literario ruso, surgido en 1870, propugnador de un socialismo nacional ruso. Pol. y Lit.

narthex gr. 'nártex'. Parte trasera de una nave de una iglesia cristiana primitiva, donde se situaban las mujeres y los catecúmenos. Arq.

NASA ing. Siglas de *National Aeronautics and Space Administration*, 'Administración Nacional de la Aeronáutica y del Espacio', estadounidense, creada el 1 de octubre de 1958. Cosmonáut.

nascetur ridiculus mus lat. (1921: Cansinos.) Lit. → PARTURIENT MONTES, NASCETUR RIDICULUS MUS.

nasciturus lat. 'nascituro' (1996: Maruja Torres), lit.: 'el que ha de nacer'. Término divulgado con motivo de la ley española sobre la interrupción del embarazo. (1985: J. A. Gabriel y Galán.) Pol.

NASDAQ ing. Siglas de *National Association of Securities Dealers Automatized Quotation*, 'Cotización Automatizada de la Asociación Nacional de Agentes de valores' en la Bolsa de Nueva York, que es un índice especial con referencia a los valores de las nuevas tecnologías, por lo que en España se le conoce como 'Índice de valores tecnológicos'. (2000: *País.*) Econ.

Nasional Sammling nor. 'Agrupación Nacional'. Partido nazifascista fundado (1933) por Vidkund Quisling. (1945: Ismael Herráiz.) Pol.

Nationalsozialistishe Deutsche Arbeiterpartei al. 'Partido nacionalsocialista alemán de los trabajadores', es decir, *NSDAP*, 1920-1945, conocido abreviadamente como 'partido nazi'. Pol.

NATO ing. 'OTAN'. Siglas de *North Atlantic Treaty Organization*, 'Organización del Tratado el Atlántico Norte'. Establecida por el Pacto del Atlántico (Washington, 4 de abril de 1949), entre Benelux, Canadá, Dinamarca, EE.UU., Francia, Gran Bretaña, Islandia, Italia, Noruega y Portugal, al que se incorporaron después Grecia, Turquía, República Federal Alemana y España (1982) y posteriormente Polonia, Hungría y Chequia. Su actual nombre se estableció en junio de 1950, con el inicio de la guerra de Corea. Ej.

natura naturans lat. 'naturaleza naturante', naturalizante o en devenir. En el sistema de Spinoza, es aquella de la que surge la *natura naturata*, 'la naturaleza naturalizada', la Creación, mediante un determinismo inflexible. (1878: *Clarín.*). Fil.

natura non facit saltus lat. 'la naturaleza no da saltos'. Frase que se remonta a la Edad Media. Se la encuentra, además, en Linneo (*Philosophia botanica*, 27) y en Leibniz (*Nouveaux Éssais*, 4, 16). (1893: U. Glez. Serrano.) Fil.

nature morte fr. 'naturaleza muerta', 'bodegón' (en algunos casos). (1924: E. d'Ors.) Pint.

Natwest ing. Contracción de *National Westminster Bank*, 'Banco de Westminster Nacional'. Introducido en España en los años noventa. Econ.

navel (orange) ing. 'naranja nável', 'naranja umbilicada'. Variedad de naranja caracterizada por la hijuela de gajos que tiene en su *navel*, 'ombligo'. Agr.

naveta cat. 'naveta' (Ac.). Torre cuadrangular, inclinada, de aparejo megalítico, de la Edad del Bronce, en las islas Baleares. Arqueol.

navicert ing. 'salvoconducto de navegación'. Palabra formada sobre *navi(gation) cert(ificate)*, 'certificado de navegación'. Lo expedían los agentes consulares británicos durante la Segunda Guerra Mundial, tras examen previo de las naves y su carga, a los exportadores de los países neutrales, quedando así liberados de una ulterior visita en alta mar. (1944: Méndez Domínguez.) Transp. n.

navigare necesse est, vivere non est necesse lat. 'navegar es necesario, vivir no es necesario'. Lema de la ciudad de Bremen (Alemania), divulgado por Gabriele D'Annunzio. Basado en la respuesta que Pompeyo dio a sus marineros cuando, a causa de una tempestad, trataban de disuadirle que navegara hacia Roma con los barcos cargados de trigo recogido en África, Sicilia y Cerdeña. (1909: R. Darío.) Hist.

nazi al. 'nazi' (Ac.: 1992). Abrev de *nazionalsozialistische*, 'nacionalsocialista', en contraposición y por analogía con *sozi*, abrev. de *sozialdemocratische*, 'socialdemócrata'. (1934: R. J. Sender.) Pol.

N. B. lat. Siglas de *Nota Bene*. → NOTA BENE.

NBA ing. Siglas de *National Basketball Association*, 'Asociación Nacional de Baloncesto'. Es la liga de este deporte (1949), la más importante en EE.UU.; de menor importancia, la liga de la CBA, siglas de *Continental Basketball Association*. 'Asociación Continental de Baloncesto', creada en 1979. Dep.

NBC ing. Siglas de *National Broadcasting Company*, 'Compañía Emisora Nacional', en EE.UU. Telecom.

'Ndrangheta (pron.: 'Ndrángueta'). it. calabrés. Organización calabresa de tipo mafioso, especializada en secuestros. Tal vez deriva (cf. Zingarelli) de *'ndranghiti*, 'maleante'. (1993: *País*: *N'Dranghetta*.)

nécessaire fr. 'neceser' (Ac.). (1890: L. Coloma.)

née fr. 'de soltera', lit.: 'nacida'. Con referencia al apellido de soltera de una mujer casada. (1890: L. Coloma.)

negligé fr. 'vestido de casa', 'de trapillo' (1851: *Ellas*.). (1835: Mesonero.) Indum.

nego lat. 'niego'. Se empleaba como respuesta en las disputas escolásticas, así como *distinguo* y *concedo*. (1726: Feijoo.) Fil.

nego maiorem lat. 'niego la mayor', es decir, la premisa mayor del silogismo. Fil.

negro spiritual ing. → SPIRITUAL.

negus amárico. 'negus' (Ac.), 'emperador'. Título del rey de Etiopía y, por antonomasia, Haile Selasie, último emperador de Etiopía. Pol. → RASTA.

nel mezzo del cammin it. 'en la mitad del camino'. (1876: Pereda.) → VIDE INFRA.

nel mezzo del cammin di nostra vita it. 'en la mitad del camino de nuestra vida'. Así comienza el *Infierno*, de Dante. (1870: J. Valera.) Lit.

nemine discrepante lat. 'némine discrepante' (Ac.). En ext.: *nemine discrepante approbatus*, 'aprobado sin que nadie discrepase'. Fórmula que usaban los examinadores en las universidades de los siglos XVI y XVII para calificar a los estudiantes aprobados. (1815: Moratín h.) Educ.

nemo dat quod non habet lat. 'nadie da lo que no tiene'. (1864: Sentencia.) Der.

nemo esse iudex in sua causa potest lat. 'nadie puede ser juez en su propia causa'. (1996: RNE.) Der.

nemo propheta in patria sua lat. 'nadie (es) profeta en su patria'. Del Evangelio de San Lucas (4, 24), en ext.: *nemo propheta acceptus est in patria sua*, 'ningún profeta es bien recibido en su patria'. (1771: P. Isla.) Rel.

Néo-Destur fr. 'Neo-Destur'. Compuesto del prefijo fr. *néo-*, 'neo-', y el ár. *destur* o *dastur*, 'constitución'. Partido político tunecino independiente, inconforme con el *Destur* (1914), liderado éste por Abd-el Aziz Taalbi, colaborador con el dominio francés. Fundado y liderado por Habib Burguiba posteriormente, el *Nèo-Destur* consiguió la independencia de Túnez en 1954. Pol.

NEP ru. Siglas de *Nóvaia Ekonomícheskaia Política*, 'Nueva Política Económica', establecida (1921-1929) por Lenin, no estrictamente marxista, para salir de la crisis posrevolucionaria. Econ.

nequaquam lat. 'nequáquam' (Ac.), vulg. 'necuácuan', 'de ningún modo', 'en ninguna de las maneras'. (1907: Blasco Ibáñez.)

ne quid nimis lat. 'ne quid nimis' (Ac.), 'nada en demasía'. De Terencio (*Andriana*, 61). (1914: Unamuno.) Lit.

nescacha vasquismo. (1848: Mesonero.) → NESKATXA.

nescacha polita vasquismo. 'muchacha bonita'. Muy frecuente. (1843: Mesonero; 1876: Curros Enríquez; 1897: Unamuno; 1926: G. Mtnez. Sierra.) → NESKATXA.

nescafé fr. artif. 'nescafé'. Marca registrada de un tipo de café soluble de la casa Nestlé. Es palabra formada con *Nes(tlé)* y *café*. Gastr. → NESTLÉ.

neskatxa vasc. 'nescacha', 'muchacha'. → NESCACHA POLITA.

nessun maggior dolore it. 'ningún dolor mayor.' (1916: Luis G. Urbina, Méx.) Lit. → VIDE INFRA.

nessun maggior dolore che ricordarsi del tempo felice nella miseria it. 'no hay mayor dolor que acordarse del tiempo feliz en la miseria'. Palabras de Francesca a Dante, al relatarle sus tristes amores con Paolo. (Dante, *Infierno*, 5, 121,-123). (1890: L. Coloma.) Lit.

Nestlé fr. 'Nestlé'. Marca registrada, *Nestlé* es adaptación fr. del al. *Nestle*, apellido del químico alemán, naturalizado suizo, Henri Nestlé, que estableció en 1867, en Vevey, su primera fábrica de harina lacteada. Gastr.

network ing. 'red (informática)'. Conecta entre sí sistemas informáticos situados en diferentes lugares. (1995: ATI.) Inform.

(Die) Neue Sachlichkeit al. 'La nueva objetividad'. Título de la primera gran exposición colectiva de esta tendencia artística alemana (1925) en el Palacio del Arte de Mannheim. Esta tendencia artística fue una reacción frente a las exageraciones del expresionismo. Proponía un nuevo realismo, una nueva visión de los objetos, una segunda creación. Ha sido llamada también 'postexpresionismo', e incluso, por Franz Roh, 'realismo mágico'. Sus principales representantes: Otto Dix (1891-1969) y Georg Grosz (1893-1959). Impregnó, en ocasiones, a pintores de otras tendencias como Carrà, Togores, incluso a Picasso y Miró. (1994: *País*.) Pint.

ne varietur lat. 'fijada', 'definitiva', lit.: 'que no se varíe'. En ext.: *editio ne varietur*, 'edición que no se varíe', es decir, 'edición fijada'. (1911: A. Glez. Blanco.) Biblio.

never more! ing. '¡nunca más!'. Del poema *El cuervo*, de E. A. Poe. (1905: R. Darío.) Lit.

new age ing. 'nueva era'. Movimiento sincrético, partidario de una alternativa a la política, a la medicina, a la educación, etc., vigentes, en la que se refleja el yoga, el zen, el ecologismo, etc. Su evangelio, en cierta medida, el libro *Gaia. Una nueva mirada sobre la Tierra* (1979), del Dr. James Lovelock, donde se concibe nuestro planeta y a sus habitantes como un organismo vivo y autónomo. (1989: *País*.) → GAIA.

new age music ing. 'música *new age*', 'música de la nueva era'. Movimiento musical iniciado en 1976, en California, por William Ackermann. Consideran sus partidarios que el *rock* ya ha muerto y que le ha de seguir una música de síntesis: *rock*, más *country*, más *pop*, etc., con la adición de nuevos instrumentos; compleja, pues, por el número y origen de sus sonidos, pero sencilla en el fondo y con ciertos elementos terapéuticos. Mús. → NEW AGE.

new criticism ing. 'nueva crítica'. Concepción de la crítica literaria basada principalmente en el hecho literario. Debe su nombre al libro *The new criticism* (1941), de John Crowe Ransom. Floreciente en EE.UU. en el período 1935-1950. Lit.

New Deal ing. 'Nuevo trato', (1999: Carlos Fuentes, Méx.), 'Nuevo tratamiento', 'Nuevo acuerdo' (1999: F. Rguez. Glez.), 'Nuevo pacto', 'Nueva política' (1970: R. J: Alfaro), 'Nuevo reparto' (1999: M. Glez. Sirgo) o programa económico. Expresión procedente del juego de naipes, para un nuevo reparto o distribución de ellos. Dio nombre al programa económico (2 de julio de 1932) del presidente F. D. Roosevelt, durante su primer mandato, para salir de la crisis y del *crack* financiero en 1929, mediante una ley de recuperación industrial, el auxilio a la agricultura, el fomento de las obras públicas, el seguro de desempleo, etc. Pol.

new look ing. 'nuevo aspecto', 'nueva imagen'. Nombre de una moda lanzada en Nueva York por Christian Dior con su pase de vestidos *New look fashion 1947*. 'Moda de nuevo aspecto 1947', y que, por traslación, ha llegado al lenguaje corriente. (1976: A. Valencia.) Indum.

news groups ing. 'grupos de noticias' o 'grupos de discusión (temática)' aquellos que tienen acceso a un ordenador servidor de noticias y al correo electrónico, en los que pueden participar. (1998: J. A. Millán.) Inform.

new wave ing. 'nueva ola'. Aunque acuñada esta expresión sobre la francesa *nouvelle vague* (referida ésta siempre al cine), significa una revivificación o *revival* de la mús. *pop*, pero reformada, tal como la representa el grupo inglés Police (1977-1987). (1981: *País*.) Mús. → NOUVELLE VAGUE.

nicabar caló. 'robar', 'quitar'. (1881: Machado y Álvarez.)

nichevó! ru. '¡qué más da!', '¡no importa!', '¡es igual!'. Es el genitivo de *nichtó*, 'nada'. (1920: Unamuno.)

nickel-odeon ing. 'odeón del níquel', 'odeón de tragaperras'. En EE.UU. local con máquinas de entretenimiento (cine y, después, fonógrafos) que funcionaban mediante la introducción en ellas de monedas de níquel. Este tipo de local está asociado a la historia del cine primitivo, ya que en ellos se instaló el kinetoscopio, invento de un ayudante de Edison, patentado por éste. (1971: M. de la Escalera.) Cine.

nicky ing. 'niki', 'niqui' (1973: J. Merino), lit.: 'escotado'. Prenda de vestir, de punto fino, con abertura o escote redondo y mangas cortas. (1983: F. Umbral.) Indum.

niet ru. 'no'. Difundido durante los primeros años de funcionamiento del Consejo de Seguridad de la ONU, en que los soviéticos ejercieron frecuentemente su derecho de veto. (1981: *País*.) Pol.

night club ing. 'club nocturno', 'sala de fiestas'. (1928: *Bl. y Negro*.)

nigram sum, sed formosa lat. 'morena soy, pero amable' (Fr. Luis de León), lit.: 'negra soy, pero hermosa'. Del *Cantar de cantares* (1, 4), de Salomón. (1912: R. Darío.) Lit.

nihil admirari o **nil admirari** lat. 'no admirarse o extrañarse de nada'. De Horacio (*Epístolas*, 1, 6, 1). (1840: Espronceda.) Lit.

nihil est in intellectu quod prius non fuerit in sensu lat. 'nada hay en el intelecto que no haya estado antes en los sentidos'. Principio que John Locke (1632-1704) utilizó en su *Ensayo sobre el entendimiento humano* contra la doctrina de las ideas innatas. Es principio aristotélico que estuvo vigente entre los escolásticos medievales. (1834: Larra.) Fil.

nihil fit ex nihilo lat. 'nada se hace (o surge) de la nada'. Frase basada en un verso de Lucrecio (*De rerum natura*, 1, 206): *nil igitur fieri de nihilo*, 'nada puede hacerse de la nada'. Forma parte de la ley del calor y del trabajo o principio fundamental de la termodinámica, enunciado por R. J. Meyer en 1842 y que completo es así: *ex nihilo nihil fit; nihil fit ad nihilum; causa aequat effectu*. (1918: Andrenio.) Fís.

nihil mirari lat. (1911: A. Glez. Blanco.) → NIHIL ADMIRARI.

nihil novum lat. 'no hay nada nuevo'. (1925: G. de Torre.) → NIHIL, NOVUM SUB SOLE.

nihil novum sub sole lat. 'no hay nada nuevo bajo el sol'. Del *Eclesiastés* (1, 9), según la Vulgata. (1851: Mesonero.) Rel.

nihil obstat lat. 'níhil obstat' (Ac.: 2001), 'nada se opone', 'nada se objeta'. Dictamen del censor religioso católico sobre un libro. (1927: E. d'Ors.) Biblio.

nihil volitum quin praecognitum lat. 'no se quiere nada que no se haya conocido antes'. Apotegma escolástico. (1912: Unamuno.) Fil.

(índice) Nikkei jap. 'promedio o índice de la cotización media de los valores en la Bolsa de Tokio', diario, al cierre de la Bolsa. Existe desde 1947. *Nikkei* es acrónimo de *Nik(kon) Kei(zai Shimbum)*, 'Diario *(Shimbun)* de Economía *(keizai)* de Japón *(Nikkon)*', equivalente, en Tokio, al *Financial Times*, en Londres. *Nikkon* es un doblete, en jap., de *Nippon*, 'Japón'. Econ.

Nikon jap. En ext.: *Nippon* (o *Nikkon*) *Kogaku KK*, 'Compañía de óptica de Japón', productora de cámaras fotográficas, etc. En 1959, debido a su expansión fuera de Japón, simplificó su primitivo nombre *Nikkon* en *Nikon*. Fot.

nimbus lat. 'nimbo' (Ac.), lit.: 'nube'. (1895: Macías Picavea.) Geogr. f.

ninja ing. 'ninja', 'ninya', 'combatiente (con espada)'. Del jap. *ninya*, de *ninye*, 'combatir (con espada)'. Es palabra divulgada por el *comic book* estadounidense *Teenage mutant ninja turtles* (1984) y sus secuelas (1990) televisivas. *Ninyatsu* es el arte marcial de combatir con espada o instrumento maderado que la sustituye.

ninot cat. 'ninot' (Ac.: 2001), 'muñeco'. (1979: *País*.)

Nippon jap. 'País del Sol Naciente'. → DAI NIPPON.

nirvana sáns. 'nirvana', lit.: 'extinción'. Extinción de la existencia individual, como última recompensa sagrada, en el budismo. (1895: Galdós.) Rel.

nitchevo ru. (1904: Fdo. Araujo.) → NICHEVÓ!.

Nit de la Crema cat. 'Noche de la quema'. La noche de la festividad de San José, en que se hacen arder las fallas, en Valencia. → CREMA.

Nit del Foc cat. 'Noche del Fuego'. La del 18 de marzo, festividad de San José, en que queman las fallas de Valencia.

NKVD ru. Siglas de *Narodni Komissariat Vnútrennij Diel*, 'Comisariado del Pueblo para Asuntos Internos', que en el período 1934-46 reemplazó a la *GPU*, siguiéndole el *MVD*, siglas de *Ministerstvo Vnútrennij Diel*, 'Ministerio de Asuntos Internos', pronto sustituído por el *KGB*. Pol. → KGB.

No jap. 'No', 'Auto', 'Representación', 'Misterio'. Género dramático tradicional, caracterizado por el uso de máscaras, con danza y canto y acompañamiento musical, para expresar lo *yugen*, 'lo sutil y lo bello'. Tiene su origen en el siglo XIV, en una danza ritual del culto *shinto*. Las mujeres no actúan en las piezas *no*; sólo hombres, incluso para los papeles de mujer. Contrapuesto al realista teatro *kabuki*. (1928: Estévez Ortega.) Tea.

noblesse oblige fr. 'nobleza obliga'. Se halla en *Maximes et preceptes* (1808), del duque G. de Levis. (1860: J. Valera.)

nobuck anglicismo. (Ac.: 2001) → NUBUCK.

Noche temática y **Tema.** Adaptaciones al esp. de las siglas francesas *ARTE*, que designan un programa especial, temático, europeo, de TV. Evítase así la posible confusión con el esp. 'arte'. TV. → ARTE.

no comment ing. 'ningún comentario', 'sin comentarios', 'nada que decir'. (1979: *País*.)

Noël fr. 'Navidad'. Del lat. *natalis (dies)*, '(día) de nacimiento'. Rel.

Noh jap. → NO.

noi cat. 'niño', 'chico', 'muchacho'. (1899: R. Darío: *noy*.)

noia cat. 'niña', 'chica', 'muchacha'. (1899: R. Darío: *noya*.)

Noi del Sucre cat. 'Chico del Azúcar', es decir, Salvador Seguí, anarquista, secretario (1918) de la Confederación Regional del Trabajo de Cataluña, asesinado (1923) por los pistoleros del Sindicato Libre, policía paralela. Pol.

nolens volens lat. 'quieras o no quieras', 'quieras que no' (1964: J. Vicens Vives.)

noli foras ire lat. 'no quieras salir afuera'. (1896: J. M.ª de Areilza.) → IN INTERIORE HOMINIS HABITAT VERITAS.

noli me tangere lat. 'noli me tángere' (Ac.), lit.: 'no me toques'. Palabras de Jesús a Magdalena (San Juan, 20, 17), según la Vulgata. Rel.

no man's land ing. 'tierra de nadie'. (1966: J. Goytisolo.)

nom de Dieu fr. 'nombre de Dios'. Blasfemia. (1918: Palacio Valdés.) Rel.

nom de guerre fr. 'nombre adoptado', 'nombre artístico'.

nomenklatura ru. 'nomenclatura', 'lista'. Con referencia a la lista para puestos de dirección en la burocracia del PCUS. Término difundido por haber servido de título a un libro (1980) de Mijail Voslenski sobre este problema. (1980: *País*.) Pol.

nominatim lat. 'nominátim' (Ac.), 'nominalmente'. (1883: *Clarín*.)

nomination ing. 'nominación', 'propuesta de candidato (a un puesto, premio, etc.)'. (1976: A. Vélez.)

nominatur leo lat. 'se llama león'. (1906: P. Dorado.) → QUIA NOMINOR LEO.

non abbiamo bisogno it. 'no tenemos necesidad'. Palabras iniciales de la encíclica del papa Pío XI (23 junio 1934) contra el Estado fascista en Italia. (1934: *Cruz y Raya*.) Rel.

non bis in idem lat. 'non bis in ídem' (Ac.: 2001), 'no dos veces por lo mismo'. Es decir, no se puede juzgar a una misma persona dos veces por el mismo delito. (1901: *Clarín*.) Der.

non capisco it. 'no comprendo'. (1929: Valle-Inclán.)

nonchalance fr. 'indolencia', 'indiferencia', 'abandono'. (1909: R. Darío.)

non constat lat. 'no consta'.

non erat hic locus lat. 'no era éste el lugar (adecuado)'. Con referencia a lo que se dice fuera de lugar. (1947: F. Rodríguez Marín.) → SED NUNC ERAT HIS LOCUS.

no news, good news ing. 'sin noticias, buenas noticias'. (1991: *País*.) → PAS DE NOUVELLES, BONNES NOUVELLES.

non mi piace niente! it. '¡no me gusta nada!'. (1934: R. Gómez de la Serna.)

non multa, sed multo lat. 'no dispersarse, sino centrarse'. Abrev. de: *aiunt enim multum legendum esse, non multa*, 'dicen que se debe leer mucho (un mismo libro importante) y no (dispersarse en) muchas (lecturas ligeras)'. De Plinio el Joven, *Epístolas* (7, 9, 15). (1925: Ortega.)

non nata lat. 'no nacida', 'nonata'. (1910: J. Nombela.)

non nato lat. 'nonato' (Ac.). (1918: Pérez de Ayala.)

non olet lat. 'no huele'. Frase de Vespasiano, emperador romano, a su hijo Tito, sobre el dinero obtenido con el impuesto sobre las letrinas. (Suetonio, *Doce Césares*, 'Vespasiano', 23.) Hist.

non omnia possumus omnes lat. 'todos no podemos todas (las cosas)'. De Virgilio (*Églogas*, 8, 63). (1929: F. Sassone.) Lit.

non omnis moriar lat. 'no moriré del todo'. En ext.: *non omnis moriar, multaque pars mei vitabit Libitinam*, 'no moriré del todo, pues la mayor parte de mí (de mi obra) triunfará de la Parca'. De Horacio (*Odas*, 3, 30, 6). (1873: J. Valera.) Lit.

non placet lat. 'no agrada'. Fórmula empleada en las antiguas universidades y en las asambleas eclesiásticas como voto negativo. → PLACET.

non plus ultra lat. 'non plus ultra' (Ac.). Versión latina de la inscripción que, según la leyenda, fue grabada por Hércules en los montes Calpe y Abyla, en el estrecho de Gibraltar. (1843: Fermín Caballero.)

non possumus lat. 'no podemos'. En ext.: *non possumus quae vidimus et audivimus non loqui*, 'nosotros no podemos dejar de hablar de lo que hemos visto y oído'. Palabras de San Pedro (*Hechos de los Apóstoles*, 4, 20) cuando se le conminaba a dejar la predicación. Empleada por Pío IX como respuesta a Napoleón III cuando (8 de febrero de 1860) éste pretendía que el Papa cediera las Romañas al rey Víctor Manuel, repitiéndolas en su encíclica *Non possumus* (19 de febrero de 1860). Es fórmula o respuesta tradicional de la Iglesia a algo que se considera imposible. Ya Clemente VII la empleó con Enrique VIII de Inglaterra. (1871: Galdós.) Rel.

non sancta lat. 'non sancta' (Ac.), lit.: 'no santa'. (1865: Galdós.) Rel.

non sanctos lat '(asuntos) no santos'. (1884: *Clarín*.) Rel.

nonsense ing. 'sin sentido', 'absurdo'. Del fr. *non-sens*. Género poético infantil que ha pasado a la literatura (*Alicia en el país de las maravillas*, de Lewis Carroll), al cine (Hermanos Marx), etc. (1920: E. d'Ors.)

non serviam lat. 'no serviré', 'no obraré como esclavo'. Palabras en boca de Satanás, rebelde. (1884: *Clarín*.) Rel.

non sine gloria lat. 'no sin gloria'.

normalien fr. 'normaliano'. Quien pertenece o ha estudiado en la *École Normale Supérieure*, de París, institución de muy alto valor intelectual, fundada en 1808. (1901: *Clarín*.) Educ.

nosaltres sols cat. 'nosotros solos'. Lema del movimiento separatista *Estat Català*, 'Estado Catalán', acuñado sobre el lema separatista irlandés *sinn féin*, 'nosotros mismos'. → ESTAT CATALÀ.

nosce te ipsum lat. 'conócete a ti mismo'. Versión latina de la inscripción griega que figuraba en el frontón del templo de Apolo en Delfos. Atribuída a Tales y a Solón. (1865: galdós.) Fil.

Nostramo cat. 'Nuestro Señor'. Con referencia al Viático. (1911: C. Bayo.) Rel. → NOSTROMO.

nostromo it. 'nostramo' (Ac.). Del cat. *nostramo*, pero según Zingarelli, del esp. 'nostramo'; lit.: 'nuestro amo o señor', tratamiento de los criados al patrono y de los fieles cristianos a Jesús; 1) tratamiento y título del contramaestre de una nave. Transp. m.; 2) apellido del héroe de la novela *Nostromo* (1904), de Joseph Conrad (1857-1924). Lit.; 3) nombre de la nave espacial en el filme *Alien* (1979), de Ridley Scott. Cine → NOSTRAMO.

nota bene lat. 'nota bene' (Ac.), lit.: 'nota, observa o repara bien'. Abrev. *N. B.* (1900: A. Nervo.) Biblio.

notebook ing. 'ordenador portátil', muy personal, con el carácter de un 'libro *(book)* o libreta de notas *(note)*'. Producido desde 1993. (1993: *Bl. y N.*) Inform.

Noucentisme cat. 'Novecentismo'. Movimiento cultural de principios del siglo XX, variante catalana del Modernismo y del Post-Modernismo, formulada (1906) por Eugenio d'Ors, en su *Glosari*, en *La Veu de Catalunya*, diario de Barcelona, con un sello de mediterraneidad, clasicismo y catalanidad, habiendo sido sus principales representantes Josep Carner en la lírica; Sunyer en la pintura, y Clará en la escultura. El término *Noucentisme* es calco del it. *Novecentismo*. (1982: Giralt Miracle.) → NOUCENTISTA.

noucentista cat. 'novecentista'. Lo perteneciente al *Noucentisme*. El cat. *noucentista* es calco del it. *novecentista* (cf. Bontempelli, Massimo: *L'avventura novecentista*.). (1912: Unamuno.) → NOUCENTISME.

nougat fr. '(especie de) turrón (francés)'. Del prov. *nogat*, 'turrón de nueces'. (1893: Ganivet.) Gastr.

noúmenon, pl. **noúmena** gr. 'noúmeno' (1956: R. J. Sender; Ac.: 2001). Etimológicamente, 'lo que es concebido por el

nous o mente', es decir, 'lo pensado'. En la fil. de Kant, los
noúmenos son las esencias, 'las cosas en sí', en oposición
a los fenómenos, o realidad sensible, y escapan a nuestro
conocimiento. Fil.

nous gr. 'nus' (1961: M Fdez. Galiano), 'espíritu', 'intelecto',
'inteligencia intuitiva'. (1922: E. d'Ors.) Fil.

nouveau riche, pl. **nouveaux riches** fr. 'nuevo rico'. (1965:
Fdo. Ortiz, Cu.)

nouveau roman fr. 'nueva novela'. Movimiento narrativo
subjetivista surgido en Francia en los años cuarenta y
cuyo apogeo se produce en el decenio siguiente, frente
a la novela tradicional y el realismo social y comprometido. Esta denominación quedó consagrada con el libro
Pour un nouveau roman (1955), de Alain Robbe-Brillet.
Principales cultivadores: Marguerite Duras (*Le square*,
1955); A. Robbe-Grillet (*La jalousie*, 1957); Michel Butor
(*La modification*, 1957); Nathalie Sarraute (*Le Planéta-
rium*, 1957). Tuvo conexiones con el cine: *L'anné passée
à Marienbad*, guión de Robbe-Grillet. (1963: E. Sábato,
Arg.) Lit.

nouveaux philosophes fr. 'nuevos filósofos'. Corriente intelectual francesa, fundamentalmente anticomunista, surgida hacia 1976, legado derechista de los sucesos de mayo del 68 y reacción contra la política del PCF y la
existencia del *gulag* soviético. Principal representante: Ber-
nard-Henry Levy, director de la colección «Figures», del
editor Bernard Grasset, en que se publicaron los primeros libros de esta tendencia. Otros representantes: Jean
Maire Benoist (*Marx est mort*) y André Gluscksman (*Les
maîtres penseurs*). (1981: *ABC*.) Pol.

nouvelle fr. 'cuento corto'. (1882: Pardo Bazán.) Lit.

nouvelle cuisine fr. 'nueva cocina'. Movimiento culinario
francés, surgido en los años setenta, representado por el
cocinero Paul Bocusse y fundamentado en la utilización
de los productos del lugar y en su máxima calidad. (1980:
País.) Gastr.

nouvelle vague fr. 'nueva ola'. Conjunto de jóvenes directores y actores de cine franceses que, con poco presupuesto, renovaron el cine en francia y cuyo principal representante fue Jean Luc Godard, director de *Au bout de souffle* (1957). (1963: E. Sabato, Arg.) Cine.

nova lat. 'nova' (Ac.), en ext.: *nova stella* (1994: Ortega Spottorno), 'estrella nueva'. Se aplica a aquella estrella que es nueva (o no conocida antes) o que se hace visible temporalmente. Astron.

nova cançó cat. 'nueva canción'. Movimiento musical catalán surgido en 1961 con el grupo *Els setze jutges*, 'Los dieciséis jueces', formado, entre otros, por Pi de la Serra, Guillermina Motta, Joan Manuel Serrat, Raimon, Lluìs Llach, etc. Mús. → ELS SETZE JUTGES.

Novecento it. 'Novecientos', (1919: Cansinos), 'siglo XX'. Se ha difundido principalmente por haber servido de título a un filme social y político (1976) de Bernardo Bertolucci (n. 1949). Cronol.

Novi Mir ru. 'Mundo Nuevo'. Título de una importante revista periódica soviética. Period.

Nóvosti ru. 'Noticias', 'Novedades', en ext.: *Aguentsvo Pechati Nóvosti*, 'Agencia de Noticias de Prensa'. (1990: *País*.) Period.

novus rerum nascitur ordo lat. 'nace un nuevo orden de cosas'. Adaptación de: *magnus ab integro saeclorum nascitur ordo*, 'nuevamente empieza una serie de grandes siglos', de Vigilio (*Églogas*, 4, 5), es decir, comienza de nuevo la edad de oro, de acuerdo con la cosmología antigua. Otra adaptación: *novus ordo seclorum*, figura en el escudo de EE.UU. (1886: M. Murguía.)

noy cat. (1899: R. Darío.) → NOI.

Noy cat. 'chico'. Con referencia al sindicalista *Noi del Sucre*. (1923: *Raffles*.) Pol. → NOI DEL SUCRE.

noya cat. (1899: R. Darío.) → NOIA.

Noy del Sucre cat. → NOI DEL SUCRE.

(Le) nozze di Figaro it. 'Las bodas de Fígaro'. Ópera en cuatro actos (1786), de Wolfgang Amadeus Mozart (1756-

1791), libreto de Lorenzo da Ponte, sobre *Le mariage de Figaro*, de Beaumarchais. (1872: Galdós.) Mús.

NSA ing. Siglas de *National Security Agency*. 'Agencia o departamento de Seguridad Nacional', estadounidense, de escucha electromagnética, muy secreta, con sede en Fort Meade, creada por el presidente Harry S. Truman en 1952. Pol.

NSDAP al. → NATIONALSOZIALISTISCHE DEUTSCHE ARBEITERPARTEI.

nuance fr. 'matiz'. (1897: *Azorín*.)

nuba ár. **(nowba)**. 'nuba'. Banda de música (tambores y chirimías) de las fuerzas indígenas marroquíes durante el protectorado español de Marruecos. Ej.

nuberu bable 'nubero'. Hombrecillo con barba negra que corre por el aire y hace que lleguen las nubes y estalle la tormenta, en la mitología tradicional asturiana. (1923: Unamuno.) Mitol.

nubuck ing. 'nobuk' (1999: *DEA*; Ac.: 2001). Especie de 'vaqueta'. Piel de vacuno curtida y adobada, al cromo, muy flexible, de tacto aterciopelado y fino. Se emplea para prendas de vestir. (1993: *País*.) Robert (1993) da como probable origen de *nubuck* el ing. *new*, 'nuevo' y *buck*, 'gamo'. Indum.

Nuit et Brouillard fr. 'Noche y Niebla'. Trad. fr. del al. *Nacht und Nebel* y título de un famoso filme francés (1955), de Alain Resnais, sobre los campos nazis de concentración y exterminio de los judíos. (1985: Ric. Blasco.) → NACHT UND NEBEL.

nulla dies sine linea lat. 'ningún día sin línea'. Se atribuye al pintor giego Apeles (Plinio el Viejo, *Hist. nat.*, 35-36). (1902: Pardo Bazán.)

nulla poena, sine lege lat. 'ninguna pena o castigo, sin ley'. (1998: Miguel A. Aguilar.) Der. → NULLUM CRIMEN.

nullius lat. 'nullíus' (Ac.), 'de ninguno'. (1966: J. Goytisolo.)

nullo discrepante lat. 'sin discrepar ninguno'. (1772: J. Cadalso.) → NEMINE DISCREPANTE.

nullum crimen, nulla poena sine previa lege penale
lat. 'ningún delito, ninguna pena sin previa ley penal'.
(1998: Carlos Fuentes, Méx.) Der. → NULLA POENA.

nullum magnum ingenium sine quaedam dementiae
lat. 'no existe gran ingenio sin algo de demencia'. Versión
latina de una frase de Aristóteles. Otra versión: *nullum
magnum ingenium sine mixtura dementiae fuit* (Séneca, *Tran-
quillitate animi*, 17, 10). (1893: Unamuno.) Fil.

number one ing. 'námber uan', empleado jocosa o irónicamente; lit.: 'el número uno', es decir, 'el primero de algo'.
Introd. en España en los años setenta.

numerus clausus lat. 'númerus clausus' (Ac.: 2001), 'número cerrado', 'número limitado'. (1977: P. Barceló.)
Educ.

nunc dimittis lat. 'ahora despides'. En ext.: *nunc dimittis servum tuum, Domine, secundum verbum tuum, in pace*, 'ahora
despides, Señor, a tu siervo, según tu palabra, en paz'. Palabras del viejo Simeón al tomar al niño Jesús en brazos,
gozoso, pues se cumplían las palabras del Espíritu Santo:
'que no vería la muerte antes que viese a Jesús' (San Lucas, 2, 29). (1835: Moratín h.) Rel.

nunc dimittis servum tuum, Domine lat. (1887: L. Coloma.) Rel. → NUNC DIMITTIS.

nunc et semper lat. 'ahora y siempre'.

nuova scienza it. 'nueva ciencia'. El nuevo conocimiento
científico que se inicia en el Renacimiento italiano y cuyo
representate máximo es Galileo Galilei. (1927: Ortega.)

nuraghe, pl. **nuraghi** it. 'nurago', pl 'nuragos'. Construcciones circulares con grandes piedras, propias de Cerdeña,
que datan del Neolítico; tal vez viviendas fortificadas de
los jefes de tribus o aldeas. Es palabra de origen fenicio,
nurag, 'torre de fuego' porque, debido a los cadáveres se-
pultados en torno a estas construcciones, surgían allí lu-
minosidades. Arqueol.

nurse ing. 'niñera', 'institutriz'. Del fr. *nourrice*, 'nodriza'.
(1932: Jardiel Poncela.)

nursery ing. 'cuarto de los niños', lit.: 'criadero'. (1890: L. Coloma.)

nylon ing. 'nailon' (Ac.), 'nilón' (Ac.). Palabra formada posiblemente con '*(vin)nyl*', 'vinilo', y *(cott)on*, 'algodón'. Fibra textil artificial descubierta por Wallace Hume Carothers en 1931. Es marca registrada por la fábrica estadounidense DuPont de Nemours. (1950: *ABC*.) Text.

nymphet ing. 'ninfita', 'nínfula' (J. Cueto). Jovencita sexualmente precoz. Se introdujo esta palabra con la película *Lolita* (1960: dir.: Stanley Kubrick), basada en la novela homónima (1955) de Vladimir Nabokov. Generalmente se encuentra el anglicismo fr. *nymphette*, caso semejante al anglicismo fr. *starlette* por el ing. *starlet*.

nymphette fr. (1978: J. Alfaya.) → NYMPHET.

O

OAS fr. Siglas de *Organisation de l'Armée Secrète*, 'Organización del Ejército Secreto', clandestina, fundada por el general Raoul Salan, contra el *FLNA*, y caracterizada por su labor sucia (atentados, ejecuciones, torturas, etc.). Nació en abril de 1958, al fracasar el *Putsch* militar de Argel. Pol. → FLNA.

obbligato it. 'obligado' (Ac.). Acompañamiento que debe ser tocado en una composición musical; a veces tiene valor independiente del resto de la obra. Su contrario: *ad lib°*, o *ad libitum*. Mús.

obiter dicta lat. 'dichos o afirmaciones ocasionales'. (1951: *Meridiano*.) Der.

obiter dictum lat. 'dicho o afirmación ocasional'. (1996: Pascual Sala.)

objets-trouvés fr. 'objetos encontrados'. Expresión paralela a la ing. *ready made*. Se trata de 'objetos usuales elevados a la categoría de objetos artísticos por la simple elección y aprovechamiento del artista' (Marcel Duchamp). (1984: *Cambio 16*.) Arte. → READY MADE.

obo ing. 'obo', 'de carga mixta'. Palabra formada con las iniciales de *ore*, 'mineral', *bulk*, 'granel', y *oil*, 'petróleo', para designar los buques aptos para esta triple carga. (1979: Alzugaray.) Transp. m.

ocarina it. 'ocarina' (Ac.). Instrumento musical de viento, de forma ovoidal, dotado de agujeros y con pico de oca. Mús.

ochote vasquismo. 'grupo musical de ocho (componentes)'. Calco del vasc. *zortzikote*, comp. de *zortzi*, 'ocho', *ko*, 'de', y la terminación -*te*. (1980: *País sem*.) Mús.

Ochrana ru. → OJRANA.

octet ing. 'octeto' (1995: ATI; Ac.: 2001). Formado por ocho unidades (*bits*) de información. Se emplea *octet*, 'octeto', en vez de *byte*, en sistemas que tienen *bytes* que no están formados por ocho *bits*. (1955: ATI). Inform. → BYTE.

Odessa al. 'Odessa'. Palabra formada sobre *Organisation der ehemaligen SS Angehörigen*, 'Organización de antiguos miembros de las SS', creada en 1947, tras la derrota del nazismo, para ayudar a nazis y criminales de guerra fugitivos. Pol. → SS.

odi profanum vulgus lat. 'odio al vulgo profano' o 'ignorante'. De Horacio (*Odas*, 3, 1, 1). (1902: Unamuno.) Lit.

odium theologicum lat. 'odio teológico', casi 'feroz'. Por el ardor que se ponía en las discusiones teológicas. Rel.

odrí ár. (**ʾudrí**) 'odrí'. Califica un tipo de amor, el llamado 'amor odrí', semejante al 'amor platónico' de los griegos y al 'amor cortés' de los trovadores provenzales. Recibió la calificación de *odrí* o *udrí* por referencia a la tribu de los Banu 'Udra., 'Hijos de la Virginidad', y está expresado en algunos pasajes de *El Collar de la Paloma* (h. 1020), de Abenházam de Córdoba (904-1063). (1926: Asín Palacios).

o felix culpa! lat. '¡oh, feliz culpa!'. Exclamación de San Agustín, en relación con el pecado original, integrada en el pregón pascual del Sábado de Gloria llamado *Esxultet*, 'Alborócese', atribuido a San Ambrosio de Milán, y que la refleja así: *o felix culpa quae talem ac tantum meruit habere Redemptorem*, '¡oh feliz culpa la que mereció tal y tamaño Redentor!'. (1903: Unamuno.) Rel.

off ing. 'fuera', 'externo' o 'externa', 'lejos'. Abrev. de *offscreen*, 'fuera de la pantalla', formada analógicamente sobre *offstage*, 'fuera del escenario', con referencia principalmente a una voz que no procede del personaje que está en el escenario (1963: Alonso Millán) o en la pantalla. (1969: López Delpecho.) Cine. TV. Tea.

off Broadway ing. 'fuera de Broadway'. El teatro neoyorkino está concentrado en Broadway. Los teatros *off Broad-*

way son los de Manhattan, de vanguardia, de ensayo, de noveles, de protesta; es decir, los teatros llamados en España 'altenativos'. (1996: Cadena SER).

office fr. 'antecocina' (M. Seco). Préstamo fr. en ing.: actualmente es préstamo ing. en esp., como lo señala la pronunciación 'ofis' en lugar de la fr. 'ofís'. (1929: *Bl. y Negro*.)

off off Broadway ing. 'más fuera de Broadway'. Más avanzado y protestario que el teatro *off Broadway*. (1982: F. Umbral.) Tea.

offset ing. 'óffset', lit.: 'pasado'. Procedimiento de impresión. Término adoptado por el norteamericano W. Rubel (1904) para este procedimiento consistente en pasar a una plancha de caucho *(set)* el texto. Introducido en España en los años treinta. Impr.

offshore ing. 1) 'en el mar, a cierta distancia de la costa'. Con referencia a los pozos petrolíferos situados en zona marina. (1978: *País*.) Min.; 2) 'al margen', 'marginal'. Se aplica a los países que permiten, al margen de la norma general, el establecimiento de sociedades mercantiles, con excesivas facilidades, por lo cual se les considera 'paraísos fiscales'. (1989: *País*.) Econ.

offside ing. 'fuera de juego'. Falta que se comete en fútbol, vulg. 'orsai'. (1925: *B. y Negro*.) Dep.

off the record ing. 'extraoficialmente', 'en confianza', 'para no ser publicado', lit.: 'fuera de registro'. (1976: *País*.)

O.F.M. lat. Siglas de *Ordinis Fratrum Minorum*, 'de la Orden de los Hermanos Menores'. Rel.

oh les braves gens! fr. '¡qué gente tan valerosa!'. Exclamación de Guillermo I de Prusia, en la batalla de Sedan (1870) ante la heroica carga de la caballería del general francés Gallifet. Hist.

ohm al. 'ohmio' (Ac.). Nombre internacional de la unidad práctica de resistencia eléctrica. Por el apellido del físico alemán G. S. Ohm (1781-1851) Fís.

oidium lat. 'oídio' (Ac.), 'cenizo (de la vid)'. (1859: Alarcón.) Bot.

OIT fr. Siglas de *Organisation Internationale du Travail*. 'Organización Internacional del Trabajo', con sede en Ginebra. Pol.

Ojrana ru. En ext.: *Ojrannoie Otdylena*, 'Sección de Protección'. Nombre del departamento de policía secreta zarista para el orden público, creado en 1881 y que duró hasta la Revolución de Octubre (1917). Pol.

OK ing. 'muy bien', 'perfectamente', 'en regla' y 'conforme' (en lenguaje comercial y bancario). Según A. W. Read (*The Saturday Rev. of Lit.*, 1941), esta palabra comenzó con el *OK Club*, organizado (1840) en Nueva York por partidarios de Martin van Buren, candidato a la presidencia de EE.UU., quien había trabajado como abogado en Old Kinderhook, N. Y., llamado el «Zorro rojo de Kinderhook». *OK* (abrev. de *Old Kinderhook*) era la consigna de los partidarios de Van Buren para reconocerse. Otros creen que son las siglas de *oll korrect*, alteración gráfica de *all correct*, 'todo bien', equivalente de *all right*. (1948: Jardiel Poncela.)

okapi ing. 'okapi' (Ac.: 1992), 'ocapi' (Ac.: 1992). Transcrip. ing. del nombre o-a-pi que dan los pigmeos a este animal, en lat. cient.: *Okapia johnstoni*, por el apellido de Sir Harry Johnston, gobernador de Uganda, quien tras la mención (1876) de este animal hecha por el explorador Stanley, contribuyó a su conocimiento definitivo (1901). (1972: A. Diosdado.) Zool.

okay ing. 'okei', 'okey' (Ven.). Deletreo de *OK*. Introducido en España con las primeras películas sonoras norteamericanas no dobladas al esp. (1933: Jardiel Poncela.) → OK.

Okrana ru. (1932: Benavente.) Pol. → OJRANA.

Old Man River ing. 'Río Viejo', 'Río Abuelo'. Nombre cariñoso que se da al gran río Mississippi; divulgado por una famosa canción (letra de Oscar Hammerstein II; mús. de Jerome Kern) del musical *Showboat* (1927). 'Teatro flotante' o 'Barco teatro'. Mús.

old merry England ing. 'la vieja y jovial Inglaterra'. (1927: E d'Ors.)

Old Vic ing. 'Viejo Vic'. Nombre de un teatro de Londres, reabierto en 1928, con repertorio shakespiriano principalmente. Se inauguró en 1818 como *Royal Coburg* y posteriormente recibió los nombres de *Royal Victoria* y *Royal Victoria Hall. Vic* son las tres letras primeras de *Victoria.* Tea.

olim lat. 'en otro tiempo', 'no ha mucho'. (h. 1920: *Ana Díaz.*)

Ollendorff al. Se suele hallar en la expresión 'método Ollendorff', acuñada para ridiculizar el empleo de preguntas y respuestas sin gran coherencia, semejantes a las de los ejercicios del método Ollendorff para el aprendizaje personal de lenguas extranjeras, difundido en España por el gramático Eduardo Benot (1822-1907). Su creador fue el lingüista alemán Heinrich Gottfried Ollendorff (1803-1865).

ombudsman sue. 'defensor del pueblo' (en España), lit.: 'comisionado'. En ext.: *Justitieombudsman,* 'comisionado de Justicia'. Supervisa la observancia de las leyes, como árbitro entre el Estado y el ciudadano. Instituido por el parlamento sueco (1809), pasó luego a Dinamarca y a Nueva Zelanda. Del ant. nor. *umbodsmadr,* 'comisario'. (1977: Márquez Reviriego.) Der.

omertà it. 'ley del silencio'. Del napolitano *omertà,* en it. *umiltà,* 'humildad'. Es ley impuesta por el miedo a represalias, entre miembros o testigos de acciones de la *Camorra.* (1977: *D. 16.*) → CAMORRA.

omne ignotum pro magnifico lat. 'todo lo desconocido se tiene por magnífico'. De Tácito (*Agrícola*, 30).

omne tulit punctum qui miscuit utile dulci lat. 'se llevó toda la alabanza (la mereció) quien mezcló lo útil con lo dulce'. De Horacio (*ad Pisones,* 343). En la antigua Roma, durante la República, las votaciones en los comicios se habían señalando con un punto el nombre del candidato que se votaba. *Omne tulit punctum,* li.: 'se llevó todos los puntos (o votos)'. (1935: Giménez Caballero.) Lit. → UTILE DULCI.

omnia ferunt, ultima necat lat. 'todas hieren, la última mata'. Se refiere a las horas. Inscripción de reloj. (1926: Baroja.)

omnia mea mecum porto lat. 'todo lo mío lo llevo conmigo'. Versión latina de un dicho de Bías, uno de los siete sabios de Grecia, quien lo pronunció ante sus conciudadanos de Priene que, amenazados por Ciro, rey de los persas, huían de la ciudad cargados, menos él, con sus bienes. Se halla en Cicerón (*Paradojas*, 1, 8). (1835: Larra.) Fil.

omnia vincit amor lat. 'amor todo lo vence'. De Virgilio (*Églogas*, 10, 69). (1912: Arniches.) Lit.

omnibus fr. 'ómnibus' (Ac.). Abrev. de *voiture omnibus*, 'coche para todos'. Vehículo grande, de cuatro ruedas por lo menos, de transporte colectivo con tarifa individual, ideado (1621) por el filósofo Blaise Pascal. Puesto en circulación a finales del siglo XVII, en París, se popularizó a partir de 1828. En 1855 se fundó en París la *Compagnie Générale des Omnibus*. Ya en 1906 surgió en París un competidor para el *omnibus*: el *autobus*. Su sílaba final *-bus* ha pasado a ser sufijo significativo de 'transporte colectivo urbano', en *autobus*, *trolleybus*, etc. (1844: L. Corsini.) Transp. t. → AUTOBUS.

omnis potestas a populo lat. 'toda potestad (emana) del pueblo'. (1894: *Manif. Part. Repub. Federal*.) Der.

omnium lat. 'conjunto'. Serie o conjunto de pruebas ciclistas. Su uso procede del fr. Dep.

OMON ru. Siglas de *Otriad Militsii Osobogo Naznacheyeniya*, 'Destacamento de Policía para Misiones Especiales', creado en 1989 en la URSS y que ha persistido en la nueva Rusia. Semejante al GEO español. Sus componentes se distinguen por usar boinas negras. (1991: *País*.) Pol.

OMS fr. Siglas de *Organisation Mondiale de la Santé*, 'Organización Mundial de la Salud'. Med.

on ing. 'conectado', en contraposición a *off*, 'desconectado'. Empleo generalizado en aparatos eléctricos. Electr.

ondiñas veñen, ondiñas van gall. 'olitas vienen, olitas van'. Verso de *Rianxeira*, canción popular. (2001: *País*.)

one-step ing. 'paso', lit.: 'un paso'. Baile de salón, de compás binario, en boga tras la Primera Guerra Mundial, norteamericano. (1922: P. Mata.) Baile.

One World ing. Nombre de una alianza aeronática constituida por la compañía británica *British Airways*, la estadounidense *American Airlines*, la hongkongonesa *Cathay Pacific* y la australiana *Quanta Airways*. Lit.: 'Un Mundo'. (1998: *País*.) Transp. a.

ongi etorri vasc. 'bien *(ongi)* venido *(etorri)*'. Nombre usual de algunos establecimientos vascos de hostelería. Host.

onlain anglicismo. Del ing. *on line*, 'en línea' y 'por línea'. Con referencia a usos informáticos. (1998: J. A. Millán.) Inform.

on line ing. 'en línea', 'conectado (a otro)'; opuesto a *off line*, 'desconectado (de otro)'. (1985: P. Guirao.) Inform.

on parle français fr. 'se habla francés'.

on the rocks ing. 'sobre cubitos de hielo'. → WHISKY ON THE ROCKS.

Onze de Setembre cat. 'Once de Septiembre'. Pol. → DIADA DE CATALUNYA.

O.P. lat. 'Siglas de *Ordinis Praedicatorun*', 'de la Orden de Predicadores.'Rel.

op art. Ing. 'arte op'. Contracción de *optical art.*, 'arte óptico', forjada sobre el modelo *pop art.* Término creado (1964) por un redactor de *Time*, de Nueva York, ante la exposición *The responsive eye*, basada en el efecto óptico mediante materias, colores y formas, y la sugerencia de movimiento con ayuda de tramas, líneas y estructuras geométricas periódicas. Arte.

op. cit. lat. → OPERE CITATO.

OPEC ing. Siglas de *Organization of Petroleum Exporting Countries*, 'Organización de países exportadores de petróleo', 'OPEP', forjada para controlar la producción y los precios del petróleo. Causa de la elevación de los precios de este producto y de la crisis industrial y económica de los años setenta y ochenta. Econ.

open ing. 'abierto', (1985: *El Indep.*), 'libre'. En el golf, torneo libre, no reservado a masters, 'maestros'. (1979: *País.*) Dep.

opera minora lat. 'obras menores'. (1902: Unamuno.)

opera omnia lat. 'obras completas', lit.: 'todas las obras'. (1922: Valle-Inclán.) Biblio.

opera prima lat. 'obra primera'. (1973: D. Villanueva.)

opere citato lat. 'en la obra citada', abrev.: *op. cit.* Referencia bibliográfica. Biblio.

oportet haereses esse lat. 'conviene que haya herejes', es decir, es útil que los haya. (1871: *Clarín.*) Rel.

Opríchnina ru. 'Guardia del Zar'. Fundada (1565) por Iván el Terrible, llamada «los ojos del zar». Su misión, buscar y reprimir en todo el Estado a los enemigos del zar. Sus miembros *(opríchniki)* procedían de la clase baja. Montaban caballos negros, vestían de negro y tenían por distintivo una cabeza de perro y una escoba. Hist.

optimum lat. 'óptimum', 'lo mejor', 'lo más alto'.

opus lat. 'obra'. Obra musical que pertenece a una serie, de ahí que *opus* (o su abrev. *op.*) vaya seguido del número que le corresponde dentro de la serie. Mús.

Opus Angelorum lat. 'Obra de los Ángeles'. Asociación católica, surgida en Austria, racista y antidemónica. Su nombre muestra analogía con el del *Opus Dei.* (1990: *País.*) Rel.

Opus Dei lat. 'Obra de Dios'. Asociación católica fundada (2 de octubre de 1928) por el sacerdote J. M.ª Escrivá (1902-1975), tardíamente aprobada por Pío XII. Su auge se produce a partir de los años cincuenta. Privilegiada con prelatura (1992) por el papa Juan Pablo II, bajo cuyo pontificado, además, fue beatificado monseñor Escrivá y propuesta su canonización para 2002. Su texto fundamental es el librito *Camino,* de monseñor Escrivá. Esta asociación es conocida abreviadamente por 'el *Opus*' o 'la Obra'. (1996: Jesús Pardo.) Rel.

opus magnum lat. (1973: E. Glez. Mas.) → MAGNUM OPUS.

ora et labora lat. 'reza y trabaja'. Lema de la orden benedictina, no expresado en la regla de San Benito, pero sí en una anécdota de San Benito recogida en los *Diálogos* de San Gregorio. Rel.

-orama gr. 'vista'. Entra en compuestos como *panorama*, *diorama*, etc., y mutilado, *cinerama*.

Orange ing. 'Orange'. (1996: *País*.) Pol. → ORANGEMEN.

Orangemen ing. 'Hombres de Orange', sociedad secreta, formada en Irlanda del Norte, o Ulster, en 1795, cuyo fin es mantener la supremacía de los protestantes sobre los católicos en esa parte de Irlanda, todavía hoy dependiente del Reino Unido. Recibe su nombre del rey protestante Guillermo III de Orange, quien derrotó al católico Jaime II en la batalla de Boyne (12 julio 1690), victoria conmemorada como *Orangemen's Day*, 'el día de los hombres de Orange'. Aunque esta sociedad fue suprimida formalmente en 1835, persiste en la actualidad. En contextos españoles suele verse la adapt. 'Orden de Orange' (1996: *País*) para denominar a los *Orangemen*. Pol.

Orangism u **Orangeism** ing. 'Orangismo'. Principios y prácticas de los *orangemen*. Pol. → ORANGE.

ora pro nobis lat. 'ruega por nosotros'. De la Letanía de los santos, la Letanía grande, según el ritual romano. (1909: Blasco Ibáñez.) Rel.

orate, fratres lat. 'rezad, hermanos'. Lo dice el sacerdote a los fieles en la misa, en el ritual romano. (1877: *Dr. Thebussem.*) Rel.

orballo gall. 'llovizna' y 'orvallo' (Ac.), con *v* porque lo considera derivado del port. *orvalho*. (1888: Pardo Bazán.)

orbayu bable. 'orbayo' (1998: Ángel González), 'llovizna' y 'orvallo' (Ac.). (1980: *País*.) → ORBALLO.

Ordine Nuovo it. 'Orden Nuevo'. Organización terrorista neofascista italiana, posterior a la Segunda Guerra Mundial, activa principalmente en los años setenta. (1976: *País*.) Pol.

oremus lat. 'oremos'. Lo dice el oficiante a los fieles en la misa, según el ritual romano. Se halla, además, en la frase: 'perder el *oremus*' (1994: Iñ. Gabilondo), por 'perder algo' o 'perder la ocasión'. (1882: R. Darío.) Rel.

organdi fr. 'organdí' (Ac.). (1832: Mesonero.) → ORGANZA.

organza it. 'organza' y 'organdí' (Ac.). Es adaptación del fr. *organdi*, con referencia a Urgang, ciudad turca. Nombre de una tela de algodón, fina y transparente, usual en vestidos de novia. Indum. → ORGANDI.

Org. Todt al Abrev. de *Organisation Todt*, 'Organización Todt' (1972: A. del Hoyo). Departamento del III *Reich*, creado (1938) por el ministro Fritz Todt († 1942) para la construcción de obras de utilidad militar, como la línea Sigfrido, o Muralla occidental *(West-wall)*, y la Muralla del Atlántico; le sucedió (1942) el ministro Albert Speer. Ej.

oricha afrocub. (lucumí). 'dios', 'divinidad'. (1950: Fdo. Ortiz, Cu.) Rel.

origami jap. 'papiroflexia'. Arte de cortar y plegar *(ori)* papel *(gami)* con formas. Al arte de hacer concretamente pajaritas de papel, Unamuno lo llamó 'cocotología'. (1980: *País*.)

o rinnovarsi o morire it. 'o renovarse o morir'. Lema de Gabriele D'Annunzio (1863-1938). (1911: A. Glez. Blanco.) Lit.

orisha afrocub. Transcrip. inglesa que a veces se ve por *oricha*. Rel. → ORICHA.

orlon ing. 'orlón'. Marca registrada de una fibra textil sintética de poliacrilonitrilo, lanzada (1948) con este nombre por la fábrica norteamericana DuPont de Nemours.

OS ing. Siglas de *Operating System*, 'Sistema Operativo', siglas 'SO', previo y necesario para que en el *hardware* funcione el *software*. Inform.

Osakidetza vasc. 'Servicio de Salud', del País Vasco. (1991: *El Independ.*) Med.

o sancta simplicitas! lat. '¡oh, santa simplicidad!'. Se dice que Juan Huss (1369-1415) soltó esta exclamación al ver que una campesina, según unos, o un campesino, según otros, arrojaba leña en la hoguera en que fue quemado vivo por herético. (1980: *País*.) Rel.

o santo dos croques gall. 'el santo de los chichones'. Nombre que da el pueblo a una figura del Pórtico de la Gloria, de la catedral de Santiago de Compostela, que se considera autorretrato del maestro Mateo, autor de las figuras del Pórtico. Los devotos, principalmente los niños, suelen darse un coscorrón con los *croques* o chichones (realmente los rizos, en piedra, del cabello del «santo», aunque parezcan chichones), para obtener inteligencia. (1952: Otero Pedrayo.) Rel.

Osasuna vasc. 'La salud'. Nombre de un club de fútbol de Pamplona. Dep.

O. S. B. lat. Siglas de *Ordinis Sancti Benedicti*, 'de la Orden de San Benito'. Rel.

Oscar ing. 'Óscar', pl. 'Óscares' (frente al anglicismo *Oscars*, que debería evitarse por innecesario). Estatuilla que concede anualmente como premio, desde 1928, la Academia de las Artes y de las Ciencias cinematográficas de Hollywood, fundada en 1927. Se dice que este nombre se debe a la exclamación de un secretario de dicha Academia al ver por primera vez la estatuilla: «¡Pardiez, se parece a mi tío Óscar!». Cine. → EMMY.

o sole mio! it. '¡oh sol mío!'. Primer verso de una famosa canción napolitana (1890), letra de Giovanni Capurro (1859-1920) y mús. de Eduardo di Capua (1865-1917). Mús.

OSRAM al. Fábrica alemana (1914) de lámparas eléctricas, establecida en España en 1917 y cerrada en 1994. Su nombre está constituido por la primera sílaba de *Os(mium)*, 'osmio', y la última de *(Wolf)ram*, 'wolframio'.

ossi al. '(alemán) oriental', alemán de la extinta República Democrática Alemana. Es abrev. jergal del adj. *östlich*, 'oriental'. (1991: Martí Font.) Pol. → WESSI.

osso buco it. '*ossobuco*' (Ac.: 2001), 'osobuco' (1983: *D. de Burgos*). De *osso*, 'hueso', y *buco*, '(con) agujero' o 'caña', lit.: 'hueso de caña'. Guiso hecho con trozos del corvejón de la vaca cortados transversalmente. Gastr.

Ostpolitik al. 'Política oriental'. La mantenida por la República Federal Alemana con los países de la Europa oriental que se hallaban en la órbita soviética, principalmente con la República Democrática Alemana, desde 1945: con entendimiento mutuo entre la RFA y la RDA, gracias al gobierno de coalición socialdemócrata-liberal de Willy Brandt-Walter Scheel, que concluyó el Tratado Fundamental (*Grundvertrag*) interalemán (6 de noviembre de 1972). (1976: F. Umbral.) Pol.

o tempora!, o mores! lat. '¡oh, tiempos!, ¡oh costumbres!'. Con referencia al pasado. Exclamación de Cicerón (*in Catilinam*, 1; *Verrinas*, 4, 56; *pro Deiotaro*, 11, 31). (1911: Galdós.)

otium cum dignitate lat. 'ocio con dignidad', el merecido tras larga vida laboriosa. De Cicerón (*De oratore*, 1, 1; *pro P. Sextio*, 45; *Epist. ad. fam.*, 1, 9, 21). (1978: *ABC*.)

OUA fr. Siglas de *Organisation de l'Unité Africaine*, 'Organización de la Unidad Africana', surgida tras la descolonización de África. Pol.

ouate fr. 'guata' (Ac.). Del ár. *wadda*, 'poner entretela en prendas de vestir'. (1893: *Silv. Lanza*.) Indum.

ouatiné fr. 'entretelado'. Del fr. *ouate*, 'guata' (Ac.), y a su vez, del ár. *wadda*. Se ve y se suele oir 'boatiné' (1990: Maruja Torres). Indum. → OUATE.

ouija ing. 'uiya', en transcrip. fonética; pero 'uija' y 'güija' (1994: Elena Ochoa), en el uso español. Marca registrada. Se dice que es palabra híbrida, formada con el fr. *oui*, 'sí', y el al. *ja*, 'sí'. En ext.: *ouija board*, 'mesa de *ouija*'. Consiste en una mesa marcada con palabras o letras sobre la que se desliza y detiene de cuando en cuando un vaso o algún otro objeto para señalar mensajes de ultratumba a los presentes. Aunque este procedimiento de comunicación ya era empleado en España, la palabra *ouija*, con su pronunciación española, se ha difundido a partir de los años setenta. Rel.

où sont les neiges d'antan? fr. (1926: Unamuno.) → MAIS OÙ SONT LES NEIGES D'ANTAN?

outboard ing. '(motor) fuera borda' (Ac.: 1992), '(motor) fuera de borda' (Ac.: 1992); '(motor) fuera bordo' (Ac.:1992), '(motor) fuera de bordo' (Ac.: 1992). (1930: *Bl. y Negro*.) Transp. n.

outlaw ing. 'forajido', 'matrero' (Am. h.); lit.: '(el que está) fuera de la ley'. (1982: M. Barroso.)

output ing. 'salida'. 1) 'producto'. Con referencia a los factores de producción en una producción dada. Es término específico de la terminología económica de Wasili Leontieff, creador de las tablas *input-output* sobre las relaciones insumo-producto. (1979: Alzugaray.) Econ.; 2) 'educto'. Término específico de la terminología lingüística de Noam Chomsky. (1975: C. P. Otero.) Ling.; 3) 'salida (de datos)', con referencia a los ordenadores electrónicos. Inform.

outing ing. 'declarar públicamente la propia homosexualidad'. De *to out*, 'salir del armario'. (1997: L. A. de Villena.) → SALIR DEL ARMARIO.

outrance fr. → À OUTRANCE.

outsider ing. 'forastero', 'extraño'. (1978: *País*.)

overall ing. 'overol' (Am. h.); 'mono' y 'buzo' (en España). (1925: J. Vasconcelos, Méx.). Indum.

overbooking ing. '*overbooking*' (Ac.: 2001), 'exceso', 'exceso de contratacion', 'sobrecontratación' (M. Seco), 'exceso de reservas', en hoteles, viajes, etc., del verbo *to overbook*, compuesto de *to book*, 'alquilar', 'anotar', y *over*, 'en demasía'. (1976: J. Cruz.) Host.

Overlord ing. Nombre de la operación de desembarco de los aliados en Normandía (6 junio 1945), en la Segunda Guerra Mundial. Lit.: 'jefe supremo' u 'operación suprema'. Hist.

overol anglicismo. (1969: Carlos Fuentes, Méx.; Ac.: 2001). → OVERALL.

overtura it. 'obertura' (1796: Comella; Ac.), 'abertura' (1854: C. J. Melcior). Pieza musical que sirve de introducción a una obra lírica. Sus temas están sacados de la obra misma, de la que es resumen. Del fr. *ouverture*, 'abertura', 'apertura'. (1928: Pérez de Ayala.) Mús.

OVRA it. Siglas de la *Organizzazione Vigilanza Reati Antifascisti*, 'Organización de Vigilancia contra los Crímenes Antifascistas'. Policía política del régimen fascista de Benito Mussolini en Italia. (1973: E. Pons Prades.) pol.

oxímoron gr. 'oxímoron' (Ac.: 2001). Secuencia de dos palabras de significado opuesto, como 'suave violencia', 'música callada', para obtener mayor fuerza expresiva. Comp. de *oxys*, 'agudo', y *moron*, 'tonto', 'necio'. Es una figura retórica. (1949: J. L. Borges, Arg.) Ling.

ozalid ing. 'ozalid'. Marca de un papel especial para reproducir documentos, planos, etc., lanzado por la fábrica *Ozalid*, que es anagrama de *diazol(e)*. Va cayendo en desuso, debido a las nuevas técnicas reprográficas.

P

P ing. Abrev. de *Parking*, puesta como señal a la entrada de los lugares donde es posible aparcar los automóviles. Autom. → PARKING.

pacha fr. 'pachá' (Ac.), 'bajá', 'gobernador'. Del tur. *padischá*. 'señor'. (1737: *D. de los Literatos.*) Pol.

Pacem in terris lat. 'Paz en las tierras'. Encíclica (11 de abril de 1963) del papa Juan XXIII, contra la guerra y a favor de los derechos humanos. (1963: Julián Marías.) Rel.

pacharán vasquismo. (1983: *D. de Burgos*; Ac.: 1992). Gastr. → PATXARAN.

pachinko jap. 'pachinco'. Maquinita o juego de bolas y agujeros, algo semejante al *pinball*. Ideado después de la Segunda Guerra Mundial. (1977: *País: patchinco.*) Jue.

pack ing. 'paquete', 'paquete múltiple', 'múltiple', 'lote,', 'conjunto'. Término comercial que designa una unidad superior formada por varias unidades inferiores conjuntadas o enlazadas. Introducida en España en los años setenta. Com.

pacta sunt servanda lat. 'los pactos deben ser respetados'. (1882: Pi y Margall.) Der.

paddle (tennis) ing. '*paddle*' (Ac.: 2001), '(tenis de) paleta', 'pádel' (1990: F. Acedo). Nacido a finales del siglo XIX en los barcos ingleses de grandes travesías; adoptado en Nueva York como *platform tennis*, 'tenis sobre suelo (de madera)', evolucionando, gracias a los estadounidenses Blanchard y Cogswell (1928) al actual juego de rebotes sobre cuatro paredes en recintos cerrados y techados. Introducido en España en 1974. Existe una Asociación Española de Pádel. (1991: M. Orantes.) Dep.

paddock ing. 'potrero', en el hipódromo; lit.: 'cercado'. Cercado herboso, próximo a los establos, donde permanecen los caballos antes de comenzar las carreras. (1908: *Bl. y Negro*.) Dep.

pagès, pl. **pagesos** cat. 'payés' (Ac.), 'campesino', 'labrador'. (1982: *País*.) Agric.

paideia gr. 'educación', 'educación creativa' (1994: E. Lledó), 'formación' (1991: E. Trías), (1982: S. Panikker.) Educ.

pailebot fr. 'pailebot' (Ac.), 'pailebote' (Ac.). Goleta pequeña, fina, sin gavias. Del ing. *pilot´s boat*, 'barco del piloto'. (1898: *Bl. y Negro*.) Transp. n.

pailleté fr. 'con lentejuelas metálicas brillantes'. De *paillete*, 'lentejuela (metálica)'. (1909: Marquina.) Indum.

(casa) pairal cat. 'casa paterna', 'casa solariega'. Del cat. *pare*, 'padre'. (1994: Eug. Suárez.)

(Els) Països catalans cat. 'Los Países catalanes'. Bajo esta expresión eufemística se abarca los territorios de Cataluña, Baleares y antiguo reino de Valencia, como entidad única y diferenciada, irredentista. Con ella se pretende evitar suspicacias partidistas (de Baleares y Valencia). Surgió a principios de los años sesenta del s. XX, animada por el ensayista Joan Fuster y el editor Eliseu Clement, en Valencia, y el político Max Cahner, en Barcelona. Pol.

palabras cruzadas anglicismo. 'crucigrama' (Ac.). Calco del ing. *crosswords*, 'palabras cruzadas'. Pasatiempo inventado (1913) por el periodista inglés Arthur Wynne, para el *New York World*. Otro nombre: *crossword puzzle*, 'puzle o rompecabezas de palabras cruzadas'. Jue.

palace ing. 'palacio', en ext.: *palace hotel*, 'hotel palacio'. Expresión de origen estadounidense (h. 1889). (1925: Blasco Ibáñez.) Host.

palazzo it. 'palacio'. (1902: *Dorio de Gádex*.) Arco.

palé anglicismo. (1994: CETESA; Ac.: 2001.) → PALLET.

paletot fr. 'paletó' (Ac.). Del ing. medieval *paltok*, 'chaqueta'. (1888: L. Coloma.) Indum.

palier fr. 'palier' (Ac.), 'apoyo'. En el automóvil, la pieza que lleva el giro desde el diferencial a la rueda. (1979: Alzugaray.) Autom.

palio it. 'palio'. Carrera de caballos tradicional, por antonomasia la que se corre en Siena anualmente el 16 de agosto en la *piazza del Campo* por diez caballos, con sus jinetes, dándose al vencedor como premio un *palio*, 'estandarte'. (1922: *Bl. y Negro*.) Dep.

pallet ing. 'palé' (1994: CETESA; Ac.: 2001), 'paleta' (1996: *País*), 'palet' (1999: *DEA*); deriv.: 'paletizar' y 'paletización' (1999: *DEA*). Paleta o plataforma que soporta mercancías embaladas, transportables en carritos elevadores, para su almacenamiento o expedición. (1994: CETESA.)

pallida mors lat. 'pálida muerte. 'En ext.: *pallida mors aequo pulsat pede pauperum tabernas regumque turres*, 'la pálida muerte de igual modo pisa las chozas de los pobres que las torres de los ricos'. De Horacio (*Odas*, 1, 4, 13). (1923: E. de Mesa.) Lit.

Pall Mall ing. 'Palamallo' (Ac.). Avenida de Londres, donde se halla la mayoría de los clubes londinenses. Del fr. *palle malle*, y éste del it. *palla maglio*, comp. de *palla*, 'bola', *maglio*, 'mazo', que designa un juego parecido al *croquet*, en que se procura dirigir una bola de boj a través de un anillo de hierro, con el menor número de golpes del mazo posibles. En la avenida de Pall Mall se jugaba antiguamente este juego. Dep.

palloza gall. 'palloza' (Ac.), 'pallaza' (Ac.), 'choza (con techumbre de paja)'. Típica y tradicional de la sierra de los Ancares, en Galicia. Circular, de piedra, con techumbre cónica de paja. (1977: C. Flores.) Arq.

palmarès fr. 'palmarés' (Ac.: 1992), 'cuadro de honor', 'lista de premiados en una escuela'. Pero en esp. suele usarse casi en el sentido de *curriculum*, con referencia a deportistas, principalmente ciclistas. (1976: F. Umbral.) Dep.

PAL-system ing. 'sistema *PAL*'. *PAL* son las siglas de *Phase Alternating Line*, 'Línea de Fase Alternativa', siglas 'LFA', que es el sistema alemán de TV en color para receptores. Telecom. → SECAM.

pamela ing. 'pamela' (Ac.). Sombrero característico de Pamela, protagonista de la novela *Pamela* (1740), de Samuel Richardson, si bien es nombre inventado por Sir Philip Sidney para un personaje de su *Arcadia* (1580). (1884: Galdós.) Indum.

pamphlet fr. 'panfleto' (Ac.). Publicación polémica, satírica o violenta; deriv.: 'panfletario'. Lit.: 'opúsculo', 'folleto'. Se cree que el origen remoto de esta voz se halla en el nombre *Pamphilus*, en *Pamphilus seu de amore*, comedia latina medieval, que dio en ant. fr. *Pamphilet* y *Panflette*, y en neerl. medieval *Panflet*. Su uso en esp. se debe, más que al ing. (*pamphlet*) al fr., sobre todo a la publicística panfletaria francesa, representada por Paul-Louis Courier (1772-1825). (1890: L. Coloma.) Pol.

panachée fr. 'panaché', 'ensalada o mezcla cocida de verduras'. Lit.: 'empenachada', a semejanza de un penacho formado por plumas de diversos colores. Gastr.

Pan Am ing. Abrev. de *Pan American World Airways*. 'Líneas Aéreas Mundiales y Panamericanas'. Compañía aérea estadounidense, desaparecida en 1992. Transp. a.

pandeiro gall. 'pandero'. (1843: Neira de Mosquera.) Mús.

pandemonium lat. 'pandemónium'(Ac.). Es el nombre que John Milton da en *El Paraíso perdido* (1667) al palacio de Satanás, construido en brevísimo tiempo por las potencias infernales. (1836: Larra.)

pandit hindi. 'pándit' (1999: M. Seco, *Esp. act.*), 'sabio' en religión, jurisprudencia o lengua sánscrita; es decir, sabio por estudio, no por iluminación. Del sáns, *pándita*, en ing. *pundit*. Divulgado internacionalmente por ir antepuesto al nombre del primer presidente de India: *Pandit* Nehru. Sin embargo, se registra anteriormente en contextos españoles como filipinismo, junto con 'pándita'. (1886: *Bol. Soc. Geogr.*)

pandítá sáns. (1964: J. Ramos de Andrés.) → PANDIT.

panellet cat. 'panellet' o 'panellete', lit.: 'panecito' o 'panito'. Dulce pequeño, de mazapán, 'empiñonado', típico del Día de Difuntos en Cataluña. (1957: M. Mestayer.) Gastr.

pane lucrando lat. 'pane lucrando' (Ac.), 'por ganar(se) el pan'. (1787: Moratín h.)

panen et circenses lat. 'pan y juegos circenses', 'pan y circo'. Es lo que pedía la plebe romana, pues con sólo eso se sentía satisfecha, según Juvenal (*Sátiras*, 10, 81). (1793: Moratín h.)

panettone it. 'panetón' (1957: M. Mestayer, Esp.; 1999: Y. Franco, Pe.). Especie de pan dulce, en forma de cúpula, hecho con harina, huevo, mantequilla, pasas y daditos de cidra confitada. Típico de Milán, por tanto 'panetón de Milán' (1957: M. Mestayer). En dial. milanés, *panetton*. (1998: *País*.) Gastr.

Pange lingua lat. 'Pange lingua' (Ac.), 'Canta, lengua'. Primeras palabras del himno de Venancio Fortunato que se canta después de la misa de Jueves Santo, en la procesión del Monumento, en el ritual romano. (1843: Estébanez Calderón.) Rel.

(le docteur) Pangloss fr. 'el doctor Pangloss'. Personaje de la novela *Candide* (1759) de Voltaire. Este ficticio metafísico alemán representa el optimismo extremo y encarna la afirmación de Leibniz: 'todo es para lo mejor de los mundos posibles'. (1923: Azaña.) Lit.

panne fr. 'panne'. Avería grave del motor, por la que éste deja de funcionar. (1907: A. Nervo.) Autom.

panneau, pl. **panneaux** fr. 'panel' (Ac.). (1900: Blanco Belmonte.)

panorama ing. 'panorama' (Ac.). Compuesta del gr. *pan*, 'todo', y *orama*, 'vista'. Así se denominó la exhibición de Robert Barker, en Edimburgo (1788), que permitía ver imágenes en un círculo desde el centro, pasando luego al lenguaje general. (1832: Mesonero.)

Pantalone it. 'Pantalón'. Personaje de la *commedia dell'arte*.

De origen veneciano. Representa a un mercader veneciano, avaro, colérico, catarroso y rijoso; de nariz ganchuda, barba en punta y caídos mostachos. Llamado en fr. *Pantalon*. Y porque usaba largos calzones, esta prenda de vestir recibió su nombre. (1778: *Los chascos de Pantalone*, tonadilla.) Tea.

pantha rhei gr. 'todo fluye'. Pensamiento atribuído a Heráclito de Éfeso, filósofo presocrático. (1936: A. Machado.) Fil.

pantry ing. En el uso actual, en Ven., 'mobiliario (juego de mesas y sillas) de la cocina'; pero en ing. 'despensa' y 'espacio medianero o auxiliar, entre la cocina y el comedor'. Del ing. med. *panetrie*, del ant. fr. *paneterie*, 'panera'. Mob.

panty, pl. **panties** ing. '*panty*' (Ac.: 2001), 'panti', pl. 'pantis'; 'pantimedia', pl. 'pantimedias' (1983: E. Poniatowska, Méx.); 'media pantalón', pl. 'medias pantalones'. Prenda de vestir femenina. (1969: TVE.) Indum.

Panzer al. 'carro de combate', 'tanque', lit.: 'blindado', 'acorazado'. Ej.

Panzerdivisionen al. 'divisiones acorazadas', con referencia a las de carros de combate del ejército alemán durante la Segunda Guerra Mundial. (1945: Ismael Herráiz.) Ej.

papabile it. 'papable' (Ac.). (1899: R. de Maeztu.) Rel.

Papam habemus lat. '(ya) tenemos Papa'. En ext.: *Nuntio vobis gaudium magnum: habemus Papam*, 'Os anuncio una gran alegría: tenemos Papa'. Fórmula para dar a conocer la elección de un Papa. (1902: Galdós.) Rel.

paparazzi, sing. **paparazzo** it. 'paparazos', sing. 'paparazo', es decir, 'periodistas indiscretos o escandalosos'. Por el apellido *Paparazzo* de un periodista gráfico que es personaje en el filme *La dolce vita*, de Federico Fellini. (1965: Carlos Fuentes, Méx.) Period. → DOLCE VITA.

paperback ing. 'libro en rústica', lit.: '(libro con) cubierta de papel'. (1975: L. Pancorbo.) Biblio.

papier de riz fr. 'papel de fumar', lit.: 'papel de arroz'. (1868: A. Fdez. de los Ríos.)

papier mâché fr. 'papel maché', 'papel machacado', 'papel pica-do'. Especie de cartón que se obtiene machacando o picando papel humedecido que, vaciado y secado en moldes, adquiere la figura que tengan los moldes. (1865: J. L. Luaces.)

papillote fr. 'papillote' (Ac.). 1) papel en torno al cual se enrollan los cabellos para rizarlos. (1924: Muñoz Seca.); 2) papel de aluminio en que se envuelven alimentos para asarlos. → À LA PAPILLOTE.

papirosa ru. 'cigarrillo'. Frecuente en la España republicana, durante la guerra de 1936-1939, para nombrar los cigarrillos rusos.

paprika húng. 'páprica', 'páprika' (Ac.: 2001). En lat. cient. *Capsicum frutescens*, semejante a la guindilla española o al chile mexicano. (1912: R. Darío.) Gastr.

paquebot fr. 'paquebote' (Ac.), 'paquete' (anticuado), 'correo marítimo'. Del ing. *packet-boat*, 'barco de servicio regular de pasajeros'. (1918: V. Huidobro, Ch.) Transp. n.

par ing. 'par' (Ac.: 2001), 'iguala'. Número de golpes requeridos para alcanzar un hoyo, en el golf. Procede del lat. *par*, 'par', 'igual'. Dep.

parabán galicismo. 'biombo', 'mampara', 'paraván' (preferible a 'parabán)'. Del fr. *paravent*, deriv. del it. *paravento*, 'paraviento'. (1995: *País*.) Mob.

parabellum al. Pistola automática de gran calibre. En principio, *Parabellum* era la clave telegráfica empleada por la *Deutsche Waffen-und Munitionsfabriken*, 'Fábrica Alemana de Armas y Munición'. *Parabellum* es palabra basada en el proverbio latino: *si vis pacem, para bellum*, 'si quieres la paz, prepara la guerra'. (1985: J. Glez. Muela.) Ej.

parabrís y **parabrisas** galicismos. Del fr. *pare-brise*, 'lámina transparente que protege a los ocupantes de un vehículo del viento frontal, de la lluvia, del polvo, etc. Se oye frecuentemente' 'parabrís', pero siempre se ve escrito 'parabrisas' (Ac.). Autom.

parada cat. 'parada (de venta)', 'puesto (de venta)'. (1992: Manuel Vicent.) Com.

paradinha port. 'paradiña', 'paradita,', 'amago', 'detención'. Procedimiento de ejecutar penaltis en el fútbol con un amago previo. (1980: García-Candau.) Dep.

parafernalia latinismo. (Ac.: 1992). El *DRAE* ha aceptado esta adapt. del ac. pl. del adj. lat. *paraphernalia*, con el sentido vulg. de 'conjunto de ritos o de cosas que rodean determinados actos y ceremonias'. Anteriormente sólo registraba la expresión jurídica 'bienes parafernales', trad. del lat. *paraphernalia bona*, con la definición: 'lo que lleva la mujer al matrimonio fuera de la dote y los que adquiere en él por título lucrativo como herencia o donación', es decir, 'extradotales', que eso significa el étimo gr. *parápherna*. Estos bienes podían ser muchos, muy diversos, pequeños, de adorno, etc. De ahí el sentido alcanzado ahora por 'parafernalia'. Der.

paralipómena gr. 'apéndices', 'adiciones', 'suplementos'. Del gr. *para*, 'al lado', y *leipein*, 'plantar', 'colocar'. El grecismo 'paralipómenos' (Ac.) se aplica a las *Crónicas*, del Antiguo Testamento, que siguen a los *Reyes*. Pero el uso de *paralipómena* en esp. procede de las trad. de *Parerga und Paraliponema* (1851), de Arthur Schopenhauer (1788-1860). (1902: Unamuno.) → PARERGA.

parapente fr. 'parapente' (Ac.: 2001). Compuesta de *para(chute)*, 'paracaídas', y *pente*, 'pendiente'. Deporte —paracaidismo de pendiente— nacido en Francia, a finales de los setenta; su iniciador, Roger Fillon. El paracaídas, aquí, tiene forma cuadrangular, con bultos de aire, a modo de cajones; procede de un diseño (1965) de la *NASA* para el programa Apolo de naves espaciales. Dep.

parbleu! fr. '¡pardiez!'. Eufemismo por *pardieu!* (1835: Mesonero.)

parce mihi, Domine! lat. '¡perdóname, Señor!'. (1835: Espronceda.) Rel.

parcere subiectis, debellare superbos lat. 'perdonar a los humildes, domar a los soberbios'. De Virgilio (Eneida, 6, 853). (1842: V. De la Fuente.) Lit.

parcheesi ing. 'parchís' (1929: R. Gómez de la Serna; Ac.: 1992). Juego de tablero y fichas, procedente de la India. Del hindi *pachisi*, deriv. de *pachis*, 'veinte'. (1958: A. de Armenteras.) Jue.

pardessus fr. 'abrigo'. (1884: Galdós.) Indum.

pardon! fr. '¡perdón!', '¡perdóneme!', '¡perdone!'. (1913: Unamuno.)

par droit de conquête et par droit de naissance fr. 'por derecho de conquista y por derecho de nacimiento'. Procede de *La Henriade* (1723), poema de Voltaire sobre Enrique IV de Francia (canto 1, v. 2). (1860: J. Valera.)

pare cat. 'padre'. (1889: Blasco Ibáñez.)

parerga, sing. **parergon** gr. 'adiciones', 'complementos'. Del gr. *para*, 'junto a', y *erga*, pl. de *ergon*, 'trabajo', 'obra'. (1902: Unamuno.) → PARALIPÓMENA.

parergon gr. (1926: Pérez de Ayala.) → PARERGA.

parfait fr. 'parfé', 'perfecto'. Helado mantecado, con nata batida añadida. (1957: M. Mestayer.) Gastr.

pari lat. 'apuesta'. Con este nombre se conoce el fragmento «Infinito-Nada» de los *Pensamientos*, de Pascal, acerca de la existencia-no existencia de Dios, sobre la cual es necesario 'apostar'. (1906: Unamuno.) Rel. → A PARI.

paria fr. 'paria' (Ac.). Perteneciente, en India, a la casta más baja, en realidad 'fuera de casta', 'intocable'. Del ing. *pariah*, del tamil *paraiyar*, 'tamboritero', de *parai*, 'tambor'. (1884: Galdós.) Pol.

pari passu lat. 'a la vez', 'al mismo paso'. (1908: M.B. Cossío.)

parka ing. 'parka', 'parca'. Originariamente, chaquetón esquimal, de piel vuelta, con el pelo dentro, y con capucha, adoptado, con otros materiales, como prenda militar y civil. Del esq. *parka*, 'piel', deriv. del ru. ('piel no curtida'), y, a su vez, del samoyedo. Esta palabra concurre con *anorak*. (1992: Anunc. Com.) Indum → ANORAK.

parking ing. 'parquin', 'aparcamiento' (M. Seco), 'aparcadero' (en Valencia), 'parqueadero' (1980: P. Vergés, Ven.). (1933: Jardiel Poncela.) Autom.

Parkinson ing. 'párkinson' (Ac.: 2001). Se emplea por 'parkinsonismo' (Ac.: 2001) y 'enfermedad de Parkinson' (Ac.: 2001). En ext.: *Parkinson`s disease*, por el apellido del médico inglés James Parkinson (1755-1824), quien describió esta enfermedad en 1817. Se extendió mucho esta palabra en los últimos años del general Franco, que padecía esta enfermedad. Med.

parleu-li del mar, germans! cat. '¡habladle del mar, hermanos!'. Verso final de la estrofa V del *Himne Ibèric*, 'Himno Ibérico' (1906) de Joan Maragall (1860-1911), que entera dice así: *Sola, sola en mig dels camps, / terra endins, ampla és Castella. / I està trista, que sols ella / no pot veure els mars llunyans. / Parleu-li del mar, germans!*: 'Sola, sola en medio de los campos, / tierra adentro, ancha es Castilla. / Pero está triste, pues sólo ella / no puede ver los mares lejanos. / ¡Habladle del mar, hermanos!'. (1996: Ortega Spottorno.)

parlez-vous français? fr. '¿habla usted francés?' (1900: A. Nervo.)

parmigiano it. 'parmesano', 'queso de Parma', ciudad de la región Emilia-Romagna, cuya capital es Bolonia. (1984: RNE.) Gastr.

parné caló. 'parné' (Ac.), 'dinero'. (1769: tonadilla.)

parole fr. 'habla'. En la doctrina lingüística de Ferdinand de Saussure, el uso individual de la *langue*, 'lengua'. Ling. → LANGUE.

parousía gr. 'parusía' (Ac.), 'segunda venida de Cristo'. Procede del texto griego del Evangelio de San Mateo (24, 27). Rel.

parquet fr. 'parqué' (Ac.), 1) 'salón de la Bolsa'. (1884: Galdós.) Econ.: 2) 'entarimado', 'tarima'. (1926: Martínez Sierra.) *Parquet* es dim. de *parc*, 'pequeña zona de pasto', después 'pequeña zona o compartimiento en el interior de un edificio', hasta llegar a significar 'estrado de un tribunal' o 'interior de la Bolsa', donde actúan los agentes de Bolsa. Como estos lugares estaban entarimados, *parquet* pasó a significar también 'suelo de tarima'. Escribir *parquet* es ultracorrección, ya que la Ac. admite 'parqué'; además, lo es pronunciar 'parquet', ya que en fr. esa *t* final no se pronuncia.

parsi per. 'parsi' (Ac.), 'persa', 'lengua persa'. En ing. *parsi* y *parsee*, significando además los habitantes de la India que descendientes de inmigrados persas del siglo XIII, siguen el culto zoroástrico. (1981: R. Montero.) Ling.

parte it. 'parte' (Ac.). Papel de un cantante dentro de una ópera. (1900: F. Urrecha.) Mús.

partenaire fr. *'partenaire'* (Ac.: 2001), 'pareja', 'copartícipe', 'compañero artístico', en los espectáculos de variedades. Es anglicismo en fr., del ing. *partner*. (1922: P. Mata.) Tea. → PARTNER.

parterre fr. 'parterre' (Ac.), 'explanada ajardinada'. (1791: Vargas Ponce.)

particella it 'partichela' (1929: J. Subirá), lit.: 'parte corta', 'partícula' o 'partecilla' dentro de una ópera. Dim. de *parte*. (1900: *El Teatro*.) Mús. → PARTE.

partichino it. 'partiquino' (Ac.). Cantante que en las óperas italianas interpreta una *parte*, 'papel', pequeña. (1865: R. Robert.) Mús.

Partido galeguista gall. 'Partido galleguista'. Fundado en 1931 por el dibujante y escritor Castelao, promotor de un Estatuto autonómico para Galicia. Refundado y posteriormente (1982) integrado en el *Bloque Nacionalista Galego*. Pol.

partigiano, pl. **partigiani** it. 'partisano' (Ac.: 1992). Guerrillero italiano antifascista durante la Segunda Guerra Mundial. Ej.

parti pris fr. 'concepto previo', 'actitud previa', y peyorativamente 'prejuicio', 'idea preconcebida'. (1893: U. Glez. Serrano.) Fil.

partir c'est mourir un peu fr. 'partir es morir un poco'. Del poema *Rondel de l'adieu*, del libro *Seul* (1891) de Edmond Haraucourt. Lit.

Partit dels Socialistes de Catalunya cat. 'Partido de los Socialistas de Cataluña', vinculado al PSOE. Pol.

partitura it. 'partitura' (Ac.). Texto completo de una obra musical. (1901: J. de la Serna.) Mús.

partizan serb. 1) 'partisano' (Ac.: 1992). Guerrillero yugoslavo comunista, durante la Segunda Guerra Mundial. Del fr. *partisan*, y éste, a su vez, del it. *partigiano*. Ej.; 2) nombre de un famoso club de fútbol de Belgrado (Yugoslavia). Dep.

partner ing. 'copartícipe', 'pareja', 'compañero' o 'compañera', en bailes, juegos, espectáculos, etc. (1980: L. Pancorbo.) → PARTENAIRE.

parturient montes, nascetur ridiculus mus lat. 'partirán los montes y nacerá un ridículo ratoncillo'. De Horacio (*ad Pisones*, 139). Lit.

party ing, 'reunión', 'fiesta', 'fiesta particular'. (1933: Jardiel Poncela.)

party line ing. 'tertulia telefónica' (1992: TVE), lit.: 'línea (telefónica) de reunión, 'línea festiva' (1991: *País sem.*). Modalidad de pasatiempo. (1992: Telecinco.)

parva propria magna, magna aliena parva lat. 'las cosas pequeñas, si propias, son grandes: las grandes, si ajenas, pequeñas'. Inscripción que se halla en la fachada de la modesta casa de Lope de Vega en Madrid. (1965: R. J. Sender.) Lit.

parvenu, fem. **parvenue** fr. 'advenedizo', 'nuevo rico'. Se caracteriza por su estolidez, ignorancia y presunción. (1861: J. Valera.)

pasadismo galicismo. Del fr. *passéisme* (1909: Filippo Marinetti), neologismo introducido por los futuristas, deriv. del fr. *passé*, 'pasado'. Los futuristas denostaban los valores admitidos del pasado, los museos, etc., en el campo de las artes. (1924: G. de Torre.) Arte. → FUTURISMO.

PASCAL francesismo ing. 'PASCAL'. Lenguaje de programación avanzada, inventado por Niklaus Wirth (1969), al que dio nombre con el apellido del filósofo y matemático francés Blaise Pascal (1623-1662). Inform.

Pascendi lat. En ext.: *Pascendi Domini gregis*, sobre el cuidado de la grey del Señor, encíclica (8 septiembre 1907) del papa Pío X contra el llamado 'Modernismo' en la Iglesia, representado en Francia por el P. Loisy y que trataba de armonizar las creencias religiosas con la ciencia moderna. (1953: Juan R. Jiménez.) Rel.

pasdaran, sing. **pasdar** per. 'guardianes (de la Revolución)', milicia especial en el Irán de los ayatolás. (1987: *País*.) Ej.

pas de deux fr. 'danza para dos', lit.: 'paso de dos'. Danza que consta de una *entrée*, 'entrada', un *adagio*, una mudanza o variación para cada danzante, y una *coda*. (1860: *Alm. Museo Universal*.) Baile.

pas de nouvelles, bonnes nouvelles fr. 'no hay noticias, buenas noticias'. (1991: Haro Tecglen.) Period. → NO NEWS, GOOD NEWS.

pas de quatre fr. 'danza para cuatro', lit.: 'paso de cuatro'. (1900: M. J. Bertrán.) Baile.

paseísta galicismo. Del fr. *passéiste*, 'pasadista', es decir, que tiene gusto o inclinación por el pasado. (1999: Rubert de Ventós.) Arte. → PASADISMO.

PASOK gr. mod. Sigloide de *Panellinio Sozialistikó Kínima*, 'Movimiento Socialista Panhelénico', vinculado a la Internacional Socialista; fundado (1974) por Andreas Papandreu. (1990: J. Colom.) Pol.

passacaglia it. 'pasacalla'. Danza y pasaje musical lento en tres tiempos, con mudanzas. Del esp. *pasacalle*. (1964: Lezama Lima, Cu.) Mús.

passage fr. 'pasaje (comercial)' (Ac.). (1936: Mor de Fuentes.) Com.

passage à tabac fr. 'paliza (dada a uno por varios)'. Consiste en que el castigado pase delante de varios, que se hallan en dos filas, hombro con hombro, y que le golpean cuando pasa. (1984: A. Sastre.)

passéisme fr. → PASADISMO.

passe-partout fr. 'paspartú' (Ac.: 2001), 'ventana' o 'enmarque' por donde asoma un lienzo, estampa, fotografía, etc. (1949: E. García Gómez.) Arte.

passez-moi le mot! fr. '¡permítaseme la expresión!'. (1918: Unamuno.)

passim lat. 'pássim' (Ac.), 'en o por diversas partes', 'por do-
quier'. Se emplea, después de citar el título de un libro,
para indicar que pueden consultarse diversos lugares a lo
largo del libro. (1923: E. d'Ors.) Bibl.

passing shot ing. 'tiro pasante o sobrepasante', 'pasante'
(1996: M. Orantes). En tenis, tiro rápido, derecho o re-
vés, que, en respuesta a una volea, pasa o sobrepasa al jugador contrario cuando éste se encuentra próximo o en
marcha hacia la red. (1978: *País.*) Dep.

pasta asciutta it. 'pasta enjuta', 'pasta sin caldo'. Plato de fideos o *spaghetti* con jugo de carne, salsa de tomate, carne
picada, etc. (1993: T. Moix.) Gastr.

pasticcio it. (1917: M. Machado.) → PASTICHE.

pastiche fr. 'pastiche' (Ac.: 1992). Obra artística hecha deliberadamente con imitación o préstamos de otras. Del
it. *pasticcio*, lit.: 'pastel', nombre dado a un tipo de óperas desarrollado entre 1720 y 1760, que consistía en la
adopción de diversos pasajes famosos de obras anteriores, de mucho lucimiento para sus intérpretes, de forma
que diesen lugar a una nueva ópera. (1897: *Azorín.*)
Mús. → PASTICCIO.

patchama hindi **(pae yamah)** 'pijama'. (1877: E. Gaspar.) →
PYJAMA.

patchouli fr. 'patchulí' (Ac.). Del tamil *pach*, 'hoja', e *ilai*, 'verde', nombre de una planta de las Indias orientales que despide un penetrante olor. (1861: J. Valera.) Bot.

patchwork ing. 'almazuela' (1848; en Cameros, Rioja), lit.:
'labor de retazos', unidos unos con otros para formar col-
chas, cobertores, etc., muy coloridos. De *work*, 'labor', y
patch, 'retazo'. (1980: A. Carpentier, Cu.)

pâté fr. 'paté' (1970: Carlos Fuentes, Méx.; Ac.: 1992), 'pasta', 'morteruelo'. (1930: V. Huidobro, Ch.) Gastr.

pâté de... fr. 'paté de...', 'pasta de...' Difundida en los años
ochenta. Gastr.

pâté de foie fr. 'paté de hígado', 'pasta de hígado'. (1930: V.
Huidobro, Ch.) Gastro.

pâté de foie gras fr. 'pastel o pasta de hígado graso (de oca)' (1899: Sánchez y Rubio). Hasta los años ochenta, expresión sustituida por la abrev. *foie gras*. (1899: Sánchez y Rubio.) Gastr. → FOIE GRAS.

pater lat. 'páter' (Ac.), 'padre', 'cura'. (1877: Curros Enríquez.) Rel.

paterfamilias lat, 'cabeza de familia.' Institución de la antigua Roma. (1909: Fdo. Araujo.) Der. → GENS.

Pater noster lat. 'Paternóster' (Ac.), lit.: 'Padre nuestro'. Palabras iniciales del Padrenuestro en el ritual romano. Rel.

Pathé-Baby fr. 'Pequeño Pathé'. Proyector cinematográfico de paso reducido, de la casa francesa Pathé, fundada (1905) por Charles Pathé. Muy difundido en los años veinte y treinta como 'cine casero'. (1994: *País.*) Cine.

Pathet Lao laos. 'País de Lao'. Brazo armado del P. C. de Laos. Pol.

pathos gr. 'sufrimiento', 'padecimiento', 'dolor'. (1893: *Clarín.*)

patois fr. 'patuá' (1909: R. Darío), 'bable' (Lázaro Carreter), 'habla local' de una región dialectal. (1886: Pardo Bazán.) Ling.

patria est ubicumque est bene lat. 'la patria es cualquier lugar en que se está bien'. De Cicerón (*Tusc.*, 5, 37, 108). (1994: J. J. Laborda.) Pol.

patrilocal ing. 'patrilocal'. Modo de residencia determinado por la residencia del padre o esposo (opuesto a *matrilocal*). Antrop.

Patriot ing. 'Patriota'. Del fr. *patriote*, 'patriota'. Misil antimisil, de tierra a aire, estadounidense, de corto alcance, que se guía desde tierra por ordenador y radar y que posee, además, una antena que recoge ecos de radar reflejados en el objetivo. Puesto en práctica (16 de enero de 1991) en la guerra del golfo Pérsico contra Irak. Ej.

pattern ing. lit.: 'molde', 'modelo'. 1) motivo (decorativo), (1909: B. Agrasot.) Arte: 2) 'pauta (cultural)'. Antrop.

patxaran vasc. (**basaran**, comp. de *basa*, 'silvestre', y *aran*, 'ciruela'). 1) 'endrino' y 'endrina'. Bot.; 2) 'pacharán' (Ac.:

1992), licor navarro obtenido con este fruto. (1983: *Diario de Burgos*.) Gastr. → PACHARÁN.

paulo maiora canamus lat. 'elevemos un poco más nuestro canto'. Primer verso de la *Égloga* IV de Virgilio, quien en ella se aparta de lo pastoril para alzarse a un tono profético y político. (1856: J. Valera.) Lit.

pauperum tabernas regumque turres lat. (1884: *Clarín*.) → PALLIDA MORS.

Pauvre Lélian fr. Anagrama de Paul Verlaine (1884-1896), quien lo empleó, por modestia, para tratar de sí mismo en el capítulo que consagró a su propia obra en *Les poètes maudits* (1884). 'Los poetas malditos', es decir: Tristan Corbière, Rimbaud, Mallarmé, Desbordes-Valmore, Villiers de l'Isle Adam, y *Pauvre Lélian*. (1898: A. Nervo.) Lit.

pavé fr. 'adoquinado'. Con referencia a las carreteras adoquinadas, no asfaltadas, por las que a veces corren los ciclistas del *Tour de France*. A veces se oye el erróneo 'pavés' por *pavé*. (1982: RTV.) Dep.

pax americana lat. 'paz americana'. Expresión paralela a *pax romana*. Con matiz antiimperialista y antiestadounidense. Forjada tras la caída del muro de Berlín (1990), la liquidación del Pacto de Varsovia y la guerra del Golfo Pérsico (1991). (1991: J. Goytisolo.) Pol. → PAX ROMANA.

pax augusta lat. 'paz augusta', 'paz de Augusto'. Con referencia a la paz que advino tras las victorias de Augusto (16-13 a. de J.C.) en Hispania y Galia. Se conmemoró con un altar a la *Pax Augusta* (30 de enero del 9 a. de J.C.) en la Vía Flaminia, por donde había hecho Augusto su entrada triunfal en Roma (*Hechos de Augusto*, 13). (1935: Menéndez Pidal.) Hist.

pax Christi lat. 'paz de Cristo'. En el habla corriente, con el sentido de 'y en paz' y de 'se acabó la cuestión'. (1978: E. Romero.) Rel.

pax romana lat. 'paz romana'. Establecida por Augusto (27 a. de J.C.), duró dos siglos, finalizando con la muerte de

Marco Aurelio (180 d. de J.C.), según Plinio el Joven (*Panegírico de Trajano*). (1992: F. Ayala.) Hist.

pax vobiscum lar. 'la paz sea con vosotros'. Lo dice el sacerdote en la misa, según el ritual romano. Rel.

payo caló. 'no gitano'. (1981: A. de Senillosa.)

pay per view ing. 'pago por visión', en la llamada 'televisión a la carta' (1997: *País*); 'teletaquilla', (1991: *País*), 'pagar por ver' (1999: J. Arrarte); es decir, pago por ver una vez un determinado programa de televisión. (1997: *País*.) Telecom.

pazo gall, 'pazo' (Ac.) 'palacio', 'casa solariega (en el campo)', (1886: Pardo Bazán.) Arq.

P.C. ing. 'P.C.', 'pecé' (1994: *País*). Siglas de *Personal Computer*, 'Ordenador Personal', siglas 'O.P.'. Creado por IBM el 12 de agosto de 1981. Del género microinformático. (1991: *País*.) Inform.

PCI it. Siglas de *Partito Comunista di Italia*, fundado en Liorna en enero de 1921; reconvertido en *PDS* en 1991. Pol. → PDS.

PDS it. Siglas de *Partito Democrático della Sinistra*, 'Partido Democrático de la Izquierda'. Nombre adoptado por el *PCI* el 3 de febrero de 1991 en su vigésimo Congreso (1991: *País*); pero abandonado en el Congreso de 14 de febrero de 1998, en que se adoptó el de 'Demócratas de Izquierda', eliminando, además el símbolo de la hoz y el martillo comunista por la rosa socialista. Pol. → PCI.

PDS al. Siglas de *Partei Demokratischer Sozialisten*, 'Partido de los socialistas democráticos', o 'Partido del socialismo democrático', heredero del *SED*, en la extinta RDA; fundado por Gregor Gysi. Pol. → SED.

peach Melba ing. 'melocotón Melba'. Postre inventado por Auguste Escoffier, en honor de la *prima donna* australiana Melba (1861-1931), sirviéndoselo sobre un cisne de hielo en el hotel Ritz-Carlton, de Londres, después de la representación de *Lohengrin*, de Wagner. Consiste en melocotón cocido y mantecado helado. (1957: M. Mestayer.) Gastr. → PÊCHE MELBA.

peccata minuta lat. 'peccata minuta' (Ac.), 'pecados menudos', 'pecadillos'. (1878: J. Monreal.) Rel.

pêche Melba fr. → PEACH MELBA.

pédalier fr. 'pedalier' (1991: *El Sol*), 'pedalero'. Mecanismo . —rueda dentada— al que están vinculados los pedales de la bicicleta.

pedigree ing. 'pedigrí' (Ac.), 'árbol genealógico' o 'genealogía' de un animal. Del fr. *pied de grue*, 'pie de grulla', por analogía entre él y los trazos de los árboles genealógicos. (1924: R. Baroja.) Zool.

P-2 it. Siglas de *Propaganda Due*, 'Propaganda Dos', secta masónica, conspirativa y ultraderechista, dirigida por el financiero Licio Gelli, que arrastró al Vaticano a un escándalo financiero, personificado en el cardenal Marzinkus, en los años ochenta. Disuelta en 1981. Pol.

peeling ing. 'pelación', 'tratamiento esteticista de la piel', en los humanos. De *to peel*, 'pelar'. (1995: Antena 3). Cosm.

Peeping Tom ing. 'Tom el Mirón', sin. de 'mirón (lascivo)', 'voyer'. Del verbo *to peep*, 'mirar a escondidas', 'mirar por un agujero'. El tal Peeping Tom fue el único habitante de Coventry que osó ver a lady Godiva pasear desnuda a caballo por las calles de la ciudad, condición que puso su esposo lord Leofric (siglo XI), señor de Coventry, para rebajar, a instancias de su esposa, los onerosos tributos que exigía de sus súbditos. Para no herir el pudor de lady Godiva, los habitantes de Coventry, agradecidos, cerraron todas sus ventanas al paso de su benefactora, menos Peeping Tom, 'Tom el Mirón'. (1960: J. Gil de Biedma.)

peep show ing. 'espectáculo para mirones (lascivos)'. De *to peep*, 'mirar', y *show*, 'espectáculo'. (1989: *ABC*.)

pega de forcados port. 'agarre del toro'. Lance taurino ejecutado por los *forcados*. (1995: J. A. Gurriarán.) Dep. → FORCADOS.

pegador port. 'pegador', 'agarrador'. El que ejecuta la pega, o 'agarre', suerte taurina portuguesa que consiste en agarrar al toro por los cuernos y sostener su empuje. (1870: G. Calvo Asensio.) Dep. → FORCADOS.

pegamoide anglicismo. (Ac.: 1992). Marca registrada (*pegamoid*) de un cuero artificial. Irónicamente formó parte del nombre del grupo de mús. *pop* 'Alaska y los pegamoides', de Madrid, en los años setenta.

pègre fr. 'hampa', 'chusma'.

pêle-mêle fr. 'mezcolanza', 'barullo'. (1890: L. Coloma.)

pellet fr. 'pelota', 'bola'. 1) 'bola', 'pella' (Ac.), 'nódulo'. Aglomerado de minerales finos de hierro. (1979: Alzugaray.) Miner.: 2) 'comprimido (que se implanta debajo de la piel del enfermo)'. (1948: Jardiel Poncela.) Med.

pelotari vasc. 'pelotari' (Ac.). Jugador de pelota vasca. (1893: Unamuno.) Dep.

pelouse fr. '(el) verde', '(el) césped', 'pradito' (*Azorín*). (1945: *Azorín*.)

peluche fr. 'peluche' (Ac.: 1992). Especie de terciopelo o felpa, empleado por los tapiceros en sillería y por los jugueteros en muñequería. Suele verse *pelouche* por error ortográfico y contaminación de *pelouse*. (1902: L. Taboada.) Mob. y Jue.

penalty ing. 'penalti', pl. 'penaltis' (Ac.: 1992); 'penal' (Arg.), 'castigo máximo', 'pena máxima', en fútbol. (1923: M. Hernández.) Dep.

P.E.N. Club ing. Club internacional de escritores, fundado por John Galsworthy en 1921. Se dice que *PEN* está formada por las siglas *P* (de *poets*, 'poetas', y *playwrights*, 'dramaturgos'), *E* (de *essayists*, 'ensayistas') y *N* (de *novelists*, 'novelistas'). (1929: *Andrenio*.) Lit.

(faire) pendant fr. '(formar) pareja (con otra persona o cosa)'. (1887: E. Gaspar.)

pendentif fr. 'colgante'. Objeto de adorno personal, generalmente precioso. (1908: Rodríguez Marín.) Joy.

péniche fr. 'pinaza' (Ac.). *Péniche* es francesización (siglo XIX) del ing. *pinnace*, deriv. a su vez del esp. 'pinaza', embarcación llamada así porque era de madera de pino. 1) pequeña embarcación auxiliar de remos y velas; 2) pero además el esp. 'pinaza' (1884: Pereda), al igual que el fr. *péniche*, significa gran lancha o barcaza, marítima o fluvial, con proa y fondo planos, para carga y descarga de los buques que no pueden arrimarse al muelle, o para ser arrastradas, como ocurre con las del río Sena, en Francia. Para este último caso, el *DRAE* registra 'gabarra', del vasc. *kabarra*. (1934: Alberti.) Transp. n.

penny ing. 'penique' (Ac.). La más pequeña moneda inglesa, que era la doceava parte del *shilling* o 'chelín', ahora centésima parte de la libra. (1864: *Ecos del Auseba*.) Num.

(II) Pensieroso it. 'el Pensativo'. Por este nombre se conoce la estatua de Lorenzo de' Medici, en la capilla de los Medici, de la iglesia de San Lorenzo, en Florencia, debida a Miguel Ángel. (1916: Pérez de Ayala.) Esc.

pentathlon gr. 'pentatlón' (Ac.: 1992), con acentuación aguda, por analogía quizá con la aguda 'maratón'. Prueba atlética *(athlon)* consistente en cinco *(penta)* ejercicios diferentes. En la antigua Grecia: carrera, salto, jabalina, disco y lucha; pero en los modernos Juegos Olímpicos, desde 1912: esgrima, natación, tiro, equitación y carrera de campo *(cross country)*. Dep.

penthouse ing. 1) 'apartamento o departamento de azotea' (1973: Tana de Gámez); 2) 'ático lujoso', en grandes edificios (1958: Carlos Fuentes, Méx.); 3) título de una revista periódica erótica, lujosa, estadounidense, semejante a y rival de *Playboy*. Period.

pentimento it. 'arrepentimiento'. Cuando el pintor se arrepiente de lo pintado y pinta nuevamente sobre ello, quedando lo primero debajo y ocultado por las nuevas pinceladas. (1991: M. Benedetti, Urug.) Pint.

peplum lat. 'peplo' (Ac.). Del gr. *peplos*. Manto o velo de mujer, así como vestido de diosa, en la antigüedad grecorromana. Se aplica con intención peyorativa a los filmes 'de romanos'; en general, a los que versen sobre asuntos de la antigüedad grecorromana. Es voz difundida por la crítica cinematográfica francesa (según Mini). (1988: *País*.) Cine.

peppermint ing. (1908: *Monos.*) → PIPPERMINT.

pepsi ing. → PEPSICOLA.

Pepsi-cola ing. 'pepsicola'. Abrev. : *pepsi*. Comp. de *pepsi(n)*, 'pepsina', y *cola*, 'cola'. Bebida refrescante producida por la industria estadounidense *Pepsico*, nombre comp. con *Pepsi(n)* y *co*, abrev. de *company*, 'compañía'. La 'pepsina', del gr. *pepsis*, 'cocimiento', 'digestión', es una enzima proteolítica producida por el estómago. Gastr.

PER ing. Siglas de *Prince Earning Ratio*, 'proporción de ganancia sobre el precio', o 'relación precio-beneficio' (1995: *Bol. Argentaria*); es decir, la cotización de un valor en Bolsa, dividida entre el beneficio por acción. (1978: *Bol. Banco Central.*) Econ.

per accidens lat. 'per áccidens', 'por accidente'. (1901: Galdós.) Fil.

per angusta ad augusta lat. 'por (caminos) angostos a (lugares) elevados'. *Motto* del duque Ernesto de Brandeburgo († 1642) y también santo y seña de los conjurados contra Carlos V en el drama *Hernani* (IV, 3), de 1830, de Victor Hugo. (h. 1940: Pérez de Ayala).

per ardua ad astra lat. 'por (senderos) arduos hasta las estrellas', 'venciendo las dificultades, hasta llegar a los astros'. *Motto* de la *Royal Air Force*, 'Arma Aérea Real' británica. Ej.

per aspera ad astra lat. 'por las asperezas a los astros', 'por lo difícil a lo sublime' (1927: Benavente.) → PER ARDUA AD ASTRA.

per Bacco! it. '¡por Baco!'. Juramento. (1897: E. R. de Saavedra.)

per capita lat. 'per cápita' (Ac.), 'por cabeza', 'por individuo'. (1976: *País.*) Econ.

percheron fr. 'percherón' (Ac.). Caballo grande y robusto, procedente de La Perche, en Normadía (Francia). No registrado por N. Fernández Cuesta (1867). Frecuente en España en los años veinte y treinta. Zool.

perestroika ru. 'reestructuración'. Programa soviético de reforma propuesto por Mijail Gorbachov, secretario general del PCUS, en enero de 1987. (1987: *País*.; Ac.: 2001.) Pol.

per fas et per nefas lat. 'por lo justo y por lo injusto', 'lícita o ilícitamente', 'por todos los medios'.

performance ing. 1) 'proeza', 'hazaña', 'rendimiento'. (1925: Ortega); 2) 'función', 'espectáculo'. (1995: *País*.) Tea.; 3) 'acción' o 'enrealización (espectacular)', asociada a las artes plásticas. (1989: *País*.) Arte.

Peri per. 'Peri' (Ac.). 'Hada (persa)'. En per. mod. *Parik*. Divulgada por el ballet *La Péri* (1843), libreto de Théophile Gautier, mús. de Friedrich Bürgmüller, coreografía de Jean Corelli. (1917: Gómez Carrillo.) Mitol.

peribocha ru. 'intérprete'. (1972: Victorio Macho.) Ling.

perinde ac cadaver lat. 'como un cadáver'. En ext.: *perinde ac cadaver in omnibus ubi peccatum non cerneretur*, 'como un cadáver en todos (los asuntos) en que no se discierna pecado'. Pasaje de las *Constitutiones* de San Ignacio de Loyola, que en su redacción española dice así: «donde no se puede determinar... que haya alguna especie de pecado..., los que viven en obediencia se deben dejar llevar y regir de la divina Providencia por medio del Superior, como si fuese un cuerpo muerto que se deja llevar adondequiera» (*Constituciones*, 6, 1). Antes lo empleó San Francisco de Sales para expresar la obediencia religiosa. (1893: Galdós) Rel.

perlé fr. 'perlé' (Ac.), 'perlado'. Hilo de algodón brillante, muy refinado y perfeccionado. (1935: *Alm. Madre de Familia*.) Text.

Perlon al. 'perlón'. Fibra artificial textil, obtenida por policondensación. Text.

Pernod fr. 'pernod'. Marca registrada. Bebida alcohólica, creada y comercializada por H.-L. Pernod, aromatizada con anís y otras plantas. (1974: Ig. Agustí.) Gastr.

per omnia saecula saeculorum lat. 'por todos los siglos de los siglos'. Palabras del oficiante en el Prefacio de la misa, según el ritual romano. Rel.

perpetuum mobile lat. 'móvil perpetuo', 'movimiento perpetuo'. 1) pasaje musical en que la secuencia de notas rápidas continúa sin ruptura. (1935: Giménez Caballero.) Mús.; 2) relativo al primer principio fundamental de la termodinámica, enunciado (1842) por R. J. Mayer, que afirma que el movimiento perpetuo no existe, es decir, no hay máquina alguna que pueda producir trabajo de la nada. (1935: Giménez Caballero.) Fís.

perrechico vasquismo. (1920: Baroja: *perrachicu*, tal vez, errata de imprenta.) → PERRETXIKO.

perretxiko vasc. 'perrechico', 'seta' en general, y también 'seta de Orduña', 'seta de San Jorge', 'muserón'. En lat. cient., *Tricholoma georgii*. Bot.

per saecula saeculorum lat. (1879: Galdós.) → PER OMNIA SAECULA SAECULORUM.

per saltum lat. 'por un salto'. (1884: Pereda.)

per se lat. 'per se' (Ac.), 'por sí', 'por sí mismo'. (1737: Ig. de Luzán.)

Pershing (missile) ing. 'misil Pershing'. Por el apellido del general estadounidense J. J. Pershing (1860-1948). Su alcance es de novecientos kilómetros. Ej.

persona non grata lat. 'persona no grata', 'persona no aceptable'. Representante diplomático inaceptable para la autoridad a que es enviada. (1976: *País*.) Der.

per troppo variare it. (1932: Mesonero.) → MA PER TROPPO VARIAR NATURA É BELLA.

pesage fr. 'pesaje' (Ac.: 1992). Aunque su uso procede de la hípica, se aplica también en boxeo. (1922: P. Mata.) Dep.

Pesaj hebr. 'Pascua judía'. Fiesta de primavera que conmemora la marcha o paso de los judíos de Egipto a Israel, conducidos por Moisés (*Exodo*, 12). Dura siete días, a partir del 14 del mes de Nisan (marzo-abril); durante ellos ha de comerse el pan ácimo, es decir, sin levadura. (1957: Exp. bibliogr. sefardí.) Rel

peshmerga curdo. 'pesmerga', 'guerrillero (curdo)'. (1990: *País*.) Ej.

pétanque fr. 'petanca' (Ac.: 1992). Es juego con bolas de hierro. Del prov. *ped tanco*, 'pie fijo'. (1969: J Goytisolo.) Dep.

petit bourgeois fr. 'pequeño burgués'. (1933: Ortega.)

petit comité fr. (1875: J. I. Caso.) → EN PETIT COMITÉ.

(la) petite différence fr. '(la) pequeña diferencia'. (1971: M. Aub.)

Petite Entente fr. 'Pequeño Acuerdo'. Acuerdo diplomático (1924-27) entre Checoslovaquia, Rumanía y Yugoslavia. (1933: E. d'Ors.) Hist.

(la) petite histoire fr. '(la) pequeña historia'. La que narra no los grandes acontecimientos, sino los menudos o anecdóticos. (1925: G. de Torre.) Hist.

petit format fr. 'formato pequeño'. (1795: Moratín h.) Biblio.

petit-gris fr. 'petigrís' (Ac.), 'ardilla gris'. Propia de Rusia y Siberia, muy estimada en peletería. (1930: E. Hdez. Girbal.) Indum.

petitio principii lat. 'petición de principio'. Sofisma que consiste en suponer lo que precisamente está en cuestión. (1860: Alarcón.) Fil.

petit-maître fr. 'petimetre' (1818: J. B. Arriaza; Ac.), 'lechuguino', 'señoritingo'. Comp. de *petit*, 'pequeño', y *maître*, 'señor'. (1833: Larra.)

petit nom fr. 'nombre de pila', 'nombre personal'; lit.: 'pequeño' (*petit*) 'nombre' (*nom*). (1914: Baroja.)

petit point fr. 'petipuán', 'punto pequeño'. Labor de punto.

petits choux fr. 'petisús', en el habla; 'chuschus' (1957: M. Mestayer). Dulce pequeño y redondo, 'petisú' (Ac.), en forma de pequeña (*petit*, masc. en fr.) col (*chou*, masc. en fr.). Se hace con *pâte à choux*, 'pasta choux' (1957: M. Mestayer), es decir, con harina echada en una mezcla de agua (o leche) y mantequilla. Gastr.

petits faits fr. 'hechos pequeños', 'pequeños acontecimientos', pero reveladores. Importantes para el estudio de cualquier ciencia, según Hyppolite Taine (prefacio a *L'Intelligence* 1870). (1892: *Clarín*.)

petting ing. 'toqueteo' (Ac.), pero tambien coloq. 'toquiteo' (1996: G. Nierga) de carácter erótico, vulg. 'magreo'. Del verto *to pet*, 'acariciar o besar una persona a otra'. (1995: Cadena SER.)

peúco catalanismo. (Ac.: 1992). Según el *DRAE*, deriv. del esp. 'pie', pero realmente es adapt. del cat. *peüc*, 'botita de punto de lana' para abrigar los pies de los nenes, aunque también se usan los peúcos por las personas mayores. Y con el mismo significado, 'patuco' (Ac.: 1992). Indum.

Pfennig al. 'fénigue', 'centésimo'. Moneda fraccionaria, centésima parte del marco. (1882: Pi y Margall.) Num.

pH o **P.H.** lat. cient. (Ac.: 2001). Abrev. de *potentia Hydrogenii*, 'potencia de hidrógeno' o 'hidrógeno potencial'. Símbolo químico para el grado de acidez de una solución acuosa. Quím.

philistin fr. 'filisteo' (Ac.), con el significado de 'hombre de mente estrecha', 'conformista', 'aburguesado'. Con este significdo empezó a emplearse por los estudiantes alemanes (al. *Philister*) en el siglo XVI. En esp., uso presente de 'filisteo' en los principios del siglo XX, hoy casi desaparecido. (1893: *Clarín*.)

philosophe fr. 'filósofo' (1798: P. de Olavide.) Con referencia especial a los filósofos franceses enciclopedistas e ilustrados. (1961: A. del Hoyo.) Fil.

philosophia perennis lat. 'filosofía perenne'. En la terminología de Leibniz, la que se preocupa de la realidad una y divina, sustancial al mundo múltiple de las cosas, de la vida y de los espíritus, es decir, el patrimonio común filosófico. (1982: P. Laín.) Fil.

philosophia ancilla theologiae lat. → ANCILLA THEOLOGIAE.

philum lat. cient. 'filum' (1995: *País*), 'filo' (Ac.: 1992). Del gr. *philé*, 'tribu'. En las ciencias naturales, subdivisión inferior al 'reino'. Incluye a todos los seres de estructura básica análoga. Zool.

phone card ing. 'teletarjeta' (1995: CETESA), 'teletarjeta telefónica' (1997: *País*, anuncio), lit.: 'tarjeta telefónica'. Sustituye a fichas o monedas en teléfonos públicos. (1994: *País*.) Telecom.

photofinish ing. 'foto de llegada (a meta)', 'fotofinis', 'fotografía', 'foto fija', 'fotofija'. De *photography*, 'fotografía', y *finish*, 'llegada o meta (de los caballos en una carrera)'. Se introdujo en los Juegos Olímpicos de Los Ángeles (1932). Dep.

phyloxera lat. cient. 'filoxera' (Ac.). Del gr. *phylon*, 'hoja', y *xeros*, 'seca'. (1887: E. Gaspar: *philoxera*.) Bot.

pianissimo it. 'pianísimo' (1776: Comella). Con referencia a sonidos que se debilitan poco a poco (1890: L. Coloma.) Mús.

piano it. 'piano'(Ac.), 'débil'. Con referencia a sonidos que se ejecutan débilmente. (XVIII: tonadilla.) Mús.

piano bar ing. 'bar (americano) con piano'. (1991: *País sem.*) Host.

pianoforte it. 'pianoforte' (Ac.), 'piano' (Ac.). Instrumento musical cuya invención, en el siglo XVIII, parece ser simultánea por parte del francés Marius, del alemán Schroeder y del italiano Cristofaeli. (1927: Lorca.) Mús.

pianola ing. 'pianola' (Ac.), 'autopiano' (1918: *Los Contemporáneos*). Piano electromecánico. Palabra y marca registrada por su inventor (1896) el estadounidense Edwin S. Volley, muy en boga en los años veinte y treinta. (1924: E. Noel.) Mús.

pian, pianino it. 'pian, pianito' (1885: Unamuno), 'poquito a poco', 'muy suavemente'. (1790: *Diario de las Musas*.). Mús.

pian, piano it. 'pian, piano' (Ac.), 'poco a poco'.

pian, piano, si va lontano it. 'poco a poco, se llega lejos'.

Piazzetta it. 'Placeta', 'Placita'. Junto a la *piazza S. Marco*, en Venecia. (1888: Galdós.)

Piccolo Teatro it. 'Pequeño Teatro', en ext.: *Piccolo Teatro della cità di Milano*. Renovador de la *commedia dell'arte*, en Milán, fundado (1947) por Giorgio Strehler, con la colaboración de Paolo Grassi. Desde el fallecimiento de Strahler ha pasado a llamarse, en su honor, *Teatro G. Strahler.* (1982: *País.*) Tea.

pickles ing. 'encurtidos'. De *pickle*, 'salmuera'. (1897: A. Muro.) Gastr.

pickpocket ing. 'ratero', y en jerga, 'piquero' y 'descuidero'; lit.: 'que pica y abre bolsillos'. (1911: R. Darío.)

pickup ing. 1) 'picú', en el habla; 'fonocaptor' (1965: J. Casares). Especie de tocadiscos muy simple conectado al altavoz de una radio; lit.: 'captador'. Tanto el aparato como las palabras *pickup* y 'picú' en boga en los años cincuenta en el sentido dicho, aunque se advierte su presencia antes con el sentido de 'tocadiscos' y 'electrófono'. (1929: *Atlántico;* 1932: *Bl. y Negro.*) Mús. ; 2) '(especie de) furgoneta para recogida', con cabina o doble cabina, pero con caja trasera descubierta, para la carga. Abrev. de *pickup truck,* 'furgoneta para recogida'. (1996: *País.*) Transp. t.

picnic ing. 'jira', 'comida o merienda campestre.' Del fr. *pique-nique,* 'picar menudencias, de todo, de aquí y de allá'. (1876: Galdós.) Gastr. → PIQUE-NIQUE.

pide port. 'pide', 'miembro de la *PIDE*'. (1976: *País.*) Pol. → PIDE

PIDE port. Siglas de *Policía Internacional e de Defensa do Estado.* 'Policía Internacional y de Defensa del Estado'. Policía política del régimen fascista de Oliveira Salazar, en Portugal. Fundada en 1930; eliminada por la Revolución de los Claveles. (1976: *País.*) Pol.

pidgin ing. 'pidgin' (Ac.: 2001), 'lengua franca', en ext.: *pidgin english,* 'inglés comercial', ya que *pidgin* es una alteración china del ing. *business,* 'negocio'. Es una jerga comercial empleada en Extremo Oriente, con vocabulario inglés sobre ciertas bases chinas. (1992: A. López García.) Ling.

pied noir fr. 'pie negro'. Durante la guerra de la independencia de Argelia se llamaba así al colono francés porque calzaba botas o zapatos. (1980: J. Goytisolo.) Pol.

piercing ing. 'pirsin' (1996: Nancho Novo). En ext.: *body piercing*, 'perforación corporal' (1993: *País*). Moda contracultural consistente en 'agujerear' determinadas partes del cuerpo humano (lóbulos de las orejas, ventanas de la nariz, etc.) para ornarlas con objetos metálicos, gemas, etc. (1996: *País*.)

Pierrot fr. 'Pierrot'. Dim. de *Pierre*, 'Pedro'. Personaje de pantomima, deriv. del italiano *Pedrolino* o *Pierotto*, de la *commedia dell'arte*. Mostraba la cara enharinada y vestía traje blanco con grandes botones, pantalones anchos y ancho cubrecabeza blanco, más tarde negro, pegado al cráneo. Representado en el cuadro *Gilles* (h. 1716), de Watteau. Criado ingenuo y necio del guapo Leandro y mediador de los amores de éste con Isabel. Introducido en Francia por el actor Giuseppe Giratoni (h. 1665), quien acentuó su simplicidad. Gaspard Debureau hizo a este personaje poltrón, glotón y ladrón. Después, su hijo Charles y Paul Legrand le hicieron más sentimental, dando lugar a la actual imagen de Pierrot cantando a la luz de la luna. (1887: E. Gaspar.) Tea.

pierrot fr. 1) 'disfraz de *Pierrot*'; 2) 'persona disfrazada de *Pierrot*'. (1887: E. Gaspar.) → VIDE SUPRA.

piétinement sur place fr. 'insistencia en lo mismo', sin avanzar, li.: 'pisar o golpear en el mismo lugar'. (1924: Machado.)

piétine sur place fr. 'insiste en lo mismo'. (1923: Ortega.)

pilaf tur. 'pilaf', 'pilao' (1556: C. de Villalón). Plato de arroz cocido con manteca, con trozos de carne, pasas, etc. Del per. *pilaw*. (1912: R. Darío.) Gastr.

(the) Pilgrim Fathers ing. 'los Padres peregrinos'. Grupo de presbiterianos independientes que se negaron a aceptar la liturgia anglicana, bajo Jacobo I de Inglaterra, y que, embarcados en el *Mayflower*, llegaron a América en 1620. Hist.

pilota cat. 'pelota' (1958: Ign. Domenech). Formada con harina o pan rallado, etc., que cuece con todo lo demás del puchero. El uso de *pilota* en contextos españoles es frecuente en el ámbito bilingüe catalanohispano; en esp., 'relleno' (en Burgos, por ej.). (1994: Vázquez Montalbán.) Gastr.

pin ing. 'pin', en pl. 'pines' (y no 'pins', aunque se oiga esta forma), 'prendible', 'chapa' (1992: J. Barril), 'insignia' (1992: Vargas Llosa, Pe.). Con referencia a la moda, surgida en los años noventa, de prenderse chapas o insignias varias, como ornato personal, en las prendas de vestir. (1992: J. Barril.) Indum.

pinacle anglicismo. Del ing. *pinocle* o *pinochle*. Juego de cartas con dos barajas internacionales, en que la jugada que reúne una serie de once cartas iguales recibe el nombre de 'pinacle'. (1958: A. de Armenteras.) Jue.

pinball ing. 'pimbal'. Abrev. de *pinball machine*, 'máquina de billar romano' o 'juego mecánico de bolas'. Introducida en España en los años sesenta. Llamada así, porque, en su recorrido, la bola *(ball)* tiene que sortear obstáculos constituidos por clavos o puntas *(pins)*. (1988: J. Torbado.) → FLIPPER.

ping-pong ing. 'ping-pong' (Ac.), 'pimpón' (Ac.), 'tenis de mesa' (Ac.). Onomatopeya que imita el ruido de los disparos, semejante a la esp. 'pin-pan'. Marca registrada de este juego adoptado hacia 1880 por el ingeniero James Gibb. (1903: *Bl. y Negro*.) Dep.

pinrel caló. 'pinrel' (Ac.), 'pie'. (1882: Rodríguez Marín.)

pinup ing. 'pinap', 'fotografía o grabado de mujer atrayente, con o sin ropa, que se sujeta a la pared con chinchetas'. En ext.: *pinup girl*, 'chica clavada arriba (sobre la pared)'. Primero fue la foto de la novia la que se clavaba; durante la Segunda Guerra Mundial, grabados de revistas o calendarios, con imágenes de mujeres ligeras de ropa, que se clavaban en las paredes de los dormitorios de los acuartelamientos, etc. (1962: *Arriba*.)

pinxit lat. 'pintó'. Escrito a veces a continuación del nombre del pintor de un cuadro. (1978: Octavio Paz, Méx.) Pint.

pinyin chino 'pinyin', lit.: 'unificación fonética'. Sistema (1958) de transcripción del chino al alfabeto latino, implantado en la República Popular China, en sustitución del sistema Wade-Giles, llamado así por los apellidos de sus creadores, dos lingüistas ingleses del siglo XIX. El *pinyin* fue aprobado por el Congreso Nacional del Pueblo y adoptado oficialmente en 1979 como norma de transcripción. (1979: *País*.) Ling.

piolet fr. 'piolet' (Ac.: 1992), 'piolé', 'piqueta (de alpinista)' (1969: R. J. Sender), 'zapapico' (Ag. Efe). Del piamontés *piola*, 'hachuela', 'azuela.' Bastón de alpinista, terminado en forma casi de azadilla. (1903: *La Lectura*.) Dep.

pioneer ing. 'pionero' (Ac.), 'explorador', 'adelantado'. (1914: R. Darío)

piove, poco governo! it. 'llueve, ¡maldito gobierno!'. Existe otra versión: *piove, governo ladro!*, o como apareció en el periódico turinés *Pasquino* en 1861: *governo ladro, piove!*, 'gobierno ladrón, ¡llueve!', al dar noticia de una manifestación de los partidarios de Mazzini, estropeada por la lluvia. (1989: *ABC*.) Pol.

Piovra it. 'Pulpo'. Nombre con el que se quiere reflejar la extensión y los tentáculos de la Mafia. Divulgado por una serie de televisión (1989), italiana, del mismo título. (1990: *País sem*.) → MAFIA.

pipeline ing. 'pipeline', 'oleoducto'. Aunque este término significa 'tubería' en general, en contextos españoles servía, hasta los años cincuenta, para 'oleoducto', que lo ha sustituido. (1960: Arias Paz.) Petroq.

pippermint ing. 'pipermín' (Ac.: 1992). Marca registrada de un licor hecho con *peppermint*, menta llamada en lat. cient. *Mentha piperita*. Gastr. → PEPPERMINT.

pique fr. 'pica' (Ac.). Figura de la baraja francesa. (1937: Baroja.) Jue.

piqué fr. 'piqué' (Ac.), 'picado'. Tela de algodón tejida de forma que resultan pequeñas figuras geométricas y cierto relieve. (1839: A. de Saavedra.) Indum.

pique-nique fr. 'piquenique' (1912: A. Fdez. Arias), lit.: '(comida de) pizcar'. (1925: E. d'Ors.) Gastr. → PICK-NICK.

pirí caló. 'puchero'. 1) 'comida', 'cocido'; 2) 'olla', 'puchero'. (1881: Machado y Álvarez.) Gastr.

pitcher ing. 'pícher', 'lanzador'. En béisbol, el jugador que lanza la pelota al bateador. (1952: M. A. Asturias, Guat.) Dep.

pitchear anglicismo. En Cuba, la acción del *pitcher* en el *baseball*. (1923: Fdo. Ortiz, Cu.) Dep. → PITCHER.

Pithecanthropus erectus lat. cient. 'pitecántropo erecto', 'homínido erguido o erecto'. Antepasado del hombre descubierto (1890) por Dubois en Trini (Java), quien le dio ese nombre, adoptando el término *pithecanthropus* propuesto por E. H. Haeckel para denominar al antepasado del hombre. Del gr. latinizado *pithecus*, 'mono', y *anthropus*, 'hombre'. Antrop.

pitoyable fr. 'despreciable', 'digno de lástima'. (1795: J. A. Zamacola.)

pittura è una cosa mentale. it. → LA PITTURA È UNA COSA MENTALE.

pivot ing. 'pívot' (Ac.: 1992). Del fr. *pivot*, 'puntal'. Jugador que centra el juego en baloncesto y en balonmano. Suele oírse 'pivo' y 'pivos', pero sería mejor decir 'pivote' y 'pivotes'. (1980: García-Candau.) Dep.

pixel ing. 'píxel' (Ac.: 2001), 'punto (iconico)', 'punto' (1992: Ruiz de Elvira). Comp. arbitrario de *pix*, pl. fonético (x por cs) de *pics*, sing. *pic*, abrev. de *pic(ture)*, 'imagen', y de *el(ement)*, 'elemento'. Es el elemento o unidad más pequeña que puede ser mostrada individualmente en una pantalla. (1991: *País*.) TV; Inform.

pizza it. 'pizza' (Ac.: 1992), pero sería mejor la adapt. 'piza'. Torta italiana, cubierta con diversos ingredientes, cocidos al mismo tiempo que la torta. (1962: F. Ayala.) Gastr. → PIZZERIA.

pizzeria it. 'pizzería' (Ac.: 1992), pero sería mejor 'picería'. Establecimiento donde se cuecen, se expenden o se consumen pizas. (1976: *Triunfo*.) Host. → PIZZA.

pizzicato it. 'pizzicato' (Ac.), y *pizzicato* (Ac.: 2001), 'picicato', 'punteado' (siglo XVIII: La Serna), lit.: 'pellizcado', 'pellizcamiento'. Nota o pasaje musical que se logra con los dedos en un instrumento de cuerda y no mediante el arco. (1905: R. Darío.) Mús.

placaje galicismo. (Ac.: 2001). Del fr. *placage*, en rugby, 'detención del jugador contrario que lleva el balón, haciéndole caer al suelo'. Dep.

placard fr. 'placar', 'armario empotrado'. Usual en Arg. y Urug. (1942: J. L. Borges, Arg.) Mob.

placebo ing . 'placebo' (Ac.), del lat. *placebo*, lit.: 'agradaré'. Medicamento inocuo que se administra al paciente para tranquilizar su ánimo, haciéndole creer que está bien cuidado. Es nombre divulgado a partir de la publicación, en 1945, de *Note on placebo*, de O.P.H. Pepper, en Filadelfia (EE.UU.). Med.

placet lat. 'plácet' (Ac.), 'asentimiento', lit.: '(él) place', '(él) agrada'. Con esta palabra se daba el voto de asentimiento en las universidades o cónclaves eclesiásticos; ahora se emplea en la diplomacia. Antes de designar un jefe de misión se pregunta al Estado que ha de recibirle si la persona prevista es grata; la respuesta afirmativa se comunica con el *agrément*, *placet* o asentimiento. (1929: *Andremio*.) Dipl.

plancton fr. 'plancton' (Ac.: 2001). Del al. *plankton*, en gr. *plankton*, 'errante', 'móvil'. Conjunto de seres y plantas minúsculas que habitan y se mueven en los oceános. Biol.

planetarium lat. 'planetario'. Conjunto mecánico que reproduce las posiciones y movimientos de los planetas. Astron.

planning ing. 'planin', 'cuadro de planeamiento', 'cuadro de planificación'. Del verbo *to plan*, 'prever'. (1977: *País*.)

plaquette fr. 'plaqueta' (1979: J. C. Onetti, Urug.), 'plaquita'. Volumen impreso de poco grosor. (1915: R. Darío.) Biblio.

plastron fr. 'plastrón' (Ac.) , 'pechera (con o sin camisa)'. Antiguamente, la parte de la armadura que protegía el pecho. (1884: *Clarín*.) Indum.

plateau fr. 1) 'plató' (Ac.), es decir, escenario cubierto y dotado de toda clase de servicios para filmar películas. Cine; 2) 'meseta', en Francia. (1973: Alb. Fdez.) Geogr. f.

platillo volante anglicismo. Traducción del ing. *flying saucer*. Denominación popular, surgida en EE.UU. el 24 de junio de1947 para designar 'objeto volante no identificado'. → UFO.

platitude fr. 'uniformidad', 'vulgaridad'. (1897: *Azorín*.)

plaudite! lat. '¡aplaudid!'. De Horacio *(ad Pisones)*. (1772: J. Cadalso.) Lit. → PLAUDITE, CIVES!

plaudite cives! lat. '¡aplaudid, ciudadanos!'. Ruego de los cómicos latinos, al terminar la representación. (1863: *El Artista*.) Tea.

play ing. 'partida (de juego)'. Entra en compuestos como *medal play*, *match play*, etc. Dep.

playback ing. 'previo' (Ac.), 'respaldo'. 1) grabación del sonido antes de impresionar la imagen. (1962: *Arriba*.); 2) música grabada previamente y reproducida del mismo modo, ahorrándose la presencia de músicos, y que sirve de base a un cantante. (1976: *Hermano Lobo*.) TV.

playboy ing. 1) 'joven rico y mujeriego', 'señorito mujeriego'. (1970: M.ª T.ª León.); 2) título de una revista periódica erótica estadounidense, fundada (1953) por Hugh Heffner. Period.

play off ing. 'liguilla', 'fase', 'parcial', ya sea para desempate, descenso o clasificación, principalmente en baloncesto, aunque también se ha aplicado al fútbol. (1987: Lázaro Carreter.) Dep.

please! ing. '¡por favor!'. (1953: F. Ayala.)

plein air fr. 'aire libre'. Estilo de pintura basado en un nuevo concepto de la luz y del color y opuesto a la pintura de taller. Nació en Francia (h. 1870), con Edouard Manet. Otros 'plenairistas': Renoir, Monet, Pissarro, Sisley. (1903: M. B. Cossío.) Pint.

plenairista galicismo. Pintor que cultiva la pintura al aire libre (*peinture de plein air*), no en taller (*peinture d'atélier*). (1912: Ortega.) Pint. → PLEIN AIR.

plexiglas ing. 'plexiglás' (Ac.: 1992). Plástico transparente obtenido con polimetacrilato. Nombre registrado, fomado sobre el lat. *plexum*, de *plectere*, 'plegar', y el ing. *glass*, 'vidrio'.

plissée fr. 'plisada' (Ac.). De fr. *plisser*, 'plegar', 'plisar', de *plis*, 'pliegue'. (1890: L. Coloma.)

plongeon fr. 'estirada', li.: 'zambullida'. Determinada jugada de los porteros de fútbol. (1923: M. Hernández.) Dep.

plotter ing. 'plóter' (se ve y se oye el deriv. 'plotear'), 'mesa trazadora' (1985: P. Guirao), en la que se realizan trazos gráficos o diseños y textos complementarios bajo el control de un ordenador. (1993: *País*, anuncio.) Inform.

plum ing. Abrev. de *plum cake*. (1896: Pardo Bazán.) → PLUM CAKE.

pluma fuente anglicismo. Calco del ing. *fountain pen*. De uso en Am. h. por 'pluma estilográfica' o 'estilográfica'. (1977: Fdo. del Paso. Méx.)

plum cake ing. 'bizcocho frutado', lit.: *plum*, 'ciruela', *cake*, 'bizcocho'. (1932: *Bl. y Negro*.) Gastr.

plumier fr. 'plumier' (Ac.). Caja alargada donde se guardan las plumas de escribir. Intr. en los años veinte, quizá antes. (1969: F. Umbral.)

plus lat. 'plus' (Ac.). Cantidad añadida al salario, lit.: 'más'. (1976: *Informaciones*.)

plus aequo lat. 'más de lo justo o razonable'.

plus ça change, plus c'est la même chose fr. 'cuanto más cambia, tanto más sigue siendo la misma cosa'. De Alphonse Karr, en *Les Guêpes* (1849). (1903: N. Estévanez.) Lit.

plus ultra lat. 'más allá'. *Motto* de Carlos I de España, sugerido, según Paolo Giovio *(Ragionamento)*, por el médico milanés Luigi Marliano, a quien Carlos dio el obispado de Tuy. Hist. → NON PLUS ULTRA.

p.m. lat. Abrev. de *post meridiem*, 'después del mediodía'. Se usa en los países de lengua inglesa para enumerar las horas, de una a doce, de la segunda mitad del día.

pochade fr. 'astracanada'. (1980: L. Coloma.)

poché fr. 'estrellado'. Se aplica a cierta manera de cocinar un huevo, vertiendo de golpe su contenido sobre una lámina de agua. (1912: R. Darío.) Gastr.

pocholada vasquismo. 'monada', 'monería'. Deriv. del vasc. *potxolo*, 'bonito'. (1995: Cadena SER.) → POTXOLO.

pocholo vasquismo. (1927: Arniches; Ac.: 2001.) → POTXOLO.

pocket ing. 'bolsillo'. (1976: *Gaceta ilustr.*)

pocket book ing. 'libro de bolsillo'. Biblio.

podestà it. 'magistrado', 'alcalde'. (1916: Rodó.) Pol.

podium lat. 'pódium' (Ac.: 2001), 'podio' (Ac.). (1887: E. Gaspar.)

poeta nascitur, non fit lat. 'el poeta nace, no se hace'. (1837: A. Ribot.) Lit.

poglavnik serb. 'jefe', 'caudillo'. Deriva de *glava*, 'cabeza', 'jefe'. Título de Ante Pavelich, jefe del estado croata instaurado por los nazis durante la Segunda Guerra Mundial. (1945: Ismael Herráiz.) Pol.

pógrom ru. 'pogromo' (1990: J. Goytisolo; Ac.: 1992), 'matanza y saqueo' lit.: 'destrucción'. Con particular referencia a los saqueos y matanzas realizados en los barrios judíos por sus enemigos. (1935: Baroja.)

poilu fr. 'velludo', 'peludo'. Con referencia al soldado francés, barbado, de la Primera Guerra Mundial. (1920: Cansinos.) Hist.

pointer ing. '(perro) de muestra'. (1933: Ortega.) Zool.

pointilliste fr. 'puntillista' (Ac.), así como *pointillisme*, 'puntillismo' (Ac.). Técnica pictórica francesa de finales del siglo XIX. (1906: Martín Rico.) Pint.

poker ing. 'póquer' (Ac.). (1908: *Monos*.) Jue.

polaroid ing. 'polaroid', 'polaroide', 'polarizante'. Marca registrada de un procedimiento inventado por el estadounidense Edwin Land, quien obtuvo una lámina transparente de resina sintética capaz de polarizar la luz que la atraviese, aplicándola a la producción de gafas y de cámaras fotográficas (1947) en su fábrica *Polaroid*. (1976: *País*.)

polder neerl. 'pólder' (Ac.). Parcela de tierra ganada al mar mediante diques. (1895: Macías Picavea.) Geogr. f.

polenta it. 'polenta' (Ac.). Gachas o puches de harina de maíz. (1877: *Dr. Thebussem.*) Gastr.

pole position ing. 'primera posición', 'primer puesto', es decir, el puesto *(position)* más interno y ventajoso de la parrilla de salida en una carrera de automóviles, o calle primera *(pole)*, conseguido por haber alcanzado el mejor tiempo en los entrenamientos previos a la carrera. (1988: *País.*) Dep.

policeman, pl. **policemen** ing. 'guardia' y 'policemán', en el habla, por 'guardia británico'. Palabra creada en 1829 para designar a los miembros de la *New Police*, 'Nueva Policía', en Inglaterra. (1868: A. F. de los Ríos.) Pol.

polis gr. 'ciudad', 'ciudad griega (de la antigüedad)'. (1917: Unamuno.)

polissoir fr. 'polisuar', 'pulidor de uñas'. (1981: J. L. Sampedro.)

polita, masc. **polit** vasc. 'bonita', 'linda' (1926: Unamuno), 'guapa'. (1841: Mesonero.) → NESCACHA POLITA.

Politburó ru. 'Politburó'. Contracción de *Polit(cheskoie) Buró,* 'Despacho o Sección Política', con referencia al PCUS. Sus miembros eran designados por el Comité ejecutivo del partido, así como los correspondientes a la Sección de Organización y los de la Secretaría. Pol.

politesse fr. 'cortesía', 'finura', 'buenos modales', 'urbanidad'. (1785: A. Ponz.)

(la) política hace extraños compañeros de cama anglicismo. → MISERY ACQUAINTS A MAN WITH STRANGE BEDFELLOWS.

political correctness ing. 'corrección política' (1995:V. Verdú). Doctrina surgida (1989) en EE.UU., en el ámbito del feminismo y de la lucha de las minorías, para calificar conductas y expresiones, y en la que subyace una actitud reivindicativa, aspirante a una neutralidad lingüística, social y política. (1997: A. Muñoz Molina.) Pol. → POLITICALLY CORRECT.

politically correct ing. 'políticamente correcto'. (1995. V. Verdú.) Pol. → POLITICAL CORRECTNESS.

polka al. 'polca' (Ac.). Nombre de una danza de Bohemia, introducida en París h. 1844, en el mismo tiempo de las luchas por la independencia de Polonia. Algunos (Webster; Zingarelli) consideran checo *polka*, como variante del checo *pulka*, 'medio paso', pero otros (Wahrig), checo *polka*, 'polaca'. (1844: *Sem. pint. esp.*) Baile.

poll tax ing. 'impuesto *(tax)* de capitación *(poll)*', 'impuesto por persona'. Propuesto en el Reino Unido por el gobierno de Margaret Thatcher, ocasionó la caída de ésta en 1990: abolido por el gobierno de John Major el 20 de marzo de 1991. (1990: *D. 16.*) Pol.

polo ing. 'polo' (Ac.). Préstamo del balti, lengua hablada en Cachemira, lit.: 'bola'. 1) deporte indio jugado por primera vez en Inglaterra en 1871. (1899: Sánchez y Rubio.) Dep.: 2) camiseta deportiva, *polo (shirt)* , '(camisa de) polo', de cuello abierto y mangas cortas, sin llegar al codo. Indum.

Poltergeist al. 'duende', 'trasgo' o 'espíritu (geist)' 'travieso y ruidoso *(polter)*', que en las casas desplaza objetos y ocasiona ruidos. En vísperas de bodas era costumbre el *Polterabend*, 'víspera ruidosa', que consistía en 'hacer ruidos' *(poltern)*, mediante rompimiento de cacharros, etc., en la casa donde habrían de vivir los desposados, para espantar al duende y dejarla sosegada. Es término muy difundido gracias al filme *Poltergeist* (1982), guión de Steven Spielberg, dirección de Tobe Hooper. Mitol. → TRASGU.

polyester ing. 'poliéster' (Ac.: 1992). Del gr. *polus*, 'numeroso', y *ester*. Resultante del encadenamiento químico de muchas moléculas de esteres. Text.

pomelo ing. 'pomelo' (Ac.). En lat. *Citrus paradisi*, 'limón del paraíso'. Aparece en ing. a mediados del siglo XIX. Se considera que es una alteración seudoespañola de *pamplemoose*, del neerl. *pompelmoes*. Bot.

pompier fr. 'bombero'. Con referencia al estilo, al pintor o al cuadro que no está inspirado en la realidad o en la observación, sino que están sujetos a fórmulas y lugares comunes. Este término alude a los romanos que pintaba J. L. David (1748-1825), desnudos y con cascos, semejantes a bomberos sin ropa. (1924: A. Sánchez Rivero.) Pint.

poney fr. 'póney' (Ac.), 'caballito'. Préstamo al fr. del ing. *pony*. (1900: A. Nervo.) Zool. → PONY.

pontaje galicismo. Del fr. *pontage*. (1984: Dr. Ardanza.) Med. → BY-PASS.

pony ing. 'poni' (Ac.), 'hacanea' (Pérez de Ayala), 'jaquita' (Pérez de Ayala), 'cuartago' (Ag. Efe). (1918: Pérez de Ayala.) → PONEY.

Pony express ing '(correo) rápido a caballo'. Correo legendario del O de EE.UU., entre Saint Joseph (Missouri) y Sacramento (California), mediante el relevo frecuente en postas de jinetes y caballos. Iniciado en 1861, pronto fue vencido por el telégrafo.

pool ing. 'agrupación'. De empresas independientes unas de otras para imponerse, mediante acuerdos *(pools)* en precios, etc., en el mercado y dominarlo. (1933: *Bl. y Negro.*) Econ.

pop ing. 'pop' (Ac.: 2001). Abrev. de *popular*, 'popular', surgida en los años cincuenta en EE.UU. (1976: *Triunfo.*) → POP ART.; POP MUSIC.

pop art. Ing. 'arte pop'. Nuevo realismo pictórico norteamericano, surgido en los años cincuenta, pr..p..gado fuera de EE.UU, en los sesenta. Representa objetos manufacturados, o personas y paisajes, según la estética publicitaria. A veces se identifica con el cartelismo, como en el famoso cuadro *Sopa Campbell*, de Andy Warhol. (1965: Rubert de Ventós.) Pint.

pop corn ing. 'palomitas de maíz', 'palomitas', 'cabritas' (1984: Morales Pettorino. Ch.). 'rosetas de maíz' (en Am. h.: 1992: Moreno de Alba). De *corn*, 'maíz', y *pop*, abrev. de *popped*, 'estallido'. (1991: *País.*) Gastr.

pope ru. *(pop)* 'pope' (Ac.) 'sacerdote ortodoxo ruso', (1964: F. Ayala.) Rel.

popeline fr. 'popelín' (en el habla), 'popelina' (Ac.). Del ing. *poplin*, 'poplín' (1884: Galdós). Tejido de lana y seda. (1832: Mesonero.) Indum.

pop music ing. 'música *pop*'. Música ligera, ayudada por la electrónica, de consumo masivo. (1976: *Triunfo*.) Mús.

Popol Vuh quiché. 'Libro del Común' (P. F. Ximénez), lit.: 'Libro de la Comunidad'. Salvado por el padre Francisco Ximénez (1772), divulgado con este título por Ch. E. Brasseur de Bourbourg, cuando lo editó (1861) en París. Rel.

Populorum progressio lat. 'El progreso de los pueblos'. Encíclica de Pablo VI sobre el desarrollo económico y social. Rel.

popútchik ru. 'compañero de viaje'. Término empleado por Trotski (1923) para designar a los colaboradores o simpatizantes del comunismo no pertenecientes al Partido comunista. (1981: R. Chao.) Pol.

porca miseria! it. '¡maldita miseria!', '¡qué asco de vida!'. (1988: A. Pereira.)

porno ing. 'porno' (Ac.: 2001), abrev. del ing. *pornographic*, 'pornográfico'. (1982: *País*.)

porrusalda vasc. 1) 'porrusalda' (1980: *La Calle*), 'purrusalda'(1981: *País*). Comp. del vasc. *Porru*, 'puerro', y *salda*, 'caldo'. Sopa de puerros en trozos, que puede recibir, además, bacalao desmigado y cocido y patata en cuadraditos. Gastr.; 2) sin embargo, fuera del ámbito del vasc., encontramos 'porrusalda' en León, además de 'calducho', como nombre de una danza tradicional muy movida, así como la variante 'purrusalda', en Burgos, danza tradicional también muy movida. Baile.

(a) porta gaiola port. 'a porta gayola'. Comp. de *gaiola*, 'jaula', 'toril'. Lance en que el torero, situado frente a la puerta del toril, espera la salida del toro para darle 'larga cambiada'. Dep.

portière fr. 'portier' (Ac.), 'cortina para puerta'. Colocada detrás de la puerta, impide el paso de aire frío. (1887: L. Coloma.)

portland (cement) ing. '(cemento) portland' (Ac.: 1992) 'Pórtland' (Ac.: 2001). Recibe su nombre por el parecido que tiene con la piedra agrisada de la península inglesa de Portland, muy utilizada para la construcción en Londres. Patentado en 1824. (1900: L. Taboada.)

portmanteau words ing. 'palabras entrecruzadas'. Del fr. *portemanteau* y del ing. *words*. Así llamadas por Lewis Carroll *(Through the looking-glass)* a las que inventaba por yuxtaposición de partes de diferentes palabras. James Joyce recurrió a este procedimiento en *bisexcicle*. Actualmente lo emplean mucho los norteamericanos para crear términos para los nuevos hallazgos tecnológicos. *Portmanteau* es anglicización del fr. *portemanteau*, 'petate de los marineros', que sirve para guardar y transportar, mezclado todo, la ropa y utensilios personales. (1953: F. Lázaro Carreter.) Ling.

pose fr. 'pose' (Ac.: 1992), 'postura', 'actitud forzada y artificiosa', como si se estuviera como modelo ante un pintor o un fotógrafo. (1891: J. Valera.)

poser fr. 'posar (para o ante un artista)'. (1890: L. Coloma.)

poseur fr. 'quien adopta una pose', pendiente del efecto que causa en los demás. (1900: R. Darío.) → POSE.

post coitum omne animal triste lat. 'después del coito, todo animal (queda) triste'. (1905: R. Darío.) → TRISTE EST OMNE ANIMAL...

post-data lat. 'posdata' (Ac.), lit.: 'después de dada'. Lo que se añade a una carta ya fechada y terminada. (1772: J. Cadalso.)

poster ing. 'póster' (Ac.: 1992), 'cartel'. Porque se colocaba en un poste o columna, para aviso, con finalidad publicitaria. Actualmente puede carecer de finalidad publicitaria exterior, ya que se suele utilizar como elemento decorativo de interiores, incluso sin mensaje publicitario. Con este uso renació en Nueva York en 1966. (1970: A. Rosenblat.)

poste restante fr. 'lista de correos'. (1907: Galdós.)

post funera virtus lat. 'después de los funerales, la virtud', es decir, entonces se reconocen los méritos del difunto. (1920: Baroja: *post funera virtus vivit*.)

post hoc, ergo propter hoc lat. 'a seguido de esto y, por tanto, a causa de esto'; o 'lo que viene después de esto viene a causa de esto' (L. E. Palacios). Paralogismo escolástico que consiste en tomar un simple antecedente en el tiempo por la causa. (1884: *Clarín*.) Fil.

post-it ing. 'adhiérelo', 'pégalo', 'notas de quita y pon', o mejor de 'pon y quita'. Marca registrada (1980) estadounidense. Sistema de señalamiento, anotación o aviso en papelitos adhesivos, que pueden despegarse fácilmente, a modo de diminutos *posters*, 'avisos', 'carteles'. (1989: *Muy interesante*.)

post meridiem lat. 'postmeridiano' (Ac.). Abrev.: *p. m.* → P.M.

post mortem lat. 'después de la muerte (de alguien)'. (1971: Corrales Egea.)

post nubila, Phoebus lat. 'después de las nubes (asoma) Febo', es decir el Sol. (1877: Pereda.)

post scriptum lat. 'post scríptum' (Ac.), lit.: 'después de lo escrito'. Añadido que se hace a una carta, después de escrita. (1772: J. Cadalso.)

post tenebras, spero lucem, lat. 'después de las tinieblas, espero la luz'. *Motto* del emblema del impresor del *Quijote*, Juan de la Cuesta. Del *Libro de Job* (17, 22), según la Vulgata. Rel.

pote gall. 'pote' (Ac.), 'puchero , 'olla'. Es tanto la vasija como el 'cocido' que en ella se prepara. (1888: Pardo Bazán.) Gastr.

potlatch ing. 'banquete y fiesta ritual colectiv.. con intercambio o destrucción de bienes con motivo de un cambio social'. Característico de los indios haidas, de las islas de la Reina Carlota, frente a la Columbia británica. En las lenguas indias de la costa noroeste del Pacífico significa 'don (de rivalidad o provocación)'. Pertenece ya al vocabulario antropológico internacional. (1980: D. Comas.) Antrop.

potolo vasc. 'pequeño y gordito', 'rechoncho'. (1991: Alfredo Landa.)

pot-pourri fr. 'popurrí' (Ac.), lit.: 'olla podrida'. Serie de piezas musicales, generalmente cortas, o de fragmentos, que se ejecutan seguida y animadamente. (1884: M. López Calvo.) Mús.

potro vasc. 'cojón'. Palabra utilizada como apodo por el notorio terrorista etarra Santi *Potros*.

potxolo vasc. 'pocholo', fem. 'pochola; 'bonito', 'guapito'. En uso en contextos conversacionales antes de 1936. → POCHOLO.

pouf fr. 'puf' (Ac.: 2001). 1) postizo trasero bajo la falda. Muy tempranamente se españoliza en 'puf' (1792: L. F. Comella). (1884: Galdós.) Indum.: 2) asiento cilíndrico blando. (1887: L. Coloma.) Mob.

POUM cat. Siglas de *Partit Obrer d'Unificació Marxista*. 'Partido Obrero de Unificación Marxista'. Partido comunista que reunió (29 septiembre 1935) a organizaciones comunistas no vinculadas a la Segunda Internacional, como la Izquierda Comunista de España, de Andrés Nin, y el Bloque Obrero y Campesino. Considerado, por tanto, trotskista. Muy activo en 1935-1937, desapareció tras el *Putsch* de mayo de 1937, en Barcelona, en plena guerra de España. Pol.

pourboire fr. 'propina'. (1897: Galdós.)

pour épater le bourgeois fr. 'para dejar turulato al burgués'. (1899: Unamuno.)

Pour le Mérite fr. 'Al Mérito'. La más alta condecoración alemana en tiempos de los Hohenzollern. Ej.

pourparler fr. 'conversación o conferencia previa a una negociación diplomática, pero en contextos españoles también: 'trifulca', 'altercado', y vulg. 'purparlé'. (1904: Galdós.) Dipl.

pourvu que cela dure! fr. '¡con tal que esto dure!', '¡ojalá que dure!'. Exclamación de Leticia Bonaparte, madre de Napoleón, ante el ascenso de su familia. (1988: S. Panikker.) Hist.

pousada port. 'posada', 'parador'. Hospedaje turístico de carácter especial, en edificios históricos principalmente, semejante a los 'paradores nacionales' españoles. (1996: *País*.). Host.

(il) Poverello it. '(el) Pobrecito'. San Francisco de Asís. (1934: E. d'Ors.). Rel.

PPF fr. Siglas de *Partit Populaire Français*, 'Partido Popular Francés', nazifascista, colaboracionista del III *Reich*. (1944: E. Menéndez Domínguez.) Pol.

praesidium o **presidium** lat. 1) 'presidencia'. (1882: Pi y Margall.) Pol.: 2) 'comité supremo'. Pol. En la constitución alemana de 1871 existía un *presidium* de la Confederación, o presidencia, que correspondía al rey de Prusia. El término pasó del al. al ru., con la Revolución de Octubre, para designar, en la escala de comités soviéticos, el más alto y reducido, elegido entre los miembros del comité central ejecutivo. Pol.

praliné fr. 'praliné' (Ac.: 1992), 'garapiñado'. Por el apellido del mariscal Duplessis-Pralin, a cuyo cocinero se atribuye este dulce. (1862: *Alm. Museo Universal*.) Gastr.

prana sáns. 'respiración', 'aire vital', en el sentido de 'fuerza vital cósmica' o 'fuerza potencial en su estado original'. (1995: Oct. Paz, Méx.) Rel. → PRANAYANA.

pranayana sáns. 'técnica de la respiración' o 'control del *prana*' mediante concentración y regulación de la respiración. (1903: Fdo. Araujo.) Rel.

Pravda ru. 'Verdad'. Título del órgano diario del PCUS, hasta el 31 de agosto de 1991. Fundado por Lenin en 1912. Dejó de publicarse el 23 de agosto de 1991, tras el fracaso del golpe de Estado involucionista; reapareció como diario independiente el 31 de agosto del mismo año. Period.

praxis gr. 'praxis' (Ac.), 'práctica'. (1929: Pérez de Ayala.)

précieuse fr. 'presuntuosa', 'afectada', 'sofisticada'. Con alusión a las afectadas damas de *Les précieuses ridicules*, comedia de Molière. (1895: *Azorín*.) Lit.

predictor ing. 'predictor'. Del lat. *praedictor.* 1) nombre de un fármaco que predice los embarazos. Marca registrada. (1991: Haro Tecglen.) Med.; 2) instrumento en los aviones de combate. Ej.; 3) 'predictor'. Meteorólogo que predice el tiempo que va a hacer. (1995: Mariano Medina.) Meteorol.

prego! it. '¡por favor!'; lit.: 'yo ruego'. (1988: A. Pereira.)

premier fr. 'primer (ministro)', 'jefe del gobierno', ext.: *premier ministre.* Aunque el término es fr., ha llegado a contextos españoles desde el ing. (1945: Ismael Herráiz.) Pol.

première fr. 1) 'estreno' (M. Seco) de un espectáculo teatral o cinematográfico; lit.: 'primera (representación)'; 2) 'estreno previo' de un espectáculo, anterior al estreno público, hecho especialmente para la crítica o invitados. Tea.; Cine.

prensa amarilla anglicismo. Trad. servil del ing. *yellow press* por 'prensa sensacionalista'. El origen de esta expresión se debe a la publicación sensacionalista y satírica *The yellow kid*, estadounidense, de finales del siglo XIX. (1990: *País*.) Period.

presepio it. 'belén', lit.: 'pesebre'. (1996: F. Ayala.) Rel.

Presidium germanismo ru. 'Presídium'. Es decir, al Comité ejecutivo del Soviet supremo en la extinta URSS. Este germanismo ru. procede del lat. *praesidium*, comp. de *prae*, 'delante' y *sidium*, de *sedere*, 'estar sentado'. Pol. → PRAE-SIDIUM.

presoak kalera vasc. 'presos, a la calle'. Eslogan que pedía la amnistía para los presos políticos del franquismo y del posfranquismo; y más tarde, de los etarras. (1977: *País*.) Pol.

press-book ing. 'libro (o álbum) de prensa (o publicidad de una película)'. Conjunto de carácter informativo y publicitario que se distribuye en el ámbito profesional; tiene como objeto presentar, acerca de un filme determinado, textos publicitarios utilizables, fichas del director, actores, etc., fotos, carteles. (1976: A. Lara.) Cine.

pressing ing. 'presión', 'acoso'. Presión, como táctica, que ejerce un equipo de baloncesto sobre su contrario. (1976: *País*.) Dep.

prestissimo it. 'rapidísimo'. (1882: Martínez Pedrosa.) Mús. → PRESTO.

presto it. 'presto' (Ac.), 'rápido'. Movimiento musical más rápido que el *allegro*. (1882: Martínez Pedrosa.) Mús.

presurizar anglicismo. (Ac.: 1992); 'presionizar'. De *to pressurize*, 'mantener normal la presión *(pressure)* del aire', por ej., en el interior de los aviones. Fís.

prêt-à-porter fr. 'pretaporter', 'listo para ponérselo'. Calco del ing. *ready-to-wear*. 1) prenda de vestir que sienta o cae como hecha a medida, aunque confeccionada en serie con arreglo a patrones cuidadosamente estudiados; 2) tienda en que se venden dichas prendas. (1976: F. Umbral.) Indum.

preto port. '(hombre) negro (de raza)'. (1988: A. Pereira.)

prima ballerina it. 'primera bailarina', en un cuerpo de *ballet*. Baile

prima donna it. 'prima donna' (Ac.: 2001), 'primera dama', 'cantante principal', 'primera cantante', en una compañía de ópera. (1843: R. de Navarrete.) Mús.

prima facie lat. 'prima facie' (Ac.), 'a primera vista'. Visión satisfactoria previa de un asunto, para posterior investigación o para justificar un procedimiento judicial. (h. 1920: *Ana Díaz*.) Der.

prima tonsura lat. 'prima tonsura' (Ac.), 'primera tonsura'. Del lat. *tondere*, 'trasquilar'. Grado preparatorio, según el *DRAE*, para recibir órdenes menores en el sacerdocio católico. (1903: Palacio Valdés.) Rel.

(oh) primavera, gioventù del'anno! Gioventù, primavera della vita! it. '¡oh primavera, juventud del año! ¡Juventud, primavera de la vida!'. De G. B. Guarini (1538-1612), en *Il pastor fido* (1585), tragicomedia pastoril. (1895: Bécquer.)

prime rate ing. 'tipo de interés bancario preferente'. (1980: *País*.) Econ.

prime time ing. 'tiempo principal', el más importante y preferido por el público en la programación de TV. (1992: Ant. Albert.) Telecom.

primeur, pl. **primeurs** fr. 'temprano', 'nuevo'. Con referencia a hortalizas tempranas. Se oye ahora el galicismo 'primores' entre los exportadores españoles de hortalizas. Gastr.

primo occupante lat. '(derecho) de primer ocupante (de una propiedad)'. (1888: J. Estremera.) Der.

primum mobile lat. 'el primer motor', 'la primera fuente de movimiento'. En la astronomía medieval, la causa de los movimientos de las estrellas y planetas. Astron.

primum vivere lat. 'primero, vivir'. (1933: E. d'Ors.)

primum vivere, deinde philosophari lat. 'primero vivir, después filosofar'. (1895: Unamuno.) Fil.

primus circumdedisti me lat. 'el primero que me rodeaste'. *Motto* del escudo de armas concedido por Carlos I de España a Sebastián Elcano, en el que figura un globo terrestre con esta leyenda. Hist.

primus inter pares lat. 'primero entre iguales'. (1933: Ortega.)

(editio) princeps lat. '(edición) prínceps' (Ac.: 1992), '(edición) príncipe', 'primera (edición)'. Biblio.

principium individuationis lat. 'principio de individuación'. En la filosofía escolástica, el que distingue a los individuos entre sí, en cuanto tales, en cuanto que cada uno de ellos son materia y forma reunidas en una misma sustancia que ellos componen. (1912: Unamuno.) Fil.

privacy ing. 'privacidad' (1990: García Calvo), '(derecho a la) intimidad (personal)'. (1990: García Calvo.) Der.

Privatdozent al. 'Profesor externo', es decir, profesor de universidad no perteneciente a su claustro permanente. Educ.

probo lat. 'pruebo'. Pertenece al vocabulario de las disputas escolásticas. (1726: Feijoo.) Fil.

procul negotiis lat. 'lejos de los negocios'. Lit. → BEATUS ILLE QUI PROCUL NEGOTIIS.

pro domo mea lat. 'en pro de mi casa', 'a favor mío'. (1895: Galdós.) → PRO DOMO SUA.

pro domo sua lat. 'pro domo súa' (Ac.), 'en pro de su propia casa', 'en beneficio personal'. Título de un discurso de Cicerón, pronunciado a la vuelta de su destierro, contra el patricio Clodio, que había hecho confiscar los bienes de Cicerón, ausente éste. (1836: Mesonero.) Lit.

profiteroles fr. 'profiteroles', sing. 'profiterol' (Martínez Amador; Ac.: 2001). En esp. es masc., aunque fem. en francés. Dulces pequeños, generalmente recubiertos de chocolate. El fr. *profiterole* es dim. de *profit*, 'provecho', por tanto, 'pequeño provecho', 'provechito'. (1994: *País sem.*) Gastr.

pro forma lat. 'pro forma' (Ac.), 'en cuanto a la forma'. 1) 'con los requisitos legales'. (1837: Mesonero.) Der.; 2) 'previa', es decir, la factura que reúne todos los requisitos para que pueda realizarse su pago. Econ.

pro indiviso lat. 'pro indiviso' (Ac.), 'sin división'. Con referencia a los bienes de una testamentaría. (1875: J. I. Caso.) Der.

Prolet-kult ru. Abrev. de *Proletárskaia Kultura*, 'Cult(ura) prol(etaria)'. Grupo dirigido por Alexis Bogdánov antes (1906) de la Revolución de Octubre, cuya doctrina era «dar al proletariado su propia cultura de clase a fin de organizar sus fuerzas en la lucha por el socialismo», adoptada por el Primer Congreso del PCUS (1920). (1935: Giménez Caballero.) Pol.

Proms ing. Abrev. de *Promenade Concerts*, 'Conciertos de paseo'. Conciertos populares de verano (julio-septiembre), en los teatros de Londres, con entradas de paseo o de pie, ya que se desmontan los asientos. Se iniciaron en 1894 en el Queen's Hall, de Longham Place. (1995: *ABC.*) Mús.

prompter ing. 'prómpter', 'apuntador'. Abrev. de *teleprompter*. (2000: Cadena SER.) TV. → TELEPROMPTER.

propaganda Fide lat. 'Propagación de la Fe'. (1910: Galdós.) Rel. → CONGREGATIO DE PROPAGANDA FIDE.

propane ing. 'propano' (1934: *Gac. de Madrid.*) Comp. de *prop(yl)* y *(meth)ane*. (1936: *Bl. y Negro: propan.*) Petroq.

proprio motu lat. 'por impulso propio'. (1882: Pi y Margall.) → MOTU PROPRIO.

propter nuptias lat. 'própter nuptias' (Ac.), lit.: 'a causa de las nupcias', 'con motivo del casamiento'. Donación que hace el marido a la esposa, igual o próxima a la dote de ésta. (1882: Pi y Margall.) Der.

pro rata lat. 'prorrata' (Ac.), 'en proporción', 'proporcionalmente'. En ext.: *pro rata parte*, 'en proporcional'.

prosit! al. '¡a su salud!'. Compuesto lat. de *pro*, 'en pro', y *sit*, 'sea'. Brindis. (1966: A. M. de Lera.) Gastr.

Provisional I.R.A. ing. En ext.: *Provisional Irish Republican Army*, 'Ejército Republicano Irlandés Provisonal', formado en 1969 para luchar a favor de los intereses irlandeses en el Ulster (Irlanda del Norte), mientras se halle bajo el dominio británico. Ej. → I.R.A.

provo neerl. 'contestatario'. Abrev. de *provokant*, 'provocante'. Perteneciente a un movimiento holandés, surgido en los años sesenta, contra la sociedad establecida. Pol.

prueba ácida anglicismo. Calco del ing. *acid test*, que se refiere a una prueba química que permite conocer si una solución acuosa es ácida o básica. Esta expresión está invadiendo, en el sentido de 'prueba decisiva', el terreno de la expresión 'piedra de toque', procedente ésta del arte de la platería. (h. 1960: Carlos Fuentes, Méx., cit. por Emilio Lorenzo.) Quím.

PSC cat. Siglas de *Partit dels Socialistes de Catalunya*. 'Partido de los Socialistas de Cataluña'. Pol. → PARTIT DELS SOCIALISTES.

psi gr. Nombre de la letra vigesimotercera (Ψ) del alfabeto griego y también primera sílaba del gr. *psique*, 'alma'. En Freud, era un concepto básico que comprendía los subsistemas anímicos. En parapsicología, el llamado 'factor *psi*' (1975: G. de Argumosa) carece de naturaleza física y es libre del entorno espacio-temporal. (1990: Cadena SER.)

psique gr. (**psije** o **psiche**) 'alma', 'psique' (1917: Pérez de Ayala; (Ac.: 1992). M. Fdez. Galiano opta por 'psique' frente a 'psiquis' (1901: *Clarín*), tanto para el nombre de la ninfa mitológica (Psique) como para el nombre común (psique).

PSUC cat. Siglas de *Partit Socialista Unificat de Catalunya*. 'Partido Socialista Unificado de Cataluña'. Partido comunista, fundado el 23 de julio de 1934, reuniendo al *Partit Comunista de Catalunya*, *Partit Català Proletari*, *Unió Socialista de Catalunya* y Federación Catalana del PSOE. Pol. → INICIATIVA PER CATALUNYA.

pub ing. 'pab', aunque podría adaptarse 'pub', ya que *pub* es abrev. de *public house*, 'casa abierta al público', es decir, autorizada para expender bebidas alcólicas. Es palabra difundida en España desde los años setenta. (1928: *Bl. y Negro*.) Host.

pubilla cat. 'pubilla', '(hija) heredera'. (1898: J. Valera.) → HEREU Y FÁDRISTERN.

public relations ing. 'relaciones públicas'. 1) servicio y 2) 'relacionista' (Ac.) o agente (jefe), introducidos en Europa por los norteamericanos con el Plan Marshall de recuperación económica que siguió a la Segunda Guerra Mundial. Técnica y servicio ideados (1914) por el periodista Ivy Lee para la gran empresa, con el fin de aliviar las tensiones entre ésta y el público. En España, en los años setenta se adoptó crudamente *public relations*, y en los años ochenta se tradujo 'relaciones públicas'.

(la) Pucelle fr. '(la) Doncella', '(la) Pucela' (Ac.). Con referencia a Juana de Arco, la doncella de Orleans. (1934: E. d'Ors.) Hist.

puchar caló, 'contar', 'decir'. (1882: Rodríguez Marín.)

pudding ing. 'budín' (Ac.), 'pudín' o 'pudin' (Ac.). (1897: A. Muro.) Gastr.

pudet dictu lat. 'avergüenza decirlo'. De Tácito. (1991: F. Lázaro Carreter.)

puellae gaditanae lat. 'las muchachas gaditanas'. Mencionadas por el poeta latino Marcial, así como por Juvenal y

Plinio el Joven. Famosas en Roma por sus danzas lascivas. (1935: Menéndez Pidal.) Baile.

puenting híbrido. 'puentin', 'puenteo', 'puentismo' (1994: M. Alpuente). Comp. del esp. 'puent(e)' y la terminación ing. -*ing*. Deporte, surgido en los años ochenta, consistente en arrojarse el deportista, unido su cuerpo a una larga cuerda, al vacío, desde un puente. Su origen está en un ritual de iniciación a la pubertad entre los indígenas de Nuevas Hébridas. (1994: Sant. Segurola.) Dep. → BUNGEE.

pueri cantores lat. 'niños cantores', componentes de un coro o *schola cantorum*. (1980: L. Pancorbo) Mús.

Pugwash Conference on Science and World Affairs ing. 'Conferencia de Pugwash sobre Ciencia y Asuntos internacionales'. Reunión anual pro paz y suavización de las relaciones Este-Oeste. Patrocinada por Cyril Eaton, con la sola condición de que se celebre en su ciudad natal. La primera (1957) por iniciativa de Albert Einstein y Bertrand Russell. Ha influido contra la guerra fría, sobre el Tratado de Moscú contra las pruebas atómicas en la atmósfera, sobre la guerra de los Seis Días y la guerra del Vietnam. Pol.

Pugwashman, pl. **Pugwashmen** ing. 'hombre o participante de la conferencia de Pugwash', por ej.: Einstein, Bertrand Russell, François Perrin, Jules Moch, Henry Kissinger. Pol.

pulchra leonina lat. 'hermosa leonina'. Con referencia a la catedral de León, según el dístico. *Dives toletana, sancta ovetensis / pulchra leonina, fortis salmantina*, 'Rica la de Toledo, santa la de Oviedo, / hermosa la de León, fuerte la de Salamanca'. (1979: A. Ruiz Tarazona.)

Pulcinella it. 'Polichinela'. Personaje rústico, que sirve de criado, en la *commedia dell'arte*. (1787: Moratín h.) Lit.

Pulitzer ing. Nombre de unos premios de periodismo y otras materias, instituidos por Joseph Pulitzer (1847-1911), director que fue del periódico *The World*, de Nueva York. El primer premio Pulitzer se otorgó en 1917. Actualmente los otorga la Universidad de Columbia, de Nueva York. Period.

pullman (car) ing. 'coche-cama'. Inventado por el norteamericano George Pullman (1831-1897) en 1864, su primer fabricante. (1933: Jardiel Poncela.) Transp. t.

pull-over ing. 'pulóver' (1970: J. Cortázar, Arg.; Ac.: 2001).
Jersey sin mangas y con cuello abierto en pico. (1929: E.
d'Ors.) Indum.

pulp ing. 'pulpa (de papel)', 'papel barato', 'papel malo'. Nombre que recibieron las publicaciones periódicas populares
en papel barato, en EE.UU., sobre temas de intriga y misterio, policíacos, de vaqueros, etc. Representadas en
EE.UU. por *Detective Story Magazine* y *Black Mask*; en España, por la colección Molino y las series *El Sheriff*, *FBI*,
El Coyote, etc., entre los años treinta y cincuenta. (1995: A.
Fdez. Santos.) → PULP FICTION.

pulp fiction ing. 'novela barata', 'novela popular', lit.: 'novela en pulpa (de papel)'. Género narrativo, de mero entretenimiento, popular. Expresión divulgada por haber
servido de título a un filme (1995) estadounidense del
dir. Quentin Tarantino. (1995: A. S. Harguindey.) Lit. →
PULP.

pulpo a feira gall. 'pulpo de ferias' (h. 1910: Pardo Bazán),
'pulpo de feria', lit.: 'pulpo a la feria'. Guiso de pulpo, típico de las ferias y romerías gallegas. Gastr.

pulsar ing. 'púlsar' (Ac.: 1992). Radiación radio-astronó-
mica observada en nuestra galaxia, pero externa al sistema solar. Por contracción del ing. *puls(ating st)ar*. 'estrella que emite pulsaciones, vibraciones, radiaciones', así
como por analogía con *quasar*. Se descubrieron en 1967,
en el observatorio radio-astronómico de Cambridge.
Fís.

pulvis eris lat. Citación incorrecta y frecuente, por contaminación de *(revert)eris*, en lugar de *pulvis es*. (1921: Arniches.) → PULVIS ES...

pulvis es et in pulverem reverteris lat. 'eres polvo y en
polvo te convertirás'. Del *Génesis* (3, 19). Rel. → MEMEN-
TO, HOMO.

punch ing. 'ponche' (Ac.) Bebida alcohólica con mezcla de hasta 'cinco' ingredientes. Del hindi *panch*, 'cinco', del sáns, *pancha*, 'cinco'. (1795: J. A. Zamácola.) Gastr.

punch ing. 'golpe seco y fuerte'. En boxeo. (1925: *Bl. y Negro*.) dep.

punching ing. 'golpeo'. Entrenamiento del boxeador con el saco de arena. (1963: R. J. Sender.) Dep.

punching ball ing. 'pelota de golpeo', semejante a *punching bag*, 'saco (de arena) de golpeo', para entrenamiento de los boxeadores. (1932: *Bl. y Negro*.) Dep.

pundit ing → PANDIT.

punk ing. 'desastrado', 'sucio'. Dentro del *rock and roll*, el *punk (rock)* puede traducirse como *(rock)* 'sucio', 'golfo' (1989: Em. Lorenzo). Surgió en Londres, como un movimiento musical violento, nihilista y procaz, cual lo acredita el nombre del grupo más representativo: *Sex Pistols*, 'Las pistolas sexuales'. Sin embargo, lo *punk* procede de Nueva York, propagado por la revista *Punk* (1976). (1977: Cabrera Infante.) Mús.

punky ing. 'punki'. Seguidor del *punk rock*. (1923: *País*.) Mús.

punta-bola anglicismo. Calco del ing. (EE.UU.) *ball-point (pen)*, '(pluma) punta-bola'. De uso en Bolivia, para evitar la allí fea 'birome', de uso en Arg., por el esp. 'bolígrafo'. (1990: E. Lorenzo.) → BIROME.

(teatro dei) pupi it. 'teatro de títeres', popular, siciliano. Del lat. *pupum*, originariamente 'niño chico'. (1992: J. de Segarra.) Tea.

purana sáns, 'purana' (Ac.), lit.: 'antiguo'. Cada uno de los dieciocho poemas sánscritos antiguos que contienen la mitología y cosmogonía de la India. Rel.

purée fr. 'puré' (Ac.). (1877: *Dr. Thebussem*) Gastr.

Purim hebr. 'Purim', 'Fiesta de las Suertes', lir.: 'echar las suertes'. Conmemora cada 21 de marzo la derrota del ministro Amán (V. a. de J.C.) que conspiraba contra los judíos, conseguida gracias a Ester, judía, casada con el rey Asuero. Externamente presenta semejanzas (disfraces, alegría popular) con el Carnaval. (1981: *ABC*.) Rel.

purrusalda vasquismo. (1981: *País sem.*) Gastr. → PORRUSALDA.

pur sang. fr. 'pura sangre', 'purasangre' (Ac.: 1992), en ext.: *cheval pur sang*, 'caballo de raza o sangre pura', sustantivado en *pur sang*. (1926: R. Gómez de la Serna.) Zool.

puszta húng. 'estepa', lit.: 'desierto' o 'llanura desértica'. (1911: R. Darío.) Geogr. f.

Putsch al. 'golpe (reaccionario o fascista)'. Se aplica principalmente al fallido de Hitler en Munich (1923) y al del general Pinochet, en Chile, contra el presidente Allende. Es palabra procedente del alemán suizo (zuriqués). (1937: *La Batalla*.) Pol.

putt ing. 'empuje', golpe suave con que se suelen jugar los últimos golpes en el golf ante el hoyo. *Putter* es el nombre del palo con que se juegan. (1985: *País*.) Dep.

puttana it. 'puta'. (1999: Maruja Torres.)

puzzle ing. 'puzzle' (Ac.: 1992), 'puzle' (Ac.: 2001), 'rompecabezas.'(1922: García Lorca.) Jue.

pyjama fr. 'pijama' (Ac.), que es adapt. del fr., que a su vez es adapt. del ing. *pyjamas*, que a su vez lo es del hindi *pae-jama* [transcrip. esp.: 'patchama' (1879: E. Gaspar)], lit.: 'vestido (*jama*) de piernas (*pae*)', y que a su vez lo es del per. *pae yama*. El cubanismo 'payama' (1943: Fdo. Ortiz, Cu.) proviene del ing. de EE.UU. *pajamas*, singularizado. Existe 'pijama' (Ac.) en esp. al menos desde 1923 (*El pijama*, cuplé de *Raffles*). (1912: L. Coloma.) Indum.

pyrex ing. 'pyrex', 'pírex'. Palabra artificial formada sobre el gr. *pyr*, 'fuego'. Marca de fábrica (1937) de un vidrio resistente al fuego, empleado en utensilios de cocina. Su uso difundido en España a partir de los años sesenta.

q

Quadragesimo Anno lat. 'En el año cuadragésimo'. Encíclica (1931) de Pío XI sobre la accidentalidad de las formas de gobierno. Rel.

quadrille fr. 'cuadrillo'. Baile de salón, en boga en el siglo XIX, con dos grupos de cuatro danzantes que se dan cara en cruz. (1910: M. Bertrán.) Baile.

quadrivium lat. 'cuadrivio'. Conjunto de cuatro disciplinas (aritmética, geometría, astronomía y música) del sistema pedagógico medieval europeo que, con las del *trivium*, formaban las siete artes liberales. (1887: E. Gaspar.) Educ. → TRIVIUM.

quad ing. 'cuad'. Especie de 'moto con cuatro ruedas', apta para todo terreno. Abrev. del ing. *quadruplet*, 'cuadrupleto', (2001: *ABC*.) Autom.

quaestio disputata lat. 'cuestión disputada', es decir, 'problema en discusión'. En el sistema de enseñanza escolástico medieval, es una cuestión planteada por el maestro y resuelta por él mismo. Sistema representado por el tratado *Quaestiones disputatae*, de Santo Tomás de Aquino (1225-1274). (h. 1960: López Aranguren.) Fil. → DISPUTATIO.

Quai d'Orsay fr. 'Muelle de Orsay'. 'Ministerio de Asuntos Exteriores de Francia'. Muelle del Sena, en París, donde está situado dicho ministerio. (1938: Azaña.) Pol.

quaker ing. 'cuáquero' (Ac.), 'temblador', 'temblón'. Con este nombre son conocidos los miembros de la *Society of*

Friends, 'Sociedad de Amigos', fundada por el inglés George Fox (1624-1691), llamada primeramente 'Amigos de la Verdad'. Se les llamó cuáqueros por burla, bien porque Fox dijo a un juez 'que temblara *(quake)* en nombre del Señor' o porque 'temblaban' en las reuniones religiosas cuando tomaban la palabra. (1761: J. A. Mercadal.) Rel.

qual piuma al vento it. 'cual pluma al viento', en ext.: *La donna è mobile / qual piuma al vento*. 'La mujer es móvil / cual pluma al viento'. Canción del duque de Mantua, enamorado de Gilda, hija del bufón Rigoletto, en *Rigoletto*, ópera de Giuseppe Verdi (1813-1901), libreto de Piave, estr.: 1851. (1911: A. Glez. Blanco.) Mús.

qualunquismo it. 'cualunquismo', 'cualquierismo'. Movimiento (1945) político conservador italiano de los años cuarenta y cincuenta, iniciado por G. Giannini, basado en el *uomo qualunque*, 'hombre cualquiera' u 'hombre corriente', influido quizá por el filme *Meet John Doe* (1941), 'Únete o Sigue a Juan Cualquiera', titulado en esp. *Juan Nadie*, protagonizado por Gary Cooper, dirigido por Frank Capra, donde *John Doe*, es decir, 'Juan Pérez', 'Juan Cualquiera', se pone al frente de un movimiento político. Pol. → UOMO QUALUNQUE.

quand même fr 'a pesar de todo'. (1899: Galdós.)

quandoque bonus dormitat Homerus lat. 'algunas veces dormita el bueno de Homero'. En ext.: *et idem indignior quandoque bonus dormitat Homerus*. 'mientras que yo murmuro (me indigno) si por azar el bueno de Homero se duerme'. De Horacio *(ad Pisones*, 359). (1915: Galdós.) Lit.

Quanta cura lat. 'Con cuánto cuidado'. Encíclica (1864) de Pío IX sobre los problemas de su tiempo, a la que siguió el *Syllabus errorum*, documentos ambos sobre la vida social y política de entonces. Rel.

quantum, pl. **quanta** lat. 'cuanto' (Ac.: 1992), pl. 'cuantos'. Unidad de energía emitida por un átomo, proporcional a la frecuencia de la radiación. (1934: Zubiri.) Fís.

quantum mutatus ab illo! lat. '¡cuán cambiado desde entonces!'. Palabras de Encas (Virgilio, *Eneida*, 2, 274) sobrecogido, cuando se le aparece en sueños Héctor, cubierto de heridas. (1832: Mesonero.) Lit.

quark ing. 'quark' (Ac.: 1992), '*quark*' (Ac.: 2001), 'cuark'. Término internacional para la partícula elemental hipotética que explicaría la estructura de los mesones y de los bariones: elegido en 1962 por Murray Gell-Man para su hipótesis. Se cree que procede de *Finnegan's Wake*, de James Joyce, que a su vez lo inventó para el graznido de las gaviotas. (1985: E. Lorenzo.) Fís.

quartier fr. 'barrio'. (1905: R. Darío.)

Quartier-Latin fr. 'Barrio Latino'. En la orilla izquierda del río Sena, en París, a lo largo de la calle de Saint-Jacques, donde se halla la Sorbona, universidad en que, durante la Edad Media y el Renacimiento, se enseñaba en latín. (1899: R. Darío.)

quasar ing. 'quásar' (Ac.: 1992), 'cuásar', '*quasar*' (Ac.: 2001). Objeto celeste, fuente de ondas hertzianas, lejano y potente. Acrónimo de *quas(i stell)ar (radio source)*, 'fuente de radiación cuasi estelar'. El primer cuásar fue detectado (2 de agosto de 1962), por el radioscopio de Parkes (Australia), por Hazard, Mackey y Shimmins, identificado por Marteen Schmidt (1963) desde monte Palomar (EE.UU.). (1900: *País.*) Astron.

quasi lat. 'cuasi', 'casi' (Ac.).

(Els) Quatre Gats cat. → ELS QUATRE GATS.

Quattrocento it. 'Cuatrocientos' (Ac.: 1992), 'siglo XV'. (1946: J. Lezama Lima, Cu.) Hist.

Queer Nation ing. 'Nación Marica' (1995: V. Molina Foix). Nombre de un movimiento homosexual orgulloso, estadounidense, partidario de dar a conocer públicamente la homosexualidad de personas importantes. Propiamente, *queer* significa 'raro', 'excéntrico', incluso 'de carácter sospechoso'; pero recientemente los homosexuales adoptaron para sí esta adjetivación peyorativa con orgullo. (1995: V. Molina Foix.) Pol.

queimada gall. 'queimada' (Ac.: 1992), 'quemada'. Bebida que tiene por base aguardiente de orujo llameado. (1947: C. Mtnez. Barbeito.) Gastr.

qu'en un lieu, qu'en un jour un seul fait accompli / tienne jusqu'à la fin le théâtre rempli fr. 'que en un lugar, que en un día un solo hecho realizado / mantenga hasta el final el teatro lleno'. De Boileau, en su *Art Poétique* (1674: III, 45-46). Formulación de las tres unidades aristotélicas (de lugar, tiempo y acción) para la poesía dramática. (1762: J. Clavijo.) Tea.

questão iberica port. 'cuestión ibérica'. Polémica política suscitada en Portugal, en la segunda mitad del siglo XIX, en torno a una posible 'unión ibérica', es decir, la unión política de los dos estados ibéricos propugnada por el *iberismo*. (1870: G. Calvo Asensio.) Pol. → IBERISMO.

quia nominor leo lat. 'porque me llamo león'. Frase fundada sobre *nominor quia rex mea est*, 'porque me llamo rey, me pertenece' (Fedro, 1, 5, 7). (1893: *Clarín*.)

quiblah ár. (1890: R. A. de los Ríos.) Rel. → KIBLAH.

quid lat. 'quid' (Ac.), lit.: 'qué', es decir, el punto certero de una cuestión. (1848: *El tío Camorra*.)

quidam lat. 'quídam' (Ac.), 'cualquiera', 'fulano'. (1855: Galdós.)

quid divinum lat. 'quid divínum' (Ac.), 'quid divino', 'algo divino', 'punto divino'. Procede del *Corpus hippocraticum*. (1856: J. Valera.) Med.

quid faciendum lat. 'qué ha de hacerse'. (1862: A. de Trueba.)

quid humanum lat. 'quid humanum', 'quid humano', 'algo humano', 'punto humano'. Expresión forjada sobre *quid divinum*. (1915: R. León) → QUID DIVINUM.

quid humilitate invidia? lat. '¿qué (puede) la envidia contra la humildad?'. *Motto* que figura en el retrato de Lope de Vega joven, en la edición príncipe (1599) de su *Isidro* (1935: A. del Hoyo.)

quid prodest? lat. '¿de qué le sirve?', '¿qué le aprovecha?'. En ext.: *quid prodest stultu habere divitias, cum sapientiam* *emere non posset?*, '¿de qué le sirven las riquezas al necio, si no puede comprar la sabiduría?'. (1946: E. Glez. Martínez, Méx.)

quid pro quo lat. 'quid pro quo' (Ac.), 'equívoco'. En las comedias, equívoco entre dos o más personajes que interpretan diferentemente un mismo hecho, pero en la creencia de que su interpretación del hecho es la misma. (1726: Feijoo.) Lit.

qui habet aures audiat lat. 'quien tiene oídos, que oiga', en ext.: *qui habet aures audiendi audiat*, 'el que tiene oídos para oír, que oiga'. De San Mateo (11, 15), según la Vulgata. (1967: Am. Castro.) Rel.

quinquet fr. 'quinqué' (Ac.). Lámpara de mesa, llamada así por el apellido de su inventor, introducida en España hacia 1830. Espronceda emplea tempranamente (1840), en *El Diablo Mundo*, 'quinqué', y no quinquet, tal vez por razones de rima. (1881: Mesonero.)

qui potest capere capiat lat. 'quien lo puede entender que lo entienda'. (XVIII: L. Misón.)

qui prior est tempore potior est iure lat. 'quien es antes en tiempo mejor es en derecho', esto es, tiene más derecho. Regla de Bonifacio VIII, en su *Decretales*. (1881: Sentencia. Trib. Supremo.) Der.

quiproquo fr. 'equívoco'. Adaptación fr. del lat. *quid pro quo*. (1762: J. Clavijo.)

Quirinale it. 'Quirinal', 'Palacio del Gobierno de Italia'. Situado en la colina de este nombre, una de las Roma. Pol.

quis fuit horrendos primus qui protulit enses? / Quam ferus et vere ferreus ille fuit! lat. '¿quién fue el primero que empuñó las horrendas armas? / ¡Cuán feroz y ciertamente férreo fue!'. Versos iniciales de la elegía a la Paz, de Tibulo (43 a. C.-17). (1842: *Sem. pint. esp.*)

quisling nor. 'quisling', 'traidor', 'colaboracionista'. Apellido de Vidkun Quisling, líder de los nazis noruegos durante la invasión alemana de Noruega en la Segunda Guerra Mundial, y fundador (1933) del *Nasional Samling*, 'Agrupación Nacional', partido fascista; ahorcado el 24 de octubre de 1945. Pol.

quiz (game) ing. 'cuiz', 'cuis'. Juego *(game)* de preguntas y respuestas. De *to quiz*, 'preguntar algo a alguien'. Introducido en España en los años sesenta, forma parte de los pasatiempos de las revistas periódicas. Jue.

quod erat demonstrandum lat. Abrev.: Q.E.D. 'lo cual era lo que había que demostrar'. Frase con que finalizaba una demostración, en la terminología de los seguidores de la Geometría de Euclides. (1917: Pérez de Ayala.) Geom.

quod erat faciendum lat. 'lo cual era lo que trataba de hacer'. Expresión, como la anterior, empleada por los seguidores de la Geometría de Euclides. Geom.

quod natura non dat, Salmantica non praestat lat. 'lo que la naturaleza no da, (la universidad) de Salamanca no lo concede'. (1898: A. Nervo.) Educ.

quod oculus non videt, cor non dolet lat. 'lo que el ojo no ve, el corazón no lo siente', 'ojos que no ven, corazón que no siente'. (1912: Arniches.)

quod scripsi lat. 'lo que escribí'. (1903: *A. Miquis.*) → QUOD SCRIPSI SCRIPSI.

quod scripsi scripsi lat. 'lo que escribí lo escribí', 'lo escrito escrito está'. Respuesta de Pilato cuando se le reprochó haber escrito en la cruz de Jesús *Iesus Nazarenus Rex Iudaeorum* (San Juan, 19, 22), según la Vulgata. (1935: J. L. Borges, Arg.) Rel.

quorum lat. 'quórum' (Ac.), lit.: 'de los cuales'. Número mínimo de miembros necesarios para que un parlamento o asamblea pueda actuar válidamente. El término procede de la institución inglesa de los *Justices of the quorum*, jueces especiales 'de los cuales' uno al menos tenía que estar presente para que la institución funcionase, al cual se referían con la fórmula *quorum vos unum esse volumus*, 'de los cuales queremos que vos seais uno'. (h. 1910: C. M.ª Ocantos.) Der.

quos ego lat. 'a quienes yo', literalmente; pero se utiliza en contextos españoles con el sentido de 'amenaza'. Son palabras coléricas de Neptuno contra los vientos desencadenados, en la *Eneida* (1, 135), de Virgilio. (1772: Cadalso.)

quos Iupiter vult perdere, dementat prius lat. 'a quienes Júpiter quiere perder, primero les hace perder la razón'. (1870: Pereda.)

quot homines, tot sententias lat. 'tantos hombres, tantos pareceres'. De Terencio (*Phormio*, II, 4, 454). También: *tot homines, tot sententias.* (1772: J. Cadalso.) Lit.

quousque tandem lat. 'hasta cuándo'. (1843: Neira de Mosquera.) Lit. → QUOUSQUE TANDEM, CATILINA.

quousque tandem, Catilina lat. 'hasta cuándo, Catilina'. (1845: Mesonero.) Lit. → QUOUSQUE TANDEM ABUTERE, CATILINA...

quousque tandem abutere, Catilina, patientia nostra? lat. '¿hasta cuándo abusarás, Catilina, de nuestra paciencia?'. Comienzo del discurso primero (8 de noviembre de 63) de Cicerón contra Catilina. (1772: J. Cadalso.) Lit.

quo vadis? lat. '¿a dónde vas?'. Según San Ambrosio de Milán (*Contra Auxentium*), huyendo San Pedro de Roma, se le apareció Jesús, y le hizo esta pregunta. El mismo San Pedro se la había hecho antes a Jesús (San Juan, 13, 36). Muy difundida por haber servido de título a la famosa novela de Henryk Sienkiewicz, premio Nobel de Literatura, así como a varias superproducciones cinematográficas. (1904: R. Soriano.) Rel.

r

rabassaire cat. 'rabasaire' (Ac.), 'viñador', en su sentido cat. estricto: pero también, en el esp. pop., en los años veinte y treinta 'rebelde' y 'revoltoso', aplicado a chicos tales; lit.: 'cepero'. (1899: J. J. Morato.) Der. → RABASSA MORTA.

(Unió de) rabassaires, parcers i altres traballadors de Catalunya cat. 'Unión de rabasaires, aparceros y otros trabajadores de Cataluña'. Sindicato de trabajadores del campo, organizado (1920) por Luis Companys, y activo en los años veinte y treinta. Pol.

rabassa morta cat. 'rabassa morta' (Ac.), *'rabassa morta'* (Ac.: 2001), 'rabasa muerta', 'cepa muerta'. Enfiteusis temporal agraria, por la cual la tierra revierte al propietario cuando tres cuartas partes de las cepas de vid plantadas han muerto. (1882: Pi y Margall.) Der.

rabbi arameo. 'rabí' (Ac.), lit.: 'maestro'. (1928: Miró.) Rel.

raccord fr. 'racor' (Ac.), lit.: 'enlace', 'horquilla'. (1979: Alzugaray.)

racha sáns. 'rey', 'rajá' (Ac.). (1960: Cansinos.) Pol. → RAJAH.

Racing ing. Forma abrev. de *Racing club*, nombre de un club de fútbol español, pero lit.: 'club de carreras'. Dep.

racket ing. 'extorsión'. 1) 'ámbito donde se ejerce la extorsión'; 2) 'grupo que la ejerce'. Actividad característica de EE.UU.; consiste en obtener dinero u otros beneficios mediante extorsión, incluida la violencia, con impuesta aceptación de las víctimas. Puede ejercerla un solo individuo *(racketteer)* (1931: J. Camba.) o una banda *(racket)*, llegando así a dominar determinadas actividades comerciales. (1932: Jardiel Poncela.)

radar ing. 'radar' (Ac.). Contracción de *radio detecting and ranging*, 'detección y localización mediante radio'. Aparato electrónico de detección, por ondas, en la atmósfera, de vehículos o anormalidades atmosféricas. Inventado (1940) durante la Segunda Guerra Mundial en Inglaterra.

radium lat. 'rádium', 'radio' (Ac.). Metal descubierto (1902) por Marie Curie (1867-1934), Premio Nobel de Física. (1907: Rodríguez Marín.) Fís.

RAF al. → ROTE ARMEE FRAKTION.

RAF ing. Siglas de *Royal Air Force*, 'Real Fuerza Aérea'. Ejército del Aire en Gran Bretaña. (1944: E. Méndez Domínguez.) Ej.

rafting ing. 'raftin', '(descenso) en balsa', 'balsar'. De *raft*, 'balsa'. (1989: *País.*) Dep.

rag ing. (1982: J. M.ª Areilza.) → RAGTIME.

raga sáns. 'raga'. Forma melódica tradicional hindú; lit.: 'color', 'tono', (1995: *Chumy Chúmez.*) Mús.

ragamuffin ing. '(persona) andrajosa y sucia', aficionada al *rap* y el *reggae*. Como 'tribu urbana', los *ragamuffins* surgieron en EE.UU. en los años noventa. En el poema medieval inglés, *Piers Plowman* (siglo XIV), el demonio recibía el nombre de Ragamoffyn. (1994: *País.*)

ragazza it. 'muchacha', 'moza'. (1872: Galdós.) → RAGAZZO.

ragazzo it. 'muchacho', 'mozo'. Del ár. *raqqas*, 'mensajero'. (1926: *Andrenio.*)

ragione di Stato it. 'razón de Estado'. Concepto político atribuido a Maquiavelo (1489-1527), pero el primer testimonio de esta expresión se debe a Guicciardini (1521), siendo Giovanni Botero (1543-1617) el primero en establecer una teoría de la razón de estado en *Della ragion di Stato* (1589), precisamente contra *El príncipe* (1532) de Maquiavelo. (1933: Ortega.) Pol.

raglan ing. 'raglán' (Ac.), pero se suele decir 'raglan', vulg. 'ranglan'. Tipo de manga que no arranca del hombro, sino del cuello, usado por lord Raglan (1788-1855), que murió en Sebastopol durante la guerra de Crimea. Indum.

ragoût fr. 'ragú' (Ac.: 1992), 'guisado de carne y hortalizas'. (1897: A. Muro.) Gastr.

ragtime ing. 'música sincopada', 'ritmo trapero' (1982: J. M.ª Areilza). De *time*, 'ritmo', y *rag*, 'trapo', 'andrajo'. Este ritmo apareció en EE.UU. hacia 1890. Influyó en el *jazz* primitivo y muchos *rags* fueron adaptados al repertorio del *jazz*, hasta el punto de que algunos identificaban el *jazz* y el *rag*, usándose indistintamente ambos términos. Es música muy sincopada, caracterizada por un bajo monótono con *tempo* muy acentuado y una línea melódica. (1931: Gómez de la Serna.) Mús.

rai ár. 'rai', lit.: 'opinión'. Mús. *pop* argelina, inconformista, protestataria, producto del mestizaje cultural y la aceptación de instrumentos musicales modernos junto a los antiguos argelinos. (1994: J. Goytisolo.) Mús.

RAI it. Siglas de *Radio Audizioni Italia*, 'Audiciones Radiofónicas de Italia', ente estatal. Telecom.

raid ing. 'correría', 'incursión': 1) 'incursión hostil o predatoria, especialmente de gente montada' (1976: *País*); 2) 'vuelo', en cierto modo extraordinario, como el *raid* de Lindbergh, primero en cruzar el Atlántico. Este sentido, que tiende a desaparecer, se introdujo en esp. durante la Primera Guerra Mundial, con alusión a los *air-raids*, 'incursiones o ataques aéreos' de entonces. Aeron.

rail ing. 'raíl' (Ac.), 'carril'. (1908: *Monos.*) Transp. t.

Rainbow Warrior ing. 'El guerrero del arcoiris'. Nombre del barco de la organización ecologista *Greenpeace*, hundido por atentado el 10 de julio de 1985 en Auckland (Nueva Zelanda).

rais ár. **(ra'īs)** 'jefe', 'presidente'. De esta misma palabra ár. deriva el esp. 'arráez' o capitán de barco. Se aplica a los presidentes de Egipto, como Nasser, Sadat, Muwarak. (1982: *País*.) Pol.

raja sáns. (1934: M. Daza.) Pol. → RAJAH.

rajah ing. 'rajá' (Ac.), 'príncipe'. Del sáns. *raya*, 'rey'. (1908: Benavente.) Pol.

rajput ing. 'raiput', 'persona de estirpe real'. Perteneciente a la casta guerrera, descendiente de los originales *satrías*, la casta guerrera. Del hindi *raiput*, lit.: 'hijo de reyes'. Pol.

raki tur. 'aguardiente de orujo'. Del ár. *araq*, 'jugo'. (1978: *País*.) Gastr.

ralenti fr. 'ralentí' (Ac.: 1992). 1) 'marcha lenta (del motor)', 'marcha mínima (del motor)', 'ralentí'. (1918: Pérez de Ayala.) Autom.; 2) 'cámara lenta'. (1929: F. Ayala.) Cine.

rally ing. '*rally*' (Ac.: 2001), 'rali', lit.: 'reunión'. Del fr. *rallier*, 'reunir'. Competición automovilista o motorista. (1976: *País*.) Dep.

rallye fr. Adaptación fr. del ing. *rally*. (1978: I. Lewin.) → RALLY.

RAM ing. Siglas de *Random Access Memory*, 'Memoria de Acceso Aleatorio o Casual', o 'Memoria de Acceso Directo' y 'Memoria de lectura-escritura'. Es la memoria central de un ordenador. (1988: *Tribuna*.) Inform.

ramadán ár. 'ramadán' (Ac.), 'noveno mes', en el calendario musulmán. En sus días es preceptivo el ayuno de alimentos y bebidas desde la salida del sol hasta su puesta. Rel.

rand afr. 'rand'. Unidad monetaria en la Unión Surafricana. Propiamente el *rand* es una altura a cuyos pies pasa una corriente de agua, como el *Witwatersrand*, 'Altura de las aguas blancas', llamado así porque sus depósitos de mica producían desde lejos ilusión de agua. En estos *rands* se descubrieron yacimientos auríferos en 1886. Num.

ranger ing. 'soldado rural montado', 'rural', lit.: 'errabundo' 'errante'. Especialmente instruido para ataques de sorpresa en grupo. (1983: *País*.) Ej.

ranking ing. '*ranking*' (Ac.: 2001), 'jerarquía', 'rango', 'clasificación por grados', 'graduación'. (1976: Marañón.)

rap ing. 'rap'. lit.: 'crítica'. Movimiento musical popular, de raíz negra y callejera, nacido en los años setenta en Nueva York. Sus letras, más habladas o recitadas que cantadas. Con cierta semejanza, salvadas las distancias, con el tanguillo gaditano. Sus seguidores: *rappers*, 'raperos'. (1993: *País*.) (1989: *Código mortal*, grupo.) Mús. → RAPERO.

rapacín bable. 'muchachito'. (1982: *País*.)

rapa das bestas gall. → A RAPA DAS BESTAS.

rapero anglicismo. (1993: *País*.) Del ing. *rapper*, es decir, seguidor de la mús. *rap*. Mús. → RAP.

rappel fr. 'rapel'. Se usa también 'rapelar'. Método de descenso por una roca, mediante doble cuerda que pasa por el 'rapelador', o pieza metálica en forma de ocho, de modo que el último escalador la pueda recobrar. (1981: *D. 16*.) Dep.

rapper ing. 'rapero' (1993: *País*). Seguidor de la mús. *rap*. (1990: *Tiempo*.) Mús. → RAP.

rapport fr. 'informe', 'reseña'. (1963: *Pueblo*.)

raps ing. 'golpes'. Ruidos paranormales, debidos presuntamente a objetos. (1975: G. de Argumosa.) Parapsic.

rara avis lat. 'rara ave'. (1868: Galdós.) → RARA AVIS IN TERRA.

rara avis in terra lat. 'rara ave en la tierra'. De Horacio (*Sátiras*, 2, 2, 26). (1726: Feijoo.) Lit.

rari nantes in gurgite vasto lat. 'algunos pocos nadando por el inmenso piélago'. De Virgilio (*Eneida*, 1, 118). (1835: Mesonero.) Lit.

ras amárico. 'jefe'. Del ár. *ar-rais*, 'arraz' (Ac.) y 'arráez' (Ac.). Título de los jefes de provincia en el reino de Etiopía. Se divulgó durante la invasión fascista italiana de Etiopía, en los años treinta. Pol.

Rassemblement du Peuple Français fr. 'Agrupación del Pueblo Francés'. Partido político formado por el general De Gaulle, desde su retiro (1947) de Colombey-les-deux-Églises, y que llegó al poder en 1958 (5ª República), a consecuencia del golpe militar de Argelia. Pol.

rasta fr. Abrev. de *rastaquouère*. (1912: R. Darío.) → RASTAQUOUÈRE.

rasta ing. Abrev. de *rastafarian* o *rastafari*. *Tafari*, en amárico, era el nombre (Tafari Mekenen) de Haile Selasie, antes de su coronación como *negus* de Etiopía, acompañado de su primer título: *ras*, 'jefe'. El rastafarismo es un movimiento religioso-político jamaicano, iniciado por Marcus Garvey, que preconiza la vuelta de los negros jamaicanos a África y la creencia en el *negus* como Dios. Este movimiento dio ocasión a un nuevo estilo musical negro, el *reggae*, cuyo principal representante ha sido Bob Marley (1945-1981). (1976: *Triunfo*.) Mús. → REGGAE.

rastafari(an) ing. 'rastafariano'. Seguidor del rastafarismo (1981: *País*.) Mús. → RASTA.

rastaquouère fr. 'rastacuero' (1908: Valle-Inclán; Ac.: 1992). Originariamente, extranjero en París, principalmente brasileño, ricamente ataviado, pero con mal gusto. Con ese sentido pasó a contextos españoles, luego con el de 'cursi' (1922: Arniches); pero en el habla actual 'rastacuero' equivale a 'mezquino'. (1896: R. Darío.)

raté fr. 'fracasado', 'vencido'. Especialmente en literatura y arte. (1897: *Azorín*.)

rating ing. 'audiencia media' o 'evaluación' del número de oyentes o televidentes en un momento determinado. (1991: E. Sotillos.) Telecom. → SHARE.

ratio lat. 1) 'razón'. Facultad intelectual. (1924: Unamuno.) Fil.; 2) 'razón', 'relación', 'proporción' y también 'índice', 'módulo (entre dos magnitudes)'. Vinculada a las matemáticas, *ratio* ha sido adoptado por los economistas como préstamo del ing. (donde es un latinismo) y en muchas ocasiones incorrectamente como masc. (1983: Miguel Boyer, TVE; 1987: J. Genís, *País*), cuando en lat. es fem.; la incorrección es mayor aún si se emplea, por anglicismo servil, el falso pl. masc.: 'los ratios' (1993: Mario Conde) frente al verdadero pl. lat. fem., que es *rationes*. (1982: Fuentes Quintana: 'la *ratio*'.) Econ.; 3) 'número de alumnos por aula', dentro del diseño educativo curricular. (1990: LOGSE.) Educ.

ratio cognoscendi lat. 'razón de conocer'. (1927: Ortega.) Fil.

ratio essendi lat. 'razón de ser'. (1927: Ortega.) Fil.

Ratio studiorum lat. 'Razón o sistema de estudios', o escolar, establecida por la Compañía de Jesús en 1586, seguida por una segunda *Ratio* (1591) y una tercera (1599). (1955: M. Batllori.) Educ.

rat penat cat. → LO RAT PENAT.

rauxa cat. 'arranque', 'pronto', 'vena (de locura)', es decir, lo opuesto al *seny*. (1989: L. Carandell.) → SENY.

rave ing. Reunión musical multitudinaria, al aire libre; estruendosa y entusiástica, connotaciones que se hallan en *rave*, 'delirio', 'griterío'. Los *raves* tienen zonas tranquilas *(chill outs)* de descanso. (1997: J. Cueto.) Mús. → CHILL OUT.

ravioli it. 'ravioles' (Ac.). Cuadraditos de masa, rellenos con carne picada aderezada; cocidos, se sirven con salsa y queso rallado. (1906: Blasco Ibáñez.) Gastr.

ray grass ing. 'raigrás' (1926: R. Gómez de la Serna), 'ballico' (Ac.), 'vallico' (Ac.). Planta vivaz, gramínea, buena para pastos y para formar céspedes. (1993: M. Toharia.) Bot.

rayon ing. 'rayón' (Ac.). Seda artificial producida con celulosa. Marca registrada (1924). Comp. del ing. *ray*, 'rayo (luminoso)', por su brillo, y de *-on*, terminación relativa a textil, tal vez por hallarse en la terminación de *cotton*, 'algodón', utilizada también, después, en *nylon*, *dralon*, etc. Text.

rayonne fr. (1952: *Economía doméstica*.) → RAYON.

razzia fr. 'razzia' (Ac.). 'racia' (M. Seco), 'incursión armada', 'correría', 'batida', 'redada'. Es palabra arábigo-argelina (ár. *gaziya*), introducida en Europa principalmente por la ocupación francesa de Argelia en el siglo XIX. En fr., ing., esp. y al. *razzia*, pero en it. *razzía*, con la i acentuada, más próxima al ár. original *gaziya*. (1882: M. Cané.)

RCA ing. Siglas de *Radio Corporation of America*, 'Corporación de Radiodifusión de América'. Telecom.

ready made ing. 'ya hecho', 'confeccionado', 'manufacturado'. Término adoptado, a partir de 1910, por el pintor francés Marcel Duchamp para objetos previamente existentes y promovidos por él a la categoría de elementos artísticos. (1971: M. Aub.) Arte. → OBJETS-TROUVÉS.

reality show ing. 'espectáculo de sucesos'. (1993: N. Ibáñez Serrador.) TV.

Realo al. 'realo', 'realista', 'pragmático'. Abrev. de *Realist*, 'realista'. Miembro moderado del partido político ecologista alemán *Die Grünen*, 'Los Verdes', contrario a las posiciones radicales de los *Fundis*, 'fundamentalistas', dentro del mismo partido. (1995: *País*.) Pol. → FUNDI; DIE GRÜNEN.

Realpolitik al. 'Política realista o pragmática'. Principalmente la suscitada en la República Federal Alemana tras el mayo francés de 1968, la cual consiste en cierto entendimiento realista entre la Democracia cristiana y el Partido socialdemócrata. Sin embargo, es concepto anterior a ese tiempo (1919: Pérez de Ayala) y posterior (1983: *ABC*). Este término fue acuñado por el escritor liberal Rochau para caracterizar el pragmatismo político del canciller alemán Bismarck (1815-1898), a quien se debe precisamente esta frase: *Die Politik is die Lehre von Möglichen*, 'La política es el arte de lo posible'. Pol.

Realschule al 'escuela *(Schule)* secundaria práctica *(real)*'. Comprende los últimos cursos de la enseñanza básica; de orientación práctica. (1991: *País*.) Educ.

rebus sic stantibus lat. 'mientras las cosas permanezcan tal como estaban'. Cláusula en los tratados internacionales, por la cual la validez del tratado depende de la permanencia de determinado estado de cosas. (1979: A. Gala.) Der.

récépissé fr. 'resguardo', en ext.: *récépissé de demande de carte d'identité de travailleur étranger,* 'resguardo de petición de documento de identidad de trabajador extranjero'. Documento provisional de identificación de los exiliados españoles en Francia durante el franquismo. (1973: E. Pons Prades.)

recital ing. 'recital' (Ac.). Anglicismo en fr. (Rey-Debove), en it. (Panzini-Migliorini) y en esp. (N. Fdez. Cuesta [1867] no lo registra). Su difusión europea (1840) se debe al parecer al músico Liszt. Mús.

réclame fr. 'reclame', 'reclamo' (1867: J. Nombela, Ac.), 'publicidad', 'deliberada búsqueda de notoriedad', 'llamamiento a la atención pública'. (1899: Gómez Carrillo.)

record ing. 'récord' (Ac.: 1992), 'marca', 'plusmarca', (1894: Ganivet.) Dep.

recordman ing. 'recórdman', 'campeón', 'marquista', 'plusmarquista' (M. Seco). Seudoanglicismo (1890: Rey-Debove) fr., frente al ing. *record holder*. (1899: Sánchez y Rubio.) Dep.

recordwoman ing. 'campeona', 'marquista', 'plusmarquista' (M. Seco). Dep. → RECORDMAN.

recto lat. 'recto' (Ac.). En libros, cuadernos, documentos, etc., el folio o página que cae a la derecha del que lee. La numeración de las dos páginas del folio es tardía; anteriormente, y en los primeros tiempos de la imprenta, sólo se numeraba la primera cara de los folios; de ahí que, en la numeración de los folios, en esos casos, se indique, además del número, si es *recto* o *verso*, 'vuelto' → BIBLIO.

rectum lat. 'recto' (Ac.). Sección final del intestino grueso. Anat.

recyclage fr. 'reciclaje' (Ac.: 1992), 'reciclamiento' (Ac.: 1992), 'recuperación'. 1) con referencia a personas, sobre estudios, profesión, etc.; 2) con referencia a cosas o productos. (1979: Alzugaray.)

Redemptor hominis lat. 'El Redentor del hombre'. Primera encíclica (4 marzo 1979) del papa Juan Pablo II. Rel.

redingote fr. 'redingote' (Ac.), 'levita'. Del ing. *riding coat*, 'chaqueta de montar'. (1887: R. Darío.) Indum.

reductio ad absurdum lat. 'reducción al absurdo'. Método de probar la falsedad de una premisa demostrando que la conclusión resultante es absurda. (1927: Ortega.) Fil.

referee ing. 'réferi' (1966: Carlos Fuentes, Méx.), 'árbitro', 'juez', en competiciones deportivas, principalmente en fútbol. De *to refer*, 'someter algo a la decisión', del lat. *referre*, 'llevar'. (1909: *Bl. y Negro.*) Dep.

referendum lat. 'referéndum' (Ac.), 'referendo'; pl. 'referendos' (Ac.). (1919: Baroja.) Pol.

réflex anglicismo. (Ac.: 2001). Deriv. del ing. *reflex*. (1989: *País*.) Fot. → REFLEX CAMERA.

reflex (camera) ing. 'cámara (fotográfica) réflex' o reflejante. Está dotada, además del objetivo, de un visor que, mediante un sistema especular o reflejante, permite ver la imagen en dimensiones iguales a las que la que se imprimirá en la película. Difundida en los años treinta. Fot.

refrain fr. 'estribillo'. (1881: Pardo Bazán.) Lit.

Re Galantuomo it. (1910: Galdós.) → GALANTUOMO.

regata it. 'regata' (Ac.), 'corrida (de embarcaciones)'. Es palabra de origen veneciano. De *regatare*, 'disputar', 'competir'. (1848: Mesonero.) Dep.

reggae ing. *'reggae'* (Ac.: 2001), 'regue'. Del ing. jamaicano *reg*, derivado del ing. *rag*, 'girón', 'andrajo', 'trapajo'. Estilo musical popular jamaicano, con ritmo simple y repetitivo. Lanzado discográficamente por el productor jamaicano Lee Perry, alcanzó su máxima difusión en los años sesenta, gracias a los jamaicanos residentes en Londres y al cantante Bob Marley (1945-1981). Aparece por primera vez como término musical en 1967, en *Do the reggay*, de los Maytals. (1976: *Triunfo*.) Mús. → RAGTIME.

régie fr. 'empresa pública', 'empresa estatal'. Con referencia principal a la fábrica de automóviles Renault, incautada a su propietario, por colaboración con los nazis, por el Estado francés en 1945. Econ.

régisseur fr. 'director (teatral)'. Directores famosos: Stanislavski, Gordon Craig, Max Reinhardt, Jacques Coupeau, Meyerhold, Tairov, Piscator, etc. (1852: Mesonero.) Tea.

réglage fr. 'reglaje' (Ac.), 'reajuste (de las piezas de un mecanismo)'. (1906: *Ingeniería*.) Mec.

Reich al. 'Imperio'. En Alemania: Primer *Reich* (1762-1806); Segundo *Reich* (1871-1918); Tercer *Reich* (1933-1945), bajo Hitler y el nazismo que, según la creencia nazi, habría de durar un milenio, basándose en la interpretación milenarista de Arthur Moeller von den Bruck (1876-1925), quien dijo que al gobierno del Padre (primero) y al del Hijo (segundo) seguiría un tercero, el del Espíritu Santo, de mil años de duración. Hist. → DRITTES REICH.

Reichskanzler al. 'Canciller del *Reich*'. Pol.

Reichstag al. 'dieta imperial', parlamento. Institución del Imperio alemán, primero, y de la república de Weimar, después, abolida por el nazismo y reinstaurada en la *Bundesrepublik*, o 'República Federal'. (1882: Pi y Margall.) Pol. → BUNDESTAG Y BUNDESRAT.

Reichswehr al. 'Ejército del *Reich*'. (1934: R. J. Sender.) Ej.

relais fr. 'relé' (Ac.). Aparato eléctrico que sirve para adicionar corriente.

relax ing. 'relax' (Ac.: 1992), 'descanso', 'reposo', 'relajamiento', y verbo 'relajar'. (1977: A. Valencia.)

remake ing. 'nueva versión'. Con referencia a un filme nuevo hecho como actualización de otro anterior famoso. (1979: *País*.) Cine.

remaniement fr. 'refundición'. De una obra anterior literaria. Lit.

remember! ing. '¡recuerda!'. Procede de un poema de E. A. Poe. (1886: R. Darío.) Lit.

remember the Maine! ing. '¡acuérdate del Maine!'. Frase acuñada sobre otra anterior *(remember the Alamo!)* por los belicistas imperialistas estadounidenses contra España. El acorazado *Maine* se hallaba anclado en el puerto de La Habana, desde enero de 1898, para proteger a los súbditos estadounidenses residentes en Cuba. Una explosión casual (15 de febrero de 1898), que causó gran mortandad entre la marinería del *Maine*, sirvió de pretexto vil a EE.UU. para declarar la guerra a España. (1997: L. Carandell.) Hist.

remontoir fr. En ext.: *montre à remontoir*, 'reloj que vuelve a andar *(remonter)*, que no necesita ser abierto ni darle cuerda con llave', muy válido, pues, como 'reloj de bolsillo'. (1884: Galdós.)

(la) Renaixença cat. 'Renacencia'. Renacimiento de las letras catalanas, iniciado con la *Oda a la Patria* (1833), de B. C. Aribau, y título de la revista que lo impulsó y lo representó. (1932: E. d'Ors.) Lit.

Renamo port. 'Renamo'. Acrónimo de *Resistencia Nacional de Moçambique*, partido anticomunista fundado por Ken Flower en los años sesenta frente al *Frelimo*. (1989: *País*.) Pol. → FRELIMO.

renard fr. '(piel de) zorro (entera)'. Prenda de abrigo complementaria. (1922: P. Mata.) Indum.

rendez-vous fr. 1) 'cita', 'encuentro'. (1861: Bécquer.) 2) 'cumplidos', o el pop. 'rendibú' (1935: Baroja). (1906: L. Morote.)

rent a car ing. 'alquile un coche (automóvil)'. Letrero que figura en los establecimientos dedicados a esta actividad. Autom.

renting ing. 'alquiler o arrendamiento', de determinado bien, durante cierto tiempo, mediante el pago de una cuota, incluso en plazo largo. Desde 1985 existe una Asociación Española de Renting. (1996: *País*.) Com.

rentrée fr. 'vuelta', 'reanudación'. (1899: R. Darío.)

Rep, pl. **Reps** al. Miembro, en abrev., del partido *Republikaner*. (1989: *País*.) Pol. → REPUBLIKANER.

reportage fr. 'reportaje' (Ac.). Anglicismo fr. (1828) obtenido sobre el ing. *report* y *reporter*. (1893: Curros Enríquez). Period.

reporter ing. 'repórter', 'reportero' (Ac.), 'informador'. (1867: R. J. Cuervo.) Period.

representative man ing. 'hombre representativo'. De acuerdo con la valoración trascendentalista de R. W. Emerson, en su libro *Representative Men* (1850). (1901: Unamuno.)

reprint ing. 'reimpresión facsimilar', de publicaciones agotadas, culturalmente necesarias, más restrictiva que 'edición facsimilar', ya que ésta se refiere no sólo a impresos, sino a manuscritos, etc. Biblio.

reprise fr. 1) 'reposición (de una obra de teatro)', 'repetición', 'reprís'. (1858: Blasco Ibáñez.) Tea.; 2) 'repetición (de un tema musical)'. (1981: M. Andújar.) Mús.; 3) 'reprís' (en el habla), 'reprise' (1984: *País sem*.), 'aceleración (de un motor)'. (1978: *País*.) Autom.

reps fr. 'reps' (Ac.). Tela fuerte para tapicería. (1887: L. Coloma.) Mob.

(Die) Republikaner al. 'Los Republicanos'. Partido ultra-derechista alemán, con postulados neonazis, fundado en 1983 por Franz Handlos y Ekkehardt Voigt, liderado luego (1985) por Franz Schönhuber, antiguo miembro de las *SS* y después colaborador de Franz Josef Strauss, líder de la *CSU*. (1989: *País*.) Pol. → REP.

requiem lat. 'réquiem' (Ac.), lit.: 'descanso'. Primera palabra del Introito de la misa de Difuntos, en el ritual romano. Rel.

requiem aeternam dona eis (o ei), Domine lat. 'dales (o dale), Señor, el descanso eterno'. Así comienza el Introito en la misa de Difuntos, en el ritual romano. (1936: García Lorca.) Rel.

requiescat in pace lat. 'requiéscat in pace' (Ac.), lit.: 'descanse en paz'. Forma parte de las oraciones por los difuntos ante el túmulo. En siglas: *R.I.P.* (1875: R. de la Vega.) Rel.

Rerum novarum lat. 'De las cosas nuevas'. Encíclica (1891) sobre la cuestión social, del papa León XIII (1810-1903), que enjuicia el nuevo estado de cosas producido por las ideologías políticas y sociales del siglo XIX. Ataca al socialismo y al capitalismo, propugnando una política social católica adecuada a la sociedad de masas; aunque defiende la propiedad privada (con limitación de privilegios para proteger al pobre y al débil), recuerda a los patronos el deber del salario justo; acepta la formación de sindicatos, etc. Con esta encíclica se inicia la moderna política social de la Iglesia. Rel.

res cat. 'nada'. (1918: Unamuno.)

réseau, pl. **réseaux** fr. 'red'. Grupo clandestino de resistentes en la Francia ocupada por los nazis en la Segunda Guerra Mundial. Los *réseaux* surgieron en 1940 (1973: E. Pons Prades.) Pol.

Résistance fr. 'Resistencia'. Movimiento de oposición, ideológica y armada, contra los nazis en la Francia ocupada por éstos durante la Segunda Guerra Mundial. Hist.

res nullius lat. 'cosa o territorio de nadie'. En ext.: *res nullius, primi occupantis,* 'la cosa o territorio que no tiene dueño, pertenece al primero que la ocupe'. (1925: Ortega.) Der.

resorts ing. 'esparcimientos'. Suele aparecer en la publicidad de los hoteles que, además de hospedaje, ofrecen zonas recreativas adjuntas propias. (2002: *País.*) Host.

res publica lat. 'cosa pública', 'Estado'. (1889: Galdós.) Pol.

restaurant fr. 'restaurante' (Ac.), pero también se suele oír 'restorán' (Ac.: 1992). (1865: Galdós.) Host.

restaurateur fr. 'restaurador' (1996: Cadena SER), 'director o encargado de un restaurante'. (1979: *País.*) Host.

resurrexit lat. 'resucitó'. Con referencia a Jesús. (1895: *Azorín.*) Rel.

retail (banking) ing. 'gestión bancaria *(banking)* al pormenor *(retail)*'. Tiene su antecedente en la expresión comercial *retail market,* 'mercado minorista o al pormenor'. (1995: *Bol. Argentaria.*) Econ.

retaliación anglicismo. Del ing. *retaliation,* 'represalia', 'venganza'. (2002: Hugo Chávez, Ven.) Pol.

(La) Rete it. 'La Red'. Movimiento político de izquierda (1992), fustigador de la Mafia. Pol.

retornado port. 'retornado'. Portugués de las colonias que regresó o retornó a Portugal, tras la descolonización del Imperio portugués. (1976: *País.*) Pol.

retournons à nos moutons fr. 'volvamos a nuestros corderos'. De François Rabelais (1490-1553), en *Pantagruel* (III, 34), recordando seguramente aquel pasaje de la *Farce du maître Pathelin* (h. 1470), en que el juez dice: *Sus! Revenons à ces moutons.* '¡Ea! ¡Volvamos a esos corderos!'. (1870: Pereda.) Lit.

retraite fr. 'retreta', lit.: 'retirada', 'despedida'. Música que en el circo despide la función. (1926: R. Gómez de la Serna.) Mús.

retro lat. 'retro', lit.: 'hacia atrás'. Aunque en esp. existe 're-tro' como partícula prepositiva, actualmente se emplea en contextos españoles como adj., uso que procede del ing., al que pasó del fr. *rétro* (abrev. de *rétrospectif*, 'retrospecti-vo'), para denominar modas, estilos o movimientos, en cualquier caso, retrospectivos. (1976: *País*.)

retsina gr. mod. 'resina'. Vino griego blanco y fuerte al que se da cuerpo con resina, antes de la fermentación. (1993: T. Moix: *retzina*.) Gastr.

réussite fr. 'resultado', 'logro', 'triunfo'. (1922: A. Maricha-lar.)

Reuters (Telegram Company) ing. 'Agencia (de noticias) Reuter', lit.: 'Compañía de Telegramas de Reuter'. Fun-dada hacia 1849 en Londres por el barón Paul Julius de Reuter (1821-1899), de Cassel (Alemania), nacionalizado inglés. Period.

revanche fr. 'revancha' (Ac.: 1992), 'desquite'. (1828: L. Pe-rú de Lacroix.)

réveillon fr. 1) 'comida de medianoche'; 'resopón' (1992: Jua-na Doña), del cat. *resopó*; 2) 'cena de Nochebuena'. (1992: *Andrenio*.) Gastr.

révenant fr. 'espectro', 'aparecido' (1896: A. Nervo). Estuvo en boga por la repercusión que tuvo en Francia el drama *Révenants*, 'Espectros', de Ibsen. (1904: R. Darío.)

revenons à nos moutons fr. (1980: L. Pancorbo.) → RE-TOURNONS À NOS MOUTONS.

rêverie fr. 'ensueño' (1927: Unamuno). Deriv. de *rêver*, 'en-soñar' y también 'imaginar'. (1927: Unamuno.)

reverse ing. 'reversión', 'vuelta', 'marcha atrás'; pero tam-bién 'reversa' (Méx., Pan., Rep. Dom.) y 'reverso' (Col.), según registra E. Lorenzo y Ac.: 2001. Mecanismo que permite rebobinar cintas magnéticas en aparatos de soni-do o vídeo. → AUTOREVERSE.

revival ing. 'revival', 'revivificación'. Con referencia a estilos, modas, etc., de tiempos pasados. Aunque a veces se oye en España 'riváival', pronunciación a la inglesa, convendría aceptar 'revival', dada su analogía con 'festival', y porque permitiría la fácil aceptación de los deriv. 'revivalismo' (o movimiento interno dentro de una religión para reavivar su espíritu originario) y 'revivalista' (1998: *País*), seguidor de ese movimiento, ya que resultarían cómicos los deriv. 'rivaivalismo' y 'rivaivalista'. Rel.

revolver ing. 'revólver' (Ac.). Nombre creado (1835) por el coronel Samuel Colt, estadounidense, inventor de esta arma corta de fuego, caracterizada por su tambor rodante o giratorio, donde se alojan las balas. (1859: Alarcón.) Ej.

Rexurdimento gall. 'Resurgimiento'. Nombre que se da al renacimiento, en la segunda mitad del siglo XIX, de las letras gallegas. (1994: Mauro Armiño.) Lit.

Rh lat. cient. 'Rh' (Ac.: 2001). Abrev. de *Rhesus*, en ext.: *Macacus Rhesus*, en cuya sangre Landsteiner identificó (1945) el llamado 'factor Rh', positivo o negativo. (1969: Myrna Torres.) Med.

rhythm and blues ing. 'ritmo y *blues*'. Eufemismo de las casas discográficas estadounidenses para los *race records*, 'discos de la raza (negra)', expresión eufemística a su vez a causa del nuevo *status* negro en EE.UU. Designa un *jazz* negro originado entre los negros inmigrados en Chicago, *blues* muy acentuado y bailable. Al fundirse con la mús. *country* abrió brecha para el nacimiento del *rock*. (1979: *Bl. y Negro*.) Mús.

rial ár. 'rial'. Moneda persa. Num.

Rialto it. 'Rialto'. Puente veneciano (1590), todavía existente, sobre el Gran Canal. Del lat. *rivus altus*, 'río profundo'.

Richter al. Apellido del sismólogo estadounidense Ch. F. Richter, que da nombre a una escala de nueve grados para medir la magnitud de los seísmos, según la energía liberada en su foco. Geogr. f. → MERCALLI.

rickshaw ing. 'riksa', 'ricsa', 'rixa'. Silla de ruedas de alquiler, tirada por un hombre. Del jap. *jinricksa*, compuesto de *jin,* 'hombre', *riki,* 'fuerza' y *sha,* 'coche'. Empezó a usarse en Japón hacia 1870, extendiéndose luego a otros países extremo-orientales. (1929: *Bl. y Negro*; pero en 1925: Blasco Ibáñez: *ricsha*) Transp. t.

ricorsi it. 'reflujos'. La doctrina de los *corsi e ricorsi,* 'flujos y reflujos', se debe a Giambattista Vico, quien la expuso en *La ciencia nueva* (1725-30). Considera Vico a Dios como arquitecto de un mundo en que el hombre no es más que un albañil *(artifex)* y sobrepone a la ciudad terrena, que se construye en el tiempo, la ciudad eterna, salida de la Providencia de Dios, a la cual todo tiende y todo vuelve por un movimiento en espiral de *corsi e ricorsi,* lo cual constituye el progreso humano. (1896: Unamuno.) Fil.

rictus lat. 'rictus' (Ac.), 'gesto facial'. Abertura de la boca por mera contracción o rigidez de los labios. (1892: Pardo Bazán.) Med.

ridete, cives lat. 'reíd, ciudadanos'. Acuñada tal vez sobre *plaudite, cives.* (1873: Galdós.) → PLAUDITE, CIVES!

ridiculus mus lat. 'ridículo ratón'. (1793: Moratín h.) Lit.
→ PARTURIENT MONTES...

rien de rien fr. 'nada de nada'. (1897: *Azorín*.)

rien moins vrai que la verité fr. 'nada menos verdadero que la verdad'. Atribuida a Boileau (1639-1711), si bien parece estar en contradicción con el pensamiento de este autor. (1887: L. Coloma.)

rien n'est beau que le vrai fr. 'nada tan bello como lo verdadero'. De la *Epístola* 9, 43, de Boileau (1639-1711). De otro modo: *rien n'est beau, je reviens, que par la verité,* 'nada resulta bello si no es por la verdad' (*Epístola*, 9, 102) (1972: Díez Echarri.) Lit.

rien ne va plus fr. 'no se aceptan más (apuestas)'. Frase que dice el *croupier* en el juego de la ruleta cuando ésta comienza a girar. (1911: Pérez de Ayala.) Jue.

rifacimento it. 'refundición'. Con referencia a una obra literaria. Lit.

rififi fr. 'rififí'. 'butrón' en jerga maleante española; pero lit.: 'riña', 'trifulca', 'rifirrafe'. En fr. es palabra argótica popularizada por la novela de Le Breton, *Du rififi chez les hommes*, llevada al cine con el mismo título (1955) por Jules Dassin.

rifle ing. 'rifle' (Ac.). Fusil de cañón estriado. Invención de armeros alemanes establecidos en Pennsylvania (EE.UU.). Del al. *Riffel*, 'estría', 'raya'. (1860: Alarcón.)

Rifundazione comunista it. 'Refundación comunista'. Nombre adoptado por los comunistas italianos, tras la conversión del *PCI* en *PDS* socialdemócrata, tras el vigésimo congreso (1991) del *PCI*. (1994: A. Elorza.) Pol. → PCI; PDS.

rigor mortis lat. 'rígor mortis' (Ac.: 2001), 'rigidez de muerte', 'rigidez cadavérica'. Med.

Rigsdag dan. y sue. 'Parlamento'. (1991: J. Ayuso.) Pol.

rimmel ing. 'rímel' (Ac.: 1992). Apellido de un fabricante inglés de cosméticos. Tempranamente introducido en esp. para designar determinado perfume (1908: Pardo Bazán); posteriormente, pomada que tiñe o acentúa las pestañas y cejas. F. Rodríguez Álvarez (1997) niega que *rimmel* sea voz inglesa; estima que procede el apellido Eugen Rimmel, perfumista alemán del S. XIX. Robert y Zingarelli no se pronuncian sobre su origen; Panzini-Migliorini (1963) y Mini (1994) la consideran inglesa. Cabe suponer, en la adopción inglesa de *rimmel*, un caso semejante al de *Reuter*, *Richter*, *blitz*, etc. Su ausencia en los diccionarios ingleses quizá se deba a que en ellos no suelen figurar marcas comerciales. Cosm.

ring ing. *'ring'* (Ac.: 2001), 'cuadrilátero', donde se boxea; lit.: 'anillo', 'círculo'. (1909: Pardo Bazán.) Dep.

RIP lat. Siglas de *Requiescat in pace*. Rel.

rippert ¿fr.? 'ripper' (1886: F. Pérez y Glez.), 'riper' (1902: *Azorín*). En Madrid, carruaje de transp. colectivo, de tracción animal; variedad de ómnibus, con caja más ligera que éste y con ruedas más pequeñas y próximas. Autorizado para hacer uso, en ocasiones, de los rieles de los tranvías de tracción animal, con los que coexistieron a finales del

XIX y principios del XX. Es voz presente en escritores de ese tiempo: *Clarín*, *Azorín*, Felipe Pérez y González, etc. El *Dic.* de Montaner y Simón atribuye su invención a Rippert. (1892: *Clarín*.) Transp. t.

rira bien qui rira le dernier fr. 'reirá mejor quien ría el último'. (1893: U. Glez. Serrano.)

risala ár. 'epístola'. (1980: J. M. Ullán.) Lit.

Risorgimento it. 'Resurgimiento'. Movimiento por la libertad (1815-1848) y por la unidad (1859-1870) de Italia, que tuvo como expresión el periódico turinés *Il Risorgimento* (1847), del príncipe Cavour, ministro del reino del Piamonte. (1912: *Dorio de Gádex*.) Hist.

risotto it. 'risoto'. Plato mixto de arroz, carne, queso, cebolla, etc. (1877: *Dr. Thebussem*.) Gastr.

risum teneatis? lat. '¿podríais contener la risa?'. De Horacio (*ad Pisones*, 5). (1783: Moratín h.) Lit.

ritornello it. 'ritornelo' (1780: J. Castel; Ac.: 1992), 'retornelo' (1754: *El prioste de los gitanos*, sainete). Breve preludio instrumental repetitivo. (1865: Galdós.) Mús.

ritos de pasaje galicismo. Calco del fr. *rites de passage*, con referencia a los ritos o prácticas regladas que acompañan a los pasos o pasajes importantes de la vida: nacimiento, pubertad, matrimonio, enfermedad, muerte, etc. Es expresión acuñada por el folklorista y antropólogo francés Arnold Van Gennep (1873-1957), en su libro *Les rites de passage* (1909). (1987: J. Alcina Franch.) Antrop.

Rive Gauche fr. 'Margen izquierda'. Con referencia al río Sena, a su paso por París. Señala los distritos de París donde suelen vivir los estudiantes, los artistas, los escritores. (1900: A. Nervo.)

(la) Riviera it. 'la Riviera'. La marina que va de Menton a la Spezia; continuada desde Menton a Saint-Raphaël, recibe ya el nombre de *Côte d'Azur*. (1922: *Andrenio*.) Geogr. f.

rivière fr. 'rivier'. Collar de diamantes o de otras piedras preciosas (1900: A. Nervo.) Joy.

riyal ár. 'riyal'. Moneda de Arabia Saudí. Num.

road movie ing. 'filme de carretera', porque su acción transcurre a lo largo de un viaje por carretera en automóvil (1968: A. Fdez. Santos.) Cine.

roadster ing. 'descapotable', 'deportivo'. Automóvil de un solo asiento, con capota ligera y plegable. (1923: *Bl. y Negro*.) Autom.

roastbeef ing. 'rosbif' (Ac.), '(trozo de lomo de) vacuno asado'. Comp. de *roast*, 'asado', y *beef*, 'vacuno'. Pero el esp. 'rosbif' procede directamente del anglicismo fr. *rosbif*. (1772: J. Cadalso.) Gastr.

robe de chambre fr. 'bata de casa'. (1850: A. Flores.) Indum.

robes fr. 'vestidos (femeninos)'. (1923: *Raffles*, cuplé.) Indum.

robocop ing. Comp. de *robo(t)*, 'robot', y *cop*, 'poli(cía)', es decir, 'polirobot' o 'policía robotizado'. Palabra popularizada por el filme *Robocop* (1987), de Paul Verhoeven. (1996: M. Alpuente.) → ROBOT; COP.

robot al. (1893: *Meyers Lex*), 'robot' (Ac.), 'siervo o criado mecánico'. En ant. eslavo, *robota*, 'trabajo', 'servidumbre feudal'; y en che. moderno, *robotnik*, 'esclavo'. Su aceptación actual y la difusión de la palabra se debe a una obra de teatro del checo Karel Chapek: *Robots universales de Rossum* (1929), trad. al ing. en los años treinta, habiendo servido el ing. de vehículo para otros idiomas, entre ellos el esp. (1977: M. Leguineche.)

rock ing. '*rock*' (Ac.: 2001). (1976: *Informaciones*.) Mús. → ROCK AND ROLL.

rockabilly ing. '*rock* montañés'. *Rock* influido por la mús. de los *Hillbilly songs*, canciones tradicionales de los montañeses de Kentucky, Georgia, Tennessee y Carolina del Sur. (1987: *País*.) Mús. → HILLBILLY.

rocambolesco galicismo. (Ac.: 1992). Del fr. *rocambolesque*, 'aventura o proeza personal extraordinaria, casi increíble'. Esta voz empezó a emplearse en fr. hacia 1898. Deriv. de *Rocambole*, nombre del protagonista de la serie de novelas folletinescas *Exploits de Rocambole*, de Ponson du Terrail (1829-1871). Originariamente *rocambole*, 'rocambola' (Ac.) es el nombre de una variedad de ajo tierno, más suave que el ordinario, llamado también *échalote d'Espagne*, 'escalonia de España'. (1930: Valle-Inclán.) Lit.

rock and roll ing. *'rock and roll'* (Ac.: 2001), 'rocanrol', lit.: 'muévete y gira'. Estilo de música popular, desarrollado en los años cincuenta, a partir del *jazz*, con línea melódica muy sencilla, sacudida con repentinas acentuaciones, heredadas del *rythm and blues*. Debe su nombre al *disc-jockey* Alan Freed (1955), quien lo tomó de la expresión con que los cantantes de *blues* describían la actividad sexual. (1956: *Pueblo*.) Mús.

• **rocker** ing. 'roquero'. Practicante de *rock and roll*. (1979: A. Batista.) Mús. → ROCK AND ROLL.

rockette ing. 'cohetita' (si se admite este dim. fem. de 'cohete'). Con este derivado de *rocket*, 'cohete', se designa a las esbeltas bailarinas del Radio City Music-Hall, de Nueva York. (1966: Carlos Fuentes, Méx.) Baile.

rococó fr. 'rococó' (Ac.). Derivado burlón de *rocaille*, 'rocalla' (Ac.). 1) estilo decorativo francés, o estilo Luis XV (estilo *rocaille*), que en el segundo tercio del siglo XVIII sucedió al estilo barroco; como en éste, predominan en él las líneas curvas, con menor vigor y mayor delicadeza. (1925: E. d'Ors.) Arte; 2) 'cursi'. (1887: L. Coloma.)

roder cat. 'merodeador', 'bandolero'. (1915: García Valero.)

roodomontade fr. 'roodomontada', 'fanfarronería', 'bravuconada'. Con el título de *Rodomontades* se publicaron en Francia diversos libros, siendo el más célebre el del Señor de Brantôme. Se satirizaba en ellos a los matasietes españoles. *Rodomontade* deriva del it. *rodomontata*, y ésta de Rodomonte, personaje de *Orlando furioso*, de Ariosto. Lit.

roentgen intern. 'roentgen' (Ac.), 'roentgenio' (Ac.). Unidad internacional de medida radiológica. Por el apellido del físico alemán Wilhelm Conrad Röntgen o Roentgen (1845-1923), descubridor de los rayos X. Fís.

rôle fr. 'rol' (1837: J. B. Alberdi; Ac.: 2001), 'papel'. El que se desempeña en el teatro o en la sociedad o en el juego llamado 'juego de rol', intr. en España en los años ochenta. Del lat. *rotulus*. Su sentido primero fue el de 'rollo' y, muy

pronto, el de 'rollo de papel' (documentos, actas judicia-
les, etc.). Las listas de personas (contribuyentes, soldados,
marineros) estaban escritas en rollos de papel, de ahí el fr.
enrôler, 'estar en la lista'. Los actores tenían su papel *(rôle)*
escrito en un *roule,* 'rollo', atado y ornado con una cinta.
Sin embargo, 'rol', hoy no es galicismo, sino anglicismo,
del ing. *roll.* (1929: Ortega.)

roll ing. 'roll', 'papel'. → RÔLE.

Rolling Stones ing. 'Cantos rodados'. Grupo audaz de mús.
rock, liderado por el británico Mick Jagger; fundado en
1962, en pleno desarrollo del movimiento *hippy.* Mús.

Rolls-Royce ing. Compañía inglesa fabricante de motores de
automóviles y de aviones, fundada en 1906. Debe su nombre a los apellidos de sus fundadores: Charles Stewart Rolls
(1877-1910) y Henry Royce (1863-1933). Transp. t. y a.

ROM ing. Siglas de *Read Only Memory,* 'Memoria *(Memory)*
para sólo *(Only)* ser leída *(Read)*', es decir, 'Memoria únicamente de lectura', pues su contenido sólo puede ser
leído y no puede modificarse en ningún caso. Inform. →
CD-ROM.

Roma locuta lat. Abrev. de *Roma locuta est,* 'Roma ha hablado', en ext.: *Roma locuta est, causa finita est,* 'Roma ha hablado, la causa ha terminado'. Dicho referente a la Curia
romana, cuando una causa o cuestión en debate es defini-
da por el Papa; o cuando, en el terreno jurídico, entre católicos, se pronuncia el Tribunal de la Rota. Este dicho está basado (según Georg Büchmann: *Geflügelte Worte,* 1864)
en un pasaje de los *Sermones* (131,10) de San Agustín, quien,
a propósito de la herética causa pelagiana, debatida en dos
concilios, escribe: *causa finita est.* Se desconoce cuándo se
añadió *Roma locuta.* A veces *Roma locuta* se emplea irónicamente con el sentido del dicho español: 'Lo dijo Blas,
punto redondo'. (1998: RNE.) Rel.

roman fr. 'novela'. (1887: J. R. Mélida.) Lit.

roman à clef fr. 'novela con clave'. En la que personajes de
la vida real están enmascarados con nombres ficticios. Lit.

romance ing. 'romance' (Ac.: 1992), 'idilio'. Introducción en los años treinta con relación a los 'amoríos' (1985: E. Lorenzo) entre artistas de Hollywood. Este sentido de 'romance' es hoy tan admisible en esp. como antaño el de 'idilio'. Lit.

roman expérimental fr. 'novela experimental'. Término y concepto de la novela debido a Émile Zola (1840-1902), autor de *Le roman expérimental* (1880), donde se propugna, como base de la novela, el naturalismo científico, apoyado en la observación y en la experimentación. Esta tendencia literaria estuvo influida por las ideas de Hippolyte Taine y Claude Bernard. (1914: Ortega.) Lit.

roman-fleuve fr. 'novela río'. Conjunto novelesco formado por una larga serie de volúmenes, como *Les Thibault*, de Martin du Gard; *Jean-Christophe*, de Romain Rolland, etc. (1971: Corrales Egea.) Lit.

romanza it. 'romanza' (Ac.). Pasaje lírico para una sola voz, de carácter sencillo y tierno. (1890: Ruiz Contreras.) Mús.

romesco cat. 'romesco'. Salsa marinera para guisos de pescado, especialmente para zarzuelas. (1897: A. Muro.) Gastr.

rondalla cat. 'rondalla' (Ac.), 'cuento (popular tradicional)', 'conseja'. (1900: P. Bonet.) Lit.

rond-point fr. 1) 'rotonda' (1994: *Telemadrid*), 'glorieta' (1992: Dir. Gral. de Tráfico) o 'plaza circular a la que llegan varias avenidas o carretera', lit.: 'punto redondo'. (1868: A. F. de los Ríos); 2) 'distribuidor', con 'isleta' o 'torta' en medio, de direcciones de circulación automovilística.

R.P.F. fr. → RASSEMBLEMENT DU PEUPLE FRANÇAIS.

roquefort fr. 'roquefort' (Ac.: 2001), 'roquefor'. Queso de leche de oveja, de pasta blanda, de olor fuerte y con manchas azuladas por el moho, a causa de la incorporación de pan canido a la leche. Debe su nombre al lugar de su origen, Roquefort, ayuntamiento de Aveyron, cercano a Montpellier. Gastr.

roscof galicismo. Por 'reloj de bolsillo'. (h. 1915: L. Esteso.)
→ ROSSKOPF.

rosé fr. 'rosado'. Tipo de vino claro. Gastr.

rosebud ing. 'capullo o botón de rosa'. Palabra enigmática
pronunciada por Kane al morir, en el filme *Citizen Kane*
(1941), de Orson Welles, y que se lee al final del filme, en
un trineo de juguete, cuando se quema con otros trastos.
Interpretada como una apelación de Kane a la infancia perdida y también como palabra clave que identifica a Kane
con el magnate de la prensa Randolph Hearst, quien la
empleaba para denominar el clítoris de su amante, la actriz Marion Davies. (1990: Joaq. Vidal.) Cine.

rossianin ru. 'rusiano', es decir, ciudadano ruso de la CDI,
o Confederación de Estados Independientes, sucesora de
la extinguida URSS. (1995: A. Pérez-Ramos.) Pol.

rossiiski ru. 'ruso', 'ciudadano ruso' de la República Fede-
rativa Rusa. (1995: A. Pérez-Ramos.) Pol.

Rosskopf fr. En ext.: *A. Rosskopf et Cie Patent*. Marca registrada de un reloj de bolsillo de uso muy extendido en el primer tercio del siglo XX. (1972: A. del Hoyo: *Rosskopfpatent*.)

rosticería italianismo. (Ac.: 1992). 'tienda de pollos asados'
en Ch. y Méx. Del it. *rosticceria*, y a su vez, del fr. *rôtisserie*. (1987: F. Morales Pettorino, Ch.; Ac.: 1992). Host. →
RÔTISSERIE.

Rotary Club ing. 'Club Rotario'. Club local perteneciente
al *Rotary International*, asociación de hombres de negocios fundada en Chicago en 1905. Se llamó así porque,
al principio, sus miembros, 'rotarios' (Ac.: 1992), se reunían en casas diversas, por rotación; su emblema es una
rueda.

Rote Armee Fraktion al. 'Fracción del Ejército Rojo'. Grupo terrorista alemán, de extrema izquierda, activo en la
RFA, desde 1970, hasta que se disolvió voluntariamente
en 1992. (1990: *País*.) Pol.

Rot Front! al. '¡Frente rojo!'. Expresión de saludo, acompañada por el puño derecho cerrado y en alto, de los comu-

nistas alemanes a partir de la República de Weimar. (1932: Alberti.) Pol.

rôtisserie fr. 'asaduría' (1897: A. Muro), 'asador', 'rotisería' (en Arg. y Ch.). (1897: A. Muro.) Gastr.

Rotspanier al. 'español rojo'. Calificación aplicada a los republicanos españoles internados en los campos nazis de concentración, como Buchenwald y Mauthausen. Se distinguían por un triángulo rojo aplicado a sus ropas. (1977: J. Semprún.) Pol.

rouge fr. *'rouge'* (Ac.: 2001), 'carmín', 'rojo de labios'. (1944: Constancia de la Mora.) Cosm.

rough ing. 'espesura', 'herbaje', 'herbazal'. En el golf, zona de hierbas altas y dificultosas, fuera del *green*. (1990: *País*.) Dep.

Rough Riders ing. 'Los desbravadores', lit.: 'los domadores (de caballos)'. Nombre de una unidad de caballería de voluntarios estadounidenses, organizada y mandada por Theodore Roosevelt para intervenir (1898) en la guerra de Cuba. (1901: Joaq. Costa.) Hist.

roulade fr. 'rulada'. Fiambre grueso de carne picada, poco curada, cocida y tierna, aunque en fr. (Robert) significa 'corte de carne o pescado enrollado y relleno'. Gastr.

roulotte fr. *'roulotte'* (Ac.: 2001), 'rulota', 'carromato', 'casa rodante', 'rulot', pl. 'rulots' (2001: J. Cercas), propia para gente errabunda (titiriteros, gitanos, etc.). Gracias al automovilismo, su uso se ha desarrollado mucho para hacer turismo de *camping*, si bien la palabra va cediendo terreno al ing. *caravan*. (1972: *Bl. y Negro*.) → CARAVANING.

round ing. 'raund', 'asalto'. En boxeo. (1920: López Pinillos.) Dep.

roux fr. 'salsa rubia' (1897: A. Muro), 'rubio' (h. 1910: Pardo Bazán), de color tostado. Se hace con mantequilla y harina al fuego. (1897: A. Muro.) Gastr.

rovelló, pl. **rovellons** cat. 'robellón' (Ac.), 'níscalo'. Del lat. *rubellion(em)*, 'rojizo', 'herrumbroso'. Agárico comestible, en lat. cient. *Lactarius deliciosus*. (1978: R. Carnicer.) Bot.

Royal Navy ing. 'Marina Real', británica. (1892: Serrano Súñer.) Ej.

royalty ing. 'derecho', 'canon'. El que se paga por la cesión de una patente o de una obra científica, literaria o artística, a sus autores o propietarios. (1890: J. Valera.) Der.

ruada gall. 'ruada', 'ronda'. (1925: G. de Torre.)

rubato it. 'rubato'. 'robado'. Longitud de una nota musical a expensas de otra. (1963: Fdo. Ortiz, Cu.) Mús.

rubayat, sing. **rubai** ár. 'cuartetas', 'cuartetos' (h. 1911: M. Glez. Prada, Pe.). Título de un libro de poemas de Omar Jayam († 1123). (1907: María Mtnez. Sierra.) Lit.

ruche fr. 'ruche'. Cinta plisada o de encaje que sirve de adorno, en torno a la cabeza. (1884: Galdós.) Indum.

rugby ing. 'rugby'. En ext.: *Rugby game*, 'juego de Rugby', por el nombre del colegio y ciudad de Rugby, condado de Warwick, donde se inventó. (1923: Oliv. Girondo, Arg.) Dep.

Rule, Britannia! ing. Palabras iniciales del primer verso: *Rule, Britannia! Britannia rule the waves*, '¡Gobierna, Britania!, gobierna, Britania, las olas', del himno naval británico, escrito por James Thomson (1700-1788), mús. del Dr. Arne. Procede de una comedia alegórica de ambos autores, titulada *Alfred* (1740). (1928: Palacio Valdés.) Pol.

rulemán galicismo. (Ac.: 1992). En Arg. Del fr. *roulement*, 'rodamiento (a bolas)'.

rupia hindi, 'rupia' (Ac.). Unidad monetaria de India. Num.

russkii ru. 'ruso (étnico)'. (1995: A. Pérez-Ramos.) Geogr. h.

rusticana it. 'rusticana', 'pueblerina', 'rural'. (1912: *Silverio Lanza*.) → CAVALLERIA RUSTICANA.

rustido catalanismo. 'asado'. Del cat. *rostit*. También es catalanismo en esp. el deriv. *rustidera*, instrumento de cocina para asar. (1996: TVE.) —El *DRAE* registra un 'rustir', por 'asar' y 'tostar', como regionalismo (en Aragón, Asturias y León.)

S

S.A. al. Siglas de *Sturmabteilung*. 'Sección (*Abteilung*) de Asalto (*Sturm*)'. Sección paramilitar del Partido Nacionalsocialista alemán. Pol.

SAAB sue. Siglas de *Svenka Aeroplan Aktie-Bolaget*, 'Compañía Sueca de Aviones', fabricante de aviones y automóviles.

sabbat hebr. 'sabbat' (Ac.: 2001). 1) '(día de) descanso (consagrado a Dios)'. Rel.; 2) 'asamblea de brujos y brujas en la medianoche del sábado'. (1882: M. Cané, Arg.) Mitol.

SABENA fr. Siglas de *Société Anonyme Belge d'Exploitation de la Navigation Aérienne*, 'Sociedad Anónima Belga de Explotación de la Navegación Aérea'. Transp. a.

sabotage fr. 'sabotaje' (Ac.). Se difundió en contextos españoles durante la Primera Guerra Mundial. Del fr. *sabot*, 'zueco', que se utilizó a veces para sabotear, como cuerpo extraño, el funcionamiento de las máquinas. (1909: Fdo. Araujo.)

sabra ár. 'sabra'. Irónicamente, israelí nacido en el Estado de Israel, lit.: 'higo chumbo'. Con esta palabra se diferencian de los llegados a Israel desde otros países. (1992: Maruja Torres.)

sacáis caló. 'ojos'. (1855: F. Gómez Sánchez.)

(il) sacco di Roma it. 'el saqueo de Roma'. Hecho por las tropas imperiales de Carlos I de España en 1527. (1972: M. Sanz Pardo.) Hist.

saché ¿anglicismo?. En Arg. por 'saquete' o 'pequeña bolsa de plástico flexible y sellada', para alimentos sólidos o líquidos. Según algunos, adapt. del ing. *sachet*, 'bolsita'. Pero, según Bliss, en ing. es un galicismo, deriv. del fr. *sachet*, que es (cf. Robert) cualquier *petit sac*, 'saquito' o 'bolsita' para contener materias en pequeñas cantidades, como las que se emplean para las tisanas.

sachem ing. 'sáchem'. Miembro distinguido de la *Tammany Society*, sociedad filantrópica estadounidense, fundada en 1789. De la voz india (narragansett) *sachima*, que designaba al jefe de tribu, y entre los iroqueses, a un miembro de la liga de los iroqueses. (1934: J. L. Borges, Arg.) → TAMMANY.

sacra conversazione it. 'santa conversación'. Tema pictórico renacentista, en que la Virgen María conversa con algunos santos. (2001: *ABC*.) Pint.

sacredieu fr. Eufemismo deformante de *sacré Dieu!*, '¡santo Dios!', juramento con que se denota impaciencia o asombro de quien lo pronuncia. (h. 1920: Carlos Mª. Ocantos, Arg.)

saeva indignatio lat. 'furiosa indignación'. Palabras del epitafio fúnebre de Jonathan Swift (1667-1765), en ext.: *Ubi saeva indignatio ulterius cor lacerare nequat*, 'Donde la furiosa indignación ya no puede lacerar el corazón'. (1960: Dám. Alonso.)

safari suaj. 'safari' (Ac.: 1992), 'cacería' de caza mayor en África. Palabra relacionada con el ár. *safara*, 'viajar'. Dep.

safety pins ing. → ALFILERES DE SEGURIDAD.

saga isl. 'saga' (Ac.), lit.: 'relato'. Relato tradicional en prosa, islandés o escandinavo, medieval, sobre un héroe o familia. Hasta el siglo XII, las sagas fueron anónimas y orales. (1861: J. Valera.) Lit.

sagardu vasc. 'sidra', 'sagardúa' (Ac.). Contracción de *ordu*, 'vino', y *sagar*, 'manzana'. (1958: L. A. de Vega.) Gastr.

sagardua vasc. 'sagardúa' (Ac.). Palabra formada por *sagardu*, 'sidra', y el artículo -*a*. (1902: Galdós; pero *zagardúa*: 1842: A. de I. Zamácola.) Gastr. → SAGARDU.

sage fr. 1) 'prudente'. (1983: Torrente Ballester.); 2) 'instruido'.

sagesse fr. 1) 'prudencia'; 2) 'sapiencia', 'sabiduría' (Unamuno). (1912: Unamuno.) Fil.

sagou fr. 'sagú' (Ac.). Del mal. *sagu*. Planta tropical de la que se obtiene una fécula comestible. (1862: *Alm. Museo Universal*.) Gastr.

sahib hindi. 'señor (europeo)'. Del ár. *sahib*, 'amigo'. Fórmula de respeto con que los criados, en la India, en tiempos del Imperio británico, se dirigían a sus dominadores. (1983: García Márquez, Col.)

saison fr. 'temporada'. Tiempo en que se producen los más interesantes acontecimientos de la vida social (reuniones, fiestas, competiciones deportivas, espectáculos, etc.). Aunque fr., su uso está calcado sobre el ing. *season*. (1983: Areilza.) → SEASON.

sake jap. 'sake' (Ac.: 1992), 'licor de arroz'. Incoloro, de dieciséis grados. (1925: Blasco Ibáñez; pero antes *sacki*: 1782: Forner.) Gastr.

salacot mal. 'salacot' (Ac.). Sombrero hecho con corteza de bambú, en forma de cono, sobre el que se formó un sombrero interiormente aireado, característico de los colonizadores europeos. En contextos españoles aparece con grafías diversas: *salacot*, que es un filipinismo (1842: *Sem. pint. esp.*, pese a que Corominas considere, erróneamente, que la primera documentación de esta palabra sea 1868: V. M. de Abellán); *shalakó* (1887: E. Gaspar), y las muy disparatadas (¿rusificadas?) *salakof* (1926: Ortega; 1918: *País*) y *sarakof* (1962: Carlos Fuentes, Mex.) Indum.

salah ár. 'zalá' (Ac.), 'azalá' (Ac.). Oración litúrgica. (1890: R. A. de los Ríos.) Rel.

salam alaikum ár. 'que la paz sea contigo'. Es la zalema o saludo acostumbrado. (1930: R. J. Sender.)

salami, sing. **salame** it. 'salami' (Ac.: 1992), 'salchichón italiano', pero habría sido más acertado que la Ac. hubiese adoptado 'salame', uso de Arg., Ch. y Urug. anterior al uso de 'salami' en España. En los rótulos y establecimientos comerciales puede verse el pl. *salami* porque los hay de diferentes clases: *-crudo*, *-cotto*, *-al aglio*, etc. El uso de *sala-*

mi (pl.) por *salame* (sing.) es de procedencia anglosajona y germánica. Gastr.

salamín italianismo. (Ac.: 2001). En Arg. Del it. *salamino*, dim. del it. *salame*. Es un embutido de menor grosor (unos tres cm de diámetro) que el *salame*, y semejante a una longaniza. (1992: F. Sorrentino, Arg.) Gastr. → SALAME.

salaud! fr. '¡cerdo!'. Insulto fuerte. (1971: R. J. Sender.)

salesiano it. 'salesiano' (Ac.: 1992). Perteneciente a la Sociedad Salesiana, fundada (1868) por San Juan Bosco (1815-1888), bajo el patronato de San Francisco de Sales. Introducida en España a finales del siglo XIX. Rel.

salir del armario anglicismo. 'declarar públicamente la propia homosexualidad'. Procedente del ing. de EE.UU. (2000: *País*.) → OUTING.

Salk ing. '(vacuna) Salk' (1955), contra la poliomielitis. Por el apellido de su descubridor, el bacteriólogo estadounidense J. E. Salk (n. en 1914). Med.

salmonella lat. 'salmonela' (Ac.: 2001). Microorganismo causante de la salmonelosis, intoxicación producida por alimentos colonizados por dicho microorganismo. Llamado así por el apellido de su descubridor, el norteamericano Daniel Elmer Salmon (1914-1995). Med.

salmonellosis enteritides lat. cient. 'salmonelosis (Ac.: 2001) intestinal'. Enfermedad causada por la *salmonella*. (1989: *País*.) Med. → SALMONELLA.

saloon ing. 'salón'. Taberna característica del *Far West*. Divulgada por las películas del Oeste. Host.

SALT ing. Siglas de *Strategic Arms Limitation Talks*, 'Conversaciones sobre limitación de armas estratégicas'. Las *SALT 1* produjeron el acuerdo de 1972 entre EE.UU. (Nixon) y la Unión Soviética (Bresniev); las *SALT 2*, el acuerdo (1979) firmado por Carter y Bresniev, nunca ratificado por el Senado norteamericano. Pol.

saltarello it. 'saltarelo' (Ac.). Danza popular de los Abrazos y de la Ciociara (Lacio). (1970: María Teresa León.) Baile.

salus populi, suprema lex esto lat. 'la salud del pueblo sea la suprema ley'. De Cicerón (*De legibus*, 3, 3, 8). (1920: Pérez de Ayala.) Der.

salut... i força al canut! cat./val. '¡salud... y fuerza en el canuto!'. Dicho valenciano con referencia al pene, fórmula de salutación irónica, muy divulgada durante la guerra de España (1936-1939) en la zona republicana, donde era común '¡Salud!' como fórmula de salutación. (1979: C. J. Cela.)

Salvation Army ing. 'Ejército de Salvación'. Organización paramilitar dedicada a labores religiosas y filantrópicas, fundada por William Booth († 1912) con el nombre de *Christian Mission* (1865), después (1878) *Salvation Army*. (1926: Baroja.) Rel.

Salyut ru. 'Salva', 'Saludo'. Del fr. *salut*, 'salva'. Transcrip. muy generalizada en Occidente, si bien en esp. sería más fiel *Salut*. Con este nombre se conoce una serie de laboratorios espaciales soviéticos (el primero: 19 abril 1971), que fue seguida por la serie *Mir. Cosmonáut.* → MIR

SAM ing. Siglas de *Surface to Air Missile*, 'Misil de suelo a aire'. Ej.

samba port. 'samba' (Ac.: 1992), pero masc. en port. Baile y música brasileños. Tanto la palabra como el ritmo son de origen africano, quimbundú, y religioso. Baile.

sambo ing. 'sambo'. Acrónimo del ru. *samoo-borona bez orusía*, 'autodefensa sin armas'. Dep.

samizdat ru. 'edición particular'. Compuesta de *sam*, 'auto', e *izdat*, abrev. de *izdátelsvo*, 'editorial'. Publicación de textos fuera de los circuitos normales y autorizados en la Union Soviética, por procedimientos reprográficos, utilizados por inconformistas, disidentes, etc., principalmente en los años setenta, aunque el término es muy anterior, debido al poeta Nikolai Glazkov, quien, al autoeditarse un libro suyo, en los años cuarenta, lo hizo constar en su portada. (1976: *Rev. de Occ.*) Pol.

samnysa sáns. 'renunciación'. Actitud del brahmán, que lo abandona todo para errar solo por el mundo. Rel.

samnyasin sáns. 'renunciante'. Brahmán que abraza la *samnyasa*. (1980: *País sem.*) Rel. → SAMNYASA.

samovar ru. 'samovar' (Ac.). Compuesta de *var*, 'que hierve', y *samo*, 'por sí mismo'. Cacharro para hervir agua el té y para mantenerla caliente.

sampán chino. 'sampán' (Ac.), lit.: 'tres bordas'. Pequeño barco, para pasaje y mercancias, muy tripudo, con techado de bambú en la popa. En esp. está más acreditado el filipinismo 'champán' (1893: E. Gaspar; 1893: W. F. Retana; Ac.). Transp. m.

samplear anglicismo. (1997: David Nicolau.) Mús. → SAMPLER.

Sampdoria it. Club de fútbol resultante de la fusión del *Samp(ierdarena)* y el *Doria*. Dep.

sampler ing. 'sámpler', lit.: 'sacamuestras', 'muestreador'. Aparato electrónico que registra, memoriza y mezcla pasajes musicales, dando lugar a una aparente pieza musical nueva, especie de *pasticcio* electrónico. (1989: J. Cueto.) Mús. → HOUSE.

samsara sáns. 'samsara' (Ac.: 2001), 'encadenamiento de las existencias sucesivas'. En el hinduismo, ronda de existencias, en la cual el hombre pasa de una a otra, desde un tiempo sin comienzo hasta la liberación final. (1981: J. L. Sampedro.) Rel.

samurai jap. 'samurái' (Ac.); 'samuray' (Ac.: 1992); pl. 'samuráis'. De *samurau*, 'estar al servicio (de un señor)'. Gobernador militar de un *daimio* o miembro de la casta militar japonesa. (1925: Blasco Ibáñez.) Ej. → DAIMIO.

SANA ing. Siglas de *Syrian Arab-National Agency*, 'Agencia Nacional Árabe Siria'. Period.

sancta sanctorum lat. 'sanctasanctórum' (Ac.), lit.: 'el sagrado de los sagrados'. Versión, según la Vulgata, del hebr. *quodesh haq-quodashim*, con que se designó la parte interior y más sagrada del tabernáculo erigido en el desierto y, posteriormente, la del templo de Jerusalén, donde se guardaba el arca del Testamento, separada del *sancta* por un velo. (1900: A. Nervo.) Rel.

sancta simplicitas lat. 'santa simplicidad'. (1886: Galdós.)
→ O SANCTA SIMPLICITAS!

Sanctus lat. 'Sanctus' (Ac.). Conclusión del Prefacio de la misa, que comienza con la invocación: *sanctus, sanctus, sanctus,* en el ritual romano. Procede de *Isaías* (6, 3). Rel.

sandunga caló. 'sandunga' (Ac.), 'garbo', 'salero'. (1826: *Aviso a los lechuguinos*.)

sandwich ing. 'sándwich' (Ac.: 1992); 'sángüiche', pl. 'sángüiches' (Col.); 'sanduich', pl. 'sanduiches' (1983: García Márquez, Col.); 'sánduche', pl. 'sánduches' (1944: Martha Alvarado, Ec.); 'sangüiche', pl. 'sangüiches' (1943: Fdo. Ortiz, Cu.); 'emparedado', 'entrepán'. Esta última se emplea, entre hispanohablantes, en Valencia para toda clase de 'emparedados', sean pequeños o grandes. El ing. *sandwich* tiene origen en el título de John Montague, conde de Sandwich (siglo XVIII), gran aficionado a los juegos de cartas. En una partida que duró veinticuatro horas se negó a dejar el juego para comer e hizo que, durante tan larga partida, le suministraran rebanadas de pan con carne asada, que comía mientras jugaba. (1890: L. Coloma.) Gastr.

sandwich man ing. 'hombre-*sandwich*' (1936: J. Camba), 'hombre anuncio'. Forma de publicidad que surgió en EE.UU. hacia 1900, en la que un hombre aparecía literalmente 'emparedado' por una especie de caballete con anuncios. Muy frecuentes en los años veinte y treinta, durante la recesión económica.

sanforizar anglicismo. Utilizado principalmente en Am. h. Formado sobre el nombre de Sanford L. Cluett (1874-1968), estadounidense, inventor de este proceso previo que evita el encogimiento de los tejidos aunque se laven. Text.

sans-culotte fr. 'revolucionario'. En 1789, en París, comenzaron a denominar así los aristócratas a los revolucionarios, porque en lugar de vestir la ajustada *culotte* de los aristócratas, símbolo de la ociosidad, adoptaron el pantalón popular, holgado, símbolo de la laboriosidad. (1884: *Clarín*.) Hist. → PANTALONE.

sans-façon fr. 'franqueza', 'desparpajo', 'familiaridad'. (1782: Forner.)

sans peur et sans reproche fr. 'sin miedo y sin tacha'. Características atribuidas a Pierre du Terrail, señor de Bayard, 'el caballero Bayardo' (1476-1524). Se divulgó porque sirvió de título a una biografía anónima de este personaje (1527). (1980: L. Pancorbo.) Hist. → CHEVALIER SANS PEUR ET SANS REPROCHE.

Santa Claus ing. 'San Nicolás'. Interpretación fonética norteamericana del neerl. *Sinter Klaas*. Rel.

Santa Compaña gall. 'Santa Compañía', 'Santa Hueste'. Formada por almas en pena en procesión, que se apoderan de los durmientes y les hacen llevar hachas de luz en su procesión. (1866: C. Couveiro.) Mitol.

santo dos croques gall. → O SANTO DOS CROQUES.

Sanyo jap. En ext.: *Sanyo Masubeni*, lit.: 'Tres océanos'. Con referencia posiblemente al Atlántico, al Pacífico y al Índico. Productora de aparatos de TV, radio, etc., fundada en 1930. Radio; TV.

sapristi! fr. '¡caramba!'. Eufemismo por *sacristi!* (1907: Rodríguez Marín.)

sardana cat. 'sardana' (Ac.). Danza nacional catalana. (1893: Pardo Bazán.) Baile.

Sarea vasc. 'La Red'. Es decir, el servicio o red de información de *ETA*. (1977: *País*.) Pol. → ETA.

sari hindi. 'sari' (Ac.: 1992). Larga banda de seda empleada como prenda femenina, la cual por una punta cubre el torso como una blusa y por la otra hombros y cabeza. (1952: J. X. Vallejo.) Indum.

sarong mal. 'sarong' (1923: Blasco Ibáñez), 'saya' (Filipinas). Vestido malayo, masculino y femenino, consistente en una pieza larga de tela que se arrolla al cuerpo. (1878: E. Gaspar: *sarrong*.) Indum.

SAS ing. Siglas de *Scandinavian Airlines System*, 'Sistema o red de Líneas aéreas escandinavas'. Transp. a.

sashimi jap. 'sasimi'. Nombre que se da a lonchitas de pescado crudo dispuestas para ser ingeridas. (1982: Soledad Puértolas.) Gastr.

sastra sáns. 'tratado', lit.: 'instrumento para aprender'. Donde se exponen algunas de las ciencias y artes del hinduismo.

Sat-chit-ananda sáns. 'Satchitananda', 'el Absoluto', en la doctrina hinduista tántrica. (1981: J. L. Sampedro.) Fil. → TANTRA.

satin fr. 'satén' (1915: *La Tribuna*; Ac.). Tejido de algodón, de aspecto brillante. De Zaitun, denominación ár. de la ciudad china Lia-Tung, de donde procedía dicho tejido. (1898: A. Nervo.) Text.

satori jap. 'iluminación'. Doctrina capital e imprescindible para llegar a la realización del ser en el budismo; el *zen* es la disciplina mediadora. (1957: Rof Carballo.) Rel. → ZEN.

satría sáns. 'chatria' (Ac.), 'guerrero'. Componente de la segunda categoría (*varna*) de las cuatro que se distinguen en el hinduismo (*brahmán*, *satría*, *vaisía* y *sudra*). (1931: U. Glez. de la Calle: *ksatrya*.) Ej. → CHATRIA.

satsuma jap. Nombre de una familia real japonesa que sirve para designar una fina porcelana producida por una fábrica de esta familia. Pero en España se emplea sobre todo para una variedad de naranjas.

saudade gall. y port. 'saudade' (Ac.: 1992), 'melancolía', 'soledad', 'añoranza'. (1861: J. Valera.)

saudoso gall. 'saudoso' (Ac.: 1992), 'melancólico', 'añorante'. (1888: Pardo Bazán.)

Sauerkraut al. 'chucrú'. Preparación de la col blanca, en finas tiras, en salmuera. Comp. de *sauer*, 'agrio', y *Kraut*, 'col'. (1876: *Dr. Thebussen.*) Gastr. → CHOUCROUTE.

sauna fin. 'sauna' (Ac.), 'baño de vapor'. Introducida en España en los años sesenta.

Sauternes fr. 'Sauternes'. Denominación de origen de un vino blanco, del campo de Sauternes (Gironde, Francia). (1945: *Azorín*.) Gastr.

SAVAK ár. Siglas de *Sazemane Attalat va Anmiyate Keshvar*, 'Organización iraní de seguridad e información', durante el reinado del sah Reza Palevi. Pol.

savant fr. 'sabio' y 'erudito'. (1983: Torrente Ballester.)

savoir faire fr. 'saber conducirse', 'tener maña', 'actuar y comportarse adecuadamente'. (1858: J. Valera.)

savoir vivre fr. 'saber vivir'. (1896: A. Nervo.)

sayonara jap. lit.: 'que así ocurra', es decir, 'que nos veamos', 'hasta la vista'. Fórmula de despedida. Divulgada en España por el filme *Sayonara* (1957), dirigido por Joshua Logan, interpretado por Marlon Brando, basado en la novela del mismo título de James Michener.

scalextric ing. aparente, 'escalestric' (1992: *El Sol*; registr. por Alvar Ezquerra), 'escaléstrico'. Designa, en Madrid al menos, el conjunto de pasos elevados, a distinto nivel y distintas direcciones, para automóviles. Deriva del nombre comercial de un juego para niños (circuito de carreras de coches) electromecánico, inventado en los años sesenta, al parecer, así como la palabra, por un juguetero de Ibi (Alicante). Así consta en anteriores ediciones (1988 y 1995) de este diccionario. Contrariamente, Room (1991) y Rodríguez González (1997) afirman que *scalextric* (1957) es un sistema eléctrico que Minimodels aportó a sus modelos *Scalex*, es decir, *Scale x*, 'Escala x', o sea, a escala no especificada. (1976: Alzugaray.) Jue.

scanner ing. 'escáner' (Ac.), 'escanógrafo' (Ac.), lit.: 'analizador', 'escudriñador'. 1) aparato radiológico, inventado por el inglés Godfrey Houndsfield, premio Nobel de Medicina (1979), dotado de un sistema de radiación que gira en torno al paciente y que, mediante computerización, llega a hacer un 'escrutinio', a dar una información tridimensional. (1979: *País*.) Med.; 2) 'detector (policíaco)', cuya función es escudriñar o 'escanear' (1996: RNE) objetos sospechosos. Pol.; 3) 'barredor (de ondas telefónicas)', para tareas de espionaje, que las barre o capta aleatoriamente para escudriñarlas o analizarlas. Pol.; 4) 'seleccionador' de colores para su reproducción o impresión. (1980: *El Sol*.) Impr.

Scarface ing. 'Cara cortada.' Título de un filme estadounidense, de los años treinta, interpretado por Paul Muni (1895-1967), sobre el gángster Al Capone, que tenía la cara cortada por una cicatriz. (1981: J. L. Sampedro.) Cine.

scherzo it. 'alegre', 'vivo'. Acotación musical. (1898: A. Nervo.) Mús.

schibólet hebr. → SHIBOLET.

schola cantorum lat. 'escuela de cantores'. 1) lugar, en el *transeptum* de las antiguas basílicas cristianas, donde se situaban los cantores o *chorus*, 'coro'; 2) 'cantores', 'coro' o 'escolanía' de una catedral, monasterio, etc. Importantísima fue la *schola cantorum* pontificia, en Roma, desarrollada por el papa Gregorio I (560-604), impulsora del llamado 'canto gregoriano'. Mús.

scholar ing. 1) 'erudito'. (h. 1900: R. Darío.); 2) 'joven soltero'. (1882: Pardo Bazán.)

(der) Schottische al. 'chotis' (Ac.), lit.: 'escocesa'. Era una especie de polca escocesa (*polka-schotis*: 1859: *Alm. Museo Universal*). Pocas veces se encuentra *schottische*, plenamente al., pero el grupo *tt* y la pronunciación grave, recuerdan el remoto origen al. en *schottisch* (1863: Pereda; 1929: *Andrenio*), algo menos en *schottis* (1882: Martínez Pedrosa) y *schotis* (1859: *Alm. Museo Universal*), frecuentes en publicaciones musicales y discos. De lo que no parece haber duda es de que se trata de un germanismo fr. (*schotisch*: 1862: Davillier), 'chotís' (1886: F. Pérez y González), asociado con la polca, y de ahí que suela aparecer como femenino. Recuérdese que 'escocés' en fr. es *écossais*, fem. *écossaise*. Baile.

Schutzbund al. 'Liga de defensa', milicia socialista, frente al *Heimwehr*, 'Milicia (*Wehr*) patriótica (*Heim*)', socialcristiana y fascistoide, en la Austria de los años treinta, antes del *Anschluss* o anexión de Austria por la Alemania nazi. (1946: A. Revesz.) Pol.

Schweppes ing. El nombre de esta agua refrescante no es onomatopéyico, como pudiera parecer. Primeramente, hasta 1834, se llamó *Schweppe*, apellido de su creador, el alemán Jacob Scheppe, que se estableció en Londres en 1792. Gastr.

science-fiction ing. 'ciencia-ficción', 'ficción científica'. Término norteamericano, surgido en 1927, para designar el género narrativo de componentes científicos o seudocientíficos. (1948: F. Ayala.) Lit.

sciuscià it. '(niño) limpiabotas', pop. 'limpia'. Deriva del ing. *shoe shine*, 'se limpia calzado', pronunciado a la italiana, con que los niños italianos ofrecían este servicio a los soldados del ejército aliado en Italia, durante la Segunda Guerra Mundial. Se divulgó esa expresión con el filme *Sciuscià* (1946), dirigido por Vittorio de Sica. (1989: J. L. de Vilallonga.)

scoop ing. 'primicia', 'noticia (sensacional) exclusiva', 'noticia bomba' (1995: J. Goñi), equivalente, en jerga periodística española, a 'pisotón'. A su difusión contribuyó la novela *Scoop* (1935) del británico Evelyn Waugh. (1988: P. Sebastián.) Period.

scooter ing. *'scooter'* (Ac.: 2001), 'escúter' (M. Seco), 'motoneta' (1968: S. Garmendia, Méx.) De *motor scooter*, 'patinete con motor'. Motocicleta con cierta forma de patinete, difundida en Italia en la posguerra de la Segunda Guerra Mundial, luego en los demás países. Transp. t.

-scope ing. Sufijo derivado del gr. *skopos*, de *skopein*, 'examinar', 'observar'. → CINEMASCOPE.

scope ing. Abrev. de *cinemascope*. (1982: A. Fdez. Santos.) Cine. → CINEMASCOPE.

score ing. 1) 'tanteo', 'número de tantos', en fútbol, tenis, etc. (1925: *Bl. y Negro*.) Dep.; 2) 'número de votos'. (1990: F. Pérez Royo.) Pol. Como término deportivo su uso es relativamente reciente, debido al cronista deportivo Edmund Hoyle. *Score* deriva del ant. nor. *skor*, 'muesca': los pistoleros del Oeste señalaban con 'muescas' en las culatas de sus revólveres las muertes que lograban.

scotch ing. 'escocés'. Forma abrev. de *scotch whisky*, '*whisky* escocés'. (1933: Jardiel Poncela.) Gastr.

scotch whisky ing. '*whisky* escocés'. (1958: F. Ayala.) Gastr.

Scotland Yard ing. 'Cuartel general de la Policía de Londres', lit.: 'recinto o solar de Escocia', así llamado porque en ese lugar estuvo el palacio en que los reyes de Escocia residían en Londres cuando visitaban Inglaterra.

scout ing. 'escaut'. Forma abreviada de *boy scout*. → BOY SCOUT.

scrabble ing. 'escrabel'. Marca registrada (1948). Juego de mesa inventado por el estadounidense Alfred Butts. Consiste en formar palabras (existentes en el diccionario), mediante fichas que portan una letra cada una, sobre una parrilla o tablero semejante al de los crucigramas. Del verbo *to scrabble*, 'luchar por la posesión de algo' y 'garrapatear'. (1998: *País, Tentaciones*.) Jue.

scratch ing. 'rasguño', 'rascadura', 'rayado'. Técnica utilizada por los pinchadiscos, que consiste en mover el disco hacia delante y hacia atrás para conseguir el efecto de un disco rayado en algunos momentos. (1997: *País*.) Mús.

script ing. 'guión cinematográfico'. Es abrev. de *manuscript*, 'texto manuscrito', 'manuscrito', o *typescript*, 'texto mecanografiado'. (1966: Carlos Fuertes, Méx.) Cine.

script ing. 'secretaria o secretario del rodaje de un filme'. Abrev. de *script-girl*. (1997: Montse Ordorica.) Cine. → SCRIPT-GIRL.

scripta manent lat. 'las escritas permanecen'. (1903: *A. Miquis*.) → VERBA VOLANT, SCRIPTA MANENT.

script-girl ing. 'secretaria del rodaje', 'anotadora del rodaje', lit.: 'chica del guión'. Cine.

Scud ing. Nombre con que la OTAN designa un misil soviético empleado por Irak en su guerra contra Irán y en la guerra del golfo Pérsico (1991). Significa lit.: 'vuelo rápido'. Ej.

scuderia it. 'escudería', lit.: 'cuadra (para équidos)'. El italianismo 'escudería' se emplea en contextos españoles con acepción italiana de 'conjunto de automóviles y conductores' o 'equipo', patrocinado por una misma marca, en competiciones deportivas. (1992: Pérez de Rozas.) Dep.

scudetto it. 'escudeto', 'escudito'. Distintivo que el equipo campeón de la Liga italiana de fútbol tiene derecho a ostentar durante la temporada siguiente. (1996: J. C. Iglesias.) Dep.

scull ing. 'escálamo', '(de) remos fijos'. Bote de competición, ligero y estrecho, con dos remos fijos por tripulante, uno para cada mano. Puede ser doble *scull* o cuádruple *scull*, según el número de remeros. Constituyen variedades de la modalidad olímpica *skiff*. (1992: *País*.) Dep. → SKIFF.

SDI ing. Siglas de *Strategic Defence Initiative*, 'Iniciativa de Defensa Estratégica', plan militar propuesto por el presidente Reagan, de EE.UU., en marzo de 1986, conocido también en ing. como *Star War*, 'Guerra de las Estrellas', y en esp. como 'Guerra de las Galaxias'. Ej.

season ing. 'temporada'. (1886: J. Valera.) → SAISON.

SEATO ing. Siglas de *South East Asia (Collective Defence) Treaty Organization*, 'Organización (u Organismo) del Tratado (de Defensa Colectiva) del Sureste de Asia', organización paralela a la OTAN. Fundada el 8 de septiembre de 1954 en Manila. Sus componentes: EE.UU., Australia, Nueva Zelanda, Gran Bretaña, Francia, Pakistán y Tailandia. Pakistán se retiró en 1972 y recientemente Nueva Zelanda. Pol.

secam fr. 'secam'. Formada sobre *sé(quentiele) c(ouleur) à m(émoire)*, 'color secuencial de memoria'. Procedimiento francés de TV en color. Telecom. → PAL-SYSTEM.

Secession ing. 'Secesión'. Nombre adoptado (1897) en Austria para un movimiento artístico renovador, bajo el lema:

'Al Tiempo, su Arte; y al Arte, su Libertad', por la Unión de Artistas Plásticos, formada por un grupo de artistas que se salieron de la *Kunstler Haus*, 'Casa de los Artistas', inmovilista. El alma de *Secession* fue el pintor Gustav Klimt. (1995: BFMarch.) Pint. → SEZESSION.

sécretaire fr. 'secreter' (Ac.: 1992), 'escritorio'. Mueble que sirve para escribir y guardar papeles y escritos en cajones y huecos. (1890: L. Coloma.) Mob.

secundum quid lat. 'según lo que (sea)', 'respecto a algo'. Contrapuesto a *simpliciter*, 'enteramente', 'por completo', 'sin excepción', 'absolutamente'. (1842: V. de la Fuente.)

securit fr. artif. 'securit'. Nombre registrado de un tipo de cristal 'seguro', por inastillable, para automóviles, creado por la cristalera Saint-Gobain (*Manufacturate des Glaces et Produits chimiques de Saint-Gobain, Chauney et Cirey*). Autom.

Securitate rum. 'Seguridad'. Policía política armada, bajo el régimen (1965-1989) del *conducator* Nicolae Ceausescu. (1939: *ABC*.) Pol.

SED al. Siglas de *Sozialistische Einheitspartei Deutschlands*, 'Partido Socialista Unificado de Alemania', en la RDA, que , tras la caída (1989) del muro de Berlín, fue refundado como 'Partido Democrático Socialista'. (1990: *ABC*.) Pol. → PDS.

sedan fr. 'sedán', 'berlina'. Automóvil de un solo compartimiento, con cuatro puertas. En los siglos XVII y XVIII designaba una silla de ruedas, característica de Sedan, ciudad francesa. (1945: R. S. Suso.) Autom.

sed nunc non erat his locus lat. 'pero aquí nada de esto viene al caso'. De Horacio (*ad Pisones*, 19). (1782: Forner.)

sed sic est lat. 'pero es de tal modo'. Se empleaba en las argumentaciones escolásticas (1726: Feijoo.) Fil.

sefaradim hebr. (1991: Haro Tecglen.) → SEPHARADIM.

Sefer Torah hebr. 'Rollo de la Ley', 'Rollo del Pentateuco'. Con referencia a esa parte de la Biblia. Se utiliza este rollo para lecturas públicas en la sinagoga. Rel. → TORAH.

Segi vasc. 'Seguir'. Organización juvenil radical vasca aberchale, sucesora, en 16 de junio de 2001, de *Haika*, tras la ilegalización de ésta, sucesora a su vez de *Jarrai*. (2001: *País*.) Pol. → HAIKA; JARRAI.

sehr gut! al. '¡muy bien!'. Respuesta de cortesía. (1955: F. Ayala.)

Sejm pol. 'Seym', 'Seim', 'Asamblea', 'Parlamento', en la República Popular de Polonia. (1981: *País*.) Pol.

séjour fr. 'estancia (temporal)', 'residencia (temporal)'. Permiso oficial francés, provisional, para residentes extranjeros. (1970: María Teresa León.) Pol.

selaser ing. 'seláser'. Formada sobre *se(lective) l(ight) a(mplification) s(timulated) e(mission) r(adiation)*, 'radiación emitida con estimulación y amplificación luminosa selectiva'. Dispositivo similar al láser, pero de mayor rendimiento. (1979: Alzugaray.) Telecom.

self anglicismo. Adoptado por el psiquiatra Carlos Castilla del Pino, con el significado de 'imagen social de mí mismo' en cuanto reflejada por los demás o proyectada a los demás, a través de la cual me vivo a mí mismo. Del ing. *self*, 'esencia o individualidad personal', 'el sí mismo'. (1995: Carlos Castilla del Pino.) Psic.

self-control ing. 'autocontrol', 'autodominio', 'dominio de sí mismo'. (1936: R. J. Sender.)

self-government ing. 1) 'autogobierno', 'autonomía'; 2) 'descentralización'. Término debido a Jefferson (1790), con referencia al autogobierno de las colonias inglesas de Norteamérica. (1877: G. Azcárate.) Pol.

self-made man ing. 'hombre que se ha hecho a sí mismo'. Expresión que aparece por primera vez en un debate (1823) del congreso de EE.UU. (1899: R. de Maeztu.)

self-service ing. 'autoservicio'. Modalidad comercial en la que el cliente se sirve a sí mismo. (1976: *País*.) Com.

Seltz fr. 'Seltz'. Adapt. fr. del topónimo al. *Selters*, población de Hesse (Alemania), célebre por sus aguas minerales gaseosas. En esp. 'agua de Seltz' y en ing. *Seltzerwater* (1989:

Webster). Entra en la comp. del medicamento digestivo *Alkaseltzer* (1976: Fdo. del Paso, Méx.). (1878: *Plano anunc. de Madrid.*) Gastr.

selva selvaggia ed aspra e forte che nel pensier rinnova la paura it. 'selva selvática y terrible y grande que en el pensamiento hace renacer el temor'. De Dante (*Infierno*, 1, 5-6). (1904: N. Mariscal.) Lit.

senatus populusque romanus lat. 'el senado y el pueblo romano'. Es decir, el senado como institución máxima representativa (creada durante la República) del pueblo romano, para evitar el poder personal. Siglas *SPQR*, que, además, figuró en el lábaro de Constantino. (1952: J. Ayesta.) Hist.

Senideak vasc. 'Familiares'. Pl. de *senide*, 'hermano', 'pariente'. Organización del Movimiento de Liberación Vasca, para ayuda a los familiares de los presos etarras. (1996: J. L. Barbería.) Pol. → ETA.

senior lat. 'senior' (Ac.), 'sénior' (Ac.: 2001), 'mayor', lit.: 'de más edad'. Se utiliza principalmente en los deportes para designar a los deportistas mayores de veinte años, frente a *junior*, o menor de veinte años. Este uso procede del ing., de ahí que por mimetismo, se vea el evitable ing. pl. *seniors* cuando debe emplearse el pl. esp. 'seniores'. (1899: Sánchez y Rubio.) Dep.

seniores lat. 'seniores', 'mayores'. (1932: E. d´Ors.) → SENIOR.

se non è vero, è ben trovato it. 'aunque no sea cierto, está bien ideado'. Proverbio citado en *Degli eroici furore* (1585), de Giordano Bruno. (1831: Larra.)

sensemayá afrocub. 'sensamayá', 'culebra'. (h. 1930: Nicolás Guillén.) Zool.

sensor ing. 'sensor' (Ac.: 1992). Aparato electrónico de gran sensibilidad para registrar y detectar impurezas ambientales y otros aspectos. (1977: Alzugaray.) Electrón.

sensu contrario lat. 'en sentido contrario'. (1928: F. Ayala.)

sensu lato lat. 'en sentido amplio'. (1933: Ortega.)

sensu stricto lat. 'en sentido estricto'. (1929: Ortega.)

seny cat. 'juicio', 'prudencia', 'cordura'. Tanto el cat. *seny* como el it. *senno* proceden del ant. fr. *sen*, y éste a su vez, así como el al. *Sinn*, del franconio *sin*, 'discernimiento'. (1919: M. Santos Oliver.) Fil. → RAUXA.

senyera cat. 'señera' (Ac.), 'bandera', 'bandera de Cataluña'. (1976: *Triunfo*.) Pol.

Sepharad hebr. 'Sefarad'. Nombre bíblico de lugar (Abdías, 20), considerado 'España'. → SEPHARDIM.

sephardim, sing. **sephardi** hebr. 'sefardíes' (Ac.), 'sefaradíes' (1953: Millás Vallicrosa). Judíos descendientes de los expulsados (1942) de *Sefarad*, 'España'. (1905: Galdós.) Geogr. h. → SEPHARAD.

seppuku jap. 'suicidio (ceremonial)', practicado por gente de calidad. (1990: R. Vilaró.) → HARA-KIRI.

serendipity ing. 'serendipidad' (1998: Haro Tecglen; 1999: M. Seco, *Esp. act.*). Facultad de conseguir hallazgos (1998: Gil Calvo) o hacer descubrimientos por accidente. Es palabra creada por el novelista inglés Horace Walpole (1717-1797), quien atribuye esta facultad a los héroes de su novela *The three princes of Serendip*. Serendip es nombre antiguo de Ceilán, hoy Sri Lanka. (1998: Gil Calvo.)

serial anglicismo. Incorporado al esp. (Ac.: 1992) con su significado en ing. de telefilme proyectado por partes o episodios en días sucesivos. Pero 'serial', en contextos españoles, suele tener una nota peyorativa, de la que carece su doblete 'serie'. TV.

serial killer ing. 'asesino múltiple (1994: A. Muñoz Molina) o sucesivo o serial', 'asesino secuencial', porque realiza varios asesinatos seguidos o en cadena. Criminal característico de EE.UU. en la segunda del siglo XX. (1993: M. Benedetti, Urug.) Sociol.

sermo nobilis lat. 'habla noble o culta'. (1934: Daza de Campos.) Ling.

sermo rusticus lat. 'habla rústica o rural'. (1981: E. Lorenzo.) Ling.

sermo urbanus lat. 'habla urbana o ciudadana'. (1981: E. Lorenzo.) Ling.

sermo vulgaris lat. 'habla vulgar'. (1924: Valle-Inclán.) Ling.

serre fr. 'invernadero'. (1884: *Clarín*.)

sertanejo port. 'sertaneyo', 'sertanejo' (1979: R. Conte), 'sertanero' (1990: Vargas Llosa, Pe.). Habitante del *sertão*, en Brasil. (1979: R. Conte.) Geogr. h. → SERTÃO.

sertão por. 'sertón' (Ángel Crespo). En Brasil, región boscosa, silvestre, distante de las poblaciones; interior, distante de la costa. (1976: *Triunfo*.) → SERTÕES.

sertões port. 'sertones'. (1933: G. de Reparaz.) → SERTÃO.

Serva la barí caló. 'Sevilla la grande'. Geogr. p.

servatis servandis lat. 'respetadas (las cosas o términos) que se deben respetar', 'guardadas las distancias'. En oposición a *mutatis mutandis*. (1851: Concordato Pío IX-Isabel II.)

sesquipedalia verba lat. 'palabras (*verba*) de pie y medio (*sesquipedalia*)', 'palabras desmesuradamente largas'. De Horacio (*ad Pisones*, 97). Lit.

set ing. 'set' (Ac.: 2001). 1) 'serie' o 'conjunto', 'manga' (1990: *País*, *LEst*.) de seis juegos de tenis. (1976: *País*.) Dep.; 2) 'plató' donde se rueda un filme. (1932: *Bl. y Negro*.) Cine.

set ball ing. 'bola de *set*', 'bola de serie, conjunto o manga', que da al jugador la ocasión de adjudicarse la serie, conjunto o manga. Dep. → SET.

setter ing. 'séter', 'ojeador'. Variedad de perro de caza. Deriv. de *to set*, 'pararse', 'detenerse'. (1912: Pérez de Ayala.) Dep.

settimino it. 'septimino'. Pieza musical de siete voces, tocado con siete instrumentos, como el famoso *Settimino op. 20*, de Beethoven, para cuatro cuerdas, más clarinete, fagot y trompa. (1989: *BFJMarch*.) Mús.

setze jutges mengen fetge d´un penjat cat. 'dieciséis jueces comen hígado de un ahorcado'. Trabalenguas que juega con las palatales -tz-, -tg-, -g- y -j- y que sirve de chibolete. (1984: Vázquez Montalbán.) Ling. → SHIBOLET.

severo y fem. **severa** anglicismo. 'fuerte', 'extremo', 'grave', según los casos. Frecuente en relación con el vocabulario médico (1998: Dr. Bandrés) y meteorológico (1998: Cadena SER), respecto a enfermedades y el tiempo. Med.; Meteor.

Sèvres fr. 'Sevres'. Fábrica real de porcelana, en Francia, que reemplazó como tal, en 1756, a la de Vincennes, gracias a la protección de la marquesa de Pompadour, que hizo llamar a los artistas Boucher y Falconnet para la creación de los modelos de *biscuits*. → BISCUIT.

sex appeal ing. '*sex-appeal*' (Ac.: 2001), 'sexapil', 'atracción sexual', 'atractivo sexual'. (1931: Morla Lynch, Ch.)

sex-shop ing. 'tienda de artículos eróticos', 'tienda erótica'. Anglicismo procedente tal vez (1980: Rey-Debove) de los países escandinavos. (1976: A. Fdez. Santos.) Com.

sex symbol ing. 'símbolo (o personificación de lo) erótico (o de la atracción sexual)'. Referido a personas. (1976: *Hermano Lobo*.)

sexy ing. '*sexy*' (Ac.: 2001), 'con atractivo sexual'. (1976: *País*.)

sexy show ing. 'espectáculo erótico'. (1976: I. Fuente.) Tea.

Sezession al. 'Secesión'. Anglicismo al. adoptado (1991: Wahrig) para designar el movimiento artístico vienés llamado con el ing. *Secession*. Por tanto es frecuente hallar tanto el original *Secession* en ing. como la adapt. al. *Sezession*. (1990: Oriol Bohigas.) Arte. → SECESSION.

Sezessionstil al. 'estilo *Sezession*'. (1981: J. L. Sampedro.) Arte. → SECESSION.

S.F.I.O. fr. Siglas de *Section Française de l'Internationale Ouvrière*, 'Sección Francesa de la Internacional Obrera'. Surgió en 1904, en el Congreso de la Internacional Socialista, en Amsterdam, unificando a los socialistas franceses. Pol.

sfumato it. 'esfumado', 'difuminado'. Técnica pictórica que da un modelado vaporoso a las figuras, como se advierte en las de Leonardo, Correggio, etc. (1953: Gaya Nuño.) Pint.

shah ing. 'sah' (Ac.), conforme al per. *sah*, 'rey', fem. *sahbanou*, 'reina' (1990: J. L. de Vilallonga: *shabanou*). (1876: *Dr. Thebussem*.) Pol.

shalom aleichem hebr. 'la paz sea contigo'. Fórmula de salutación.

shamán ru. (tunguso). Transcrip. ing. y fr. *shaman*. (1950: Fdo. Ortiz, Cu.) → CHAMÁN.

shampoo ing. 'champú' (Ac.). Del hindi *champo*, 'masaje'. Líquido jabonoso para el lavado del cabello. Cosm.

Shangó afrocub. (1993: A. Carpentier.) Rel. → CHANGÓ.

Shangri-la ing. 'Shángrila'. Topónimo ficticio, de apariencia tibetana, inventado por el novelista inglés James Hilton (1900-1954) para su novela *Lost Horizon*, 'Horizonte perdido', titulada en esp. 'Horizontes perdidos', y llevada al cine (1933). Designa en la novela un 'paraíso recóndito' de paz espiritual.

shantung ing. 'santún'. Tipo de seda originario de la provincia china de Shantung. Indum.

share ing. 'cuota (de pantalla)', 'porcentaje de (audiencia)', 'fracción (correspondiente)'. Contabilización del número de oyentes o espectadores que corresponde a una determinada emisora o programa de radio o de TV. (1991: *País*.) Telecom.

shariah ár. → CHARIAH.

Shell ing. Nombre y logotipo de una compañía de petróleos, lit.: 'concha'. Fundada por el inglés Marcus Samuel, quien, anteriormente, se había dedicado al comercio de conchas marinas procedentes del Oriente Medio. En ext.: *Royal Dutch Shell Group of Companies*. 'Holandesa Regia y Shell, Grupo de Compañías', angloholandés, con sedes en Londres y La Haya. Es una de las llamadas 'siete hermanas'. Petroq.

sheriff ing. '*sheriff*' (Ac.: 2001), 'sérif', en el habla. Del ant. escocés *scire*, 'gobierno', 'demarcación', del que procede también *shire*, 'condado'. Es el encargado del orden en una demarcación o condado en EE.UU. (1933: Jardiel Poncela.) Pol.

sherpa tib. (**sharpa**) '*sherpa*' (Ac.: 2001), 'serpa', lit.: 'habitante (*pa*) del Este (*Shar*)'. Miembro de una tribu del E del Tíbet, al S del Himalaya. Sirve de guía y porteador a los montañeros. Divulgada esta palabra a partir de 1953, fecha de la coronación del Everest por Edmund Hillary y el *sherpa* Tensing. (1978: F. Umbral.) Geogr. h.

Sherry ing. '(vino de) Jerez'. *Sherry* es un falso sing. del topónimo ing. *Sherris* (1597), adapt. del esp. 'Xerez' o 'Jerez'. (1982: *Cambio 16*.) Gastr.

shía ár. (1991: *País*.) Rel. → CHÍA.

shiatsu jap. 'siatsu', 'siachu', 'digitopuntura', lit.: 'presión con el dedo'. Masaje terapeútico con los dedos. Esta presión se hace sobre ciertos puntos del cuerpo para reequilibrar la cantidad y la calidad de la energía corporal. (1995: *País*.) Med.

shibolet hebr. (**schibbólet**) 'chibolete' (1931: Unamuno), 'palabra de prueba', 'santo y seña' (1981: E. Lorenzo), lit.: 'corriente', 'agua corriente'. Procede de la Biblia (*Jueces*, 12, 5). Allí se cuenta cómo los de Galaad tomaron los vados del Jordán a los de Efraín, cuyos fugitivos decían: «Dejadnos pasar». Los de Galaad preguntaban: «¿Eres efrateo?». «No», respondía el fugitivo. «Pues dí *shibólet*». Si pronunciaba *sibólet*, declaraba así su condición de efrateo y le quitaban la vida. (1932: Unamuno.) Ling. → SETZE JUTGES.

shii ár. (1991: *País*.) Rel. → CHÍI.

shilling ing. 'chelín' (Ac.). Moneda inglesa, que hasta 1971 valía una vigésima parte de la libra. (1861: J. Valera.) Num.

shimmy ing. 'shimmy'. Baile estadounidense, introd. en Europa en los años veinte. Lanzado por Gilda Gray (1918), quien decía al bailar: «No hago más que mover mi camisa (*shimmy*)», y de ahí pasó a significar 'temblor', ya que este baile se caracteriza por el temblor que agita los hombros. (1922: P. Mata.) Baile.

Shin Beth hebr. 'Sin Bet', trad. 'Ese Be'. *Shin*, o *sin*, es el nombre de la letra vigesimosegunda del alfabeto hebreo, correspondiente a la letra esp. 'ese'; y *beth*, o *bet*, es la letra segunda del mismo, correspondiente a la esp. 'be'. Ambas letras aparecen como iniciales en *S(herut) B(itakhon)*, nombre del 'Servicio de Seguridad' interior del Estado de Israel. (1992: *País*.) Pol.

Shinto jap. 'Sinto', lit.: 'Camino *(to)* de los dioses *(shin)*'. Antigua religión nacional del Japón, centrada en la divinidad del Emperador. Rel.

shoa hebr. 'holocausto'. Con referencia especial al 'exterminio' de judíos realizado por el nazismo. Ha servido de título a un famoso reportaje (1985) televisual del periodista francés Claude Lanzmann. (1990: R. Conte.) Pol.

shock ing. 'choque', 'conmoción'. (1904: F. P. de Alderete.) Med.

shocking ing. 'chocante', 'escandaloso', 'desvergonzado', según los casos. (1866: Pardo Bazán.)

shogun jap. 'sogún' (Ac.), lit.: 'jefe militar'. Fue título de los señores feudales en Japón (siglos XII-XIX). El sogunado era quien realmente mandaba en Japón hasta 1867. (1906: L. Morote.) Hist.

sholom aleichem yid. 'la paz sea contigo'. Salutación. → SHALOM ALEICHEM.

shoot ing. 'chut', 'tiro', 'disparo', en fútbol. (1914: *La Esfera*.) Dep.

shopping ing. '(ir) de tiendas', '(ir) de compras'. (1969: A. Archanco Royo.)

short, pl. **shorts** ing. '*short*' (Ac.: 2001), 'pantalones cortos'. (1934: *Bl. y Negro*.) Indum.

show ing. '*show*' (Ac.: 2001), 'espectáculo' (M. Seco), 'exhibición', 'actuación' (1999: Paquito Cano), 'número', en el género de las variedades. Pron. 'sou', pero también 'chou' (1995: Rosariyo de Jerez) entre los artistas de este género de España o escrito 'chou' (1995: Maruja Torres) irónicamente. (1933: Jardiel Poncela.) Tea.

showa jap. 'paz y armonía'. Nombre y lema correspondientes al mandato imperial (1926-89) de la era de Hirohito en Japón. (1989: *El Sol*.) Pol.

show business ing. 'mundo del espectáculo', especialmente en su aspecto de negocio *(business)*. Es expresión que data de 1887, de origen norteamericano. Divulgada por la canción de Irving Berlin *Show Business*, de la comedia musical *Annie get your gun* (1946). (1976: M. Alpuente.) Tea.

showman ing. 'hombre espectáculo', 'hombre de espectáculo', 'animador escénico', 'hombre de tablas'. (1989: *ABC*.) Tea.

shrapnel ing. 'bomba o proyectil relleno de metralla que se abre o rompe poco antes de llegar al blanco'. Inventado por el militar inglés H. Shrapnel (1761-1842). (1897: Unamuno.) Ej. → SHRAPNELL.

shrapnell fr. y al. Deformación fr. (Larousse) y al. (Meyer) del ing. *shrapnel*. (1938: R. J. Sender.) Ej.

S.I. lat. Siglas de *Societas Iesu*, 'Compañía de Jesús', o de *Societatis Iesu*, 'de la Compañía de Jesús'. Rel.

(sic) lat. '(sic)' (Ac.), es decir, 'así en el original'. Sigue a palabras transcritas con evidente error. (1909: M. Arnáiz.) Biblio.

sic de caeteris lat. 'así de (o respecto) las demás cosas'.

sic erat in fatis lat. 'así lo decretaban los hados', 'así estaba escrito' (1980: Herrero Llorente), 'así estaba predeterminado' (1995: TVE). (1995: TVE.)

sic itur ad astra lat. 'así se va hacia los astros', es decir, a la fama, a la inmortalidad. De Virgilio (*Eneida*, 9, 641). (1877: Pereda.) Lit.

sic semper tyrannis lat. 'así (hay que hacer) siempre con los tiranos': darles muerte. Frase atribuida a Marco Junio Bruto, uno de los matadores de Julio César y que sirve de *motto* al estado de Virginia (EE.UU.). La tuvo presente John Wilkes Booth cuando asesinó (14 abril 1865) al presidente Abraham Lincoln. (1990: Haro Tecglen.) Hist.

sic transit lat. 'así se va', 'así pasa'. (1883: Pardo Bazán.) → SIC TRANSIT GLORIA MUNDI!

sic transit gloria mundi! lat. '¡así pasa la gloria de este mundo!'. De Thomas de Kempis (¿1379?-1471), en su *Imitación de Cristo* (1, 3, 6). Estas mismas palabras se pronuncian tres veces frente al Papa electo cuando se dirige procesionalmente en la silla gestatoria al altar papal. Al salir de la capilla Clementina, se le presenta de rodillas un maestro de ceremonias con una vara plateada que porta en un extremo un poco de estopa, que se prende en presencia del Papa, mientras que el ceremoniero, alzando la vara ante el Papa, le dice: *Sancte Pater, sic transit,* etc. La misma escena se repite ante la estatua de San Pedro y en la capilla de los santos Proceso y Martiniano. (1835: Mesonero.) Rel.

sicut vita, finis ita lat. 'cual (fue) la vida, tal (será) el final'. (1913: Unamuno.)

sic vos non vobis lat. 'de este modo (trabajáis), pero no para vosotros'. José de Echegaray escribió un drama (1891) con este título latino. Según el seudo Donato *(Vida de Virgilio),* Augusto hizo celebrar en Roma unas fiestas públicas que fueron interrumpidas por la lluvia; al día siguiente, ya sin lluvia, se reanudaron. Virgilio, sin afirmarlo, escribió en la puerta del palacio de Augusto este dístico: *Nocte pluit tota, redeunt spectacula mane* : / *Divisum imperium cum Iove Caesar habet,* 'Llovió toda la noche, vuelven los espectáculos en la mañana: / César tiene el mando compartido con Júpiter'. Augusto quiso premiar esta gentileza. Virgilio no se presentó como autor del dístico, pero sí un tal Batilo, quien recibió la recompensa. Enojado Virgilio, volvió a escribir el dístico sobre la puerta, seguido de este verso: *Hos ego versiculos feci, tulit alter honores,* 'Yo hice estos versos, otro se llevó los honores', añadiendo este comienzo enigmático de otros cuatro versos: *sic vos non vobis,* Augusto quiso verlos acabados; Batilo no los supo acabar; Virgilio, sí, de esta manera: *sic vos non vobis, nidificatis aves; / sic vos non vobis, vellera fertis oves; / sic vos non vobis, mellificatis apes; / sic vos non vobis, fertis aratra boves.* ('De este modo vosotras, las aves, nidificáis no para vosotras; / de este modo vosotras, las ovejas, pastáis no para vosotras; / de este modo vosotras, las abejas, producís miel no para vosotras; / de este modo vosotros, los bueyes, arrastráis el arado no para vosotros'). (1772: J. Cadalso.) Lit.

sidecar ing. 'sidecar' (Ac.). De *car,* 'vehículo', y *side,* 'lateral'. (1932: Baroja.) Transp. t.

si Dieu n´existait, il faudrai l´inventer fr. 'si Dios no existiese, habría que invertarlo'. De Voltaire (*Épîtres*, 104. *À l´auteur du livre des trois imposteurs*, 1769, 22). Rel.

Sieg heil! al. '¡salve, Victoria!'. Grito nazi. Comp. de *Sieg*, 'Victoria', y *heil*, 'salve', 'viva'. (1990: *País*.) Pol.

signore it. 'señor'. (1896: Blasco Ibáñez.)

signorina it. 'señorita'. (1832: Mesonero.)

sikh hindi. 'sij'. Del sáns. *shishya*, 'discípulo'. Miembro de una secta monoteísta indomusulmana y guerrera del Punjab (India), fundada por Nanak (1469-1539). (1922: *Andrenio*.) Rel.

silent leges inter arma lat. 'callan las leyes cuando suenan las armas'. De Cicerón (*Pro Milone*, 4, 11). (1989: L. A. de Villena.)

si l´on veut abolir la peine de mort en ce cas, que MM. les assassins commencent fr. 'si se quiere que la pena de muerte sea abolida, que los señores asesinos comiencen (por aborlirla ellos)'. Frase, muy citada en su versión española, de Alphonse Karr (*Les Guêpes*, 1849). Der. → À VOUS LES PREMIERS...

s´il vous plaît fr. 'si le agrada', 'si le parece'. Cumplido. (1840: Mesonero.)

simba suaj. 1) 'león'. Zool.; 2) 'miliciano independentista del Zaire (Congo belga)', en los años sesenta. Ej.

SIMCA fr. Siglas de *Société Industrielle de Mécanique et de Carroserie Automobile*, 'Sociedad Industrial de Mecánica y de Carrocería Automóvil'. Autom.

similia similibus curantur lat. 'las semejantes se curan con las semejantes'. Principio de S. Chr. F. Hahnemann (1755-1843), fundador de la homeopatía, autor de *Organon der rationellen Heilkunde* (1810), 'Órgano de la medicina racional', opuesto al principio hipocrático: *contraria contrariis curantur*. (1865: Galdós.) Med.

simili modo lat. 'de modo semejante'. (1964: Pérez de Úrbel.)

simoun fr. 'simún' (1867: N. Fdez. Cuesta; Ac.). Viento abrasador y arenoso que sopla en el Sahara de S a N. Del ing. *simoon*, transcrip. ing. del ár. *samún*. (1862: Bécquer.) Meteorol.

Simplicissimus latinismo al. Semanario ilustrado satírico alemán (1896-1944; 1954-1967; 1980-1981), fundado por Albert Lange. Su animal heráldico: un *bulldog*. Su título tal vez esté inspirado por el nombre del pícaro protagonista de la novela (1669) *Der Abenteuerliche Simplicissimus*, 'El aventurero Simplicissimus', de Grimmelshausen, que transcurre durante la guerra de los Treinta años. Entre sus principales dibujantes: Gulbransson y Steinlen; entre sus colaboradores literarios: H. y Th. Mann, H. Hesse, J. Wassermann, R. M. Rilke. (1915: Castelao.) Period.

sinar caló. 'ser' y 'estar'. (1975: *P. el de la Matrona*.)

Sìndic de Greuges cat. 'Síndico de Quejas'. Así se llama al 'defensor del pueblo' en la Generalidad de Cataluña. (1989: Teresa Cendrós.) Pol.

sine causa lat. 'sin causa'.

sine Cerere et Baco friget Venus lat. 'sin Ceres y Baco, Venus se enfría'. De Terencio (*Eunuchus*, 732). (1835: Mesonero.)

sine die lat. 'sine díe' (Ac.), 'sin día', 'sin fecha'. (1967: R. J. Sender.)

sine ira et studio lat. 'sin ira y sin parcialidad'. De Tácito (*Anales*, 1, 1), que declaran que así escribirá su historia. (1893: U. Glez. Serrano.) Hist.

sinelar caló. (1975: *P. el de la Matrona*.) → SINAR.

sine qua non lat. 'sin la cual no'. (1828: L. Perú de Lacroix.) → CONDITIO SINE QUA NON.

sine sole, sileo lat. 'sin sol, callo'. Inscripción de reloj solar. (Santander, recinto del Faro.)

single ing. 'sínguel', 'sencillo' (M. Seco), 'corto'. Disco de vinilo de corta duración, frente a *longplay*, '(de) larga duración'. Mús.

singles ing. 'individuales', 'singulares', 'simples', 'mano a mano' (1982: J. Quincoces). Partido de tenis en que se enfrentan un solo jugador contra otro solo jugador; cuando son dos parejas de jugadores las que se enfrentan los partidos se llaman *doubles*. (1929: Antonio Gay.) Dep.

Sinn Féin irl. 'Nosotros mismos', lema de los independentistas irlandeses, molde del lema *nosaltres sols*, de los separatistas catalanes. Da nombre al movimiento fundado (1905) por Arthur Griffith que condujo al Estado Libre de Irlanda (1922). Ha persistido, tras la independencia del Eire, como movimiento político en Irlanda del Norte con el nombre *Ulster Provisional Sinn Féin* junto al *Provisional IRA*, su brazo armado. (1976: *Triunfo*.) Pol. → NOSALTRES SOLS.

sinn féiner híbrido: irl. (**sinn féin**) e ing. (**-er**). 'sinnféiner' (1997: J. Juaristi), 'partidario del *Sinn Féin*'. Pol. → SINN FÉIN.

sir ing. 'sir', 'señor'. Título y tratamiento honorífico. Del fr. *sire*.

sirimiri vasquismo. (Ac.). (1982: Unamuno.) → ZIRIMIRI.

sirocco it. 'siroco' (Ac.) y 'jaloque' (Ac.), del cat. *xaloc*. En el sur de Italia, viento del sureste, ardiente y sofocante. Del ár. *xoruc*, 'levante del sol', del verbo *xarak*, 'levantar'. (1867: R. de Catro.) Meteor.

sirtaki gr. 'sirtaki', lit. 'deslizamiento', 'arrastre'. Danza popular que se caracteriza por el deslizamiento o arrastre de los pies sobre el suelo con pasos cortos. Difundida por el filme *Zorba el griego* (1964), dirigido por M. Cacoyannis, interpretado por Anthony Quinn. Baile.

sitar hindi. 'sitar'. Instrumento musical de cuerda. (1982: *Manzanita*.) Mús.

sitcom ing. Abrev. de *situation comedy*, 'comedia de lugar', llamada así porque la acción transcurre en un solo sitio o lugar (hogar familiar, hotel, etc.), pero se la denomina generalmente 'comedia de situación' (1991: *País*). Da nombre a un género de series de TV, de carácter amable y cómico generalmente, que transcurren en un mismo lugar y con el mismo grupo de personajes. (1990: J. Batlle.) TV.

sit tibi terra levis lat. 'sea leve la tierra para ti'. Inscripción sepulcral. Se halla en Juvenal (7,207) y Marcial (1, 89). (1879: Palacio Valdés.)

sit venia verbo lat. 'haya venia o disculpa (del oyente o del lector) para la palabra (empleada por el que habla o escribe)'. (1989: F. Savater: *sit venia verbis.*)

si vis me flere, dolendum est primum ipsi tibi lat. 'si quieres hacerme llorar, es menester que te haya dolido antes' (1915: Unamuno); o bien, más libre: '¿queréis hacerme llorar?; enseñadme un dolor verdadero' (h. 1928: J. Rogerio Sánchez); o bien 'si quieres que yo llore, es menester que primero tú te duelas' (1952: L. Riber); o bien: 'si quieres que yo llore, primero debes llorar tú mismo' (1980: V. J. Herrero); o bien: 'si quieres que llore, tendrás que quejarte tú primero' (1990: A. Gala). Es frase de Horacio (*ad Pisones*, 102-103). Todas estas traducciones resultan opacas, si no se tiene en cuenta que Horacio aquí aconseja a los poetas trágicos que sean sinceros en la expresión del dolor, si quieren conmover a sus oyentes. (1915: Unamuno.)

si vis pacem, para bellum lat. 'si quieres la paz, prepara la guerra'. Adagio recogido por Vegecio (*De re militari*, 3, pról.), Publilio Siro, etc. (1882: Pi y Margall.) → PARABELLUM.

ska ing. jamaicano. Estilo de música jamaicana que mezcla elementos de *jazz* y rasgos caribeños. Floreció en los años sesenta y abrió paso a la mús. *reggae*. Dicen que es nombre onomatopéyico del rasgueo de las cuerdas de la guitarra. (1990: RNE.) Mús. → REGGAE.

skaal dan. 'salud'. Brindis. (h. 1915: C. M.ª Ocantos, Arg.) → SKOL.

skaï ¿fr.? 'skai', 'eskai', 'escai'. Marca registrada (h. 1955). Material sintético imitativo y sustitutivo del cuero. Difundido en España a partir de los años setenta. Mob. e Indum.

skate ing. 'escate', 'monopatín'. Abrev. de *skate board*. (1991: *País sem.*) Dep. → SKATE BOARD.

skate board ing. 'tabla de patinaje', 'monopatín'. Tabla con ruedas, inventada (1960) en California, a imitación del patín acuático (*surfboard*), con la que se practica un deporte algo semejante al *surf*, pero sobre el suelo. (1976: I. Lerin.) Dep.

skater ing. 'escáter'. Fanático del *skate* o 'monopatín'. (1994: *País*.) Dep.

skating ing. 1) 'patinaje' (1897: Benavente.) Dep.; 2) 'escatin', 'deslizamiento'. En los equipos de alta fidelidad, el deslizamiento o movimiento no deseado del brazo, por desequilibrio del plato. (1970: *D. 16*.)

sketch ing. 1) 'esbozo', 'apunte'. (1928: Lorca.) Dib.; 2) 'cuadrito escénico', 'apunte escénico'. (1928: Lorca.) Lit.

SKF sue. Siglas de *Svenka Kullager Fabriken*. 'Fábrica sueca de bolas de rodamiento'. Metal.

ski fr. 'esquí' (Ac.). Del nor. *ski*. (1905: *Bl. y Negro*.) Dep.

skiff ing. 'esquife' (Ac.), 'bote'. Del it. *schiffo* y, a su vez, del longobardo *skif*. Embarcación ligera, de remos fijos al escálamo (en ing. *scull*). Modalidad de carrera náutica incluida en los JJ.OO. de París (1900). (1992: *País*.) Dep. →
SCULL.

skijama híbrido, 'esquijama' (Ac.: 2001). Tipo de pijama no holgado y que imita al traje del esquiador. (1978: R. Montero: *skyjama*.) Indum.

skinhead ing. 'cabeza rapada' (1978: *País*), 'rapado' (1975: *País*); 'pelado' (2001: Alfredo Montoya), catalanismo, del cat. *pelat*. Joven violento, filofascista, caracterizado por llevar la cabeza rapada y ataviado con ropas o cueros claveteados. Surgieron en Londres a finales de los sesenta. (1987: *D. 16*.)

skin-reds ing. 'rojos rapados'. Los así llamados forman una tribu urbana. Muestran sus cabezas enteramente rapadas, excepto un cresta de pelo rojo, al estilo de los indios mohicanos. Son de matiz izquierdista, contrarios a los *skinhead*, 'cabezas rapadas', de orientación nazifascista. (1995: *País*: RED-SKINS.)

Škoda che. Fábrica fundada en 1869 por el ingeniero Emil Škoda para la producción de material bélico (artillería, fusiles, etc.). Posteriormente, automóviles. Autom.

skol sue. 'brindis'. (1976: L. Pancorbo.) Gastr.

skylab ing. 'laboratorio espacial'. Contracción de *sky laboratory*, 'laboratorio celeste'. El primero fue lanzado al espacio por EE.UU. en mayo de 1973 y cayó a tierra en julio de 1979. Cosmonáut.

skyscraper ing. 'rascacielos'. De *sky*, 'cielo', y *scraper*, 'rascador'. (1894: *Ilustr. art.*) Arq.

slab ing. 'planchón'. Semiproducto metálico procedente de laminación (unos 15 cm de grosor) o colada continua. (1984: R. Tamames.) Metal.

slalom ing. 'eslálom', 'eslalon' (1983: *País*). Del nor. *slalåm*, comp. de *sla*, 'inclinado', y *låm*, 'huella o pista de esquí'. Carrera de esquí por pendiente marcada con señales-obstáculos. Deporte olímpico. Dep.

slam ing. 'eslam'. En la jerga de los negros de New York, da nombre a un género de poesía callejera recitativa e iracunda que expresa insultantemente disconformidad con la existencia y el mundo. (Se diferencia del *rap* en que éste es más musical y rítmico y en que la crítica de éste se dirige solamente contra la sociedad represora.) Divulgada fuera de Nueva York por el filme *Slam* (1999), de Marc Lewin. El verbo *slam*, como señala E. Partridge, significa, además de 'hablar deprisa', 'insultar' y 'criticar frontalmente'. (1999: A. Fdez. Santos.) Lit.

(grand) slam ing. 'gran eslam', 'gran circuito de competiciones importantes'. *Slam* fue nombre de un antiguo juego de naipes que se ha conservado en el *bridge*, donde hacer *grand slam* equivale al esp. 'capote', es decir, 'ganar todas las bazas', frente a *little slam*, 'pequeño eslam', ganar una sola. Del *bridge* pasó a los deportes, señaladamente al esquí y al tenis. (1988: TVE.) Dep.

slang ing. 'jerga' o expresiones marginales respecto al *standard English*. (1913: A. Reyes, Méx.) Ling. → STANDARD ENGLISH.

sleepers ing. → DURMIENTES.

sleeping ing. 'coche cama', en los ferrocarriles. (1894: Pereda.) → SLEEPING CAR.

sleeping car ing. 'coche cama', lit.: 'coche *(car)* de dormir *(sleeping)*'. (1884: Galdós.) Transp. t. → WAGON-LIT.

slip ing. 'eslip' (Seco), 'eslipe'. Calzoncillo mínimo, como un taparrabos, lit.: 'tira', 'franja'. (1966: M. Fdez. Galiano.) Indum.

slogan ing. 'eslogan' (Ac.: 1992), 'lema', 'consigna (política)', 'frase publicitaria'. Es toda frase que expresa un llamamiento publicitario o un llamamiento político. Su origen es gaélico: grito de combate o invocación a las armas de un clan escocés (de *slaug*, 'ejército', y *gairm*, 'grito'). Su más clara aceptación en esp. se da en el campo de la publicidad comercial; pero desde la muerte de Franco va penetrando en el de la política, ya que 'consigna' estuvo muy vinculada al PCE. (1951: J. J. Estellés.)

sloka sáns. 'esloca', lit.: 'verso'. Lit.

slot ing. 1) 'ranura' o 'hueco' en el *hardware* para insertar el *software*. (1992: *País.*) Inform.; 2) 'hueco' de salida o aterrizaje y también 'ruta programada en tiempo y espacio para el vuelo de cada avión'. (1999: Radio España.) Transp. a.

smart ing. 'elegante'. (1898: A. Nervo.)

smash ing. 'esmás' y deriv. 'esmasar' (1991: M. Santana). En tenis, el golpe que se da a la pelota con la raqueta alta, por encima de la cabeza del jugador, es decir, de arriba a abajo, generalmente desde la red. (1980: García Candau.) Dep.

smog ing. 'esmog', 'niebla tóxica' (1984: R. Tamames). Niebla producida por contaminación de la atmósfera. Es palabra acuñada hacia 1948-51 por los habitantes de Los Ángeles (California), con *sm(oke)*, 'humo' y *(f)og*, 'niebla', según Heinz Haber; pero otros (Rey-Debove) la atribuyen al Dr. Des Voeux (1905). De forma parecida pueden formarse en esp. estas: 'humón' o 'humión' (de 'hum(o)' y '(contaminaci)ón'); 'huma' (de 'hum(o)' y '(niebl)a'); 'humiebla' (de 'hum(o)' y '(n)iebla'); ya existe 'neblumo' (J. Goytisolo), (de 'néb(u)l(a)' y '(h)umo'). (1984: *País.*)

smoking ing. 'esmoquin' (Ac.). Señala Casares *(Novedades)* que esta palabra, aunque de origen ing., no ha tenido exitencia en dicha lengua como palabra independiente *(smo-*

king-jacket, hoy *diner-jacket)* para designar esta prenda; el uso esp., sin *jacket*, procede del fr. (1901: Galdós.) Indum.

smörgåsbord sue. 'mesa de bocadillos de mantequilla', 'bufete sueco' (L. Pancorbo), lit.: 'mesa de cosas de manteca' (Ganivet). Es una mesa donde hay pan, mantequilla, embutidos, salazones, ensaladas, a elegir por los comensales. (1896: Ganivet.) Gastr.

snack-bar ing. 'cantina'. Bar donde se pueden tomar *snacks* ('tentempiés'). Llegó a España en los años sesenta. (1963: J. López Pacheco.) Host.

SNCF fr. Siglas de *Société Nationale des Chemins de Fer Français*, 'Sociedad Nacional de los Ferrocarriles Franceses'. Transp. t.

(to) sniff ing. 'aspirar por la nariz (cocaína)', de donde deriv. el anglicismo esp. 'esnifar (cocaína)'. (1998: Maruja Torres.)

snipe ing. Pequeña embarcación de regata, a vela; lit.: 'agachadiza', porque se parece a esta ave en vuelo. Dep.

snob ing. 'esnob' (Ac.: 1992), 'persona que acoge las novedades por admiración necia o para darse tono' (M. Seco), 'cursi' (1986: *Clarín*). Durante mucho tiempo se ha creído que *snob* procedía de la anotación *s. nob.*, en ext.: *sine nobilitate*, 'sin nobleza', pero tal procedencia no está documentada; sí, en cambio, *snob*, 'aprendiz de zapatero' y, peyorativamente, 'hortera' (E. Lorenzo). Es palabra divulgada por el *Libro de los snobs* (1884), de W. M. Thackeray. (1896: *Clarín*.)

snowboard ing. 'tabla de nieve', 'tabla para nieve'. Desde los años noventa se emplea para patinar sobre la nieve. Expresión creada analógicamente sobre *surfboard*. (1995: *País sem.*) Dep. → SURF.

snuff movies ing. 'filmes brutales'. Género clandestino de filmes con escenas de mutilaciones, torturas, agonías y asesinatos reales, provocadas y destinadas a un público secreto y psicopático. Su desarrollo, aunque con antecedentes fílmicos, ha tenido mayor difusión con la propagación de las videocámaras. Comp. de *snuff*, 'apagar la vela de alguien', es decir, 'matarle', voz argótica gangsteril (según Partridge), y *movie*, 'película'. (1996: Román Gubern.) Cine; Video.

soap opera ing. Expresión irónica, lit.: 'ópera de jabón'. Designa emisiones de radio y TV, principalmente series, como las 'novelas', 'novelones', 'culebrones', etc., porque originariamente solían estar patrocinadas por productores de jabones, detergentes, etc. (1991: Cabrera Infante, Cu.) Telecom.

soccer ing. 'fútbol'. Otro nombre que se da al fútbol inglés. Formado sobre *Association Football*, abrev. primeramente, *assoc*, y luego en *soc* más el sufijo *-cer*. (1990: *Mundo*.) Dep. → FIFA.

socket ing. 'sócket', en Am. h. (1992: Moreno de Alba), 'portalámpara' y 'clavija (para enchufe)'. Mob.

soda ing. 'soda' (Ac.: 1992), 'agua efervescente', 'agua gaseosa'. En ext.: *soda water*, 'agua sódica'. (1924: *Bl. y Negro*.) Gastr.

sofrosine gr. 'sofrosine', 'sosiego', 'serenidad'. (1916: R. León.)

software ing. '*software*' (Ac.: 2001), 'equipo o dotación instruccional' de un ordenador electrónico, lit.: 'artículo *(ware)* blando *(soft)*'. (1978: *País*.) Inform. → HARDWARE.

soi-disant fr. 'sedicente', 'autotitulado', 'supuesto', 'pretendido'. (1860: J. Valera.)

soirée fr. 'velada', 'fiesta o reunión vespertina'. (1835: Mesonero.)

soja fr. 'soja' (Ac.), 'soya' (R. Darío). Del jap. *shoy*. En lat. cient. *Glycine soja*. (1913: R. Darío.) Bot.

Sojourner ing. 'Transeúnte'. Ingenio móvil, con ruedas, para explorar y analizar el planeta Marte, llevado allí (4 julio 1997) por la nave espacial estadounidense *Mars Pathfinder*. Cosmon. → MARS PATHFINDER.

sokamuturra vasc. 'toro ensogado'. (1983: A. Duque.) Dep.

solarium lat. 'solárium' (Ac.: 1992), 'solario'. (1929: E. d'Ors.)

solfatara it. 'solfatara' (Ac.), 'azufral', 'mina de azufre'. Min.

Solidarnosc pol. 'Solidaridad'. Sindicato marginal de trabajadores, dirigido por Lech Walesa, legalizado tras los acuerdos de Gdansk (verano 1980), ilegalizado por el golpe militar de 13 de diciembre de 1981, legal desde el 5 de abril de 1989. (1983: *El Periódico*.) Pol.

soling ing. '(velero con casco) en forma de herradura'. Del ant. fr. *sole*, del lat. *solea*, 'herradura'. Es la embarcación más grande (8,15 m) de las clases olímpicas. Lleva en su velamen como signo distintivo una figura de una herradura. (1990: *Tiempo*.) Dep.

Sollicitudo rei socialis lat. 'Solicitud o cuidado de la cuestión social'. Encíclica (30 diciembre 1987) del papa Juan Pablo II sobre la solidaridad entre pobres y ricos. Rel.

soma sáns. 'soma', 'jugo o bebida sagrada'. Propia de la religión védica. (1874: García Ayuso.) Rel.

some is rotten in the state of Denmark ing. 'algo está corrompido en el territorio de Dinamarca'. Fr. ̇e de Marcellus en *Hamlet* (1602), acto I, escena 4, de ̇William Shakespeare. (1890: L. Coloma.)

sommelier fr. 'sumiller', 'jefe de bodega y vinos' en los restaurantes y hoteles. (1887: *Dr. Thebussem*.) Host.

sommier fr. 'somier' (Ac.: 1992). Soporte del colchón. Primeramente, en fr., 'jergón de paja', sobre el cual se colocaba el colchón de lana. (1908: Pardo Bazán.) Mob.

som una nació cat. 'somos una nación'. Eslogan de afirmación nacionalista catalana. (1982: *D. 16*.)

sonar ing. 'sonar' (Ac.). Palabra formada sobre *so(und) na(vigation and) r(anging)*, 'navegación y situación (localización) por el sonido'. Aparato para detectar mediante el sonido vehículos y anormalidades submarinas. (1976: *País*.) Telecom.

sonnerie fr. 'sonería', 'musiquilla (de una caja de música)'. (1940: Jardiel Poncela.) Mús.

sonotone ing. 'sonotone'. Marca registrada de un audífono, estadounidense. Aunque han surgido audífonos de otras marcas, en el habla corriente, en esp. sigue empleándose 'sonotone' de manera general. (1988: *País*.) Med.

Sony jap. Nombre adoptado por la empresa *Tokyo Tsushin Kogyo Kabushai Kaisha* (más tarde, *TTK*, en ext.: *Tokyo Kyuko KK*, dedicada primeramente a la producción de equipos eléctricos, después, a la de receptores de radio y TV. El éxito que acompañó a su receptor de radio con transistores, al que denominó *Sony*, hizo que pasara a llamarse así toda la empresa. Radio; TV.

sophrosine gr. (1904: F. Blanco García.) → SOFROSINE.

sophrosyne gr. (1921: P. Henríquez Ureña.) → SOFROSINE.

soprano it. 'soprano' (Ac.), 'agudo'. (1825: Mesonero.) Mús. → MEZZO SOPRANO.

sorgin vasc. 'sorguiña', 'bruja'. Es la forma adoptada por el *Euskal histegi modernoa*, 'Vocabulario vasco moderno'. Mitol.

sorguiña vasquismo. 'bruja (vasca)'. (1927: Baroja.) Mitol. → SORGIN.

sorpasso it. 'adelantamiento', lit.: 'sobrepaso' (de 'sobrepasar'). Adelantamiento, en carretera, de un coche a otro. Voz difundida gracias al filme *Il sorpasso* (1962; dir.: Dino Risi; interpr.: Vittorio Gassman). En España, utilizada en política (1994: J. Anguita) en el sentido de sobrepasar en votos un partido a otro. Pol.

SOS ing. 'SOS', 'eseoese', 'sos'. Señal internacional de petición náutica de auxilio. Siglas, quizá, de *Save Our Souls*, 'Salvad nuestras almas', o de *Save Our Ship*, 'Salvad nuestro barco'. Sin embargo, otros creen que es de origen arbitrario.

sosia lat. 'sosia' (Ac.). 'Persona cuyo parecido físico con otra la hace viva imagen de ella' (M. Seco). Nombre de un personaje de *Anfitrión*, de Plauto (251-184 a. de J. C.), cuyo genio y figura adopta Mercurio en dicha comedia. Lit. → SOSIAS.

sosias gr. 'sosia' (Ac.). Es la forma preferida por los hablantes, frente al clásico (F. Pérez de Oliva; S. de Covarrubias) *sosia*. (1896: I. de Genover.) Lit. → SOSIA.

sotto voce it. 'en voz baja'. (1793: Moratín h.) Mús.

sou fr. '(moneda de) cinco céntimos (de franco)', 'perrilla', lit.: 'sueldo', del lat. *solidum* (1911: R. Darío.) Num.

soubrette fr. 1) 'doncella', 'doncella confidente'. Actriz joven que hace el papel de doncella en las comedias francesas. (1890: L. Coloma.) Tea.; pero 2) 'primera figura' en danza, revista y variedades, uso procedente de Italia. (1995: Roger Salas.) Tea. Del prov. *soubreto*, 'muchacha'.

soufflé fr. *'souflé'* (Ac.: 2001), 'suflé' (1899: Sánchez y Rubio), 'suflado', 'soplado', 'ahuecado' (1950: Ig. Domenech). Cualquier plato de cocina que, por doble cocción, sube; o que, por añadírsele clara de huevo batida, y metido al horno, sube. (1897: A. Muro.) Gastr.

soukouss fr. (del Congo). 'sukús' (1992: *País*), en lengua lingala. Según algunos (1994: C. Galilea), del fr. *secousse*, 'agitación' de *secouer*, 'agitar', 'mover'. Es una especie de rumba zaireña. (1994: *País*.) Mús.

soul (music) ing. '(música) *soul*', 'música honda'. La que acentúa lo hondo del alma *(soul)* negra, tan propio del *blues* (tristeza negra) y del *gospel* (religioso) musical negro. (1980: *Rev. de Occ.*) Mús.

souplesse fr. 'flexibilidad', 'ductibilidad', 'ligereza'. (1918: Pérez de Ayala.)

soutache fr. 'sutás' (1971: C. Berges). Trencilla de adorno para vestidos. Del húng. *sujtás*, 'trencilla'. Indum.

souteneur fr. 'proxeneta', 'rufián'. (1896: *Azorín*.)

souvenir fr. *'souvenir'* (Ac.: 2001), 'suvenir'. 1) 'recuerdo (de viaje)', '(objeto de regalo para) recuerdo'. (1846: Mesonero.); 2) 'libreta para apuntes o apuntaciones' (1842: Rico y Amat), aunque en este sentido ya no está en uso.

soviet ru. 'soviet' (Ac.), 'consejo'. Los soviets surgieron en Rusia durante la Revolución de 1905 como organización de la lucha revolucionaria de las clases trabajadoras. Pol.

sovjós ru. 'granja soviética (estatal)', con trabajadores asalariados. Palabra formada con las primeras letras de *sov(iétskoie)*, 'soviética', y *jos(iáistvo)*, 'granja'. (1934: R. J. Sender.) Pol.

Soyuz ru. 'Soyuz', lit.: 'Unión'. 1) nombre de una serie de cápsulas espaciales soviéticas, la primera de las cuales fue lanzada el espacio en 1967. Cosmonáut.; 2) nombre de un grupo conservador comunista, surgido con la *perestroika*. (1990: *País*.) Pol. → PERESTROIKA.

spaghetti, sing. **spaghetto** it. 'espagueti' (Ac.: 1992), pero en el habla 'espaguetis', aunque sería más correcto 'espaguetos', sing. 'espagueto'. Dim. de *spago*, 'cordel', 'hilo'; por tanto, 'hilillos', 'cordelillos'. Pasta en forma de cordelillos. Gastr.

spaghetti-western híbrido it. e ing. 'filme italiano del Oeste', con tono irónico. Generalmente dirigido y producido por italianos *(spaghetti)* y realizado (años sesenta) en Almería (España). (1979: A. M. Torres.) Cine.

spahi fr.'espahi' (Ac.), pero antes 'espái' (1556: C. de Villalón). Soldado colonial del ejército francés. Procede del tur. *sipahi*, 'soldado de caballería' durante el Imperio otomano, y éste a su vez del per. *sipahi*, esp. 'cipayo', soldado indio al servicio de una potencia colonial europea. Se divulgó por haber entrado en el título *Le roman d´un spahi* (1881), famosa novela de Pierre Loti. (1881: Mesonero.) Ej. → ZIPAIO.

Spain is different ing. 'España es diferente'. Frase publicitaria acuñada por el Ministerio de Información y Turismo, siendo ministro Fraga Iribarne, en los años sesenta. (1966: I. Montero.) Pol.

spanglish ing. artif. 'espanglis' (1991: *País sem.*), 'angliparla' (Ac.: 1992). Lengua híbrida o jerga hispanoinglesa empleada por algunos sectores de la población hispánica de Nueva York. Es término acuñado por el puertorriqueño Salvador Tio. (1980: Tino Villanueva.) Ling.

spaniel ing. 'espániel', 'perro de aguas'. (1929: Unamuno.) Zool.

sparring (partner) ing. '(pareja) de entrenamiento'. Comp. de *partner*, 'pareja', y *sparring*, 'de combate'. En boxeo. (1934: *Bl. y Negro*.) Dep.

spasibo ru. 'gracias'. Cumplido. (1896: A. Nervo: *spassibo*.)

SPD al. Siglas de *Sozialdemokratische Partei Deutschlands*, 'Partido Socialdemócrata de Alemania', siglas 'PSA'. Pol.

speakeasy ing. 'taberna clandestina', durante la Ley Seca, en EE.UU., en los años treinta. De *speak*, 'habla', y *easy*, 'quedo', 'bajito'. (1932: Jardiel Poncela.) Host.

speaker ing. 1) 'portavoz' o 'presidente' de la Cámara de los Comunes, en Inglaterra, y del Congreso, en EE.UU. (1882: Pi y Margall.) Pol.; 2) 'locutor de radio', 'espíker' o 'espíquer'. Empleada hasta 1939 en España, cesando su uso poco a poco (1940: Jardiel Poncela) con la victoria (1939) de Franco, por anglofobia y ultranacionalismo lingüístico, a semejanza del nazi. (1926: *Bl. y Negro*.) Telecom.

Speakers' Corner ing. 'rincón de los oradores'. En el Hyde Park, de Londres, cerca del Marble Arch, donde, los domingos por la mañana, oradores espontáneos, de cualquier linaje, pueden expresar sus ideas ante un público curioso. (1995: *País*.)

specimen, pl. **specimina** lat. 'espécimen' (Ac.), pl. 'especímenes'. (1896: A. Nervo)

speech ing. '*speech*' (Ac.: 2001), 'discurso', y también vulg. 'espich' (1943: C. J. Cela) y 'espiche', en el sentido de 'rollo' o 'perorata'. (1982: Martínez Pedrosa.)

speech processing ing. 'proceso de habla'. Facultad de ciertos ordenadores electrónicos, capaces de hablar y escuchar. (1980: *D. 16*.) Inform.

speed ing. 'espid' (1992: V. León), en la jerga de los aficionados a las drogas; lit.: 'rapidez'. Efecto producido por la ingestión de pastillas de anfetaminas u otros fármacos. (1998: *País*.) Farm.

speedball ing. 'espidbol' (1992: V. León), comp. de *ball*, 'bola', y *speed*, 'rapidez', es decir, 'bola rápida'. En la jerga de los aficionados a las drogas, mezcla de cocaína y heroína. Farm.

spencer ing. 'espéncer', 'chaquetita' corta y muy ajustada. Por el apellido de lord John Charles Spencer (1758-1834), quien la puso de moda. En esp. actualmente sólo es prenda femenina y préstamo del fr., que adoptó este anglicismo, tanto para la chaquetita masculina como para la femenina ya en 1802; en esp. tuvo uso masculino en el siglo XIX (1840: Mesonero). (1982: *País sem.*) Indum.

(negro) spiritual ing. 'espiritual (negro)'. Tipo de música y canto negros con influencia eclesial. (1931: R. Gómez de la Serna.) Mús.

spirto gentil it. 'espíritu gentil'. Primer verso de la cavatina de Fernando, enamorado de Leonor, favorita de Alfonso XI de Castilla, en *La Favorita* (ac. IV), ópera de Gaetano Donizetti (1797-1848), estrenada en 1840. (1865: Galdós.) Mús.

splash ing. 'esplás', lit.: 'rociadura'. Procedimiento inocuo, empleado en envases de aguas perfumadas, frente a *spray*, generalmente promovido por propelentes contaminantes. (1995: Agua de Colonia Añeja.) → SPRAY.

spleen ing. 'esplín' (1795: V. R. de Arellano; Ac.), lit.: 'bazo'. (1836: *El Artista*.)

spoliarium lat. 'espoliario'. Lugar en los baños y en el circo, en la antigua Roma, para quitarse la indumentaria. Suele verse *expoliarium* (1915: M. Machado), pero es lat. corrupto, por contaminación con el lat. *expolium*. (1887: E. Gaspar.) Dep.

sponsor ing. '*sponsor*' (Ac.: 2001), 'espónsor', 'patrocinador'. Quien sufraga gastos de mantenimiento de un equipo deportivo con fines publicitarios. Procede del lat. *sponsor*, 'fiador', 'garante'. Si se siguiera la norma esp., del ac. lat. *sponsorem* saldría 'esponsor'. (1987: F. Fernán Gómez.) Dep.

sponte sua lat. 'por voluntad propia'. (1991: J. V. Chamorro.) Der.

sport ing. '*sport*' (Ac.: 2001), 'deporte'. Sigue usándose en 'vestir de *sport*' y 'prenda de *sport*'. (1865: *Museo Univ.*) Dep.

sportsman, pl. **sportsmen** ing. 'deportista (masculino)' (1904: *Aecé*; Ac.). Compuesto de *sports*, 'de deportes', y *man*, 'hombre'. Suele verse *sportman* (1856: J. Valera), anglicismo fr., y no el ing. *sportsman* (1908: Unamuno.). También, como en fr., con el sentido de 'hombre ocioso y rico'. (1910: Pardo Bazán.) Dep.

sportswoman ing. 'mujer deportista'. Más frecuente, el anglicismo fr. *sportwoman*. (1894: Pardo Bazán.) Dep.

spot ing. *'spot'* (Ac.: 2001), 'espot', lit.: 'punto'. 1) 'anuncio rápido', en TV. (1976: *País*.) Publ.; 2) 'al contado', 'de entrega inmediata', con referencia al mercado libre de petróleo. (1979: *País*.) Com.

SPQR lat. Siglas de *Senatus Populusque Romanus*. → SENATUS POPULUSQUE ROMANUS.

spray ing. *'spray'* (Ac.: 2001), 'espray' (M. Seco), 'rociador', 'vaporizador', 'pulverizador', 'aerosol'. Introducida en los años sesenta.

sprechen Sie Deutsch? al. '¿habla alemán?' (1900: A. Nervo.)

sprint ing. *'sprint'* (Ac.: 2001), 'esprint', 'esprinte' (M. Seco). 'carrera veloz repentina', pedestre o ciclista. En el habla, entre ciclistas, se oye 'esprín' y el pl. 'esprines' (1989: Laudelino Cubino), y el verbo 'esprintar'. (1925: *Bl. y Negro*.) Dep.

sprinter ing. 'esprínter' (1998: *País*), 'corredor veloz', 'velocista' (1975: J. Goytisolo), 'llegador' (1991: RNE). (1908: *Enc. Espasa*.) Dep.

Sputnik ru. 'satélite artificial', lit.: 'compañero de viaje', 'viajero acompañante'; en ext.: *sputnik zemliyi*, 'compañero de viaje de la Tierra'. El *Sputnik* I, esfera de medio m de diámetro con ochenta kilos de peso, lanzado al espacio el 4 de octubre de 1957, inauguró la era espacial; el *Sputnik* II, de quinientos kilos, más la perra Laika, fue lanzado veintinueve días después; el *Sputnik* III, con mil trescientos veintisiete kilos, el 15 de mayo de 1958. La serie de *sputniks* terminó en 1961. Cosmonáut.

squadra azurra it. 'equipo azul'. La selección nacional italiana de fútbol, así llamada por vestir camiseta azul. (1976: *País*.) Dep.

square ing. 'plazuela (cuadrada ajardinada)', 'glorieta' (1945: *Azorín*), lit.: 'cuadrado'. (1868: A. Fdez. de los Ríos.)

squash ing. 'escuás'. Juego, en una sala cuadrada, de unos cinco metros de lado, en que dos jugadores, situados uno al lado del otro, lanzan con sus raquetas, ligeras y de mango largo y estrecho, una bola de caucho a la pared frontera, siendo válidos los rebotes en las demás paredes y en el techo. Del verbo onomatopéyico *to squash*, 'aplastar', 'espachurrar', que refleja el sonido (*squash*, 'plaf' o 'plas') de algo que es aplastado bruscamente. Existe Federación española de *squash*. (1981: TVE.) Dep.

squat ing. 'casa okupada por *squatters* u okupas'; lit.: 'lugar donde uno está sentado en cuclillas'. (1998: *País*, *Tentaciones*.) Pol. → SQUATTER.

squatter ing. 1) 'okupa' (voz jergal), 'paracaidista' (1969: *Novedades*, Mex), 'precarista' (C. Rica), 'ocupante ilegal (de una vivienda deshabitada)', lit.: 'sentado en cuclillas'. El movimiento *squatter* se inició en Inglaterra en los años sesenta. (1980: *País*.); 2) 'colono (sin título legal de propiedad)' en el *Far West* de antaño. (1932: *Bl. y Negro*.); 3) 'ganadero', en Australia. (1934: *Bl. y Negro*.); 4) 'chabolista' y 'barrio de chabolas', en Filipinas. (1998: TVE.)

squaw ing. 'mujer (india)'. Procede del algonquino.

Sr. ing. Abrev. del lat. *Senior*, en el sentido de 'viejo', 'mayor' o 'padre'. En contextos españoles se usa por contaminación inglesa. En ing., dos personas llamadas del mismo modo, y que son padre e hijo, se diferencian añadiendo al padre, al final de su apellido, tras una coma, *Sr.*; al del hijo se añade *Jr.*, abrev. del lat. *Junior*, 'júnior', 'menor'.

Sri hindi. 'Señor'. Fórmula de respeto. Se antepone al nombre.

SS al. Siglas, deletreadas en esp. 'Ese Ese', de *(Waffen) Schutza-Staffeln*, 'Escuadras o grupos *(Staffeln)* de protección o defensa *(Schutze)* armados *(Waffen)*'. Milicia particular del Partido Nacional Socialista Alemán. Su nombre es hipócrita, ya que más que de protección era de choque y agresión. (1978: Fdo. González.)

Stabat lat. 'Stábat' (Ac.). Comienzo de la secuencia *Stabat Mater dolorosa*, 'Estaba la Madre dolorosa', de Jacopone de Todi (siglo XIII) en honor de la Virgen. Esta secuencia se incorpora a la misma del 15 de septiembre llamada «de los Dolores de la Virgen». Rel.

stabiles fr. 'estables', 'estábiles', 'quietas'. Esculturas de alambre de Alexander Calder (1898-1976), bautizadas con ese nombre por Hans Arp, frente a las *mobiles* del mismo artista. (1976: *País*.) Esc.

staccato it. 'estacato', 'destacado', 'separado'. Pasaje musical en que la duración de cada nota se reduce al mínimo, de manera que las notas queden netamente separadas unas de otras. (1917: R. Darío.) Mús.

stadhouder neerl. 'estatúder' (Ac.). De *stad*, 'lugar', y *houder*, 'teniente'. Magistrado supremo en la antigua república de los Países Bajos. (1785: A. Ponz.) Pol.

stadium lat. 'estadio'. (1920: Pérez de Ayala.) Dep.

staff ing. 'estado mayor', 'plana mayor', 'jefatura'. (1976: A. Vélez.) Ej.

stage fr. 'estaje', 'permanencia'. Del bajo lat. *stagium*, 'tiempo y permanencia en tareas de preparación y aprendizaje'. 1) de un equipo deportivo en lugar adecuado de entrenamiento. (1980: *ABC*.) Dep.; 2) de jóvenes de la Comunidad Europea, fuera del propio país, para prácticas comunitarias. (1992: *País*.) Educ.

stagiaire fr. 'estajiario'. Joven de la Comunidad Europea que realiza un *stage* o 'permanencia'. (1992: *País*.) Educ.

Stahlhelm al. 'Casco *(Helm)* de Acero *(Stahl)*'. Nombre de una organización alemana de ex-combatientes de la Primera Guerra Mundial; derechista. Pol.

Stajánov ru. Apellido del minero Alexéi Stajánov (1905-1977), que alcanzó (31 agosto 1935) una alta cota de productividad en la cuenca carbonífera del Donetz, pasando así a ser ejemplo para los trabajadores soviéticos. Derivados: 'stajanovismo' o 'estajanovismo' y 'stajanovista' o 'estajanovista'. Pol.

Stalag al. Abrev. de *Stammlager*, 'campo de concentración'. Comp. *Lager*, 'campo o campamento', y *Stamm*, 'agrupación'. Durante la Segunda Guerra Mundial, en este tipo de campos estaban recluidos prisioneros de guerra, principalmente contrarios al nazismo no militares y militares sin graduación. (1973: E. Pons Prades.) Pol.

stand ing. '*stand*' (Ac.: 2001), 'puesto', 'mostrador', 'caseta', en una exposición o feria de muestras. (1929: E. d'Ors.) Com.

standard ing. 'estándar' (Ac.). 1) 'norma', 'nivel'. (1977: C. Elordi); 2) 'normal', 'normativo'. (1918: Pérez de Ayala); 3) '(tema) clásico', en mús. ligera, aún vivo, por lo que, pese al paso del tiempo, sigue interpretándose. (1990: *País, LEst.*) Mús.

standard English ing. 'inglés estándar', por tanto, 'inglés normal', 'inglés normativo'. (1980: E. Lorenzo.) Ling.

Standard Oil ing. Nombre con que se conocen las compañías petroleras que tuvieron su origen en la *Standard Oil Company*, 'Compañía de Petróleos Standard', fundada por John D. Rockefeller, en EE.UU., en 1870. Petroq. → ESSO.

stand by ing. 1) '(créditos) de apoyo', 'de disposición inmediata'. Los que aportan una serie de países industrializados. Establecidos en Viena (1961) por el Fondo Monetario Internacional. (1991: Felipe González.) Econ.; 2) 'prevenido', 'a disposición', 'dispuesto'. Situación de un actor durante el rodaje de un filme. (1990: Fernán Gómez.) Cine.

standing ing. '*standing*' (Ac.: 2001), 'posición', 'categoría', 'rango'. (1981: *País*.)

star ing. 1) 'astro', 'estrella' (1901: *El Teatro*). Con referencia a actores y actrices, ampliada posteriormente a otros sectores. (1928: *Bl. y Negro*.) Tea.; 2) 'pistola automática' de esta marca. (1927: Valle-Inclán.) Ej.

Star Chamber ing. 'Cámara Estrellada'. Antiguo tribunal británico aborrecido por la crueldad de sus sentencias. Der.

starets ru. 'monje', 'director espiritual', lit.: '(monje) viejo' o 'antiguo'. Dentro del monaquismo oriental, el que se ocupa de dirigir espiritualmente a los novicios. Es palabra divulgada por las trad. de *Los hermanos Karamazov*, de Dostoievski. Rel.

starking ing. Variedad de manzana, de piel roja y brillante, muy comercial. En ext.: *starking delicious*, según Rodríguez Alvarez, en homenaje a P. Stark, que la lanzó al mercado; sin embargo otros (como Zingarelli) registran *stark delicious*, 'completamente exquisita'. (1993: *País sem.*) Bot.

starlet ing. 'estarleta', 'estrellita'. Joven y bella aspirante a estrella cinematográfica. (1972: I. Montero.) Cine. → STARLETTE.

starlette fr. 'estarleta', 'estrellita'. Del ing. *starlet*. En contextos españoles es más frecuente el franglés *starlette* que el ing. *starlet*, debido a la presencia y repercusión de las *starlettes* de los festivales cinematográficos de Cannes (Francia) en la prensa española. (1977: A. Grosso.) Cine. → STARLET.

Stars and Stripes ing. 'Barras y Estrellas', 'Bandas y Estrellas'. (1933: Alberti.) Nombre popular de la bandera de EE.UU. (1990: R. Sánchez Ferlosio.) Pol.

(The) Star-Spangled Banner ing. 1) 'la bandera barriestrellada'. (1992: L. Goytisolo.) Nombre de la bandera de EE.UU. y 2) título del himno nacional de EE.UU., cuya letra se debe (1814) a Francis Scott Key, sobre la melodía inglesa de *To Anacreon in Heaven*; adoptado oficialmente como himno (1931) por el Congreso de EE.UU. Pol. → STARS AND STRIPES.

star system ing. 'sistema estelar'. Consiste en escribir y producir obras de teatro o cinematográficas para lucimiento de un actor o actriz determinados. Era el sistema empleado por las grandes compañías de Hollywood hasta la aparición de la TV. (1976: Vizcaíno Casas.) Cine.

START ing. Siglas de *Strategic Armas Reduction Talks*, 'Conversaciones sobre la Reducción de Armas Estratégicas.

Propuesta por el presidente Reagan de EE.UU., en su discurso del Eureka College, Illinois, el 9 mayo de 1982; suponen una continuación de las *SALT*, iniciadas (1972) por el presidente Nixon (*SALT* I) y continuadas (1979) por el presidente Carter (*SALT* II). Finalizaron con el acuerdo (31 de julio 1991) firmado por el presidente Bush y Gorbachov, en Moscú. Pol.

starter ing. 'estárter' (Ac.: 2001), 'arrancador', 'arranque'. En los automóviles, corrector o pequeño carburador especial para el arranque en frío; también se oye 'aire', debido a que es un mecanismo que estrangula el aire en el carburador para que la mezcla resulte más rica en combustible. (1909: *Bl. y Negro*.) Autom.

Star Trek ing. 'Caminata estelar', 'Viaje estelar'. Título de una famosa serie de la *NBC* para TV (1966-69), ideada por Gene Roddenberry, estadounidense, piloto durante la Segunda Guerra Mundial. (1991: *País*.) TV. → TREKKING.

Star Wars o **Star War** ing. 'Guerra de las Galaxias' en esp., pero lit.: 'Guerra de las Estrellas'. Nombre popular del programa (1984) estadounidense de *Strategic Defense Initiative*, de armas especiales de muy alta tecnología. Ej. → SDI.

Stasi al. Acrónimo de *Staatssicherheit*, 'Seguridad del Estado', en ext.: *Staatssicherheitsdienst*, 'Servicio de Seguridad del Estado', policía política de la RDA; además, *Stasi*, 'individuo de la *Stasi*'. (1989: *D. 16*.) Pol.

statu quo lat. 'statu quo' (Ac.), 'en el estado o situación actual o precedente'. Es reducción de *in statu quo ante*, 'en el estado en que se hallaban antes' los asuntos de que se trate. (1882: Pi y Margall.) Der.

status lat. 'estado', 'situación', 'posición'. (1952: F. Ayala.) Sociol.

steady cam y **steadicam** ing. Abrev. de *steady camera*, 'cámara (o tomavistas, cinematográfico) constante'. Dotada de un dispositivo especial, giroscópico, por el cual se equilibra, independientemente de la posición o inclinación que la cámara adquiera; muy realista, por tanto, en la toma de movimientos. (1982: García Berlanga.) Cine.

steak ing. 'filete (de vacuno) asado'. Del étimo nórdico *steik*, 'asado'. Entra en la composición de *beefsteak*. Gastr. → BEEFSTEAK.

steamboat ing. 'barco *(boat)* pequeño de vapor *(steam)*'; el grande, *steamship*. (1925: *Azorín*.) Transp. m.

steamer ing. 'barco de vapor'. (1872: M. del Palacio.) Transp. m.

steeple ing. (1978: *D. 16.*) → STEEPLECHASE.

steeplechase ing. 'carrera hípica de obstáculos o vallas'. De *steeple*, 'chapitel o torre de iglesia', y *chase*, 'caza'. En el siglo XIX, los jinetes cabalgaban hasta una torre de iglesia como meta o *steeple*, que hoy tiene sentido de 'obstáculo' en la carrera. (1860: C. M.ª Castro.) Dep.

stent ing. 'stent'. Dispositivo metálico (muelle o malla cilíndrica) que permite apuntalar las arterias estrechadas. Debido al estadounidense Charles Stent (1845-1901). Autorizado su empleo y difundido a partir de 1994. (1996: *País*.) Med.

stérilet fr. 'esterilet'; pero, con mayor fidelidad a la fonética francesa: 'esterilé'. Marca registrada (h. 1960) de un anticonceptivo intrauterino que asegura esterilidad permanente, aunque reversible. Consiste en un hilo de plata enrollado en espiral. Inventado por el sexólogo suizo Ernst Grafenberg. Es término que no figura como al. en el *Deutsches Wörterbuch*, de Wahrig; sí como fr. en *Le petit Robert*. (1983: *País*.) Med.

Stetson ing. '(sombrero) Stetson', '(sombrero) tejano'. Por el apellido de su fabricante, el estadounidense John B. Stetson. (1991: J. Barril.) Indum.

steward ing. 1) 'mozo', 'camarero' (en trenes: 1918: Blasco Ibáñez; en buques: 1932: Jardiel Poncela); 2) 'auxiliar de vuelo', 'aeromozo' (en aviones). Del ant. ing. *stigweard*, comp. de *stig*, 'casa', y *weard*, 'guardián'. Host.

stewardess ing. 'aeromoza', 'azafata', en aviones. (1932: Jardiel Poncela.) Host.

stick ing. 'estique', 'palo de hockey'. (1966: M. Fdez. Galiano.) Dep.

Stille Nacht, heilige Nacht al. 'Noche serena, noche santa'. Canción de Navidad, compuesta en 1818 por Franz Gruber (música) y Joseph Moor (letra), en Oberndorf, aldea próxima a Salzburgo. Considerada anónima o atribuida a Beethoven o a Mozart hasta 1867, año en que se publicó con el nombre de sus autores, gracias a las investigaciones de Maraucher. Su origen: Gruber, que era organista, descubrió, en vísperas de Navidad, que los fuelles del órgano de la iglesia habían sido inutilizados por los ratones; casualmente el párroco Moor le mostró una poesía suya y sobre ella compuso la música, para guitarra y voces. Mús.

Stinger ing. 'Aguijón'. Arma antiaérea ligera, estadounidense, que se lanza como un cohete y que se dirige al avión enemigo, guiándose por el calor de éste. Empleada en la guerra de Afganistán (1989) y por la 'Contra' en Nicaragua. Ej.

stock ing. *'stock'* (Ac.: 2001), 'provisión', 'abasto', 'existencia'. (1908: Pardo Bazán.) Com.

stockage franglés. 'estocaje' (1990: M. Otermín, RNE), 'almacén', 'productos en almacén', 'existencias en almacén'. Com. → STOCK.

Stock Exchange ing. 'Bolsa de contratación de valores'. De *exchange*, 'cambio', 'contratación', y *stock*, 'capital', 'valor'. (1913: A. Nervo.) Econ.

stock option ing. 'opción a acciones'. Privilegio para algunos de comprar acciones de una empresa antes de una fecha determinada y con un determinado precio. (1999: Juan Villalonga.) Econ.

stop ing. 'pare', 'alto'. (1971: Garciasol.)

store fr. 'estor' (Ac.). Cortina de ventana, que se regula mediante un mecanismo. (1893: Galdós.)

Storting nor. 'Parlamento', con dos cámaras *(Lagting y Odelsting)*, lit.: 'gran *(stor)* asamblea *(ting)*'. (1990: *País*.) Pol.

strada it. 'estrada' (Ac.), 'carretera'. Divulgada por el filme *La strada* (1954), de Federico Fellini. (1980: A. Bonet Correa.)

stradivarius lat. 'stradivarius'. Cualquier violín fabricado y firmado así, con su apellido latinizado, por Antonio Stradivari (1694-1737), de Cremona. (1926: Martínez Sierra.) Mús.

strapontin fr. 'estrapontín' (Ac.), 'traspontín' (Ac.). Del it. *strapuntino*. Es el asiento suplementario y plegable, auxiliar en teatros y coches. En Cuba, 'trasputín' (1923: Fdo. Ortiz, Cu.), ya en desuso respecto a los coches, sustituida por 'asientico', aunque se mantiene como voz irónica y grosera por 'trasero'. Mob.

strass o **stras** al. o fr. 'estrás'. Pasta artificial con que se hacen imitaciones de piedras preciosas. Algunos diccionaristas (Wahrig, Zingarelli, Mini, Webster) consideran *Strass* al. y señalan como su inventor a un joyero vienés del siglo XVIII llamado Joseph Strasser; sin embargo, otros, quizá más acertados (como *Duden Fremdwörterbuch*), atribuyen su invención a Georges Frédéric Stras (1701-1773), joyero de la corte de Francia. (1926: R. León.) Joy.

Strasse al. 'calle'. (1980: A. Bonet Correa.)

stratus lat. 'estrato' (Ac.). Nube extendida como una faja. (1895: Macías Picavea.) Meteor.

streaker ing. 'corredor desnudo'. → STREAKING.

streaking ing. 'correr desnudo', lit.: 'correr velozmente', porque se va desnudo. Práctica contestataria e inconformista en boga en EE.UU. en los años setenta. (1974: *ABC*.) → STREAKER.

stream of consciousness ing. 'flujo de la consciencia', 'flujo de la experiencia interior'. Frase acuñada por William James (*Principles of Psychology*, 1890). Este flujo o fluencia, en literatura, se observa principalmente en James Joyce, en su *Ulises* (1922). La crítica francesa acuñó para esta técnica de escribir la expresión *monologue intérieur*. (1901: Unamuno.) Psic.

stress ing. 'estrés' (Ac.), 'tensión', 'sobrecarga', 'sobreesfuerzo'. Estado orgánico de tensión aguda que produce cansancio. Es término propuesto (1936) por Hans Selye (1907-1982), endocrinólogo canadiense, y consagrado en su obras *Stress* (1950) y *The stress of life* (1956). (1957: M. Batos.) Med.

stricto sensu lat. 'en sentido estricto'. (1924: Ortega.)

striptease ing. *'striptease'* (Ac.: 2001), 'estriptís' (aunque se oye también: 'estriptis'), 'desnudamiento', 'desnudado' (1933: Jardiel Poncela), lit.: 'desnudarse poco a poco o a tiras'. De *to strip*, 'desnudarse', y *to tease*, 'despedazar'. (1965: Fdo. Quiñones.)

struggle for life ing. 'lucha por la vida'. Expresión que aparece en el título mismo de la obra de Charles Darwin *On the origin of species by means of natural selection or the preservation of favoured races in te struggle for life* (1859), donde se considera la lucha por la vida como el motor de la evolución natural. (1817: Pardo Bazán.) Biol.

studio ing. 'estudio'. Del it. *studio*, y éste del lat. *studium*, '(sala de) estudio'. 1) ha sustituido, ya en los años veinte, a 'obrador', 'gabinete' o 'taller' de artista. Arte; 2) recinto construido para la filmación de películas. Cine; 3) 'apartamento mínimo', *studio (apartment)*, modalidad de vivienda introducida en España en los años setenta. Arq.

Stuka al. 'avión de bombardeo en picado', 'piquero'. Es abrev. de *Sturzkampfflugzeug*, lit.: 'avión de combate en picado'. Tipo de avión alemán, ideado por el general Udet, utilizado por primera vez en la guerra de España (1936-1939) y después elemento importante en la *Blitzkrieg*, 'guerra relámpago', en la Segunda Guerra Mundial. (1945: Ismael Herráiz.) Ej.

stultorum infinitus est numerus lat. 'el número de los estultos es infinito'. Del *Eclesiastés* (1, 15), según la Vulgata. (1894: *Azorín*.) Rel.

stunt ing. 'especialista', 'doble'; lit.: 'diestro', por adjetivación de *stunt*, 'destreza' y 'proeza'. Abrev. de *stunt man*, 'hombre diestro', o de *stunt girl*, 'mujer diestra'. En cine, persona que en escenas de mucho riesgo o habilidad sustituye al actor verdadero. *Stunt* es equivalente ing. del fr. *cascadeur*. (1992: TVE.) Cine. → CASCADEUR.

stupa sáns. 'estupa'. Monumento búdico cupuliforme. Arq.

Sturmabteilung al. → S.A.

Sturm und Drang al. 'Asalto y empuje'. Movimiento ideológico alemán que debe su nombre al drama *Sturm und Drang* (1777), de F. M. Klinger. Este movimiento, bajo la influencia de Rousseau, se rebeló contra los modelos y las reglas clásicas apoyándose en el genio natural, en la naturaleza misma y en la impresión directa. Marcados por este movimiento liberador: los dramaturgos Reinhold Lenz, el joven Schiller, el joven Goethe; los filósofos H. G. Haman y F. Jacobi; el pedagogo Pestalozzi. (1893: U. Glez. Serrano.)

Su-... ru. Sílaba inicial del apellido del ingeniero soviético Pável O. Sukhoi (más bien: Sujoi), fallecido en los años ochenta, que, seguida de guión y número serial, denomina los aviones de combate diseñados por el *Osobij Konstruktorskoie Buró P. O. Sujoi*, 'Departamento de Construcciones Especiales P. O. Sujoi'. Ej.

suaviter in modo, fortiter in re lat. (1983: C. Muñiz.) → FORTITER IN RE ET SUAVITER IN MODO.

sub iudice lat. 'sub júdice' (Ac.), lit.: 'bajo el juez'. (1880: M. A. Caro.) Der. → ADHUC SUB IUDICE LIS EST.

sublata causa, tollitur effectus lat. 'eliminada la causa, se quita el efecto'. (1868: Pereda.) Der.

sub lege, rex lat. 'bajo la ley, el rey'. (1982: P. Urbano.) Der.

subliminal ing. 'subliminal', 'subliminar'. Psic. → LIMINAL.

sub specie aeternitatis lat. 'bajo especie de eternidad', es decir, sin tener en cuenta circunstancias locales o temporales. Pertenece a la terminología de Spinoza (*Ethica*, 1677: 5, 29 y 31). (1897: Unamuno.) Fil.

substratum lat. 'substrato' (Ac.), 'sustrato', 'capa inferior'. (1890: Pi y Margall.) Geol.

sub una lege, sub uno rege, sub uno Deo lat. 'bajo una sola ley, bajo un solo rey, bajo un solo Dios'. (1890: Pi y Margall.) Pol. → CUIUS REGIO, EIUS RELIGIO.

sub verbo (o **sub voce**) lat. 'en o bajo la palabra (o la voz)'. Referencia lexicográfica. Más frecuente, su abrev. *s. v.* (1970: Am. Castro: *sub voce*.) Ling.

subway ing. '(ferrocarril) metro(politano)', lit.: 'camino subterráneo'. (J. R. Jiménez.) Transp. t.

subwoofer ing. 'altavoz para sonidos graves', 'para baja frecuencia', mayor que el *woofer*, reproduce bien las notas graves de instrumentos grandes como el contrabajo y el timbal. (1932: *País sem.*) Mús. → WOOFER.

succès fr. 'éxito'. (1888: L. Coloma.)

succès d´estime fr. 'éxito de crítica', aunque no lo sea general o de público. (1864: J. Nombela.)

sudra sáns. 'sudra', 'artesano'. Perteneciente a la cuarta categoría *(varna)* o división hinduista. Rel.

suède fr. '(piel de) Suecia', 'piel Suecia' (1915: *La Tribuna*). La que muestra la parte interna de la piel del animal en el exterior de una prenda. Del sue. *Sweden*, 'Suecia', fr. *Suède*. Indum.

sufficit lat. 'es suficiente', 'es bastante'. (1793: Moratín h.) Educ.

sufí ár. 'sufí' (Ac.), 'asceta', y mejor: 'místico' (1919: Asín Palacios); lit.: 'el que está vestido de lana'. (1919: Asín Palacios.) Rel.

suiche anglicismo. Uso en Am. h. (Col., Ven., Méx.). Del ing. *switch*, 'interruptor (de la corriente eléctrica)'. Electr.

sui generis lat. 'sui géneris' (Ac.). 'de género propio', 'muy especial', 'tan particular', 'tan peculiar'. (1899: Blasco Ibáñez.)

sui iuris lat. 'de su derecho', 'en su derecho', 'por su propio derecho'. (1781: *El Censor*.) Der.

suite fr. 'suite', 'serie'. Conjunto de pequeñas piezas musicales. Aparece por primera vez, como término musical, en *Danceries* (siglo XVI), de Attaignant. (1898: J. Lasalle.) Mús.

suite ing. 'suite', 'conjunto'. Serie de habitaciones que constituyen una unidad, intercomunicadas. (1942: J. L. Borges, Arg.) Host.

suk ár. **(suq)** 'zoco' (Ac.), 'mercado'. (1917: Gómez Carrillo.) Com.

Sukhoi ru. → SU-...

summa lat. 'suma', 'totalidad', 'recopilación'. (1921: Díez-Canedo.)

summa cum laude lat. 'la máxima con elogio'. Calificación de una tesis doctoral. (1976: M. Serrahina.) Educ.

summa lex, summa iniuria lat. 'ley máxima, injusticia máxima'. (1893: U. Glez. Serrano.) Der.

summum lat. 'súmmum' (Ac.), 'sumo'. (1834: Larra.)

summum ius, summa iniuria lat. 'derecho máximo, injusticia máxima'. Adagio citado por Cicerón (*De Officiis*, 1, 10, 33).

sumo jap. 'sumo' (Ac.: 2001). Lucha japonesa. (1989: *País*.) Dep.

Sunna ár. 'Sunna', 'Suna' (h. 1925: González Palencia), 'Ortodoxia'. Cuerpo de dichos tradicionales atribuidos a Mahoma y no contenidos en el Corán. (1890: R. A. de los Ríos.) Rel. → CHÍA.

sunt lacrymae rerum lat. En ext.: *sunt lacrymae rerum et mentem mortalia tangunt*, 'aquí hay lágrimas para las desgracias y compasión para los grandes desastres' (trad. de E. de Ochoa). Palabras de Eneas a su fiel Acates ante las pinturas que representan la guerra de Troya en el palacio de la reina Dido; con ellas expresa cierto consuelo por la fama alcanzada por la resistencia de los troyanos. Sin embargo, al citarse sólo *lacrymae rerum*, 'lágrimas de las cosas', la interpretación suele alejarse del contexto. (1899: A. Ovejero.) Lit.

super lat. 'súper' (Ac.: 2001). Se emplea como adjetivo, acompañando a gasolina, para significar 'gasolina de 85 a 95 octanos', tal vez por anglicismo, en lugar del esp. 'superior'. (1960: Arias Paz.) Autom.

superavit lat. 'superávit' (Ac.), lit.: 'superó'. (1896: J. Valera.) Econ.

superego ing. 'superego' (1977: J. Semprún; Ac.: 2001), 'superyo' (1957: Rof Carballo) y antes 'supra-yo' (1923: J. M.ª Sacristán). Pertenece a la terminología psicoanalítica norteamericana, trad. del al. de Freud *über-Ich*. Es una profunda modificación y sublimación del *ego* (al. *Ich*), es decir, del 'yo' o consciencia. (1961: R. J. Sender.) Psicoan.

super flumina Babylonis lat. 'junto a los ríos de Babilonia'. Allí se sentaban y lloraban los judíos, acordándose, en su exilio, de Sión. Palabras del Salmo 136, según la Vulgata. (1891: Unamuno.) Rel.

superman ing. 'supermán'. Hombre extraordinario y de cualidades físicas increíbles, a semejanza de *Superman*, personaje ficticio creado por Jerry Siegel (texto) y Joe Shuster (dibujos) hacia 1938, en una serie de *comics* de *Action Comics Magazine*, llevado al cine en una famosa superproducción norteamericana del mismo título en 1980. (1958: F. Ayala.) Cine. → ÜBERMENSCH.

supermarket ing. 'supermercado'. (1958: F. Ayala.) Com.

supporter ing. 'seguidor', 'hincha', 'forofo' (1996: E. Galeano) de un equipo de fútbol. (1982: *País*.) Dep.

supra lat. 'supra', lit.: 'arriba'. Se emplea en las notas a pie de página, para referirse a lugares anteriores. Biblio.

suquet cat. 'cazuela', 'marmita'. Dimin. de *such*, 'jugo', 'caldo', 'salsa', 'moje'. Plato de pescado que se sirve en cazuela con caldo, salsa, etc. (1982: *País sem.*) Gastr.

sura ár. 'sura' (Ac.), 'azora'. Capítulo del Corán. (1859: Núñez de Arce.) Rel.

surah ing, y fr. 'sura' (Ac.). Tejido de seda fino y flexible. Procedente de Surate, al norte de Bombay, en la India. (1892: *Bl. y Negro*.) Indum.

Sûreté fr. 'Seguridad'. En ext.: *Service de la Sûreté*, 'Servicio de la Seguridad', o departamento de investigación criminal de la policía francesa. Pol.

surf ing. 'surf' (Ac.: 2001), 'surfe'. Patinaje acuático sobre tabla, con *surf-board*, 'tabla de *surf*', introducido en los años sesenta en España. Se realiza sobre una tabla o patín, semejante a la empleada por los naturales de Hawai para caminar sobre las olas; lit.: 'oleaje', 'resaca'. Dep.

surfer ing. 'súrfer', 'surfista' (Ac.: 2001), 'surfero' (RNE). Practicante del *surf* o *surfing*. (1993: J. A. Millán.) Dep. → SURF.

surfero anglicismo. Del ing. *surfer*, 'practicante del *surf*'. (1989: *País*.) Dep. → SURFER.

surfing ing. 'súrfing', 'surfin', 'surfear' (1997: Canal +), 'patinaje acuático'. Dep. → SURF.

surimi jap. 'surimi'. Masa de pescado picado y lavado. (1993: *País*), aunque antes (1957: M. Mestayer), con evidente errata (*sasimi*). Gastr.

surmenage fr. 'surmenaje', 'sobrefatiga'. Agotamiento de las energías vitales por exceso de trabajo. (1895: A. Nervo.) Med.

sur place fr. 'en el mismo lugar', 'sobre el terreno'. (1945: I. Herráiz.)

surplus fr. 'excedente', 'exceso (de existencias)', 'sobreabundancia'. (1992: *País*.) Econ.

surréalisme fr. 'surrealismo' (Ac.: 1992), 'suprarrealismo' (*Azorín*), 'superrealismo' (Sainz de Robles; Ac.: 1992). Ismo literario y artístico, iniciado por André Breton, con su *Manifeste du surréalisme* (1924), propugnando el automatismo, lo irracional, lo inconsciente, etc., en la creación artística; sin embargo, el inventor ocasional de esta palabra fue el poeta Guillaume Apollinaire (1880-1918) en 1917. (1924: G. de Torre.)

surréaliste fr. 'surrealista'. (1924: G. de Torre.)

surround ing. → DOLBY SURROUND.

sursum corda lat. 'arriba los corazones'. 1) palabras que dice el oficiante en el Prefacio de la misa, en el ritual romano; 2) 'sursuncorda' (Ac.) con el significado de 'sea quien sea', 'por poderoso que sea', 'mandamás'. Rel.

sushi jap. 'sushi', 'susi'. Especie de 'tapa' tradicional japonesa. Consiste en una bola de arroz cocido y un pequeño añadido de pescado, embridado todo ello, y sostenido por un palillo. Hay en Japón establecimientos especializados donde se sirven y consumen susis variados. (1995: *País sem.*) Gastr.

suspense ing. 'suspense' (Ac.), 'suspensión' (1967: L. E. Palacios), 'suspenso' (1973: E. Glez. Mas), 'ansiedad', 'tensión'. Situación emocional angustiosa de los espectadores de una acción dramática cuando su desenlace es imprevisible o previsiblemente funesto. Se emplea para calificar un tipo de filmes. (1966: A. Adell.) Cine. → THRILLER.

sustine et abstine lat. 'soporta y abstente', 'mantente (en el camino de la virtud) y apártate (del camino del deleite)'. Máxima estoica atribuida a Epicteto (Aulo Gelio, *Noches Áticas*, 17, 19, 5-6), divulgada por un emblema de Alciato (siglo XVI). (1893: U. Glez. Serrano.) Fil. → ABSTINE ET SUSTINE.

sutra sáns. 'tratado', lit.: 'cuerda', tal vez porque se utilizaba este material como procedimiento mnemónico. (1874: T. García Ayuso.)

suttee ing. 'sati'. Del sáns. *sati*, 'buena mujer', 'esposa fiel'. En India, da nombre al rito, abolido legalmente en 1829, de quemar a la viuda sobre el cadáver del esposo. Rel.

suum cuique lat. 'a cada cual lo suyo'. (1873: Alarcón.) Der. → SUUM CUIQUE TRIBUERE.

suum cuique tribuere lat. 'dar a cada cual lo suyo'. Principio jurídico romano. (1891: Pardo Bazán.) Der. → IUSTITIA EST CONSTANS...

Suzuki jap. Empresa fundada en 1909 para la producción de maquinaria textil. En 1954 pasó a fabricar motocicletas, adoptando ya el nombre de Suzuki Motor Co. Autom.

s.v. lat. Abrev. de *sub verbo*, 'bajo la voz', 'bajo la palabra', 'en el artículo', 'en la entrada'. Con referencia a voces o artículos de diccionarios u obras de consulta. Biblio.

svástika sáns. 'esvástica' (Ac.), lit.: 'señal *(tika)* de buen augurio'. Antiquísimo símbolo, que fue adoptado modernamente por los nazis, en al. *Hakenkreuz*, 'cruz gamada'. (1909: R. Agrasot: *swástica*.)

swahili suaj. 'suajili' (M. Seco). *Swahili* es la transcrip. ing., en tanto que la al. es *Suaheli*. Del ár. *sawajil* o *saguajil*, 'costeros', 'costeños'. 1) pueblo negro bantú de la costa oriental (Zanzíbar) de África; 2) lengua de la gente bantú de la costa oriental de África, que sirve, ademas, de lengua intertribal, o *lingua franca*, en el África oriental y partes vecinas del Congo. Ling.

swami hindi. 'suami', 'maestro espiritual'. Título que precede al nombre de los maestros del hinduismo. Del sáns. *svami*, 'señor', 'maestro'. (1980: *País sem.*) Rel.

swap ing. 'permuta', 'canje', o 'intercambio', acordado por las partes, en una determinada moneda, para contrarrestar la variabilidad de los tipos de cambio o interés. (1992: A. Berges.) Econ.

swaping ing. 'cambio', 'trueque', 'intercambio'. Intercambio sexual de parejas mediante cita a través de los periódicos. Es una variante del *swinging*. De *swap*, 'trueque'. (1978: A. Quintás.)

SWAPO ing. Siglas de *South West African People Organization*, 'Organización popular del SO africano', liderada, desde 1960, por Sam Nujoma, y que el 20 de marzo de 1990, logró la independencia de Namibia. (1982: *País*.) Pol.

swatch ing. artif. Contracción de *swiss watch*, 'reloj suizo (de cuarzo)' empleada como denominación de origen, ideado (1981) por Nicolas Hayek, para contrarrestrar la relojería japonesa. (1992: TVE.)

sweater ing. 'suéter' (Ac.). Jersey de lana y de mangas largas, que usaban los deportistas para sus entrenamientos. De *to sweat*, 'sudar', por tanto *sweater*, 'sudador'. (1932: Jardiel Poncela.) Indum.

swing ing. 'vaivén'. Determinado estilo de *jazz*, con brío y vaivén característicos, desarrollado en los años treinta, generalmente interpretado por grandes bandas y vocalistas populares, preferido para bailar por los jóvenes de este tiempo y después, hasta que, tras la Segunda Guerra Mundial, surgió el *rock*. (1966: I. Montero.) Mús.

swinging ing. 'vaivén' o 'intercambio' sexual de parejas en un lugar determinado. (1977: A. Quintás.)

Syllabus (errorum) lat. 'Sílabo (de los errores)'. Publicado en 1864 por Pío IX, en el décimo aniversario de la proclamación del dogma de la Inmaculada Concepción. Recopila ochenta 'errores' del mundo moderno, ya condenados muchos anteriormente. Además de proclamar la infabilidad del Papa *ex cathedra*, es una contramanifestación frente a la declaración de los derechos del hombre y del ciudadano, frente a la escuela laica, frente al matrimonio civil, frente al divorcio, frente a la independencia del gobierno y de la ciencia ante la Iglesia. (1875: J. I. Caso.) Rel.

symposion gr. 'simposio' (Ac.), lit.: 'beber juntos', 'banquete'. 1) 'reunión de varias personas para tratar de un tema', 'coloquio'; 2) 'reunión en volumen de discursos o ensayos de diversos autores sobre o en torno a un tema determinado'. El uso de esta palabra en contextos modernos procede del ing., evocando el título *Symposion*, 'El Banquete', del famoso diálogo de Platón.

symposium lat. → SYMPOSION.

t

tableau! fr. '¡(qué) cuadro!', '¡(qué) sorpresa!'. (1899: Galdós.)

tableaux vivants fr. 'cuadros vivos' (1890: L. Coloma), 'cuadros a lo vivo', 'cuadros plásticos' (1895: A. Nervo). Entretenimiento de finales del siglo XIX, en que se reproducían con personas reales cuadros famosos o escenas históricas. Recurso aprovechado posteriormente en el teatro, por ej., *La vicaría* (1897), de Ceferino Palencia, sobre el cuadro de Fortuny, y *Las meninas* (1960), de Buero Vallejo, sobre el cuadro de Velázquez. (1988: M. de Lope.) Tea.

tabloid ing. 'tabloide' (Ac.: 1992). 1) periódico de formato medio, con texto conciso, predominio de titulares y abundantes grabados. (1967: C. Fdez. Moreno, Arg.) Period.; 2) sinónimo de 'prensa amarilla' (1986: Bryce Echenique, Pe.) y 'prensa sensacionalista'. (1997: *País*.) Period. Originariamente fue marca registrada estadounidense de una 'tableta' o 'comprimido' farmacológico. Period.

tabou fr. 'tabú' (1867: N. Fdez. Cuesta; Ac.), 'entredicho' (N. Fdez. Cuesta), lit.: 'lo prohibido'. Es palabra tonganesa *(tapu)* y refleja una institución de las islas de la Polinesia francesa del período colonial. (1916: Machado.) Antrop.

tabu ing. 'tabú' (Ac.). Aparece escrita por primera vez en 1781 (Cook, *Viajes*, III), pero oída en 1777 a los nativos de las islas Sandwich. (1989: E. Lorenzo.) Rel. → TABOU.

tabula rasa lat. 'tablilla rasa', es decir, sin relieve. En ext.: *tanquam tabula rasa in qua nihil est depictum*, 'igual que tablilla rasa en la cual nada hay pintado o escrito', con referencia a la mente; como si dijéramos, antes del conocimiento, que la mente es 'como un papel en blanco, vacío de caracteres'. Versión escolástica de un pasaje de Aristóteles (*Sobre el alma*, 3, 4), reafirmado por John Locke (*Ensayo sobre el entendimiento humano*, 1690, 2, 1, 2), rebatido por Leibniz (*Nuevo tratado sobre el entendimiento*, 1703, 2, 1, 2). (1893: U. Glez. Serrano.) Fil.

T.A.C. ing. Siglas de *Tomography Amsted by Computer*, 'Tomografía Axial Computarizada'. Procedimiento radiográfico estratigráfico mediante ordenador para analizar y observar patologías. Med.

tachisme fr. 'tachismo', 'manchismo'. De *tache*, 'mancha'. Técnica pictórica de algunos pintores franceses del siglo XX, como Fautrier, Dubuffet, Atlan, etc., llamada también 'informalismo'. Pint.

taedium vitae lat. 'tedio de la vida', 'tedio de vivir', 'cansancio de vivir'. De Aulo Gelio (*Noctes atticae*, 8, 18, 11). (1916: A. Machado.) → MAL DU SIÈCLE; WELTSCHMERZ.

tae kwon do cor. 'taekwondo' (Ac.: 2001), 'taecuondo'. Modo de lucha coreano, semejante al *kárate*. Introducido en España en los años setenta. Comp. de *tae*, 'pie', *kwon*, 'puño' y *do*, 'camino'. Dep.

taffetas fr. 'tafetán' (Ac.). Del per. *tafté*, 'torcida'. Variedad de tejido de seda muy tupida. (1920: *Bl. y Negro.*) Text.

tag ing. 'etiqueta (de un producto)', pero también 1) 'rótulo identificativo' o 'marca personal'. Modalidad de *graffito*, o grafiado, distintiva de un grupo o individuo, en lugares públicos, principalmente en los muros de los andenes del metro y en muros callejeros. Moda marginal iniciada en Nueva York en los años sesenta y llegada a España. (1989: *País.*); 2) en lenguaje informático, 'etiqueta' (1998: *País*; 'conjunto de caracteres que se añaden a un elemento de los datos para identificarlo'. 2000: J. A. Millán.) Inform.

taichi chino. 'taichi' (Ac.: 2001), 'el Principio supremo', en la filosofía taoísta. *Taichi* es transcrip. ing. (1938: D. T. Suzuki; 1957: Newmark; 1991: Ayto), adopt. en it. (1998: Mini) y en fr. (1993: *Petit Robert*), pero en al. *Taiki* (1991: Wahrig). Esta última es la pron. más aproximada a la china, con la *k* débil (1965: Lezama Lima, Cu.) o una *j* suave (1988: M. Vicent: *taiji*) (1983: *País.*) Fil. → TAICHICHUAN.

taichichuan (y **taijijuan** en el sistema de transcrip. pinyin) chino. 'boxeo *(chuan)* filosófico o taoísta', influido por el *taichi.* En el siglo XVIII, Wang Zonqyue, maestro en artes marciales, insufló en el *chuan* la filosofía taoísta dándole el nombre de *taichichuan*, dotándole de cierta suavidad. En la nueva China se emplea como ejercicio gimnástico terapéutico. (1988: Manuel Vicent: *taijichuan.*) Dep. → TAICHI.

taiga ru. (**taigá**). 'taiga' (Ac.). Bosque de coníferas en Siberia. (1923: Concha Espina.)

taiki chino (1965: Lezama Lima, Cu.) → TAICHI.

tailleur fr. '(traje) sastre', para mujer (h. 1920: *Ana Díaz.*) Indum.

talaiot cat. 'talayote' (Ac.), lit.: 'atalaya', construcción de aparejo megalítico, circular u oval, en forma de torre, de la Edad del Bronce, en las islas Baleares. (1921: A. Griera.) Arqueol.

talayot catalanismo. 'talayote' (Ac.). → TALAIOT.

talde vasc. 'talde', 'grupo', 'banda', 'cuadrilla'. Se aplica a los grupos de apoyo de *ETA.* (1990: *País.*) → ETA.

talibán ár. 'talibán' (Ac.: 2001), 'estudiantes (coránicos)'; sing.: *talib* o *taleb* (1998: Haro Tecglen). Deriv. de *talaba*, 'buscar', 'estudiar'. Los *talibán*, en Afganistán, en los años noventa, eran una facción islámista que luchaba por el poder político hasta conseguirlo, habiéndolo perdido en 2001, por su apoyo a *Al Qaida.* (1995: *País.*) Rel.; Pol.

talkie ing. 'película sonora', lit.: 'habladora'. (1930: Pérez de Ayala.) Cine.

talkie-walkie ing. 'emisor-receptor de radio portátil'. Surgió al final (1945) de la Segunda Guerra Mundial, lit.: 'hablador-paseante'. Adaptación del ing. de EE.UU. *walkie-talkie.* Telecom. → WALKIE-TALKIE.

talk show ing. 'tertulia televisiva', para debatir un tema; lit.: 'espectáculo *(show)* hablado *(talk)*'. Primeramente se limitaba a ser una sucesión de entrevistas diversas, separadas por actuaciones musicales o de variedades. (1994: *País*.) Telecom.

Talmud hebr. 'Talmud', lit.: 'Enseñanza'. Obra enciclopédica sobre la tradición oral del judaísmo en forma de comentario del Antiguo Testamento. Consta de dos partes: *Misnah* y *Gemara*. Rel. → MISNAH.

Talweg al. 'arroyada', 'corriente del valle', 'vaguada' (E. Lorenzo), 'mediana', lit.: 'camino del valle'. Es la línea por donde corren las aguas de un valle. Por analogía, 'la línea de navegación más profunda'. Se emplea en la determinación de límites, tanto terrestres como marítimos, así como el ing. *down way*, 'corriente abajo'. (1924: Muñoz Lumbier, *Thalweg*.) Def.

Tammany ing. En ext.: *Tammany Society*, sociedad filantrópica estadounidense, fundada en 1789; posteriormente, organización política democrática, con sede en Nueva York, en el *Tammany Hall*. *Tammany* es adapt. ingl. del nombre *Tamanem*, de un jefe indio delaware. (1934: J. L. Borges, Arg.) → SACHEM.

tampax ing. 'támpax'. Marca comercial estadounidense (1937) de una compresa o tapón higiénico absorbente, para la menstruación. Comp. del ing. *tamp(on)*, 'trozo de gasa o de algodón hidrófilo' —deriv. del fr. *tampon*—, más el sufijo arbitrario *-ax*. (1976: *Hermano Lobo*.) Med.

tamquam tabula rasa in qua nihil depictum est lat. (1916: A. Glez. Blanco.) → TABULA RASA.

tandem ing. 'tándem' (1899: Sánchez y Rubio; Ac.). Adopción inglesa del adv. latino *tandem*, 'a lo largo', para designar bicicletas con más de un sillín en línea y más de un juego de pedales, aunque en el uso general en esp., restringido a los significados 'de pareja', 'de dos', 'para dos'. (1897: E. Blasco.) Transp. t.

tanga port. 'tanga' (Ac.: 1992), 'minibikini', lit.: 'taparrabos'. Es palabra procedente de la tribu Quimbundú, de Angola, incorporada al port. de Brasil por esclavos angoleños. (1976: L. Carandell.) Indum.

Tangentopoli it. 'Tangentópolis' (1996: *La Vang.*), es decir, 'País o mundo de corrupción'. Formada con el it. *tangente*, 'que toca', y el gr. *polis*, 'ciudad'. Nombre dado a la corrupción política generalizada en Italia, consistente en la financiación de los partidos políticos por grandes empresas industriales y financieras; es decir, la financiación clandestina de los partidos no comunistas durante la 'guerra fría'. (1993: *País.*) Pol.

Tanjug serb. Abrev. de *Telegrafska Agencija Nove Jugoslavije*, 'Agencia telegráfica de noticias yugoslava'. Fundada en Belgrado en 1943. Period.

tant mieux fr. 'tanto mejor'. (1926: Ortega.)

tant pis fr. 'tanto peor'. (1926: Ortega.)

tantra sáns. 'tantra', lit.: 'doctrina', 'regla'. Texto sagrado (existen más de sesenta importantes) donde se expone el tantrismo, rama del hinduismo, en la cual la realidad última *(chit)* es la conciencia que se identifica con el ser *(sat)* y la felicidad *(ananda)*, es decir, el Absoluto *(Satchitananda)*. (1983: F. Umbral.) Rel.

Tantum ergo lat. 'Tántum ergo' (Ac.), en ext.: *Tantum ergo sacramentum*, 'Tan augusto sacramento'. Comienzo de la quinta estrofa del himno *Pange, lingua*, de santo Tomás de Aquino, que se canta después de la misa del Jueves Santo en la procesión del Monumento, mientras el celebrante inciensa el Altísimo. Rel.

Tao chino. 'Tao', lit.: 'Camino'. Orden o ley moral (y también orden eterno u orden cósmico) en la antigua filosofía china. (1965: Lezama Lima, Cu.) Fil.

Tao te king chino. 'Regla directriz o libro sagrado canónico *(king*, lit.: 'urdimbre') de la norma moral *(tao*, lit.: 'camino', 'guía') y de la virtud práctica *(te)*'. Atribuido a Lao-sé, escrito entre los siglos VI y III. a. de J. C. Su actual título se puso durante la dinastía Han. (1887: E. Gaspar.) Fil.

taquet fr. 'taqué' (Ac.), lit.: 'empujador'. Es el empujador en que se apoya la cola de la válvula en los motores de explosión. Autom.

tarantella it. 'tarantela' (Ac.). De Taranto (Tarento), ciudad del S de Italia, en cuya región se cría la tarántula, araña de picadura venenosa. Es una danza basada en el tema de la *morra* (un juego) napolitana. (1793: Moratín.) Baile.

tarbusch ár. 'tarbús', 'fez'. Gorro de fieltro rojo, cilíndrico, con rabillo arriba, en el centro. (1925: Blasco Ibáñez.) Indum.

tarde piache gall. 'tarde piache' (Ac.), lit.: 'tarde piaste'. Frase perteneciente a un cuentecillo tradicional, recogido (1564) por Juan de Timoneda en su *Portacuentos:* dos vizcaínos, para burlarse de un tercero, que se apostó que se comería tres huevos cocidos, de un sorbo cada uno, disimuladamente le pusieron uno sin cocer y ya pollado. Mientras lo engullía, pió el pollito en el garguero, y dijo el vizcaíno: *¡Tarde piache!* (1832: Mor de Fuentes.)

tarlatane fr. 'tarlatana' (Ac.) (1864: Bécquer.) Text.

tarot fr. 'tarot' (Ac.: 1992). Juego de naipes adivinatorio. del it. *tarocco.* (1960: Lezama Lima, Cu.; 1936: Cansinos: *taroth.*) Jue.

tartine fr. 'rebanada (de pan) untada', con mantequilla o mermelada. (1910: C. M.ª Ocantos, Arg.) Gastr.

TASS ru. Siglas de *Telegráfnoie Aguentsvo Soviétskogo Soyuza*, 'Agencia Telegráfica de la Unión Soviética'. Period. →
ITARTASS.

tatami jap. 'tatami' (Ac.: 1992), 'suelo (reglamentario)', donde se dirimen las luchas de yudo, etc.; lit.: 'estera'. (1992: TVE.) Dep.

taula cat. 'taula' (Ac.: 1992), lit.: 'mesa'. Construcción megalítica, en Menorca, de la Edad del Bronce. Arqueol.

taxi fr. 'taxi' (Ac.). En 1907, en Francia, se dotó a los coches de alquiler de un contador de recorrido, llamado *taxamètre*, después, *taximètre*, abrev. *taxi.* (1922: *Andrenio*.) Transp. t.

taxi girl ing. 'chica taxi', 'bailarina taxi'. Acompañante de baile, a la que se paga con *tickets*, tantos bailes tantos *tickets*. Según Rey-Debove, es formación fr. sobre el ing. *taxi-dancer.* En boga en los años treinta. (1974: Ig. Agustí.) Baile.

team ing. 'equipo'. Dep.

Teatre Lliure cat. 'Teatro Libre'. Compañía de teatro innovador, fundada en 1976, de expresión catalana exclusivamente hasta 1994; dirigida por Fabià Puigserver hasta 1991; después, por Lluìs Homar. Tea.

Teatro dei Piccoli it. 'Teatro de los Pequeños'. Teatro de títeres, fundado en 1912, en Roma por Vittorio Podrecca. (1921: Valle-Inclán.) Tea.

Teatro dei pupi. it. → PUPI.

technicolor ing. 'tecnicolor' (Ac.: 1992). El más antiguo (1917) procedimiento de fotografía en color empleado en cinematografía y cuya denominación ha llegado a ser sinónima de '(cine) en color'. Es palabra comp. con *technic(cal)* y *color*, 'color técnico'. Cine.

techno ing. 'tecno'. Abrev. De *technological music*, 'música tecnológica', es decir, 'música electrónica', originada en Detroit (EE. UU.). Es una *dance music*, 'música bailable' electrónica y para grandes espacios; en cierto modo, evolución, en los noventa del siglo XX, del estilo *house* de Chicago. Por su carácter sincrético, se ha enriquecido con las percusiones y sonidos de la *world music*, 'música del mundo' o 'música étnica', hasta llegar a un *ethno-techno*, 'etno-tecno' (1996: *País*.) → HOUSE.

ted ing. (1977: Cabrera Infante, Cu.) → TEDDY BOY.

teddy boy ing. 'chico eduardito' Joven vestido exageradamente a la moda eduardina (de la época de Eduardo VII de Inglaterra). *Teddy* es diminutivo de *Edward*. Los *teddy boys* vestían pantalones muy anchos en las caderas y estrechos en los tobillos; con solapas de raso. Fueron los que empezaron a consumir música *rock* en Inglaterra, importada de EE. UU. (1967: E. Tijeras.)

Te Deum lat. 'Tedéum' (Ac.), lit.: 'A ti Dios'. Himno cristiano que se canta diariamente en los maitines y en ocasiones solemnes de victoria. Comienza: *Te Deum laudamus*, 'A ti, Dios, alabamos'. Se ha atribuido a San Ambrosio, a San Agustín y a Nicetas de Remesia. Rel.

Te Deum laudamus lat. 'A ti, Dios, alabamos'. (1971: A. Cordón.) Rel. → TE DEUM.

tee ing. 'ti', 'hito', 'apoyo', 'soporte', que sostiene la bola para el saque en el golf; y por añadidura, 'salida' o 'saque'. (1990: *D. 16.*) Dep.

teenager ing. 'adolescente', lit.: 'que está entre los trece y los diecinueve años'. Se aplica principalmente a las adolescentes. Podría traducirse por 'quinceañera' o 'jovencita'. (1978: F. Umbral.)

teflon ing. 'teflón' (Ac.: 1992). Nombre comercial dado (1938) por la compañía estadounidense DuPont de Nemours a un material de gran poder dieléctrico, resistente al calor, a los ácidos y a los disolventes. Se emplea como aislante eléctrico y químico y como fibra textil y dotación especial para utensilios de cocina. El nombre, según Room, se forma con partículas que se hallan en (*poly*)*te*(*tra*)*fl*(*u*)*o*(*rethyle*)*n*(*e*), 'politetrafluoretileno'. Quím.

teleberri vasc. 'informativo de TV', 'noticiario'. De *tele*, 'televisión', y *berri*, 'noticia'. (1884: *País.*) TV.

telefax ing. 'telefax' (Ac.: 1992). Formada sobre *telefacs(imile)*, reduciendo el grupo fónico *cs* en su equivalente *x*. Es la comunicación de facsímiles a través de la red telefónica. Abrev.: *fax*. (1981: *D. 16.*) Telecom. → FAX.

telefilm ing. 'telefilme' (Ac.: 1992). Comp. de *tele(vision)* y *film*. TV. → TELEVISIÓN.

teleprinter ing. 'teleprínter', 'teleimpresor'. Abrev. de *teletype printer* (según Webster). Aparato que sobreimprime textos en las imágenes de televisión. (1982: TVE.)

teleprompter ing. 'teleprómpter', 'apuntador de televisión'. Comp. de *tele(vision)* y *prompter*, 'apuntador'. Dispositivo que recuerda la función del apuntador de teatro y que en televisión permite al locutor leer frontalmente textos con apariencia de que los dice sin esa ayuda. (2000: Cadena SER.) TV. → PROMPTER.

teletex ing. 'teletex', 'teletexto' (Ac.: 1992). Palabra formada sobre *teletext* analógicamente con *telefax*. Es la intercomunicación de terminales que incorporan las funciones del teleimpresor, la máquina de escribir y los procesadores de datos (1981: *D. 16*.) Telecom.

television ing. 'televisión' (Ac.). Híbrido formado (1909) con el gr. *tele*, 'lejos', y el fr. *vision*, 'visión', difundido en España en los años cincuenta. Telecom.

televisor ing. 'televisor' (Ac.). Nombre del aparato receptor de televisión concebido (1935) por J. L. Baird. Telecom. → TELEVISION.

telex ing. 'télex' (Ac.: 1992). nombre de marca de un teleimpresor (1958). 1) sistema de telecomunicación inalámbrica directa; 2) mensaje enviado por este medio. (1976: *Interviú*.) Esta voz es contracción de *tel(eprinter)*, 'teleimpresor, y *ex(change)*, 'cambio', 'intercambio', es decir: 'comunicación o intercambio (de comunicados) entre teleimpresores'. Telecom.

telstar ing. 'telstar', 'telesat'. Acrónimo de *telecommunication star*, lit.: 'estrella de telecomunicación', pero, más bien, 'satélite de comunicación'. Es el primero (1962) lanzado al espacio; estadounidense. (1983: F. Umbral.) Telecom.

tempera it. 'témpera' (Ac.: 1992), 'temple'. Técnica pictórica que emplea los pigmentos mezclados con clara de huevo. Cuando es sobre papel, se diferencia de la guacha en que el color resulta más compacto, en tanto que en la guacha es más diluido, como en la acuarela. Pint.

tempo it. 'tempo' (Ac.: 1992), 'tiempo'. Es el tiempo o intervalo de duración que hay entre un acento y otro, es decir, la frecuencia del acento rítmico. Según Aristóteles, el *tempo* tiene su origen en el ritmo cardíaco. En música, el director sigue las indicaciones de *tempo* señaladas por el compositor: *lento*, *adagio*, *presto*, etc. El *tempo* musical oscila entre 40 y 210 golpes por minuto: *largo* (de 40 a 70); *larghetto* (de 70 a 96); *adagio* (de 96 a 120); *allegro* (de 120 a 180); *presto* (de 180 a 210). El *tempo* se mide con metrónomo. (1921: Ortega.) Mús.

tempo lento it. 'tempo lento', 'tiempo lento'. (1925: Ortega.) Mús.

tempo rubato it. (1926: García Lorca.) → RUBATO.

tempura jap. 'tempura', lit.: 'fritura'. Dicen que del lat. *tempore Quaresmae*, 'en tiempo de Cuaresma', llevado al Japón por los jesuitas españoles en el siglo XVI. Fritura abuñolada, de pescado u hortalizas, que se sirve con salsa de soja y rábano rallado (1991: Bosco Esteruelas.) Gastr.

tempus edax rerum lat. 'el tiempo, destructor de las cosas'. De Ovidio (*Metamorfosis*, 15, 234). Inscripción en relojes solares. (1926: Baroja.)

tempus fugit lat. 'el tiempo huye'. Tópico forjado quizá sobre *fugit irreparabile tempus*, 'el tiempo huye sin detenerse', de Virgilio (*Geórgicas*, 3, 2, 84). Inscripción en relojes solares. (1989: Carlos L. Álvarez.)

tender ing. 'ténder' (Ac.), lit.: 'servidor'. Remolque auxiliar de las locomotoras de vapor, para contener el carbón y el agua de que se alimentan. Transp. t.

teneo te, Africa lat. '(ya) te tengo, África'. Julio César, al desembarcar en África, cayó a tierra, pero corrigió el agüero con esas palabras, indicando así que no había caído, sino que había tomado posesión de aquella tierra. (Según Plutarco, *Vidas paralelas*, 'Julio César', 5, 9.) (1889: Alarcón.) Hist.

tennis ing. 'tenis' (Ac.). Del fr. *tenez!*, '¡toma!', '¡ahí va!'. (1900: A. Nervo.) Dep.

tenno jap. 'príncipe o soberano celeste'. Título de que goza el emperador del Japón, porque pasa a él el alma divina de sus antecesores. (1989: M. A. Bastenier.) Pol.

tenora cat. 'tenora' (Ac.). Instrumento musical de viento, de lengüeta doble, que se emplea en la interpretación de la sardana. (1970: Garciasol.) Mús.

tenue fr. 'vestido' de carácter especial; 'atavío', 'tenida' (1983: J. Donoso, Ch.) por 'traje'. (1898: A. Nervo.) Indum.

teocalli mex. 'teocali' (Ac.). De *teotl*, 'dios', y *cali* 'casa'. 'templo del dios'. Pirámide trunca, de cuatro lados, con templo y altar en la cima. Rel.

tergal fr. 'tergal' (Ac.: 1992). Marca registrada (1955). Tejido de fibra sintética, de poliéster, presente en España al menos desde los años sesenta. En su composición entra *ter-*, por el ácido *ter*eftálico. Indum.

terminal ing. 'terminal' (Ac.: 1992), 'extremo', 'final'. Anglicismo adoptado en esp. en Inform., Transp. y Med. Del lat. *terminalis*.

terminus ad quem lat. 'término o punto hacia el cual (un movimiento o acción tiende)'. (1933: Ortega.) Fil.

terminus a quo lat. 'término o punto desde el cual (un movimiento o acción procede o se origina)'. (1933: Ortega.) Fil.

termo anglicismo (1948: Jardiel Poncela). Adapt. española (Ac.: 1992) del ing. *thermos* (1925: *Calend. España*), abrev. de *thermos bottle*, 'botella caliente' o *thermos flask*, 'frasco caliente', nombre dado por su inventor inglés, posteriormente marca registrada (1914). Del gr. *thermós*, 'caliente'.

terra chá gall. 'tierra llana'. → A TERRA CHÁ.

terracotta it. 'terracota' (Ac.). 1) 'barro cocido' (1927: E. d'Ors); 2) 'figurilla (de barro cocido)'. (1874: E. R. de Saavedra.)

terra incognita lat. 'tierra incógnita', 'tierra desconocida'. Letrero que figuraba en los mapas antiguos para señalar las tierras desconocidas o inexploradas. (1875: García Ayuso.) Geogr. f.

Terra Lliure cat. 'Tierra Libre'. Organización clandestina independentista catalana, semejante a la vasca *ETA* en sus objetivos y métodos, aunque más débil. Fundada el 1 de diciembre de 1976, se disolvió el 15 de julio de 1991. Su brazo político era *Catalunya Lliure*. Pol. → CATALUNYA LLIURE.

terra nullius lat. 'territorio o tierra de nadie'. (1979: *País*.) Der. → RES NULLIUS.

terrarium lat. 'terrárium', 'terrario' (Ac.: 1992). *Zoo* exclusivo para ofidios y especies afines.

terrazo italianismo. Aunque el *DRAE* considera que el esp. 'terrazo' deriva del lat. *terraceus*, su procedencia próxima es el it. *terrazzo*, mezcla de cemento y pedrezuelas, empleada para formar losas y losetas de pavimento. Arq.

terreta cat. 'terreta', 'terruño', lit.: 'tierrita'. (1904: R. Soriano.)

terrier fr. 'terrier', 'terrero'. Perro que caza animales de madriguera. Zool. → FOX-TERRIER.

terriña gall. 'terruño', 'patria chica'. (1888: Pardo Bazán.)

tertium non datur lat. 'no se da (ocasión para) lo tercero', es decir, sólo se puede elegir entre dos. (1933: Ortega.) Fil.

tertium quid lat. 'un tercer elemento', respecto a otros dos; lit.: 'un tercer algo'. (1930: Fdo. Ortiz, Cu.)

tessitura it. 'tesitura' (Ac.), 'textura'. (1834: Larra.) Mús.

test ing. 'test' (Ac.: 1992), 'prueba psicológica', lit.: 'prueba'. Procedimiento de experimentación y análisis psicológico ideado (1883) por Francis Galton (1822-1911). (1933: *Bl. y Negro*.) Psic.

testar anglicismo. (Ac.: 2001). Del ing. *to test*, 'probar', 'someter a prueba'. Introd. en contextos españoles en 1997. (1997: Cadena SER.)

testis unus, testis nullus lat. 'un solo testigo, nulo testigo'. Principio jurídico romano. (1882: *Sentencia*.) Der.

Tet viet. 'Fiesta del Año Nuevo Lunar' en Vietnam, de tres días de duración. En contextos españoles, durante la guerra del Vietnam.

tête à tête fr. 1) 'cara a cara', 'frente a frente', 'personalmente'; 2) 'enfrentamiento'. (1894: A. Nervo.)

tetra brik sue. '(envase) aladrillado *tetra*'. Com. → TETRA PAK.

Tetragrámmaton gr. 'Tetragrámmaton' (Ac.), 'Tetragrámaton' (J. Valera), '(palabra de) cuatro letras'. Con referencia al hebr. *YHWH* (Yahvé, Jehová), símbolo misterioso del nombre de Dios. (1911: A. Glez. Blanco.) Rel.

tetra pak sue. 'paquete o envase *tetra*'. Nombre de una empresa sueca, de Lundt, que ideó y comercializó un sistema nuevo de empaquetamiento o envase *(pak)* de cartón especial, desde 1952, con 'cuatro' (en gr. *tetra*) caras. Su paquete de pequeño tamaño, *tetra brik*, por su forma de 'ladrillo' *(brik)*, introducido en España en 1963, y ya en su modalidad aséptica, en 1969, para líquidos (agua, leche, vino, zumos). (1987: *País.*) Com. → TETRA BRIK.

Texaco ing. En ext.: *Texaco Incorporated.* Formada por *Texas*, 'Tejas', y *co.*, abrev. de *co(mpany)*, 'compañía'. Compañía de petróleos, con sede en Nueva York. Es una de las llamadas 'siete hermanas'. Petroq.

tex-mex ing. 'tex-mex'. En ext.: *texan-mexican*, 'tejano-mexicano' 1) estilo mixto de mús. popular, basado en la polca tejana. (1992: M. Alpuente.) Mús.; 2) estilo mixto de cocina. Gastr.

thalassa! thalassa! gr. '¡el mar!, ¡el mar!'. Exclamación de los diez mil griegos conducidos por Jenofonte (*Anábasis*, 48), cuando, exhaustos, vieron las orillas del Ponto Euxino. (1911: C. Bayo.) Hist.

Thalweg al. El grupo *Th-*, en esta palabra, es obsoleto, ya que en al. moderno se escribe *Talweg*. Sin embargo, *Thalweg* se mantiene como germanismo en otros idiomas, como el ing. (Webster). Geogr. → TALWEG.

Thanksgiving Day ing. 'Día de Acción de gracias'. Es el cuarto jueves de noviembre, fiesta nacional en EE.UU., para conmemorar la primera cosecha obtenida por los emigrantes del *Mayflower.* (1872: Galdós.) Rel.

that is the question ing. 'éste es el problema'. (1860: J. Valera.) → TO BE OR NOT TO BE.

thé fr. 'té' (Ac.). El fr. *thé* (1925: *Calend. España*) ha pervivido en España con el ya esp. 'té' en rótulos y anuncios comerciales, por las mismas razones que actualmente conviven el esp. 'chalé' (Ac.) y el fr. *chalet.* Gastr. → CHA.

Théâtre Libre fr. 'Teatro Libre'. Fundado (1890) en París por Antoine, es decir, André Antoine (1858-1943). Modernizó el teatro de su tiempo, que aportó el naturalismo y el ibsenismo. Tras una pausa, Antoine continuó su labor (1877) en el *Théâtre Antoine.* Tea. → DIE FREIS BÜHNE.

thé dansant fr. 'té baile'. (1881: Mesonero.)

the happy few ing. 'los escogidos', 'los elegidos de la suerte', lit.: 'los pocos (o contados) felices'. Palabras de Enrique V a los suyos antes de entrar en la batalla, según Shakespeare *(Enrique V)*. Sobre esta expresión acuñó Stendhal el colofón de *La cartuja de Parma*: «*To the happy few*». (1933: Ortega.) Lit.

the Old Vic ing. → OLD VIC.

the rest is silence ing. 'lo demás es silencio'. Palabras de Hamlet al morir, en *Hamlet* (V, 2), de Shakespeare. (1901: S. Canals.) Lit.

the right man in the right place ing. 'el hombre apropiado en el puesto (o lugar) apropiado'. Frase de sir Austen H. Layard en la Cámara de los Comunes (15 de enero de 1855). (1906: A. Nervo.) Pol.

the right place ing. 'el lugar apropiado'. (1927: E. d'Ors.) → THE RIGHT MAN IN THE RIGHT PLACE.

thermidor fr. 'termidor' (Ac.). Onceno mes del año republicano francés, que va del 20 de julio al 18 de agosto. Deriv. del gr. *therme*, 'calor', y *doren*, 'dar'.

the stream of consciousness ing. → STREAM OF CONSCIOUSNESS.

the struggle for life ing. → STRUGGLE FOR LIFE.

(a) thing of beauty is a joy for ever ing. 'un bello objeto es un placer eterno'. Primer verso de *Endymion*, de Keats (1796-1821). (1910: Unamuno.) Lit.

think tank ing. 'tanque de ideas', 'laboratorio de ideas' (1993: *País*.). Expresión surgida durante la Segunda Guerra Mundial para denominar a una institución o grupo de expertos, empleados por el gobierno de EE.UU., para resolver problemas o predecir acontecimientos en lo político y en lo social, denominada también *think factory*, 'factoría de pensamiento'. (1993: *País*.) Pol.

thread ing. 'hilo' (1998: J. A. Millán) o 'hilván' que hila o hilvana mensajes, respuestas, etc., sobre un mismo asunto tratado en un foro informático. (1998: J. A. Millán.) Inform.

thriller ing. 'zríler', en el habla; 'género negro'; lit.: 'estremecedor'. Con referencia a los filmes de máxima suspensión, con asesinato por medio, generalmente. En contextos españoles se halla, además de *thriller*, escrito, y 'zríler' en el habla, la expresión 'cine negro' (1976: A. Lara), galicismo procedente de una famosa colección de novelas policiacas francesas, de la editorial Gallimard, de París, llamada *série noire*, 'serie negra', con cubierta en la que predomina el color negro, frente a otras series o colecciones de la misma editorial que tienen predominio del blanco. (1956: A. Caballero Robredo.) Cine.

Tian An Men chino. 'Tiananmen' (1990: *País.*), '(plaza de la Puerta de) la Paz Celestial'. Lugar y símbolo político, en Pekín, donde se produjeron las manifestaciones estudiantiles antigubernamentales de mayo de 1989, reprimidas. (1977: J. Semprún.) Pol.

tibi dabo lat. '(todo esto) te daré', en ext.: *haec omnia tibi dabo si cadens adoraveris me*, 'todo esto te daré, si postrado me adorares'. Así tienta Satanás a Jesús en el monte, según la Vulgata (San Mateo 3, 9). (1980: R. S. Ferlosio.) Rel.

Tibidabo latinismo. Nombre actual (desde finales del siglo XIX) del alto o monte de Cerola, en cat. *Collserola*, de la ciudad de Barcelona. Es palabra comp. por las latinas *tibi*, 'a tí', *dabo*, 'daré', extraídas seguramente de la frase *tibi dabo claves regni coelorum*, 'te daré las llaves del reino de los cielos' (San Mateo 16, 19), más apropiadas a las fundaciones religiosas que allí se alzan, aunque otros (Alarcón: *Dic. catalá*, 1979) opinen que proceden de las de Satanás a Jesús: *haec omnia tibi dabo si cadens adoraveris me* (San Mateo 3, 9). Rel.

tibi dabo claves regni coelorum lat. 'te daré las llaves del reino de los cielos'. Palabras de Jesús a Pedro (San Mateo, 16, 19), según la Vulgata. (1782: Forner.) Rel.

tic fr. 'tic' (Ac.). (1979: *La Calle.*)

ticket ing. 'tique' (Ac.), 'entrada', 'boleto' (1983: J. Donoso, Ch.), 'tiquete' (Am. h.). En España suele emplearse *ticket* y 'tique' si el billete o boleto es pequeño, de cartulina o cartón, y sale de una máquina. (1879: E. Gaspar.)

tie break ing. 'taibrek', 'muerte súbita' (1991: TVE), 'resolución (del empate)', lit.: 'rompimiento *(break)* o desanudamiento del lazo *(tie)*'. En tenis, se resuelve la situación de empate a seis juegos a favor del primer jugador que obtenga siete puntos, forzándose así la terminación de la partida. (1991: M. Orantes.) Dep.

tiers état fr. 'tercer estado', 'burguesía'. En las asambleas generales francesas, en el Antiguo Régimen, es decir, antes de la Revolución; los otros dos estados eran la nobleza y el clero. Es término difundido por la Revolución francesa y por el libro *Qui est le tiers état* (1789), del abate Sièyes. (1891: Pardo Bazán.) Pol.

tifosi, sing. **tifoso.** it. 'tifosos', 'hinchas'. En el fútbol. De *tifo*, 'tifus'. (1972: *Bl. y Negro.*) Dep.

tilbury ing. 'tílburi' (Ac.). Coche ligero de dos plazas y dos ruedas, llamado así (1814) por el apellido de su inventor. (1843: E. de Navarrete.) Transp. t.

time bombe ing. → BOMBA DE TIEMPO.

time Danaos et dona ferentes lat. 'temo a los danaos (a los griegos) incluso cuando hacen regalos'. De Virgilio, *Eneida*, 2, 49. Palabras con que Laoconte trata de convencer a los troyanos, en guerra con los griegos, para que no permitan la entrada, en Troya, del traidor caballo de madera. (1987: R. S. Ferlosio.) Lit.

time is money ing. 'el tiempo es dinero'. (1878: E. Gaspar.)

timing ing. 'señalar fechas', 'programar fechas', 'señalar o programar un ritmo oportuno o fechas apropiadas'. De *time*, 'tiempo'. (1976: R. Tamames.)

Tin-Pan Alley ing. 'Calleja de la Sartén de hojalata'. Con este nombre se conoce en Nueva York el distrito frecuentado por los compositores y editores de música popular. Sirvió, además, de título a una obra musical de George Gershwin. (1965: Fdo. Ortiz, Cu.) Mús.

tipi indio de las Llanuras. 'tienda (india)'. De pieles, cónica, sobre pértigas, con ventilación arriba. (1922: J. Dantín.)

Tipperary ing. 'Tipperary'. Puerto del O de la región de Munster, cercano a Limerick (Irlanda), que sirve de título a una canción, de la *British Expeditionary Force*, 'Cuerpo Expedicionario Británico', en la Primera Guerra Mundial. Su primer verso: *It's a long way to Tipperary*, 'Largo es el camino hasta Tipperary'. (1963: Manuel Aguilar.) Ej.

TIR fr. Siglas de *Transport International Routier*, 'Transporte Internacional Carretero (o por Carretera)'. Sistema internacional de transporte mediante camiones que gozan de facilidades para el paso de fronteras. Transp. t.

tirade fr. 'tirada' (Ac., acep. 3: 'tirada de versos') y 'parlamento', relativamente largo, de un actor en una pieza de teatro. (1866: J. Nombela.) Lit.

tissue (paper) ing. '(papel) tisú'. Pañolito de papel blando, algodonoso. (1978: *País*.) → KLEENEX.

TNF ing. Siglas de *Theatre Nuclear Forces*. 'Fuerzas nucleares de teatro', es decir, las armas desplegadas por la OTAN en el 'teatro' o 'escenario' europeo. (1981: *País*.) Ej.

TNP fr. Siglas de *Théâtre National Populaire*, 'Teatro Nacional Popular'. Creado por decreto (10 de noviembre de 1920) como servicio público, alcanzó su apogeo a partir de ser nombrado (1 de septiembre de 1951) director suyo Jean Vilar, destacando entre sus actores Gérard Philipe. Tea.

toast ing. 'brindis', lit.: '(pan) tostado'; 'tostón' (1877: *Dr. Thebussem*). En tiempos de Shakespeare era costumbre poner un *toast*, pan tostado y especiado, en algunas bebidas (vino o cerveza). (1877: *Dr. Thebussem*.) Gastr.

to be or not to be ing. 'ser o no ser'. (1884: *Clarín*.) Lit. → TO BE OR NOT TO BE, THAT IS THE QUESTION.

to be or not to be, that is the question ing. 'ser o no ser, éste es el problema'. Así comienza el monólogo de Hamlet (*Hamlet*, III, 1), de Shakespeare. (1912: L. Coloma.) Lit.

toboggan ing. 'tobogán' (Ac.). De *tabakun*, palabra india del Canadá. (1914: *Bl. y Negro*.)

toccata it. 'tocata' (Ac.), lit.: 'tocada'. Pieza musical para instrumentos de teclado. (1990: *BFJMarch*.) Mús.

to die..., to sleep..., perhaps to dream ing. 'morir..., dormir..., quizá soñar'. De William Shakespeare (*Hamlet*, III, 4). (1917: Unamuno.) Lit.

Todt al. (1972: A. del Hoyo) → ORG. TODT.

toffee ing. *'toffee'* (Ac.: 2001), 'tofi', 'tofe' (1969: M. Delibes), 'caramelo blando'. Gastr.

toilette fr. 'tualeta', lit.: 'telita', 'pañizuelo'. 1) 'toaleta' (1925: L. Gabaldón), 'atavío', en el sentido de 'vestido elegante femenino'. (1835: Mesonero.) Indum.; 2) 'aseo y cuidado personal', higiénico y cosmético. (1915: *La Tribuna*.) Cosm.; 3) 'tocador público'. (1933: Jardiel Poncela.) Primeramente, 'pañizuelo' que cubría la mesa donde se colocaban los objetos que servían para el arreglo de la persona; después, el mueble que los sustentaba; más tarde, el atavío o vestido elegante de la mujer y, por último, también, el lugar donde se adorna y retoca la mujer.

tokamak ru. 'tokamak'. Formada sobre *toroidalny kamera makina*, 'máquina con cámara toroidal'. Creada (1963) por los soviéticos para confinar el plasma (estado en que queda un gas tras ser sometido a temperaturas muy altas, separándose sus electrones), con aislamiento magnético. Es un procedimiento para llegar a la fusión termonuclear como fuente de energía. Los diversos *tokamaks* occidentales reciben el nombre de *torus* (así el *Princeton Large Torus*, *Joint European Torus*, etc.). (1983: *País*.) Fís. → JET.

tolle, lege lat. 'toma y lee'. San Agustín (*Confesiones*, 8, 12, 29), agitado por las dudas, oyó estas palabras mientras miraba el libro (las Epístolas de San Pablo) que estaba leyendo su amigo Alipio; estas palabras y la lectura de ese libro decidieron su conversión al cristianismo. (1868: Galdós.) Rel.

tollita causa, tollitum effectum lat. (1863: N. Serra.) → SUBLATA CAUSA, TOLLITUR EFFECTUS.

tomahawk ing. 1) 'hacha de guerra'. Del algonquino *tamahakan*. Es palabra divulgada por las traducciones de novelas de pieles rojas. (1936: Jardiel Poncela.); 2) nombre de un misil de crucero, estadounidense. Su alcance, 2.500 kms. Empleado en la guerra del Golfo Pérsico (1991). (1991: *ABC*.) Ej.

Tommy, pl. **Tommies** ing. 'soldado raso', 'recluta', lit.: 'Tomasito'. En el ejército británico se utilizó *Tommy Atkins*, nombre ficticio, como nombre genérico o modelo en los impresos de reclutamiento, reducido a *Tommy* en la lengua coloquial. (1900: A. Nervo.) Ej.

tontons-macoutes fr. 'traganiños', 'cocos', 'ogros'. De *tonton*, 'tío', *macoute*, 'macuto', es decir, 'tío u hombre del saco', con que se asusta a los niños en el Caribe. Se aplicó a los soldados del doctor François Duvalier, encargados de la represión política desde que él subió al poder, en Haití, en 1957; en los años noventa recibieron el nombre de *attachés*, 'agregados', 'paramilitares' (1994: *País*). (1997: D. Viñas.) Pol.

topless ing. '*topless*' o '*top-less*' (Ac.: 2001), 'toplés' (1988: M. Peraile), lit.: 'sin (nada puesto) arriba', es decir, 'con los pechos al aire'. *Topless* es un eufemismo, como si se dijera 'sin *(less)* tapadera *(top)*'. (1978: *País*.)

top model ing. '*top model*' (Ac.: 2001), 'supermodelo'. La más estimada y cotizada para los pases de moda o publicidad visual. (1992: Joanna Bonet.)

topolino it. 'topolino', lit.: 'ratoncito'. 1) automóvil utilitario de la *FIAT*, posterior al *balilla* (éste anterior a la Segunda Guerra Mundial) y anterior al 600. (1948: M. Halcón.) Autom.; 2) '(jovencita) a la moda de los cuarenta' (1947: J. V. Puente). Moda.

top secret ing. 'muy secreto', 'máximo secreto', 'ultrasecreto', lit.: 'alto secreto'. Calificación de un asunto o documento referente a la Defensa nacional, sumamente secreto. (1976: *Gaceta ilustr.*) Ej.

(the) top ten ing. 'los diez de arriba', 'los diez primeros', 'los diez de cabeza'. En la clasificación de los mejores jugadores del tenis mundial. Sin embargo, esta expresión se ha trasladado a otros asuntos. (1997: Cadena SER.) Dep.

tora, tora, tora jap. 'tigre, tigre, tigre'. Orden de ataque aéreo, dada a las 7,45 del 7 de diciembre de 1941 por Fuchidu Mitsu, jefe de la fuerza aérea japonesa, para bombardear la base estadounidense de Pearl Harbor, en Hawai, iniciándose así la guerra del Pacífico entre Japón y EE.UU. Es expresión divulgada por el filme *Tora, tora, tora,* (1970), de Richard Fleischer. (1998: J. D. Castaño.) Hist.

Torah hebr. 'Torá' (Ac.), lit.: 'Enseñanza', 'Doctrina'. Nombre que se da a los libros del Pentateuco, pero que se aplica a toda la doctrina judaica. (1928: G. Miró.) Rel. → SEPHER TORAH.

torcida por 'hinchada'. Pertenece a la jerga futbolística brasileña. (1982: J. Edwards, Ch.) Dep.

tormenta de cerebros anglicismo. (1994: Alf. Rojo.) → BRAINSTORMING.

tornado ing. 1) 'tornado' (Ac.). Deriv. del esp. *tronada.* Todavía en 1867 no daba entrada N. Fdez. Cuesta, en su *Dic.,* a esta voz, que en ing. es un españolismo. Meteor.; 2) catamarán con dos timones, una vela y dos travesaños que unen la pala a los cascos. Deporte olímpico desde los Juegos de Montreal (1976). Dep.

torre cat. 'torre' (Ac., acep. 5), 'casa de campo o de recreo', 'villa', 'chalé'. (1983: R. Glez. Mas.)

tortell cat. 'tortel' (1983: R. Glez. Mas; Ac.: 2001), 'rosco (hojaldrado)'. (1943: M. Mestayer.) Gastr.

tory, pl. **tories.** ing. '*tory*' (Ac.: 2001), 'conservador'. Del irl. *toiridhe,* 'ladrón', 'bandolero', aplicado a los irlandeses que luchaban en guerrilla contra los ingleses. Desde 1680 se aplicó peyorativamente a los defensores de prerrogativas reales en Inglaterra, habiendo perdido ya su connotación peyorativa. (1884: Galdós.) Pol.

tot capita, tot sensus lat. 'tantas cabezas, tantas opiniones'. (1882: Pi y Margall.)

totem ing. 'tótem' (Ac.). Del algonquino *-t ote -m.* Es el emblema hereditario de una tribu, entre los indios, frecuentemente un animal, que encarna una deidad tutelar de la tribu. En las aldeas indias se alza, en el centro, el poste totémico. (1918: Pérez de Ayala.) Rel.

tot homines, tot sententiae lat. 'tantos hombres, tantos pareceres'. (1924: A. Sánchez Rivero.)

totocalcio it. 'quinielas del fútbol'. Palabra formada con *toto*, contracción de *totalizzatore*, 'totalizador' o 'resultados' de los partidos de fútbol, como prefijoide, y *calcio*, 'fútbol', es decir, 'resultados (de los partidos) de fútbol'. (1972: *Bl. y Negro*.) Dep.

tot o res cat. 'todo o nada'. (1963: Manuel Aguilar.)

totum revolutum lat. 'tótum revolútum' (Ac.), 'revoltijo', lit.: 'todo revuelto'. (1865: Galdós.)

totus tuus lat. '(soy) todo tuyo'. Con referencia a la Virgen. Lema del papa Juan Pablo II. (1982: *País*.) Rel.

touché fr. 'tocado'. Se dice en esgrima. (1905: A. Nervo.) Dep.

toupet fr. 'tupé' (Ac.). (1906: Martín Rico.)

tour fr. '*tour*' (Ac.: 2001), 'vuelta', 'gira', 'viaje'. (1886: M. de Premio Real.)

tourada port. 'torada', 'corrida de toros (a la portuguesa)', en que, a diferencia de la española, no se da muerte a los toros. De *touro*, 'toro'. (1883: J. de D. de la Rada y Delgado.) Dep.

tour de force fr. 'demostración de fuerza', 'esfuerzo'. (1865: Galdós.)

(Le) Tour de France fr. 'Vuelta a Francia'. Prueba ciclista anual. La primera comenzó el 1 de julio de 1903. Dep.

tour d'ivore fr. 'torre de marfil'. Expresión puesta en boga por el crítico Sainte-Beuve en su ensayo acerca de Alfred de Vigny. Lit.

Touring Club ing. 'Automóvil Club'. Asociación de automovilistas para resolver problemas relacionados con los viajes en automóvil. Autom.

tourist ing. 'turista' (Ac.). Del fr. *tour*, 'vuelta', 'gira'. (1932: Jardiel Poncela.) → TOURISTE.

touriste fr. 'turista' (Ac.). Del ing. *tourist*. (1843: E. de Ochoa.) → TOURIST.

tournant fr. 'giro'. (1978: *País*.)

tournedos fr. 'turnedó', 'medallón (de solomillo)' (I. Domenech). Es un trozo de carne de vacuno, de grosor aproximado al del *chateaubriand*, pero de superficie menor. (1897: A. Muro.) Gastr.

tournée fr. '*tournée*' (Ac.: 2001), 'turné', 'gira'. De una compañía de teatro, de un artista, o de una orquesta, banda, etc., por varias localidades. (1890: L. Coloma.) Tea.

(la) tournée des grands-ducs fr. 'el recorrido de los grandes duques', con referencia a los restaurantes y sitios lujosos, propios de los grandes duques. En contextos españoles, en la primera mitad del siglo XX, se empleó irónicamente, como 'recorrido tabernario de los escritores bohemios'. (1920: Cansinos.)

tour operator ing. 'operador turístico' (1991: Ign. Vasallo), y en el habla: 'turoperador', 'agente de viajes'. Comp. de *operator*, 'operador', 'agente', y *tour*, 'viaje de ida y vuelta'. (1976: *País*.)

tout à l'heure fr. 'en seguida'. (1911: R. Darío.)

tout comprendre c'est tout pardonner fr. 'comprenderlo todo equivale a perdonarlo todo'. Máxima atribuida a Madame de Staël. (1905: Unamuno.)

tout court fr. 'simplemente', 'sin más (explicación)'. (1977: J. M.ª Glez.)

tout est bien sortant des mains de l'Auteur des choses; tout dégénère entre les mains de l'homme fr. 'todo está bien al salir de las manos del Autor de las cosas, pero todo degenera entre las manos del hombre'. De J.-J. Rousseau (1712-1778), al comienzo de su novela pedagógica *Émile* (1762). (1848: *El tío Camorra*.) Fil.

(le) tout Paris fr. '(el) París selecto', '(la) flor y nata de París'. Las mil y pico personas presentes en los actos importantes de París, artísticos, literarios, políticos, etc. (1984: Max Aub.)

tout passe, tout casse, tout lasse fr. 'todo pasa, todo se rompe, todo cansa'. Proverbio. (1963: L. Hdez. Alfonso.)

tovarish ru. 'camarada', 'tovaris', 'tobaris' (1934: R. J. Sender). (1982: J. L. Berlanga.) Pol.

Toyota jap. Fábrica de automóviles, fundada por Sakichi Toyoda en los años treinta. El paso de *Toyoda* a *Toyota* se debe a que, en jap., la escritura de esta última forma posee signos de suerte. Autom.

trabucaire cat. 'trabucaire' (Ac.). Faccioso catalán armado de trabuco.

tractor ing. 'tractor' (Ac.). Del lat. *tractor(ius)*. Intr. en esp. en los años veinte. Transp. t.

tractu temporis convalescere non potest lat. 'no puede hacerse bueno con el paso del tiempo'. (1901: *Clarín*.)

trade mark ing. 'marca de fábrica'. De *mark*, 'marca', y de *trade*, 'comercio', 'oficio', 'fábrica'.

Trade Unions ing. 'Uniones laborales', 'Sindicatos laborales'. De *union*, 'unión', 'asociación', y *trade*, 'gremio', 'oficio'. Pol.

trading ing. 'tradin', 'tradeo', es decir, 'comercio internacional de materias primas'. Las sociedades que hacen este comercio son intermediarias entre los productores y los compradores; asímismo establecen y controlan los precios. (1986: *País*.) Com.

traduttore, traditore it. 'traductor, traidor'. (1913: Joaq. Fesser.)

(la) trahison des clercs fr. 'traición de los intelectuales'. Según el título del libro *La trahison des clercs* (1927), de Julien Benda (1867-1956). (1934: E. d'Ors.) → CLERC.

trailer ing. 'tráiler' (Ac.: 1992). 1) 'avance' (Ac.). Filme breve hecho con retazos de uno normal para anunciar este último. Cine; 2) 'tráiler' (1994: A. Pereira), 'remolque'. (1976: *País*.) Transp. t.

tramontana catalanismo. (Ac.). del cat. *tramuntana*, en Cataluña viento fuerte y frío del N. (1905: Marquina.) Meteor.

tramp ing. 'carguero de servicio irregular'. De *to tramp*, 'ir de un sitio a otro', 'vagabundear'. (1980: *País*.) Transp. m.

trance ing. 'trance'. Variante alemana de la mús. *techno*. Constituida por elementos minimalistas que se van añadiendo a un tema central repetitivo e hipnótico. (1997: *País*.) Mús.

tranche de vie fr. 'rebanada de vida', 'trozo de vida'. Frase de Jean Jullian (1854-1919), partidario de la revolución dramática y escénica del *Théâtre Libre*, con la que trató de caracterizar el realismo en el teatro y en la novela. En ext.: *Ce n'est qu'une tranche de la vie que nous pouvons mettre en scène.* 'Así, pues, lo que tratamos de llevar a la escena sólo es un trozo de vida'. (1896: J. Yxart.) Lit.

transfer ing. 'tránsfer' (1991: Ramón Mendoza), 'transferencia', 'traspaso', 'pase' (1992: Martín Vázquez). Acto y documento legal que lo autoriza. Der.

transistor ing. 'transistor' (Ac.: 1992). 1) dispositivo electrónico semiconductor, descubierto en la Bell Telephone, en EE.UU., por John Bardeen, Walter Brattain y William Shockley, en 1947, por el cual obtuvieron el Premio Nobel de Física en 1956; pero el término fue propuesto por John Pierce, de la Bell Telephone, contrayendo *trans(fer) (res)istor;* 2) 'aparato de radio pequeño', gracias al empleo de transistores. Telecom.

trasgu bable. 'trasgo', 'duende casero'. (1976: Víctor Manuel.) Mitol. → POLTERGEIST.

trattoria it. 'tratoría', 'casa de comidas (italiana)'. Ocupa un puesto intermedio entre la *locanda*, 'mesón', y el *ristorante*, 'restaurante'. (1896: Blasco Ibáñez.) Host.

traveler's check ing. 'cheque de viajero'. Ideado (1891) por la agencia estadounidense *American Express*. En contextos españoles coexisten la forma original estadounidense *traveler's check* y la britanizada *traveller's check*. Econ.

traveling ing. 'travelín' (Ac.); lit.: 'que viaja', 'desplazable', 'móvil'. En contextos españoles puede verse tanto *traveling* como la adopción francesa *travelling*. Es una adapt. de la expresión estadounidense *travel shot*, 'toma o filmación móvil'. Con referencia a la filmación y seguimiento, desde una plataforma móvil, de sujetos u objetos en movimiento. Cine.

traveller's check ing. Forma britanizada del ing. estadounidense *traveler's check*. Econ. → TRAVELER'S CHECK.

travelling ing. Forma britanizada del ing. estadounidense *traveling*. Cine. → TRAVELING.

travesti fr. 'travestido' (Ac.), 'travestí' (Ac.: 2001) y 'travesti' (Ac.: 2001). Del it. *travestito*. (1912: R. Darío.)

traviata it. '(mujer) extraviada', '(mujer) perdida'. Divulgada por el título *La Traviata* (1853), ópera de Giuseppe Verdi. (1865: Galdós.) Mús.

trèfle fr. 'trébol'. Carta de la baraja francesa. (1937: Baroja.) Jue.

trekking ing. 'caminata'. Es palabra del ing. de África del Sur, procedente del africán *trekken*, 'viajar en carromato'. Se emplea para significar viaje fatigoso, largo y difícil, por caminos no usuales. Ahora es una nueva forma de turismo. (1981: *ABC*.)

trenet cat. 'trenito'. Nombre popular con que se conocen las composiciones del ferrocarril valenciano de vía estrecha. (1965: Manuel Aguilar.) Transp. t.

trenka de origen incógnito, 'trenca' (Ac.: 1992), aunque 'trenka' en el uso. Abrigo corto, generalmente de color caqui, con capucha; de lana gruesa. Se abrocha con palitos y presillas. De origen militar inglés, pero de uso civil tras la Segunda Guerra Mundial. En ing. *duffel* o *duffel coat*, 'abrigo *duffel*', por Duffel, ciudad belga, caracterizada por su industria lanera. El uso esp. 'trenka' parece invención comercial, con *k*, para darle apariencia extranjera, nórdica. La admisión de 'trenca' (Ac.: 1992) por 'trenka' se ha hecho sobre la base de un ant. esp. 'trenca' (Covarrubias, *Tesoro*), según Emilio Lorenzo. Aunque el origen de esta voz sea todavía incógnito en esp., puede afirmarse que fue prenda de abrigo característica del mariscal británico Montgomery durante la Segunda Guerra Mundial; de ahí que en la Italia de la posguerra, y en Uruguay, recibiera el nombre de 'montgomery'. En la España franquista y filonazifascista, posiblemente hubo que inventar otro nombre, alejado de cualquier connotación aliadófila. *Trenka*, pues, parece una invención «neutral», tal vez forjada sobre el ing. *trench-coat* (que después de la Primera Guerra Mundial dio el esp. 'trinchera'), por tratarse de una prenda de guerra, pero con el disimulo de una *k* nórdica, presente en otras prendas, como *parka* y *anorak*. Indum.

Treuhandanstalt al. 'Agencia *(Anstalt)* fiduciaria o garante *(Treuhand)*', lit.: 'mano *(Hand)* fiel *(treu)*'. Organismo garante, como el creado (1990) por la RFA para la venta y privatización de las empresas estatales de la extinta RDA; finalizó el 30 de diciembre de 1994. (1991: *El Sol.*) Pol.

trial ing. 'trial' (Ac.: 1992), lit.: 'prueba'. Prueba motociclista a campo traviesa, con un recorrido de 30 a 40 km., con zonas difíciles —cuestas, arroyos, terreno embarrado, etc.—, y en la que está prohibido detenerse. (1976: *País.*) Dep.

triathlon ing. 'triatlón' (Ac.: 2001). Prueba olímpica consistente en tres ejercicios: natación, ciclismo y carrera larga. Es palabra formada con el prefijo ing. *tri-*, 'tri-', y el gr. *athlon*, 'ejercicio atlético', siguiendo el modelo *pentathlon*. Dep.

triclinium lat. 'triclinio' (Ac.). Entre los antiguos romanos, conjunto formado por una mesa cuadrada y, en torno a ella, tres lechos. Mob.

tricot fr. 'tricó', 'tricot', 'tejido de punto', 'labor de punto'. Entra en la formación de 'tricotar' (hacer punto), y 'tricotosa' (máquina de hacer punto). (1884: *Clarín.*) Indum.

tricoteuse fr. 'calcetera', pues hace labor de punto *(tricot)*. Desde los años sesenta existe la adapt. esp. 'tricotosa' por 'máquina (casera) de hacer punto'. Indum.

tricoteuses fr. 'calceteras'. Con alusión especial a las que en París, durante la Revolución francesa, hacían calceta mientras presenciaban las ejecuciones con guillotina. (1995: F. Umbral.) Hist.

triforium lat. 'triforio' (Ac.). Galería en el interior de una iglesia, sobre los arcos, con ventanas que suelen tener tres huecos. (1890: Galdós.) Arq.

trikitilari vasc. 'músico' que con otro forma pareja para interpretar mús. popular o tradicional. (1990: *País.*) Mús.

trikititxa vasc. 'acordeón (pequeño)' diatónico. (1990: *País.*) Mús.

Trimurti sáns. 'Trinidad'. Comp. de *tri*, 'tres', y *murti*, 'cuerpos'. En el hinduismo, la constituida por Brahma, Visnú y Siva. (1902: J. Valera.) Rel.

trinca anglicismo. En Cuba, por el ing. *drink*, 'trago o bebida (alcohólica)'. (1923: Fdo. Ortiz, Cu.) Gastr.

trip ing. 'viaje', 'tripi', en jerga. Efecto psíquico producido por la toma de la droga *LSD*. (1981: *ABC*.)

trip-hop ing. Mús. de baile electrónica, sincrética e hipnótica. Surgida en Bristol (Inglaterra) en los años noventa. *Hop* significa 'baile', y en jerga 'opio'; y *trip*, 'viaje (lisérgico)'. (1997: *País*.) Mús. → HIP-HOP.

tripasai vasc. (**tripazai**). 'comilón', 'glotón'. (1957: L. A. de Vega.) Gastr.

tripi anglicismo. (1996: Cadena SER.) → TRIP.

triste est omne animal post coitum, praeter mulierem gallumque lat. 'todo animal queda triste después del coito, excepto la mujer y el gallo'. Sentencia atribuida a Galeno. → POST COITUM OMNE ANIMAL TRISTE.

tristitia rerum lat. 'la tristeza de las cosas'. (1947: *Azorín*.)

trivial (pursuit) ing. '(pasatiempo o juego) trivial'. Marca (1984, EE.UU.) registrada. Juego cultural de mesa, de preguntas y respuestas. Se oye 'trívial', con acento grave, a la inglesa, pero podría decirse mejor en esp. 'trivial', ya que tanto el ing. *trivial* como el esp. 'trivial' proceden del lat. *trivialis*, relativo al *trivium* cultural. (1992: V. Verdú.) Jue. → TRIVIUM.

trivium lat. 'trivio' (Ac.). Constituido por el grupo primario (gramática, dialéctica y retórica) de las siete artes liberales, método de enseñanza de la Edad Media. Educ.

trobada cat. 'encuentro', 'reunión'. (1989: *País*.)

trobar clus prov. 'trovar cerrado', 'invención cerrada', 'poetizar cerrado', es decir, oscuro y difícil para los profanos. Estilo de los trovadores provenzales, en poemas de apariencia clara, pero con sentido difícil y oculto. Su mayor representante: Arnaut Daniel. (1989: L. M.ª Panero.) Lit.

troika ru. 'troika' (Ac.: 2001), 'troica' (Ac.: 2001), lit.: '(grupo) de tres'. 1) carruaje tirado por tres caballos delanteros. (1887: Pardo Bazán.) Transp. t.; 2) '(grupo) de tres (personas)'.

trolley ing. 'trole' (Ac.). Largo vástago que sirve para llevar la corriente desde el cable al tranvía, tren o trolebús. (1899: R. Darío.) Transp. t.

trompe-l'oeil fr. 'engañaojos', 'engaño a los ojos', 'ilusión', 'trampantojo'. Técnica pictórica que produce, por efectos de la perspectiva, la ilusión de objetos reales en relieve. (1917: Gómez Carrillo.) Pint.

troppo vero! it. '¡demasiado verdadero!'. Respuesta del papa (1644-55) Inocencio X (Giambattista Pamphili), al preguntársele su opinión sobre el retrato que de él había pintado (1649) Velázquez, y que se conserva en la Galería Doria, en Roma. (1930: R. Gómez de la Serna.) Pint.

troupe fr. *'troupe'* (Ac.: 2001), 'trupe' (1996: Sol Alameda). Grupo de personas que constituyen una compañía de espectáculos, especialmente el personal de un circo. Se suele emplear despectivamente. (1865: Galdós.) Tea.

trousseau fr. 'trusó', 'ajuar'. (1887: L. Coloma.)

trouvaille fr. 'hallazgo', 'hallazgo feliz'. (1906: L. Morote.)

trouvère fr. 'trovero'. En los siglos XII y XIII, poeta en *langue d'oïl*, semejante al trovador o poeta en *langue d'oc*. (1887: J. Valera.) Lit.

truca(ge) fr. 'truca' (1989: RTVE). 1) *trucage*, en principio, 'modo de dar a los objetos modernos aspectos antiguos' y, por último, 'procedimientos ilusionistas para decorados, etc.'; 2) 'truca' (Ac.: 2001) es un ingenio o mecanismo para obtener efectos de trucaje en cine, como aceleración o ralentización, ampliación o reducción, estampación superpuesta, etc. Cine.

truqueur fr. 'trucador', 'truquista', 'falsificador (de objetos artísticos)'. (1884: *Clarín*.) Arte.

trust ing. 'truste' (Ac.), 'consorcio'. Forma abrev. de *trust company*, de *company*, 'compañía' y *trust*, '(de) confianza'. Fusión estable de empresas, sometidas todas a una dirección común, para dominar el mercado. (1896: Unamuno.) Econ.

Tsahal hebr. 'Ejército (de Israel)'. (1995: J. Goytisolo.) Ej.

tsé-tsé fr. 'sesé', 'mosca del sueño'. De un dialecto bantú. (1918: Unamuno.) Zool.

T-shirt ing. 'camiseta de manga corta', 'polera' (1969: *El Mercurio*, Santiago, Ch.), lit.: 'camiseta (en forma de) T'. (1994: V. Verdú.) Indum.

Tu-... ru. Sílaba inicial del apellido del ingeniero soviético Andrei N. Tupolev, que, seguida de guión y número serial, sirve para denominar los aviones diseñados por el *Osobij Konstruktorskoie Buró A. N. Tupolev*, 'Departamento de Construcciones Especiales A. N. Tupolev'. Transp. a.

tu, felix Austria, nube lat. 'tú, feliz Austria, cásate'. (1979: Aguirre de Cárcer.) Hist. → FELIX AUSTRIA.

Tugendbund al. 'Liga de la Virtud'. Unión moral secreta, fundada en 1808, en Koenigsberg, de carácter radical y patriótico, heredera del espíritu de los clubes revolucionarios franceses. (1914: Baroja.) Hist.

Tuileries fr. 'Tullerías', lit.: 'Tejares'. Jardines de París, situados en el antiguo emplazamiento del palacio real del mismo nombre, incendiado y destruido durante la revolución de la Comuna (1870).

tulit alter honores lat. 'otro se llevó los honores'. → SIC VOS NON VOBIS.

tullpa quechua. 'fogón (de piedras)'. (h. 1960: J. M.ª Arguedas, Pe.)

tundra fin. 'tundra' (Ac.). Llanura con vegetación ártica. (1895: Macías Picavea.) Geogr.

tunnel ing. 'túnel' (Ac.). (1844: V. de la Fuente.)

Tupolev ru. → TU-...

tupperware ing. 'tupervare' o 'tuperbare', en el habla corriente. Comp. de *Tupper*, apellido personal, y *ware*, 'artículo', 'recipiente' o 'vasija'. Vasija de plástico (polietileno) de tapa hermética, muy adecuada para contener alimentos. Ideada (1944) por el estadounidense Earl Tupper, fundador de la compañía *Tupper Plastic*. Sus vasijas se difundieron mediante *home parties*, 'reuniones caseras'; también en España, desde los años sesenta. (1993: V. Verdú.)

tu quoque! lat. '¡tú también!'. En ext.: *tu quoque, Brute!*, '¡también tú, Bruto!', o *tu quoque, fili mi*, '¡también, tú, hijo mío!'. Palabras de César a Bruto, en el senado, cuando le asesinaban. (1868: Galdós.) Hist.

turbo(motor) ing. '(motor) turbo', 'turbo (motor)'. Motor dotado de un compresor (ing. *turbocompressor*) especial que lo sobrealimenta. Del fr. *turbine*, deriv. del lat. *turbinem*, 'turbina', 'que se mueve girando', y del lat. *motorem*, 'motor', 'que mueve'. Autom.

turf ing. 'carreras de caballos', lit.: '(pista de) césped'. (1868: Galdós.) Híp.

turmix artificial. 'túrmix' (Ac.: 2001). Marca comercial que en esp. se ha generalizado como sinón. de 'batidora eléctrica', tal vez por su valor onomatopéyico y por las ideas que sugiere de 'giro' *(tur)* y 'mezcla' *(mix)*. (1953: *ABC*, anuncio com.)

turris eburnea lat. 'torre ebúrnea', 'torre de marfil'. Con referencia al cuello de la Virgen María. De la Letanía de Nuestra Señora. (1914: Guillermo Valencia.) Rel.

turuta vasc. 'turuta' (Ac.: 2001), 'corneta'. En los años treinta y cuarenta al menos, se hallaba en la jerga de los soldados. Mús.

tussore ing. 'tusor'. Del hindi *tasar*. Tipo de seda de las Indias orientales. (1922: P. Mata.)

tutti contenti it. 'todos contentos'. (1884: *Clarín*.)

tutti-frutti it. '(helado trufado con) toda clase de frutas'. Gastr.

tutti quanti it. (1884: *Clarín*.) → E TUTTI QUANTI.

tutu fr. 'tutú' (Ac.: 1992). Deformación infantil de *cucu*, 'culín', 'culito' (Robert). Es la falda de las bailarinas de *ballet*. Hay dos tipos: uno largo, o romántico, originado hacia 1832, con la Taglioni, y otro corto, o clásico, originado hacia 1887, con la Zucchi. El término se refiere generalmente al clásico. Indum.

tuxedo ing. 'tuxedo' y 'tuxido' (P. Rico), usos aducidos (1996) en Am. h. por Emilio Lorenzo, por 'esmoquin' (Ac.). Abrev.

de *tuxedo coat*. *Tuxedo* es palabra de origen indio: *p'tuksit* por 'lobo'. En 1886, a orillas del lago Tuxedo (Nueva York), surgió una rica comunidad residencial, el Tuxedo Park, en cuyo club de campo era frecuente y característico el uso de *smoking jacket* o *diner jacket*, 'esmoquin' (Ac.). (1932: Jardiel Poncela.) Indum.

TWA ing. Siglas de *Trans World Airlines*, 'Aerolíneas transmundiales'. Compañía estadounidense de aviación civil, que funcionó durante setenta y cinco años, pero que fue absorbida en 2001 por *American Airlines*. Transp. a.

tweed ing. 'tued', 'mezclilla'. Paño asargado de lana. De *twilled*, '(paño) cruzado o asargado', a la que se ha sobrepuesto *Tweed*, río de Escocia, país originario de este tejido. (1977: E. Blanco-Amor.) Indum.

twist ing. 'tuist', pop. 'tuís', lit.: 'torsión (del tobillo)'. Baile caracterizado por ciertas torsiones del tobillo derecho. Inventado (1958) por Ballar. Lanzado por Chubby Checker, en el Peppermint Lounge, de Nueva York, en 1961, y con su disco *Twist*. (1963: F. Casanova de Ayala.) Baile.

two-step ing. 'tuestep', pop. 'tueste' y 'tuesten' (Arniches). Baile de salón, en boga en los años veinte. (1984: M. Aub.) Baile.

txabola vasc. 'chabola' (Ac.), 'choza'. (1995: J. M. Reyero.) Arq. → CHABOLA.

txakolin vasc. 'chacolí' (Ac.). 1) vinillo vascongado, ligero, hecho con uva poco dulce. Gastr.; 2) establecimiento donde se expende este vinillo. Host.

txakurra vasc. (**txakur**). 'perro'. En la insultante terminología de los etarras y sus afines, 'policía'. (1984: Txomin Zuloaga.) Hay que añadir el deriv. *txakurrada* (1995: *País*), por 'cuerpo de policía', pero lit.: 'perrada' o 'rehala de perros'. Pol. → ETA.

txalaparta vasc. 'chalaparta'. 1) instrumento musical de percusión, tradicional, formado por un tablero horizontal, sostenido por dos caballetes, golpeado por dos personas con sendas *makilas* o 'palos'. (1993: *País.*); 2) 'serenata' y 'agitación'. Nombre de un grupo terrorista guipuzcoano de *ETA*. (1991: *El Sol.*) Pol. → ETA.

txalo vasc. 'aplauso' (1997: G. Landaburu), 'palma', 'palmada'. (1892: Unamuno; 1997: G. Landaburu.)

txangurro vasc. 'changurro' (Ac.). Centollo y plato que con él se prepara. (1982: *País sem.*) Gastr.

txapela vasc. (**txapel**). 'chapela' (1906: Unamuno), 'boina (vasca)'. Es de mayor vuelo que la boina corriente. Indum.

txapelaundi vasc. 'chapelaundi', esto es, 'individuo que se cubre con chapela o boina grande'. (1917: Baroja.) → CHAPELAUNDI.

txapelgorri vasc. '(soldado de) boina roja'. Apodo dado a los miqueletes durante las guerras carlistas, porque se cubrían con boina roja. De distintivo cristiano y liberal pasó después a distintivo carlista. (1898: Galdós: *chapelgorri.*) Ej.

txiki vasc. 'chiqui', por 'chiquito' (¿por influjo del burgalés 'chiquito'?), y 'peque', de 'pequeño'. → CHIQUI.

txikierdi vasc. 'pequeñajo', lit.: 'cuarto de cuartillo'. Deriv. de *txiki*. Mote de un conocido terrorista etarra. Pol. → ETA.

txikito vasc. 'chiquito', '(vasco) chiquito (de vino)'. Adapt. del esp. burgalés 'chiquito' (1942: A. del Hoyo). (1989: Arriaga.) Gastr.

tximista vasc. 'rayo'. Nombre que aparece en el título *La estrella del capitán Chimista* (1930), de Pío Baroja. Meteor.

txingurri (y **txinurri**) vasc. 'chingurri' (y 'chinurri', y en esp. coloquial, en Madrid, 'chinorri'), lit.: 'hormiga'. Se aplica cariñosamente a chicos y a mayores en el sentido de 'peque' y 'pequeñajo'. (1992: TVE.)

txirula vasc. 'chirula' (Ac.), 'flauta'. Mús.

txistera vasc. 'chistera' (Ac.), 'cesta', usada en la modalidad 'de cesta' del juego de pelota. Del lat. *cistella*, 'cestilla'. Dep.

txistorra vasc. (**txistor**). 'chistorra' (Ac.: 2001), 'longaniza', 'choricillo', porque es un tipo de chorizo *(ziztor)* largo y delgado. Utiliza como apodo por un notorio terrorista *(Txistor)* etarra. Gastr.

txistu vasc. 'chistu' (Ac.), 'flauta', o 'silbato' con tres agujeros, sin llaves. (1977: *País*.) Mús. → TXISTULARI.

txistulari vasc. 'chistulari' (Ac.), 'flautista'. (1928: Grandmontagne.) Mús. → TXISTU.

txoko vasc. 'choco', 'sociedad gastronómica masculina', lit.:
'rinconcito', lugar de reunión de la sociedad. (1981: P. Un-
zueta.) Gastr.

txoriburu vasc. 'cabeza de chorlito' (1998: A. Balzola), 'cas-
quivano', 'cabeza hueca'. Posiblemente 'churriburri' (Ac.)
y 'zurriburri' (Ac.) que el *DRAE* considera voces imitati-
vas, procedan, como ocurre con otros vulgarismos del esp.,
del vas. *txoriburu*. (1998: Asunción Balzola.)

txotxolo vasc. 'chocholo' (1897: Unamuno), 'memo' (1992:
Haro Tecglen); y el deriv. 'chocholada' (1895: Unamuno;
1992: Nicolás Redondo), que es 'memez'.

txozna vasc. 'chozna' (1859: A. de Trueba), 'caseta' (1995: Iñ.
Anasagasti), 'puesto', 'tenderete', 'chiringuito'. (1993: *País*.)
Com. → CHOZNA.

tycoon japonesismo ing. 'taicún', 'magnate (industrial o financiero)'. Del jap. *tai*, 'grande', y *kiun*, 'príncipe'. (1953:
ABC.)

tziganes fr. 'ziganos', 'tzíganos' (1929: Baroja), 'cíngaros', 'gitanos (no españoles)'. Músicos gitanos, o músicos vestidos
de gitanos, que tocaban en los cafés-concierto a principios
del siglo XX en Francia. Con el derrumbamiento de los im-
perios centrales y el zarismo, tras la Primera Guerra Mundial, estuvieron de moda en los salones de los hoteles. Del
ru. *tzygan*, del ucr. *tzigan*, del húng. *cigány*. (1921: Am. Castro.) Mús.

u

Übermensch al. 'Superhombre'. Figura creada por Friedrich Nietzsche (1844-1900), en su libro *Así hablaba Zaratustra* (1881). (1914: Unamuno.) Fil. → SUPERMAN.

ubi bene, ibi patria est lat. 'donde se está bien, allí está la patria'. Proverbio. (1988: RNE.)

ubi irritatio, ibi fluxus lat, 'donde está la irritación, allí está el flujo'. Aforismo médico. (1884: *Clarín.*) Med.

ubi libertas, ibi patria lat. 'donde (haya) libertad, allí (estará) mi patria'. Lema de Benjamín Franklin. (1920: Baroja.)

ubi societas, ibi ius lat. 'donde hay sociedad, allí hay derecho'. (1996: RNE.) Der.

ubi sunt? lat. '¿dónde están?', en ext.: *ubi sunt principes gentium et qui dominantur?* (Baruch, 3), '¿dónde están los príncipes de las gentes y quienes gobiernan?', pregunta paralela a *ubi sunt qui ante nos fuerunt?*, '¿dónde están los que existieron antes que nosotros?', tópico basado en la segunda estrofa de un salmo penitencial de 1267, que pasó al canto goliárdico *Gaudeamus igitur* y que se repite en Jorge Manrique *(Coplas a la muerte de su padre)*, François Villon *(Ballade des dames du temps jadis)*, etc. (1986: Vázquez Montalbán.) Lit.

Udalbiltza vasc. 'Asamblea *(biltza)* concejil *(udal)*'. Proyecto, aún (2000) no realizado, nacionalista-separatista vasco, al margen del Estatuto de Euskadi, de una asamblea general de concejales electos nacionalistas-separatistas de todos los territorios considerados vascos, tanto en territorio español como en territorio francés. (2000: *País.*) Pol.

UEFA ing. Siglas de *Union of European Football Association*, 'Unión Europea de Fútbol Asociación'. Dep. → FOOTBALL Y SOCCER.

UFA al. Siglas de *Universum Film-Aktiengesellschaft*, 'Universum Film, Sociedad Anónima', fundada en 1917. Cine.

UFO ing. Siglas de *Unidentified Flying Object*, 'Objeto Volante No Identificado', OVNI, siglas sustantivadas en 'ovni', que ha llegado a sustituirlas; sin embargo, persisten las siglas *UFO* en los derivados 'ufólogo' y 'ufología'. (1962: *Sur*, B. Aires.)

UHF ing. Siglas de *Ultra High Frequency*, 'Frencuencia ultraelevada'. Se emplea en emisiones radiofónicas y televisuales (entre 300 y 3.000 megaciclos). Telecom.

ukase ru. (**ukás**). 'ucase' (Ac.), 'ucás' (1996: Haro Tecglen), vulg. 'ukasé' (1976: *País*): 'decreto'. El esp. 'ucase', adoptado no directamente del ru., sino del rusismo fr. *ukase*. (1907: *Dorio de Gádex*.) Pol.

ukelele haw. 'ukelele' (Ac.: 2001), 'uquelele'. Guitarra hawaiana de cuatro cuerdas, lit.: 'pulga', por el rápido movimiento con que los dedos del tocador actúan. Mús.

ulema ár. (**'ulamā**, pl, de **'alim**) 'ulema' (Ac.), 'jurista (islámico.)' Es decir, poseedor del *ilm*, 'conocimiento'. Der.

ultima forsan lat. 'quizá (sea) la última (hora)'. Inscripción de reloj solar. (1996: Jesús Pardo.)

ultima necat lat. 'la última mata.' (1896: Gutiérrez Nájera.) → VULNERANT OMNES, ULTIMA NECAT.

ultima ratio lat, 'la última razón'. (1899: Unamuno.) → ULTIMA RATIO REGUM.

ultima ratio regum lat. 'última razón de los reyes'. Con referencia a la artillería (1772: Cadalso) o a la guerra. Luis XIV de Francia hizo escribir esta frase (1650) en los cañones de su ejército; y Federico el Grande, de Prusia, también en los suyos (1742), con esta variante: *ultima ratio regis*. Sin embargo, parece anterior a estos testimonios. Como le preguntaran al cardenal Cisneros, siendo regente, en qué basada su autoridad, mostró sus tropas y dijo: *Haec est* *ultima ratio regum.*(1772: Cadalso: *ratio ultima regum.*) Hist.

ultima Thule lat. 'la lejana Thule'. De Virgilio (*Geórgicas*, I, 30). Isla que se suponía en el norte de Britania. Geogr.

ultimatum lat. 'ultimátum' (Ac.). (1906: A. Cortón.)

ultra lat. 'ultra', lit.: 'más allá', 'allende'. (1775: M. Sarmiento.) 1) 'reaccionario' (1924: Pérez de Ayala); 2) 'derechista violento'. (1976: F. Umbral; Ac.: 1992.) Como término político, surgió en Francia, a partir de 1815, con la Restauración, para designar al político reaccionario, anticonstitucional. Cobró renovada fuerza durante la guerra de liberación de Argelia, para designar a militares y civiles franceses violentos y enemigos de la descolonización. A continuación pasó a España, durante la transición del franquismo a la Monarquía constitucional, para denominar a los «Guerrilleros de Cristo Rey», a los miembros de «Fuerza Nueva» y organizaciones de carácter semejante, y 3) 'ultraísta' (Ac.: 1992), seguidor del movimiento literario ultra, o ultraísmo, en los años veinte, preconizado en la revista *Ultra*. (1958: Mora Guarnido.) Lit.

Ultreia lat. 'Ultreya'. Himno (*Dum pater familias*) de los peregrinos flamencos a Santiago de Compostela, conservado en el *Codex Calixtinus*, de Aimeric de Picaud. Es una palabra o grito de ánimo que figura en el himno: *Herru Sanctiagu / grot Sanctiagu / e ultreia e su seia / Deus adiuva nos.* (1890: Pardo Bazán.) Rel.

Umlaut al. 'umlaut', 'metafonía' (1917: Lázaro Carreter.) Cambio de sonido, en al., que se indica con ¨ sobre la vocal que lo sufre. Ling.

Umma ár. 'Comunidad islámica', 'Comunidad de los creyentes'. Deriva de *umm*, 'madre', por tanto 'comunidad matriz', en la que la fe une más que la sangre. (1991: *País.*) Rel.

UMTS ing. Siglas de *Universal Mobile Telecommunications System*, 'Sistema Móvil Universal de Telecomunicaciones'. Es un sistema de telefonía celular que sirve para acceder a todo tipo de servicios de Internet. (2000: *País.*) Telecom.

una furtiva lagrima it. 'una furtiva lágrima'. De la ópera *Elisir d'amore* (1832), acto II. de Donizetti. Mús.

unai vasc. 'vaquero', 'pastor de vacas'. Esta palabra sirve de apodo a un notorio terrorista *(Unai)* de *ETA*. → ETA.

Unam Sanctam lat. 'Una Santa.' Bula (1302) de Bonifacio VIII, en que se declara que toda persona, para salvarse, incluidos los reyes, tienen que someterse a la autoridad del romano Pontífice. Rel.

una voce poco fa it. 'hace poco, una voz'. Comienzo del aria de Rosina (acto II) de *Il barbiere di Siviglia* (1816), de Gioacchino Rossini (1792-1868). (1833: Mesonero.) Mús.

un bel morir tutta una vita onora it. 'un hermoso morir honra toda una vida'. Verso de Petrarca (canción XVI, *in vita di Madonna Laura*). (1911: A. Glez. Blanco.) Lit.

Uncle Sam ing. 'Tío Sam'. Así llamaban a Samuel Wilson, tratante de ganado, con contrata (1812) para abastecer a las tropas norteamericanas. Como los carromatos de intendencia del ejército llevaban las siglas *U.S.* fueron interpretadas como siglas de *Uncle Sam*. Ya en 1816, en el *Diario de guerra* de Jack Dolan, se emplea *Uncle Sam* para designar los abastecimientos del ejército, hasta que, por último, *Uncle Sam* se generalizó para la administración de EE.UU. (1898: A. Nervo.)

UNCTAD ing. Siglas de *United Nations Conference on Trade and Development*. 'Conferencia de las Naciones Unidas sobre el Comercio y el Desarrollo', creada en 1964. Pol.

underground ing. 'subterráneo'. Se aplicó primeramente, en EE.UU., a filmes personales, de pequeño presupuesto y de estilo totalmente opuesto al de Hollywood; y después, en general, a la literatura, prensa y teatro que se produce al margen de los circuitos normales y comerciales, por su carácter contestario, experimental o expresión de minorías (raciales, etc.). (1971: M. de la Escalera.) Cine.

undibé caló. 'un dios', 'dios'. (1848: J. Sanz Pérez.) Rel.

UNESCO ing. Siglas de *United Nations Educational, Scientific and Cultural Organization*, 'Organización Educativa, Científica y Cultural de las Naciones Unidas', u 'Organización de las Naciones Unidas para la Educación, la Ciencia y la Cultura'. Creada en 1945 por la Conferencia de Londres. Pol.

UNICEF ing. Siglas de *United Nations Children's Fund*, 'Fondo de las Naciones Unidas para la Infancia'. Creado en 1946. Pol.

Unigenitus lat. 'Unigénito'. Constitución (1713) del Papa Clemente XI, solicitada por Luis XIV de Francia. Condena ciento una proposiciones más o menos jansenistas de Quesnel, por lo que Francia quedó dividida religiosamente en dos facciones: la *acceptans*, 'la que acepta las condenas papales', y la *refusans*, 'la que rechaza' dichas condenas. (1772: J. Cadalso.) Rel.

Unió cat. Abrev. de *Unió Democràtica de Catalunya*, 'Unión Demócrata de Cataluña'. Partido catalán nacionalista y conservador, fundado en noviembre de 1931, miembro de la Internacional Demócrata Cristiana. Pol. → CONVERGÈNCIA I UNIÓ.

Unión do Pobo Galego gall. 'Unión del Pueblo Gallego'. Partido nacionalista gallego, fundado en 1962, de carácter marxista, integrado posteriormente (1982) en el *Bloque Nacionalista Galego*. Pol. → BNGA.

Union Jack ing. 'bandera de la Unión'. De *Jack*, 'bandera' (antiguamente: 'bandera del bauprés', en los barcos), y *Union*. 'unión (de las coronas)'. Adoptada por el Reino Unido de la Gran Bretaña e Irlanda. Consiste en la unión de las cruces de San Jorge, San Andrés y San Patricio. Creada por decreto de Jacobo I (1606), tras la unión de las coronas de Inglaterra y Escocia (1603). (1980: *País*.) Pol.

unisex ing. 'unisex' (Ac.: 2001). Abrev. del ing. *unisexual*, 'unisexual'. Se aplica a la vestimenta que es válida indistintamente tanto para el hombre como para la mujer. Término introducido en España en los años sesenta. (1988: Elena Soriano.) Indum.

UNITA port. Siglas de *União Nacional para a Independencia Total de Angola*, 'Unión Nacional para la Independencia Total de

Angola', dirigida por Jonas Savimbi, con mayoría de la etnia bakongo. Uno de los tres movimientos independentistas —los otros dos: el *MPLA*, de Angostinho Neto, y el *FNLA*, de Holden Roberto— contra Portugal. Alcanzada la independencia (1975), la *UNITA*, apoyada por la Unión Surafricana, luchaba contra el régimen del *MPLA*. Pol.

un je ne sais quoi fr. 'un no sé qué'.

un paysage quelconque est un état de l'âme fr. 'cualquier paisaje es un estado del alma o estado anímico'. De H.-F. Amiel (1821-1881) en *Fragments d'un journal intime* (31 de octubre de 1852).

Unprofor ing. Acrónimo de *United Nations Protection Force*, 'Fuerza de Protección de las Naciones Unidas'. (1992: *ABC*.) Ej.

Unrat al. 'basura'. Apodo del protagonista de la novela *El profesor Unrat*, de Heinrich Mann, llevada al cine con el título *El ángel azul*, interpretada por Marlene Dietrich. (1931: A. Mendizábal.) Lit.

UNRRA ing. Siglas de *United Nations Relief and Rehabilitation Administration*, 'Administración de las Naciones Unidas para Ayuda y Rehabilitación'. Pol.

Unter den Linden al. 'Bajo los Tilos'. Nombre de una histórica avenida de Berlín. (1904: R. Darío.)

Untermensch al. 'infrahombre'. Concepto nazi aplicado a comunistas, judíos, gitanos y españoles republicanos de los campos de concentración, contrafigura del *Übermensch*, 'superhombre', nietzscheano. (1982: M. Constante.) Pol. → ÜBERMENSCH.

uomo qualunque it. 'hombre cualquiera', 'hombre de la calle', 'persona corriente'. Movimiento criptofascista italiano, posterior (1945) a la Segunda Guerra Mundial; tuvo como órgano de expresión la revista *L'uomo qualunque*. (1980: *País*.) Pol. → QUALUNQUISMO.

uomo universale it. 'hombre universal'. Concepto renacentista del hombre de excepción, versado tanto en ciencias, artes y letras, como en la vida. (1925: Pérez de Ayala.)

UP ing. Siglas de *United Press*. 'Prensa Unida', agencia de noticias fundada (1907) por E. W. Scripps, en EE.UU., frente a la agencia *AP*, siglas de *Associated Press*, 'Prensa Asociada'. Period. → UPI.

upanishad sáns. 'upanisada', 'tratado (de hinduismo)', lit.: tratado para el discípulo, esto es, *upa-ni-sidati*, 'que se sienta', (ante el maestro). (1874: García Ayuso.) Rel.

uperisación galicismo. 'uperización'. → UPÉRISATION.

upérisation fr. 'uperización' (M. Seco), no 'uperisación'. Del ing. *to uperize* (1966: *Websters Dict.*), contracción de *u(ltra)p(ast)e(u)rize*, 'ultrapasterización' o esterilización suma de los productos lácteos.

UPG gall. → UNIÓN DE POBO GALEGO.

UPI ing. Siglas de *United Press International*, 'Prensa Unida Internacional'. Surgió esta agencia en EE.UU., en 1958, al fusionarse la *UP* con el *International News Service*. Period.

uppercut ing. 'upercú', 'gancho'. De *cut*, 'golpe', y *upper*, 'hacia arriba'. En boxeo. (1909: Pardo Bazán.) Dep.

up to date ing. 'al día de hoy', 'informado', 'actual'. (1927: E. d'Ors.)

urbi et orbi lat. 'a la ciudad (de Roma) y al mundo'. Palabras que forman parte de la bendición del Papa, para señalar que se extiende al orbe entero, así como para señalar eso mismo acerca de una nueva proclamación o declaración suya. (1839: Ag. Azcona.) Rel.

urbs lat 'urbe', 'ciudad'. Sobre todo en el sentido de ciudad material o construida, en contraste con *civitas*, 'población' de la ciudad.

urlatore it. 'gritador'. Se aplica a los cantantes *pop* italianos de los años sesenta por sus contrarios. (1991: Haro Tecglen.) Mús.

USA ing. Siglas de *United States of America*, 'Estados Unidos de América'. Pol.

USAF ing. Siglas de *United States Air Force*. 'Fuerza Aérea de Estados Unidos' Ej.

Usatges cat. 'Usajes' (1882: Pi y Margall), 'Usanzas'. Cuerpo legal consuetudinario del condado de Barcelona, redactado (h. 1066) bajo Berenguer Ramón I. Der.

usque ad aras lat. 'hasta los altares'.

usque ad finem lat. 'hasta el final'.

usque ad mortem lat. 'hasta la muerte'.

usque ad nauseam lat. 'hasta la náusea'.

usque ad satietatem lat. 'hasta la saciedad'. (1793: Moratín h.)

ustacha serb. (**ustaša**) 'ustacha'. lit.: 'rebelde (croata)'. Se aplica a los independentistas croatas, contrarios a una Yugoslavia unida, incluso mediante el terrorismo, hasta el punto de llegar a ser *ustacha* sinónimo de 'terrorista croata'. Ocasionaron la muerte (1934) del rey Alejandro de Yugoslavia. Durante la Segunda Guerra Mundial fueron pronazis, y colaboraron con Hitler, acaudillados por Ante Pavelich, tras la invasión alemana (1941) de Yugoslavia. (1945: Ismael Herráiz.) Pol.

utile dulci lat: 'lo útil con lo dulce', 'lo provechoso con lo agradable'. En ext.: *omne tulit punctum, qui miscuit utile dulci, lectorem delectando pariter monendo*, 'se llevó toda la alabanza quien mezcló lo útil con lo dulce, deleitando al lector a la vez que instruyéndole'. De Horacio (*ad Pisones*). (1832: Larra.) Lit.

utilius homini nihil est quam recte loqui lat. 'nada es más útil para el hombre que hablar rectamente'. De Fedro (4, 13, 1). (1968: R. J. Sender.) Lit.

ut infra lat. 'como abajo'. 'véase más adelante'. Procede de la terminología de los documentos jurídicos y remite a un pasaje posterior. Se emplea, además, en los libros, en la notas a pie de página. Der. y Biblio.

uti possidetis lat. 'según lo que poseéis (ahora)', y en ext.: *uti possidetis, ita possideatis*, 'según lo que poseéis, así poseáis'. En derecho romano, fórmula de interdicto para los inmuebles, con el fin de amparar al poseedor que durante el año anterior los había poseído. En derecho internacional, entre beligerantes, confirma la posesión de los territorios ocupados hasta el cese de las hostilidades, en oposición a *statu quo*. (1912: C. Bayo.) → STATU QUO.

ut pictura, poesis lat. 'la poesía (es) como la pintura'. De Horacio (*ad Pisones*, 361). (1726: Feijoo.) Lit.

ut supra lat. 'ut supra' (Ac.), 'como más arriba'. Procede de la terminología de los documentos jurídicos y remite a un pasaje anterior. Se emplea, además, en los libros, en las notas a pie de página. Der. y Biblio.

Ut unum sint lat. 'Para que sean uno'. Encíclica (30 mayo 1995) del papa Juan Pablo II favorable a un ecumenismo cristiano, al acuerdo con las demás iglesias cristianas. Rel.

V

V.1. al Abrev. de *Vergeltung 1*, 'bomba volante 1', lit.: 'retorno', 'devolución', 'represalia', nombre dado por el doctor Goebbels a esta bomba. Es bomba de tierra a tierra, volante, y de larga distancia, con que los alemanes bombardearon Inglaterra durante la Segunda Guerra Mundial. A la *V.1* siguió la *V.2*, más destructora. En cierto modo, *V* inicial de *Vergeltung* es también 'respuesta' alemana a la *V* de *Victory*, 'Victoria', consigna inglesa y de sus aliados. Ej.

va bene? it. '¿va bien?', '¿está bien?'. (1906: Blasco Ibáñez.)

vademecum lat. 'vademécum' (Ac.), 'prontuario', 'recordatorio'. De *vade*, 'camina', y *mecum*, 'conmigo'. (1897: Unamuno.)

vade retro! lat. '¡vuelve atrás!', '¡retrocede!', '¡apártate!'. En ext.: *vade retro me, Satana!*, '¡apártate de mí, Satanás!'. Palabras de Jesús (San Mateo, 41; San Marcos, 8, 33), según la Vulgata. (1844: V. de la Fuente.) Rel.

vade retro, exorciso te! lat. '¡retrocede, yo te exorcizo!'. Fórmula de exorcización. (1890: Pardo Bazán.) Rel.

vade retro, Satana! lat. 'márchate, Satanás'. (1887: Unamuno.) Rel. → VADE RETRO!

vae victis! lat. '¡ay de los vencidos!'. Frase de Brenno, jefe galo, que sitió a Roma (390 a. de. J. C.). Al capitular los romanos, pidió como rescate mil libras de oro. Mientras las pesaban los galos, los romanos les reprocharon el empleo de un peso falso. Entonces Brenno puso su espada en la balanza y dijo: *vae victis!* (Tito Livio, 5, 48, 9). (1887: L. Coloma.) Hist.

vague de retour fr. 'contraola'. (1965: G. de Torre.)

vaiçya sáns. 'vaisía'. Tercer estado o *varna*, 'categoría', en el hinduismo, formado por los burgueses y los comerciantes. La transcrip. *vaishya* es ing. y fr. (1931: U. Glez. de la Calle.) Rel.

valde bona lat. 'extraordinariamente buena.' (1989: P. Laín.)

Valedor do Pobo gall. 'Valedor del Pueblo', 'Defensor del Pueblo'. Institución política, establecida en Galicia en 1990. (1990: *País*.) → OMBUDSMAN.

valet fr. 1) 'criado', 'sirviente'. (1949: J. C. Onetti, Urug.); 2) 'sota', en la baraja francesa. Jue.

valet de chambre fr. 'criado', 'criado personal', lit.: 'criado de dormitorio', equivalente masculino de 'doncella'. (1887: L. Coloma.)

validé tur. 'validé'. Madre del sultán reinante entre los turcos, en el antiguo régimen. Llegada al esp. a través del fr. (1981: J. L. Sampedro.)

vamp ing. 'vampiresa'. Es término *slang* formado sobre *vamp(ire)*. Procede de la terminología cinematográfica de Hollywood. Se aplicó primero a Theda Bara (1918), del cine mudo. (1976: L. Fdez. Santos.) Cine.

vanitas vanitatum et omnia vanitas lat. 'vanidad de vanidades y todo vanidad'. Del *Eclesiastés* (1, 2), según la Vulgata. (1859: Alarcón.) Rel.

vaporetto it. 'vaporito', 'vaporcito'. Barco a vapor, de pasajeros, en la laguna de Venecia. (1989: R. Alberti.) Transp. m.

vaqueiro de alzada bable. 'vaquero de alzada'. Vaquero asturiano que alza o muda de residencia, a las montañas altas, en busca de pastos para su ganado. (1799: Jovellanos.)

varia lat. 'varia' (Ac.), lit.: '(asuntos) varios'. (1930: *Rev. de Occ.*) Biblio.

varietés fr. 'varietés' (Ac.: 2001), 'variedades'. Género de espectáculo (*varieté*, 'variedad'), compuesto por diversos números (canto, baile, circo, etc.) Se introdujo en Madrid hacia 1890, en el teatro Barbieri. (1896: Ganivet.) Tea.

vaudeville fr. 'vodevil' (1816: B. Arriaza; Ac.: 1992), pl. 'vodeviles' (pero 'vodevilles': 1816: J. B. Arriaza). 1) 'pieza cómica con pasajes musicales cantados'. (1824: Moratín h.) Tea.; 2) 'comedia ligera y atrevida'. (1881: Palacio Valdés.) Tea. Pero su sentido primero, en Francia, fue el de 'canción popular' como lo acredita (1816) J. B. Arriaza, quien recomienda: «donde hay *vodevil* pon *seguidillas*». Se cree que *vaudeville* se formó sobre *Vaux de Vire*, lugar al oeste de la ciudad de Vire, en Normandía, patria de Olivier Basselin (siglo XV), creador de este tipo de canción. En 1712, Le Sage, Fuzelier y Dorneval compusieron comedias con *vaudevilles*, 'canciones', intercalados, adaptando letras y músicas ya populares y conocidas. En 1792 se creó el *Théâtre des Vaudevilles*, en París, para representar *vaudevilles*, es decir, piezas cómicas con canciones *(vaudevilles)*. Una de las más famosas piezas, dentro de este género, fue *L'ours et le pacha*, de Scribe.

vaudou fr. 'vodú' (Ac.: 1992). (1895: J. Martí, Cu.) Rel. →
VOUDOU.

veda sáns, 'sabiduría', 'doctrina'. Esta palabra forma parte del título de diversos libros religiosos de la antigua India, genéricamente llamados *Vedas*. Rel.

vedette fr. 'vedete', pero en la jerga teatral: 'vedé'. 1) 'estrella de revista', 'cualquier figura estelar, masculina o femenina, en cualquier género de espectáculo'. (1922: P. Mata.) Tea.; en pl., 2) pop. 'vedetes' y 'vedés' por 'chicas del conjunto'. (1976: *Informaciones*.) Tea.; 3) 'nave de vigilancia', del it. *vedetta*, 'vigía', 'puesto avanzado'. (1940: E. Méndez Domínguez.) Ej.

vedutista, pl. **vedutisti** it. 'vedutista'. Pintor de *vedute* (sing. *veduta*), 'vistas (urbanas)', género en que florecieron Canaletto (1699-1768), Francesco Guardi (1712-1793) y Pietro Longhi (1702-1785). (1994: T. Moix.) Pint.

veguer cat. 1) 'veguer' (Ac.), 'representante', 'delegado' de una veguería. (1979: *País*.) Pol.; 2) 'veguer', cualquiera de los dos representantes de los copríncipes de Andorra, es decir, del obispo de la Seo de Urgel y del presidente de la República francesa. (1988: *País*.) Pol. → VEGUERIA.

vegueria cat. 'veguería' (Ac.). Del lat. *vicaria*. Unidad administrativa que comprende varias comarcas que están bajo la autoridad del *veguer*. (1978: *País*.) Pol. → VEGUER.

veilleuse fr. 'lamparilla', 'mariposa'. (1933: Jardiel Poncela). Mob.

velcro fr. 'velcro' en el uso esp. (2000: *Cadena SER*.), aunque la pron. fr. es 'velcró'. Contracción de *vel(ours) cro(chet)*, es decir, gancho (*crochet*) o cierre de terciopelo (*velours*). Marca registrada (1958) de un tipo de broche o cierre, en fr. *fermeture velcro*, 'cierre velcro', consistente en dos cintas que se unen por contacto y que pueden desunirse a voluntad, deshaciendo el contacto. Indum.

velis nolis lat. 'velis nolis'. (Ac.), 'quieras que no', lit.: 'quieras o no quieras'. (1792: Moratín h.)

velox praeterit hora lat. 'la hora (el tiempo) transcurre veloz'. Inscripción en relojes solares. (1926: Baroja.)

vendetta it. 'venganza'. (1888: J. Estremera.)

Veni, Creator lat. 'Ven, Creador'. Comienzo de un himno religioso cristiano debido a Rabano Mauro (776-856), benedictino alemán. (1795: A. Risco.) Rel.

veni, vidi, vici lat. 'llegué, vi, vencí'. Palabras atribuidas a Julio César, al comunicar su victoria sobre Farnaces del Ponto en Zela (47 a. de J.C.) a su amigo Amincio. De Suetonio (*Doce Césares*, 'César', 37, 2). (1868: Galdós.) Hist.

ventresca it. 'ventresca'. Conserva de atún en aceite, hecha con la parte inferior carnosa, o 'ventrecha' (Ac.), del atún. Gastr.

vera effigies lat. 'vera efigies' (Ac.), lit.: 'efigie o imagen verdadera'. (1836: Mesonero: *vera efigies*.)

verandah ing. 'veranda' (Ac.), 'galería' (M. Seco), 'terrado' (Ac.), 'mirador' (Ac.). Procede del port. *varanda*. (1910: *Bl. y Negro*.) Arq.

verbatim lat. 'palabra por palabra', 'textualmente'. (1974: I. M. Cid.) Biblio.

verba volant, scripta manent lat. 'las palabras vuelan, los escritos quedan'. (1893: U. Glez Serrano.)

verbi gratia lat. 'verbi gratia' (Ac.); 'verbigracia' (Ac.); 'por ejemplo'. (1763: *La pensadora gaditana.*)

verboten al. 'prohibido'. (1934: R. J. Sender.)

vere tu es Deus absconditus lat. 'verdaderamente tu eres un Dios escondido, es decir, inaccesible al entendimiento humano'. De Isaías (45, 15), según la Vulgata. (1930: M. A. Asturias, Guat.) Rel.

verglas fr. 'verglás', 'capilla de hielo', 'hielo'. Es palabra compuesta de *ver* (de *verre*, 'vidrio') y *glas* (de *glace*, 'hielo'). Fina capa de hielo que se forma en las carreteras con las bajas temperaturas. Autom.

verismo it. 'verismo' (Ac.: 1992), 'realismo (italiano)'. Deriv. de *vero*, 'verdad'. Tendencia realista en la ópera, en cuanto a los temas o argumentos, en consonancia con el realismo literario contemporáneo. Su principal representante es Pietro Mascagni (1863-1945), con *Cavalleria rusticana*, 'Hidalguía rústica (o rural)', libreto de Targioni-Tozzetti y G. Menasci, estr.: 17 de mayo de 1890. (1912: Valle-Inclán.) Mús. → CAVALLERIA RUSTICANA.

verista it. 'verista', 'realista'. (1916: J. E. Rodó.) Mús. → VERISMO.

Veritatis splendor lat. 'El esplendor de la verdad'. Encíclica (6 agosto 1993) del papa Juan Pablo II de carácter ético, recordando los diez mandamientos y la ley natural, y condenando, cual un nuevo *Syllabus errorum*, ciertas conductas características del final del siglo XX. Rel. → SYLLABUS ERRORUM.

vermouth fr. 'vermut' (Ac.), 'vermú' (Ac.). Del al. *Vermut*. 'ajenjo'. (1918: V. Huidobro, Ch.) Gastr.

vernissage fr. 'barnizaje', 'barnizado', 'inauguración previa y restringida de una exposición de pinturas, antes de abrirse al público'. Originariamente era la operación de cubrir las pinturas con una capa de barniz. En los Salones anuales de pintura, en París, los artistas estaban autorizados a barnizar sus cuadros, allí, si antes no lo habían hecho en su taller. (1893: R. Soriano.) Pint.

Vernunft al. 'razón', 'juicio'. (1924: Unamuno.) Fil.

veronal al. 'veronal' (Ac.: 1992). Nombre dado por el químico Von Ihering a la síntesis de esta sustancia por hallarse en Verona (Italia) cuando la consiguió. (1981: E. Lorenzo.) Med.

verso lat. 'verso' (Ac.), 'vuelta', 'dorso'. Contrapuesto a *recto*. Biblio. → RECTO.

versolari vasquismo (1904: Blasco Ibáñez; Ac.) → BERTSOLARI.

versta ru. 'versta' (Ac.). Medida itineraria rusa: 1.067 metros.

versus lat. 'contra'. Pertenece a la terminología jurídica anglosajona. (1920: Pérez de Ayala.) Der. → VS.

Vespa it. 'Vespa', lit.: 'avispa'. Marca registrada de una motocicleta *scooter*, que recuerda la forma y el movimiento de la avispa. Diseñada (1946) por el ingeniero Corradino d'Ascanio para la empresa italiana Piaggio. Transp. t. → SCOOTER.

Vespino it. 'Vespino', lit.: 'avispino' o 'avispillo'. Dim. masc. formado sobre *vespa*, 'avispa', cuyo dim., real es *vespina*, 'avispilla', en tanto que su aum. es *vespone*, 'avispón'. Marca registrada (1968) de un ciclomotor de la familia *Vespa*, de la empresa italiana Piaggio, con cilindrada inferior a 50 CV. (1981: J. L. Sampedro.) Transp. t. → VESPA.

VHF ing. Siglas de *Very High Frequency*, 'Frecuencia muy alta'. Se emplea para las emisiones radiofónicas y televisuales (entre 30 y 300 megaciclos). Los receptores de televisión suelen estar dotados para recibir *VHF* y *UHF*. Telecom.

Via Appia it. 'Vía Appia', 'Vía appiana'. Camino pavimentado, de Roma a Capua, construido por el censor Appius Claudius Caecus en el año 312, continuada después hasta Brundisium. (1897: E. de Saavedra.)

via crucis lat. 'vía crucis' (Ac.); lit.: 'camino de la cruz (del Gólgota)'. Rel.

vibraphon ing. 'vibráfono' (Ac.). Instrumento musical, en cierto modo semejante al xilófono, pero en este último el sonido se arranca de piezas de madera, siendo en aquél las piezas metálicas. (1962: *La Vanguardia*.) Mús.

vice versa lat. 'viceversa' (Ac.), 'al contrario', 'por lo contrario'. (1892: Pardo Bazán.)

Vichy fr. *'vichy'* (Ac.: 2001), 'Vichy', 'vichy', pero en el habla: 'vichí'. Con referencia a la ciudad francesa de Vichy. Tela de algodón, a rayas o a cuadros, sufrida, empleada para manteles, servilletas, delantales, etc.

vichyssoise fr. 'vichisuás', 'vichyeña', 'vichieña'. Con referencia a la ciudad francesa de Vichy. La llamada en esp. 'sopa *vichyssoise*' es una de tantas 'sopas de sobre' que han invadido el mercado. Era conocida antes como 'puré a la Vichy' (1956: Ig. Domenech), hecho con diversas hortalizas. Gastr.

vicoli, sing. *vicolo* it. 'callejas', 'callecitas', en it. actual. Del lat. *viculum*, 'calle pequeña', dim. de *vicum*. (1986: T. Moix.)

victoria ing. 'victoria' (Ac.). Coche urbano y elegante, de cuatro ruedas, dos asientos, abierto, pero con capota. Creado hacia 1850, en Francia, con el nombre de la reina Victoria (1819-1901) de Inglaterra. (1980: L. Coloma.) Transp. t.

victrola ing. 'victrola'. Fonógrafo con motor eléctrico. Nombre comercial de los fonógrafos producidos por la *Victor Talking Machine Co.*, en EE.UU. El sufijo *–ola*, por analogía pon *pianola*, *gramola*, etc. (¿1928?: C. Gardel, Arg.) Mús.

vide lat. 'vide' (Ac.:1992). Precede al numero de la página que se ha de ver o consultar. (1842: Mesonero.) Biblio.

vide infra lat. 'mira más adelante', lit.: 'mira abajo'. Precede al número de la página posterior que se ha de ver. Biblio.

videlicet lat. 'es decir', 'a saber'.

video ing. 'vídeo' (Ac.:1992); del lat. *video*, 'veo', vale tanto como 'imagen electrónica' en contraposición a 'imagen fílmica', empleada principalmente en TV. Establecida analógicamente sobre el ing. *radio* (como también analógicamente sobre *radio* y *video*, el ing. *audio*). Telecom. → AUDIO.

videocassette ing. 'videocasete', 'casete para televisión'. (1979: *País*.) Telecom.

videoclip ing. 'videoclip' (Ac.: 2001), (1984: J. Cueto.) →
CLIP.

videotape ing. 'registro de sonido e imagen', para televisión,
mediante cinta *(tape)* electrónica. (1976: *País.*) Telecom.

videotex ing. 'videotex', 'videotexto'. Palabra formada por
el lat. *video*, 'veo', y el ing. *text*, 'texto', reducido a *tex*,
por analogía con *telex*, *telefax*, etc. *Videotex* es la denominación internacional de este sistema de información
(excepto en Inglaterra: *viewdata*). Utiliza la red telefónica para aprovechar las posibilidades de los receptores
de TV para convertirlos en terminales de datos e información. Se maneja con teclado semejante al del teléfono; se puede dialogar con un ordenador y recibir e in-
tercambiar mensajes personales entre los usuarios. (1980:
D. 16.) Telecom.

vide supra lat. 'mira anteriormente', lit.: 'mira arriba'. Precede al número de página anterior que se ha de ver. Biblio.

vieira gall. 'vieira', 'venera'. Molusco cuyas valvas son las conchas que identifican a los peregrinos de Santiago de Compostela. (1912: R. Darío.) Zool.

Vietcong ing. 'Vietcong'. 1) nombre que los estadounidenses
dieron al Ejército de Liberación de Vietnam del Sur, durante la guerra de Vietnam; 2) 'comunista vietnamita', por
no decir 'miembro del Ejército de Liberación de Vietnam
del Sur'. *Vietcong* es término forjado con el ing. *viet(name-
se)*, 'vietnamita', y *cong*, adapt. ing. peyorativa (alusiva a 'mono') del viet. *con(san)*, 'comunista'; no *cong(san)* (1981: Webster.). (1976: *País.*) Pol.

Viet Minh viet. Abrev. de *Viet (Nam Doc Lap Dong) Minh
(Hoi)*, 'Unión para la Independencia de Vietnam' (1941-
1951). Pol.

viewdata ing. → VIDEOTEX.

vilaya ár. 'aldea'. (1978: *País.*)

vilayet tur. 'provincia o distrito'. Pol.

villa it. 'villa' (Ac.). Palacete, casa de recreo, incluso hotelito
con jardín. (1842: L. Rotondo.)

villeggiare it. 'pasar una temporada de ocio o descanso en el campo'. (1796: Moratín h.) → VILLEGGIATURA.

villeggiatura it. 'estancia en el campo', 'vacación en el campo'. De *villeggiare*, 'ir al campo'. (h. 1928: J. A. Melón.)

villégiature fr. Italianismo fr. (1911: R. Darío.) → VILLEGGIATURA.

Ville Lumière fr. 'Ciudad Luz'. Comenzó a decirse de París a principios (1907: *Baedeker*) del siglo XX, pues entonces '*Paris c'est la centre des lumières et des arts*', 'París es el centro de las luces y de las artes' (1909: *Petit Larousse*). Pero el concepto de París como luz (y progreso) es anterior y se debe a Víctor Hugo, quien le daba cierto matiz revolucionario: '*Paris est la ville de lumière*'. 'París es la ciudad de luz' (*Pendant l'exile*, 1875), expresado también en su prólogo a *París Guide*, de la Exposición Universal, y en *L'Année terrible*. (1910: J. Nombela.)

vinculeiro gall. 'vinculero' (Valle-Inclán), 'hacendado'. (1893: Curros Enríquez.)

viola da gamba it. 'viola de gamba'. Instrumento de cuerda, semejante, pero mayor, al violín, con seis cuerdas, y que se apoya en una pierna *(gamba)*. Mús.

violoncello it. 'violonchelo' (Ac.), 'violoncelo', (Ac.), 'chelo'. Mús.

violon d'Ingres fr. 'violín de Ingres', 'pasatiempo preferido'. Alude al pintor francés J. A. D. Ingres (1778-1867), gran aficionado al violín. (1952: E. Mallea, Arg.) → HOBBIT.

VIP ing. Siglas de *Very Important Person*, 'persona muy importante'. Surgió en EE.UU., durante la Segunda Guerra Mundial, en el ejército, y se ha extendido universalmente. (1976: A. Burgos.)

vir bonus dicendi peritus lat. 'un hombre de bien instruido en la elocuencia'. Definición del orador hecha por Catón y divulgada por Quintiliano (*Inst. orat.*, 12, 1). (1978: Gerardo Diego.)

virgo potens lat. 'virgen poderosa'. En la Letanía de la Virgen, según el ritual romano. Rel.

virtù it. 'capacidad para eficacia', 'entereza tenaz', 'eficacia práctica' (1912: Unamuno). Concepto de Maquiavelo, expresado en *El Príncipe*. (1918: Pérez de Ayala.) Pol.

virtuoso it. 'virtuoso' (Ac.). Artista que domina su instrumento de modo excepcional. (1767: J. Clavijo.) Mús.

visa fr. 'visa' (Ac.: 1992), 'visado' (Ac.), lit.: '(cosas) vistas'. Fórmula o firma, acompañada de sello, que da validez a un pasaporte.

vis-à-vis fr. 1) 'cara a cara'. (1900: J. Pérez Zúñiga.); 2) 'visavís' (1983: RNE), corriente en la jerga carcelaria para designar las visitas sin trabas a los presos y que permiten la relación sexual; 3) canapé de forma de S, para dos personas, que permite que se vean y se hablen cara a cara. (1981: J. L. Sampedro.) Mob.

vis comica lat. 'vis cómica' (Ac.), 'fuerza cómica', del lat. *vis*, 'fuerza'. Palabras extraídas, en cierto modo, de un epigrama de César sobre Terencio (Suetonio, *Terencio*). (1842: *Sem. pint. esp.*) Lit.

Vistavision ing. 'Vistavisión'. Marca registrada. Procedimiento estadounidense de filmación de gran alcance *(vision)* panorámico *(vista)*. Cine.

vitam impendere vero lat. 'consagrar la vida a la verdad'. De Juvenal (*Sátiras*, 4, 91). (1941: Baroja.)

vita somnium breve lat. 'la vida es un breve sueño'. Sentencia que sirve de título a un famoso cuadro del suizo Arnold Böcklin (1827-1901). (1941: Baroja.)

vitellone, pl. **vitelloni** it. 'inútil', (1997: *País*), 'holgazán', cuasi 'gamberro', 'señorito' (1993: J. L. de Villalonga), lit.: 'ternero', 'becerro'. Palabra difundida por *I vitelloni*, filme (1953) de Federico Fellini. Cine.

vitraux, sing. **vitrail** fr. 'vidrieras (de colores)' (Ac.), 'vidrieras (pintadas)', pero 'vitrales', sing. 'vitral', es galicismo. (1888: R. Darío.)

vivace it. 'vivaz', en su acepción de 'vigoroso'. (S. XVIII: tonadilla.) Mús.

vivarium lat. 'vivario'. Recinto para reptiles, etc.

vivere est militare lat. 'vivir es militar (o luchar)'. De Séneca (*Epist.*, 95, 5). (1934: Ortega.) Fil.

vivere pericolosamente it. 'vivir peligrosamente', 'vivir arriesgadamente'. Consigna fascista, propuesta por Mussolini. (1982: Haro Tecglen.) Pol.

vivos voco, mortuos plango, fulgura frango lat. 'llamo a los vivos, lloro a los muertos, rompo los rayos'. Inscripción de campana. Famosa por haber servido de epígrafe al poema *Die Glocke*, 'La campana', de Friedrich Schiller (1759-1805). En el claustro del antiguo monasterio Allerheiligen (en Schaffhausen, Suiza), hoy Museo municipal, se conserva una campana con esta inscripción y es llamada *Schillerglocke*, 'campana de Schiller'. → FUNERA PLANGO.

viyella ing. 'viyela' (Ac.: 2001). Marca registrada (1894). Tejido de lana y algodón, entrecruzados o en cadenilla; suave y blando al tacto, de ahí que también sea llamado en ing. *viyella flannel*, 'franela de viyela'. Debe su nombre al de la manufactura de William Hollins, situada en un valle llamado 'Via Gellia', cercano a Matlock, en el Derbyshire (Inglaterra). *Via Gellia* es la denominación burlona, latina, del camino que recorre ese lugar, construido por Philip Gell. Los lugareños pronunciaban la expresión latina aproximadamente a la inglesa: 'vi-yel-la'. Text.

vodka ru. 'vodka' (Ac.), 'vodca' (Ac.), lit.: 'agüita' pues es dim. de *voda*, 'agua'. Aguardiente de centeno. Gastr. → WODKA.

vodú galicismo. (Ac.: 1992). Del fr. creole (haitiano) *vaudou*, frente al anglicismo 'vudú', del ing. *voodoo*. Es palabra procedente del ewe (lengua de África occidental), donde significa 'espíritu mediador', 'deidad tutelar', 'fetiche'. Da nombre a un culto originario de Haití, allí llamado *vaudou* (1797: Moureau de Saint-Mery; 1895: J. Martí; 1974: J. M. Drot), que tiene por base varias ceremonias de los negros ararás y fons de Dahomey y de los negros del Congo y Angola. Aunque actualmente en España predomina el anglicismo 'vudú', se observa mayor presencia del galicismo 'vodú' en el Caribe hispánico (h. 1930: L. Palés Matos, P. R.; 1945: G. Arciniegas, Col.; 1949: A. Carpentier, Cu.; 1950: Fdo. Ortiz, Cu.; 1979: M. Pereira, Cu.) Rel. → VAUDOU; VUDÚ.

voilà! fr. '¡he ahí!'. (1907: Blasco Ibáñez.)

voilà tout! fr. '¡he ahí todo!'.

volapük volapük, 'volapuk', lit.: 'lengua universal'. De *vol* (del ing. *world*, 'mundo') más *a* (vocal de unión) y *pük* (del ing. *to speak*, 'hablar'). Lengua artificial inventada (1879) por Johann Martin Schleyer (1831-1912), cura de Litzelstetten, cerca de Constanza, en Suiza. (1908: M. Arnáiz.) Ling.

vol-au-vent fr. 'volován' (Ac.: 2001). Pastel hojaldrado, con relleno de carne, pescado, etc. (1890: L. Coloma.) Gastr.

volaverunt lat. 'volavérunt' (Ac.: 1992), lit.: 'echaron a volar', 'desaparecieron'. (1793: Goya.)

volens nolens lat. 'quieras que no'.

Völkerpsychologie al. 'psicología de los pueblos'. Según el título de una obra (1905) del psicólogo Wilhelm Wundt, si bien el concepto se remonta a Zimmermann (1773) y está presente en Kant, Tylor, Herbert Spencer, etc. (1934: E. d'Ors.) Psic.

Völkerwanderung al. 'migración de los pueblos'. Con referencia especial a las migraciones germánicas y eslavas hacia el S y el O de Europa. Hist.

Volksarmee al. 'Ejército del pueblo', 'Ejército popular'. En ext.: *Nationale Volksarmee*, 'Ejército Popular Nacional'. De la República Democrática Alemana. (1980: *País*.) Ej.

Volksgeist al. 'espíritu del pueblo', 'espíritu colectivo', 'espíritu nacional' (1995: F. Ayala), 'alma nacional', 'carácter nacional'. Concepto dominante en la filosofía de la Historia de J. G. Herder (*Ideas para una filosofía de la historia de la Humanidad*. 1791). (1896: Unamuno.) Fil.

Volkswagen al. 'coche popular', 'coche utilitario', lit.: 'coche' *(Wagen)* 'del pueblo' *(des Volks)*, esto es, 'coche popular'. Fábrica alemana *(Volkswagen Gmbh)* de automóviles, fundada en 1938, y modelo popular de automóvil diseñado para ella por Ferdinand Porsche (1875-1951) y conocido como 'escarabajo'. Este 'coche popular' y las autopistas fueron elementos de la propaganda interna del nazismo durante el III *Reich*. Autom.

volleyball ing. 'balonvolea', 'voleibol' (Ac.), y abrev. 'vólei'. (1992: P. P. Parrado.) Juego inventado (1895) por el prof. William G. Morgan, de la Universidad de Massachusetts (EE.UU.); deporte olímpico desde los JJ.OO. de Tokio (1964). (1966: M. Fdez. Galiano.) Dep.

Volstead Act. ing. 'ley de Volstead', vulg. 'ley seca'. Promovida (1919) por Andrew J. Volstead, como complemento de la enmienda decimoctava de la Constitución de los EE.UU. Estuvo en vigor desde el 1 de enero de 1920 hasta el 5 de diciembre de 1933 y dio lugar a un auge del contrabando y del gangsterismo. (1990: *El Sol.*) Pol.

volt ing. 'voltio'. Pertenece a la nomenclatura internacional científica. Medida eléctrica así llamada en honor del físico italiano Alessandro Volta (1745-1827); por analogía con *watt*. (1899: R. Darío.) Fís.

volte-face fr. 'media vuelta', 'falta de palabra (dada)'. Del it. *voltafaccia*, lit.: 'cara vuelta'. (1945: A. Revesz.)

volvoreta gall. 'mariposa'. (1917: W. Fdez. Flórez.) Zool.

vomitorium lat. 'vomitorio' (Ac.), 'puerta', 'acceso', 'entrada' o 'salida' de grandes recintos de espectáculos públicos, como estadios, plazas de toros, etc. (1839: Ag. Azcona.)

voodoo ing. 'vudú' (Ac.: 1992). Rel. → VUDÚ.

Vopos al. 'polis'. Nombre popular de los miembros de la *Vo(lks)po(lizei)*, 'policía popular', de la República Democrática Alemana. Pol.

Vostok ru. 'Oriente'. Nombre de la cápsula o nave espacial en que Yuri Gagarin realizó el primer vuelo orbital tripulado (12 de abril de 1961) en torno a la Tierra. Cosmonáut.

vox clamantis in deserto lat. 'voz de uno que clama en el desierto'. Palabras autodefinitorias de San Juan Bau-

tista (San Mateo, 3, 3), según la Vulgata. (1864: Bécquer.) Rel.

vox populi lat. 'voz del pueblo', 'sentir o creencia general'.
(1884: *Clarín*.)

vox populi, vox cœli lat. 'voz del pueblo, voz del cielo'.
(1876: Galdós.)

vox populi, vox Dei lat. 'voz del pueblo, voz de Dios'. Según algunos este adagio tiene su origen remoto en He-
síodo (*Los trabajos y los días*, 763), recordado por Alcui-
no (*Ad Carolum Magnum*, h. 804 de J.C.). (1905: A.
Nervo.) Rel.

Voyager ing. 'Viajero'. Del fr. *voyageur*. Nombre de una serie de sondas espaciales norteamericanas. La primera *(Voyager I)*, lanzada el 5 de septiembre de 1977, llegó a Saturno el 12 de noviembre de 1980, siguiendo su viaje. La
segunda *(Voyager II)*, lanzada el 20 de agosto de 1977, llegó a Saturno el 25 de agosto de 1981 y alcanzó a Urano el
24 de enero de 1986, y a Neptuno el 24 de agosto de 1989.
(1981: *ABC*.) Cosmonaút.

voyeur fr. 'vuayer', 'mirón', 'voyer' (1993: J. L. Coll) y deriv.
'voyerístico' (1994: V. Molina Foix). Se aplica a quien mira o espía secretamente aspectos eróticos de otros. (1976:
F. Umbral.)

voyou fr. 'golfo o golfillo de París'. Célebres *voyous* literarios:
Tornillard, de *Les mystères de Paris*, de Eugéne Sue, y Ga-
vroche, de *Les misérables*, de Víctor Hugo.

vs. lat. Abrev. de *versus*. Su uso en contextos españoles procede de los países anglosajones. (1993: Antena 3 TV.) → VER-
SUS.

vudú anglicismo. (Ac.: 1992). Del ing. *voodoo*, frente al galicismo 'vodú' (Ac.: 1992), del fr. creole (haitiano) *vaudou*.
Rel. → VODÚ.

Vulgata lat. 'Vulgata' (Ac.). Versión latina de la Biblia, reali-
zada por San Jerónimo en 383-405. Debe este nombre al
Concilio de Trento, que, en su cuarta sesión (1546): *de-
clarat ut haec ipsa vetus et vulgata editio... pro authentica*, 'de-

clara que esta vieja y divulgada edición (es decir, extendida y acreditada entre el público)... sea considerada auténtica'. Rel.

vulnerant omnes, ultima necat lat. 'todas hieren, la última mata'. Inscripción que figura en relojes solares de iglesias. (1912: *Azorín.*)

W

WAAC ing. Siglas de *Women's Army Auxiliary Corps*, 'Cuerpo Auxiliar Militar Femenino'. Del Ejército de EE.UU., creado durante la Segunda Guerra Mundial. Ej.

Wafd ár. 'Uafd' (1991: *País*), lit.: 'Delegación'. Partido nacionalista egipcio fundado (1919) por Zaglul Pachá. Recibió ese nombre por la 'delegación' que, encabezada por Zaglul, se entrevistó, al fundarse el partido, con el alto comisario británico en Egipto. Pol.

Waffen S.S. al. → SS.

wagon fr. 'vagón' (Ac.), 'coche', en trenes ferroviarios. Del ing. *waggon* (en EE.UU, *wagon*). Aunque 'vagón' se emplea tanto para los de mercancías como para los viajeros, el uso va dejando 'vagón' para mercancías y 'coche' para viajeros. (1851: *Ilustr.*) Transp. t.

wagon-lit fr. 'coche-cama', en trenes ferroviarios, perteneciente a la *Compagnie Internationale des Wagons-Lits*, 'Compañía Internacional de Coches-Camas', fundada en 1872 por el belga Georges Nagelmackers. (1918: V. Huidobro, Ch.) Transp. t.

wahabismo arabismo (ár. *wahhābiyya*). Comunidad islámica fundada por Muhammad ben Abd al-Wahhab (1703-1791), en Arabia central. Es nombre dado por sus adversarios. Los wahabíes se llaman a sí mismos *muwahhidun*, 'unitarios', y son sunníes hanbalíes, adeptos a las enseñanzas de Ahmad ben Hanbal († 855), es decir, fieles a la religión de los antiguos y contrarios a toda innovación, así como a los chiíes y a los sufíes. Su centro principal, hoy, es la Arabia Saudí. (1867: N. Fdez. Cuesta; 1994: J. Goytisolo.) Rel.

Walhalla al. 'Valjala' (1992: J. Lizano). Del isl. *Valhöll*, 'sala *(höll)* de los caídos *(val)*'. Según las leyendas escandinavas, lugar donde moran los héroes caídos en combate, junto a su padre Wotan (Votan u Odín). Es palabra divulgada por la *Tetralogía* (1869-1876) de Richard Wagner, donde el Valjala es un palacio construido por los gigantes Fasolt y Fafner para Wotan (*El oro del Rin*, 1869) y acaba destruido por el fuego (*El crepúsculo de los dioses*, 1876). (1898: N. Mariscal.) Mitol.

walkie-talkie ing. (1976: *País*.) → TALKIE-WALKIE.

walkman ing. Marca registrada (1979) por la compañía japonesa Sony para un casco microtransistorizado que permite oír emisiones radiofónicas mientras se anda; lit.: 'hombre *(man)* andante *(walk)*'. (1983: J. Cueto.) Telecom.

Wall Street ing. Nombre de la calle con que se conoce universalmente el *New York Stock Exchange*, 'Bolsa de valores de Nueva York'; lit.: 'Calle del Muro'. Econ.

Walpurgisnacht al. 'Víspera de santa Walpurga'. La del primero de mayo, en que brujas y espíritus aparecen. Palabra difundida por una escena de *Fausto*, de Goethe. Mitol.

Wandervögel, sing. **Wandervogel** al. 'aves migratorias'. Nombre de un movimiento juvenil alemán progresista, amante de las excursiones y de la naturaleza, fundado en 1896 por Hermann Hoffmann; disuelto en 1933, bajo el nazismo. También jóvenes no asociados a este movimiento, pero afines a sus tendencias, eran llamados *Wandervögel*, semejantes en mucho a los actuales jóvenes 'mochileros'. (1923: Concha Espina.)

warrant ing. 'opción de compra (de acciones)', 'certificado de opción (para comprar acciones)'; lit.: 'garantía', 'certificado'. (1989: *País*.) Econ.

Washington ing. 'Wáshington', pop. 'guasin' (1989: A. Pereira) desde los años cuarenta. Cierta variedad de naranjas cosechada en España desde los años treinta. Agr.

WASP ing. Siglas de *White Anglo-Saxon Protestant*, 'Protestante Anglo-Sajón Blanco', que, en EE.UU., sirven para diferenciar a éstos frente a otros ciudadanos estadounidenses de otras razas y religiones. (1989: J. Donoso, Ch.)

wasp ing. 'protestante anglosajón blanco'. (1988: Carlos Moya.) → WASP.

water ing. 'váter' (1963: López Pacheco; Ac.: 1992), 'inodoro', 'retrete', lit.: 'agua'. Abrev. esp. de *water-closet*. (1933: Jardiel Poncela.) → WATER-CLOSET.

water-closet ing. 'retrete con agua (corriente)'. De *closet*, 'gabinete', 'excusado', 'retrete', y *water*, 'agua'. Aunque penetró primero así en contextos españoles, pronto quedó abrev. en *water*. (1921: Cansinos.) → WATER.

Watergate ing. 'Watergate', sinón. de 'asunto político sucio'. Por el nombre del hotel donde agentes del presidente Nixon colocaron espías electrónicos para espiar a políticos demócratas en él alojados (verano de 1972), durante la campaña de las elecciones presidenciales. Descubierto el sucio asunto, Nixon tuvo que dejar la presidencia de EE.UU. Pol. → IMPEACHMENT.

waterpolo ing. 'polo acuático'. (1905: *Bl. y Negro*.) Dep.

waterproof ing. 'a prueba *(proof)* de agua *(water)*'. 1) '(tela) impermeable'. (1890: L. Coloma.) Indum.; 2) '(reloj) a prueba de agua'.

watt ing. 'vatio' (Ac.). Por el apellido de James Watt (1736-1819), físico inglés. Nombre internacional de la unidad de potencia eléctrica. Fís.

W.C. ing. Siglas de *Water Closet*. Suelen usarse como letreros en lugares públicos. (1921: R. Gómez de la Serna.) → WATER-CLOSET.

Web ing. 'Malla' o 'Ueb' (1999: Cadena SER), pronunciación ésta aproximada de la palabra inglesa. En ext.: *World Wide Web*, 'Malla mundial'. Inform. → WORLD WIDE WEB.

week-end ing. 'fin de semana'. (1913: E. d'Ors.)

Wehrmacht al. 'Fuerza *(Macht)* de Defensa *(Wehr)*', 'Fuerzas armadas'. Nombre del ejército alemán bajo la República de Weimar y bajo el nazismo. (1944: E. Méndez Domínguez.) Ej.

Welfare State ing. 'Estado del Bienestar' (Felipe González), 'Estado benefactor' (Rodríguez Ibáñez), 'Estado protector' (1996: J. Marichal). Política social y económica contraria a la de *laissez faire*. Tuvo principio en la Inglaterra de principios del siglo XX, continuada con el *New Deal*, de Roosevelt, en EE.UU. (1985: *País*.) Pol. → LAISSEZ FAIRE.

Weltanschauung al. 'concepción del mundo', 'concepto del mundo', 'cosmovisión'. Concepto acuñado por el filósofo Immanuel Kant. (1912: Unamuno.) Fil.

welter ing. 'semiligero'. Una de las categorías de peso (66.6 kilos) en boxeo. (1925: *Bl. y Negro*.) Dep.

Weltgeist al. 'el espíritu universal'. Concepto hegeliano. (1912: Unamuno.) Fil.

Weltliteratur al 'literatura universal'. Concepto y término de Goethe (carta de Goethe a Streckfuss, 27 enero 1827), recogido por Marx y Engels (*Manifest der Kommunistisches Partei*, 1848). (1982: E. Lorenzo.) Lit.

Weltpolitik al. 'política mundial', es decir, política de expansión mundial alemana. Es término lanzado a la opinión por el emperador alemán Guillermo II, parejo al término ing. *imperialism* en la política británica. (2000: J. J. Carreras.) Pol.

Weltschmerz al. 'tedio de la vida', lit.: 'dolor del mundo'. Característico del personaje Werther, en *Cuitas del joven Werther*, de J. W. Goethe. (1905: Unamuno.) Lit.

werden al. 'devenir', 'llegar a ser'. Concepto filosófico fundamental en W. F. Hegel, según el cual, es un proceso que permite derivar el ser de la nada. (1929: E. d'Ors.) Fil.

wessi al. '(alemán) occidental', es decir, habitante de la originaria República Federal Alemana. Palabra formada sobre *West*-, 'occidental'. (1991: Martí Font.) Geogr. p. → OSSI.

western ing. *'western'* (Ac.: 2001), '(película) del Oeste'. (1968: J. L. Borges, Arg.) Cine.

wetback ing. 'espalda mojada', 'mojado' (1992: *El Universal*, Méx., citado (1996) por E. Lorenzo), 'mojadito' en Tarifa, España (1996: RNE.) Campesino mexicano que entra clandestinamente en EE.UU., cruzando a nado el río Grande, río fronterizo llamado así por los estadounidenses, y 'río Bravo' por los mexicanos. (1961: R. J. Sender.)

whig ing. 'crítico', 'oponente', 'reformista', en definitiva, 'liberal', frente a *tory*, 'conservador'. Es una variante escocesa de *to wig*, 'echar reprimendas', 'criticar'. Comenzó a emplearse en el reinado de Jacobo II de Inglaterra (1685-1688), para designar peyorativamente a sus oponentes, contrarios al exceso de prerrogativas reales, defendidas éstas por los *tories*. (1884: Galdós.) Pol.

wishfull thinking ing. Equivale a la expresión esp. tradicional 'pensar como querer'. Lit.: 'pensamiento *(thinking)* deseoso *(wishfull)*' o 'pensamiento desiderativo' (1995: F. Sánchez Dragó). (1995: J. Juaristi.)

whiskey ing. 'güisqui' (Ac.). Denominación irlandesa (*Irish whiskey*, 'güisqui irlandés') frente al *Scotch whiskey* 'güisqui escocés', o simplemente 'escocés'. En contextos españoles es menos frecuente que *whisky*. (1959: García Hortelano.) Gastr. → WHISKY.

whisky ing. '*whisky*' (Ac.: 2001), 'güisqui' (Ac.). Del gaélico *uisge beatha* o *usquebaugh*, 'agua de vida'. (1891: J. Valera.) Gastr.

whisky à gogo híbrido: ing./fr. 'güisqui a placer o en abundancia'. Según A. J. Bliss, la expresión fr. *à gogo* penetró en ing. con el tít. fr.: *Whisky à gogo*, de la novela *Whisky Galore*, de Sir Compton Mackenzie. Gastr. → À GOGO.

whisky and soda ing. 'güisqui con soda'. (1920: *Dorio de Gádex.)* Gastr.

whisky on the rocks ing. (1981: J. L. Sampedro.) → ON THE ROCKS.

whist ing. 'whist', 'güist', 'uist'. Juego inglés de naipes, primitivamente llamado *whisk* (1621), quizá deriv. del verbo *to whisk*, 'barrer', sustituido por *whist*, 'chis', 'silencio', llamada que suele hacerse en este juego. (1884: Galdós.) Jue.

white collar ing. 'cuello blanco', 'empleado'. Trabajador no manual. Difundido en los años cincuenta y sesenta, gracias al libro *White Collar*, del sociólogo norteamericano Wright Mills. (1983: A. Iniesta.) Sociol.

Who's who ing. 'Quién es quién'. Libro de biografías sucintas contemporáneas. (1907: *Azorín.*)

(der) Wiener Kreis al. 'el Círculo de Viena'. Fundado en 1928, con Moritz Schlick († 1936) al frente, propugnador del neopositivismo o positivismo lógico, que concibe el saber como un todo o ciencia unificada. (1982: *País.*) Fil.

wigwam ing. 'tienda'. Vivienda de los indios de América del Norte. Del algonquino *wikiwam*, 'su casa', derivado quizá del oyigua *wig-waum*.

Wilhelmstrasse al. 'Ministerio de Asuntos Exteriores', lit.: 'calle de Guillermo', en Berlín, donde estaba situado el Ministerio de Asuntos Exteriores alemán, antes de la derrota (1945) del nazismo. (1945: Ismael Herráiz.) Pol.

(the) will to believe ing. 'la voluntad de creer'. Concepto y título de una obra (1897) del estadounidense William James (1842-1912), donde justifica que un hombre quiera creer, tenga motivos para creer, aunque carezca de fundamento lógico para ello. (1924: Unamuno.) Fil.

winchester ing. 'wínchester', 'güínchester' (1940: A. del Hoyo). Rifle que recibió el nombre de su fabricante, Oliver Fischer Winchester (1810-1880), norteamericano. (1924: J. E. Rivera.) Ej.

window ing. 'ventana', 'ventanilla'. Parte de una pantalla reservada para la visualización de determinada información. (1981: P. Guirao.) Inform.

windsurfing ing. *'windsurfing'* (Ac.: 2001), 'patinaje náutico a vela'. Deporte sobre tablas deslizantes dotadas de vela, llamadas «tablas a vela», declarado olímpico para la Olimpíada de 1984 (Los Ángeles, California). (1980: *País sem.*) Dep. → SURF.

wo die Zitronen blühn al. 'donde florecen los limoneros'. (1932: E. d'Ors.) → KENNST DU DAS LAND WO DIE ZITRONEN BLÜHN.

wodka ru. Transcrip. al. del ru. *vodka*. (1919: Pardo Bazán.) Gastr. → VODKA.

Wolfram al. 'wólfram' (Ac.: 1992), 'volframio' (Ac.). Comp. de *Wolf*, 'lobo', y *Ram*, 'deyección'. Llamado así, porque, al principio, se le consideraba inferior al estaño. Min.

WOMAD ing. Siglas de *World Music Arts and Dance*, 'Baile y Artes musicales del Mundo'. Nombre del festival anual de música, iniciado en 1982 por Peter Gabriel. (1998: Telemadrid.) Mús. → WORLD MUSIC.

Women ing. 'Señoras', lit.: 'Mujeres'. Inscripción que suele figurar en los servicios higiénicos públicos. (1953: F. Ayala.)

Wonderbra ing. Marca registrada, lit.: 'sujetador *(bra)* maravilloso *(wonder)*'. (1994: A. Muñoz Molina.) Indum. → BRA.

woofer ing. 'altavoz para sonidos graves, para bajas frecuencias'. De *woof*, 'gruñido (ronco y bajo) del perro'. (1982: *País sem.*) Inform.

word processing ing. 'procesamiento o tratamiento de textos'. Conjunto de operaciones: registro, memorización, corrección y finalmente impresión, mediante aparataje adecuado (microelaborador, memoria magnética e impresora). (1983: *País.*) Inform.

word processor ing. 'procesador o tratador de textos'. Inform. → WORD PROCESSING.

words, words, words ing. 'palabras, palabras, palabras'. Respuesta de Hamlet a Polonio, acerca de un libro que está leyendo. En *Hamlet* (II, 2), de Shakespeare. (1896: A. Nervo.) Lit.

workshop ing. 'seminario', 'grupo de discusión o intercambio de ideas', 'gabinete de trabajo'. (1993: *BFMarch.*) Educ.

World Music ing. 'música del mundo'. Expresión surgida en Londres, en las tiendas de discos, para clasificar en los anaqueles los discos no anglosajones, es decir, los del resto del mundo. Pero esta denominación se consagró en 1982, con el primer festival *World Music Arts and Dance (WOMAD)*, organizado por Peter Gabriel. En los anaqueles y entre los aficionados españoles, por ejemplo, entre los flamencos, ha penetrado la expresión 'música étnica'. (1994: C. Galilea.) Mús. → WOMAD.

World Wide Web ing. 'Malla mundial' (1995: ATI), lit.: 'Malla *(Web)* de Amplitud *(Wide)* Mundial *(World)*'. Sus siglas: *WWW.* Según ATI (Asociación de Técnicos de Informática), es un sistema de información distribuido, con mecanismos de hipertexto, creado por los investigadores Robert Caillau y Tim Berners-Lee en 1989, del CERN, en Suiza. Los usuarios pueden crear, editar y visualizar documentos de hipertexto. Sus clientes y servidores pueden tener acceso mutuo fácilmente. (1995: *País*.) Inform.

Wörter und Sachen al. 'Palabras y cosas'. Título de una revista de lingüística fundada (1909) por R. Meringer, órgano de una escuela basada en el estudio simultáneo de las palabras y de las cosas por ellas designadas. (1935: Giménez Caballero.) Ling.

wrestling ing. 'lucha libre', 'lucha americana'. Variante estadounidense de la lucha grecorromana. (1990: Antena 3.) Dep.

WWF ing. Siglas de *World Wildlife Fund*, 'Fondo Mundial para la Conservación de la Naturaleza'. *Wildlife*, lit.: 'vida silvestre o natural'. Fundado (11 septiembre 1961) por Max Nicholson, ornitólogo, y Julian Huxley, biólogo. Su logotipo es la figura de un panda. Su sede, en Ginebra. (1990: *País*.)

WWW ing. → WORLD WIDE WEB.

X

xana bable, 'jana', 'hada'. Las *xanas* moran en las fuentes, cuevas y ríos de Asturias. Tal vez sean una reminiscencia del culto romano a Diana. (1866: L. Giner Arivao.) Mitol.

Xanadu ing. 'Xánadu'. Nombre de la magnífica residencia de Kane en *Citizen Kane* (1941), filme de Orson Welles, quien lo tomó del poema *Kubla Khan* (1816) de S. T. Coleridge, donde éste describe la maravillosa Xánadu que mandó construir el primer emperador mogol de China, Kubla Khan (1216-1294), nieto de Gengis Khan. *Xanadu* es una caprichosa transcrip. de Coleridge, tal vez por necesidad de la versificación, de *Xamdu*, que así aparece en el *Viaje* (1626) de Purchas, en que se inspiró el poeta. *Xanadu* o *Xamdu* se refiere a Shang-Tu, cercana a Dolon Nor, al N de Chih-Li. (1995: C. Semprún Gurrea: 'Xanadú'.) Lit.

xanfaina cat. 'chanfaina catalana', '(especie de) pisto (vegetal: pimientos colorados, etc.)'. El esp. 'chanfaina' se aplica (en Burgos) a un guiso colorado, de asadurita y sangre de cordero. (1994: *País*.) Gastr.

xarnego cat. 'charnego', lit.: 'buhonero'. Es decir, no catalán de origen, 'forastero', peyorativamente. Semejante al fr. *methèque*, 'meteco', y al vasc. *maketo*, 'maqueto'. (1976: *País*.)

xatu bable. 'jato' (Ac.), 'ternero', 'chote', 'choto'. (1892: *Clarín*.) Zool.

xero- gr. (**xerós**) 'seco'. Aparece como primer elemento en compuestos, a través del ing., como 'xerocopia' (Ac.: 1992).

Xerox ing. 'Xerox', 'xérox' (1994: *BF March*). Marca registrada. Procedimiento de reprografía o reproducción facsimilar en seco de impresos, documentos, etc., mediante electricidad estática; ideado (1960) por el estadounidense Christopher Latham Soles. → XERO-.

xía ár. (1919: Asín Palacios.) Rel. → CHÍA.

xií ár. (1919: Asín Palacios.) Rel. → CHIÍ.

xiquet cat. 'chiquito', 'chiquillo'.

Xmas ing. Abrev. de *Christmas*. (1918: Díez de Tejada.) Rel. → CHRISTMAS.

xorguiña vasquismo. (1547: P. Ciruelo.) Mitol. → SORGIN.

Xunta de Galicia gall. 'Junta de Galicia'. Nombre del gobierno autonómico de Galicia, constituido en 1982. Pol.

y

Yábloko ru. Partido liberal, reformista, en la Federación rusa; fundado por Gregori Yavlinski. Lit.: 'Manzana'. (1997: *País*.) Pol.

yacht ing. 'yate' (Ac.). Del neerl, *yaght*, abrev. de *jaghtschip*, 'barco *(schip)* de caza *(jaght)*'. (1981: Pardo Bazán.) Transp. m.

yachtman ing. 'tripulante de yate'. (1905: R. Darío.) Transp. m.

Yakuza jap. 'Yakuza', 'Yakusa', 'Yacusa'. Organización mafiosa japonesa (juego, prostitución, drogas), cuyo 'padrino' es llamado *oyaban*. Es palabra que procede del juego de naipes *hanafuda*, en el que designa la peor baza posible, constituida por estas tres cartas: *ya*, *ku* y *za*. Divulgada por el filme *Yacuza* (1974), estadounidense, dirigido por Sidney Pollack, interpretado por Robert Mitchum. (1991: Bosco Esteruelas.)

Yama'a islamiya ár. (Ǧama'a islamiya) 'Agrupación islámica'. Movimiento islamista extremista, nacido en Egipto, a finales de los años setenta del s. XX. La transcrip. *Gama'a*, tan frecuente en la prensa periódica, es errónea, pues transcribe la Ǧ inicial como simple G, cuando debe ser Y.

Yamahiriya ár. 'República', 'Estado' (1993: J. Goytisolo). Entra en el nombre oficial de Libia y Argelia, en tanto que Yibuti, Egipto, Líbano, Túnez y Mauritania prefieren la forma arcaica *Yumuhuriya*. Pol.

yang chino. 'yang' (Ac.: 1992). '*yang*' (Ac.: 2001). Principio activo masculino frente al femenino *yin*, en la filosofía china. (1921: Ortega.) Fil.

yankee ing. 'yanqui' (Ac.), estadounidense de origen anglosajón. Procede del neerl, *Jan Kaas*, 'Juan Queso' (Webster), o del neerl. *Janke*, dimin. de *Jan*, Juan' (Zingarelli), con alusión a los pobladores holandeses de Nueva Amsterdam, en la desembocadura del Hudson, anexionada por los ingleses en 1664, que se convirtió en Nueva York. Designa propiamente al estadounidense de Nueva Inglaterra, constituida por los siguientes estados: Maine, Vermont, New Hampshire, Massachusetts, Rhode Island y Connecticut. Comenzó siendo término peyorativo y sigue siéndolo a veces. (1881: *El Imparcial*.) Geogr. h.

Yankee Doodle ing. 'Caramillo yanqui'. 1) canción popular durante la Revolución americana (siglo XVIII) frente a Inglaterra; 2) 'insurgente yanqui', según las tropas inglesas de entonces, pero hoy, en EE.UU., 3) 'estadounidense (patriota)'. Pol.

yankees, go home! ing. '¡yanquis, a vuestra casa!'. Eslogan contra las bases estadounidenses en Europa. (1976: F. Bayón.) Pol.

yemaa ár. 'asamblea', 'junta', 'aljama'. (1934: R. J. Sender.) Pol.

Yemaa ár. 'Asamblea', 'Junta', 'Aljama'. Órgano político del pueblo saharahui. (1976: *H. del Lunes*.) Pol.

Yemayá afrocub. (lucumí). 'Diosa del mar', 'Diosa marina' y, por traslación, 'Vírgen de la Caridad' cristiana. (1950: Fdo. Ortiz, Cu.) Rel.

yen jap. 'yen' (Ac.). Unidad monetaria del Japón. Num.

yenna ár. 'paraíso', 'alchenna' (Cansinos). (1989: J. Pardo Despierto.) Rel.

yeshiva hebr. 'yesiva', 'escuela (confesional judía)'. (1995: J. Valenzuela.) Rel.

yeta y **yetar** italianismos. En Urug. y Arg. → IETTATURA.

yeti nepalés. 'yeti' (Ac.: 2001), llamado también 'abominable hombre de las nieves', trad. del tibetano *metoh*, 'abominable', *kangmi*, 'hombre de las nieves', denominación ésta difundida a través del ing. *the abominable snowman of de*

Himalayas, título asimismo de un filme inglés (1957) dirigido por Val Gest. Mitol.

yé-yé fr. 'ye-yé', 'yeyé' (Ac.: 2001). Expresión jocosa para referirse a los *fans* de la mús. *pop* en los años sesenta, porque los cantantes *pop* solían repetir *yeah*, forma popular del ing. *yes*, 'sí'. (1968: Juan Bosch.) Mús. → POP.

yiddish ing. 'yidis', 'yídico' (1994: P. Careaga), 'ídisch' (1949: J. L. Borges, Arg.). Dialecto del ant. al. medio, utilizado por los judíos, llamado en al. *jüdisch Deutsch*, 'alemán judaico'. (1933: Jardiel Poncela.) Ling.

yihad ár. 'guerra santa', pero esta trad., aunque la más difundida, no es muy fiel; lit.: 'esfuerzo'. El *yihad* es un 'esfuerzo' para hacer triunfar el Islam y el que hace ese esfuerzo es un *muyahid*. (1975: *Interviú*.) Rel. → MUYAHIDIN.

Yihad islami ár. 'Yihad islámico', aunque se suele ver y oír 'Yihad islámica' (1987: *País*), fem. contaminado por la trad. 'Guerra santa islámica'. Es un movimiento islamista armado, actuante en Egipto, Palestina y Líbano, países en los que aspira a instaurar gobiernos islámicos. Pol.

Yihad islámica arabismo. (1987: *País*.) Pol. → YIHAD ISLAMI.

yin chino. 'yin' (Ac.: 1992). Principio activo femenino frente al masculino *yang*, en la filosofía china. (1921: Ortega.) Fil. → YANG.

yinguel anglicismo. En Arg. → JINGLE.

yippy ing. 'yipi'. Formada analógicamente sobre *hippy*, designaba al seguidor del *Youth International Party*, 'Partido Internacional de la Juventud', siglas 'PIJ', fundado por el estadounidense Abbie Hoffman (1936-1989), discípulo de Herbert Marcuse. Se autocalificó 'disidente americano' frente al *establishment*, principalmente frente al Pentágono, Wall Street, la guerra del Vietnam, la CIA, las centrales nucleares, etc. (1989: *País*.) Pol.

YMCA ing. Siglas de *Young Men's Christian Association*. 'Asociación de Jóvenes Cristianos', fundada (1844) por el inglés G. Williams. Rel.

yoga sáns. 'yoga' (Ac.), 'unión', lit.: 'yugo'. 1) 'unión del alma individual con el absoluto'; 2) 'disciplina ascética de meditación y concentración'. Actualmente en esp. (Ac.) es masc., aunque hubiera sido más adecuado el fem., como lo intentó García Morente (1925). Fil.

yoghourt ing. (**yoghurt** y **yogurt**), 'yogur' (Ac.), y antes 'yagurt' (1556: C. de Villalón). Del tur. *yogurt*. (1942: J. Plá.) Gastr.

yogui sáns. 'yogui' (Ac.), 'asceta (que practica el yoga)'. (1903: Fdo. Araujo.) Fil.

Yom Kippur hebr. 'Día de la Expiación o Aflicción' (*Levítico*, 23, 27-32). Fiesta anual judía que se celebra el día décimo de *Tisri* (sept.-oct.), séptimo mes del calendario judío. Es el día del gran perdón, en que el hombre se presenta ante el Juez supremo para dar cuenta de sus actos en el año. (1973: *País*.) Rel. → KIPPUR.

yonqui anglicismo → JUNKIE.

Yo-Yo ing. 'yoyó' (Ac.: 1992). Marca registrada estadounidense. Es un juego personal con una rueda formada por dos rodajas conectadas por un eje al que va unido un cordel que, por el otro extremo, se ata a un dedo del jugador, lo que permite que suba y baje la rueda. Muy popular en España en los años treinta. (1932: *Crónica*.) Jue.

Yumuhuriya ár. → YAMAHIRIYA.

yúmper anglicismo. Del ing. *jumper*. En Arg., prenda de vestir, de punto, holgada, sin mangas, que se sobrepone a otra prenda, generalmente a una camisa. Otros anglicismos también deriv. de *jumper*: 'chompa' (en Bol., Col., Ec., Parag., Pe., Urug.); 'chomba' (en Arg., Ch.); y 'chumpa' (en Guat.). Indum.

yuppie ing. 'yupi'. Formada sobre las iniciales de *young urban and professional*, esto es, *yup*, 'joven urbano y profesional', distinguido, típico de los años ochenta y siguientes. Posee cierta semejanza fonética con *whoopee!*, '¡hurra!', '¡viva!', exclamación de triunfo frecuente en los *comics*. (1987: *ABC*.)

yurta ru. 'yurta'. Vivienda portátil, cubierta de fieltro, característica de las estepas del Asia central.

Z

zabaltegi vasc. 'espacio', 'explanada'. Así se denomina una fase 'libre' o 'abierta' del Festival cinematográfico de San Sebastián (España). Cine.

zamburiña gall. 'zamburiña'. Molusco semejante a la *vieira*, pero de menor tamaño. (1913: Pardo Bazán.) Zool.

ZANU ing. Siglas de *Zimbabwe's African National Union*, 'Unión Nacional Africana de Zimbabue'. Partido nacionalista, dirigido por Robert Mugabe, que logró la independencia de este país, antes Rhodesia, colonia británica, en 1980. Fundado en 1963. Pol.

zapping ing. 'zapin' y verb. 'zapinear' (1998: Cadena SER), 'zapeo' y verb. 'zapear' (Ac.), 'cambio de cadena o programa de TV mediante el mando a distancia', lit.: 'matar', 'disparar' (contra alguien para matarlo). Se encuentran las adapt. 'zapar' (1990: Haro Tecglen) y 'zapa' (1991: Haro Tecglen.) (1990: *El Sol.*) Telecom.

ZAPU ing. Siglas de *Zimbabwe's African Popular Union*, 'Unión Popular Africana de Zimbabue'. Partido nacionalista, fundado en 1961, dirigido por Joshua Nkomo, que luchó por la independencia de su país, antes Rhodesia. Más moderado que la *ZANU*. Pol.

zarra vasc. 'viejo'. (1912: Baroja.)

zazpiak bat vasc. 'siete, uno'. Lema nacionalista independentista vasco, que abarca las cuatro tierras vascas españolas y las tres francesas, formulado por la Asociación Euskara, de Pamplona. (1994: *País.*) Pol.

Zeitgeist al. 'espíritu de la época'. (1928: A. Marichalar.) Fil.

zéjel ár. **(zaỹal)** 'zéjel' (Ac.). Composición estrófica vulgar, callejera, con estribillo, derivada de la moaxaha. Acterística de la poesía arábigoandaluza. (1912: J. Ribera.) Lit.: JARCHA; MOAXAHA.

zemstvo ru. 'consejo distrital electivo'. Institución de la Rusia zarista, creada en 1864. Pol.

zen jap. 'zen' (Ac.: 2001). Del chino *chan*, y ésta a su vez del sáns. *dhyana*, 'meditación'. Práctica búdica del control del espíritu, con la cual se detiene el curso del pensamiento y se trata de alcanzar la esencia de la verdad, es decir, el *satori*, 'iluminación'. Rel. → SATORI.

(Graf) Zeppelin al. 'zeppelín' (1915: *La Tribuna*),'zepelín' (Ac.: 2001), 'dirigible'. Aeróstato motorizado diseñado por el conde Ferdinand von Zeppelin (1838-1917) en 1900, en servicio hasta 1937. (1915: Unamuno.) Transp. a.

ziggurat ing. 'zigurat' (Ac.: 1992), 'torre escalonada (asiria)'. Del asirio *ziqquratu*, 'altura'. (1981: J. L. Sampedro.) Arqueol.

ZIL ru. Siglas de *Zavod Imeni Lénina*. 'Fábrica *(Zavod)* de Autocamiones Lenin'. (1990: *País*.) Transp. t.

zingaro it. 'cíngaro' (Ac.), 'gitano'.

zipaio vasc. 'cipayo' (Ac.). Aplicada como insulto a los vascos componentes de las fuerzas de orden público en cuanto colaboradores del Reino de España. (1893: Sabino Arana.) Pol. → SPAHI.

zíper anglicismo. (1969: Carlos Fuentes, Méx.) Indum. → ZIPPER.

zipper ing. 'zíper', (1969: Carlos Fuentes, Méx.), 'cierre relámpago' (1970: M. Puig. Arg.), traducción esta última del ing. *zip fastener*, comp. del ing. *zip*, voz onomatopéyica, 'zas', para expresar un ruido rápido como el del relámpago, y *fastener*, 'cierre'. *Zipper* es marca registrada. El uso general en España es '(cierre de) cremallera'. Indum. → ZÍPER.

zirimiri vasc. 'sirimiri' (Ac.), 'llovizna', 'calalobos'. → SIRIMIRI.

zloty pol. 'esloti'. Deriva de *zloto*, 'oro' y por tanto la trad. de *zloty* es 'áureo'. (1934: R. J. Sender.) Num.

zodiac ing. 'zódiac'. Marca registrada, (h. 1970), lit.: 'zodíaco'. Pequeña embarcación de caucho, inflable, rígida y dotada de motor. (1991: *Mundo*.) Transp.

Zohar hebr. 'Zohar', lit.: 'Libro del Esplendor', 'del Resplandor' (1970: Ramón Díaz.) Comentario místico de la *Torá* y principal texto de la Kabala. Rel.

Zollverein al. 'Unión aduanera', 'Convenio aduanero' (1890: Pi y Margall). Se implantó en Alemania en 1834, aboliendo las barreras aduaneras interiores, lo que facilitó después la formación, por Bismarck, de un imperio alemán regido desde Berlín. (1894: *Manif. del P. Republicano*.) Pol.

zombie ing. 'zombi' (Ac.: 1992). Del afr. occidental *zumbi* o *zambi*, 'imagen'. Es un cadáver revivificado y obligado a realizar ciertas acciones por el poder mágico del vodú. Mitol.

Zond ru. 'Sonda'. Nombre de la primera cápsula del hombre en órbita lunar, lanzada al espacio en septiembre de 1968, con cuatro pequeñas tortugas en su interior. Cosmonáut.

zoo ing. 'zoo' (Ac.: 1992). Abrev. de *zoological garden*, 'parque zoológico'. (1981: J. L. Sampedro.) Zool.

zoom ing. 'zum' (Ac.: 1992), 'zumbido', 'enfoque en picado'. Objetivo de distancia focal variable. *Zoom* es onomatopeya del zumbido que producen los aviones al bajar o subir en picado. El efecto visual del *zoom* se obtiene mediante enfoque en picado. Creado en 1948 con el nombre de *Zoomak*, por la fábrica estadounidense *Zoomar*. (1976: *Gaceta ilustr.*) Cine.

zoon politikon gr. 'animal sociable', 'animal civil', 'animal urbano' (E. d'Ors.). Definición política del hombre, debida a Aristóteles (*Pol.*, 1, 2, 125b, 28). (1917: Unamuno.) Fil.

zorgin vasc. → SORGIN.

zortziko vasc. 'zorcico' (Ac.), lit.: 'lo de *(ko)* ocho *(zortzi)*'. Música y letra (octavilla) vascas. Mús.

zorzico vasquismo. (1842: A. de I. Zamácola; Ac.) → ZORTZIKO.

(herpes) zoster lat. cient. 'herpes zóster' (Ac.: 1992), 'hérpes zonal', pop. 'culebrilla' (2002: *ABC*, *Salud*). Del gr. *zóster*, 'zona'. Med.

zouk fr. creol. 'suk', 'fiesta', 'jaleo'. Música popular *créole*, 'criolla', de las Antillas de habla española, se mezclan diversos estilos antillanos anteriores. (1994: *País.*) Mús.

Zugzwang al. 'jugada obligada', 'movimiento obligado'. Comp. de *Zug*, 'jugada', *Zwang*, 'coacción'. Es término que pertenece a la terminología internacional del ajedrez. (1981: *País.*) Jue.

zulo vasc. 'zulo', 'escondrijo'. Con referencia a los utilizados por *ETA* para sus acciones terroristas. (1980: *País.*) Pol. → ETA.

zum-Tode-sein al. 'ser para la muerte'. Concepto del hombre en la filosofía existencialista de Martin Heidegger (1889-1976). Fil.

Zutik! vasc. '¡En pie!'. Organo periódico clandestino de *ETA*. Pol. → ETA.

Bibliografía

ABC: Libro de Estilo. Barcelona, Ariel, 1993.

AGENCIA EFE: *Manual del español urgente*. Madrid, Cátedra, 1992 (9.ª ed.).

AGUADO DE CEA, Guadalupe: *Diccionario comentado de terminología informática*. Madrid, Paraninfo, 1996 (2.ª ed.).

ALCOBA RUEDA, Santiago: «El español, provincia del inglés», *Las nuevas letras*. Almería, invierno 1985, págs. 17-25.

ALFARO, RICARDO J.: *Diccionario de anglicismos*. Madrid, Gredos, 1970.

ALVAR, Manuel; MIRÓ, Aurora: *Diccionario de siglas y abreviaturas*. Madrid, Alhambra, 1983.

ALVAR EZQUERRA, Manuel (dir.): *Diccionario de voces de uso actual*. Madrid, Arco Libros, 1994.

ALVES DA COSTA, Francisco: *Diccionario de estrangeirismos*. Lisboa, Domingos Barrera, 1990.

ALZUGARAY, Juan José: *Voces extranjeras en el lenguaje tecnológico*. Madrid, Alhambra, 1979.

— *Extranjerismos en el deporte*. Barcelona, Hispano-Europea, 1982.

— *Extranjerismos en los espectáculos*. Barcelona, Hispano-Europea, 1983.

— *Diccionario de extranjerismos*. Madrid, Dossat, 1985.

ATI (Asociación de Técnicos de Informática): *Glosario básico inglés-español para usuarios de Internet*. 1995.

Aurea dicta. Dichos y proverbios del mundo clásico. Selección de Eduard Valentí, Barcelona, Crítica, 1987.

AYTO, John: *The Wordsworth Dictionary of foreing words in english*. Wordsworth Editions, 1995. (Antes: *A making sense of foreing words in english*. Edinburgh, Chambers, 1991).

BARALT, Rafael María: *Diccionario de galicismos*. Madrid, 1855 (2.ª ed., 1890); Madrid, Visor, 1995.

BAUDRY, H.: *Nouveau dictionnaire d'abréviations françaises et étrangères, techniques et usuelles, anciennes et nouvelles*. La Chapelle Montligron (Orne), 1966.

BLISS, A. J.: *A dictionary of foreign words and phrases in current english*. New York, Dutton, 1966.

BOBBIO, Norberto; MATTEUCCI, Nicola: *Dizionario di politica*. Torino, Utet, 1976.

CALAMARTE, N.: *Para brillar en la conversación. Colección de las más famosas frases de los hombres célebres, seguidas de un nomenclátor de locuciones latinas y extranjeras más en uso*. Madrid, Bergua, h. 1936.

CALONGE, Julio: *Transcripción del ruso al español*. Madrid, Gredos, 1969.

CARNICER, Ramón: *Desidia y otras lacras en el lenguaje de hoy*. Barcelona, Planeta, 1983.

CARROLL, David: *The dictionary of foreign terms in the english language*. New York, Hawthorn Book, 1973.

COLÓN, Germán: *El español y el catalán juntos y en contraste*. Barcelona, Ariel, 1989.

CASARES, Julio: *Novedades en el diccionario académico*. Madrid, Aguilar, 1963.

CASTRO, Adolfo de: *Diccionario de galicismos*. Madrid, 1898.

CASTRO, Américo: «Los galicismos», en *Lengua, enseñanza y literatura*. Madrid, Victoriano Suárez, 1924, págs. 102-139.

— «El elemento extraño en el lenguaje», en *Curso de lingüística*. Eusko-Ikaskuntza, 1921, págs. 41-60.

CLAVERÍA, Carlos: *Estudios sobre los gitanismos en español*. Madrid, CSIC, 1951, anejo 53 de la *RFE*.

COLIN, Jean-Paul: *Dictionnaire de l'argot*. París, Larousse, 1992.

COROMINAS, Juan: *Diccionario crítico-etimológico de la lengua castellana*. Madrid, Gredos, 1954-57.

CORTELAZZO, Marcello; CARDINALE, Ugo: *Dizionario di parole nuove. 1964-1987*. Torino, Loescher, 1989.

CROWLEY, Ellen T.: *New acronyms, initialisms and abbreviations dictionary*. Detroit, Gale Research, 1960-80.

DEAK, Simone et Étienne: *Grand dictionnaire d'américanismes*. París, du Dauphin, 1973.

DEAK, Étienne: *Dictionaire d'américanismes*. París, du Dauphin, 1957 (2.ª ed.).

DOHAN, M. H.: *Our own words*. New York, Knopf, 1974.

DOVAL, Gregorio: *Del hecho al dicho*. Madrid, Ediciones del Prado, 1995.

— *Diccionario de expresiones extranjeras*. Madrid, Ediciones del Prado, 1997.

DROSDOWSKI, Günther: *Fremdwörterbuch*. Mannheim, Bibliographisches Institut, 1979.

DUARTE, Julio Ernesto: *Sentencias de sabiduría* [latinas]. Madrid, Reus, 1950 (2.ª ed.).

«Duden. Fremdwörterbuch» en *Duden in 10 Bänden*. Mannheim, Duden Verlag, 1982, Band 5.

ESEVERRI DUALDE, C.: *Diccionario etimológico de helenismos españoles*. Burgos, Aldecoa, 1979.

ÉTIEMBLE, René: *Parlez vous franglais?* París, Gallimard, 1964.

FERNÁNDEZ GALIANO, Manuel: *La transcripción castellana de los nombres propios griegos*. Madrid, Soc. de Est. Clásicos, 1961.

— «Sobre traducciones, transcripciones y transliteraciones», *Revista de Occidente*. Madrid, 1966, págs. 95-106.

— «Sobre la transliteración del griego y el ruso», *Filología moderna*, Madrid, VIII, 1968, págs. 277-292.

FERNÁNDEZ GARCÍA, A.: *Anglicismos en el español en la rev. Blanco y Negro*. Oviedo, 1972.

FONFRÍAS, E. J.: *Anglicismos en el idioma español de Madrid*. Barcelona, 1968.

FRANQUELO Y ROMERO, Ramón: *Frases impropias, barbarismos, solecismos y extranjerismos de uso más frecuente en la prensa y en la conversación*. Málaga, Impr. El Progreso, 1910.

FUMAGALLI, Giuseppe: *Chi l'ha detto? Tesoro di citazione italiane e straniere di origine letteraria e storica*. Milano, 1986.

GARCÍA DE DIEGO, Vicente: *Diccionario etimológico español e hispánico*. Madrid, Gredos, 1995.

GARCÍA POSADA, Miguel: «Voy a *A Coruña*», *El País*, 3 septiembre 1998.

GARCÍA YEBRA, Valentín: *Diccionario de galicismos prosódicos y ortográficos*. Madrid, Gredos, 1999.

GILBERT, P.: *Dictionnaire des mots nouveaux*. París, 1971.

GOLDSTEIN, M.: *Dictionary of modern acronyms and abbreviations*. Indianápolis, 1963.

GÓMEZ CAPUZ, J.: *Anglicismos léxicos en el español coloquial*. Cádiz, 2000.

GOR, Francisco: «Ni *London*, ni *Lleida*», *El País*, 2 agosto 1998.

GOUGENHEIM, Georges: *Les mots français dans l'histoire et dans la vie*. París, A. et J. Picard, 1969, 2 vols.

GRIJELMO, Alex: *Diccionario de nuevos términos*. Madrid, 1996. Encarte en *El País*, 14 págs.

— *Defensa apasionada del idioma español*. Madrid, Taurus, 1998.

GUERLAC, Othon: *Les citations françaises. Recueil de passages celèbres, phrases familières, mots historiques avec l'indication exacte de la source*. París, Armand Colin, 1957 (6.ª ed.).

GUIRAO, Pedro: *Diccionario de informática*. Barcelona, Mitre, 1981.

HERMANN, Ursula: *Knaurs etymologisches Lexikon*. München, Proemer Knaur, 1982.

HERRERO LLORENTE, Víctor José: *Diccionario de expresiones y frases latinas*. Madrid, Gredos, 1980 (1992, 3.ª ed.).

HEUR, H. M.: *Lexikon der Abkürzungen für Jedermann*. Wiesbaden, F. English Verlag, 1983.

HÖFLER, Manfred: *Dictionnaire des anglicismes*. Paris, Larousse, 1982.

JUARISTI, Jon: «La lengua [eusquera] secuestrada», *El País*, 8 septiembre 1998.

LAPESA, Rafael: «La lengua desde hace cuarenta años», *Revista de Occidente*. Madrid 1963, 3, págs. 193-208.

— «Kahlahthayood: Madariaga ha puesto el dedo en la llaga», *Revista de Occidente*. Madrid, 1966, 12, págs. 373-380.

LASSO DE LA VEGA, Javier: «Las transliteraciones del cirílico, hebreo, árabe y griego y la romanización del chino y del japonés», *Rev. Inst. Nac. Rac. Trab.*, Madrid, XVIII, 1965, págs. 97-120.

LÁZARO CARRETER, Fernando: *El dardo y la palabra*. Barcelona, Círculo de Lectores, 1998, (2.ª ed.)

LEÓN, Víctor: *Diccionario de argot español y lengua popular*. Madrid, Alianza Editorial, 1992.

LEWIS, Bernard: *El lenguaje político del Islam*. Madrid, Taurus, 1990.

Léxico de términos usados en la aviación civil internacional. Montreal, 1964 (2.ª ed.).

LÓPEZ BLANCH, J. M. (comp.), *Estudios sobre el español hablado en las principales ciudades de América*. México, 1977.

LORENZO, Emilio: «El anglicismo en el español de hoy», *Arbor*. Madrid, 1955, 32, págs. 262-274.

— *El español de hoy, lengua en ebullición*. Madrid, Gredos, 1980 (2.ª ed.).

— *El español y otras lenguas*. Madrid, SGEL, 1980.

— *Utrum lingua an loquentes. Sobre las presuntas dolencias y carencias de nuestro idioma*. Madrid, 1981. (Discurso de ingreso en la RAE.)

— «Anglicismos e ignorancia», *ABC*. Madrid, 15 junio 1984.

— «Anglicismos en la prensa», ponencia leída en la I Reunión de Academias de la lengua española, sobre *El lenguaje y los medios de comunicación*. Madrid, R.A.E., 1987, págs. 71-79.

— «Plurales bárbaros», *El Norte de Castilla*. Valladolid, 17 mayo 1987.

— «Esnobismo», *ABC*. Madrid, 3 febrero 1987.

— «Anglicismos», *BF March, noviembre 1992*.

— «Anglicismos en el español de América», *El idioma español en las agencias de prensa*. Madrid, Fundación Sánchez Ruipérez, 1990, págs. 66-82.

— «Anglicismos y traducciones», *Studia Patriciae Shaw oblata, II*. Oviedo, 1991, págs. 67-79.

— «El español, la traducción y los peligrosos parentescos románicos», *Cuadernos de Traducción e Interpretación*. Madrid, 11-12, 1989-1991, págs. 125-208.

— «Broker», *ABC*. Madrid, 18 octubre 1993.

— «Anglicismos en la Academia», *La Nueva Provincia*. Bahía Blanca (Arg.), 21 octubre 1993.

— «Un diccionario de noble linaje *The Oxford Spanish Dictionary*», *Saber leer*, Madrid, febr. 1995.

— *Anglicismos hispánicos*. Madrid, Gredos, 1996.

— «El anglicismo, nocivo y fecundo», *Saber Leer*, Madrid, nov. 2001, núm. 149, págs. 4-5.

LUJÁN, Néstor: *Cuento de cuentos*. Barcelona, Folio, 1993; *Cuento de cuentos, II*. Barcelona, Folio, 1994.

MADARIAGA, Salvador de: «El español, una colonia lingüística del inglés», *Cuadernos del Congreso por la libertad de la Cultura*. París, 59, págs. 45-49.

— «¿Vamos a Kahlahtahyood», *Revista de Occidente*. Madrid, 1966, 12, págs. 365-373.

— «Glosas sobre Kahlahtahyood», *Revista de Occidente*. Madrid, 1966, págs. 81-83.

MALOUX, Maurice: *Dictionnaire des proverbes, sentences et maximes*. París, Larousse, 1960.

MARCOS PÉREZ, P. J.: *Los anglicismos en el ámbito periodístico: algunos de los problemas que plantean*. Valladolid, 1971.

MARTÍNEZ DE SOUSA, José: *Diccionario internacional de siglas y acrónimos*. Madrid, Pirámide, 1984.

MENDIETA, Salvador: *Manual de Televisión Española*. Barcelona, Labor, 1993.

MINI, Guido: *Parole senza frontiere. Dizionario delle parole straniere in uso nella lengua italiana*. Bologna, Zanicchelli, 1994.

MUÑOZ LUMBIER, Manuel: *Glosario de voces de geología y geografía física*. Tambaya, México, 1924.

MURILLO, F.: *Vocabulario básico de Historia del Islam*. Madrid, Akal, 1987.

OLIVER RODRÍGUEZ, Enrique: *Prontuario del idioma*. Madrid, Calpe, s.a. Manuales Gallach, 56.

ORTIZ, Fernando: *Glosario de afronegrismos*. La Habana, 1924.

— *Nuevo Catauro de cubanismos*. La Habana, Editorial de Ciencias Sociales, 1985.

País (El): Libro de estilo. Madrid, Ediciones de *El País*, 2002.

PALAZZI, F.: *El libro de los mil sabios*. Madrid, Dossat, 1984.

PANZINI, A.: *Dizionario moderno delle parole che non si ritrovano negli altri dizionari*. Milano, Hoepli, 1963. Con un ap. de Bruno MIGLIORINI: «Parole nuove».

PARTRIDGE, Eric: *A dictionary of clichés*. New York, Dutton, 1963.

— *Dictionary of the underworld*. London, Routledge & Kegan Paul, 1950. (Reimpr. por Wordsworthe Editions, 1995).

Pastor Petit, D.: *Diccionario enciclopédico del espionaje*. Madrid, Edit. Complutense, 1996.

Pfändler, Otto: *Wortschatz der Sportsprache Spaniens*. Bern, A. Francke, 1954.

Prado, Marcial: *Dictionary of Spanish false cognates*. Chicago, National Text Book Company, 1993.

Pratt, Chris: *El anglicismo en el español peninsular contemporáneo*. Madrid. Gredos, 1980.

Quilis, Antonio: «Anglicismos en el español de Madrid», *Athlon. Satura grammaticam in honoren F. R. Adrados*. Madrid, Gredos, 1984, I, págs. 413-422.

Rat, Maurice: *Dictionnaire des locutions françaises*. París, Larousse, 1957.

Real Academia de Ciencias Exactas, Físicas y Naturales: *Vocabulario científico y técnico*. Madrid, 1983.

Real Academia Española: *Diccionario de la lengua española*. Madrid. Espasa-Calpe, 1992.

Real Academia Española: *Diccionario de la lengua española*. Madrid. Espasa-Calpe, 2001.

Réau, Louis: *Dictionnaire polyglote des termes d'art et d'archéologie*. París, P. U. F., 1953.

Retana, Waldo F.: *Diccionario de filipinismos*. New York-París, 1921.

Rey-Debove, Josette; Gagnon, Gilberte: *Dictionnaire des anglicismes. Les mots anglais et américains en français*. París, Robert, 1980.

Rodríguez González, Félix (dir.); Lillo Buades, Antonio: *Nuevo diccionario de anglicismos*. Madrid, Gredos, 1997.

Room, Adrian: *A dictionary of trade name origins*. Lincolnwood, Illinois, NTC Business Books, 1982.

Ropero Núñez, Miguel: *El léxico caló en el lenguaje del cante flamenco*. Sevilla, Universidad de Sevilla, 1978.

Rosenblat, Ángel: *El sentido mágico de la palabra*. Caracas. Ed. de la Biblioteca, 1977.

Rubio Sáez, José: *Presencia del inglés en la lengua española.* Valencia, Ezcurra, 1977.

Salvador, Gregorio: «Portuguesismos», *Cuadernos hispanoamericanos.* Madrid, núm. 570, 1997.

Seco, Manuel: *Diccionario de dudas y dificultades de la lengua española.* Madrid, Espasa-Calpe, 1998 (10.ª ed.).

— *Diccionario breve de dudas de la lengua española.* Madrid, Ministerio de Cultura, 1979.

— «El léxico de hoy», en *Comunicación y lenguaje.* Madrid, Karpos, 1977, págs. 183-201.

Seco, Manuel; Andrés, Olimpia; Ramos, Gabino: *Diccionario del español actual.* Madrid, Aguilar, 1999.

Seco, Manuel; Hernández, Elena: *Guía práctica del español actual. Diccionario breve de dudas y dificultades.* Madrid, Espasa-Calpe, 1999.

Smith, Colin: «The anglicism: no longer a problem for spanish?». *Actas del Congreso de AEDEAN en Tarragona, 1991-1992,* págs. 119-136.

Spillner, Paul: *Internationales Wörterbuch der Abkürzungen von Organisationen.* München. Dokumentation, 1971 (2.ª ed.).

Steel, Brian: *Diccionario de americanismos/ABC of Latinamerican spanish.* Madrid, SGEL, 1990.

Stone, H.: «Los anglicismos en España y su papel en la lengua oral», *RFE.* Madrid, 41, 1957, págs. 141-160.

Taner, Anki: *Hip-hop.* Madrid, Celeste, 1998 (con vocabulario)

Terlingen, Johannes: *Italitanismos en el español,* 1947.

Terradas, Esteban: *Neologismos, arcaísmos y sinónimos en plática de ingenieros.* Madrid, 1946.

Toro y Gisbert, Miguel de: «El galicismo» y «Lista de los principales galicismos», *Tesoro de la lengua española* (1911, 2.ª ed., 1917).

Tosaka, E.; Keiko Ezaki, J.: *Extranjerismos del japonés.* Tokyo, Sociedad Hispánica del Japón, 1995.

Tovar, Antonio: «Ponencia sobre la transcripción de nombres rusos», BRAE, t. XLVIII, cuad. CLXXXV.

Vanguardia, La: *Libro de redacción*. Barcelona, 1986.

Wentworth, Harold; Flexner, Stuart Berg: *The Pocket Dictionary of American Slang*. New York. Pocket Books, 1968.

Zolli, Paolo; Ursini, Flavia: *Le parole straniere*. Bologna, Zanicchelli, 1991.

Otros diccionarios
en Punto de Lectura

Diccionario de dificultades de la lengua española

Gracias a sus más de 7.000 términos, este diccionario aclara dudas de tipo gramatical o sintáctico, así como los errores más frecuentes en el uso cotidiano del lenguaje.

En él tienen cabida expresiones o acepciones cuyo empleo o significado ofrece alguna dificultad, como es el caso de los neologismos y extranjerismos.

Además incluye complementos básicos para todo diccionario, como un resumen de la gramática española, útiles repertorios de prefijos y sufijos, abreviaturas, topónimos, gentilicios, siglas y locuciones extranjeras.

Diccionario de sinónimos y antónimos

Los principales sinónimos y antónimos de más de 20.000 palabras, ordenados por grupos de significado.

Americanismos, extranjerismos de uso y términos de argot.

Indicación del nivel de uso de determinadas palabras: cultas, coloquiales, vulgares.

Richmond student's dictionary

Este diccionario está concebido para ayudar al estudiante de inglés en todos los aspectos de su aprendizaje, pero sobre todo en los dos más básicos: entender qué significa algo en inglés y aprender cómo se dice algo en inglés.

Además de esto Richmond Student's te ofrece: más de 55.000 entradas; más de 75.000 expresiones y ejemplos que muestran el uso de la lengua en contextos típicos; más de 5.000 notas culturales y de uso en las entradas redactadas en español; transcripción fonética de las palabras inglesas ; información morfológica exhaustiva y constante sobre el inglés; más de 25.000 términos compuestos, locuciones y expresiones fijas; inglés americano señalado de forma constante; y, 16 páginas de información cultural sobre el mundo anglosajón.

Richmond pocket dictionary

Este diccionario constituye una guía concisa para la comprensión y el uso del inglés, con un formato práctico y de fácil manejo. Ha sido compilado por un experimentado equipo de lexicógrafos y presenta características innovadoras con respecto a otros diccionarios de bolsillo.

Las irregularidades ortográficas y morfológicas del inglés pueden presentar dificultades para el hispanohablante. Este diccionario ofrece amplia información sobre plurales y formas irregulares, además de contrastar el uso de las preposiciones en ambas lenguas. La pronunciación de las palabras inglesas está indicada en la transposición fonética que acompaña a cada lema.

Cuando un vocablo tiene más de un significado, el uso de indicadores deslinda claramente las diferentes acepciones, facilitando así la elección de la traducción que corresponde a cada contexto.

En este diccionario se da amplia cobertura al inglés americano y al español de Latinoamérica, lo cual lo convierte en la herramienta ideal para los hablantes de español o inglés de todas partes del mundo.